CLIP STUDIO PAINT PRO/EX/iPad

일러스트레이터와 웹툰 작가를 위한

클립 스튜디오 입문 교실

CLIP STUDIO PAINT PRO/EX/iPad

일러스트레이터와 웹툰 작가를 위한

클립 스튜디오 입문 교실

ISBN : 978-89-314-6961-5
978-89-314-5990-6(세트)

독자님의 의견을 받습니다.

이 책을 구입한 독자님은 영진닷컴의 가장 중요한 비평가이자 조언가입니다. 저희 책의 장점과 문제점이 무엇인지, 어떤 책이 출판되기를 바라는지, 책을 더욱 알차게 꾸밀 수 있는 아이디어가 있으면 팩스나 이메일, 또는 우편으로 연락주시기 바랍니다. 의견을 주실 때에는 책 제목 및 독자님의 성함과 연락처(전화번호나 이메일)를 꼭 남겨 주시기 바랍니다. 독자님의 의견에 대해 바로 답변을 드리고, 또 독자님의 의견을 다음 책에 충분히 반영하도록 늘 노력하겠습니다.

파본이나 잘못된 도서는 구입처에서 교환 및 환불해드립니다.

이메일 : support@youngjin.com
주　소 : (우)08507 서울특별시 금천구 가산디지털1로 128 STX-V타워 4층 401호 (주)영진닷컴 기획1팀
등　록 : 2007. 4. 27. 제16-4189호

STAFF
저자 사이도런치 | **번역** 고영자 | **총괄** 김태경 | **기획** 김연희 | **디자인·편집** 김소연
영업 박준용, 임용수, 김도현, 이윤철 | **마케팅** 이승희, 김근주, 김민지, 김도연, 이현아, 김진희
제작 황장협 | **인쇄** 예림인쇄

CLIP STUDIO PAINT PRO/EX/iPad

일러스트레이터와 웹툰 작가를 위한

클립 스튜디오 입문 교실

사이도런치 저 / 고영자 역

YoungJin.com Y.
영진닷컴

시작하며

'일러스트레이터와 웹툰 작가를 위한 클립 스튜디오 입문 교실'을 구매해 주셔서 감사합니다. 이 책은 CLIP STUDIO PAINT의 조작 방법과 디지털 일러스트의 제작 기술을 설명한 책입니다.

이 책은 Chapter 1, Chapter 2로 구성되어 있습니다.
Chapter 1 'Q&A로 알 수 있다! 클립 스튜디오의 기능'에서는 CLIP STUDIO PAINT의 조작 방법을 설명합니다.
CLIP STUDIO PAINT는 매우 고성능 페인트 도구로, 설정 항목도 세세하게 조정할 수 있습니다. 워낙 기능이 많다 보니 중급자 이상의 사용자에게 조작 방법이 어렵다는 이야기도 자주 듣습니다. 그래서 Chapter 1은 조작이 막혔을 때 도움이 될 수 있도록 Q&A 형식으로 CLIP STUDIO PAINT에서 기억해야 할 기능을 정리했습니다. 또 Chapter 1의 주제는 '기본 설정', '레이어', '그리기 관련' 등으로 분류되어 있어 처음부터 끝까지 읽으면 조작의 기본을 배울 수 있습니다.

Chapter 2 '꼭 배우고 싶은 프로 작가의 최강 스킬'에서는 일러스트레이터가 자주 사용하는 기법을 소개합니다. 프로 일러스트레이터의 의견을 참고하여 응용할 수 있는 테크닉을 정리했습니다. 보기 좋은 이미지를 위한 처리 방법이나 알아두면 편리한 기법 등 일러스트의 완성도를 높이는 데 도움이 되는 정보들을 소개합니다.

이 책이 여러분의 창작 활동에 도움이 되었으면 좋겠습니다.

사이도런치

INDEX 목차

Chapter 1
Q&A로 알 수 있다! 클립 스튜디오의 기능

Part.1 기본 설정

Part.2 레이어

Part.3 그림 관련

Part.4 그림 편집

Part.5 자와 벡터선

Part.6 소재 사용

Part.7 편리한 기능

Chapter 2

꼭 배우고 싶은 프로 작가의 최강 스킬

조작 표기에 대하여

이 책은 Windows 버전으로 설명되어 있습니다. MacOS 버전이나 iPad 버전에서는 오른쪽 표의 키로 바꾸어 이용해 주세요.

MacOS/iPad 버전에서는 Windows의 [파일] 메뉴와 [도움말] 메뉴의 일부 항목이 [CLIP STUDIO PAINT] 메뉴에 포함되어 있는 경우가 있습니다.

Windows	MacOS
Alt	Option
Ctrl	Command
Enter ↵	Return
Back Space	Delete
마우스 오른쪽 버튼 클릭	Control를 누르면서 마우스 버튼 클릭

특전 파일에 대하여

파일 다운로드 방법

영진닷컴 홈페이지의 [부록CD다운로드] 메뉴에서 이 책에서 사용한 일러스트 특전 파일을 다운로드할 수 있습니다.

https://www.youngjin.com/reader/pds/pds.asp

※ 특전 파일은 CLIP STUDIO PAINT PRO(Ver.1.11.8)에서 동작을 확인했습니다.

파일의 형식

다운로드한 특전 파일은 zip 파일로 압축되어 있으므로 압축 해제 후 사용하세요. iPad의 경우는 표준의 '파일' 앱을 열고 다운로드한 zip 파일을 탭하여 압축 해제할 수 있습니다. 특전 파일의 형식은 CLIP STUDIO FORMAT(.clip)입니다. CLIP STUDIO PAINT에서 열어 이용해 주세요.

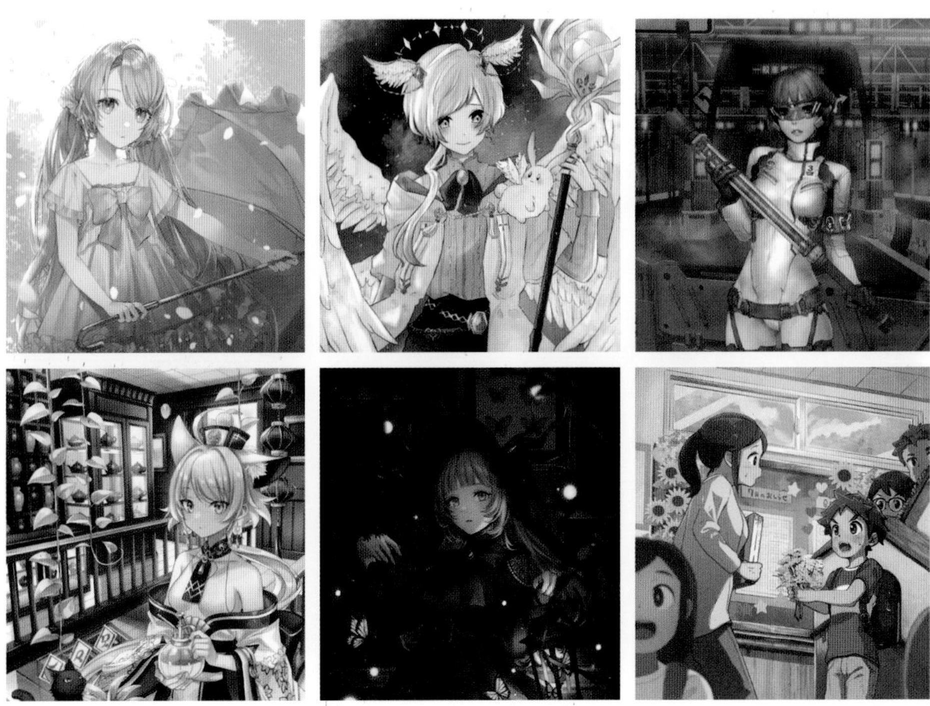

특전 파일의 일러스트 작품은 6개이며 전체 그림은 P.203~208에 게재되어 있습니다.

이 책의 사용법

Chapter 1 페이지 구성

Chapter1에서는 Q&A 형식으로 CLIP STUDIO PAINT 조작 방법을 확인할 수 있습니다.

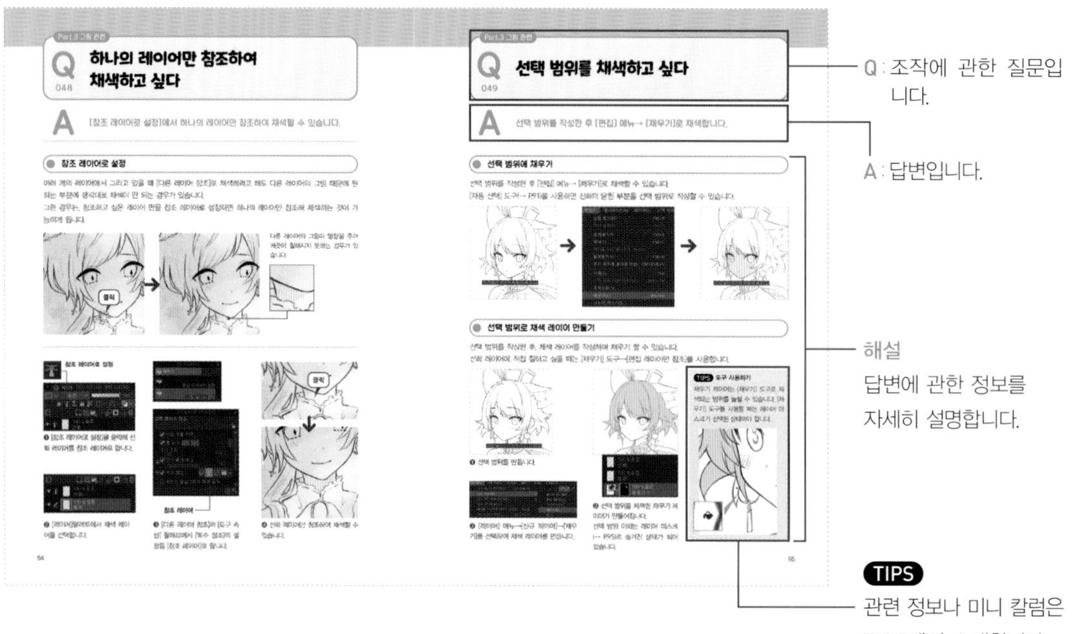

Q : 조작에 관한 질문입니다.

A : 답변입니다.

해설
답변에 관한 정보를 자세히 설명합니다.

TIPS
관련 정보나 미니 칼럼은 TIPS에서 소개합니다.

Chapter 2 페이지 구성

Chapter2에서는 일러스트 제작에 사용할 수 있는 테크닉이나 지식을 설명합니다.

수식 키
수식 키의 키 조작을 확인할 수 있습니다.

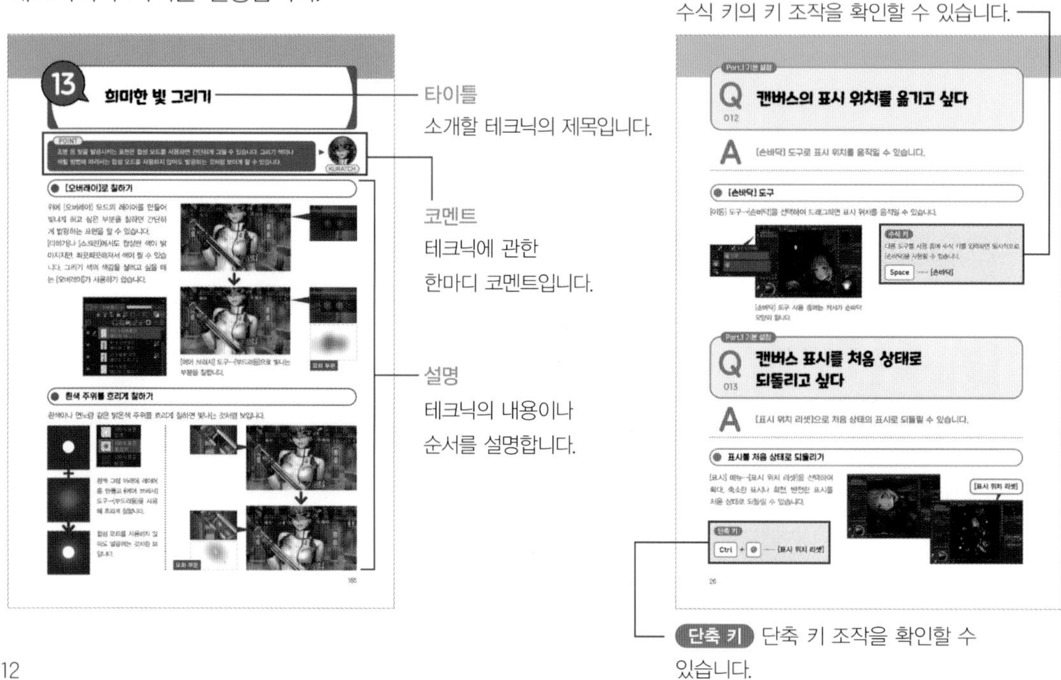

타이틀
소개할 테크닉의 제목입니다.

코멘트
테크닉에 관한 한마디 코멘트입니다.

설명
테크닉의 내용이나 순서를 설명합니다.

단축 키 단축 키 조작을 확인할 수 있습니다.

CHAPTER 1

Q&A로 알 수 있다!
클립 스튜디오의 기능

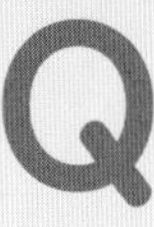

팔레트의 위치를 알고 싶다

001

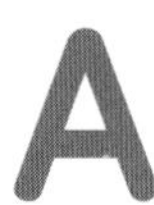

기본적인 팔레트의 위치를 알아봅니다.

CLIP STUDIO PAINT의 조작 화면

초기 상태의 CLIP STUDIO PAINT에서는 아래와 같이 팔레트가 배치되어 있습니다.

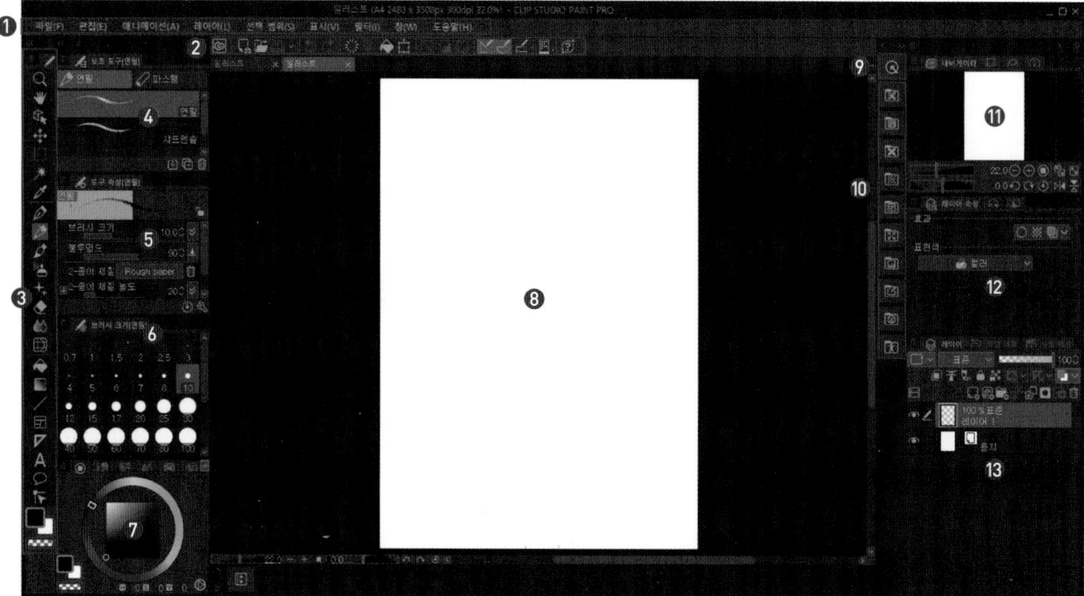

❶ 메뉴 바
파일 작성이나 작업한 내용의 편집 등 다양한 조작을 할 수 있습니다.

❷ 커맨드 바
아이콘을 클릭하여 각종 조작을 실행할 수 있습니다.

❸ [도구] 팔레트
각 도구의 버튼이 나열되어 있습니다.

❹ [보조 도구] 팔레트
도구별 보조 도구가 표시됩니다.

❺ [도구 속성] 팔레트
보조 도구의 설정을 변경할 수 있습니다.

❻ [브러시 크기] 팔레트
그리기 도구의 브러시 크기를 변경할 수 있습니다.

❼ [컬러서클] 팔레트
그리기 색상을 설정할 수 있습니다.

❽ 캔버스
작품을 그리기 위한 작업 화면(원고 용지)입니다.

❾ [퀵 액세스] 팔레트
자주 사용하는 기능을 버튼으로 등록할 수 있습니다.

❿ [소재] 팔레트
등록된 소재가 저장된 팔레트입니다. 다운로드한 소재도 관리할 수 있습니다.

⓫ 내비게이터 팔레트
캔버스 표시를 조절할 수 있습니다.

⓬ [레이어 속성] 팔레트
레이어 설정을 변경할 수 있습니다.

⓭ [레이어] 팔레트
레이어 관리를 할 수 있습니다.

커맨드 바

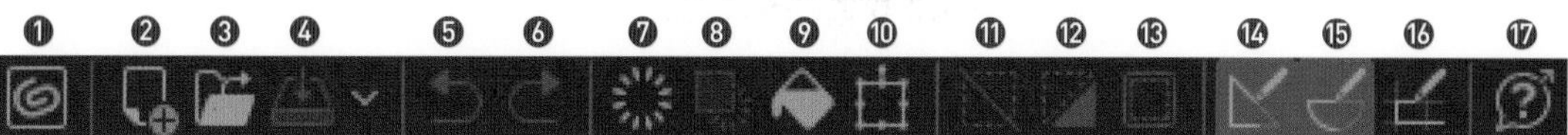

❶ CLIP STUDIO 열기
CLIP STUDIO를 엽니다.

❷ 신규
신규 캔버스를 만듭니다.

❸ 열기
파일을 엽니다.

❹ 저장
편집 중인 파일을 저장합니다.

❺ 실행 취소
조작을 취소합니다.

❻ 다시 실행
취소한 조작을 다시 실행합니다.

❼ 삭제
레이어에 그려진 내용을 삭제합니다.

❽ 선택 범위 이외 지우기
선택 범위 밖에 그려진 내용을 삭제합니다.

❾ 채우기
그리기 색으로 레이어를 채웁니다.

❿ 확대/축소/회전
레이어에 그린 내용을 확대, 축소, 회전할 수 있습니다.

⓫ 선택 해제
선택 범위를 해제합니다.

⓬ 선택 범위 반전
선택 범위를 반전합니다.

⓭ 선택 범위 경계선 표시
선택 범위의 경계선을 표시 또는 숨깁니다.

⓮ 자에 스냅
ON으로 하면 자에 흡착시켜 그릴 수 있습니다.

⓯ 특수 자에 스냅
ON으로 하면 특수 자에 흡착시켜 그릴 수 있습니다.

⓰ 그리드에 스냅
ON으로 하면 그리드에 흡착시켜 그릴 수 있습니다.

⓱ CLIP STUDIO PAINT 지원
Web 브라우저에서 CLIP STUDIO PAINT 지원 페이지에 액세스합니다.

태블릿용 조작 화면

PC 환경에 따라서는 팔레트 레이아웃이 태블릿에 최적화된 상태로 표시될 수 있습니다. [파일](MacOS/iPad 버전에서는 [CLIP STUDIO PAINT]) 메뉴에서 [환경 설정]을 선택하여 열고 [인터페이스] 카테고리에서 [터치 조작에 적합한 인터페이스로 조정], [팔레트의 기본 레이아웃을 태블릿에 적합한 구성으로 하기]의 체크를 해제하고 앱을 재가동하면 표준 인터페이스가 됩니다.

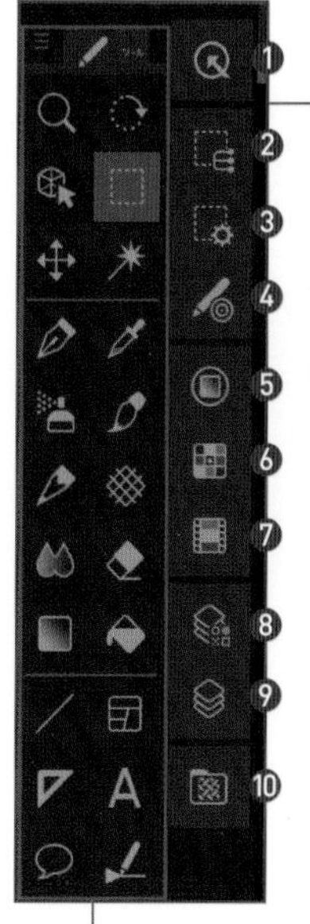

[도구] 팔레트

환경 설정

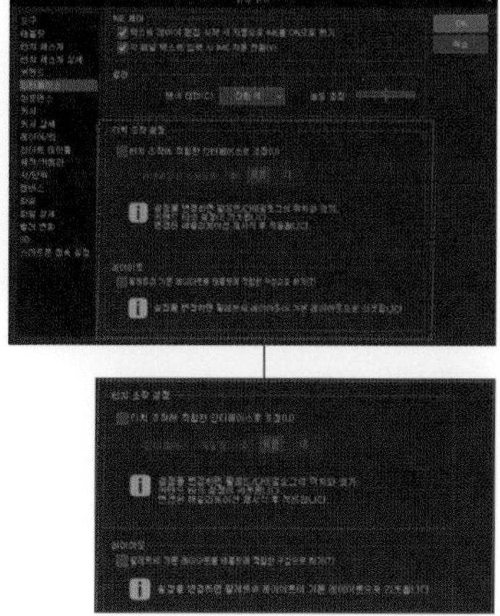

팔레트가 버튼으로 되어 있는 경우
팔레트가 버튼으로 되어 있는 경우, 각 팔레트는 왼쪽 그림과 같은 아이콘으로 되어 있습니다.

❶ [퀵 액세스] 팔레트
❷ [보조 도구] 팔레트
❸ [도구 속성] 팔레트
❹ [브러시 크기] 팔레트
❺ [컬러서클] 팔레트
❻ [컬러 세트] 팔레트
❼ [컬러 히스토리] 팔레트
❽ [레이어 속성] 팔레트
❾ [레이어] 팔레트
❿ [소재] 팔레트

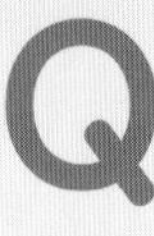

캔버스를 만들고 싶다

002

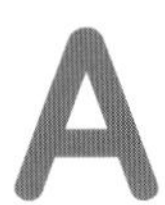

[파일] 메뉴에서 신규 캔버스를 만듭니다.

[신규] 대화상자

[파일] 메뉴에서 [신규]를 선택하면 [신규] 대화상자가 열립니다. [신규] 대화상자에서 캔버스 크기와 기본 표현 색상 등을 지정하여 작품 용도에 맞는 캔버스를 만듭니다.

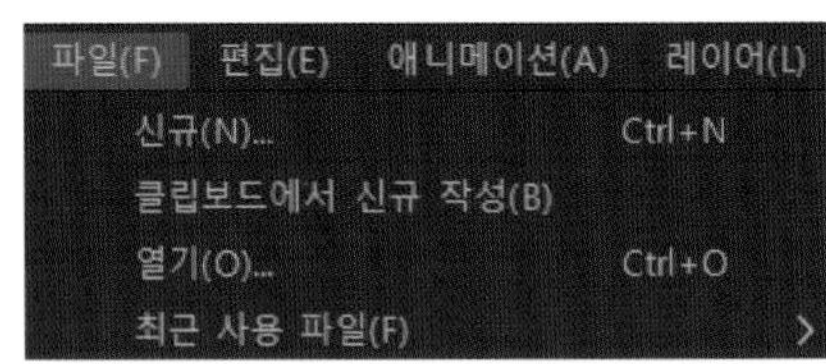

❶ 작품 용도

[일러스트], [코믹], [애니메이션] 등의 작품 용도를 선택하면 용도에 맞는 설정 내용이 표시됩니다.

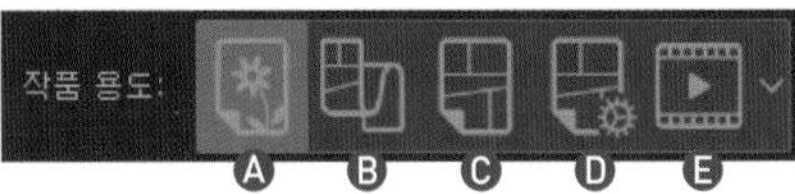

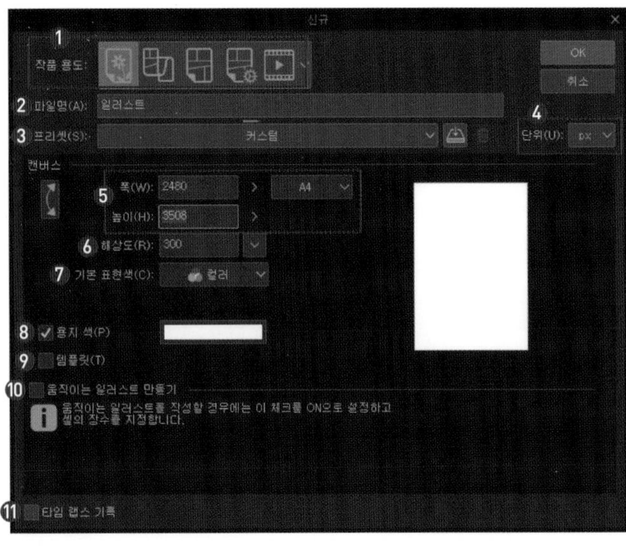

Ⓐ 일러스트

가장 기본적인 일러스트용 설정입니다. '움직이는 일러스트'라는 짧은 애니메이션을 만들 수 있습니다.

Ⓑ 웹툰

세로로 긴 만화용 설정입니다.

Ⓒ 코믹

만화용 설정입니다. 재단선이 있는 인쇄용 원고 용지(캔버스)를 만들 수 있습니다.

Ⓓ 모든 코믹 설정 표시

만화용 설정입니다. 기본 틀의 위치 등 코믹보다 더 상세하게 설정할 수 있습니다.

Ⓔ 애니메이션

애니메이션용 설정입니다. 애니메이션용 타임라인을 작성하여 애니메이션을 만들 수 있습니다.

❷ 파일명

작품의 파일명을 설정할 수 있습니다.

❸ 프리셋

미리 준비된 설정을 선택하거나 자주 사용하는 설정을 저장할 수 있습니다.

❹ 단위

캔버스상에서 사용할 단위를 선택합니다.

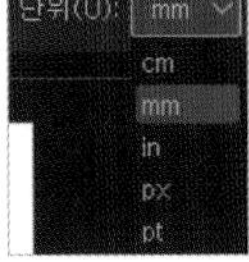

❺ 캔버스 크기

캔버스의 [폭]과 [높이]를 설정할 수 있습니다. A판이나 B판 등 기본 크기를 선택할 수도 있습니다.

❻ 해상도

해상도를 설정할 수 있습니다. 해상도는 인쇄물을 제작할 때 중요한 요소입니다. 컬러 인쇄용은 350dpi, 흑백 인쇄용은 600dpi로 하는 것이 일반적입니다.

❼ 기본 표현색

작업할 캔버스에서 기본적으로 어떤 색조로 그릴 것인가를 [컬러], [그레이], [모노크롬] 중에서 선택합니다.

❽ 용지 색
[용지] 레이어의 색을 선택할 수 있습니다.

❾ 템플릿
컷 나누기나 레이어 설정 등 소재를 설정할 수 있습니다.

❿ 움직이는 일러스트 만들기
체크하면 애니메이션용 셀이나 프레임 레이트가 설정됩니다.

⓫ 타임 랩스 기록
체크 후 ON으로 설정하면 캔버스 위에서 행해지는 그리기 작업이 타임 랩스로 기록됩니다. 기록된 타임 랩스는 동영상으로 저장할 수 있습니다.

Part.1 기본 설정

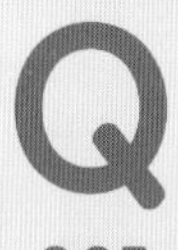
003

표현색을 설정하고 싶다

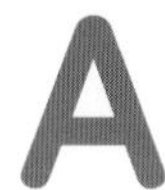

신규 캔버스를 작성할 때 설정할 수 있으며 [레이어 속성] 팔레트에서 변경할 수 있습니다.

[기본 표현색] 설정

CLIP STUDIO PAINT에서는 작품에서 사용하고 싶은 컬러에 맞추어 [기본 표현색]을 설정합니다. 컬러의 경우는 [컬러], 단색 인쇄용 작품은 [그레이]나 [모노크롬]을 선택합니다. 흑백 만화와 같이 그레이의 계조가 없는 모노크롬 원고를 작성할 때는 [모노크롬]을 선택합니다.

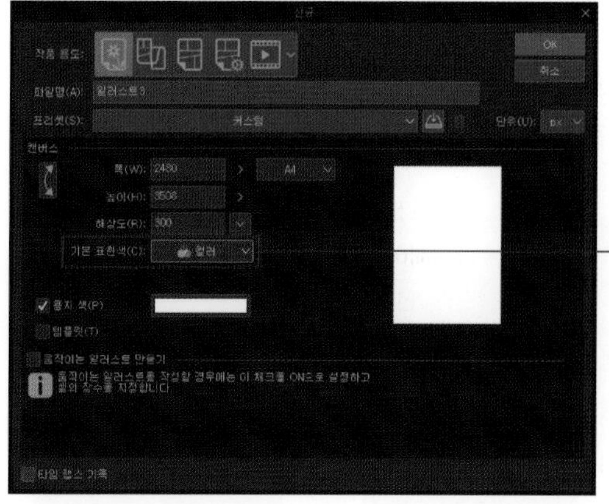

표현색의 기준 설정
[신규] 대화상자의 [기본 표현색]에서 캔버스에서 사용할 표현색의 기준을 설정할 수 있습니다. [기본 표현색]을 나중에 변경할 때는 [편집] 메뉴→[캔버스 기본 설정 변경]에서 다시 설정합니다.

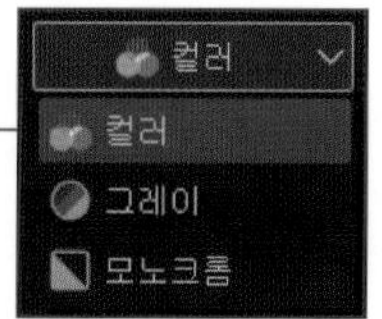

컬러
모든 컬러를 사용할 수 있는 설정입니다.

그레이
흰색, 검은색, 회색을 사용할 수 있는 설정입니다.

모노크롬
흰색, 검은색만 사용할 수 있는 설정입니다.

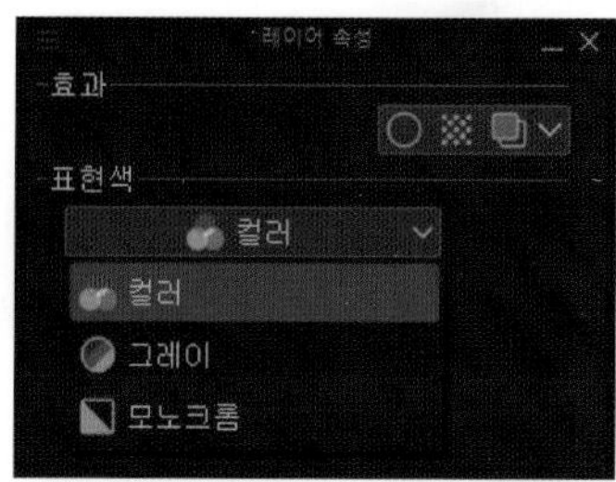

레이어의 표현색
표현색은 레이어별로 설정할 수 있습니다. 표현색을 변경하고 싶은 레이어를 선택하고 [레이어 속성] 팔레트의 [표현색]에서 표현색을 선택합니다.

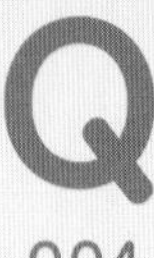

나중에 캔버스 설정을 바꾸고 싶다

004

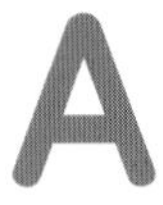

[편집] 메뉴에서 캔버스 설정을 변경할 수 있습니다.

다양한 설정

[편집] 메뉴에서 [화상 해상도 변경]이나 [캔버스 사이즈 변경]을 선택하여 캔버스의 크기와 해상도를 변경할 수 있습니다. 모든 설정을 재검토할 때는 [캔버스 기본 설정 변경]에서 설정합니다.

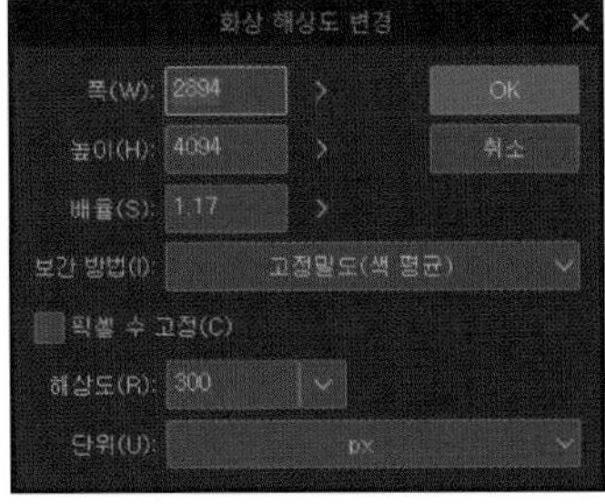

화상 해상도 변경

[편집] 메뉴→[화상 해상도 변경]에서 캔버스 사이즈나 해상도를 변경할 수 있습니다. 작게 만들어진 화상을 크게 할 수도 있지만, 화질이 떨어지는 원인이 되므로 주의가 필요합니다.

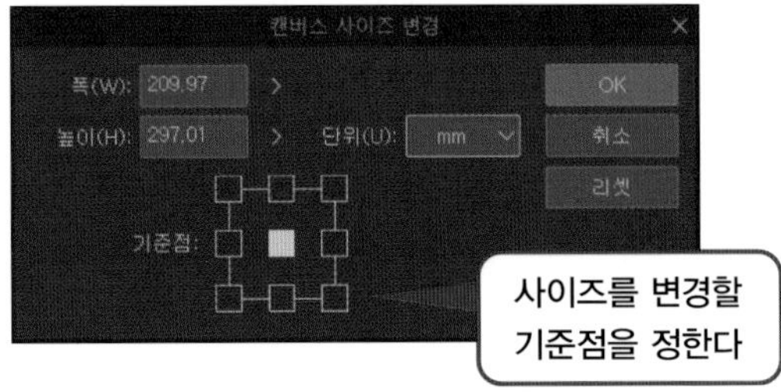

캔버스 사이즈 변경

[편집] 메뉴→[캔버스 사이즈 변경]에서 캔버스의 폭과 높이를 각각 변경할 수 있습니다. 기준점을 정하여 캔버스를 확대하는 방향을 정할 수 있습니다.

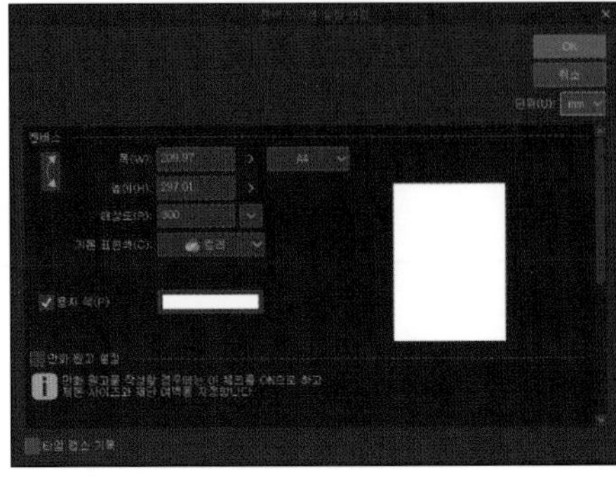

캔버스 기본 설정 변경

[편집] 메뉴→[캔버스 기본 설정 변경]을 선택하여 캔버스 사이즈나 해상도뿐만 아니라, 캔버스를 만들 때 설정한 기본 표현색 등 모든 설정을 변경할 수 있습니다.

TIPS 캔버스 오려내기

선택 범위를 만들 때 [편집] 메뉴→[캔버스 사이즈를 선택 범위에 맞추기]를 선택하면 선택 범위의 크기로 캔버스를 오려낼 수 있습니다.

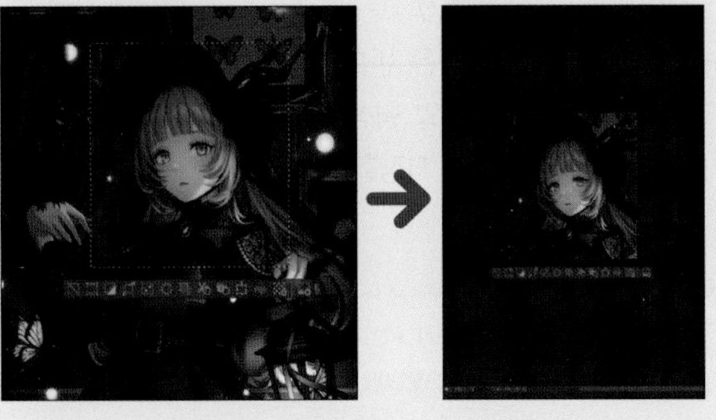

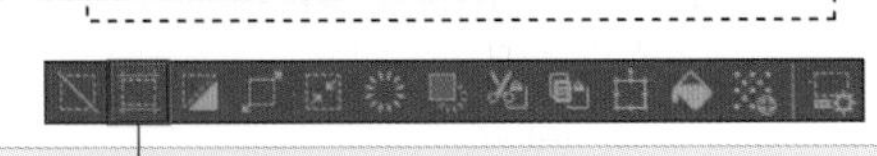

캔버스 사이즈를 선택 범위에 맞추기

[캔버스 사이즈를 선택 범위에 맞추기]는 선택 범위 아래에 표시되는 선택 범위 런처에서도 실행할 수 있습니다.

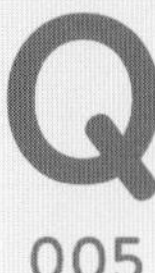

저장 방법을 알고 싶다

005

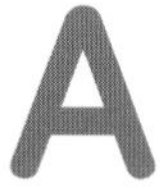

[파일] 메뉴→[저장]을 선택해 CLIP STUDIO FORMAT으로 저장하는 것이 기본입니다.

다양한 저장 방법

[파일] 메뉴에는 [저장], [다른 이름으로 저장], [복제 저장] 중에서 저장 방법을 선택할 수 있습니다. 작업을 덮어쓰기로 저장하고 싶은 경우는 [저장]을 선택합니다.
파일명이나 파일 형식을 바꾸어 저장하고 싶은 경우는 [다른 이름으로 저장]을 선택합니다.
열려 있는 파일의 복사본을 만들고 싶을 때는 [복제 저장]을 선택합니다. [복제 저장]도 파일명이나 파일 형식을 변경하여 저장할 수 있습니다.

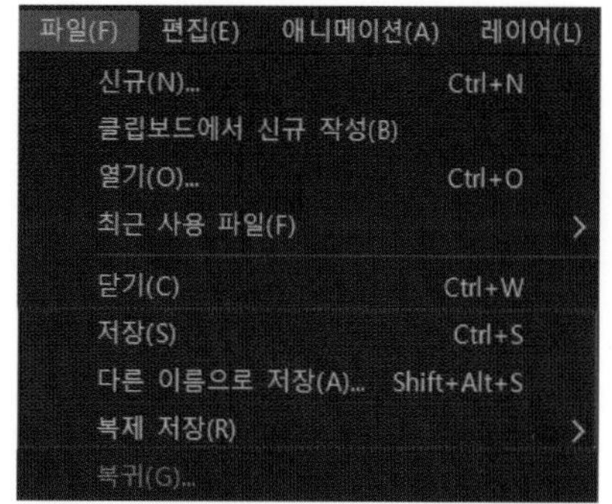

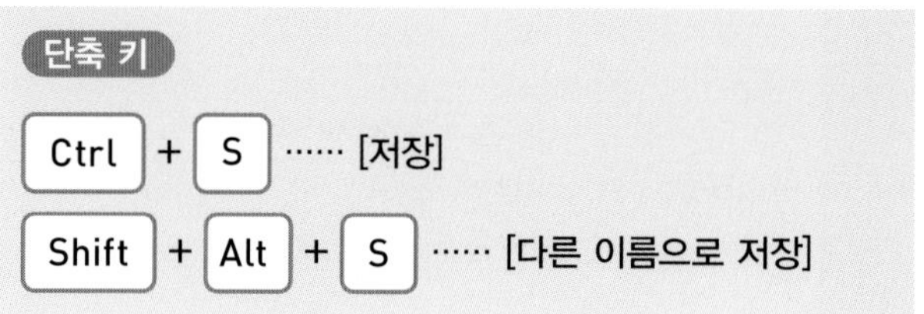

CLIP STUDIO FORMAT

CLIP STUDIO FORMAT (.clip)는 가장 기본적인 저장 형식입니다. 작업 중인 파일은 반드시 CLIP STUDIO FORMAT으로 저장합니다. 다른 파일 형식에서는 레이어나 CLIP STUDIO PAINT 특유의 기능을 저장할 수 없습니다.

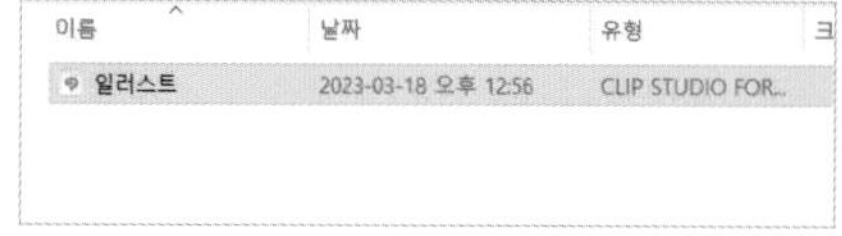

TIPS Photoshop 형식

일반적으로 CLIP STUDIO FORMAT 이외의 형식으로 저장하면 레이어 정보가 손실되지만 Photoshop 파일 형식은 유일하게 레이어를 유지한 상태로 저장할 수 있습니다.
다만, Photoshop 파일 형식으로 저장하면 [레이어 속성]에서 설정한 효과가 없어지거나 벡터 레이어 등의 특수한 레이어는 래스터라이즈가 되기 때문에 주의가 필요합니다.

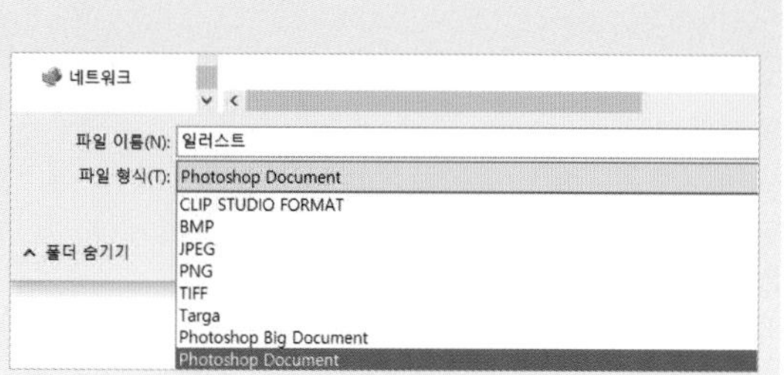

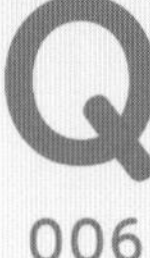

006

JPEG 등의 이미지 형식으로 저장하고 싶다

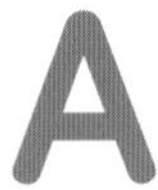

[화상을 통합하여 내보내기]나 [다른 이름으로 저장], [복제 저장]으로 저장합니다.

이미지 내보내기 설정

[파일] 메뉴에서 [다른 이름으로 저장], [복제 저장], [화상을 통합하여 내보내기]를 선택하면 파일 형식을 지정할 수 있습니다. [화상을 통합하여 내보내기]에서는 출력 사이즈나 표현색을 설정해 저장할 수 있습니다.

JPEG 내보내기 설정

[파일] 메뉴→[화상을 통합하여 내보내기]→[.jpg(JPEG)]를 선택하여 표현색이나 사이즈를 설정해 JPEG 이미지로 저장할 수 있습니다.

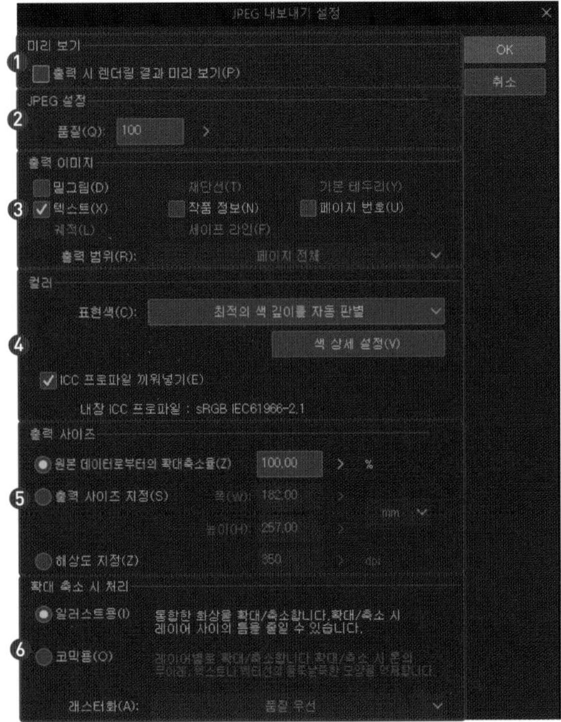

CLIP STUDIO PAINT에서 다룰 수 있는 이미지 형식
.bmp(BMP)
BMP 형식은 Windows에서 표준으로 사용되는 비트맵 이미지를 저장하기 위한 이미지 형식입니다.
.jpg(JPEG)
JPEG 형식은 사진 데이터 등에 사용되는 이미지 형식입니다. 압축해서 저장하면 화질은 떨어지지만 파일 크기를 줄일 수 있습니다.
.png(PNG)
PNG 형식은 웹에서 사용되는 이미지 형식입니다. JPEG만큼 파일 크기가 작아지지는 않으나 화질이 좋고 투명 이미지도 만들 수 있습니다.
.tif(TIFF)
인쇄물에서 자주 사용되는 이미지 형식입니다. 화질이 떨어지지 않게 저장할 수 있어 고해상도 이미지를 주고받을 때 이용됩니다.
.tga(TGA)
애니메이션, 게임 업계에서 주로 취급하는 그림 형식입니다.
.psd (Photoshop 파일)
Adobe Photoshop의 표준 형식입니다. 레이어를 유지하여 저장할 수 있지만 레이어의 종류에 따라서 래스터라이즈됩니다. 또 일부 합성 모드가 변경되는 등 저장할 수 없는 기능도 있습니다.
.psb (Photoshop 대용량 파일)
Adobe Photoshop으로 대용량의 파일을 저장하기 위한 파일 형식입니다. 30,000픽셀이 넘을 때 사용됩니다.

❶ 미리 보기

[출력 시 렌더링 결과 미리 보기]를 체크하면 저장 후의 이미지를 미리 보기로 표시할 수 있습니다.

❷ JPEG 설정

JPEG 형식 특유의 설정입니다. [품질]의 값을 내리면 이미지의 질은 떨어지지만 파일 크기는 작아집니다.

❸ 출력 이미지

이미지를 출력할 때 밑그림 레이어나 텍스트, 재단선 등을 표시할지 선택할 수 있습니다.

❹ 컬러

저장할 때 표현 색상을 선택할 수 있습니다.

❺ 출력 사이즈
저장하는 화상의 크기나 해상도를 설정할 수 있습니다.

❻ 확대 축소 시 처리
일러스트를 원래 크기보다 작게 저장할 경우, 확대 축소 시의 처리를 용도에 맞게 선택할 수 있습니다.

Part.1 기본 설정

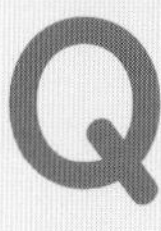

팔레트의 배치를 바꾸고 싶다

007

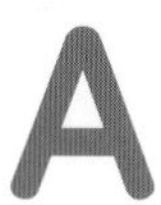

드래그 앤 드롭으로 이동할 수 있습니다.

팔레트의 이동 및 폭 변경

이동하고 싶은 팔레트의 타이틀 바를 드래그하면 팔레트 이동이 가능합니다.
다른 팔레트 독에 넣거나 다른 팔레트와 겹쳐 탭을 표시할 수 있습니다.

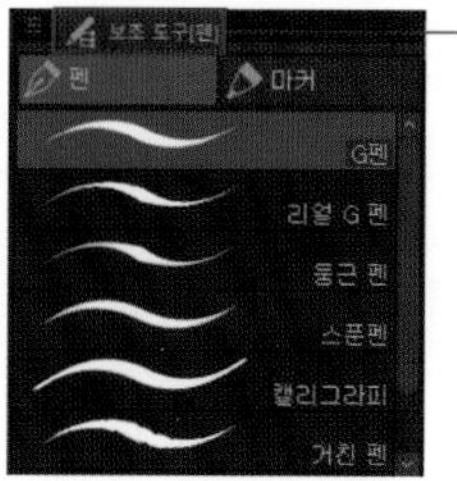

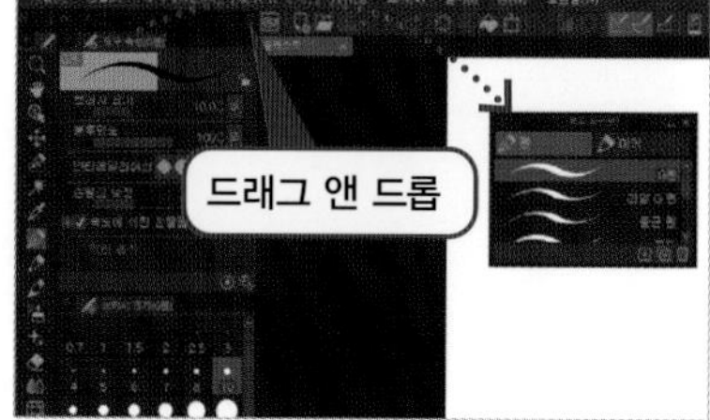

폭·높이의 변경
팔레트의 가장자리를 드래그하면 팔레트의 폭과 높이를 변경할 수 있습니다.

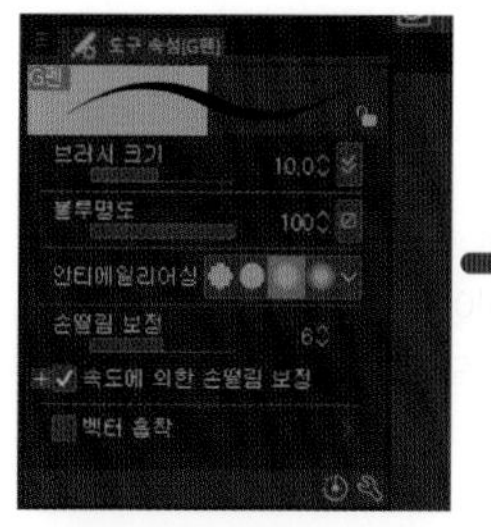

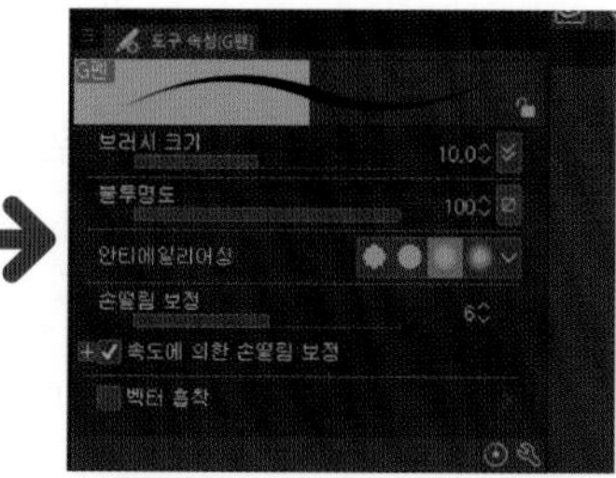

탭 표시
팔레트에 따라서는 다른 팔레트와 겹쳐 있는 것도 있습니다. 겹쳐 있는 팔레트는 탭으로 표시됩니다.

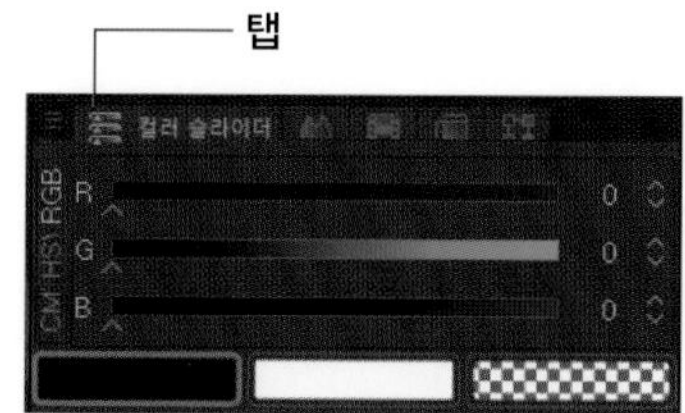

TIPS 팔레트 독

복수의 팔레트를 수납하고 있는 프레임을 팔레트 독이라고 합니다. 상단의 ■나 ■를 클릭하면 팔레트 독을 접거나 팔레트를 아이콘화할 수 있습니다.

Ⓐ 팔레트 독 최소화: 팔레트를 접어서 최소화합니다.
Ⓑ 팔레트 독 아이콘화: 수납되어 있는 각 팔레트를 아이콘화합니다.

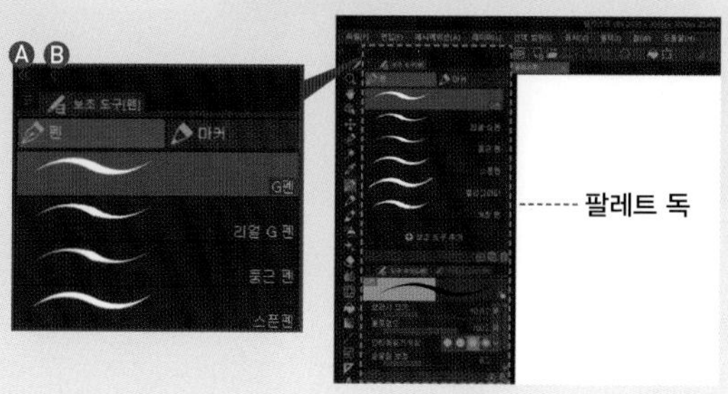

Part.1 기본 설정

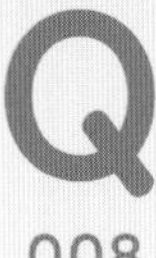

찾을 수 없는 팔레트를 표시하고 싶다

008

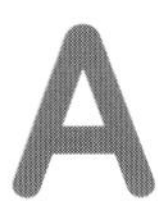

[창] 메뉴에서 팔레트를 표시할 수 있습니다.

표시 중인 팔레트 확인하기

[창] 메뉴에서 팔레트를 표시할 수 있습니다.
팔레트 이름에 체크가 되어 있는 것이 표시 중인 팔레트입니다.
표시하고 싶은 팔레트가 숨겨져 있으면 선택하여 표시합니다.

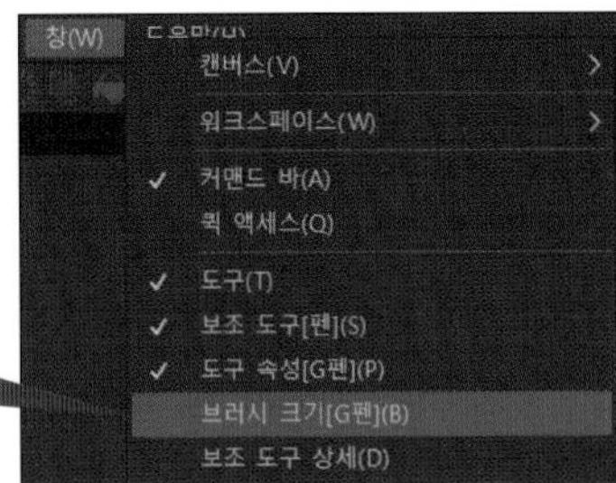

체크가 없는 경우 팔레트는 표시되어 있지 않다

Part.1 기본 설정

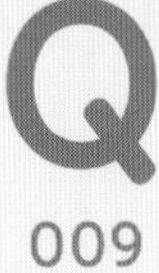

팔레트의 위치를 초기 상태로 되돌리고 싶다

009

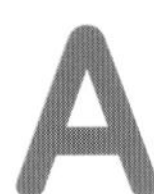

[기본 레이아웃으로 복귀]로 초기 상태로 되돌릴 수 있습니다.

팔레트 위치를 초기 상태로 되돌리기

[창] 메뉴→[워크스페이스]→[기본 레이아웃으로 복귀]를 선택하여 팔레트의 위치를 초기 상태로 되돌릴 수 있습니다.

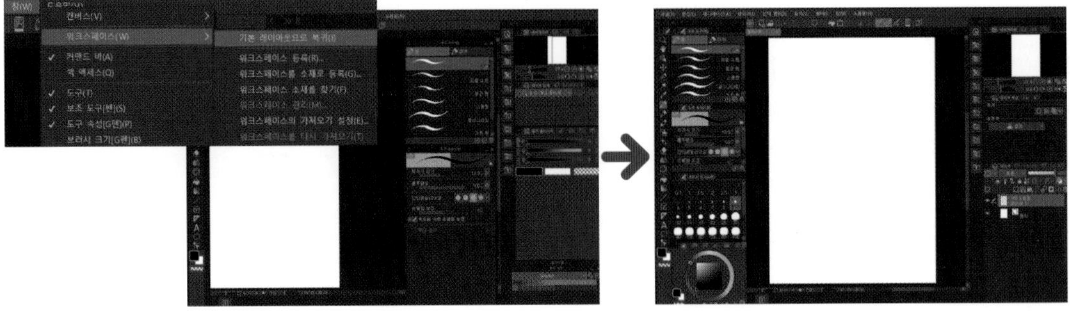

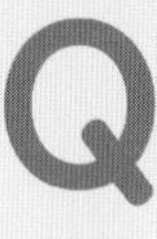

작업을 취소하고 싶다

010

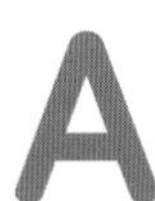

[실행 취소]로 작업을 취소할 수 있습니다.

작업 취소

[편집] 메뉴→[실행 취소]를 선택하여 작업을 1단계 전으로 되돌릴 수 있습니다. 단축 키 Ctrl+Z를 기억해 두면 편리합니다. [실행 취소]를 할 수 있는 횟수는 [환경 설정]에서 설정할 수 있습니다.

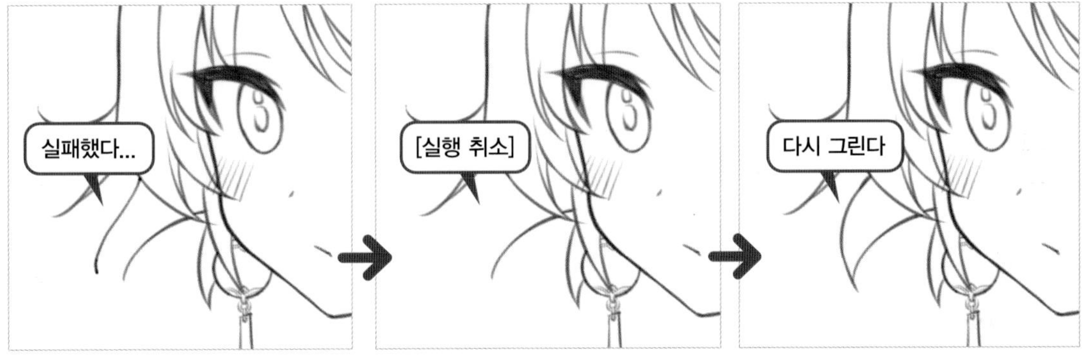

[실행 취소]로 되돌릴 수 있으므로 실패를 두려워하지 않고 선을 그릴 수 있습니다.

다시 실행

[편집] 메뉴→[다시 실행]을 선택하면 [실행 취소]한 작업을 취소 전으로 되돌릴 수 있습니다.

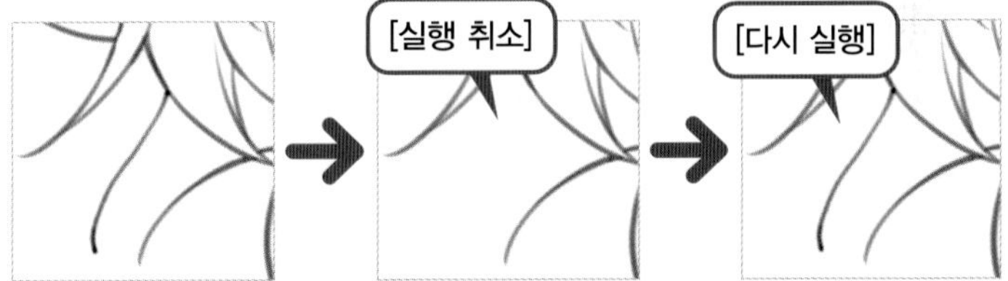

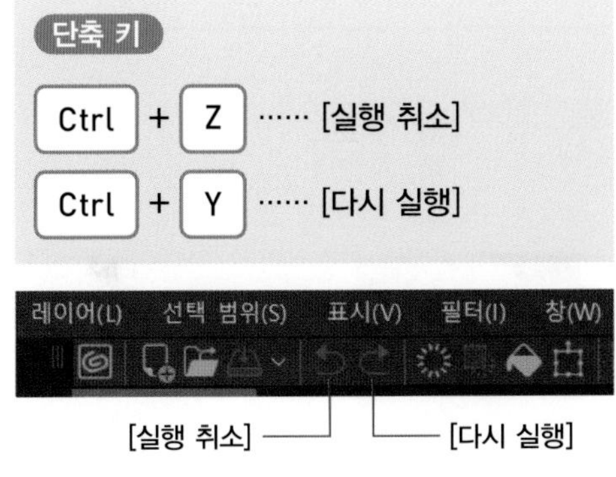

[커맨드 바]의 화살표 아이콘으로도 [실행 취소], [다시 실행]을 할 수 있습니다.

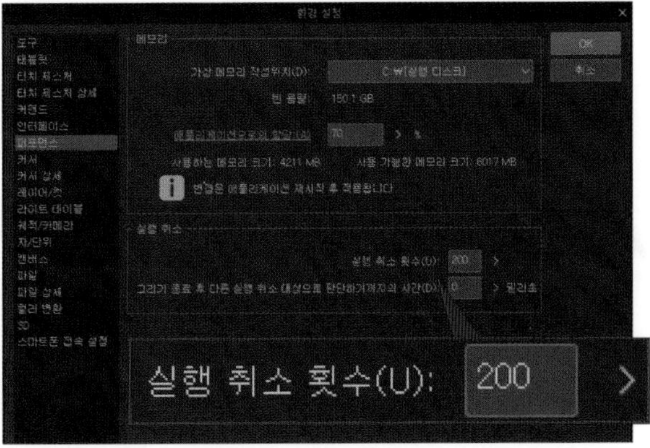

[파일](MacOS/iPad 버전에서는 [CLIP STUDIO PAINT]) 메뉴→[환경 설정]→[퍼포먼스] 카테고리에 있는 [실행 취소 횟수]에서 취소할 수 있는 횟수를 설정할 수 있습니다.

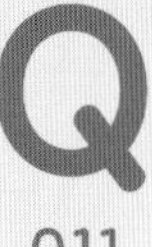
011

캔버스 표시를 확대·축소·회전하고 싶다

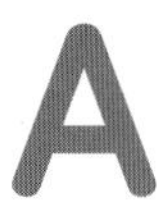

[돋보기] 도구나 [내비게이터] 팔레트 등으로 표시를 조정합니다.

[돋보기] 도구

[돋보기] 도구로 캔버스의 확대, 축소가 가능합니다.
보조 도구에는 [줌 인]과 [줌 아웃]이 있습니다.
[줌 인]을 클릭하면 확대, [줌 아웃]을 클릭하면 축소됩니다.

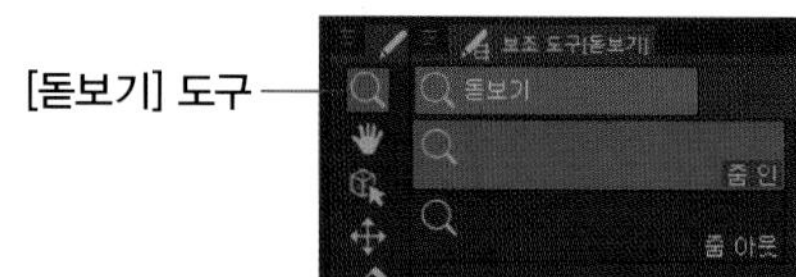

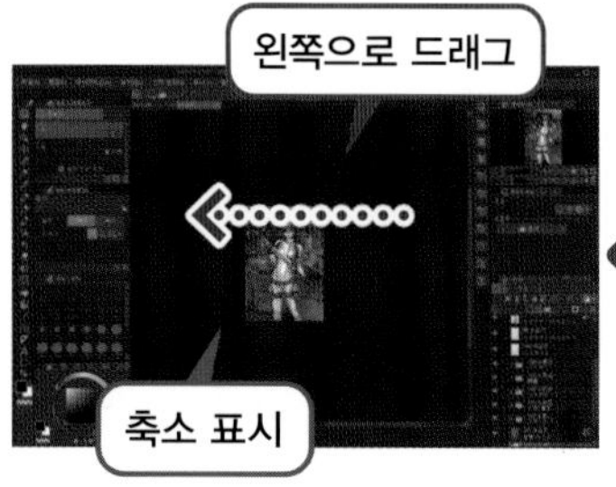

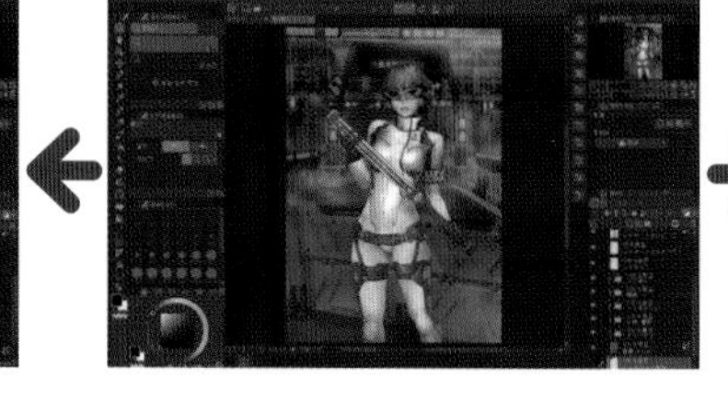

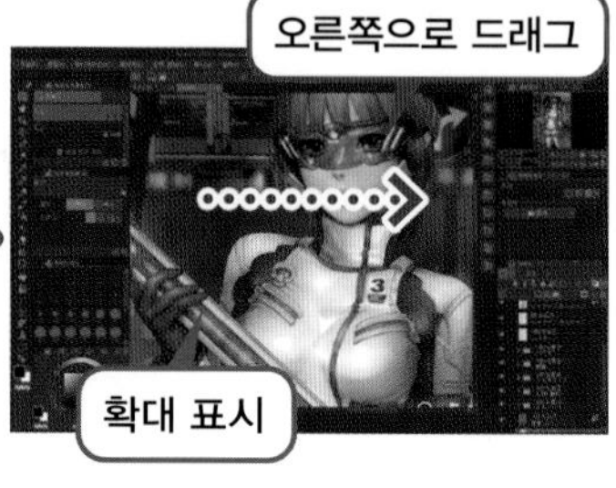

드래그로 확대, 축소

[돋보기] 도구는 마우스를 드래그하여 캔버스를 확대, 축소할 수 있습니다. 오른쪽으로 드래그하면 확대, 왼쪽으로 드래그하면 축소됩니다.

수식 키

다른 도구를 사용 중에 수식 키를 누르면 일시적으로 [돋보기] 도구의 [줌 인], [줌 아웃]을 사용할 수 있습니다.

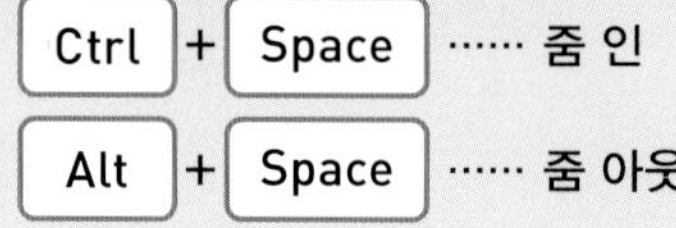

캔버스 회전하기

[표시] 메뉴→[회전/반전]→[왼쪽 회전] 또는 [오른쪽 회전]을 선택하여 캔버스를 회전할 수 있습니다.
단축 키를 사용하면 빠르게 회전할 수 있어 편리합니다.

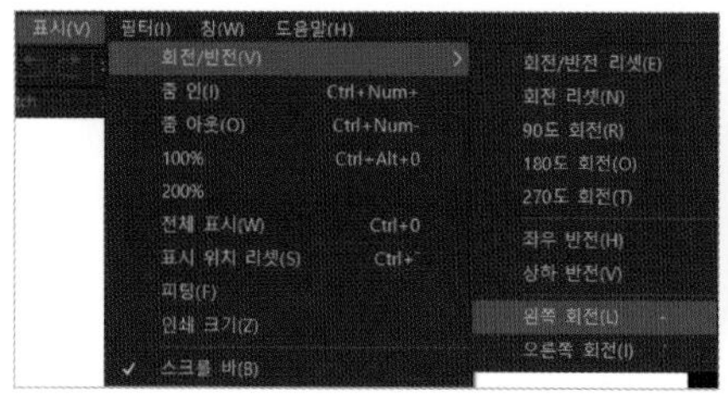

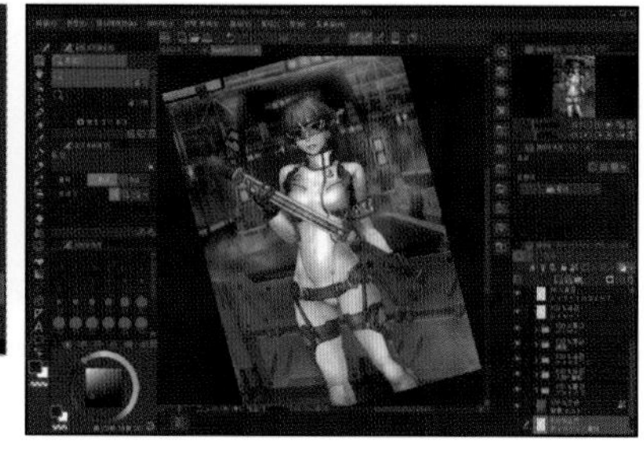

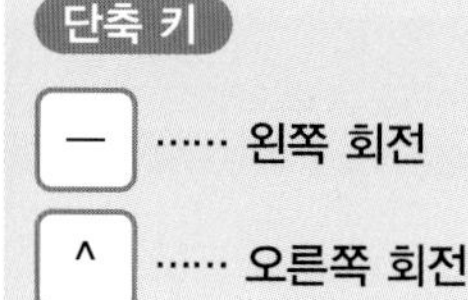

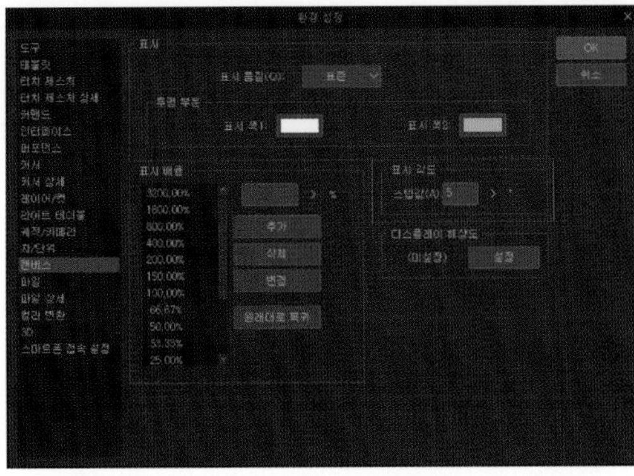

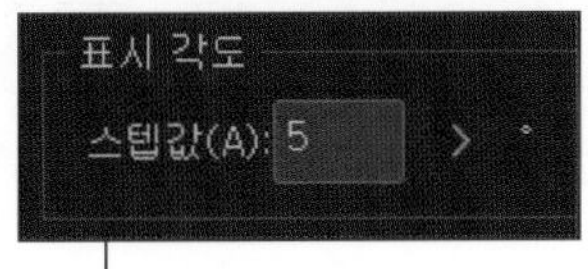

[왼쪽 회전], [오른쪽 회전]으로 회전하는 각도는 [파일](MacOS/iPad 버전에서는 [CLIP STUDIO PAINT]) 메뉴→[환경 설정]→[캔버스]에 있는 [표시 각도]에서 설정할 수 있습니다.

[내비게이터] 팔레트

[내비게이터] 팔레트는 캔버스 표시를 조정할 수 있는 팔레트입니다.

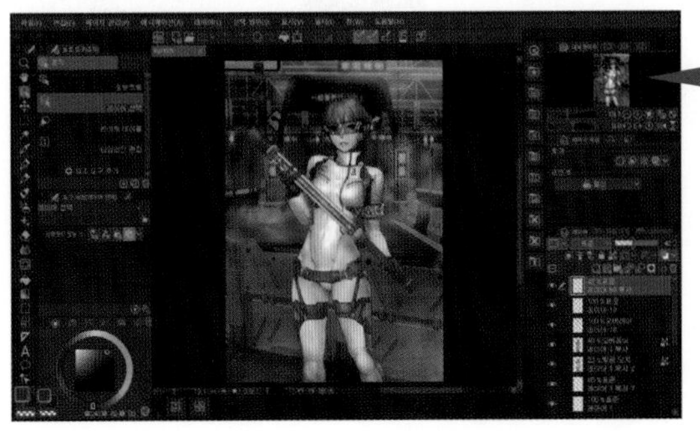

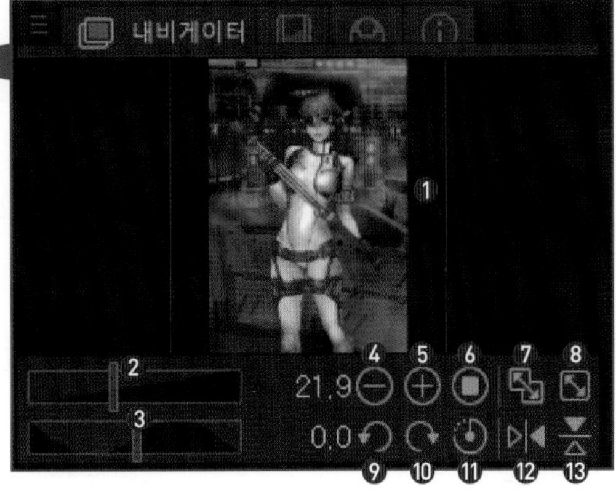

❶ 이미지 미리 보기

캔버스 전체가 미리 보기로 표시됩니다.

❷ 확대 및 축소 슬라이더

캔버스 표시의 확대 및 축소를 슬라이더로 조정합니다.

❸ 회전 슬라이더

캔버스 표시 각도를 슬라이더로 조정합니다.

❹ 줌 아웃

캔버스를 축소하여 표시합니다.

❺ 줌 인

캔버스를 확대하여 표시합니다.

❻ 100%

캔버스가 100%로 표시됩니다.

❼ 피팅

ON으로 하면 창에 맞춰 캔버스 전체가 들어가도록 표시됩니다. 창의 폭을 넓히면 캔버스 표시도 연동됩니다.

❽ 전체 표시

창에 맞춰 캔버스 전체가 들어가도록 표시됩니다. 창의 폭을 바꿔도 연동이 안 됩니다.

❾ 왼쪽 회전

캔버스 표시를 왼쪽으로 회전합니다.

❿ 오른쪽 회전

캔버스 표시를 오른쪽으로 회전합니다.

⓫ 회전 리셋

회전한 캔버스 표시를 원래대로 되돌립니다.

⓬ 좌우 반전

ON으로 하면 캔버스를 좌우 반전하여 표시합니다. 원래대로 되돌리고 싶을 때는 다시 클릭합니다.

⓭ 상하 반전

ON으로 하면 캔버스를 상하 반전하여 표시합니다. 원래대로 되돌리고 싶을 때는 다시 클릭합니다.

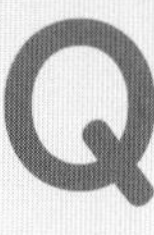

012

캔버스의 표시 위치를 옮기고 싶다

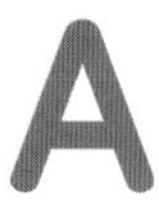

[손바닥] 도구로 표시 위치를 움직일 수 있습니다.

[손바닥] 도구

[이동] 도구→[손바닥]을 선택하여 드래그하면 표시 위치를 움직일 수 있습니다.

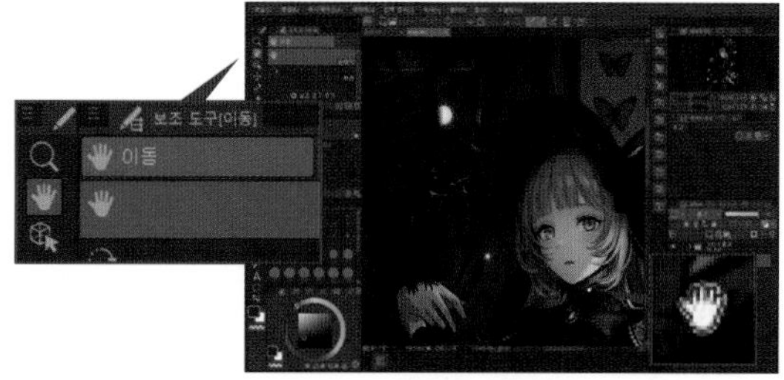

[손바닥] 도구 사용 중에는 커서가 손바닥 모양이 됩니다.

수식 키

다른 도구를 사용 중에 수식 키를 입력하면 일시적으로 [손바닥]을 사용할 수 있습니다.

Space …… [손바닥]

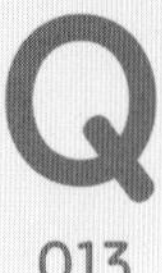

013

캔버스 표시를 처음 상태로 되돌리고 싶다

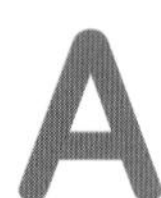

[표시 위치 리셋]으로 처음 상태의 표시로 되돌릴 수 있습니다.

표시를 처음 상태로 되돌리기

[표시] 메뉴→[표시 위치 리셋]을 선택하여 확대, 축소한 표시나 회전, 반전한 표시를 처음 상태로 되돌릴 수 있습니다.

단축 키

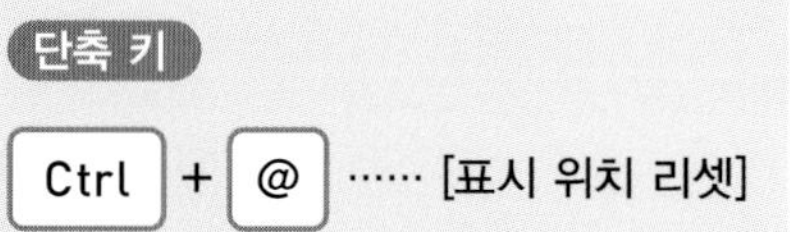

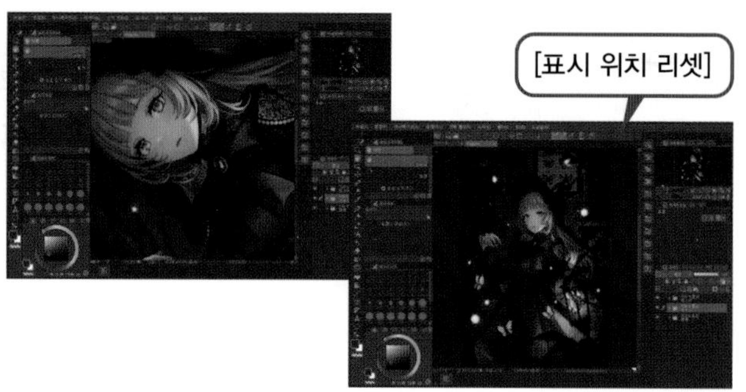

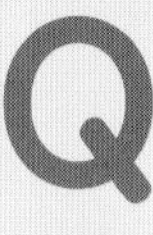

014 어떤 도구가 있는지 알고 싶다

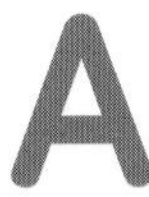

각 도구의 [보조 도구] 팔레트로 개요를 설명합니다.

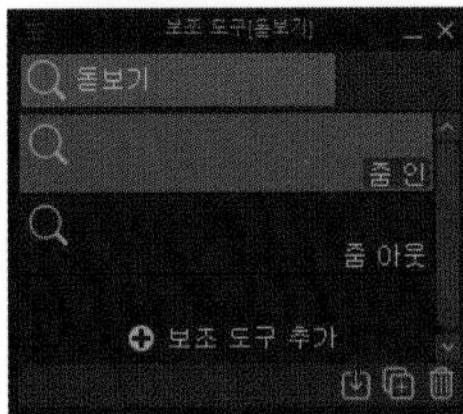

[돋보기] 도구

캔버스 표시를 확대 및 축소하는 도구입니다. (→ P.24)

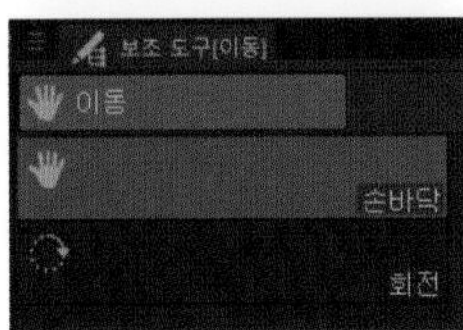

[손바닥] 도구

캔버스의 표시 위치를 움직여 주는 도구입니다. (→ P.26)

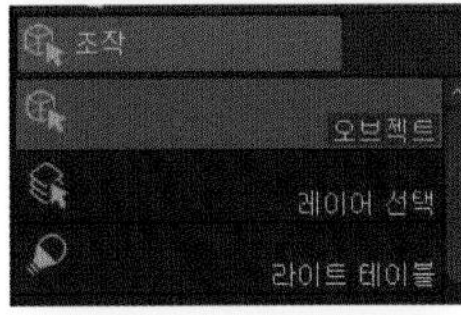

[조작] 도구

[조작] 도구에 있는 [오브젝트]는 자나 벡터 선 등을 편집하는 보조 도구입니다. [레이어 선택]은 레이어를 찾을 때 사용합니다.

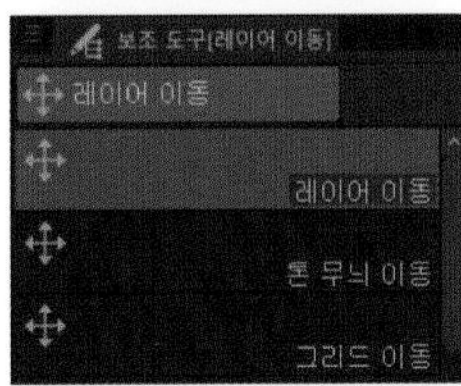

[레이어 이동] 도구

레이어의 그림 부분을 움직이는 [레이어 이동] 외에 톤의 망점을 움직이는 [톤 무늬 이동] 등의 보조 도구가 있습니다.

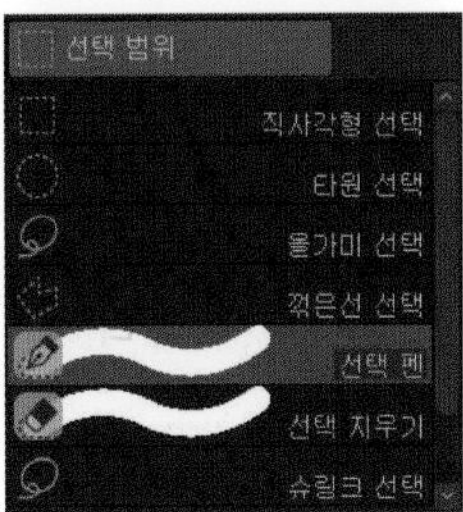

[선택 범위] 도구

선택 범위를 작성하기 위한 다양한 보조 도구가 있습니다. (→ P.90)

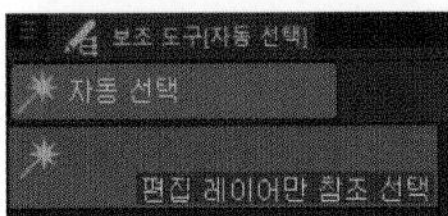

[자동 선택] 도구

[자동 선택] 도구는 클릭한 부분의 색상 영역으로 선택 범위를 작성합니다. (→ P.91)

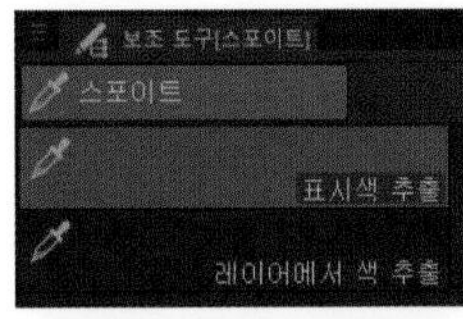

[스포이트] 도구

캔버스 위의 색상을 추출하여 그리기 색으로 할 수 있습니다. (→ P.55)

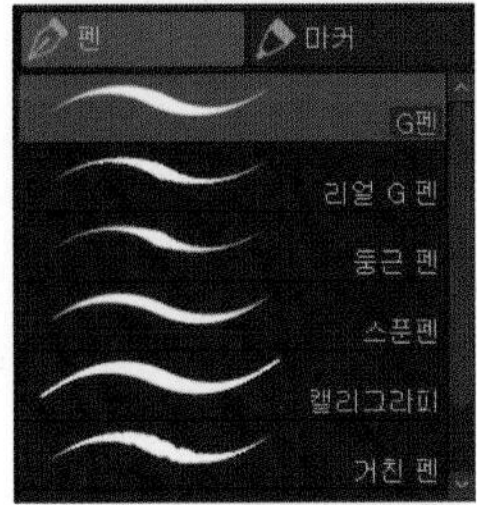

[펜] 도구

선명한 선을 그릴 때 사용하는 도구입니다. (→ P.31)

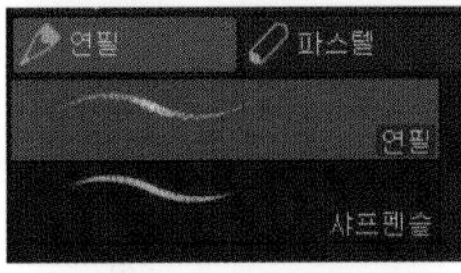

[연필] 도구

연필 같은 선을 그릴 수 있는 도구입니다. (→ P.32)

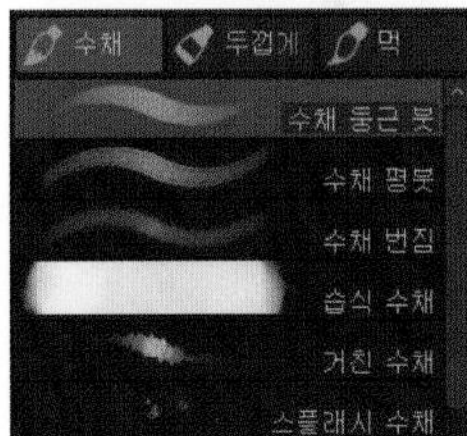

[수채] 도구

수채화 칠이나 두꺼운 칠 등 채색에 사용할 수 있는 보조 도구가 있습니다. (→ P.33)

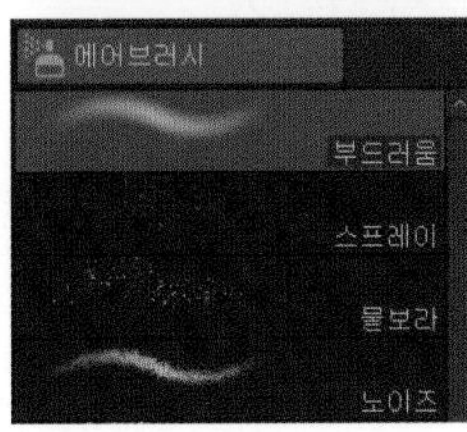

[에어브러시] 도구

스프레이를 뿌려 그리는 타입의 그리기 도구입니다. (→ P.35)

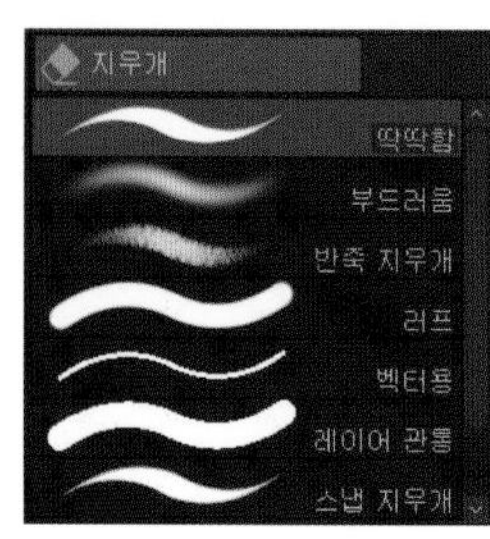

[지우개] 도구
그려진 부분을 지우기 위한 도구입니다. 선명한 스트로크의 [딱딱함], 부드러운 [부드러움] 등으로 구분해 사용합니다. 그 밖에 벡터 선을 지울 때 편리한 [벡터용] 등이 있습니다.
(→ P.64)

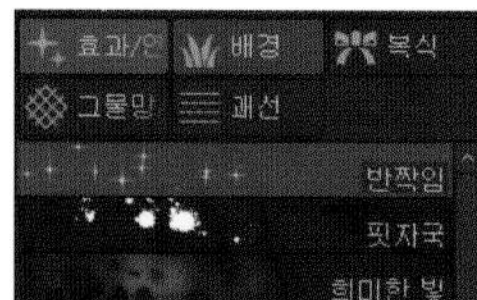

[데코레이션] 도구
다양한 모양과 패턴을 그릴 때 편리한 그리기 도구입니다.
(→ P.35)

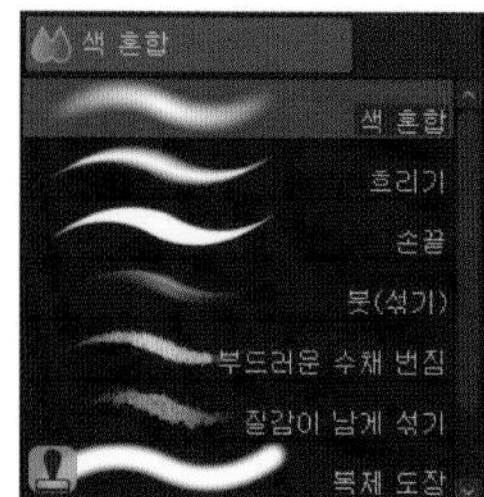

[색 혼합] 도구
[색 혼합] 그룹(→ P.76)의 보조 도구는 색의 경계를 융합시킵니다. 캔버스 위에 그려진 색을 섞을 때 사용합니다. [픽셀 유동화] 그룹→[픽셀 유동화]는 그림의 형태를 왜곡시킵니다.
(→ P.103)

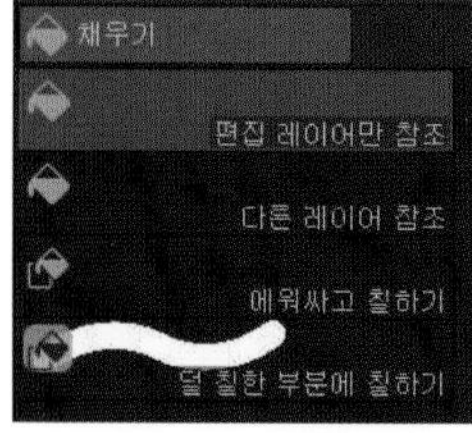

[채우기] 도구
클릭한 부분의 색상 범위를 참조하여 채색합니다. (→ P.67)

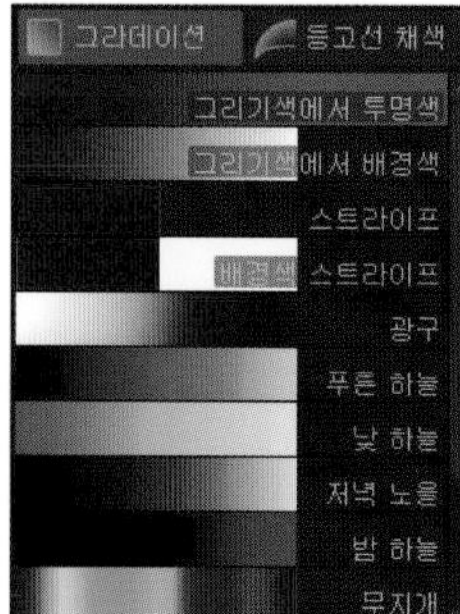

[그라데이션] 도구
그라데이션을 작성하는 도구입니다. [그리기색에서 투명색]과 [그리기색에서 배경색]이 기본입니다. (→ P.88)

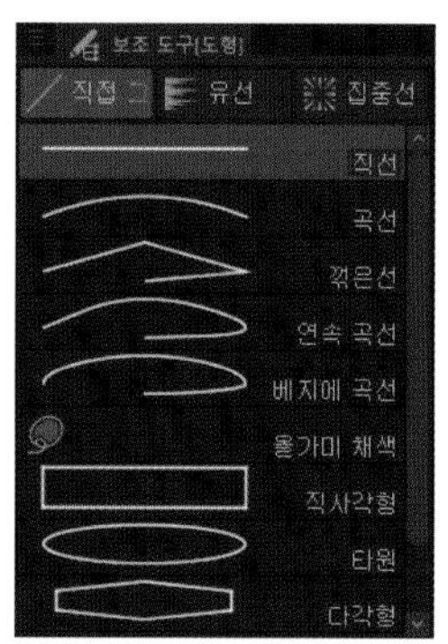

[도형] 도구
직선이나 곡선, 원, 직사각형, 다각형과 같은 도형을 그릴 수 있는 보조 도구가 있습니다.
(→ P.139)

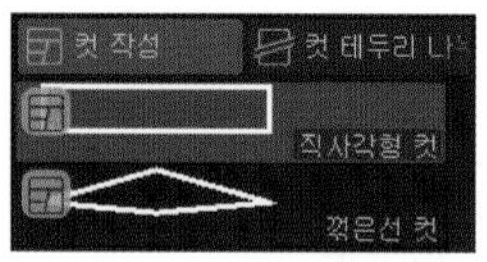

[컷 작성] 도구
만화의 컷을 만들기 위한 도구입니다.

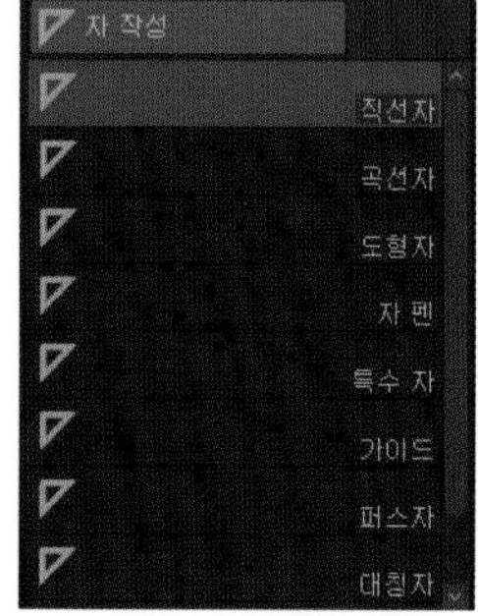

[자 작성] 도구
직선을 그리기 위한 [직선자](→ P.127), 평행선이나 방사상의 선을 그릴 때 도움이 되는 [특수 자](→ P.132), 좌우 대칭의 그림을 그릴 수 있는 [대칭자](→ P.130) 등 다양한 자가 있습니다.

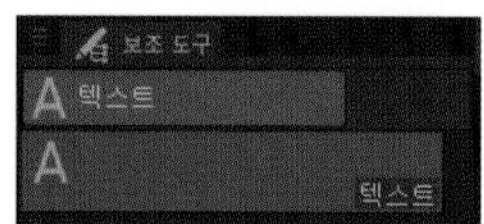

[텍스트] 도구
문자를 입력하는 도구입니다.
(→ P.106)

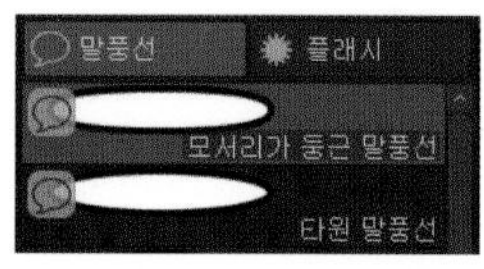

[말풍선] 도구
만화의 말풍선을 만들기 위한 도구입니다.

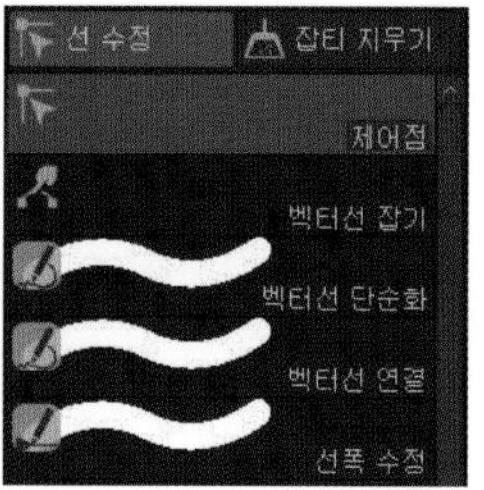

[선 수정] 도구
제어점 편집용의 [제어점](→ P.123) 등 벡터 선을 편집하기 위한 보조 도구가 있습니다.

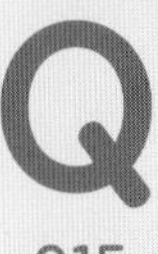

015

도구 설정을 바꾸고 싶다

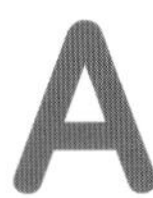

[도구 속성 팔레트]에서 설정을 변경할 수 있습니다.

[도구 속성] 팔레트

[도구 속성]은 현재 선택된 보조 도구의 기본적인 설정이 표시되는 팔레트입니다.

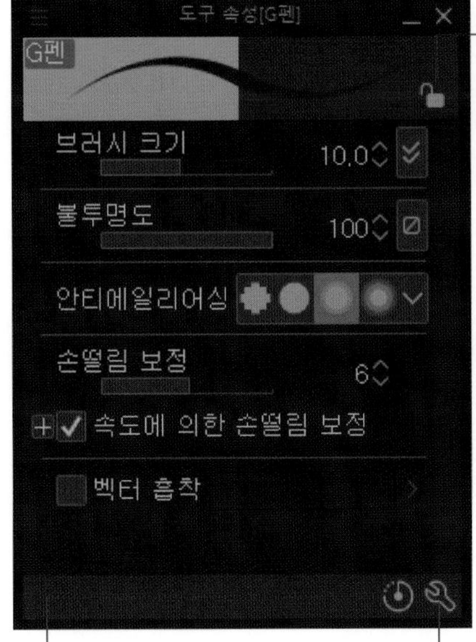

잠금

잠금을 ON으로 하면 보조 도구의 설정이 유지됩니다. 잠금 중에도 설정을 바꿀 수는 있지만 다른 보조 도구를 선택한 후 다시 잠금 중인 보조 도구를 선택하면 잠겼을 때 설정으로 돌아갑니다.

기능 확장

기능 확장 설정이 있는 경우 ⊞를 클릭하면 더 상세한 설정이 표시됩니다.

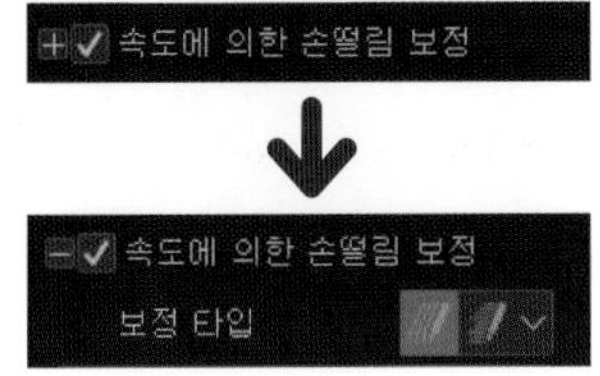

초기 설정

현재 선택된 보조 도구의 내용을 초기 설정으로 되돌립니다.

보조 도구 상세

[보조 도구 상세] 팔레트를 엽니다.

TIPS 설정값 표시

설정값 표시 방법에는 슬라이더 표시나 인디케이터 표시, 수치 표시 등이 있습니다. 슬라이더 표시와 인디케이터 표시는 마우스를 오른쪽 클릭하여 전환할 수 있습니다.

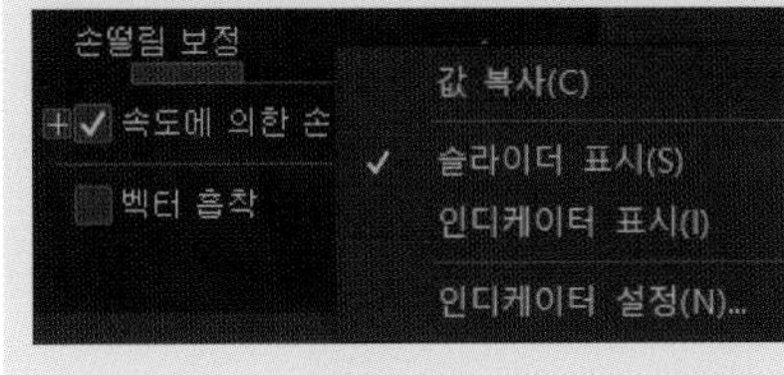

슬라이더 표시

인디케이터 표시

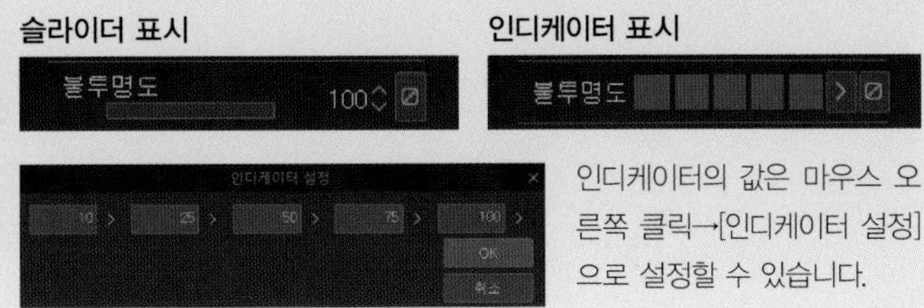

인디케이터의 값은 마우스 오른쪽 클릭→[인디케이터 설정]으로 설정할 수 있습니다.

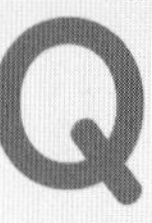

좀 더 세밀하게 도구를 설정하고 싶다

016

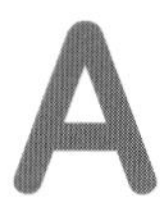

[보조 도구 상세] 팔레트에서 세밀하게 설정할 수 있습니다.

[보조 도구 상세] 팔레트

보조 도구의 설정을 더 상세하게 설정하고 싶을 때는 [보조 도구 상세] 팔레트에서 설정합니다. [보조 도구 상세] 팔레트를 표시하려면 [도구 속성] 팔레트에서 [보조 도구 상세]를 클릭하거나 [창] 메뉴→[보조 도구 상세]를 선택합니다. 설정은 카테고리로 분류되어 있습니다.

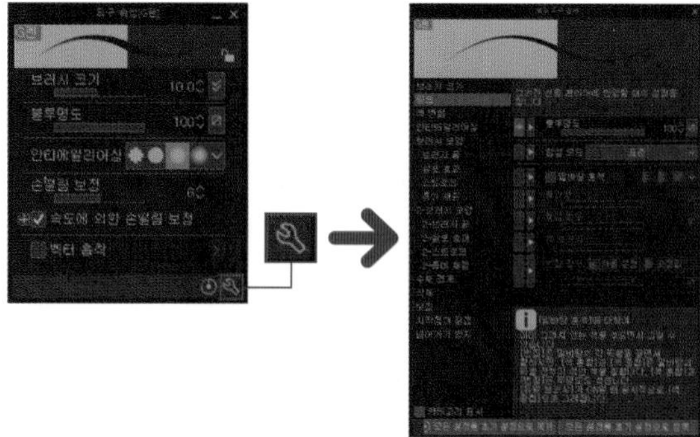

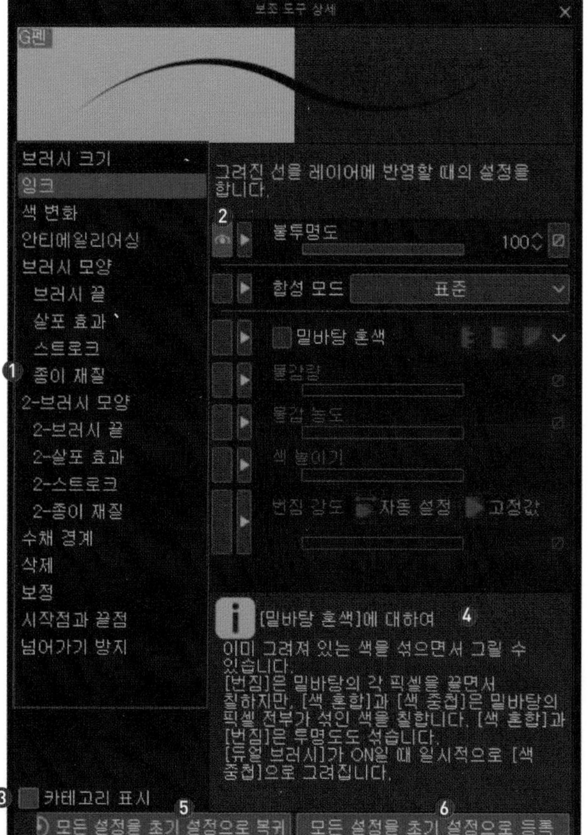

❶ 카테고리
설정 항목 카테고리가 표시됩니다.

❷ 도구 속성에 표시
눈 아이콘이 있는 설정은 [도구 속성] 팔레트에 표시됩니다.

❸ 카테고리 표시
체크하면 [도구 속성] 팔레트의 설정 항목에 카테고리 명이 표시됩니다.

❹ 정보 표시
설정 항목에 관한 힌트나 미리 보기 등이 표시됩니다.

❺ 모든 설정을 초기 설정으로 복귀
모든 설정을 초기 설정으로 되돌립니다.

❻ 모든 설정을 초기 설정으로 등록
변경한 설정을 초기 설정으로 등록합니다.

TIPS 폭이 좁을 때의 카테고리

[보조 도구 상세] 팔레트의 가로 폭이 좁은 경우는 카테고리가 위에 표시됩니다.

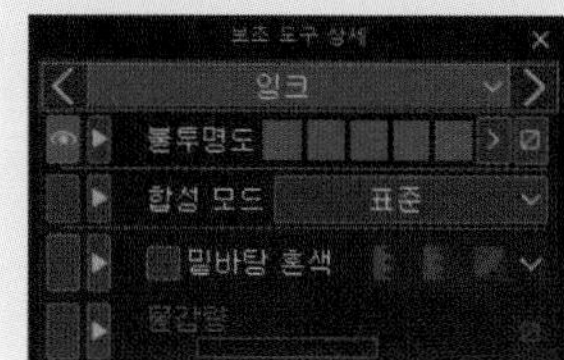

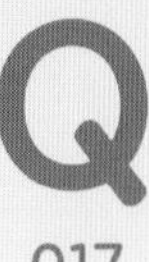

대표적인 그리기 도구를 알고 싶다

017

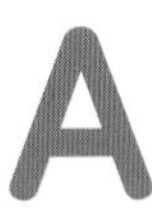

그리기 도구에서 자주 사용되는 보조 도구를 소개합니다.

[펜] 도구 → [펜] 그룹

[펜] 도구는 스트로크에 농담이 표현되지 않기 때문에 선명한 선을 그릴 때 적합합니다. [펜] 그룹의 보조 도구는 필압을 바꾸어 굵기에 강약을 줄 수 있는 것이 특징입니다.

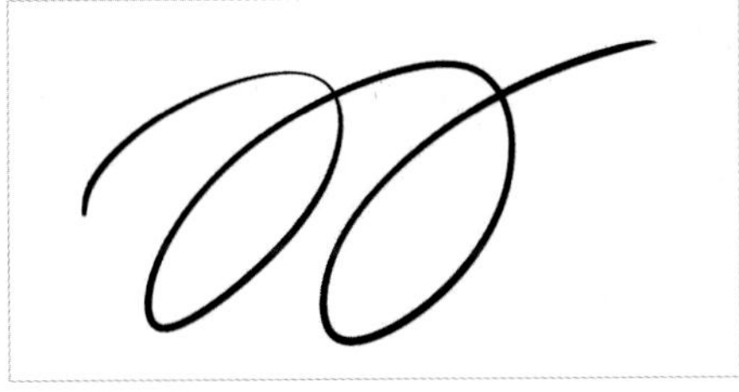

[G펜]
선 굵기에 강약을 주기 쉬운 표준 보조 도구입니다. 필압으로 가는 선과 굵은 선을 구분할 수 있습니다.

[펜] 그룹

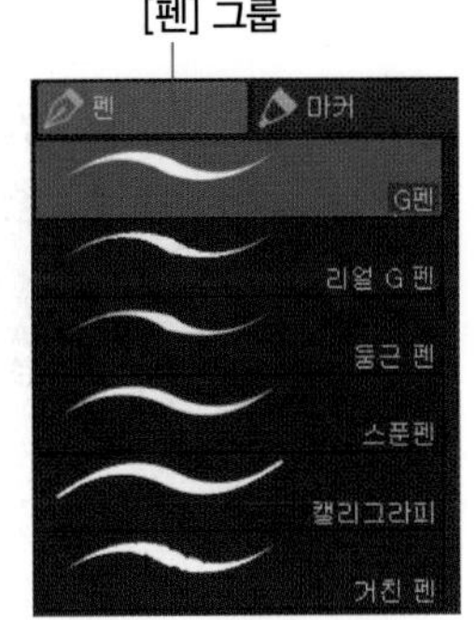

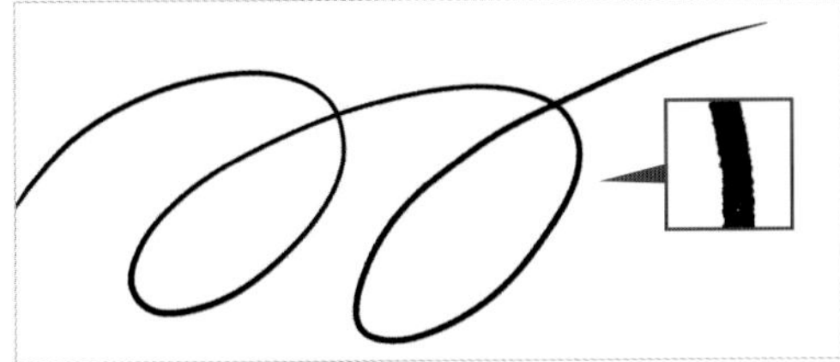

[리얼 G 펜]
스트로크에 까칠까칠한 질감이 나오기 때문에 아날로그풍의 라인이 됩니다.

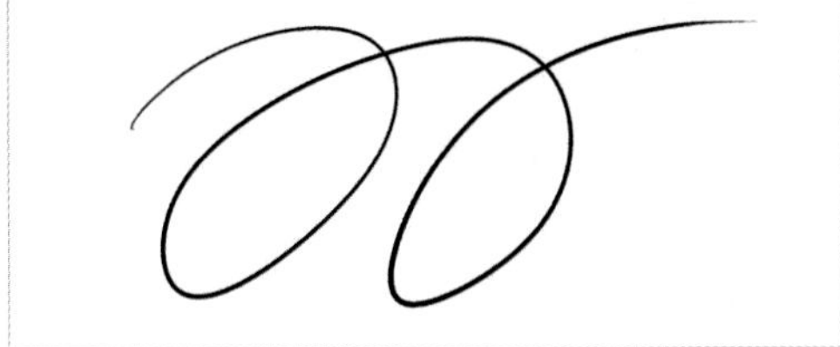

[둥근 펜]
[G펜]에 비해 선이 굵어지지 않기 때문에 가는 선으로 그릴 때 사용하기 쉬운 보조 도구입니다.

[펜] 도구 → [마커] 그룹

[마커] 그룹의 보조 도구는 필압에 의한 강약을 표현하기 어려운 것이 특징입니다. 매직과 같은 균일한 선을 그리고 싶을 때 사용합니다.

[마커] 그룹

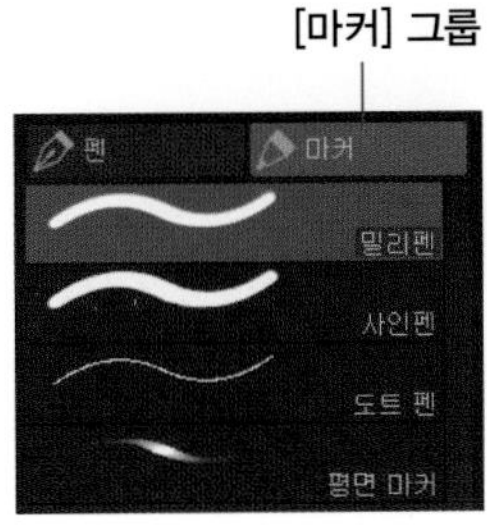

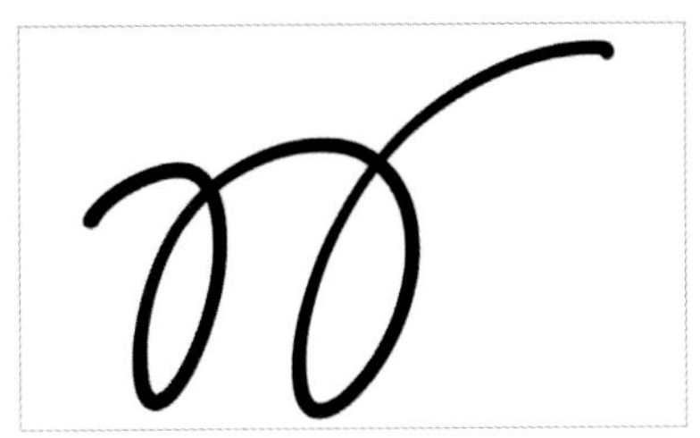

[밀리펜]
표준적인 [마커] 그룹의 보조 도구입니다.

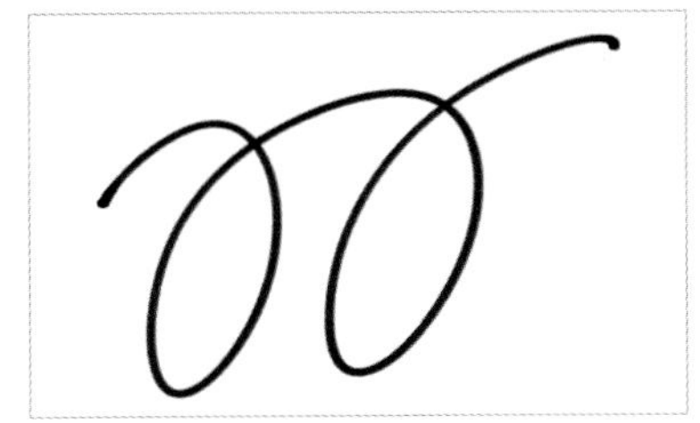

[사인펜]
사인펜처럼 굵기에 약간의 강약이 표현되는 보조 도구입니다.

[연필] 도구 → [연필] 그룹

[연필] 도구는 필압에 의한 굵기의 강약 표현이 가능합니다.
[펜] 도구와 달리 농담도 표현할 수 있으므로 옅은 선을 그릴 수 있습니다.

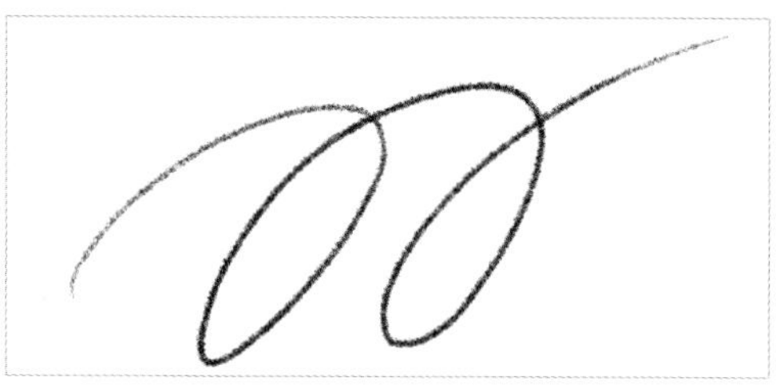

[연필]
그린 선에 종이 질감이 표현되기 때문에 사실적인 연필 느낌이 납니다.

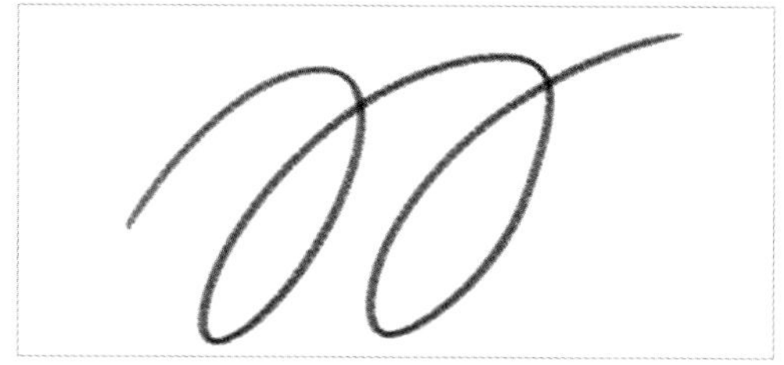

[샤프펜슬]
[연필]보다 부드러운 선이 장점인 보조 도구입니다.

TIPS 펜을 눕혔을 때의 [연필]
연필을 눕혀서 그린 것과 같은 표현이 가능합니다.

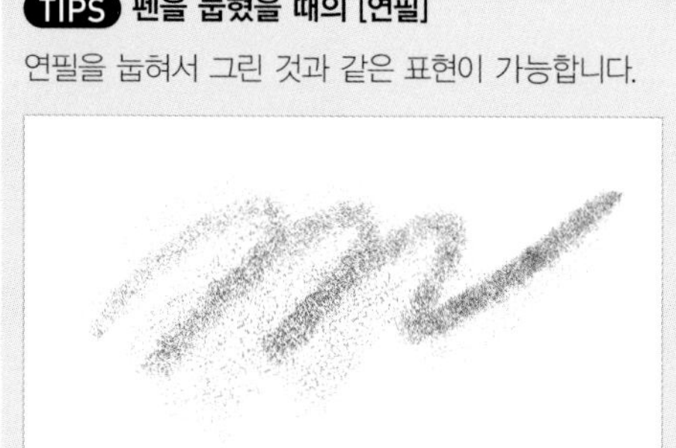

[연필] 그룹

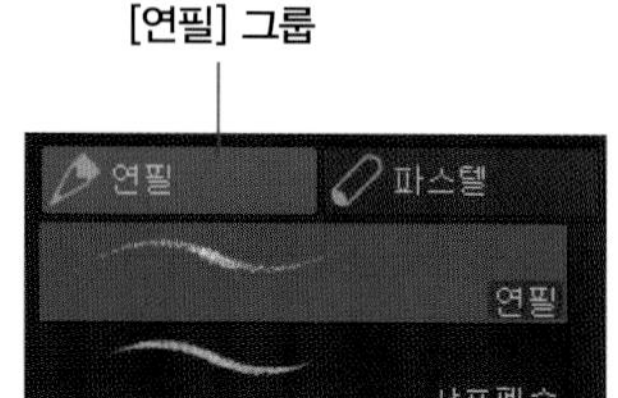

[연필] 도구 → [파스텔] 그룹

[파스텔] 그룹에는 요철이 있는 종이에 그린 것과 같은 질감을 표현할 수 있는 [목탄]이나 [크레용] 등의 보조 도구가 있습니다.

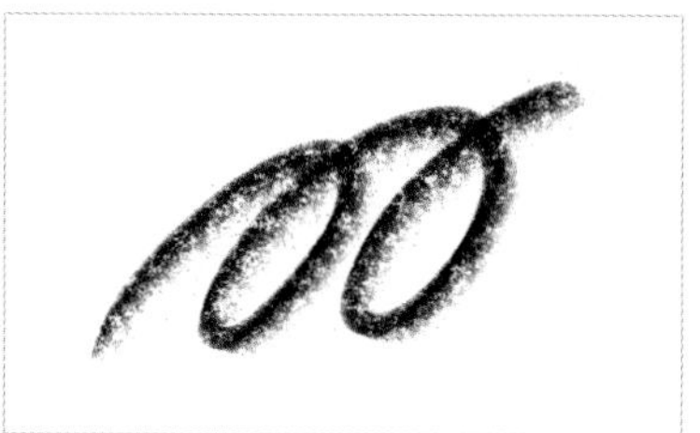

[목탄]
목탄 데생과 같은 선을 그릴 수 있는 보조 도구입니다.

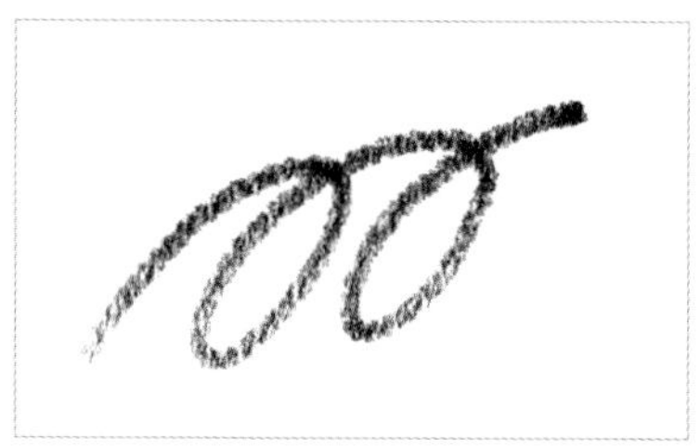

[크레용]
크레용과 같은 부드러운 느낌의 선을 그릴 수 있습니다.

[파스텔] 그룹

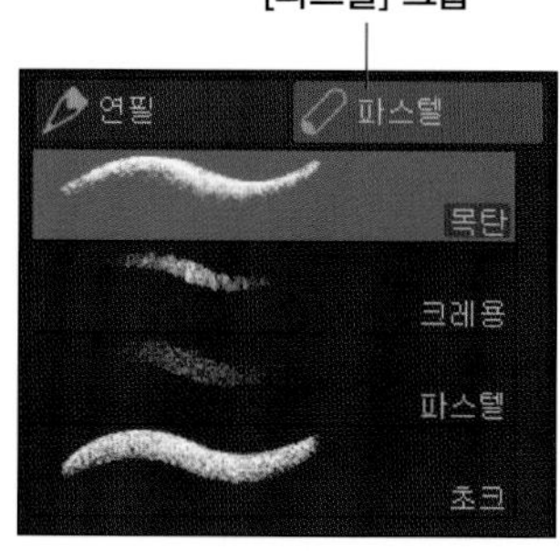

[붓] 도구 → [수채] 그룹

[붓] 도구의 [수채] 그룹에는 수채화 물감으로 그린 것 같은 표현을 할 수 있는 보조 도구가 있습니다.

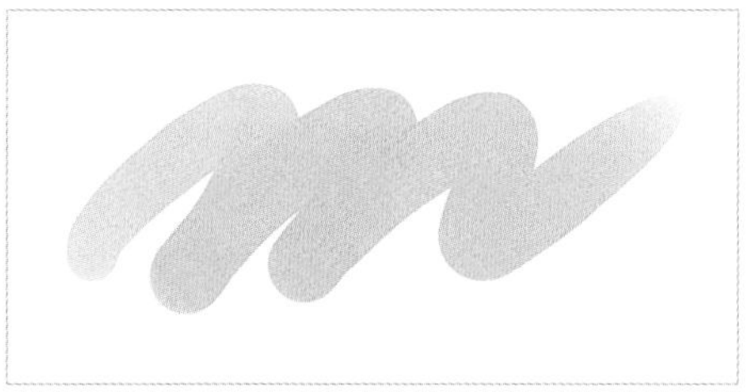

[수채 둥근 붓]
붓끝이 둥근 수채 붓입니다. 도화지에 수채화 물감으로 그린 듯한 표현이 가능합니다.

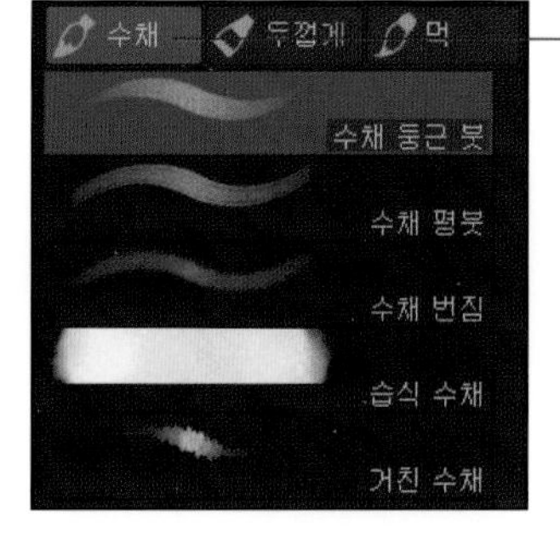

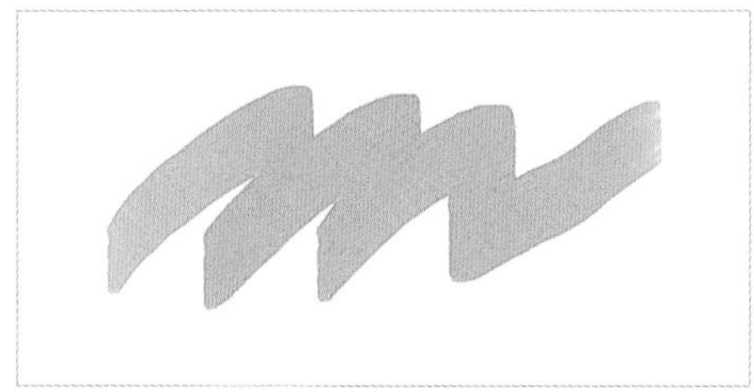

[수채 평붓]
붓끝이 평평한 수채 붓입니다.

[수채 번짐]
물을 바른 도화지에 물감을 묻힌 듯한 표현을 할 수 있는 수채 붓입니다.

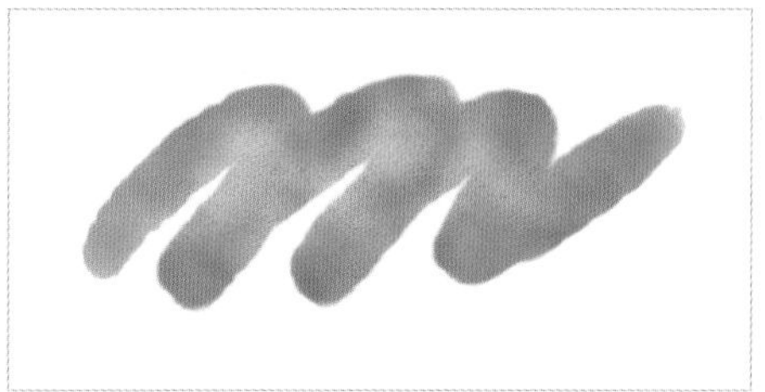

[습식 수채]
물을 많이 머금은 붓으로 수채화 물감을 칠한 듯한 농담이 나옵니다.

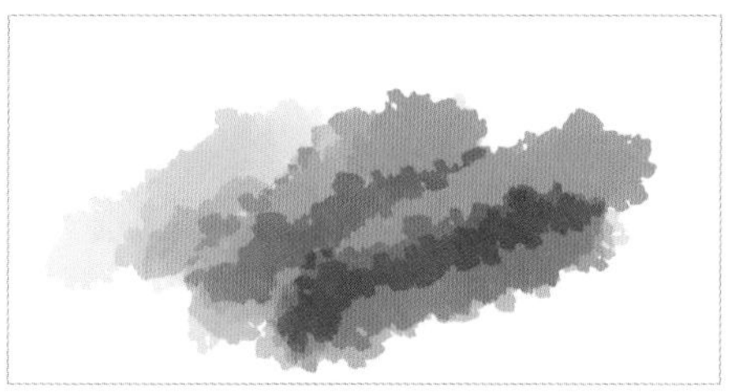

[거친 수채]
가장자리가 울퉁불퉁한 수채화 붓입니다.

[스플래시 수채]
물보라 같은 부분이 생기기도 하고 그리기 색과 미묘하게 다른 색이 섞이기도 합니다. 수채화풍의 질감을 빠르게 표현할 수 있습니다.

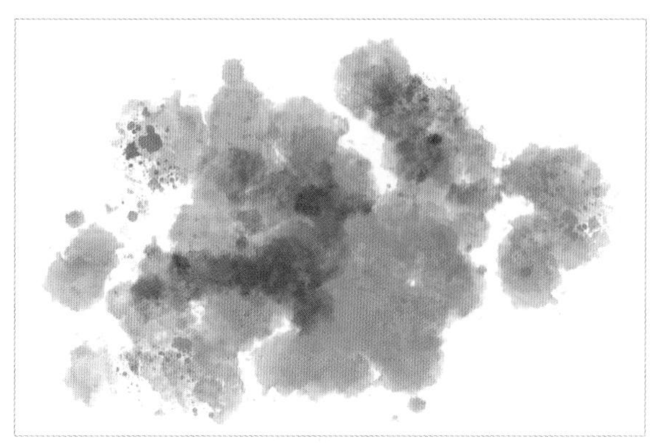

[붓] 도구 → [두껍게 칠하기] 그룹

[두껍게 칠하기] 그룹에는 물감을 두껍게 겹친 것 같은 표현을 할 수 있는 채색용 보조 도구가 있습니다.

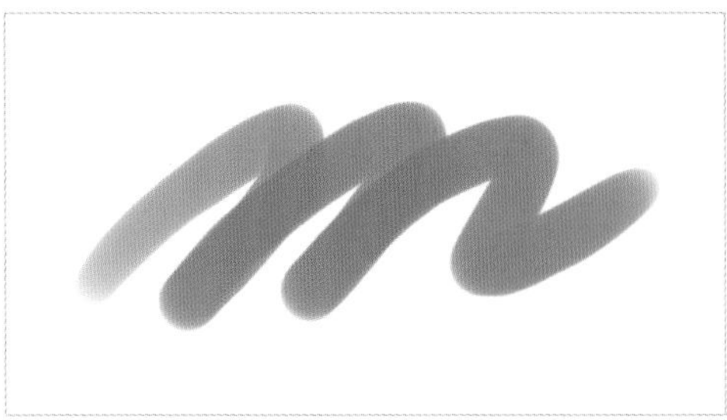

[혼색 원 브러시]
필압에 의한 농담을 표현하기 쉬운 브러시로 작업 중인 레이어에 있는 색상과 섞어가며 채색할 수 있습니다. 같은 그룹의 [구아슈]나 [유채]와 같은 종이의 질감은 나오지 않기 때문에 한쪽으로 치우치지 않는 선이 됩니다.

[두껍게 칠하기] 그룹

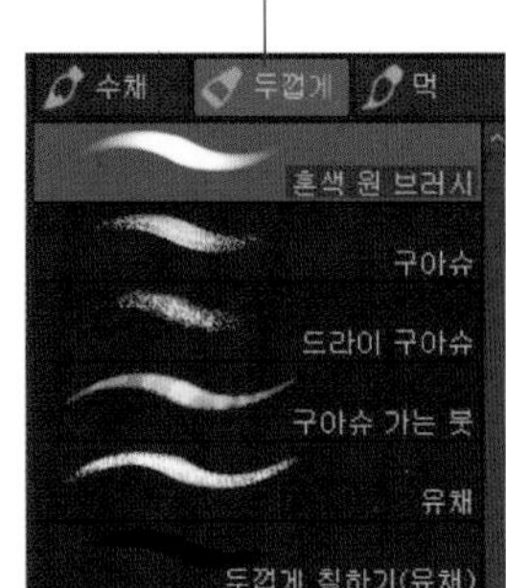

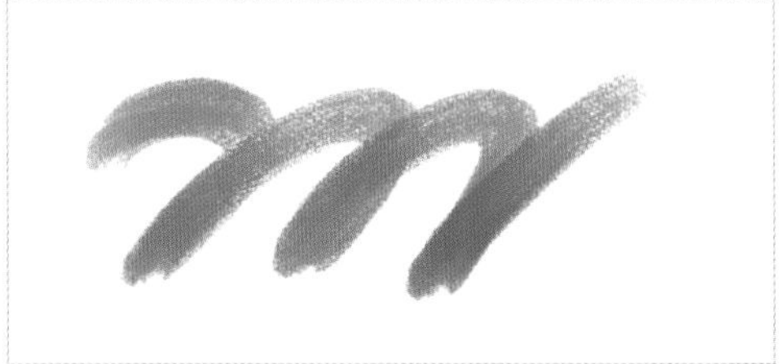

[구아슈]
부스스한 붓끝으로 그린 듯한 스트로크가 됩니다. 약한 필압으로 그리면 긁힌 느낌이 납니다.

[드라이 구아슈]
물기가 없는 붓으로 그린 듯한 까칠까칠한 스트로크가 특징입니다.

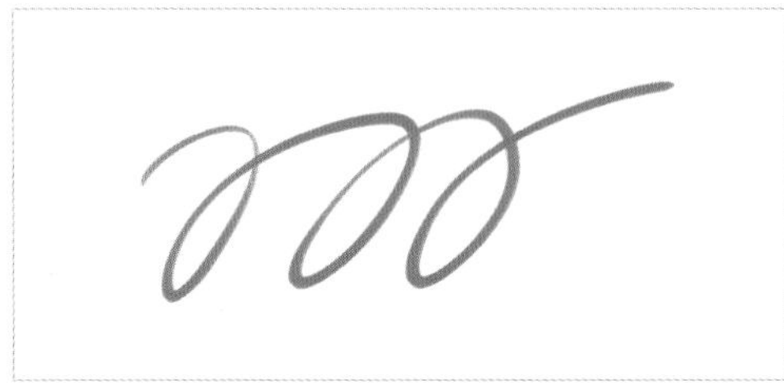

[구아슈 가는 붓]
선 굵기에 강약을 주기 쉬운 [구아슈] 계열의 보조 도구입니다.

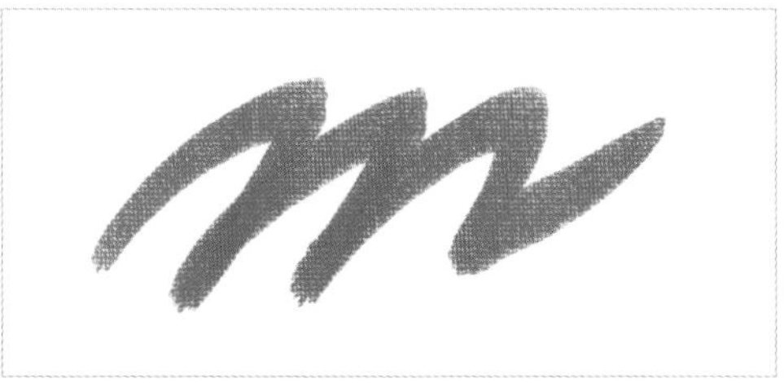

[유채]
캔버스에 유화 물감으로 그린 것 같은 표현을 할 수 있습니다.

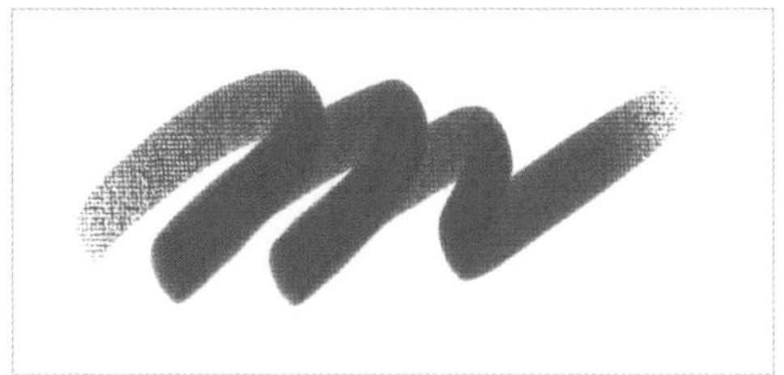

[두껍게 칠하기(유채)]
[유채]보다 더 진하게 그릴 수 있습니다.

[점묘]
하나의 스트로크로 많은 점묘를 그릴 수 있습니다. 그리기 색과 다른 색도 섞이기 때문에 복잡한 색감이 됩니다.

[에어브러시] 도구

[에어브러시] 도구에는 스프레이로 불어 넣은 것과 같은 표현을 할 수 있는 보조 도구가 있습니다.

[부드러움]
가장자리가 흐릿한 그림에 사용하기 쉬운 표준적인 [에어브러시] 도구입니다. 큰 브러시 크기로 그라데이션을 그릴 수 있습니다.

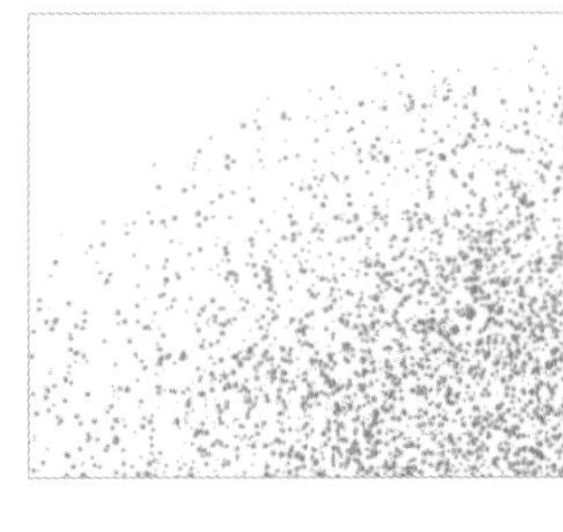

[스프레이]
입자가 거친 스프레이 모양의 그리기를 할 수 있습니다.

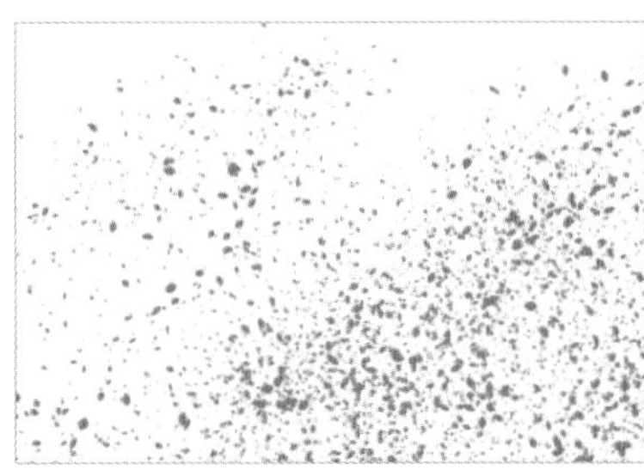

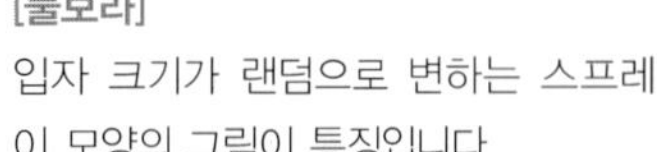

[물보라]
입자 크기가 랜덤으로 변하는 스프레이 모양의 그림이 특징입니다.

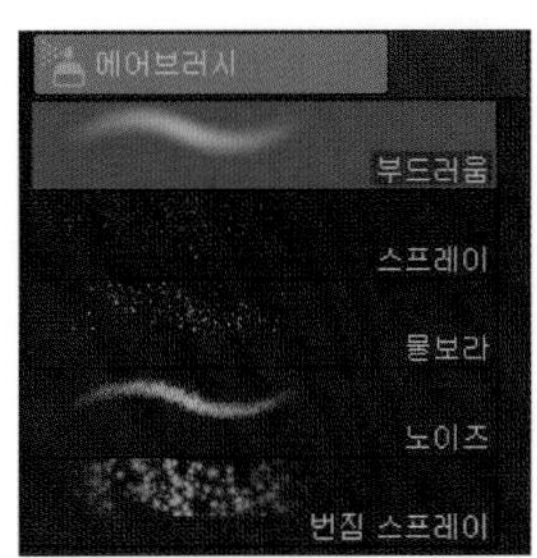

[노이즈]
미세한 입자가 부분적으로 조밀해져 연기의 그을음 같은 까칠까칠한 그림을 그릴 수 있습니다.

[데코레이션] 도구

[데코레이션] 도구에는 다양한 이미지 소재의 패턴 브러시가 있습니다.

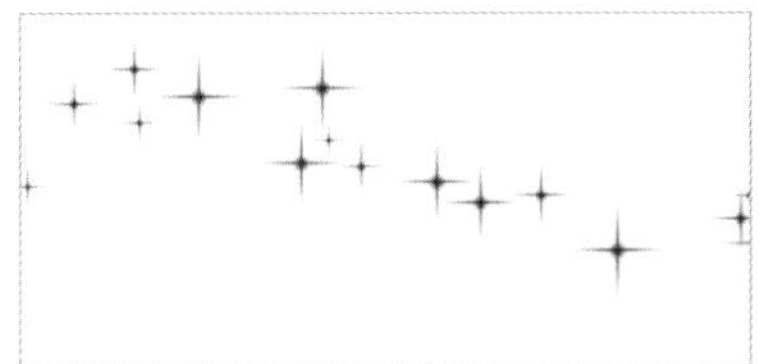

[반짝임]
[효과/연출] 그룹에 있는 [반짝임]은 별이 반짝이는 것과 같은 이미지가 랜덤하게 그려집니다.

[레이스]
[복식] 그룹에 있는 [레이스]는 레이스 모양의 패턴이 솔기 없이 연속됩니다.

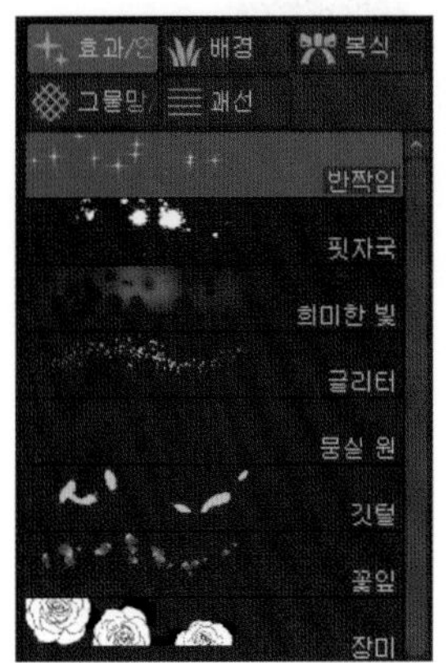

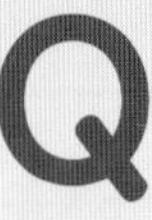

레이어의 기본 조작에 대해 알고 싶다

018

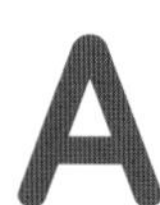

[레이어] 팔레트에서 레이어의 순서를 바꾸거나 이름을 변경합니다.

레이어 작성

레이어 편집은 [레이어] 팔레트에서 합니다. [신규 래스터 레이어]를 클릭하면 래스터 레이어가 작성됩니다. 래스터 레이어는 그림을 그리기 위한 표준 레이어입니다.

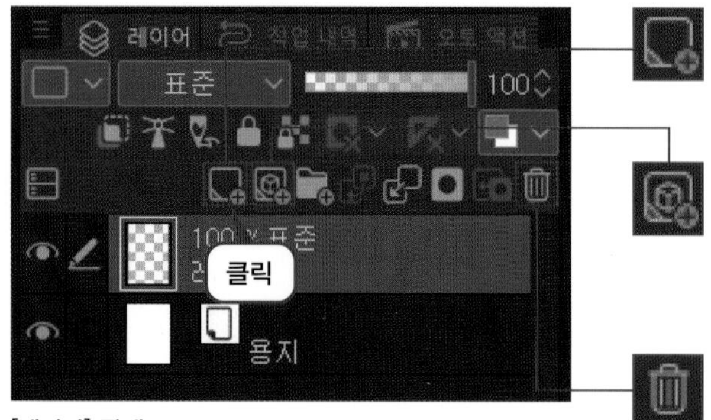

[레이어] 팔레트

신규 래스터 레이어
래스터 레이어를 만듭니다. 일반적으로 래스터 레이어에 그림을 그립니다.

신규 벡터 레이어
벡터 레이어를 만듭니다. 벡터 레이어는 선을 편집할 수 있는 벡터 이미지를 만드는 레이어입니다.
(→ P.120)

레이어 삭제
휴지통 아이콘을 클릭하면 선택된 레이어가 삭제됩니다.

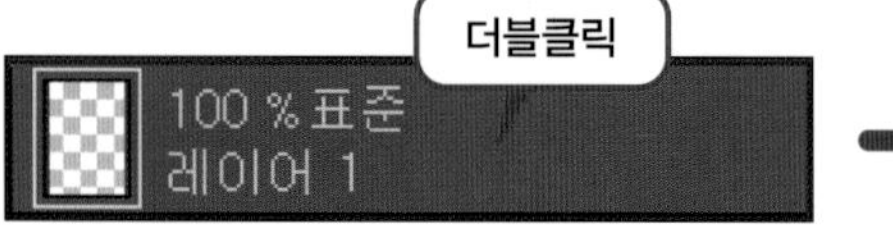

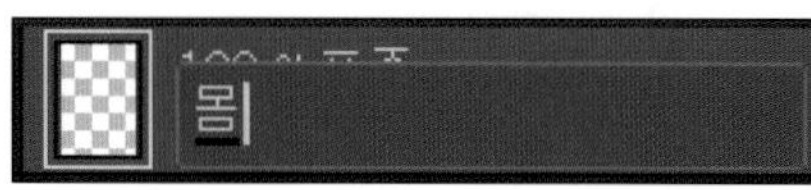

레이어 이름 변경
레이어 이름을 더블클릭하면 문자를 입력하여 레이어 이름을 변경할 수 있습니다.

레이어 선택

작업하고 싶은 레이어를 선택할 때는 [레이어] 팔레트에서 레이어를 클릭합니다. 작업 중인 레이어에는 펜 마크가 표시됩니다.

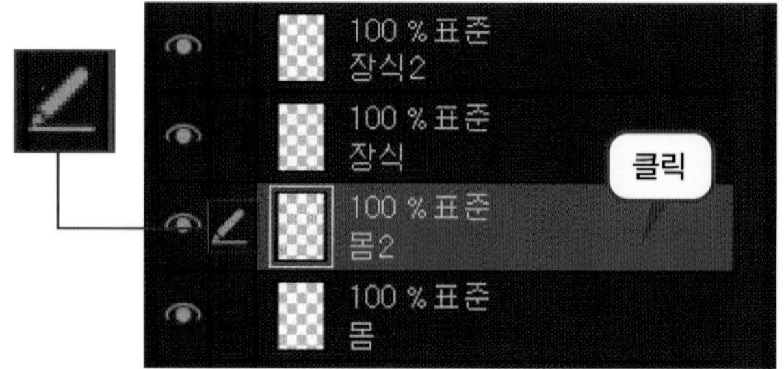

레이어의 순서 바꾸기

[레이어] 팔레트에서 레이어를 드래그 앤 드롭하여 순서를 바꿀 수 있습니다. 위에 있는 레이어일수록 캔버스에서는 앞에 표시됩니다.

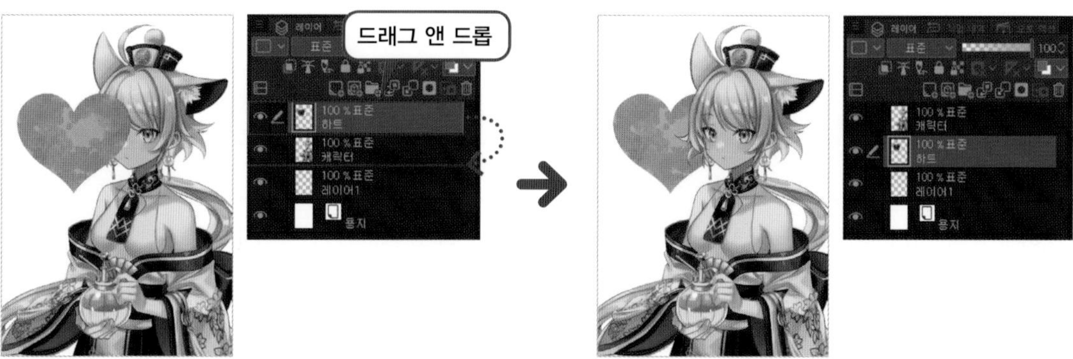

레이어의 복수 선택

레이어를 복수 선택하고 싶은 경우에는 Ctrl(MacOS에서는 Command)를 누르면서 선택하고 싶은 레이어를 클릭합니다. 또는 Shift를 누르면서 하나로 연결된 레이어의 맨 위와 맨 아래의 레이어를 클릭하면 복수 선택할 수 있습니다.

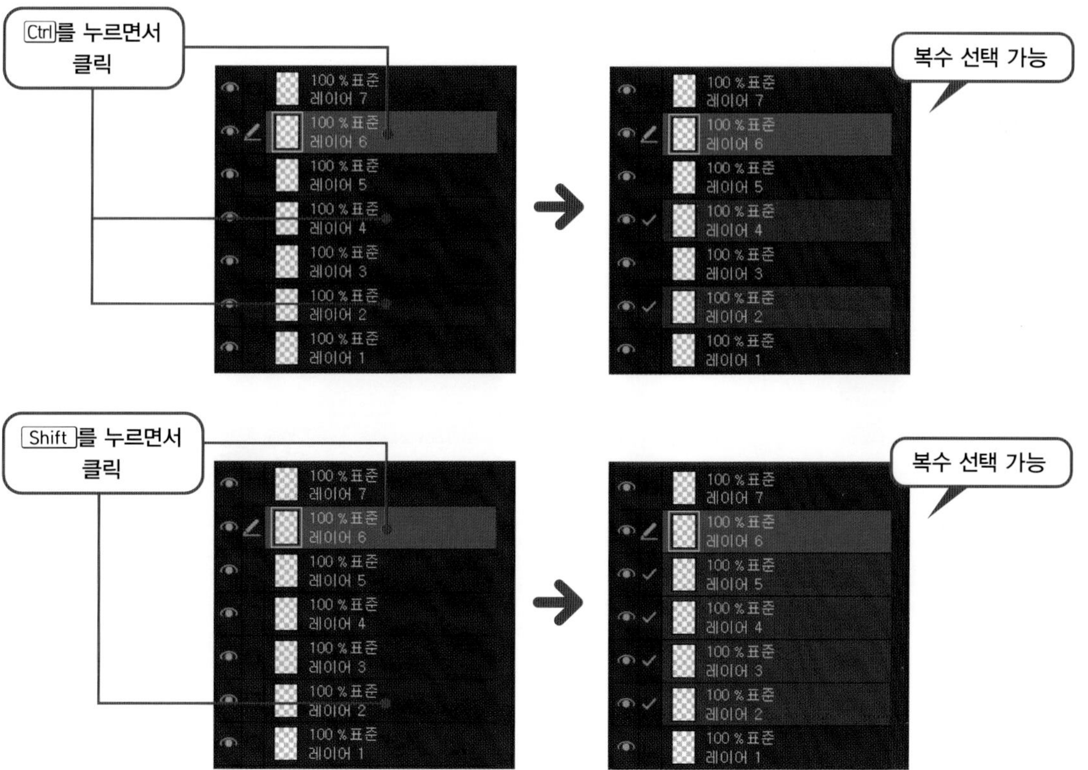

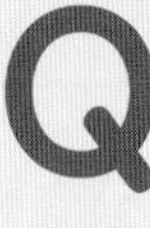

019 특정 레이어만 표시하고 싶다

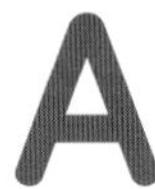

눈 아이콘으로 표시/숨김을 전환합니다. 또한 [Shift]를 누르면서 클릭하여 레이어를 단독 표시합니다.

레이어 작성

[레이어] 팔레트의 눈 아이콘을 클릭하여 레이어를 표시/숨김으로 전환할 수 있습니다.

눈 아이콘을 클릭

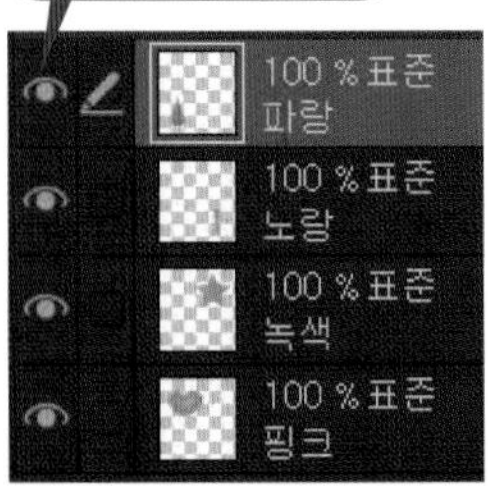

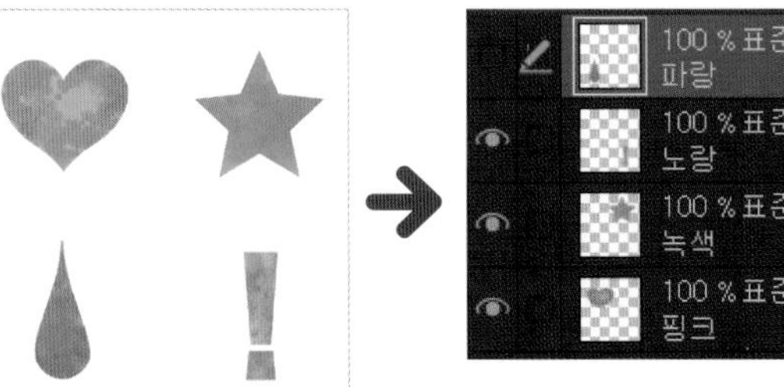

레이어의 단독 표시

레이어가 많아지면 어느 레이어에 무엇이 그려져 있는지 알기 어려워집니다. [Alt]를 누르면서 눈 아이콘을 클릭하면 한 개의 레이어만 빠르게 표시할 수 있습니다.

[Alt]를 누르면서 눈 아이콘을 클릭

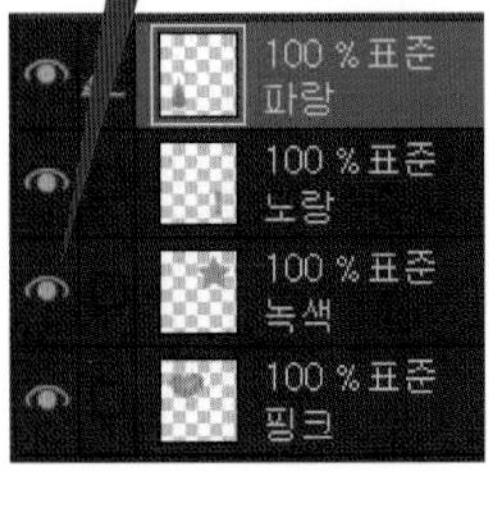

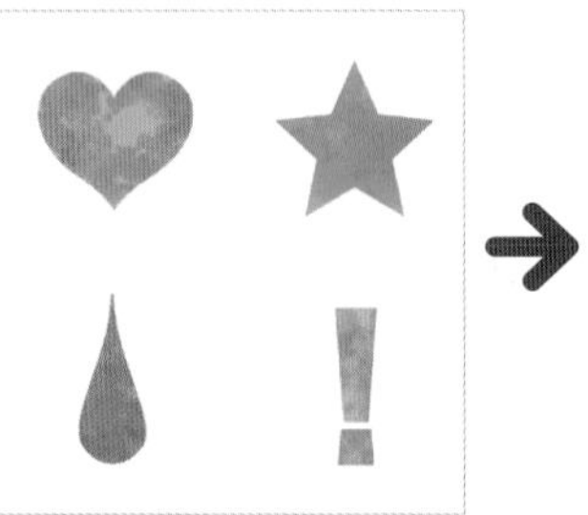

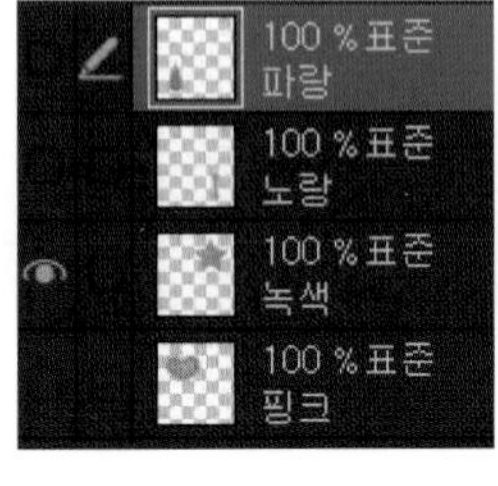

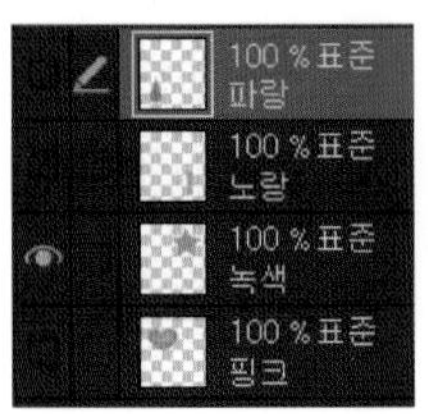

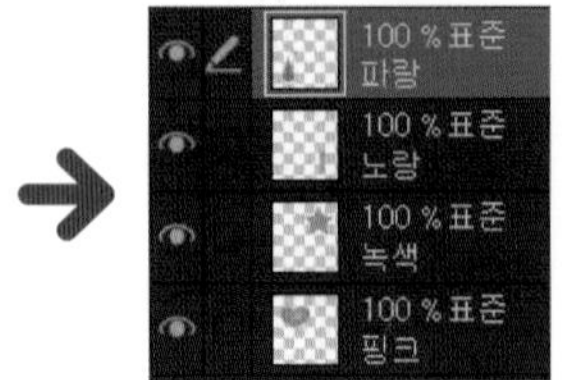

단독 표시한 레이어의 눈 아이콘을 다시 [Alt]를 누르면서 클릭하면 단독 표시하기 전 상태로 돌아갑니다.

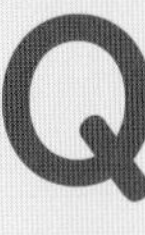

레이어의 불투명도를 바꾸고 싶다

020

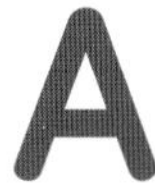

[레이어] 팔레트에서 불투명도를 변경합니다.
밑그림을 연하게 하거나 효과의 강도를 조정할 수 있습니다.

이미지 연하게 하기

[레이어] 팔레트에서 불투명도의 바를 조절하여 레이어의 불투명도를 변경할 수 있습니다.

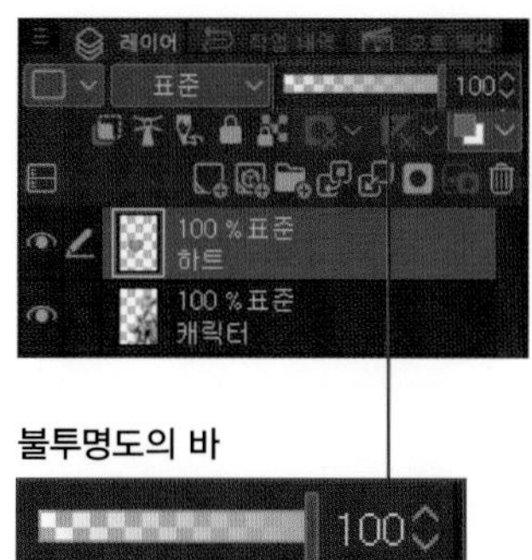

불투명도의 바

100

수치를 더블클릭하면 불투명도를 수치로 입력할 수 있습니다.

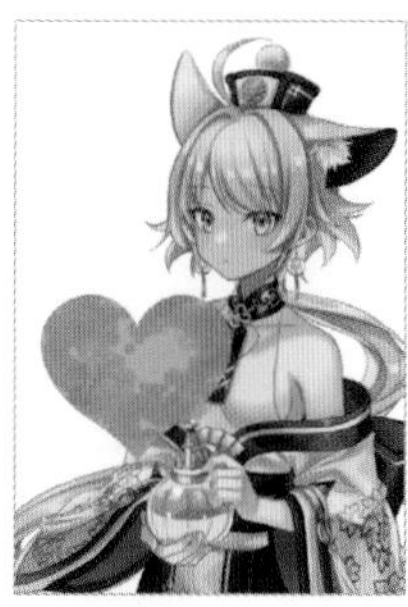

불투명도 100%

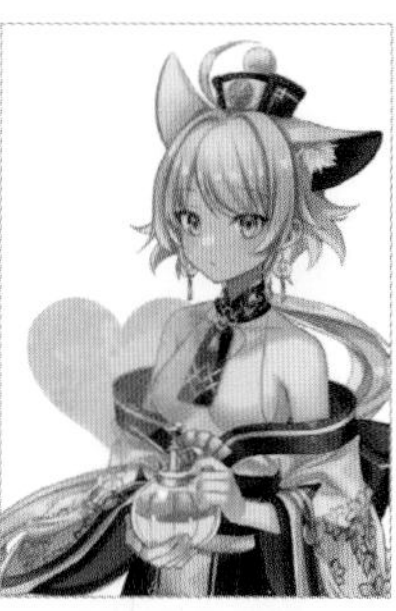

불투명도 50%

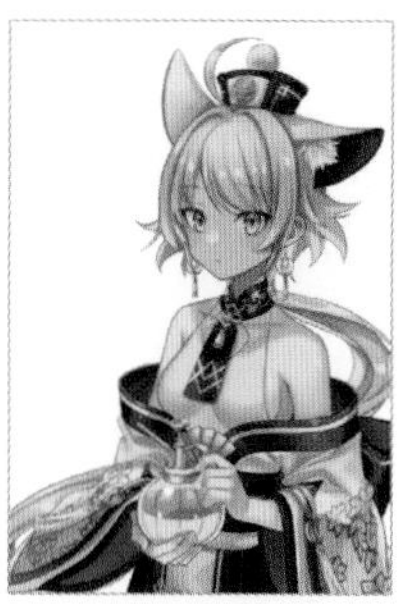

불투명도 0%

불투명도 0%에서는 완전히 투명해집니다.

효과의 강도 조정하기

불투명도는 텍스처(→ P.143) 등 효과의 강도를 조정할 때 사용합니다.

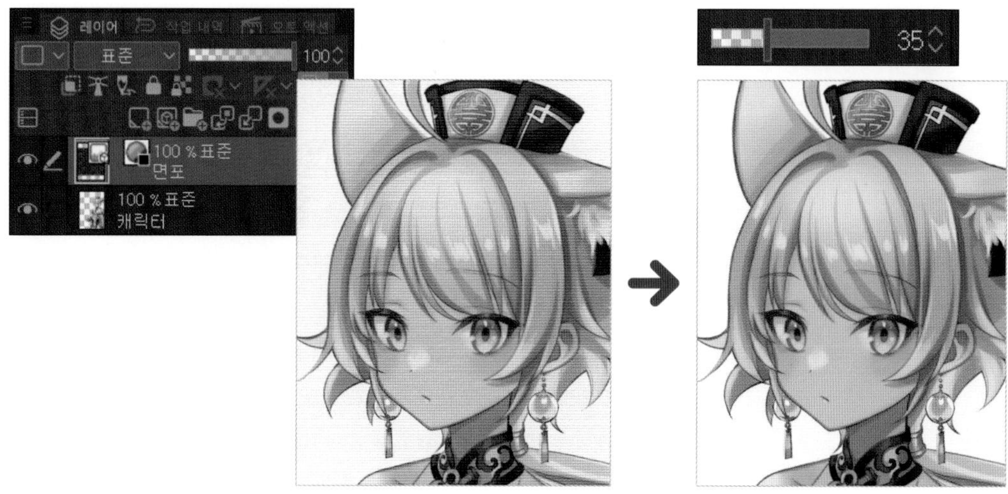

불투명도 100%

불투명도 35%

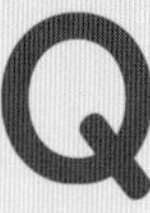

레이어를 정리하고 싶다

021

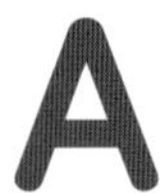

너무 많이 늘어난 레이어는 레이어 폴더로 관리하는 것이 편리합니다.

레이어 폴더

레이어 폴더에서 레이어를 분류하고 정리할 수 있습니다. '러프', '선화', '채색' 등 작업 과정으로 분류하거나 '얼굴', '머리', '옷' 등 부분별로 분류하면 편리합니다.

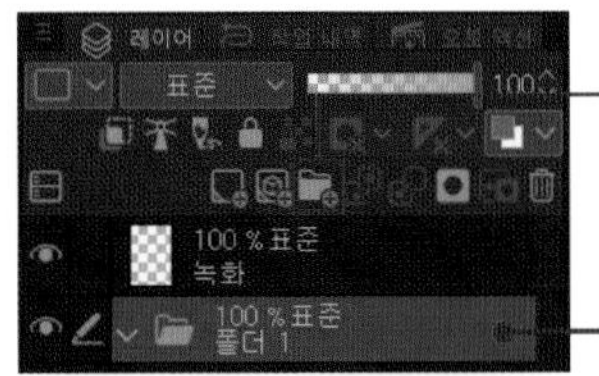

신규 레이어 폴더

[레이어] 팔레트에서 [신규 레이어 폴더]를 클릭하면 레이어 폴더가 생성됩니다.

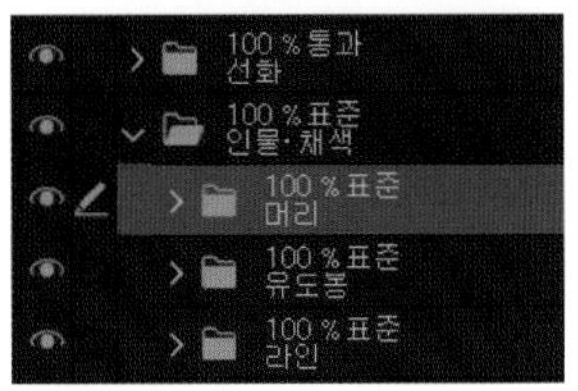

폴더 분류

작업 과정이나 부분별로 분류하여 정리합니다. 레이어 폴더 안에 폴더를 만들 수 있습니다.

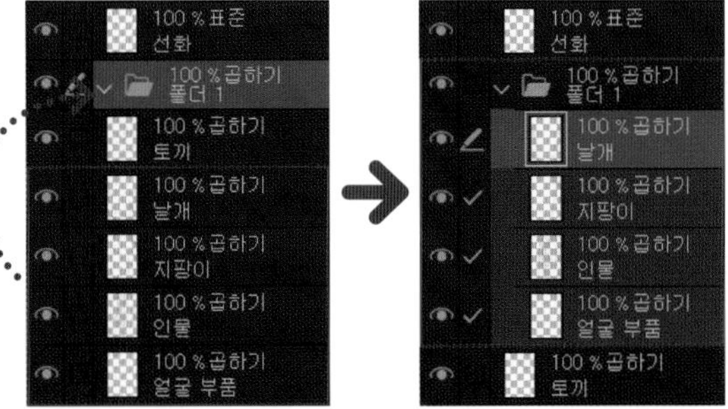

레이어의 수납

레이어를 레이어 폴더에 수납할 때는 드래그 앤 드롭합니다.

팔레트 컬러

[레이어] 팔레트의 [팔레트 컬러 변경]에서 레이어나 레이어 폴더의 표시를 색으로 구분할 수 있습니다.

팔레트 컬러 변경

[팔레트 컬러 변경] 버튼을 눌러 열린 메뉴에서 색을 선택하면 팔레트상의 색이 변경됩니다.

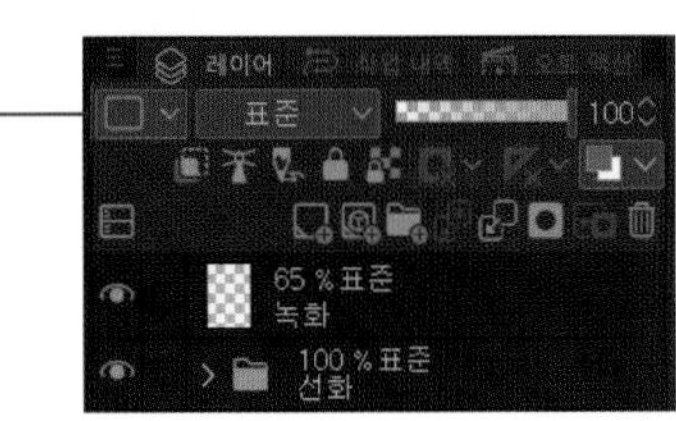

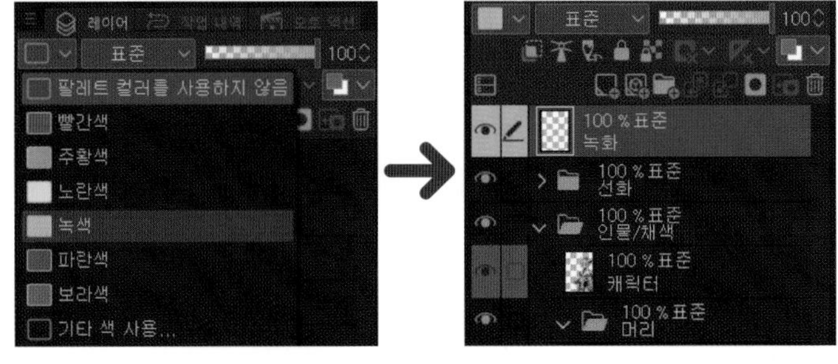

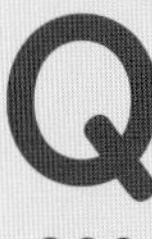

레이어를 결합하고 싶다

022

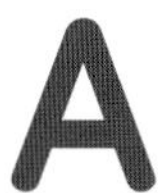

레이어 결합은 [아래 레이어와 결합], [표시 레이어 결합] 등 여러 방법이 있습니다.

결합 방법

너무 늘어난 레이어를 결합하면 수를 줄이거나 묶을 수 있습니다.

복수의 레이어를 1개의 레이어로 결합하고 싶을 때는 [레이어] 메뉴에서 [아래 레이어와 결합]이나 [표시 레이어 결합] 등을 선택합니다.

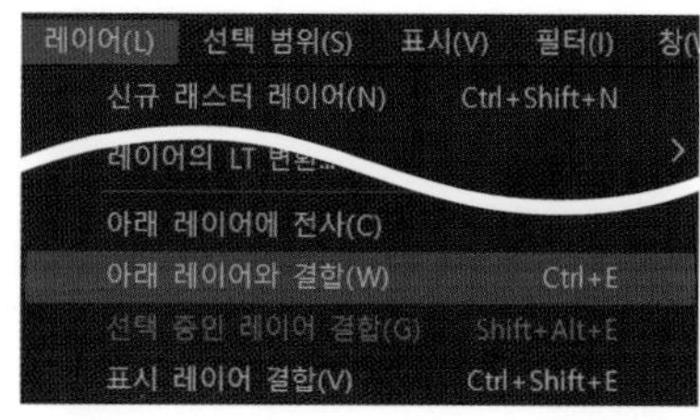

아래 레이어와 결합

[레이어] 메뉴→[아래 레이어와 결합]을 선택하면 아래에 있는 레이어와 결합합니다.

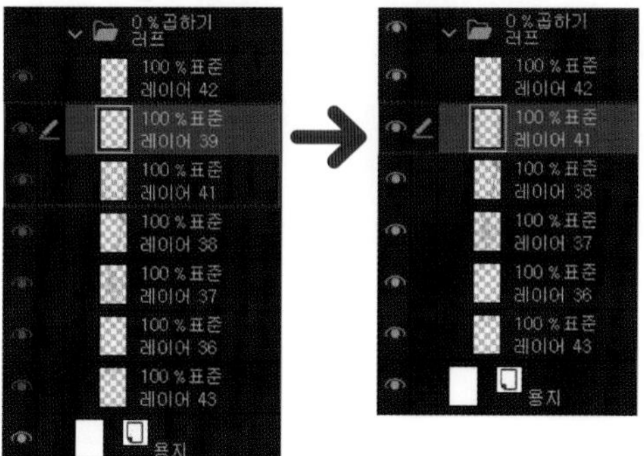

표시 레이어 결합

[레이어] 메뉴→[표시 레이어 결합]을 선택하면 표시된 레이어를 결합합니다.

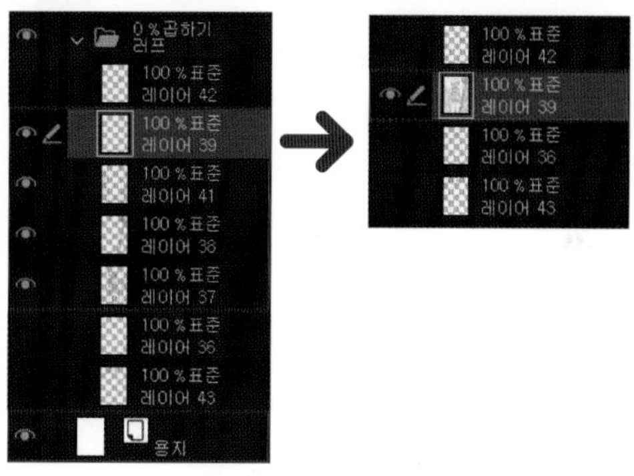

선택 중인 레이어 결합

복수의 레이어를 선택해 [레이어] 메뉴→[선택 중인 레이어 결합]을 선택하면 선택 중인 레이어를 결합합니다.

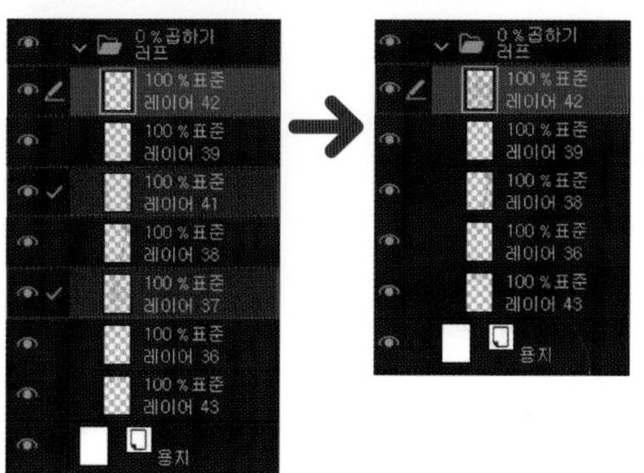

화상 통합

[레이어] 메뉴→[화상 통합]을 선택하면 모든 레이어를 결합합니다.

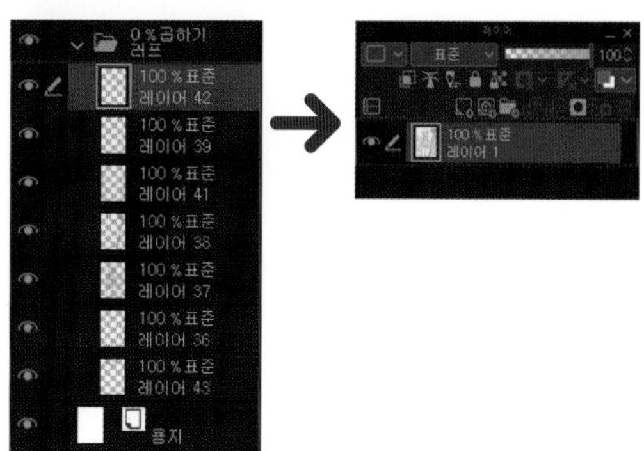

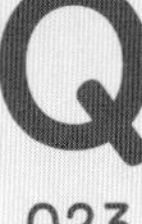

023

레이어를 남기면서 결합 레이어를 만들고 싶다

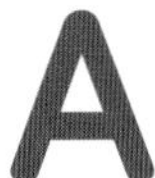

[표시 레이어 복사본 결합]으로 레이어를 남기면서 통합 레이어를 작성할 수 있습니다.

결합 전 레이어를 남기기

[화상 통합]으로 레이어를 통합하면 통합 전의 레이어 구성으로 편집할 수 없게 되지만 [표시 레이어 복사본 결합]을 사용하면 결합 전의 레이어를 남길 수 있습니다.

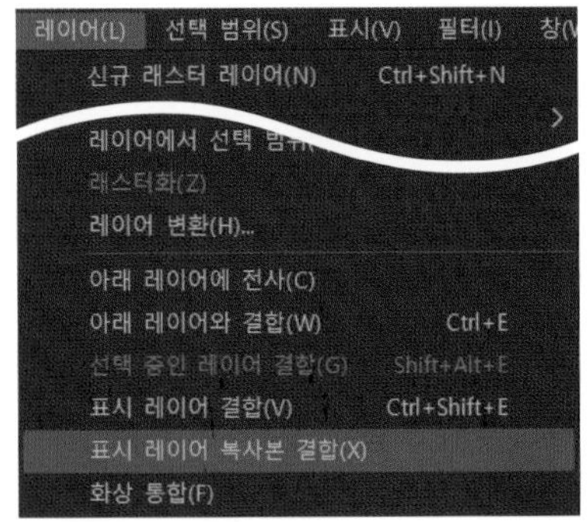

❶ [레이어] 메뉴→ [표시 레이어 복사본 결합]을 선택합니다.

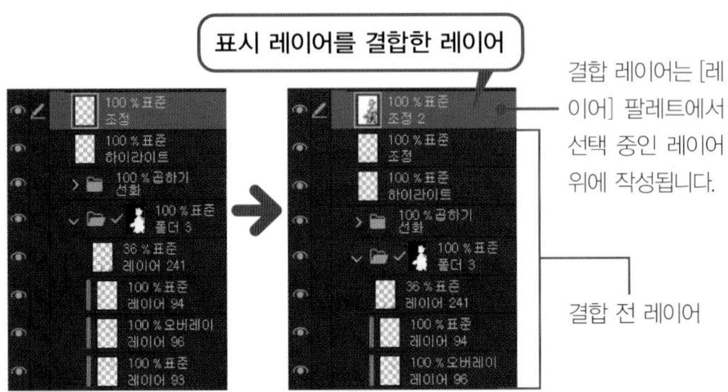

❷ 표시 레이어가 결합되지만 결합 전 레이어도 남습니다.

이럴 때 편리하다

[표시 레이어 복사본 결합]은 화상 전체에 효과나 가공을 추가하고 싶을 때 편리합니다.

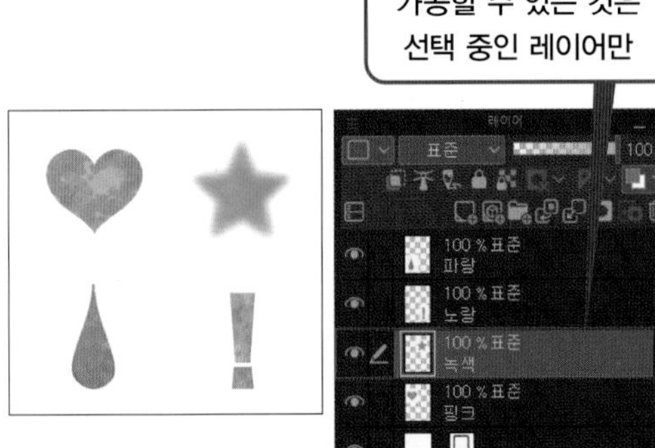

예를 들어, 화상을 흐리게 하는(→ P.104) 가공은 1개의 레이어에 대해 행해지기 때문에 레이어가 나누어져 있으면 화상 전체에 가공할 수 없습니다.

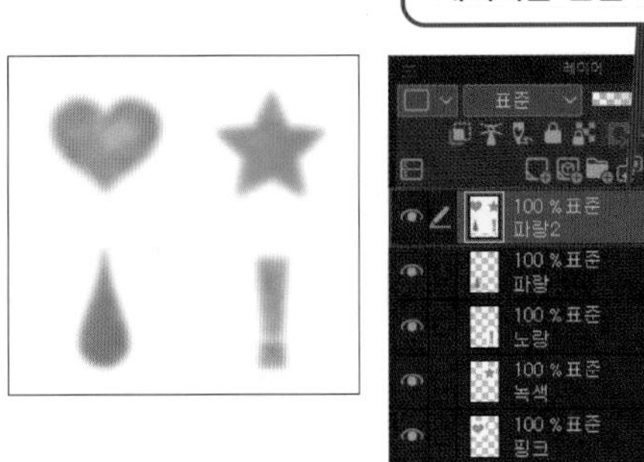

[표시 레이어 복사본 결합]으로 만들어진 레이어를 가공하면, 가공에 실패해도 결합 전의 레이어가 남아 있으므로 안심입니다.

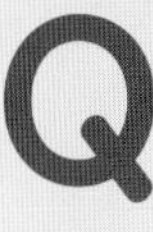

합성 모드의 기본을 알고 싶다

024

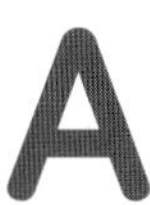

합성 모드란 레이어의 색을 합성하는 기능입니다.

아래 레이어와 색을 합성하기

합성 모드는 아래 레이어의 색상과 다양한 방법으로 합성하는 기능입니다. 합성 모드의 선택은 [레이어] 팔레트에서 설정합니다.

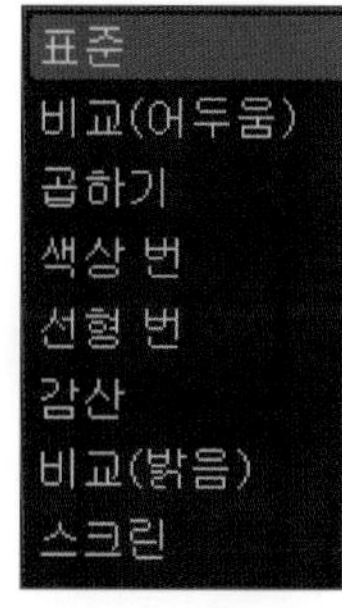

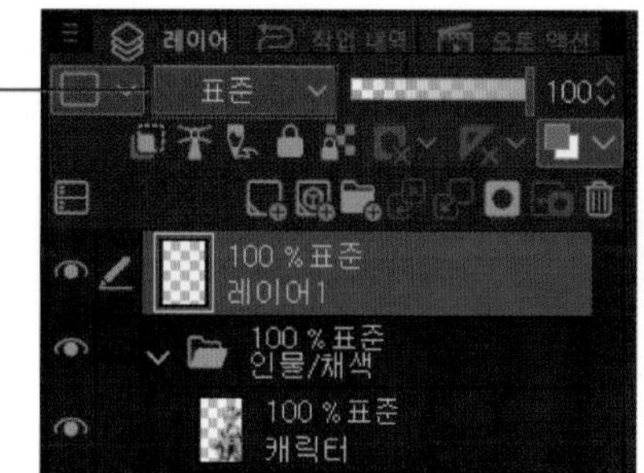

합성 모드 설정
목록에서 다양한 합성 모드를 선택할 수 있습니다.

합성 모드를 설정한 레이어에 색을 칠하면 아래에 있는 레이어의 색과 합성됩니다.

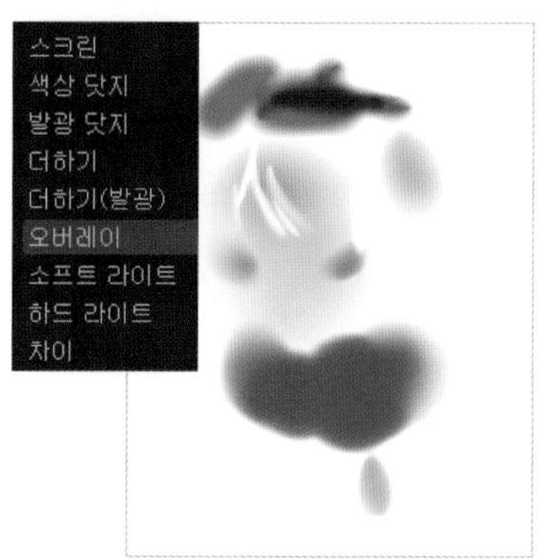

합성 모드를 설정한 레이어

합성

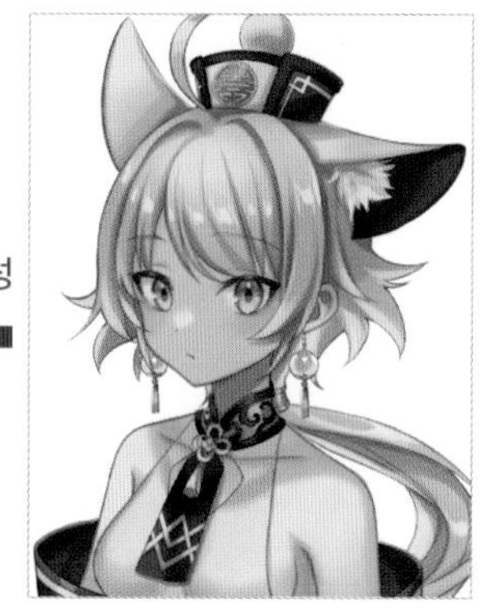

아래 레이어

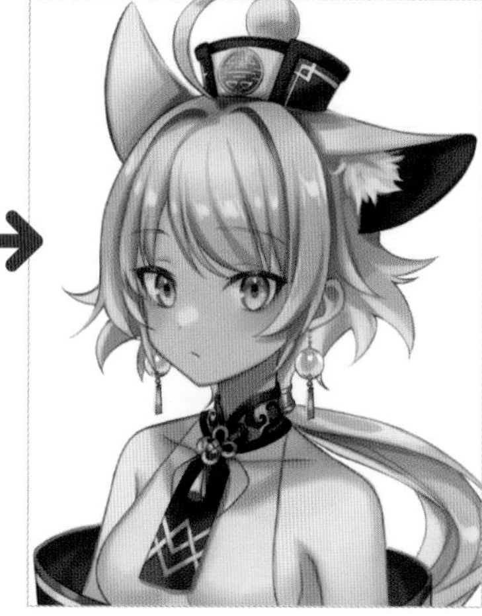

합성 후

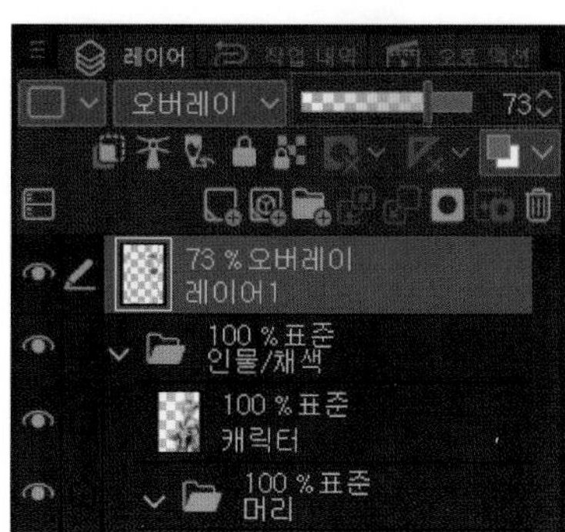

불투명도로 조정
합성 모드를 설정한 레이어의 불투명도를 낮추어 합성하는 색상의 강도를 조정하는 것이 좋습니다.

설정 없음
[표준]을 선택해 설정하지 않은 상태로 하면 이렇게 됩니다.

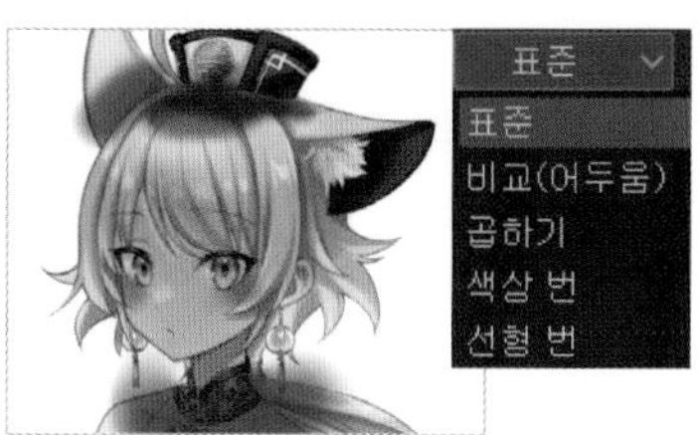

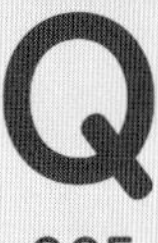

대표적인 합성 모드를 알고 싶다

025

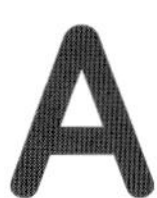

[곱하기], [스크린], [오버레이], [더하기] 등이 자주 사용되고 있습니다.

[곱하기]

겹친 레이어의 색을 진하게 합성하는 것이 [곱하기]입니다. 색이 겹친 부분이 아래 레이어의 색보다 반드시 진해지기 때문에 그림자 채색이나 선화를 돋보이게 하고 싶을 때 편리합니다.

그림자를 채색할 때

그레이를 [곱하기]로 합성하면 간단하게 그림자를 채색할 수 있습니다.

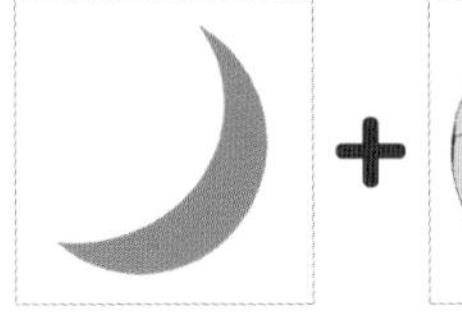

설정하는 레이어

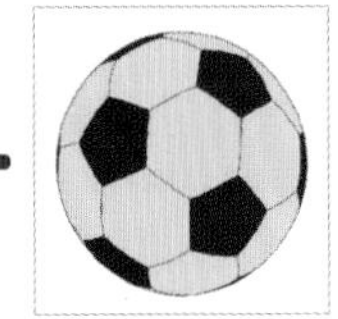

아래 레이어

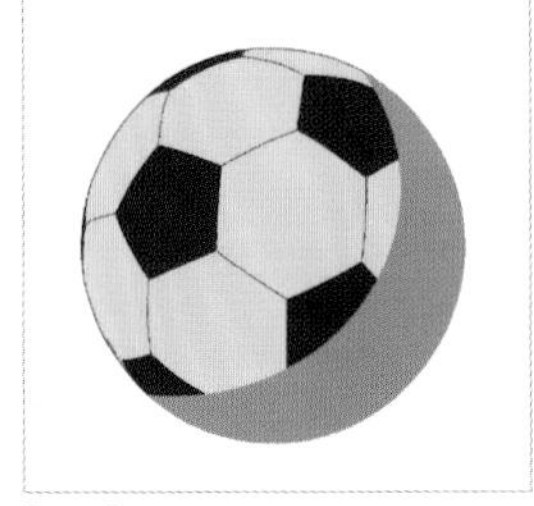

[표준]

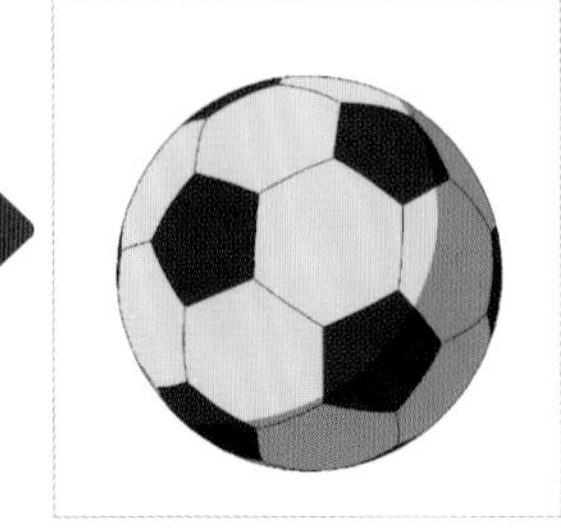

[곱하기]

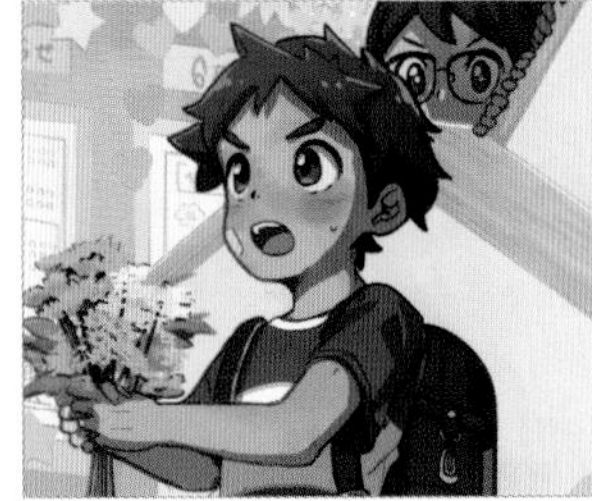

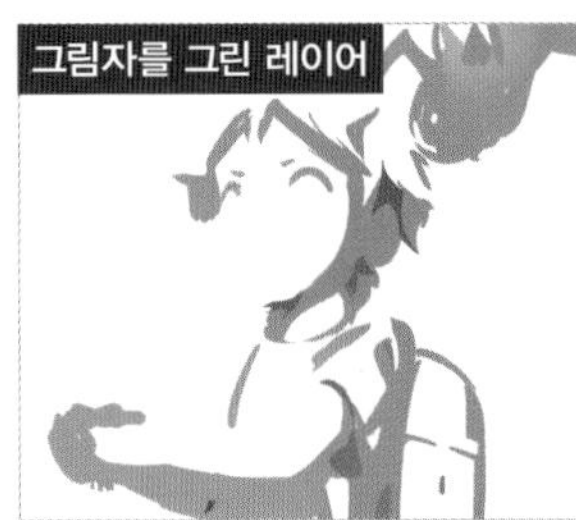

선명한 그림자로 채색하기

밑바탕의 색과 같은 계열의 색으로 그림자를 채색하고 [곱하기]로 합성하면 선명하게 마무리됩니다.

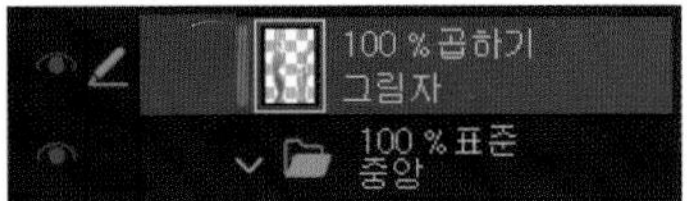

[스크린]

겹친 레이어의 색을 밝게 합성하는 것이 [스크린]입니다. 다음 설명하는 [더하기] 정도로 밝아지지는 않기 때문에 연한 빛의 표현에 적합합니다.

이미지에 맞는 분위기를 표현할 때

[스크린] 레이어에 [에어브러시] 도구 등으로 어렴풋이 색을 칠하여 이미지에 어울리는 분위기의 연한 빛을 그릴 수 있습니다.

설정하는 레이어

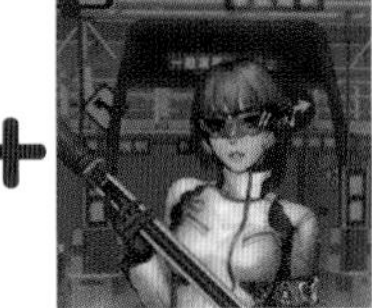

아래 레이어

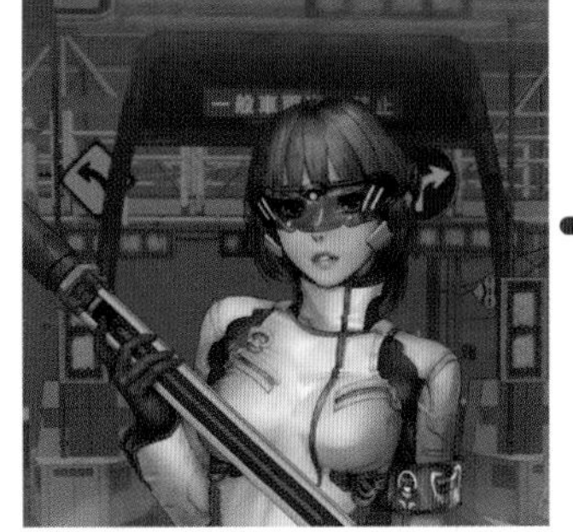

[표준]

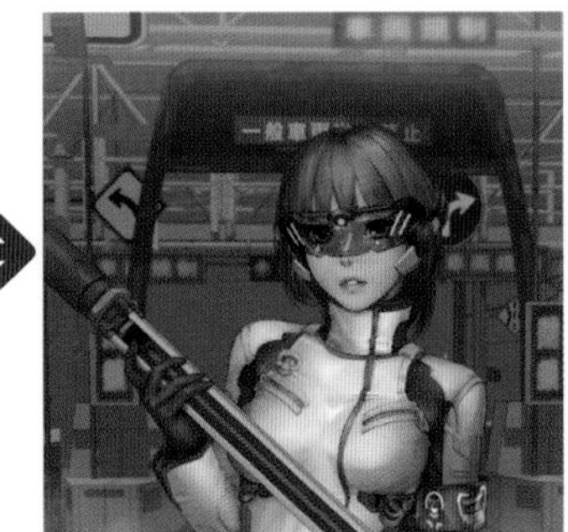

[스크린]

[오버레이]

어두운색은 [곱하기]와 같이 보다 어둡고, 밝은색은 [스크린]과 같이 보다 밝게 합성됩니다. 색을 칠하면 명암의 차이가 커지기 때문에 콘트라스트를 조정할 때 사용됩니다.

콘트라스트를 강화하고 싶을 때

[오버레이] 레이어를 만들고 아래 레이어의 밝은 부분에는 밝은색, 어두운 부분에는 어두운색을 칠하면 콘트라스트를 강하게 할 수 있습니다.

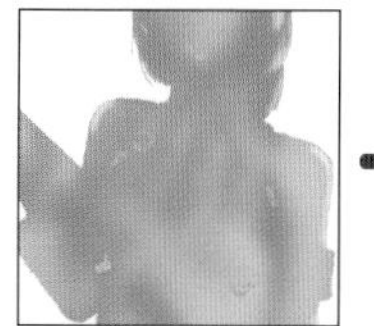

설정하는 레이어

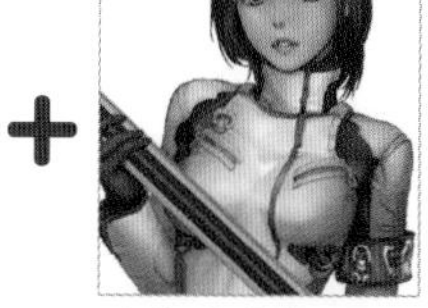

아래 레이어

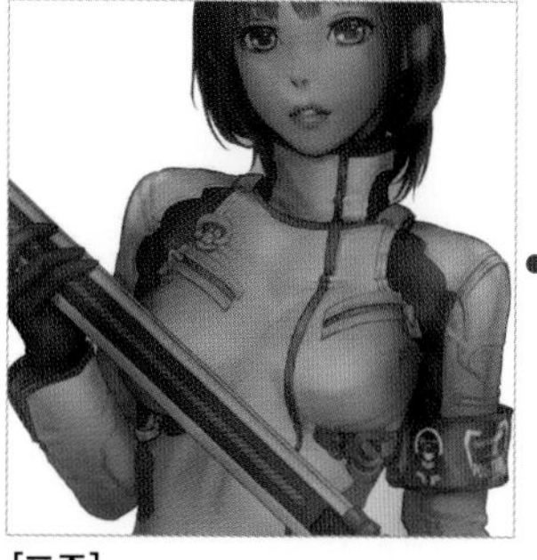

[표준]

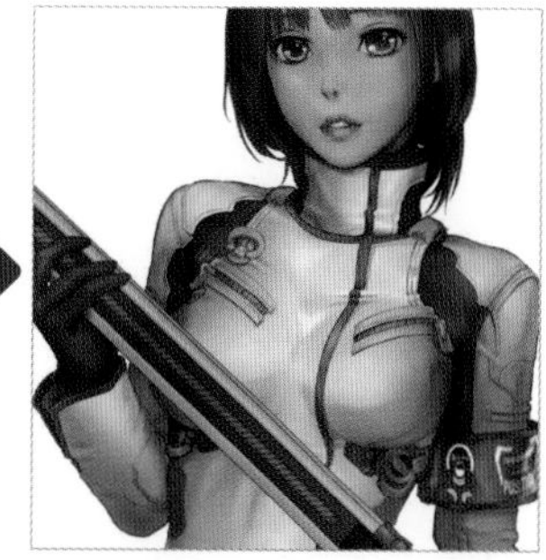

[오버레이]

TIPS

밝은색을 더 밝게, 어두운 색을 더 어둡게 하는 합성 모드는 [오버레이] 외에 [소프트 라이트]나 [하드 라이트]가 있습니다.

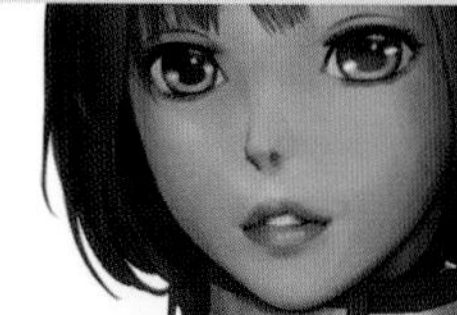

[오버레이]

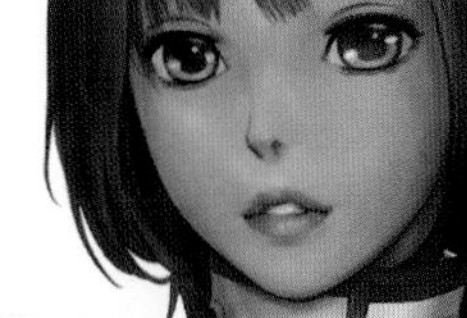

[소프트 라이트]
[오버레이]보다 콘트라스트가 약해집니다.

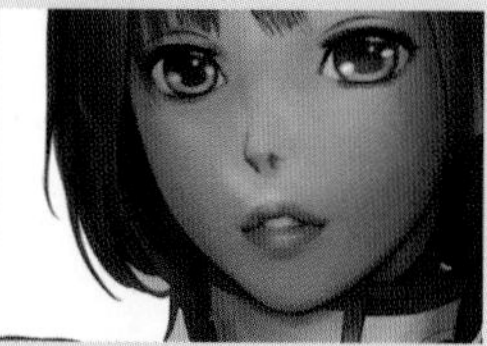

[하드 라이트]
[오버레이]보다 콘트라스트가 강해집니다.

[더하기]

[더하기]는 색을 매우 밝게 합성합니다. 강하게 빛나는 빛을 표현할 때 사용합니다.

더 빛나게 하고 싶을 때

[더하기] 레이어를 만들고 빛내고 싶은 부분에 색을 칠하면 발광한 것 같은 표현이 가능합니다.

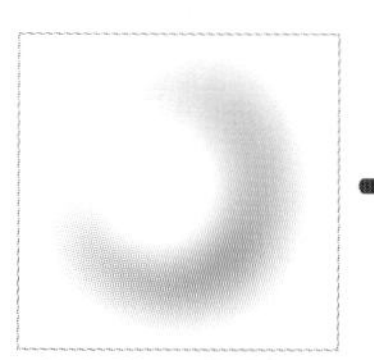

설정하는 레이어

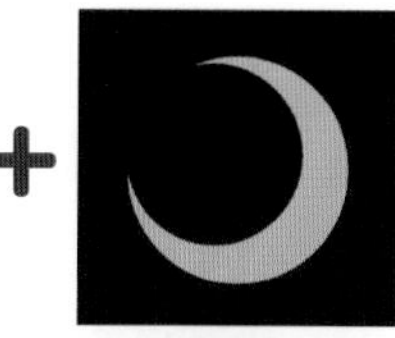

아래 레이어

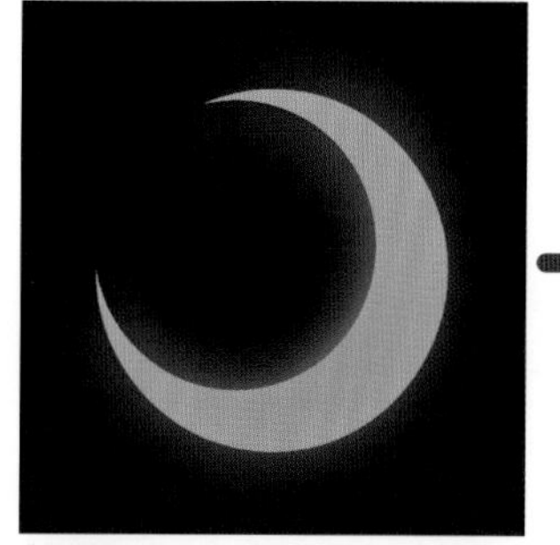

[표준]

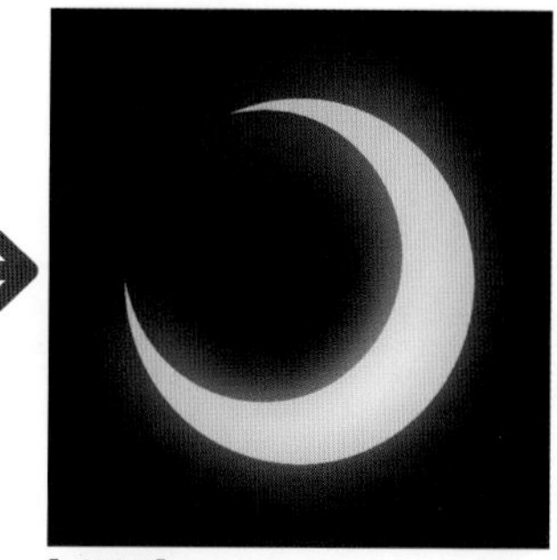

[더하기]

TIPS

밝게 변화시키는 합성 모드는 [더하기] 외에 [색상 닷지] 등 여러 개가 있습니다.

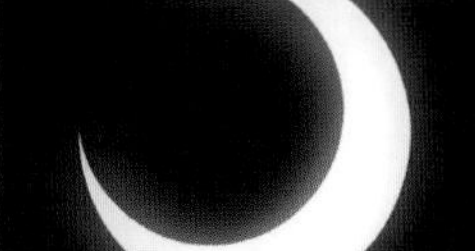

[더하기(발광)]
[더하기]보다 투명 부분이 밝아집니다.

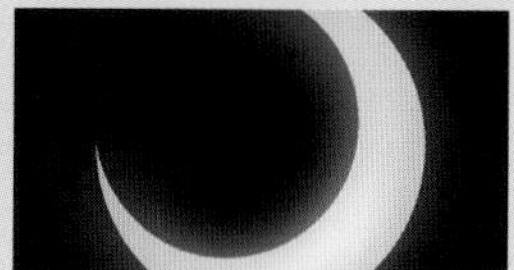

[색상 닷지]
[더하기]보다 콘트라스트가 약하게 합성됩니다.

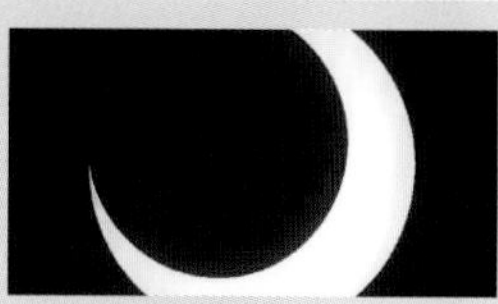

[발광 닷지]
[색상 닷지]보다 밝게 합성됩니다.

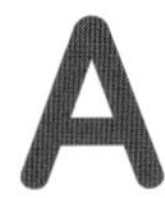

Q 026 합성 모드가 영향을 미치는 레이어를 한정하고 싶다

A 레이어 폴더를 활용하여 합성 모드의 영향을 한정할 수 있습니다.

레이어 폴더로 한정하기

레이어 폴더를 활용하면 합성 모드가 영향을 미치는 레이어를 한정할 수 있습니다.
레이어 폴더 안에서 합성 모드를 설정한 레이어를 만들면 레이어 폴더 밖에 있는 레이어에는 합성 모드가 반영되지 않습니다.

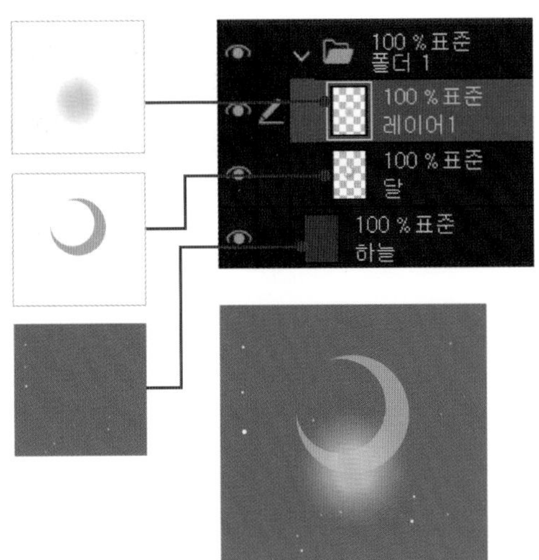

❶ 그림과 같은 레이어 구성의 이미지가 있습니다. '레이어 1'에 합성 모드를 설정해 보면 어떻게 되는지 봅시다.

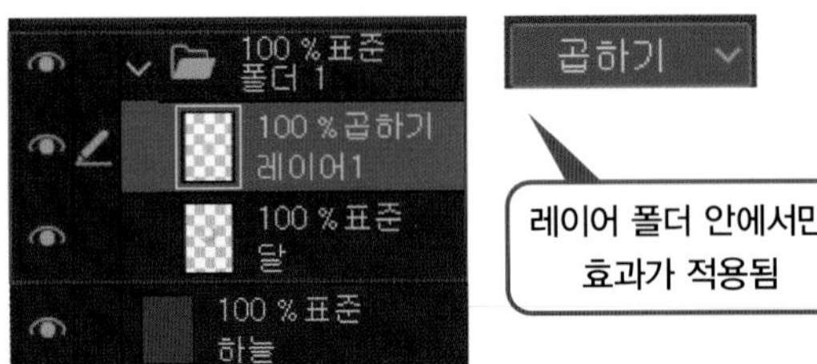

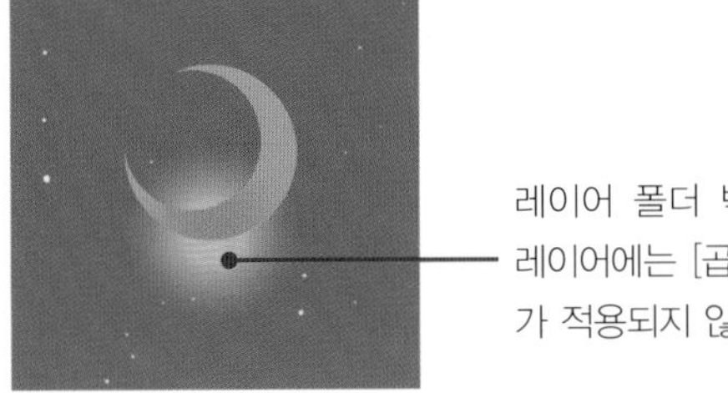

레이어 폴더 밖의 '하늘' 레이어에는 [곱하기] 효과가 적용되지 않습니다.

❷ '레이어 1'을 [곱하기]로 설정했습니다. 레이어 폴더 안의 '달' 레이어에만 [곱하기]로 합성되어 색이 어두워졌습니다.

레이어 폴더 밖에도 효과 범위로 설정하기

레이어 폴더 안의 합성 모드를 레이어 폴더 밖의 레이어에 적용하고 싶은 경우 레이어 폴더의 합성 모드를 [통과]로 설정합니다.

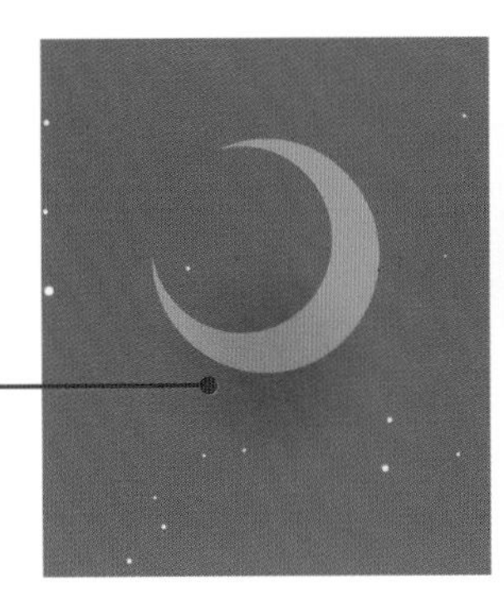

레이어 폴더 밖의 '하늘' 레이어에도 [곱하기]가 적용되어 색이 어두워졌습니다.

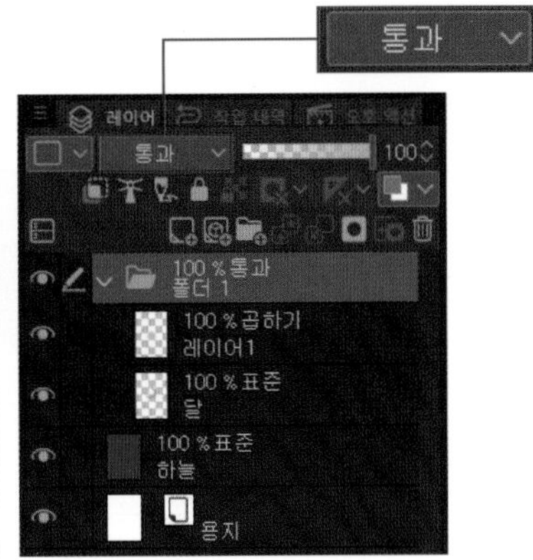

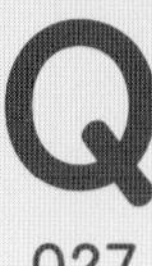

레이어의 그림 부분을 움직이고 싶다

027

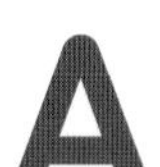

[레이어 이동] 또는 [오브젝트]로 움직일 수 있습니다.

[레이어 이동]으로 움직이기

[레이어 이동] 도구→[레이어 이동]으로 선택 중인 레이어에 그려져 있는 화상(그림 부분)을 드래그하여 움직일 수 있습니다.

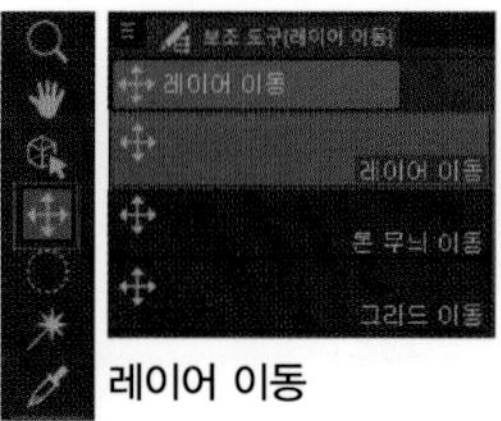

레이어 이동

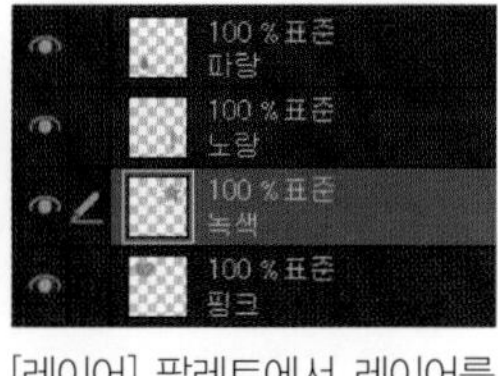

[레이어] 팔레트에서 레이어를 선택하고 드래그합니다.

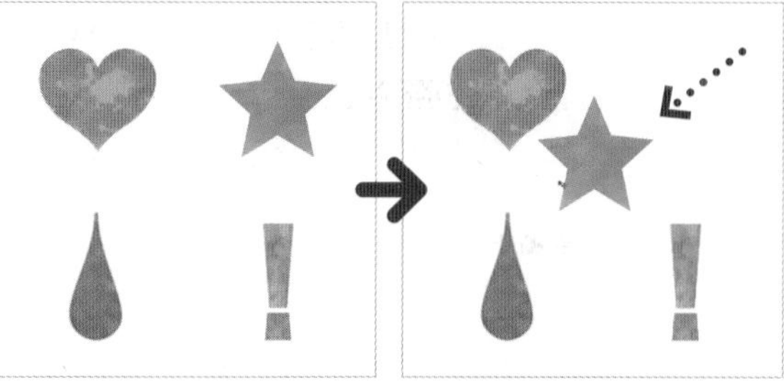

복수의 레이어 이미지 움직이기

복수의 레이어를 선택해 [레이어 이동]으로 드래그하면 복수의 레이어 이미지를 동시에 움직일 수 있습니다.

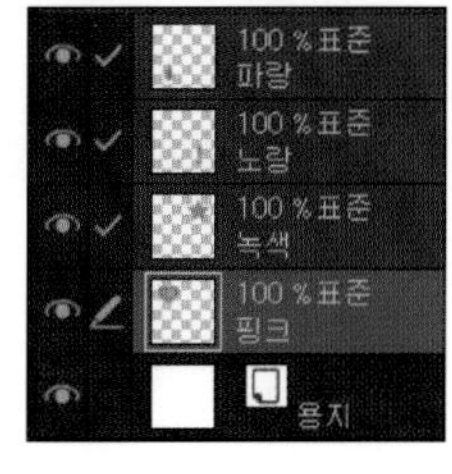

[오브젝트]로 움직이기

[조작] 도구→[오브젝트]로 그림 부분을 드래그해서 이동하는 것이 가능합니다. [객체]의 경우, 그리기 부분을 클릭하면 선택하는 레이어가 자동으로 바뀝니다.

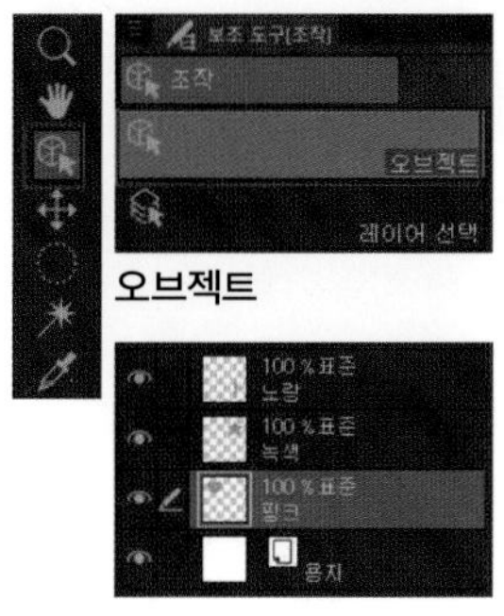

오브젝트

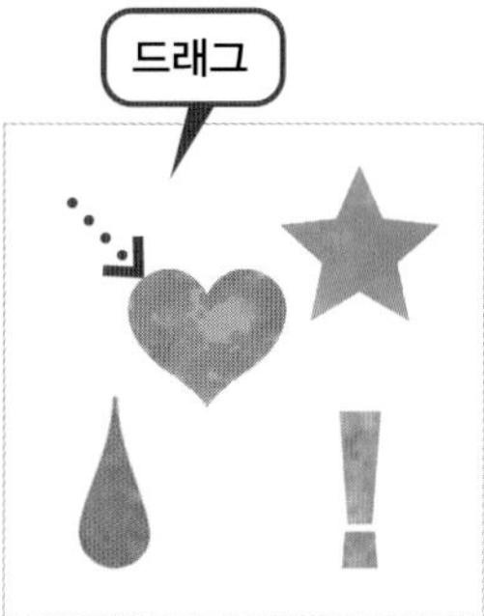

선택 레이어 전환을 끄기

예상 외의 레이어가 움직이는 경우는 [도구 속성] 팔레트→[투명 부분의 조작]→[다른 레이어로 선택 전환]의 체크를 해제합니다.

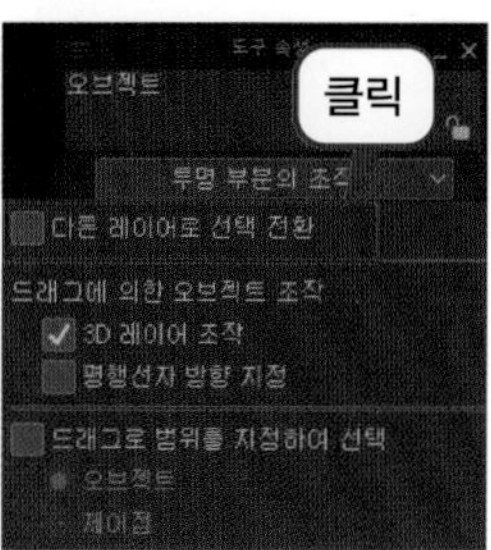

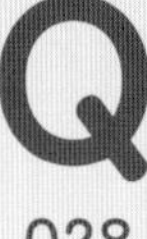

028 레이어의 그림 부분에 테두리를 넣고 싶다

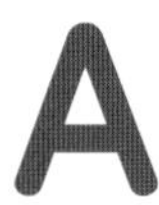

[레이어 속성] 팔레트에서 [경계 효과]를 ON으로 합니다.

[경계 효과]

[레이어 속성] 팔레트→[경계 효과]를 ON으로 하면 레이어의 그림 부분에 테두리를 넣을 수 있습니다. [경계 효과]는 언제든지 OFF로 할 수 있습니다.

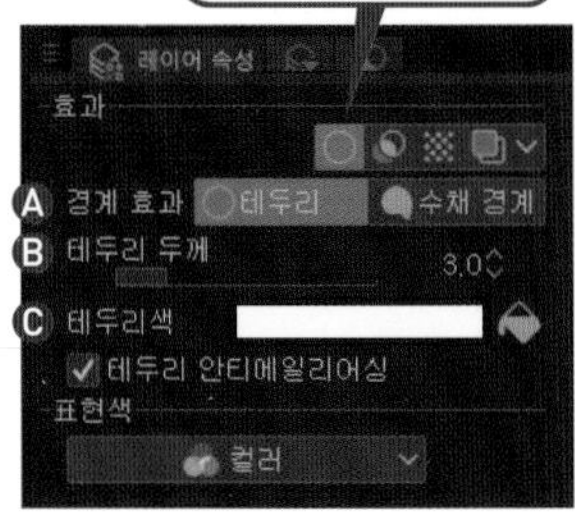

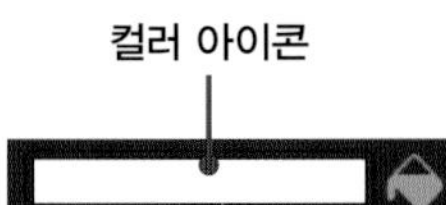

Ⓐ 경계 효과
경계 효과의 타입을 선택합니다. [테두리]는 일반적인 테두리이며, [수채 경계]는 수채화 물감으로 칠한 부분의 끝이 진해진 듯한 테두리가 됩니다.

Ⓑ 테두리 두께
테두리 두께를 설정합니다.

Ⓒ 테두리색
테두리 색상을 설정합니다. 컬러 아이콘을 클릭하면 [색 설정] 대화상자가 표시됩니다.

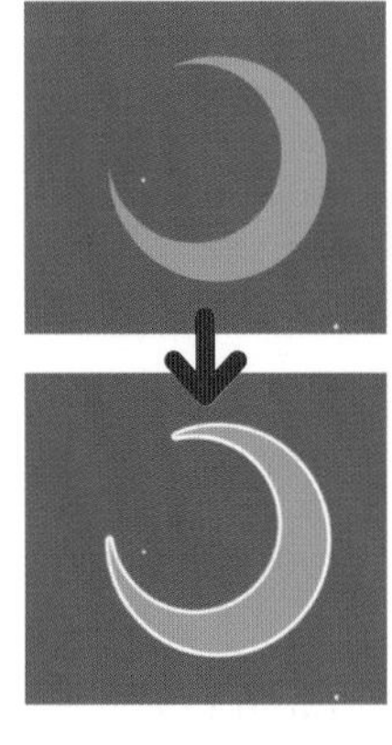

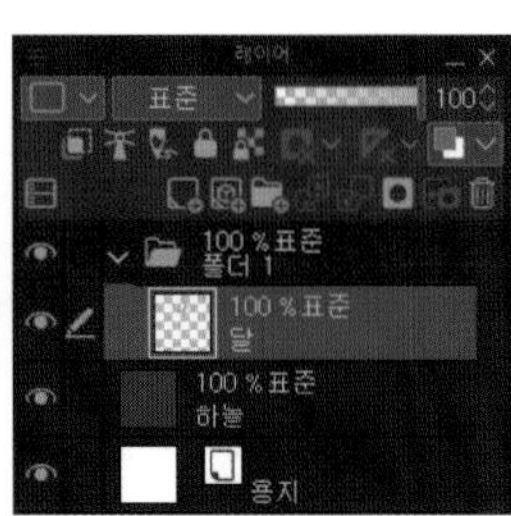

선택 범위에 테두리 넣기

선택 범위를 작성하고 [편집] 메뉴→[선택 범위에 테두리 넣기]를 선택하면 테두리를 넣을 수 있습니다.

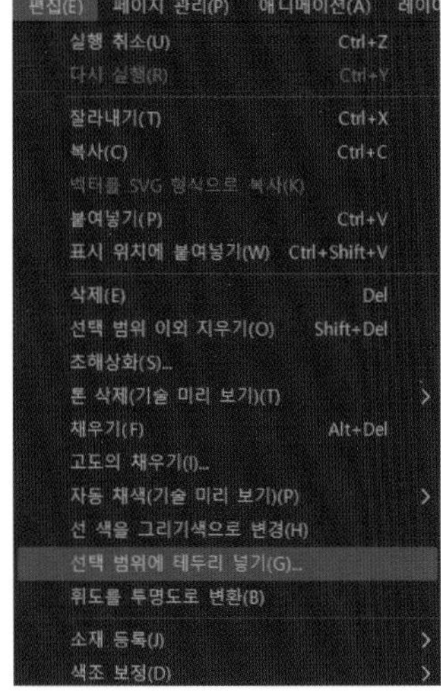

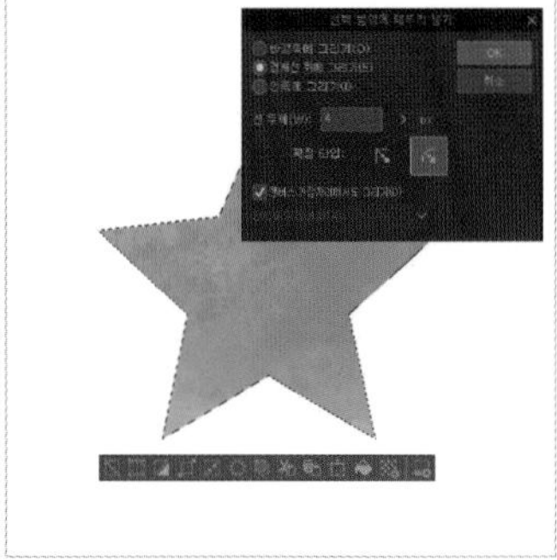

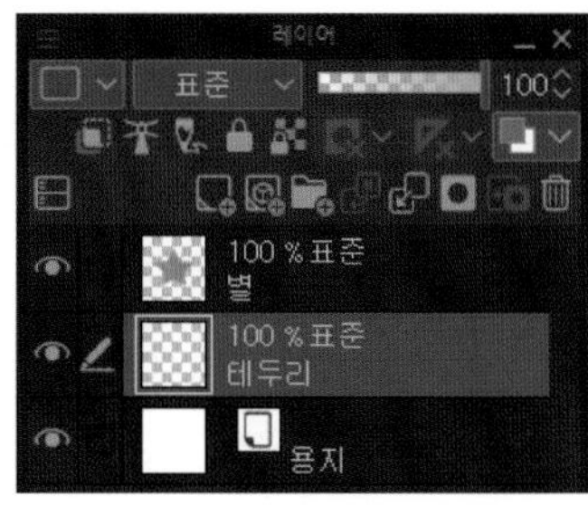

신규 레이어에 테두리를 그리면 편리
선택 범위에 테두리를 그릴 때, 테두리용 신규 레이어를 작성하면 테두리의 표시/숨기기가 가능하므로 편리합니다.

Part.2 레이어

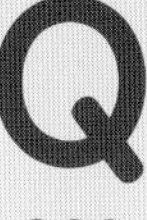

029

레이어를 편집할 수 없도록 하고 싶다

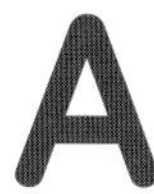

[레이어 잠금]을 ON으로 하면 레이어를 편집할 수 없게 됩니다.

[레이어를 잠금]

자주 있는 실수로 작업이 끝난 레이어를 잘못 선택해 그리기를 추가해 버리는 경우가 있습니다.
내용을 변경하고 싶지 않은 레이어는 [레이어] 팔레트에서 [레이어 잠금]을 ON으로 하면 편집할 수 없게 되므로 안심하고 작업할 수 있습니다.

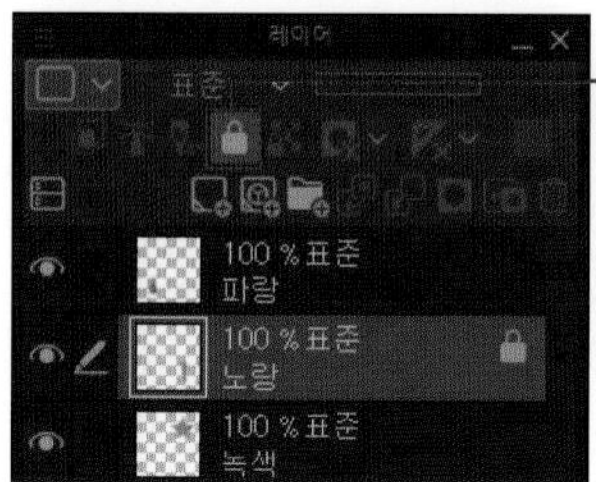

레이어 잠금

[레이어 잠금]을 클릭하면 레이어를 편집할 수 없습니다. 잠금을 해제하려면 다시 [레이어 잠금]을 클릭합니다.

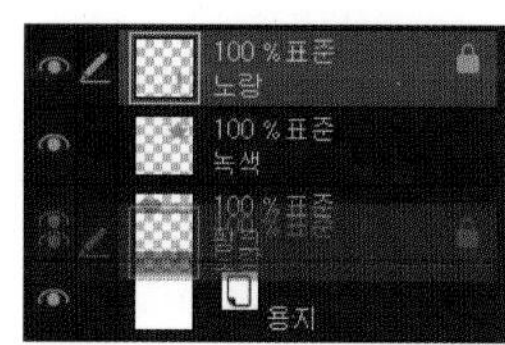

레이어 순서 변경 가능

잠근 레이어는 편집이나 삭제할 수 없지만 레이어 순서를 변경하는 것은 가능합니다.

Part.2 레이어

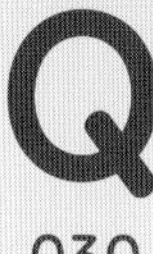

030

너무 많이 늘어난 레이어를 보기 쉽게 하고 싶다

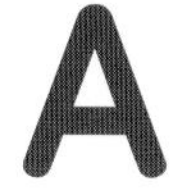

레이어를 2페인으로 표시하면 2개로 분할한 화면에서 레이어를 확인할 수 있습니다.

[레이어를 2페인으로 표시]

작업이 진행됨에 따라 레이어는 많아지기 쉽습니다. 사람에 따라서는 100개 이상 사용하는 경우도 드물지 않습니다. 너무 많이 늘어난 레이어를 [레이어] 팔레트에서 확인하는 것은 조금 귀찮은 작업이지만 [레이어를 2페인으로 표시]를 ON으로 하면 레이어 목록 화면을 2개로 분할해 확인할 수 있습니다.

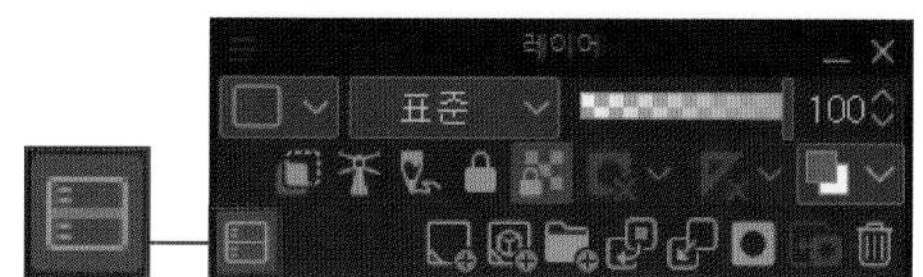

레이어를 2페인으로 표시

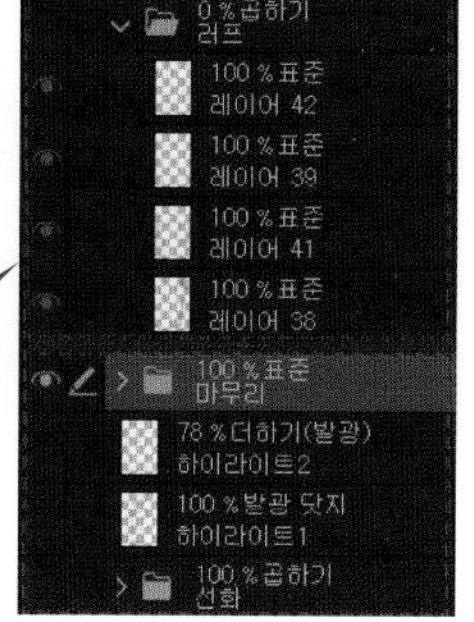

2개로 분할한 화면

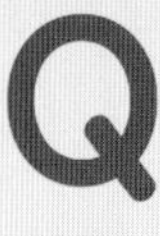

레이어를 찾고 싶다

031

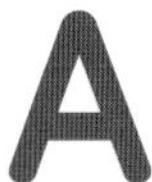

[레이어 선택]으로 그림 부분에서 레이어를 찾을 수 있습니다.
또 [레이어 검색] 팔레트로 찾을 수 있습니다.

그림에서 레이어 찾기

예를 들어 '파랗게 채색한 부분은 어느 레이어에서 작업한 것일까?'와 같이 레이어가 너무 많아지면 작업한 레이어가 어떤 것인지 알 수 없게 되는 경우가 있습니다. 이럴 때 [조작] 도구→[레이어 선택]으로 그린 부분을 클릭하면 레이어를 찾을 수 있습니다.

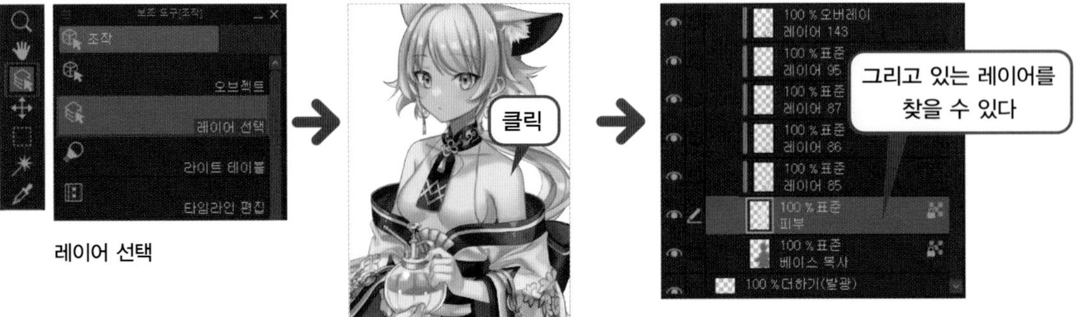

레이어 선택

TIPS 위에 있는 레이어가 우선

[레이어 선택]으로 선택되는 레이어는 위에 그려지고 있는 레이어가 우선됩니다. 색 조정 등으로 채우거나 넓은 범위를 채색한 레이어가 위에 있는 경우, 그 레이어가 선택되므로 주의합시다.

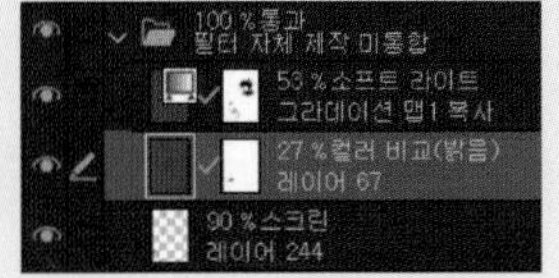

[레이어 검색] 팔레트

[창] 메뉴→[레이어 검색] 팔레트는 종류나 조건으로 레이어를 찾을 수 있는 팔레트입니다. 표현색이 다른 레이어나 특별한 설정을 한 레이어 등을 찾을 때 편리합니다.

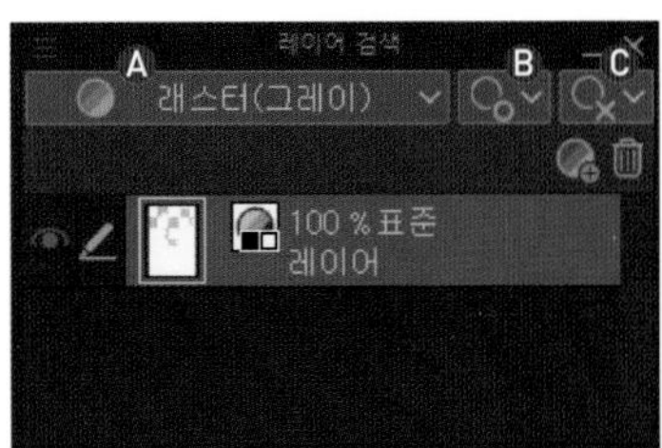

Ⓐ 표시 대상 레이어

[레이어 검색] 팔레트에 표시되는 레이어의 타입을 설정할 수 있습니다.

Ⓑ 추출 조건

조건을 설정하여 검색에 표시되는 레이어를 좁힐 수 있습니다.

Ⓒ 제외 대상 조건

조건을 설정하여 검색에서 제외할 레이어를 결정할 수 있습니다.

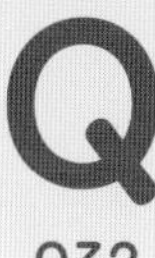

특수 레이어를 일반 레이어로 하고 싶다

032

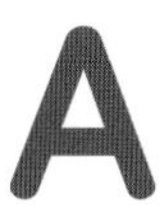

[래스터화]로 래스터 레이어로 할 수 있습니다.

[래스터화]

화상 소재 레이어나 벡터 레이어 등 특수 레이어는 일부 도구를 사용할 수 없거나 가공할 수 없습니다. [레이어] 메뉴→[래스터화]를 선택하면 어떤 레이어도 래스터 레이어로 할 수 있습니다. 예를 들면 벡터 레이어는 [채우기] 도구를 사용할 수 없지만, 래스터 레이어로 만들면 문제없이 사용할 수 있습니다.

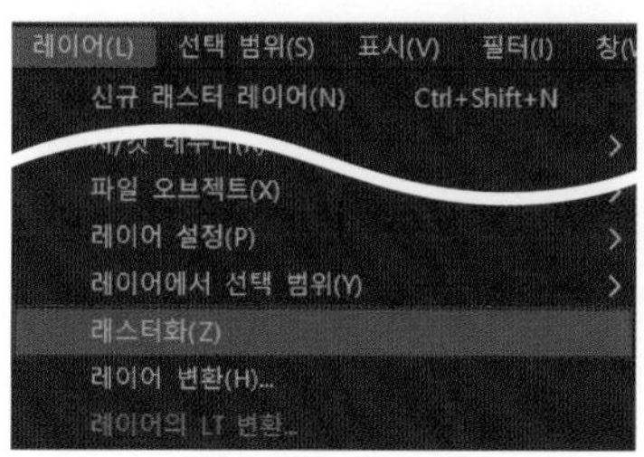

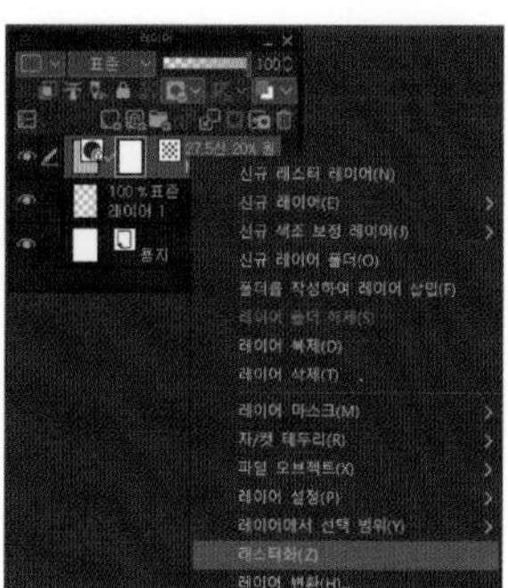

래스터화 순서

[레이어] 메뉴→[래스터화] 혹은, 레이어를 마우스 오른쪽 클릭→[래스터화]를 선택해도 가능합니다.

특수 레이어의 예

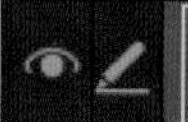

벡터 레이어

벡터 레이어는 [채우기] 도구를 사용할 수 없는 것 외에, [필터] 메뉴→[흐리기] 등의 필터에 의한 가공도 할 수 없습니다.

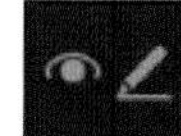
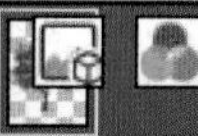
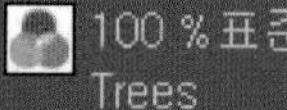

화상 소재 레이어

[파일]→[가져오기]→[화상]이나, [소재] 팔레트에서 가져온 화상은 화상 소재 레이어가 됩니다. 화상 소재 레이어는 그리기 도구로 편집이나 필터에 의한 가공은 할 수 없습니다.

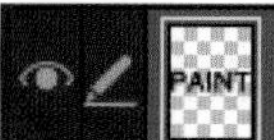

텍스트 레이어

텍스트 레이어는 문자를 입력하기 위한 레이어입니다. [편집] 메뉴→[변형]→[자유 변형], [왜곡] 등의 변형이나 필터를 사용할 수 없습니다.

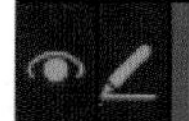
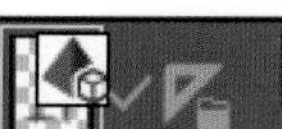
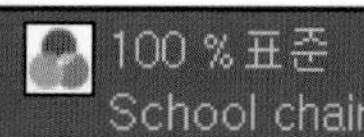

3D 레이어

3D 모델을 편집하는 레이어입니다. 그리기 도구, 변형, 필터 가공 등 이미지를 편집하는 기능을 거의 사용할 수 없습니다.

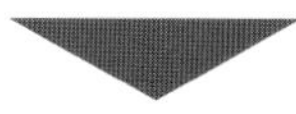

래스터화

래스터 레이어로 하면 가공 가능

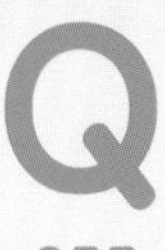

033 그리기 색을 정하고 싶다

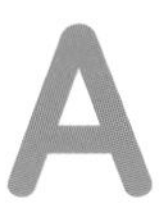

[컬러 서클] 팔레트 등 컬러 계열의 팔레트를 사용합니다.

컬러 아이콘

선택 중인 그리기 색은 [도구] 팔레트 아래에 있는 컬러 아이콘으로 확인할 수 있습니다.

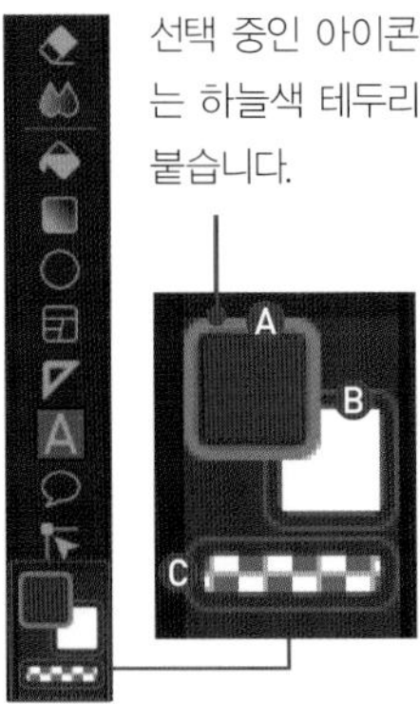

선택 중인 아이콘에는 하늘색 테두리가 붙습니다.

컬러 아이콘

Ⓐ 메인컬러
메인으로 사용하는 그리기 색. 기본은 메인컬러가 선택되어 있습니다.

Ⓑ 서브컬러
서브로 사용하는 그리기 색입니다. 사용 빈도가 높은 색을 세팅해 두면 편리합니다.

Ⓒ 투명색
그린 부분이 투명해집니다.

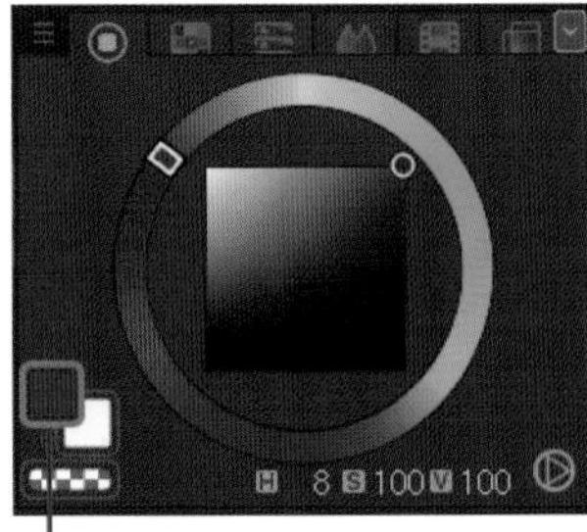

[컬러 서클] 팔레트의 왼쪽 아래에도 컬러 아이콘이 있습니다.

[컬러 서클] 팔레트

[컬러 서클] 팔레트는 직관적으로 색을 설정할 수 있습니다.

색상
링 부분을 클릭하여 빨간색, 파란색, 노란색, 보라색과 같은 색상을 선택합니다.

명도
색의 밝기를 조정합니다. 컨트롤 포인트를 위로 움직일수록 밝고 아래로 움직일수록 어두워집니다.

채도
색의 선명도를 조정합니다. 컨트롤 포인트를 오른쪽으로 움직일수록 선명해집니다.

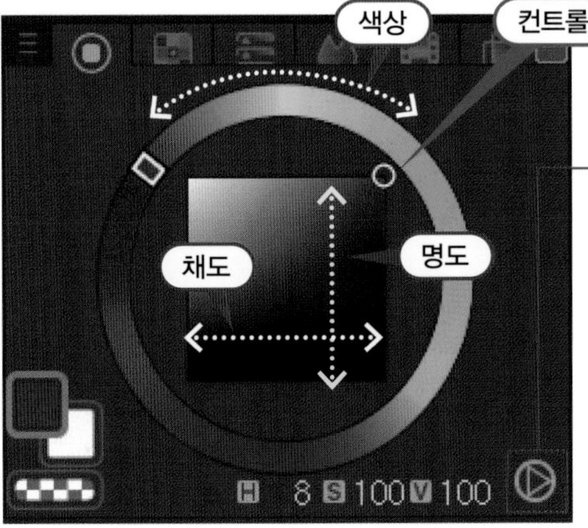

색 공간의 전환
초기 설정은 색상(H), 채도(S), 명도(V)로 되어 있으며 오른쪽 아래의 아이콘을 클릭하면 색 공간이 바뀌어 색상(H), 휘도(L), 채도(S)로 색을 설정할 수 있습니다.

HLS 색 공간으로 했을 경우

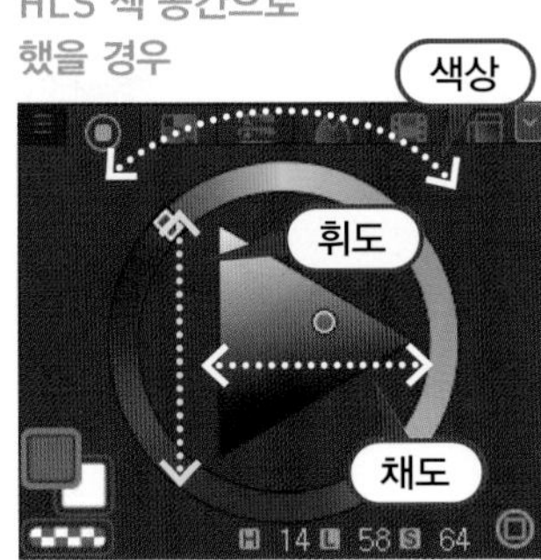

휘도
색의 밝기를 나타내는 값입니다. 컨트롤 포인트를 위로 움직일수록 밝아집니다. 휘도가 가장 높아지면 흰색이 됩니다.

[컬러 슬라이더] 팔레트

[컬러 슬라이더] 팔레트는 슬라이더로 값을 조정해 색을 설정합니다. RGB 값으로 설정하고 싶을 때 편리합니다. 설정 타입에는 RGB, HSV([컬러 서클] 팔레트가 HLS 색 공간일 때는 연동해 HLS가 됩니다), CMYK가 있습니다.

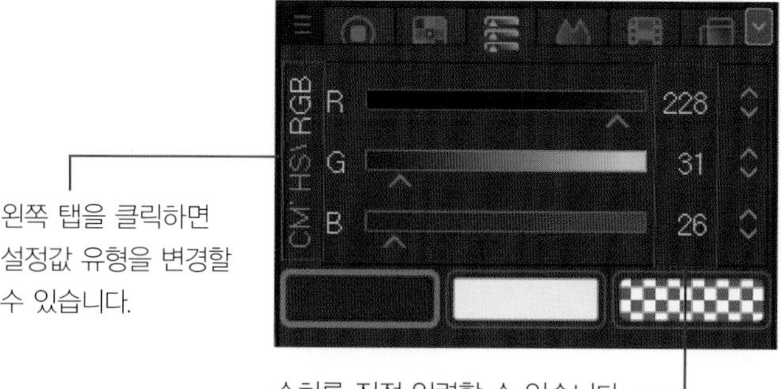

TIPS 탭으로 표시

[컬러 슬라이더] 팔레트 등 컬러 계열의 팔레트는 [컬러 서클] 팔레트와 같은 장소에 수납되어 있어 탭을 선택하면 표시됩니다.

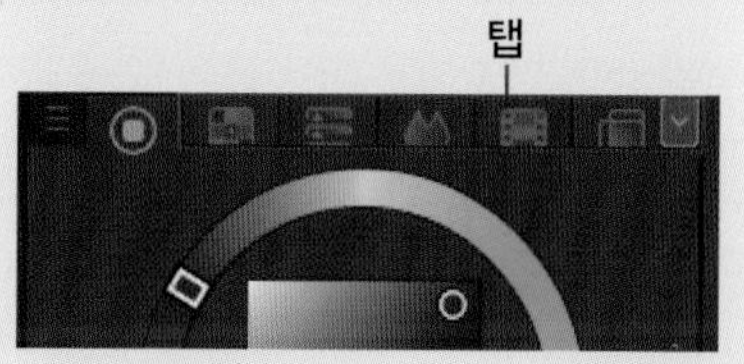

Part.3 그림 관련

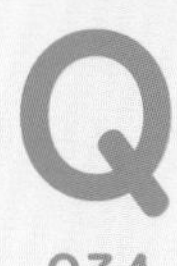

034 가까운 색을 찾고 싶다

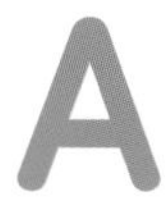

[중간색] 팔레트나 [유사색] 팔레트를 사용합니다.

다른 색과의 중간색이나 명도·채도가 가까운 색 찾기

어떤 특정한 색의 가까운 색을 찾는 경우는 다른 색과의 중간이 되는 색을 확인할 수 있는 [중간색] 팔레트나 채도나 명도가 다른 색을 확인할 수 있는 [유사색] 팔레트를 사용하면 편리합니다.

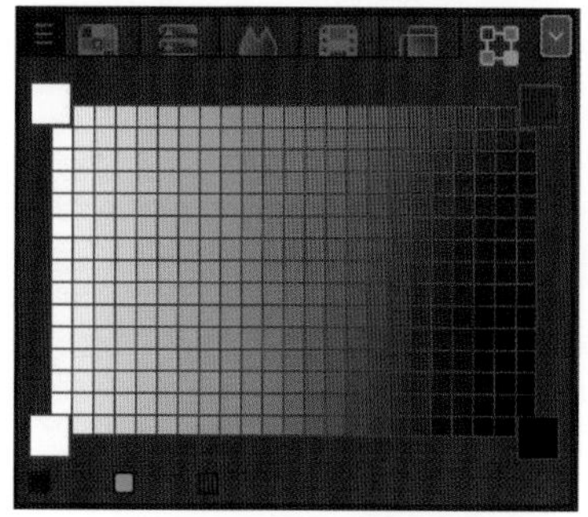

[중간색] 팔레트

네 모서리 상자에 색을 설정하면 다른 색과 색의 중간이 되는 색이 표시됩니다.

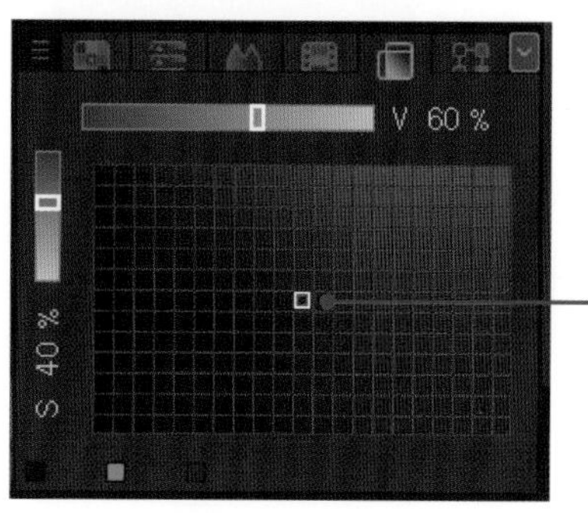

색상 타일을 클릭하면 그리기 색으로 만들 수 있습니다.

[유사색] 팔레트

그리기 색의 명도나 채도가 다른 색이 표시됩니다.

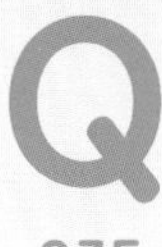

색을 저장하고 싶다

035

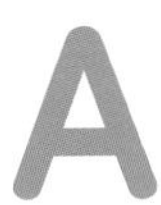

[퀵 액세스] 팔레트에서 그리기 색을 빠르게 저장할 수 있습니다.

그리기 색을 [퀵 액세스] 팔레트에 추가하기

설정한 그리기 색을 저장하고 싶은 경우는 [퀵 액세스] 팔레트를 사용하면 됩니다. [퀵 액세스] 팔레트 위에서 마우스 오른쪽을 클릭하고 [그리기 색을 추가]를 선택하면 그리기 색을 팔레트 위에 추가할 수 있습니다.

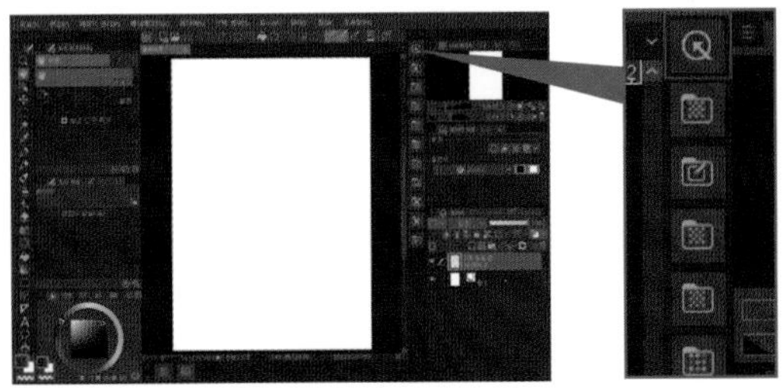

[퀵 액세스] 팔레트

TIPS 팔레트 찾기

팔레트를 찾을 수 없다면 [창] 메뉴에서 찾아봅니다.

팔레트의 위치

[퀵 액세스] 팔레트는 [소재] 팔레트와 같은 독에 수납되어 있습니다.

그리기 색을 추가하는 순서

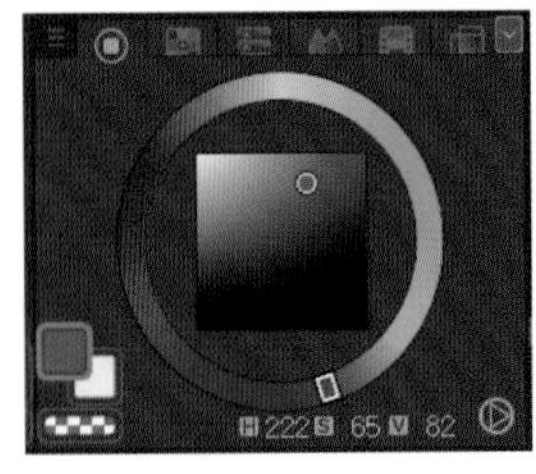

❶ 컬러 계열 팔레트에서 그리기 색을 설정합니다.

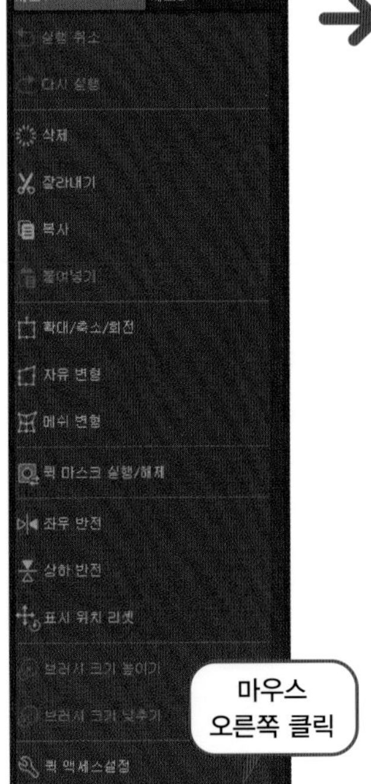

❷ [퀵 액세스] 팔레트를 표시하고 빈칸에서 마우스 오른쪽 클릭합니다.

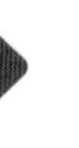

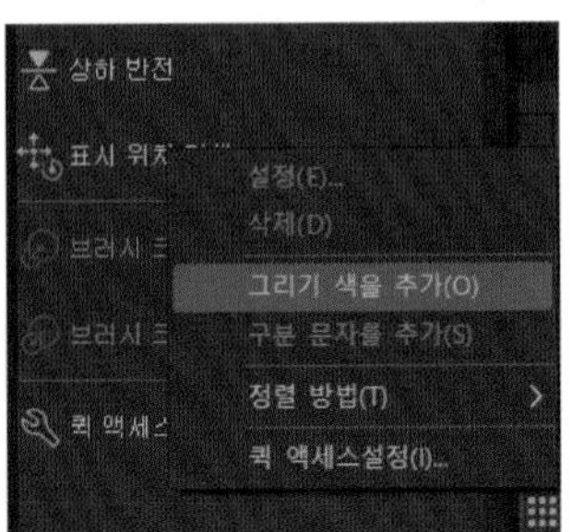

❸ [그리기 색을 추가]를 선택합니다.

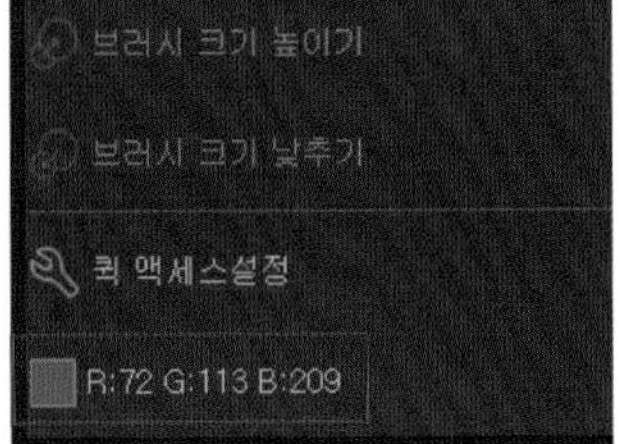

❹ 그리기 색이 [퀵 액세스] 팔레트에 추가됩니다.

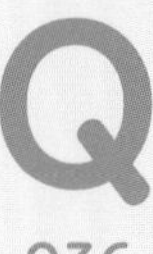

Q 036 캔버스에서 색을 추출하고 싶다

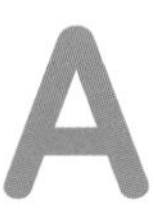

A [스포이트] 도구를 사용해 색을 추출하여 그리기 색으로 할 수 있습니다.

[스포이트] 도구

[스포이트] 도구를 사용하면 캔버스에서 색을 추출하여 그리기 색으로 할 수 있습니다. [스포이트] 도구에는 [표시색 추출]과 [레이어에서 색 추출] 2개의 보조 도구가 있어 용도에 따라 구분해서 사용할 수 있습니다.

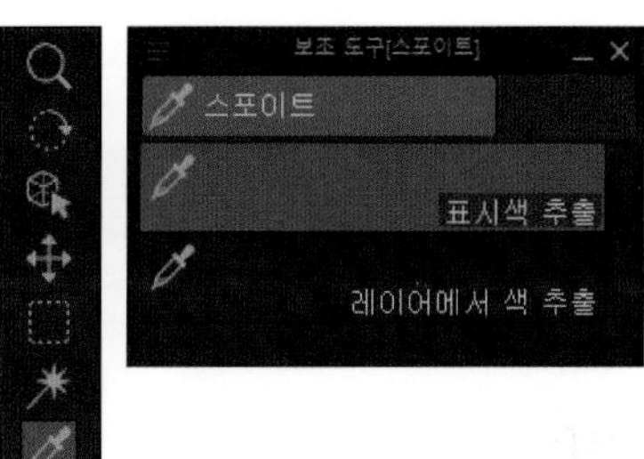

TIPS 오른쪽 클릭으로 스포이트

브러시를 사용하고 있을 때 마우스 오른쪽 버튼을 클릭하면 [스포이트] 도구를 사용할 수 있습니다.

표시색 추출

화면에 표시된 색을 추출합니다.

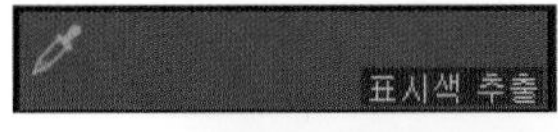

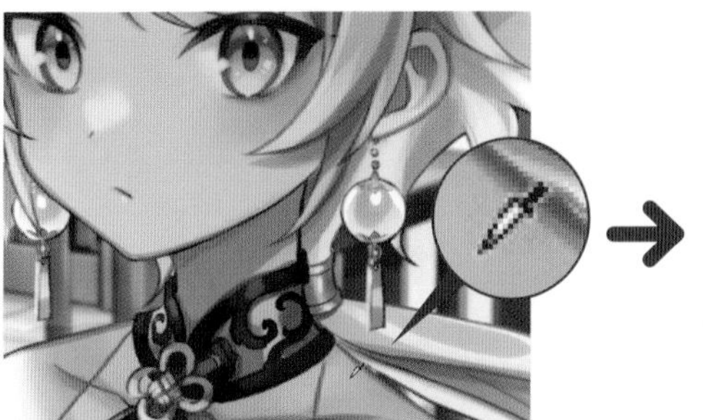

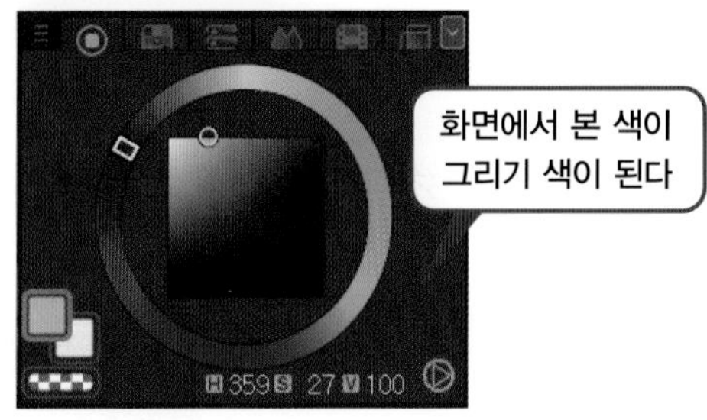

레이어에서 색 추출

[레이어] 팔레트에서 선택 중인 레이어에 그려진 색을 추출합니다.

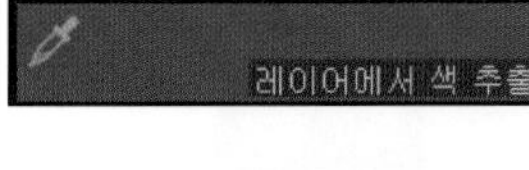

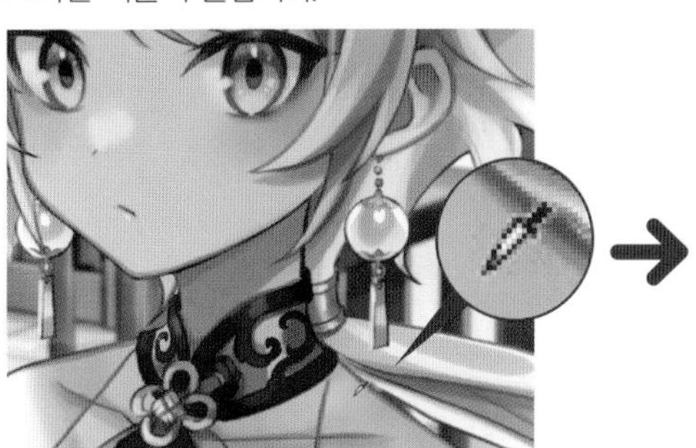

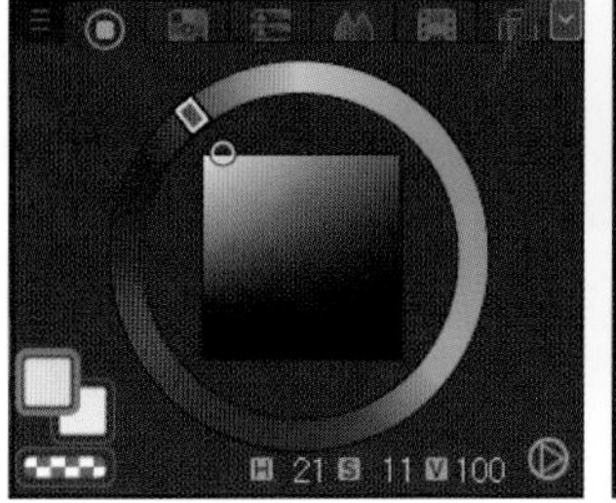

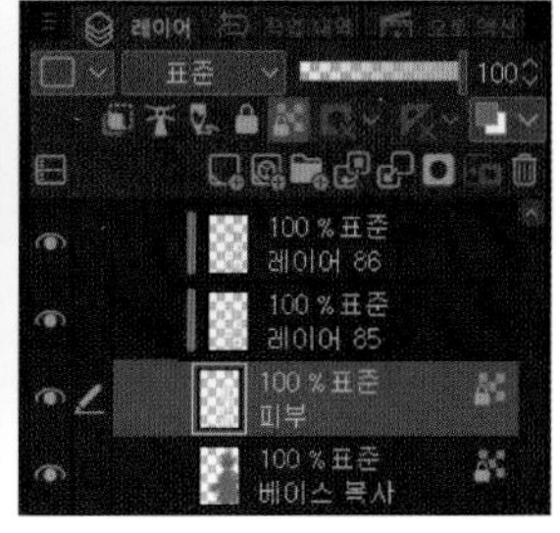

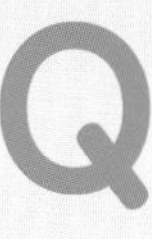

037

브러시 크기를 바꾸고 싶다

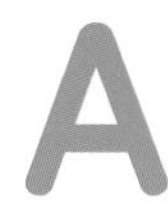

[도구 속성] 팔레트나 [브러시 크기] 팔레트에서 변경할 수 있습니다.

[도구 속성] 팔레트에서 브러시 크기 바꾸기

[도구 속성] 팔레트에서 슬라이더나 수치 입력으로 브러시 크기를 설정할 수 있습니다.

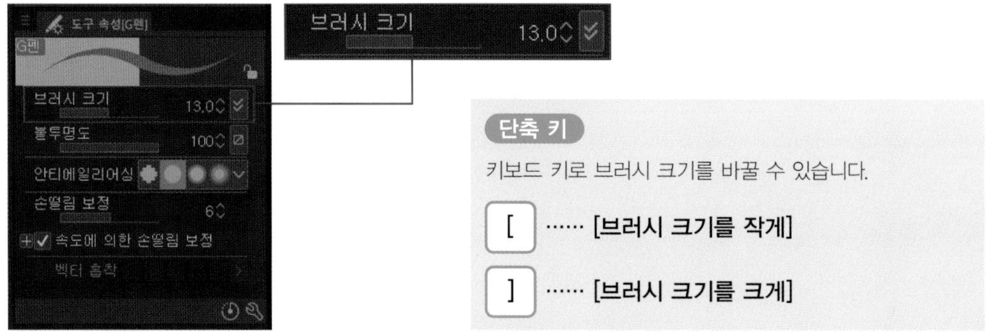

[도구 속성] 팔레트

[브러시 크기] 팔레트에서 브러시 크기 바꾸기

[브러시 크기] 팔레트에서 브러시 크기를 선택할 수 있습니다.

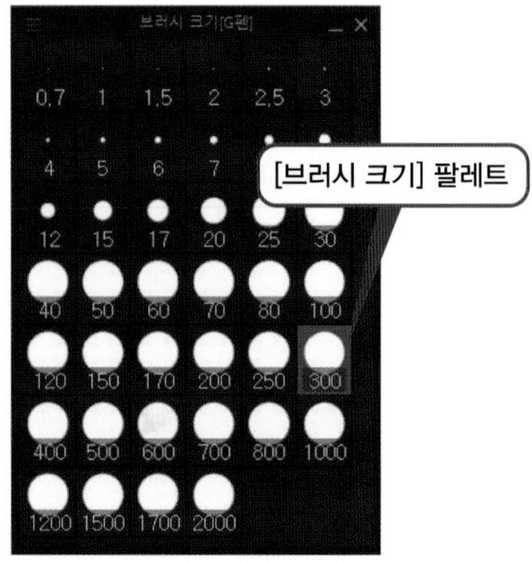

프리셋에서 크기를 선택

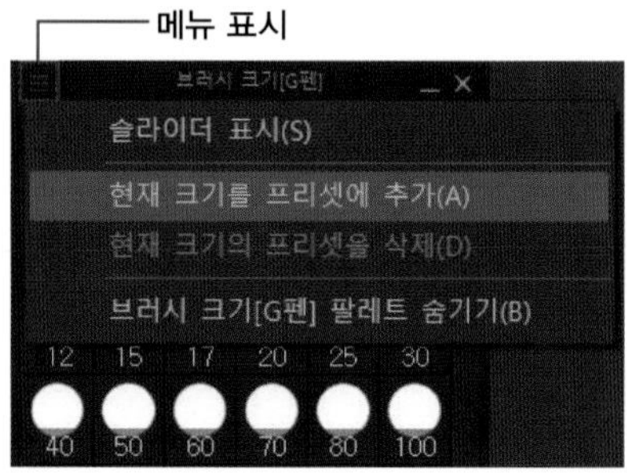

크기 추가

[브러시 크기] 팔레트에 필요한 크기가 없는 경우 [도구 속성] 팔레트에서 크기를 설정하고 [브러시 크기] 팔레트의 메뉴 표시→[현재 크기를 프리셋에 추가]를 선택해 크기를 추가합니다.

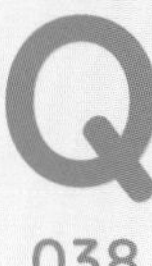

청서하기 쉬운 밑그림으로 하고 싶다

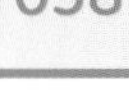

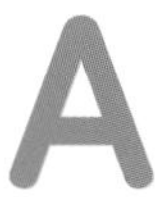

[레이어 컬러]에서 밑그림을 파랗게 하면 청서하기 쉬워집니다.

[레이어 컬러] 설정하기

밑그림의 선과 청서의 선이 잘 구별되지 않으면 작업이 진척되지 않습니다. 따라서 얇고 파란 선으로 밑그림을 표시합니다.

[레이어 속성] 팔레트에 있는 [레이어 컬러]를 ON으로 하면 그림 부분의 색을 바꿀 수 있습니다(초기 설정은 파란색입니다). 불투명도를 낮추면 청서의 선이 더 보기 쉬워집니다.

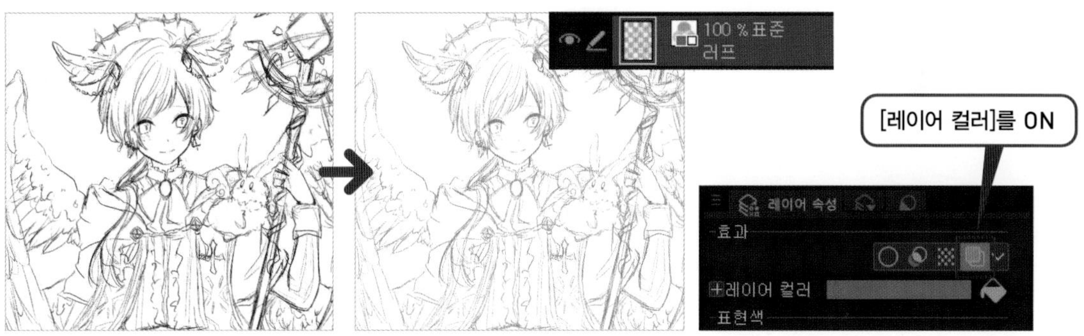

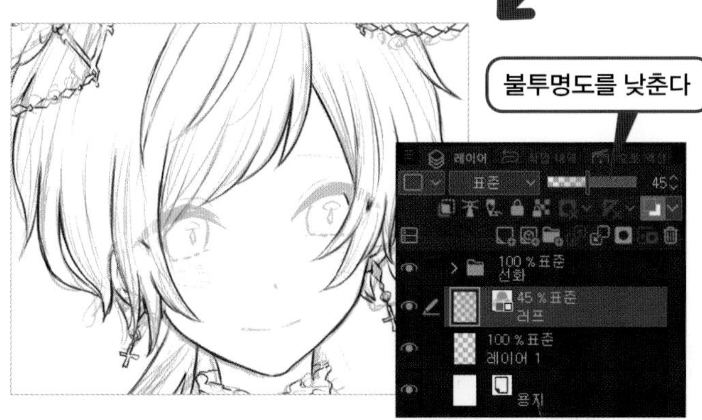

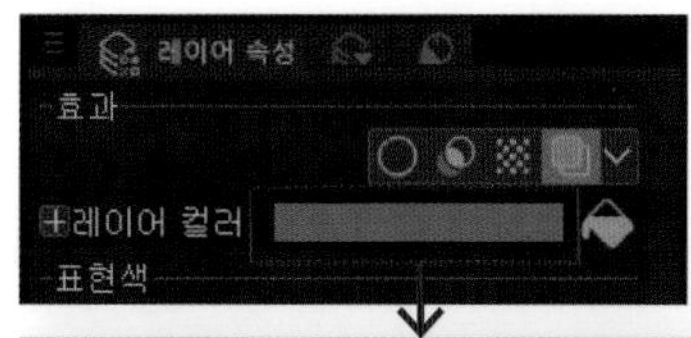

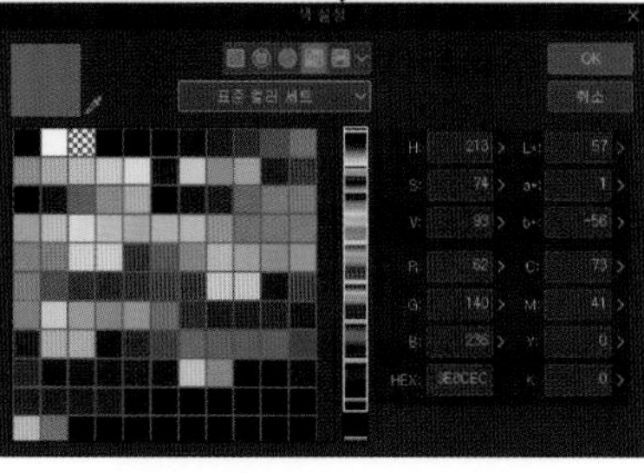

레이어 컬러 바꾸기

컬러 아이콘을 클릭하면 [색 설정] 대화상자가 열려 [레이어 컬러]의 색을 변경할 수 있습니다.

TIPS [레이어] 팔레트에서 ON/OFF를 전환하기

[레이어] 팔레트의 [레이어 컬러 변경]에서 [레이어 컬러]의 ON/OFF가 가능합니다.

레이어 컬러 변경

※ [레이어] 팔레트의 폭을 작게 표시하면 [레이어 컬러 변경] 버튼이 표시되지 않는 경우가 있습니다.

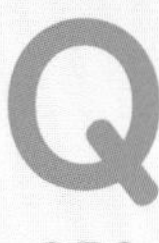

039 손떨림을 줄이고 싶다

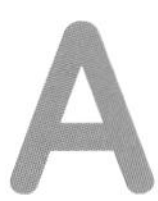

[손떨림 보정]이나 [후보정]으로 손떨림을 줄일 수 있습니다.

손떨림 보정하기

[도구 속성] 팔레트에 있는 [손떨림 보정]은 펜 태블릿에 의한 선의 떨림을 줄일 수 있습니다. 값이 클수록 선을 매끈하게 보정해 주지만 이미지 처리에 시간이 걸릴 수 있습니다. 적정한 값은 개인차가 있으므로 연습용 그리기를 하여 자신에게 맞는 값으로 설정합니다.

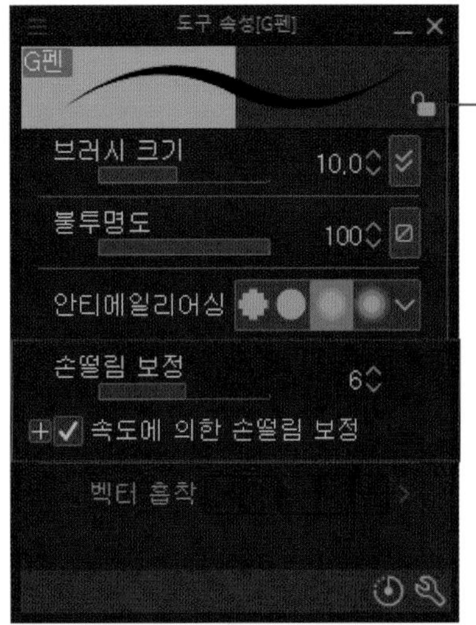

기능 확장 ⊞를 클릭하여 펼칩니다.

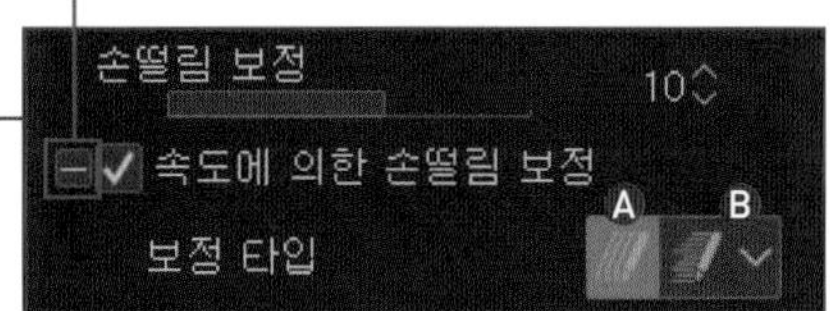

속도에 의한 손떨림 보정

[속도에 의한 손떨림 보정]이 체크되어 있으면 스트로크의 속도에 의해 손떨림 보정을 적용하는 방법이 바뀝니다. 기능 확장에서 설정할 수 있는 [보정 타입]은 아래의 2종류에서 선택합니다.

Ⓐ 천천히 그렸을 때 보정 적용

스트로크가 느려질수록 보정이 강해집니다.

Ⓑ 재빨리 그렸을 때 약한 보정

스트로크가 빨라질수록 보정이 약해집니다.

그린 후에 보정 설정

[보조 도구 상세] 팔레트→ [보정] 카테고리에 있는 [후보정]은 그린 후에 선을 보정하는 기능입니다. [손떨림 보정]과는 그릴 때의 감각이 변하기 때문에 연습용 그리기를 해서 그리기 쉬운 방법을 찾습니다.

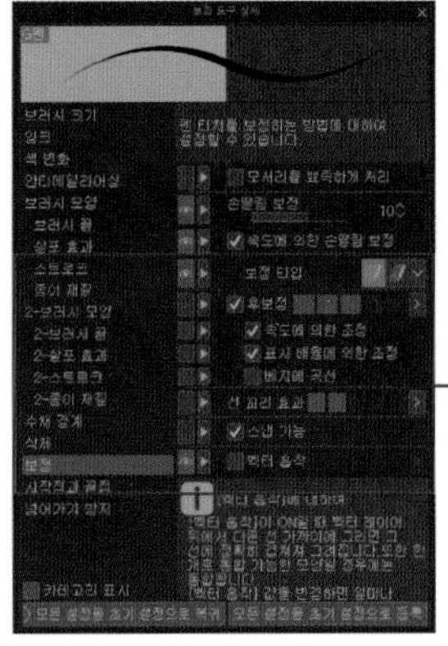

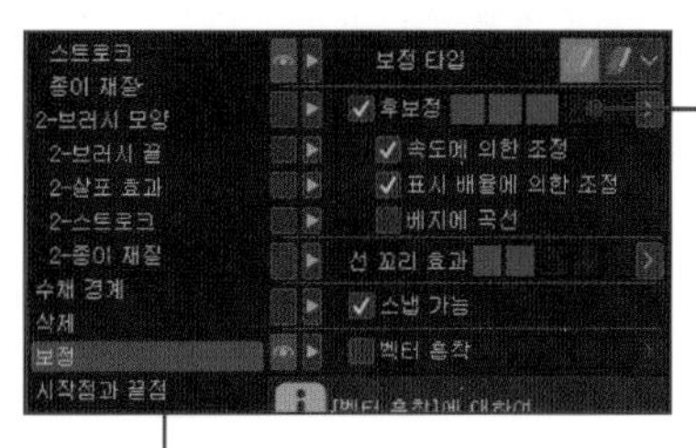

보정 강도를 조정합니다.

TIPS 벡터 선에 미치는 영향

[후보정]의 값이 클수록 벡터 선(→ P.120)의 제어점 수가 적어집니다. 벡터 레이어에서 [후보정]을 체크하고 선을 그리면 나중에 선을 편집하는 것이 편해집니다.

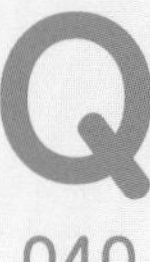

선의 떨림을 없애고 싶다

040

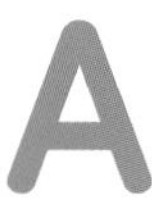

안티에일리어싱을 설정하면 선의 울퉁불퉁함이 신경 쓰이지 않을 수 있습니다.

안티에일리어싱

안티에일리어싱이란 색의 변화를 매끄럽게 보여주기 위한 이미지 처리를 말합니다.
안티에일리어싱을 없음으로 하고 [펜] 도구로 그리면 울퉁불퉁한 선이 됩니다. 안티에일리어싱을 활성화하면 선 주위에 중간톤이 생기기 때문에 울퉁불퉁한 선이 눈에 띄지 않게 됩니다.

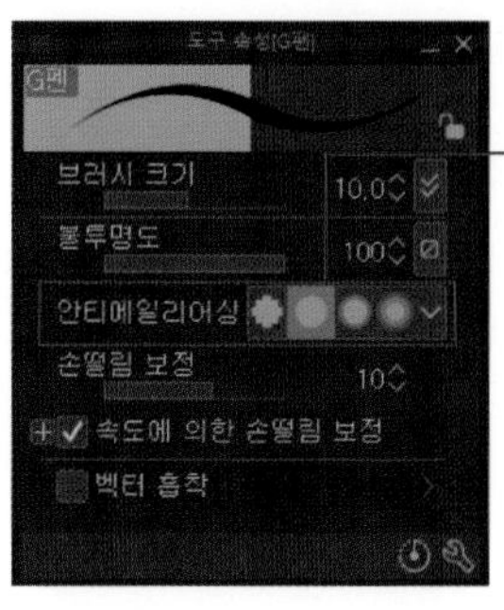

없음 약 중 강

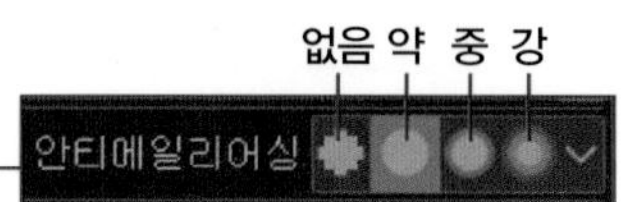

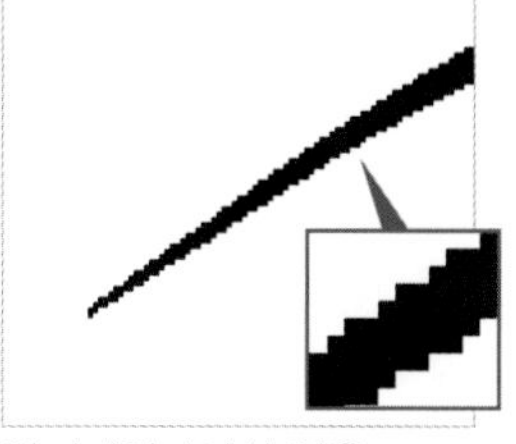

안티에일리어싱 없음

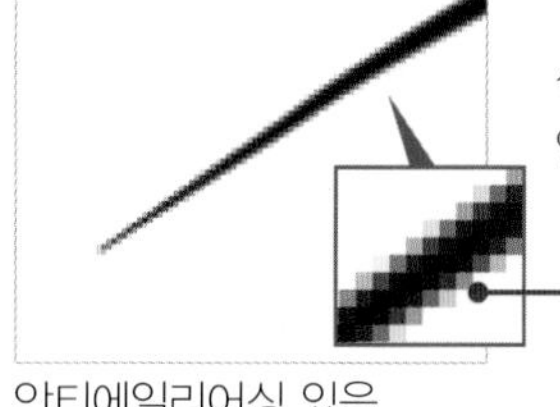

안티에일리어싱 있음

선 주위에 생기는 중간톤이 안티에일리어싱입니다.

이미지의 정밀도는 픽셀 수로 결정

디지털 일러스트로 제작하는 이미지는 픽셀(화소)이라는 최소 단위의 모임으로 이루어져 있습니다.
픽셀 수가 많을수록 이미지는 정밀하며 적으면 거칠어집니다. 그 때문에, 캔버스 크기가 작을수록(픽셀 수가 적을수록) 선의 울퉁불퉁함이 눈에 띄게 됩니다.

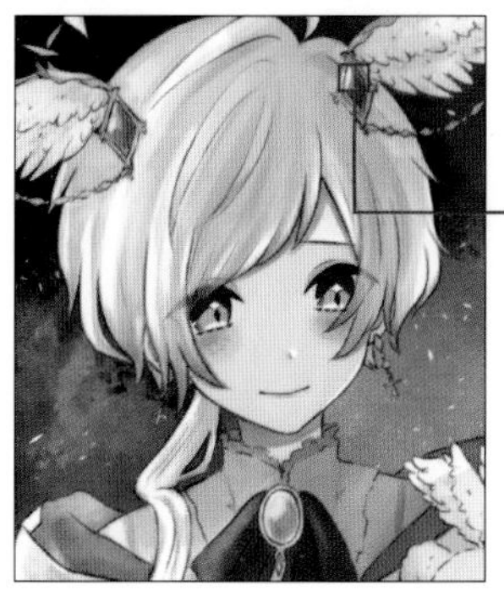

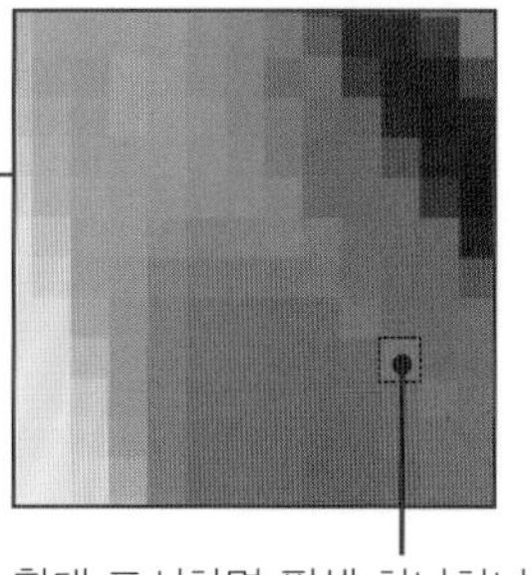

확대 표시하면 픽셀 하나하나를 확인할 수 있습니다.

TIPS 모노크롬 만화의 크기

모노크롬 만화는 일반적으로 회색을 사용하지 않기 때문에 안티에일리어싱과 같은 흐릿한 표현은 사용하지 않습니다.
그래서 확대 표시하면 선이 울퉁불퉁해 보이지만 인쇄했을 때 깨끗한 선이 되도록 큰 크기로 제작합니다.

예) B5 동인지 원고 크기

마무리 크기 : B5 / 해상도 : 600dpi
→ 마무리 크기 : 4299 × 6071 픽셀

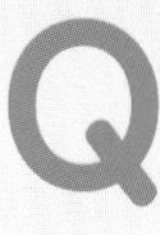

선의 농도를 설정하고 싶다

041

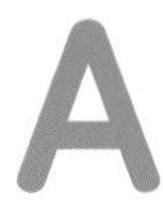

그리는 선의 농도는 브러시의 [불투명도]나 [브러시 농도]에서 설정합니다.

선의 농도 설정하기

선의 농도를 결정하는 설정에는 [불투명도]와 [브러시 농도]가 있습니다.
[도구 속성] 팔레트 또는 [보조 도구 상세] 팔레트에서 설정할 수 있습니다.

불투명도 (예 [연필])
그리기 부분의 불투명도를 조정할 수 있습니다.

불투명도 100

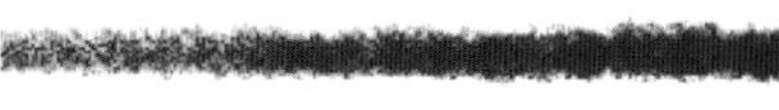

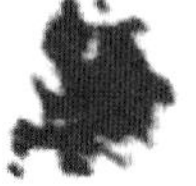

불투명도 70

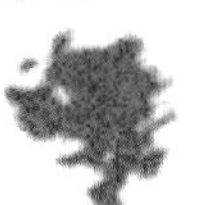

불투명도 40

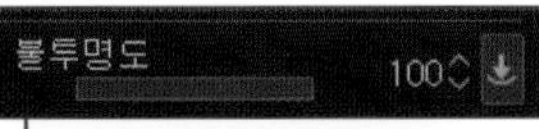

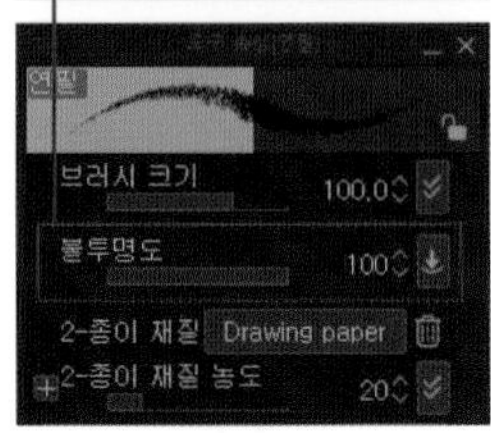

[연필]의 경우 [도구 속성] 팔레트의 [불투명도]에서 설정할 수 있습니다.

브러시 농도 (예 [연필])
[브러시 농도]는 브러시 끝의 불투명도를 조정합니다.

브러시 농도 100

브러시 농도 70

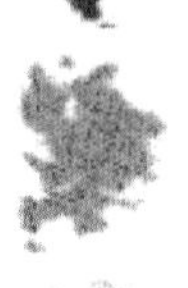

브러시 농도 40

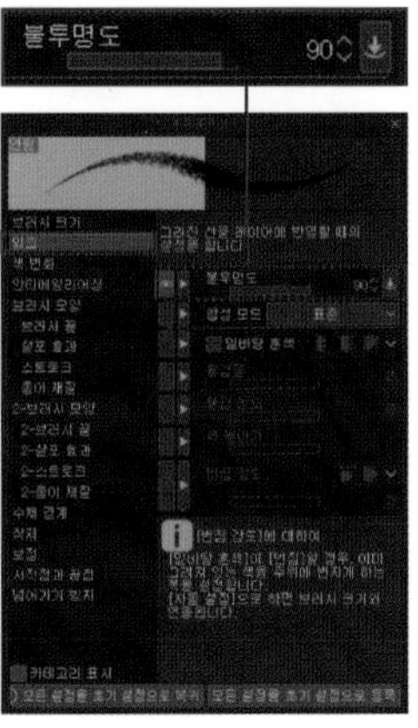

[불투명도]의 설정은 [보조 도구 상세] 팔레트→[잉크] 카테고리에 있습니다.

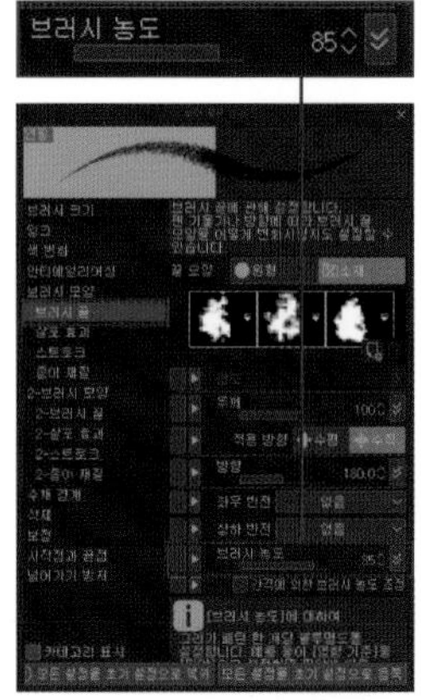

[브러시 농도]의 설정은 [보조 도구 상세] 팔레트→[브러시 끝] 카테고리에 있습니다.

TIPS 불투명도와 브러시 농도의 차이

CLIP STUDIO PAINT의 브러시는 브러시 끝의 패턴을 연속하여 스트로크를 만듭니다. 그 때문에 [브러시 농도]를 낮춰도 스트로크를 만드는 과정에서 브러시 끝이 겹쳐 진한 그림이 되는 경우가 있습니다. [불투명도]를 낮춘 경우는 스트로크 전체가 엷어집니다.

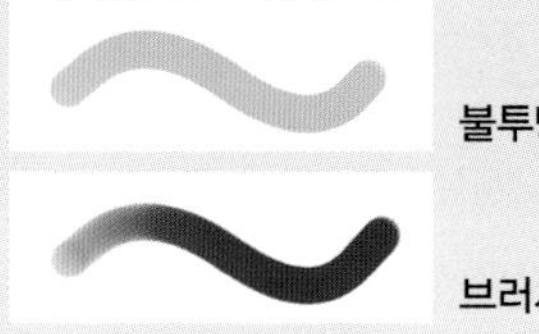

불투명도 30

브러시 농도 30

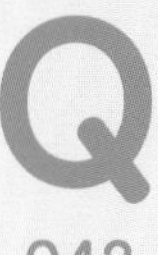

필압의 영향을 조정하고 싶다

042

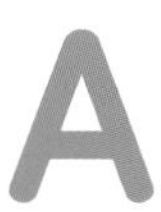

[브러시 크기 영향 기준의 설정]에서 [필압]에 체크합니다.

필압으로 선 굵기에 강약을 주고 싶을 때

펜 태블릿을 사용하여 필압으로 선의 굵기에 강약을 주고 싶을 때는 [브러시 크기 영향 기준의 설정]에서 [필압]에 체크를 합니다.

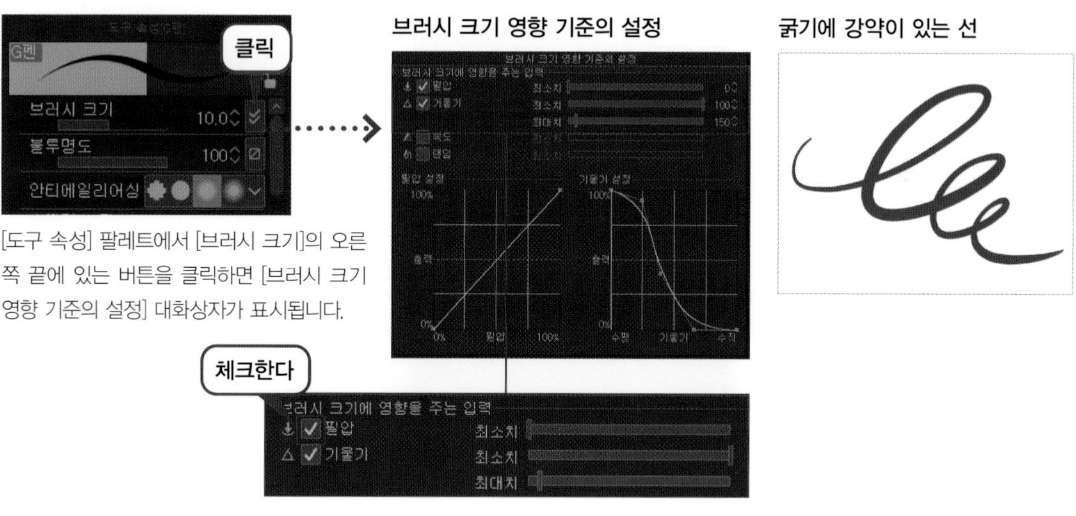

[도구 속성] 팔레트에서 [브러시 크기]의 오른쪽 끝에 있는 버튼을 클릭하면 [브러시 크기 영향 기준의 설정] 대화상자가 표시됩니다.

필압으로 선에 농담을 주고 싶을 때

[보조 도구 상세] 팔레트에 있는 [브러시 농도 영향 기준의 설정]에서 [필압]에 체크하면 선에 농담을 주기 쉬워집니다.

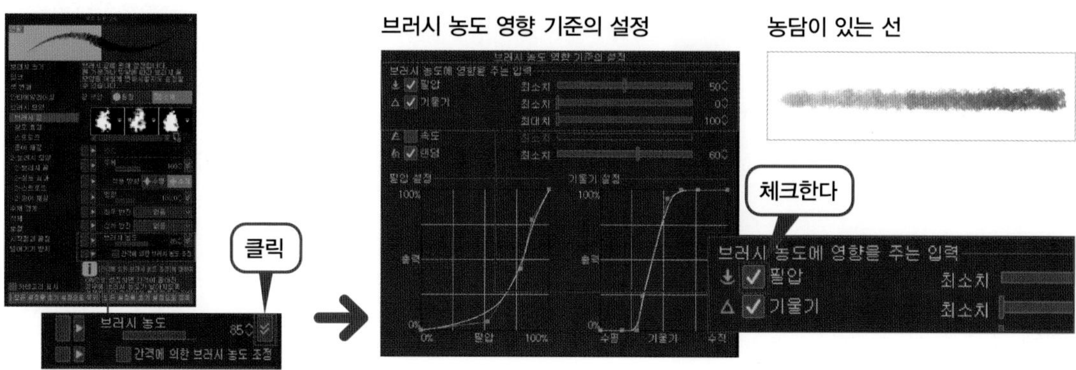

[보조 도구 상세] 팔레트→[브러시 끝] 카테고리→[브러시 농도]에서 오른쪽 끝에 있는 버튼을 클릭하면 [브러시 농도 영향 기준의 설정]이 표시됩니다.

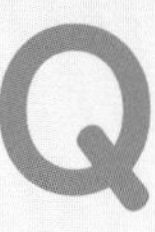

시작점과 끝점을 보정하고 싶다

043

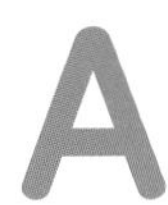

[보조 도구 상세] 팔레트에서 시작점과 끝점 보정 값을 설정할 수 있습니다.

시작점과 끝점 설정

시작점과 끝점이란 '선을 그리기 시작할 때는 가늘게(시작점) 시작해서 점점 굵게 하고, 다시 가늘어지는(끝점)' 선을 그리는 방법입니다.

CLIP STUDIO PAINT에서는 기능을 사용해 시작점과 끝점을 보정할 수 있습니다.

필압으로 선에 강약을 줄 수 있으므로 무리하게 설정할 필요는 없지만, 생각대로 되지 않을 때는 시작점과 끝점 보정을 시도해 보면 좋습니다.

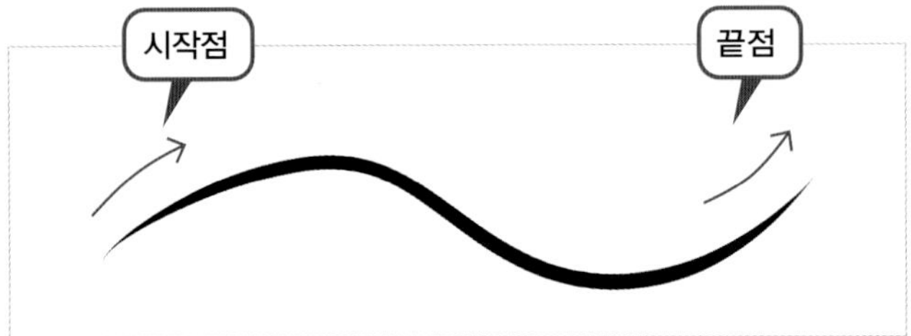

시작점과 끝점 설정

[보조 도구 상세] 팔레트의 [시작점과 끝점] 카테고리에서 보정을 설정할 수 있습니다.

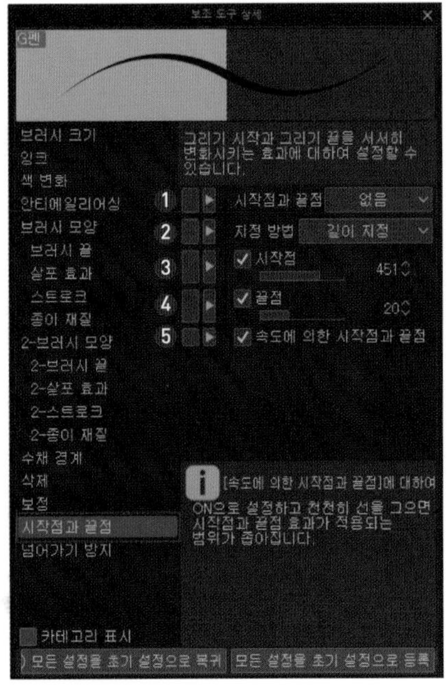

❶ 시작점과 끝점

클릭하면 [시작점과 끝점 영향범위 설정]이 열리고 시작점과 끝점 설정을 반영시키는 파라미터를 선택할 수 있습니다.

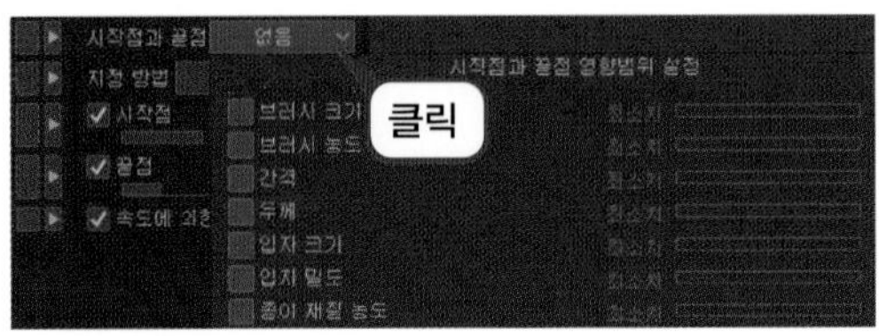

❷ 지정 방법

길이 지정 – 시작점과 끝점의 길이를 수치로 지정합니다.

백분율 지정 – 시작점과 끝점의 길이를 %로 지정합니다.

페이드 – 그리기 시작부터 서서히 최소치로 변화해 가는 설정입니다.

❸ 시작점

선을 시작할 때 가늘어지는 범위를 설정합니다.

❹ 끝점

선을 끝낼 때 서서히 가늘어지는 범위를 설정합니다.

❺ 속도에 의한 시작점과 끝점

체크하면 선을 그리는 속도에 따라 시작점과 끝점 설정의 효과가 바뀝니다.

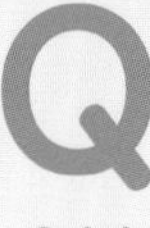

밑그림 레이어의 효과를 알고 싶다

044

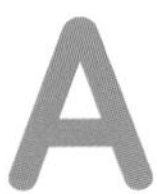

밑그림 레이어로 설정하면 인쇄나 이미지 내보내기를 할 때 표시되지 않게 됩니다.

밑그림이 출력되는 것을 방지하기

밑그림 레이어는 밑그림용 설정입니다. 어떤 유형의 레이어도 밑그림 레이어로 할 수 있습니다. 설정하면 밑그림 레이어만 인쇄되지 않도록 하거나 [스포이트] 도구의 참조 위치에서 제외할 수 있습니다.

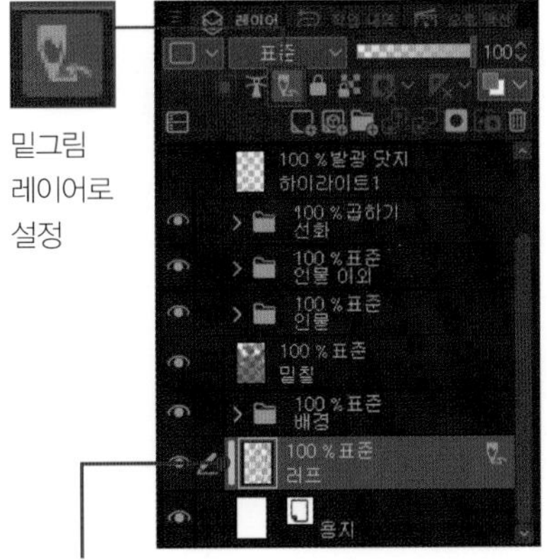

밑그림 레이어로 설정하면 하늘색 마크가 생깁니다.

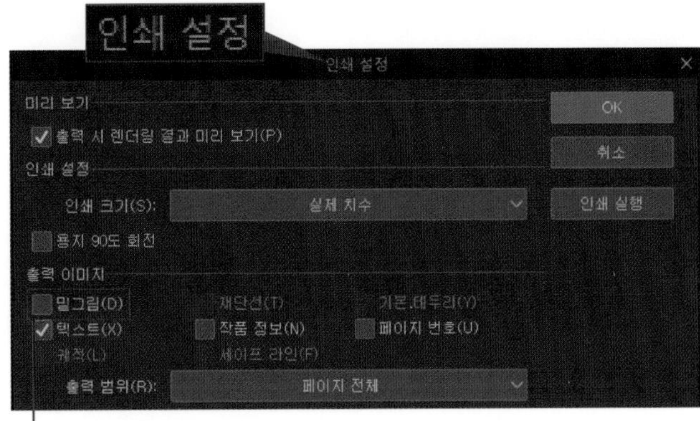

인쇄할 때 밑그림 레이어를 출력하지 않기

인쇄 설정에서 [출력 이미지]의 [밑그림]에 체크를 해제하면 밑그림 레이어에 그려진 것은 인쇄에 반영되지 않습니다.

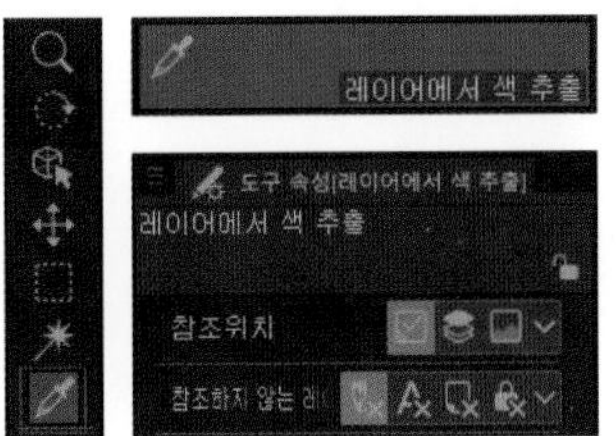

[스포이트] 도구 설정

[스포이트] 도구를 선택할 때 [도구 속성] 팔레트에 있는 [참조하지 않는 레이어]에서 [밑그림을 참조하지 않음]을 선택하면 밑그림 레이어에 그려진 색은 [스포이트] 도구로 색을 추출할 수 없습니다.

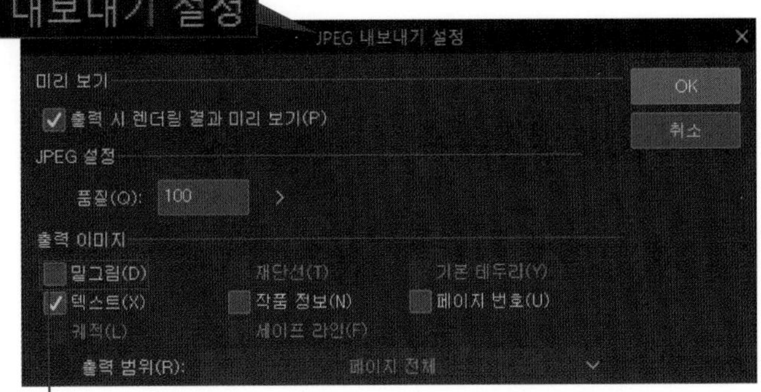

화상 내보내기에서 밑그림 레이어를 출력하지 않기

화상을 통합하여 내보내기 설정(→ P.20)에서도 밑그림 레이어를 출력하지 않고 내보내기할 수 있습니다.

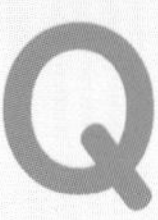

그린 것을 지우고 싶다

045

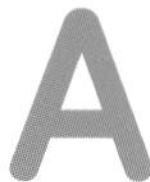

[지우개] 도구나 투명색을 사용해 지웁니다. 한 번에 지울 때는 Delete가 편리합니다.

[지우개] 도구

[지우개] 도구는 그린 것을 지울 때 사용하는 도구입니다. 사용하기 쉬운 [딱딱함] 외에 가장자리가 흐려지는 [부드러움] 등 용도에 따라 구분해 사용합니다.

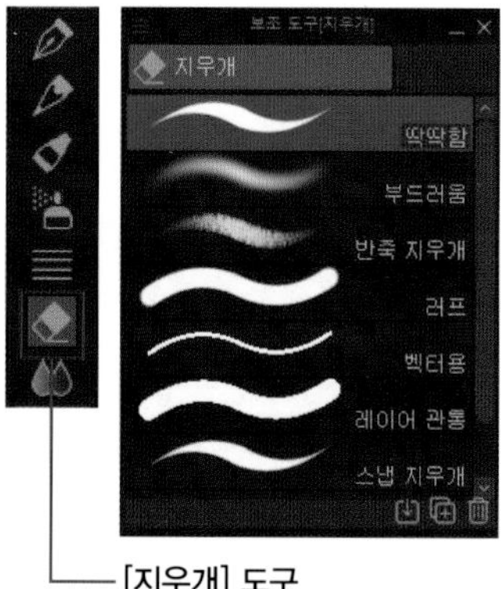

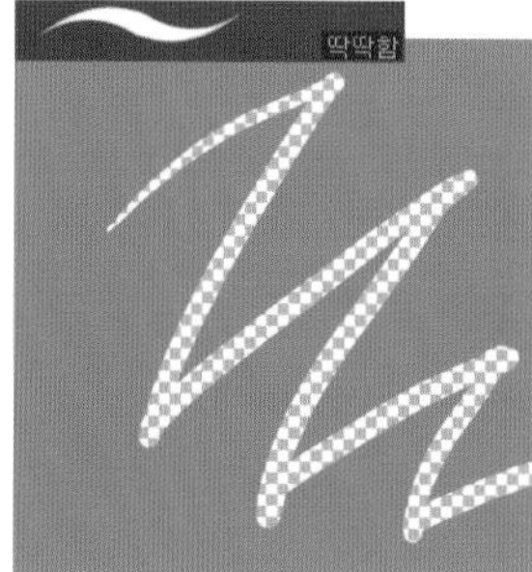

[딱딱함]
기본의 [지우개] 도구입니다. 스트로크의 느낌은 [펜] 도구와 비슷합니다.

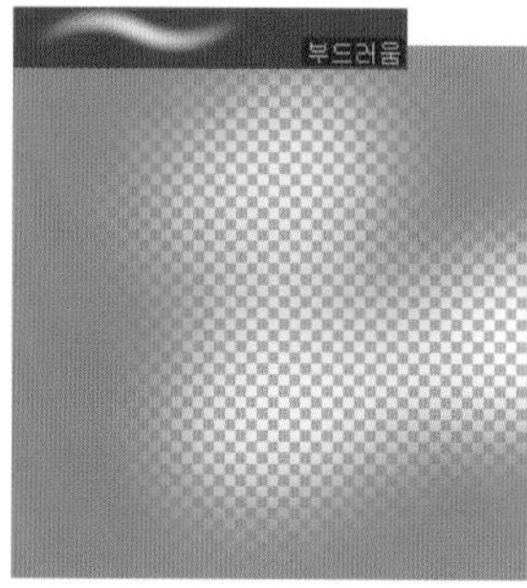

[부드러움]
[에어 브러시] 도구와 같이 스트로크의 가장자리가 흐릿한 [지우개] 도구입니다.

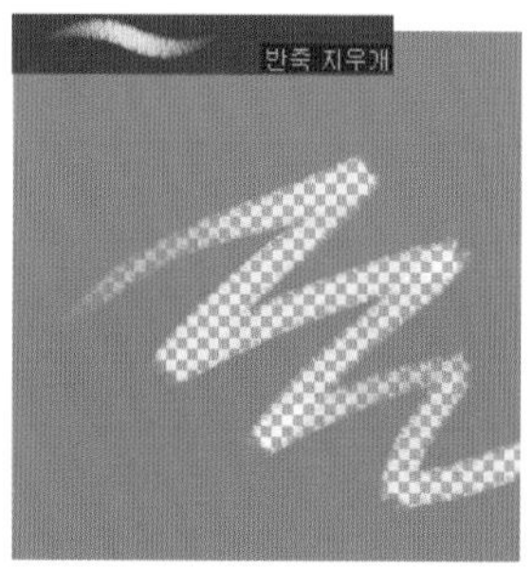

[반죽 지우개]
[연필] 도구 등으로 아날로그 풍의 그리기를 할 때 사용합니다.

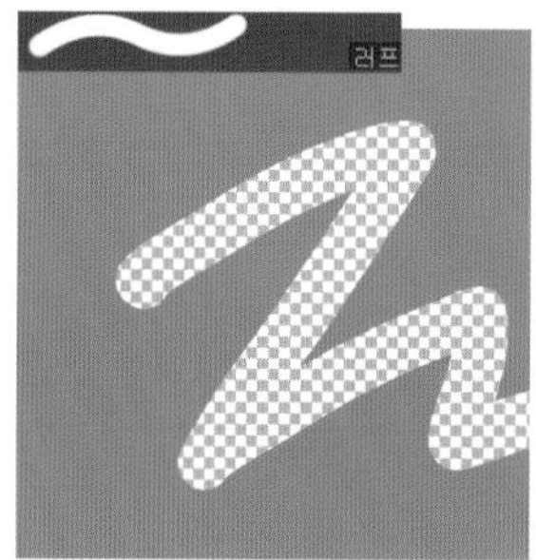

[러프]
대충 지우고 싶을 때 사용하는 [지우개] 도구입니다. 지운 후 가장자리에는 안티에일리어싱이 없습니다.

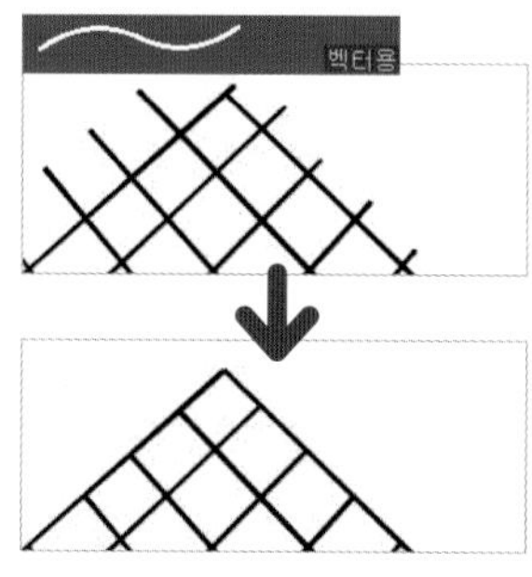

[벡터용]
벡터 레이어에서 사용하면 편리한 [지우개] 도구입니다(→ P.121).

[레이어 관통]
선택 중인 레이어 이외의 그림 부분도 지울 수 있습니다. 표시하고 있는 모든 레이어가 대상이 되므로 주의가 필요합니다.

[스냅 지우개]
자나 가이드에 스냅하는 [지우개] 도구입니다.

투명색으로 지우기

컬러 아이콘의 투명색을 선택하고 브러시를 사용하면 그린 부분이 투명해져 사라집니다. 투명색을 사용하면 원하는 브러시 도구로 그림 부분을 지울 수 있습니다.

원하는 브러시 도구로 지우기
[수채] 도구나 [두껍게 칠하기] 도구 등 특징적인 브러시 도구로 지울 수 있습니다.

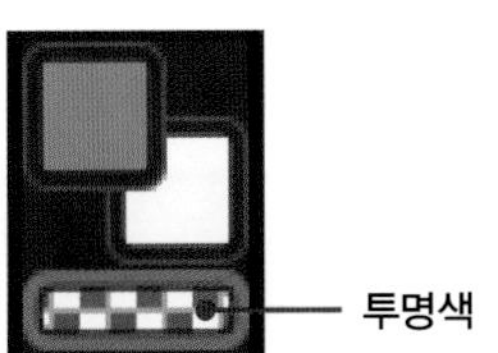

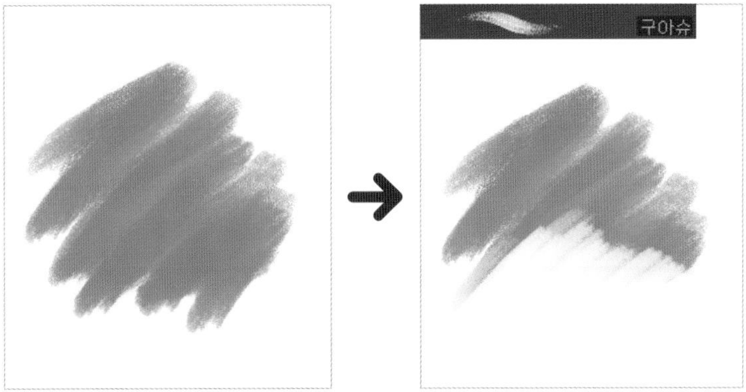

단축 키

[그리기색과 투명색을 전환]의 단축 키를 사용하면 사용 중인 브러시 도구로 그림을 지울 수 있으므로 도구를 [지우개] 도구로 바꾸는 번거로움을 줄일 수 있습니다.

C …… **[그리기색과 투명색을 전환]**

그림 부분을 삭제

[편집] 메뉴→[삭제]를 선택하면 선택된 레이어의 그림 부분을 지울 수 있습니다.

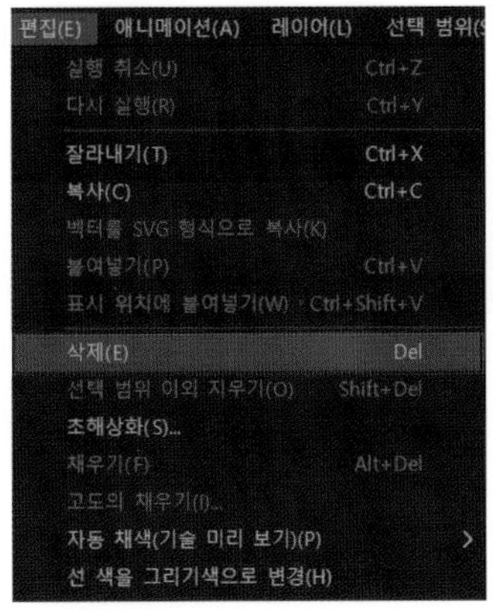

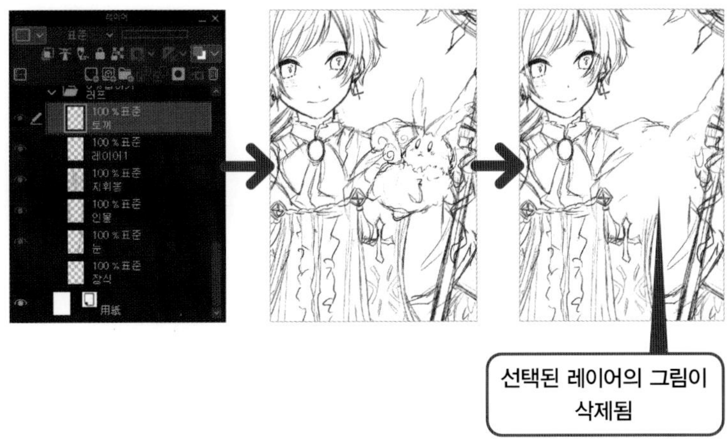

단축 키

Delete …… **[삭제]**

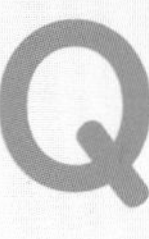

캔버스 전체를 칠하고 싶다

046

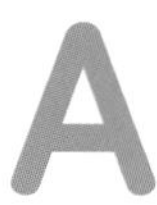

[편집] 메뉴→ [채우기]나 [채우기] 레이어를 사용합니다.

[채우기]

캔버스 전체를 칠하고 싶을 때는 [편집] 메뉴→[채우기]를 선택하면 그리기색으로 채울 수 있습니다.

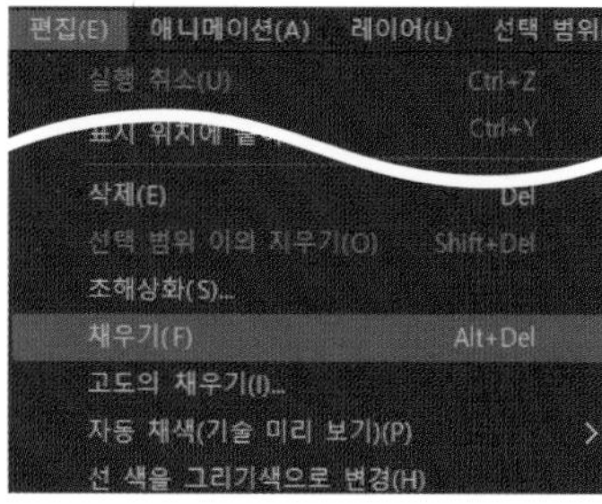

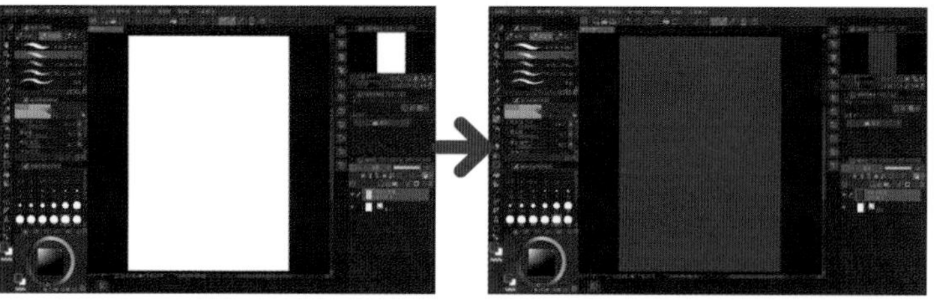

[채우기] 레이어

[레이어] 메뉴→[신규 레이어]→[채우기]를 선택하면 색으로 채워진 레이어를 작성할 수 있습니다. [채우기] 레이어의 색상은 나중에 다시 설정할 수 있습니다.

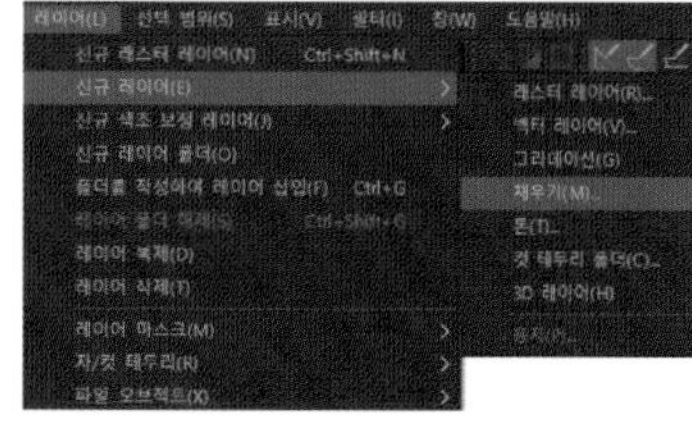

❶ [레이어] 메뉴→[신규 레이어]→[채우기]를 선택합니다.

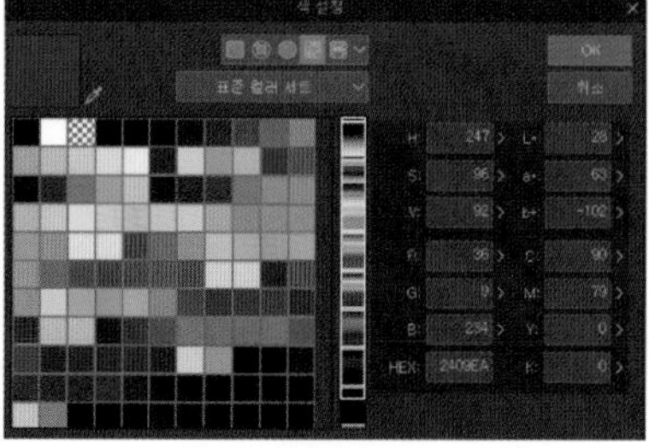

❷ [색 설정] 대화상자가 열립니다. 여기서 채울 색상을 정합니다.

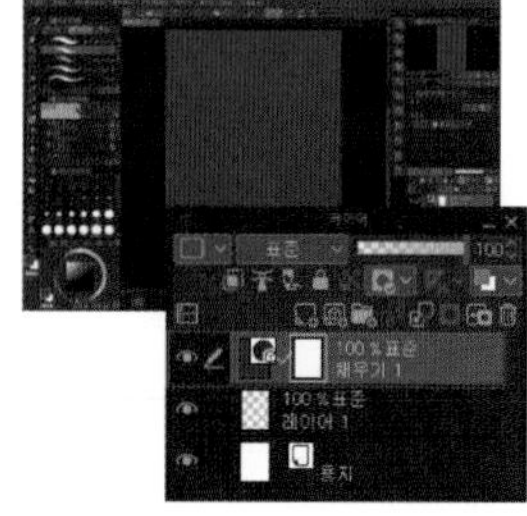

❸ [채우기] 레이어가 작성되었습니다.

[채우기] 레이어

섬네일을 더블클릭하면 색을 재설정할 수 있습니다.

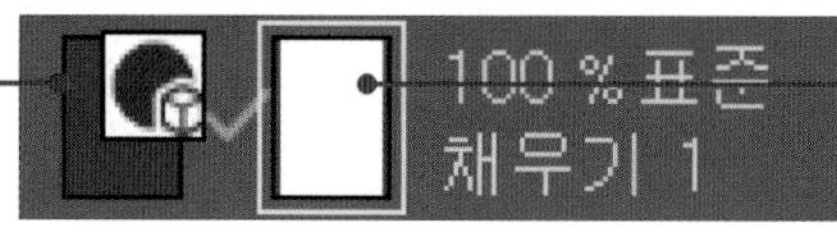

레이어 마스크(→ P.99)로 채우기 범위를 편집할 수 있습니다.

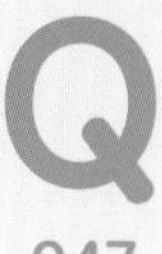

선화를 바탕으로 칠하고 싶다

047

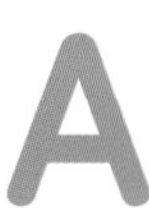

[채우기] 도구로 칠하는 것이 기본입니다.

[편집 레이어만 참조]

[채우기] 도구는 클릭한 부분과 같은 색의 영역을 칠하는 도구입니다. 선으로 둘러싸인 범위를 채우는 사용법이 일반적입니다.

선화 레이어에 직접 칠하고 싶을 때는 [채우기] 도구→[편집 레이어만 참조]를 사용합니다.

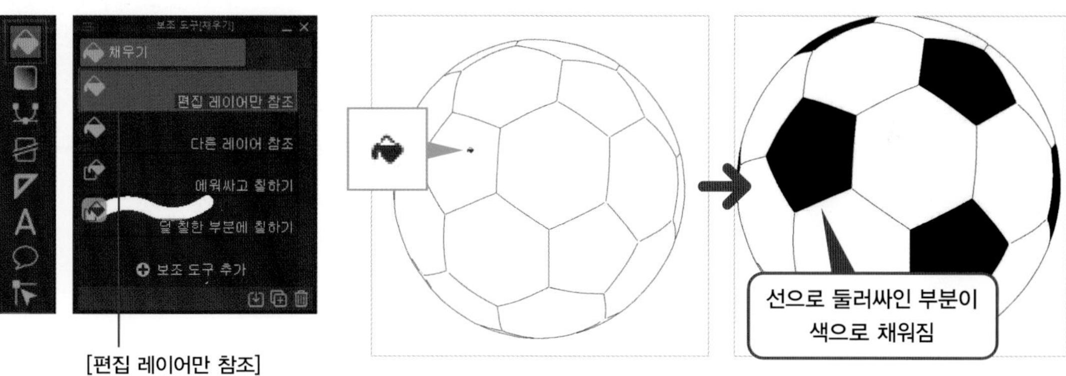

[다른 레이어 참조]

디지털 일러스트에서는 선화와 채색 레이어를 나누어 작업하는 것이 일반적입니다.

다른 레이어의 그림 부분도 참조해 채색하는 [다른 레이어 참조]를 사용하면 선화 레이어를 참조하여 채색 레이어에 채우기로 칠할 수 있습니다.

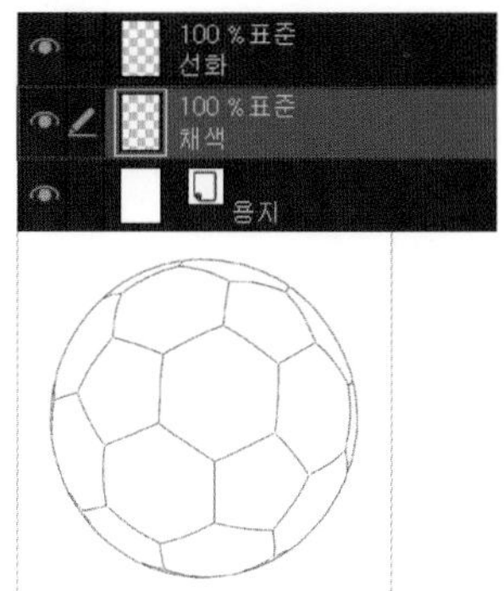

❶ 선화가 그려지면 그 아래에 채색용 레이어를 만듭니다.

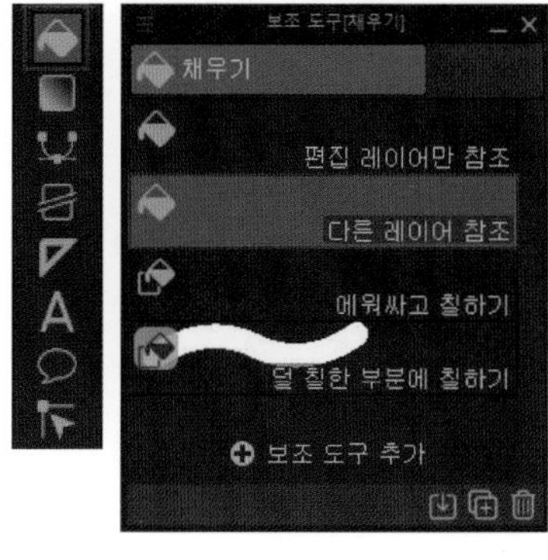

❷ [채우기] 도구→[다른 레이어 참조]를 선택합니다.

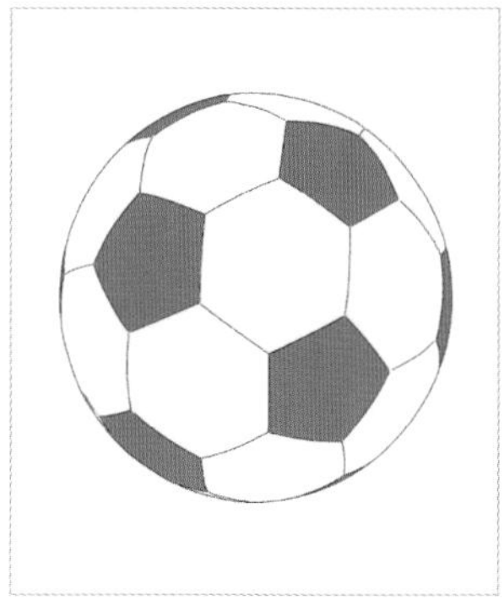

❸ 채색 레이어에 [다른 레이어 참조]로 채색합니다.

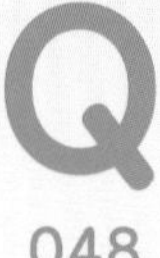

048

하나의 레이어만 참조하여 채색하고 싶다

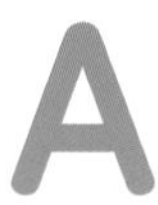

[참조 레이어로 설정]에서 하나의 레이어만 참조하여 채색할 수 있습니다.

[참조 레이어로 설정]

여러 개의 레이어에서 그리고 있을 때 [다른 레이어 참조]로 채색하려고 해도 다른 레이어의 그림 때문에 원하는 부분에 생각대로 채색이 안 되는 경우가 있습니다.
그럴 때 참조하고 싶은 레이어만을 참조 레이어로 설정하면 하나의 레이어만 참조해 채색하는 것이 가능합니다.

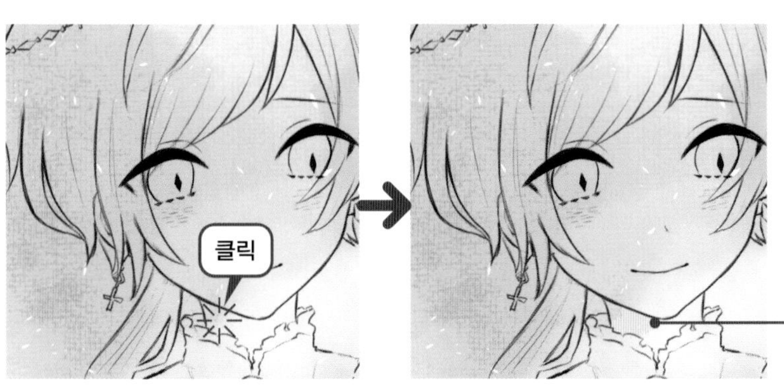

다른 레이어의 그림이 영향을 주어 깨끗이 칠해지지 못하는 경우가 있습니다.

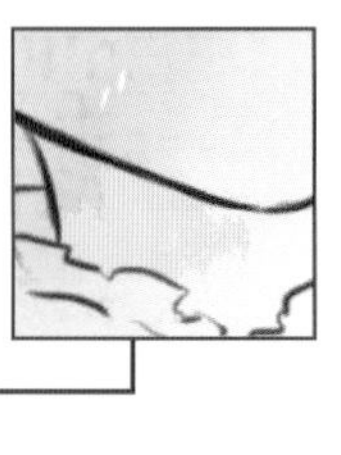

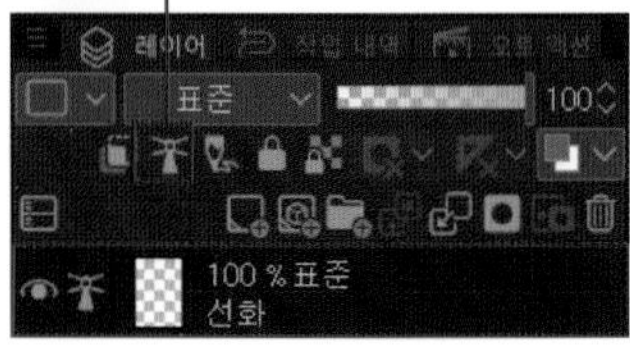

❶ [참조 레이어로 설정]을 클릭해 선화 레이어를 참조 레이어로 합니다.

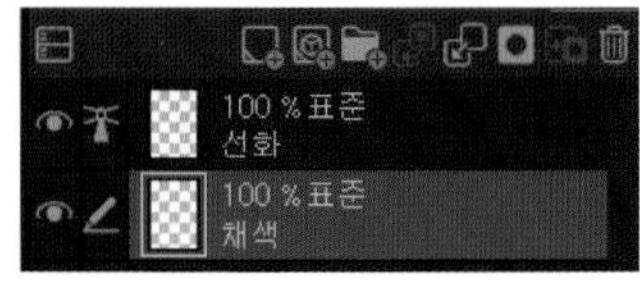

❷ [레이어] 팔레트에서 채색 레이어를 선택합니다.

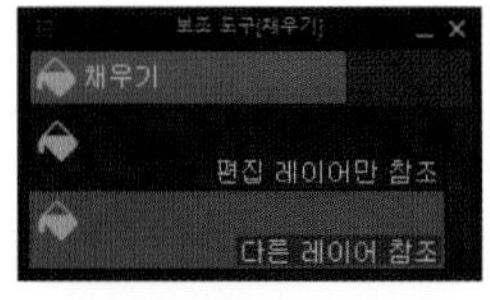

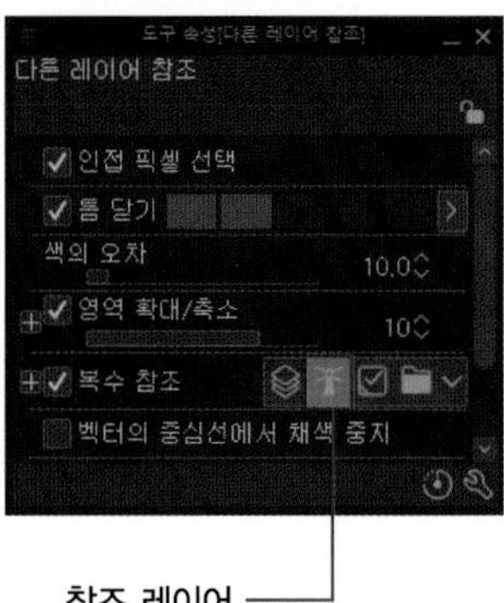

❸ [다른 레이어 참조]의 [도구 속성] 팔레트에서 [복수 참조]의 설정을 [참조 레이어]로 합니다.

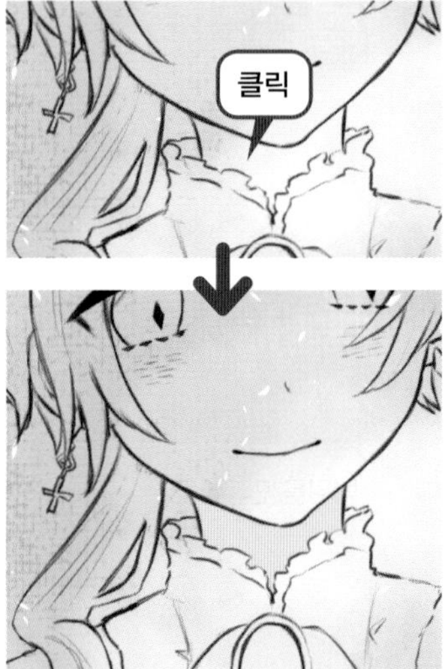

❹ 선화 레이어만 참조하여 채색할 수 있습니다.

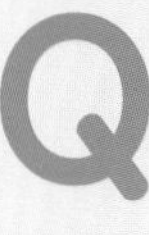

선택 범위를 채색하고 싶다

049

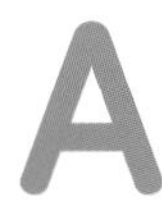

선택 범위를 작성한 후 [편집] 메뉴→ [채우기]로 채색합니다.

선택 범위에 채우기

선택 범위를 작성한 후 [편집] 메뉴→ [채우기]로 채색할 수 있습니다.

[자동 선택] 도구(→ P.95)를 사용하면 선화의 닫힌 부분을 선택 범위로 작성할 수 있습니다.

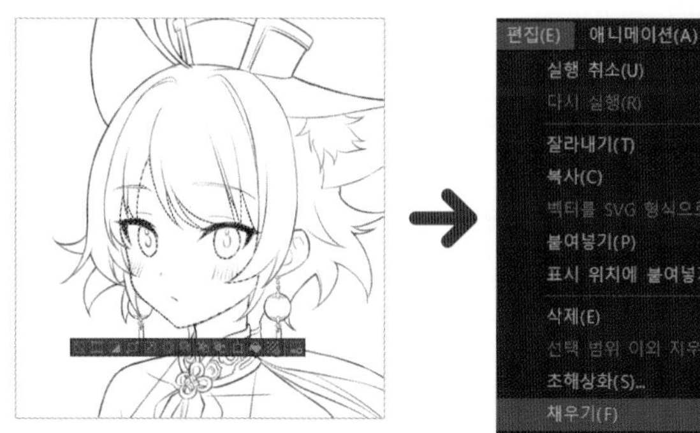

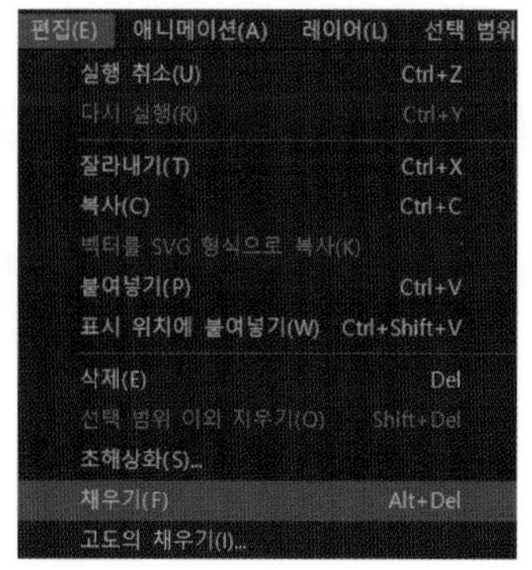

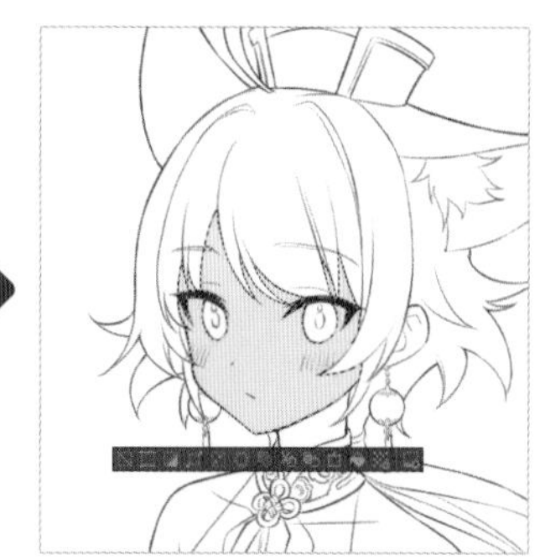

선택 범위로 채색 레이어 만들기

선택 범위를 만든 후 채색 레이어를 작성하여 채우기할 수 있습니다.

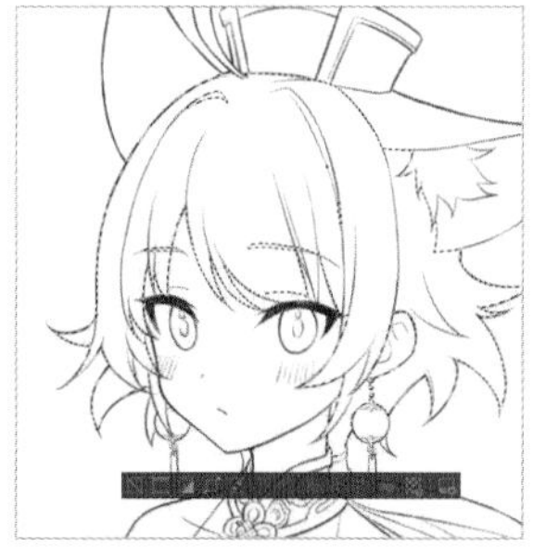

❶ 선택 범위를 만듭니다.

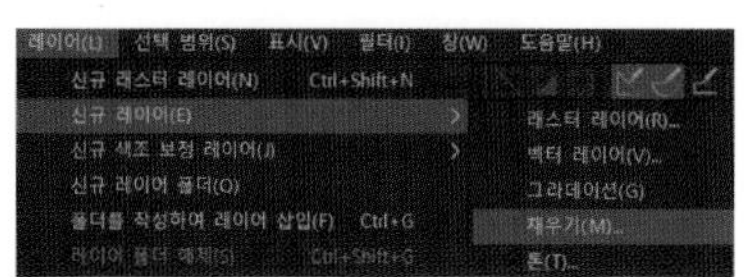

❷ [레이어] 메뉴→[신규 레이어]→[채우기]를 선택하여 채색 레이어를 만듭니다.

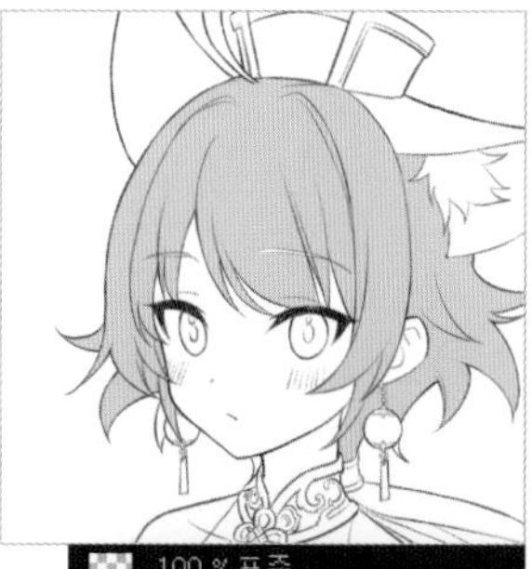

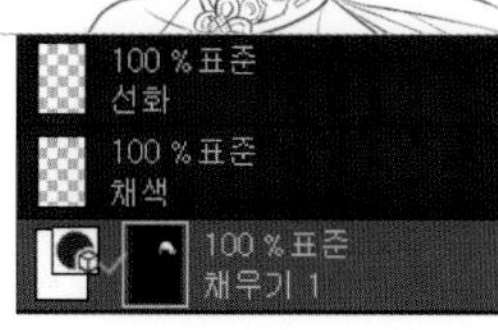

❸ 선택 범위를 채색한 채우기 레이어가 만들어집니다.
선택 범위 이외는 레이어 마스크(→ P.99)로 숨겨진 상태가 되어 있습니다.

TIPS 도구 사용하기

채우기 레이어는 [채우기] 도구로 채색되는 범위를 늘릴 수 있습니다. [채우기] 도구를 사용할 때는 레이어 마스크가 선택된 상태여야 합니다.

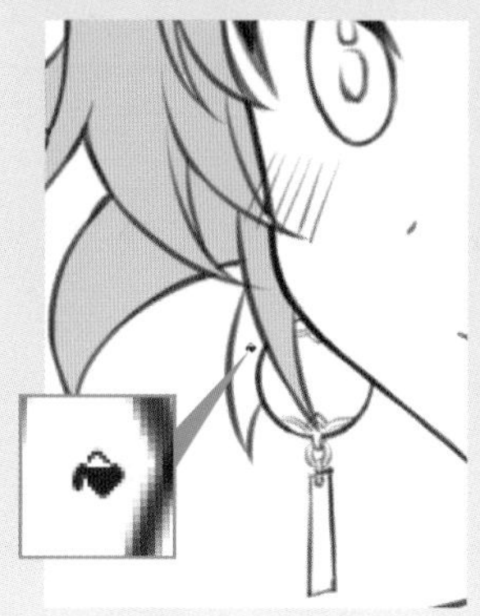

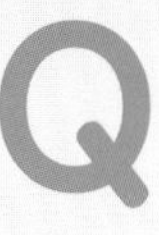

틈이 있는 영역을 깨끗이 채색하고 싶다

050

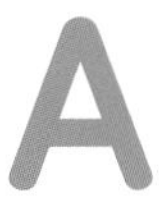

가필하여 틈을 메우거나 [틈 닫기]를 설정해 채색합니다.

틈 메우기

선이 닫혀 있지 않으면 색이 새어 생각지도 못한 범위까지 칠해져 버리는 경우가 있습니다. 그럴 때 [실행 취소](Ctrl+Z)로 채색 전으로 돌아와 틈을 메운 후에 채색하는 것이 좋습니다.

선화를 가필하여 틈 메우기

선화에 선을 더 그려 채색할 때는 농담이 없는 '펜' 도구 등을 추천합니다.

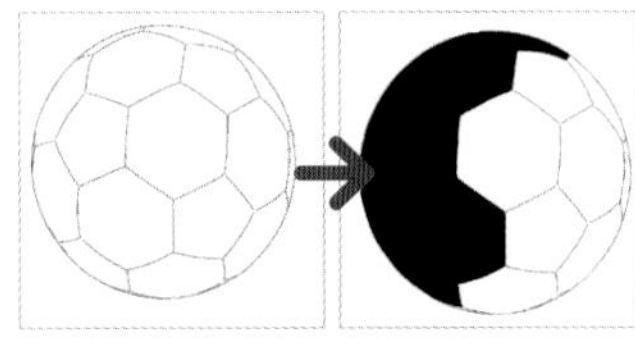

색이 새어나간 예

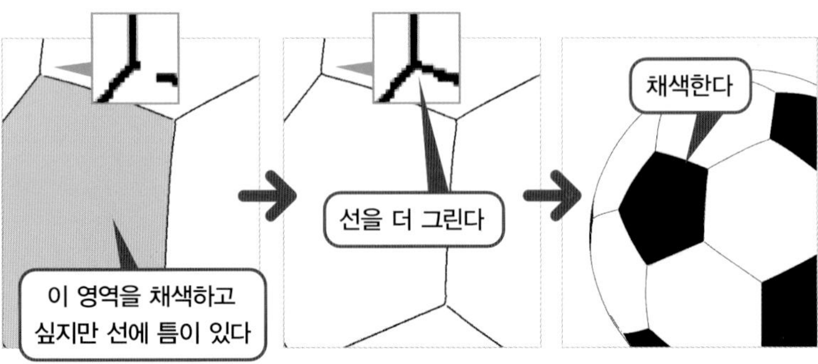

채색하는 색으로 틈 메우기

선화와 채색 레이어를 구분하여 작업할 경우는 채색 레이어에서 틈을 메운 후에 채우면 선화의 분위기를 그대로 유지할 수 있습니다.

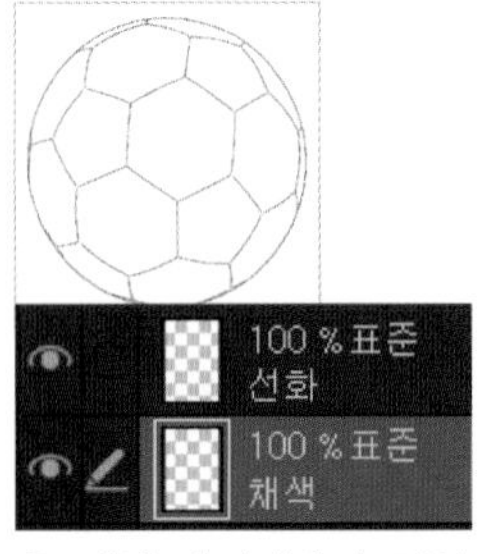

❶ 채색 레이어에서 작업합니다.

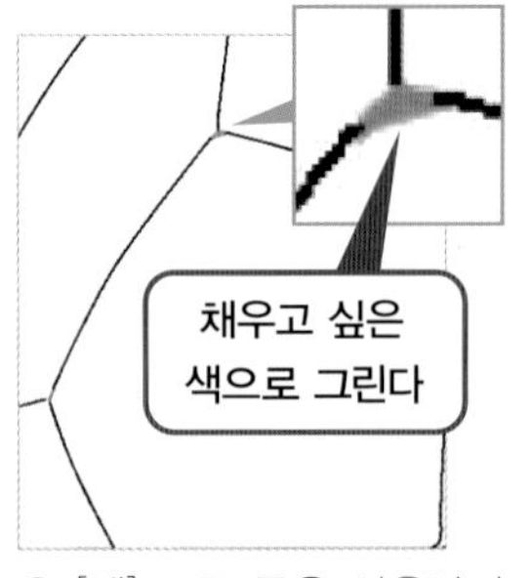

❷ [펜] 도구 등을 사용하여 채우고 싶은 색으로 틈을 메웁니다.

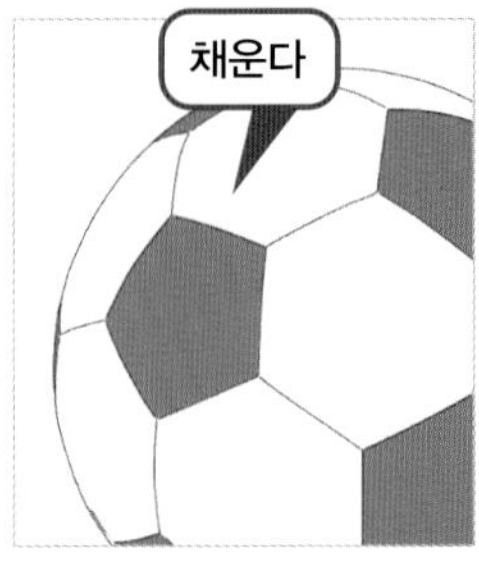

❸ [다른 레이어 참조]로 채웁니다.

[틈 닫기]

작은 틈이라면 [채우기] 도구의 [틈 닫기] 값을 크게 하면 닫힌 것처럼 채색할 수 있습니다.

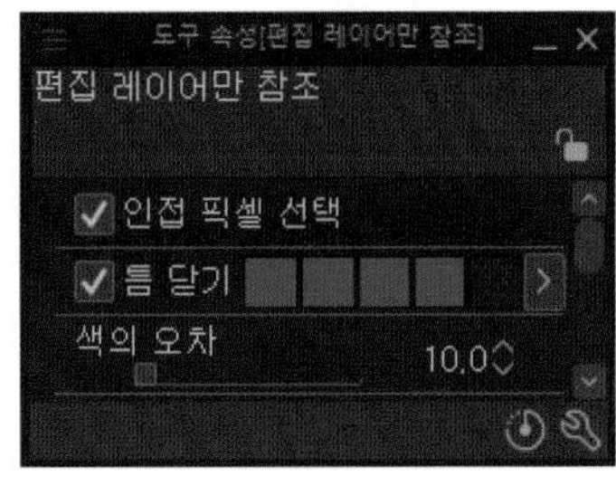

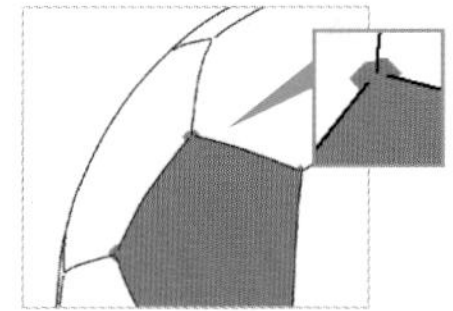

[틈 닫기] 값을 크게 하여 채우면 틈이 있던 곳에서 색이 조금 벗어나는 경우가 있으므로 [지우개] 도구 등으로 수정하면 좋습니다.

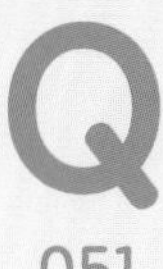

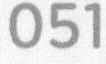

Q 051 선이 엉킨 곳을 채색하고 싶다

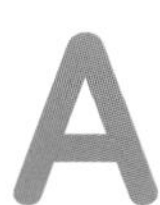

A [채우기] 도구를 드래그하여 여러 곳을 한꺼번에 채색할 수 있습니다.

드래그하여 채색하기

세세한 부분의 채색은 선이 닫힌 영역을 하나하나 클릭해 가면서 채색할 수 있지만, 조금 손이 많이 갑니다.
[채우기] 도구→[편집 레이어만 참조]나 [다른 레이어 참조]로 드래그하여 이웃한 닫힌 영역을 한 번에 채색할 수 있습니다.

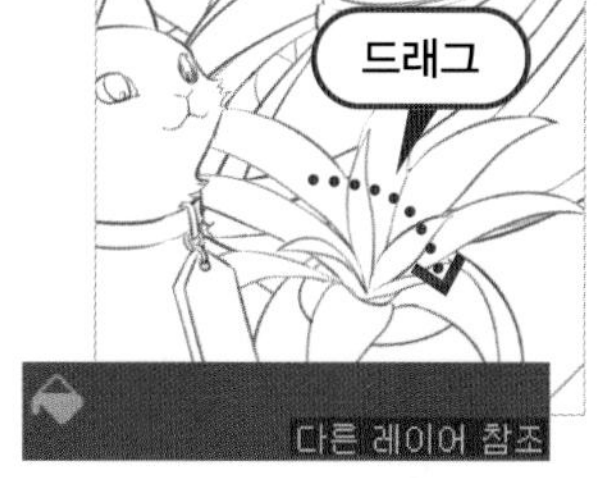

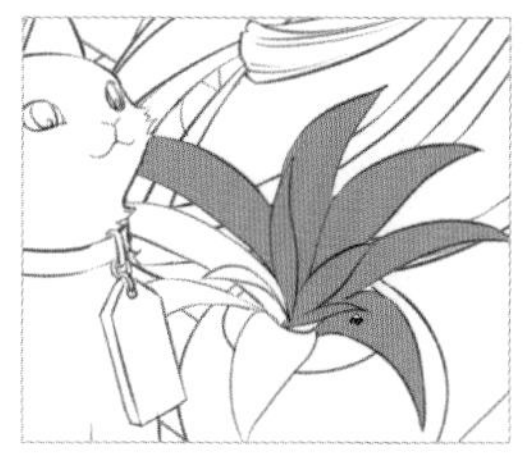

Part.3 그림 관련

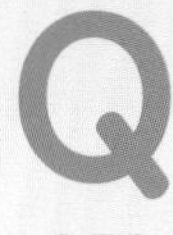

Q 052 남은 칠을 깨끗이 하고 싶다

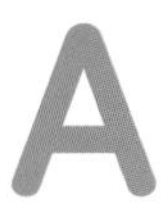

A [덜 칠한 부분에 칠하기]로 남은 칠을 간단하게 수정할 수 있습니다.

[덜 칠한 부분에 칠하기]

채색했을 때 모서리 부분 등에 남은 칠이 생길 수 있습니다. [채우기] 도구→[덜 칠한 부분에 칠하기]를 사용해 칠한 부분을 덮듯이 칠하면 간단하게 수정할 수 있습니다.

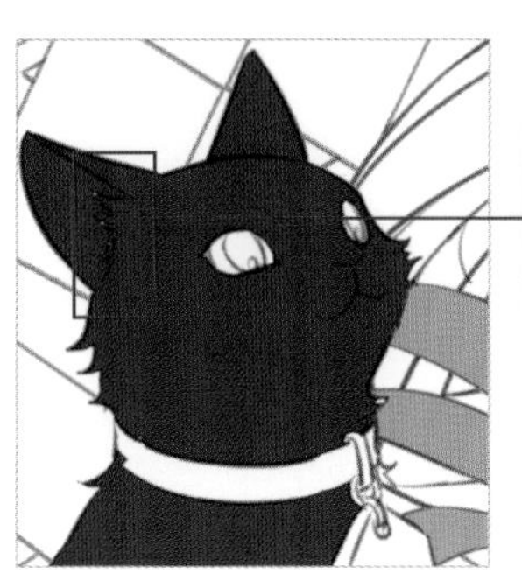

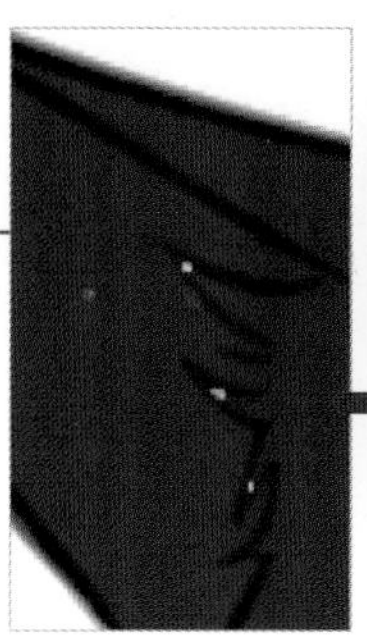

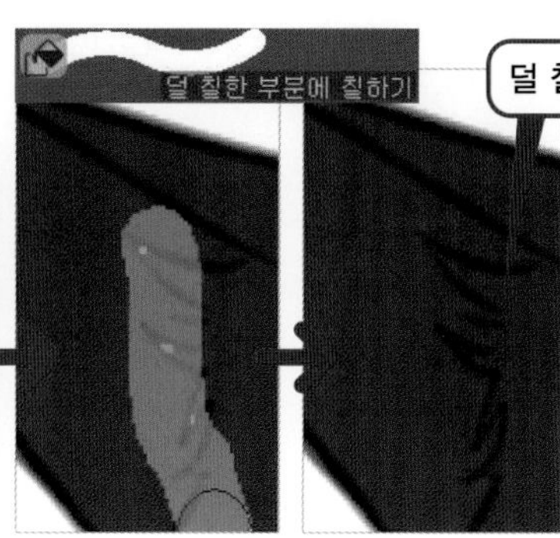

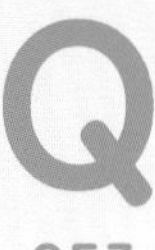

053 밑그림에서 벗어나지 않게 칠하고 싶다

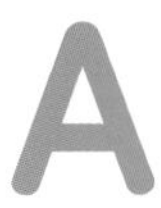

[아래 레이어에서 클리핑]으로 밑그림에서 벗어나지 않고 칠할 수 있습니다.

기본 밑그림

디지털 일러스트에서 부분마다 밑그림을 만들고 그 위에 그림자나 반사 등을 칠하는 과정은 자주 있는 수법입니다. 밑그림은 채우기가 기본입니다.

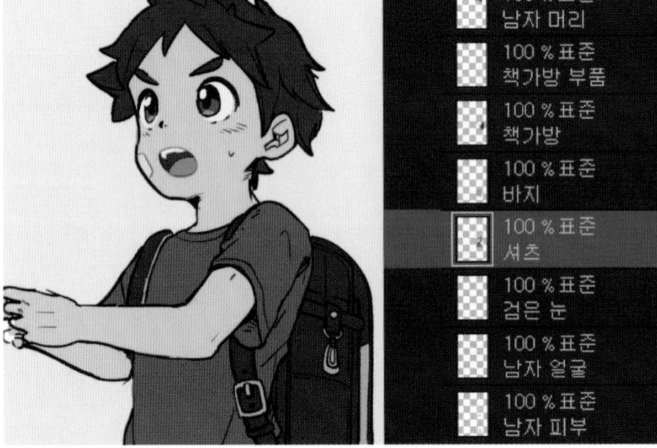

부분별로 레이어를 나누어 밑그림을 만들면 나중에 작업이 쉬워집니다.

[아래 레이어에서 클리핑]

클리핑이란 이미지 일부를 숨기고 표시하는 부분을 한정하는 기능입니다.

[레이어] 팔레트에서 [아래 레이어에서 클리핑]을 ON으로 하면 아래에 있는 레이어의 불투명 부분(그림이 있는 범위)과 겹치는 부분만 표시되기 때문에 밑그림에서 벗어나지 않고 그릴 수 있습니다.

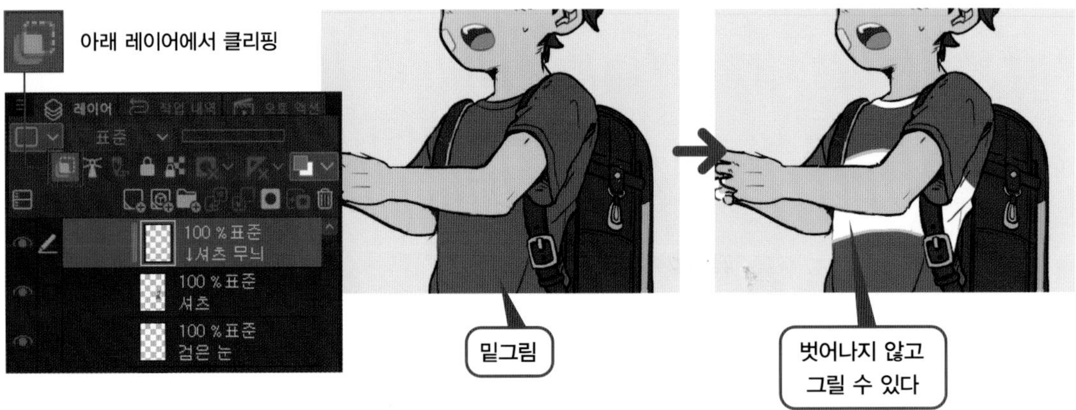

클리핑하는 레이어는 겹칠 수 있다

[아래 레이어에서 클리핑]하는 레이어는 클리핑하는 레이어 위에 복수로 겹칠 수 있습니다.

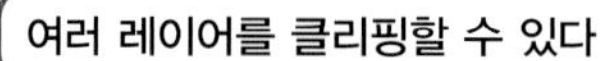

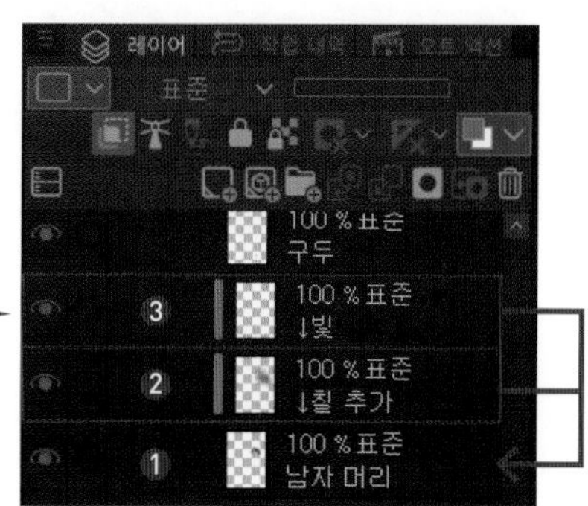

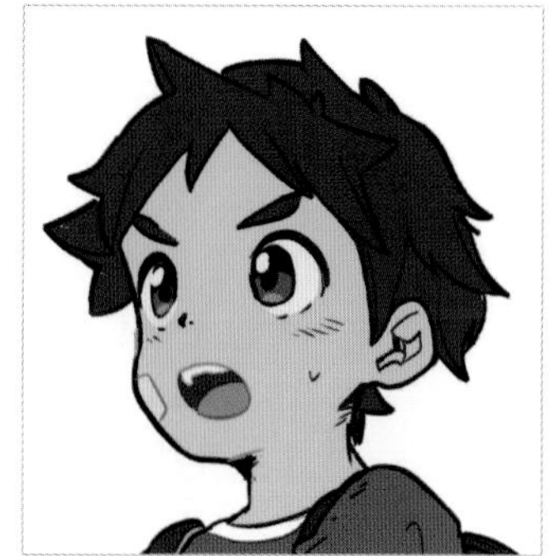

❶ 밑그림을 칠합니다.

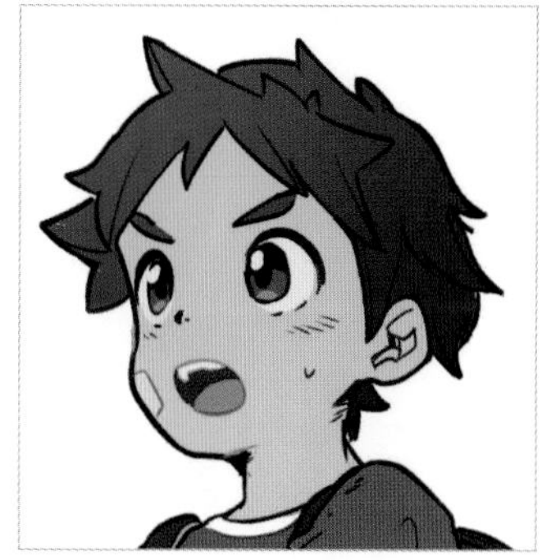

❷ 그라데이션으로 칠합니다.

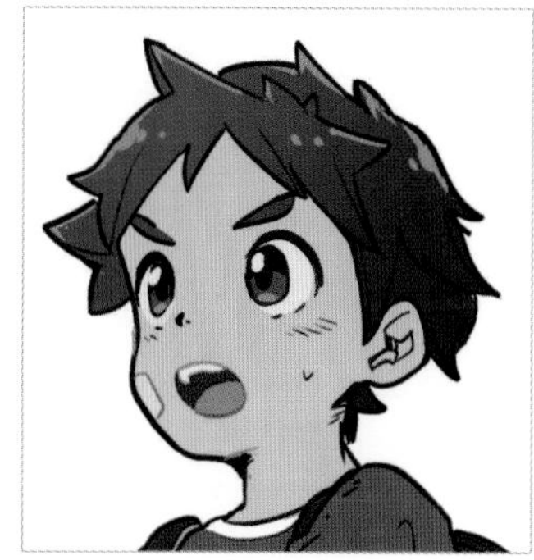

❸ 빛의 반사를 칠합니다.

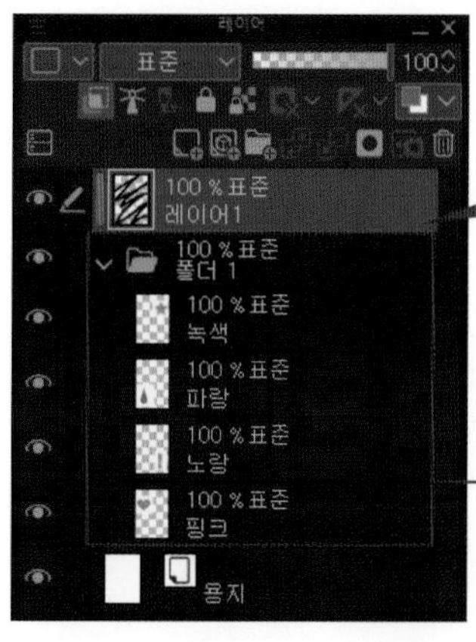

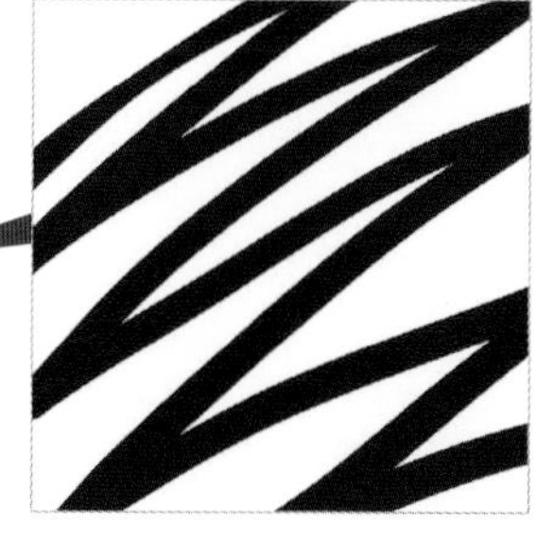

레이어 폴더에서 클리핑

레이어 폴더를 클리핑할 수 있습니다. 이 경우, 레이어 폴더 안에 있는 레이어의 그림 부분에서 벗어나지 않게 됩니다.

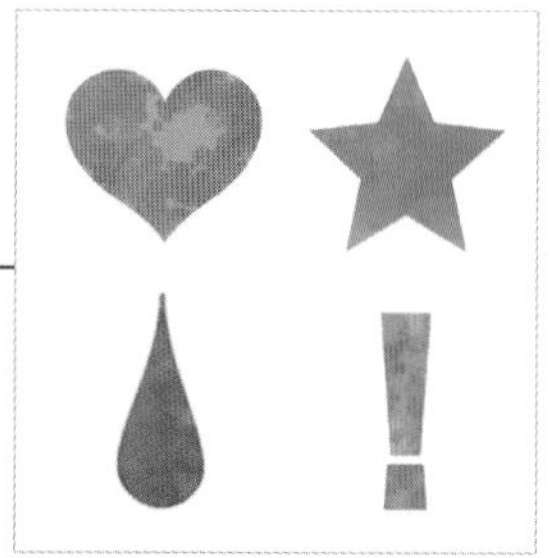

폴더 안의 그림

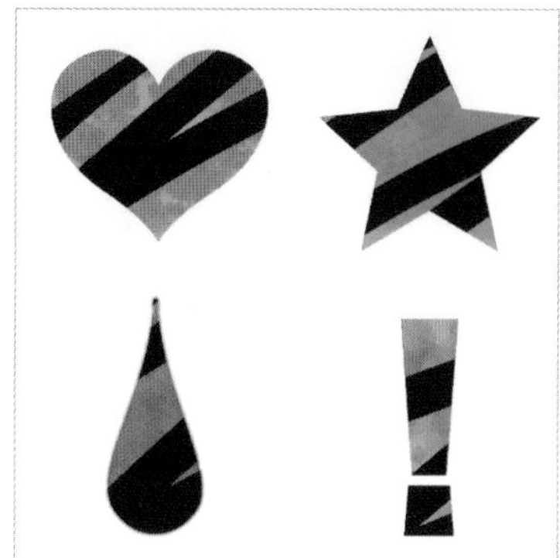

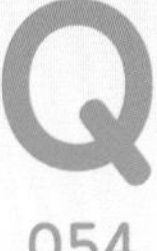

레이어를 늘리지 않고 벗어나지 않게 칠하고 싶다

054

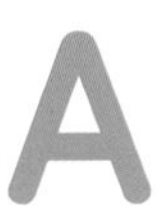

[투명 픽셀 잠금]을 ON으로 하면 벗어나지 않고 채색할 수 있습니다.

[투명 픽셀 잠금]

색을 칠할 때 레이어를 나누어 덧칠하는 경우와 같은 레이어에서 덧칠하는 경우가 있습니다. 예를 들어 밑바탕의 색을 섞으면서 그림자 등을 칠할 때는 같은 레이어에서 덧칠합니다. 그와 같이 같은 레이어에서 작업할 때 [투명 픽셀 잠금]을 ON으로 하면 이미 채색한 부분에서 벗어나지 않고 덧칠할 수 있습니다.

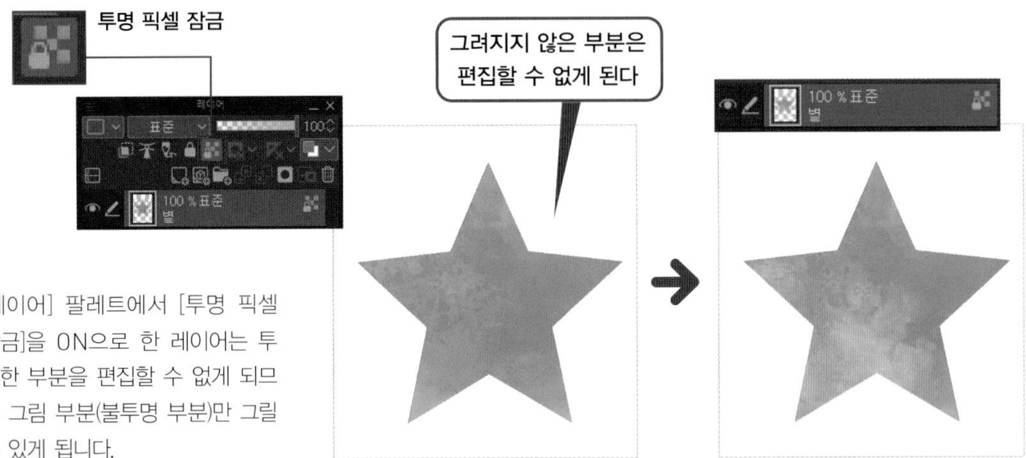

[레이어] 팔레트에서 [투명 픽셀 잠금]을 ON으로 한 레이어는 투명한 부분을 편집할 수 없게 되므로 그림 부분(불투명 부분)만 그릴 수 있게 됩니다.

밑그림과 섞어가며 채색하고 싶을 때
밑그림의 색과 섞으면서 채색하고 싶은 경우는 밑칠한 후에 [투명 픽셀 잠금]을 ON으로 한 다음 색을 칠하면 작업하기 쉽습니다.

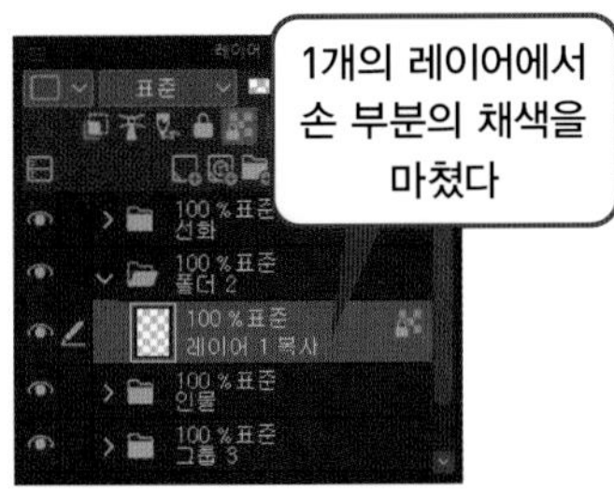

오른쪽 그림에서는 손 부분의 채색을 1개의 레이어에서 완성시켰습니다.

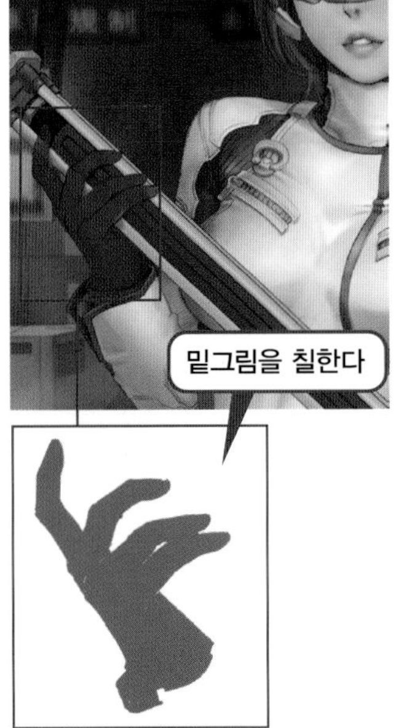

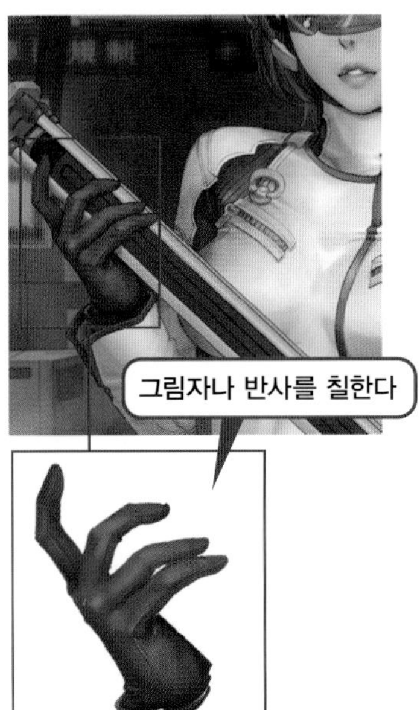

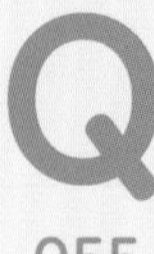

다른 색으로 칠하고 싶다

055

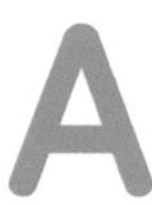

[선 색을 그리기 색으로 변경]으로 그림의 색을 바꿀 수 있습니다.

[선 색을 그리기 색으로 변경]

[편집] 메뉴→ [선 색을 그리기 색으로 변경]을 선택하면 작업 중인 레이어에 있는 그림의 색을 선택한 그리기 색으로 한 번에 바꿀 수 있습니다.
선의 색을 다른 색으로 칠하고 싶을 때 편리한 기능입니다.

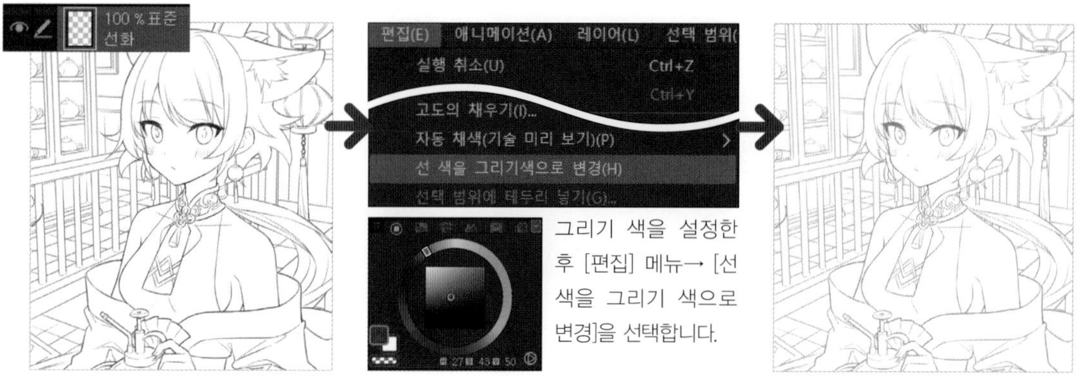

그리기 색을 설정한 후 [편집] 메뉴→ [선 색을 그리기 색으로 변경]을 선택합니다.

[투명 픽셀 잠금] 활용하기

[투명 픽셀 잠금]을 ON으로 한 상태에서 [편집] 메뉴→[채우기]를 선택해 그림의 색을 변경할 수 있습니다.

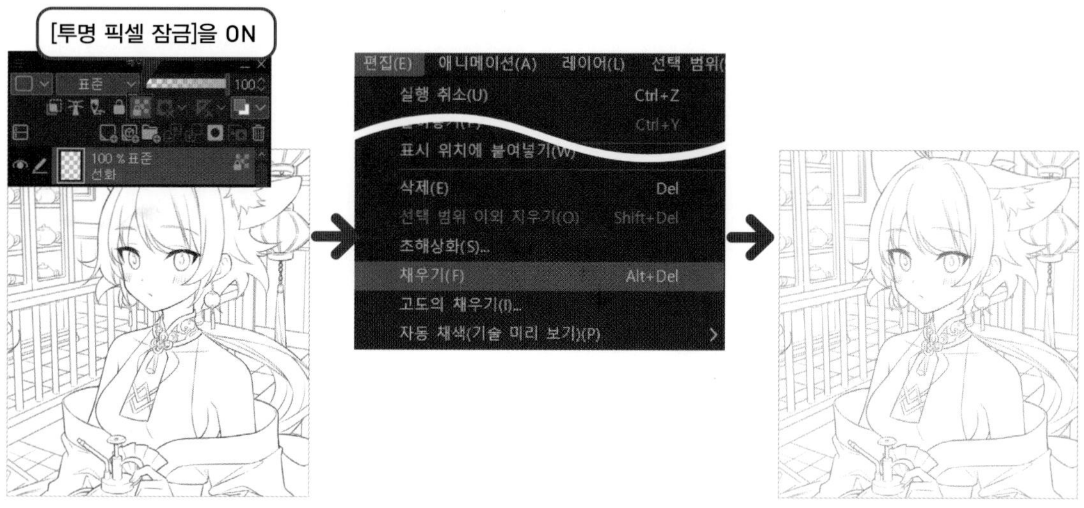

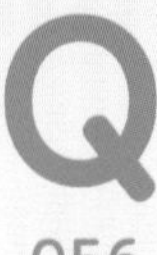

색의 경계를 융합시키고 싶다

056

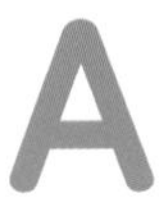

[색 혼합] 도구로 이웃한 색의 경계를 융합시킵니다.

[색 혼합] 도구

밑그림에 그림자 등을 겹칠 때 색의 경계를 뚜렷이 나누어 그리는 방법도 있지만, 경계의 색을 그라데이션 형태로 섞어 '융합시키는' 방법도 있습니다.

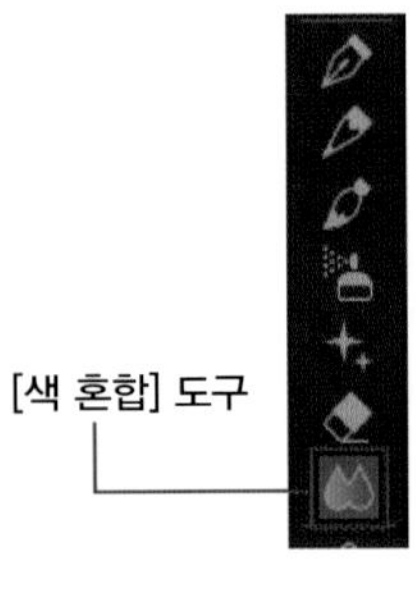

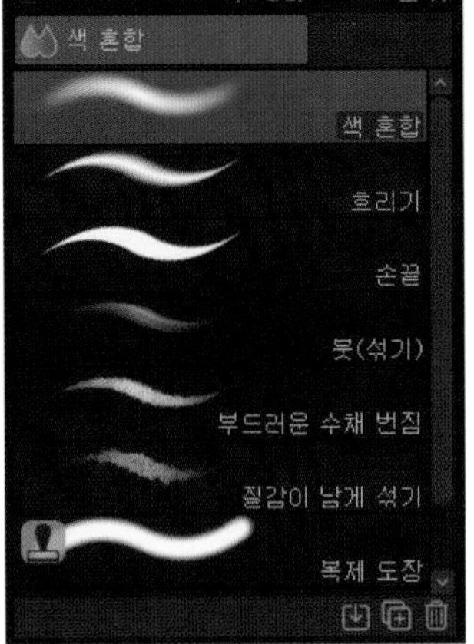

[색 혼합] 도구는 색과 색의 경계를 융합시키는 도구입니다.

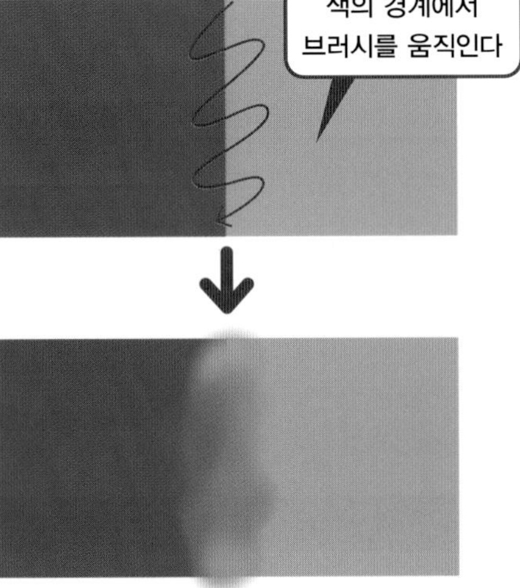

[색 혼합]
흐리게 하면서 색을 융합시키는 것이 특징입니다.

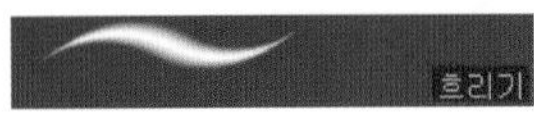

[흐리기]
색의 경계를 흐립니다. 색을 당기지 않기 때문에 색의 경계 부분만 흐려집니다.

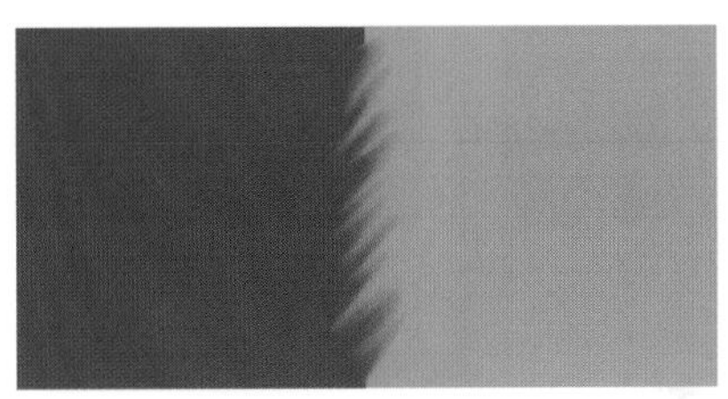

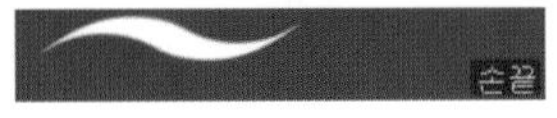

[손끝]
스트로크 방향으로 색을 당깁니다.

[붓(섞기)]

혼합시킨 부분에 붓 자국이 남습니다. 아날로그풍의 그림에 적합합니다.

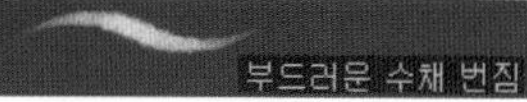

[부드러운 수채 번짐]

물을 많이 머금은 물감을 종이에 번지게 한 것 같은 외형이 됩니다. 수채화 칠에 사용할 수 있습니다.

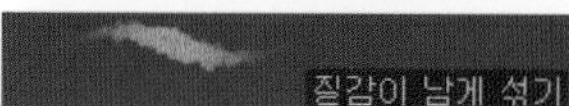

[질감이 남게 섞기]

[질감이 남게 섞기]도 수채화 칠에 맞는 보조 도구입니다. 혼합시킨 부분에 종이 같은 질감이 나옵니다.

TIPS 레이어와 [색 혼합] 도구

[색 혼합] 도구는 같은 레이어에 칠해진 색과 색의 경계를 혼합시킵니다. 레이어가 나누어져 있는 경우는 섞이지 않습니다.

투명 부분(아무것도 그려져 있지 않은 부분)과의 경계를 혼합시킬 수도 있습니다.

그 외 색을 혼합하는 붓 도구

[붓] 도구→ [두껍게 칠하기]에 있는 [구아슈 섞기]나 [채색&융합]도 이웃한 색을 섞는 데 사용할 수 있는 붓 도구입니다.

[구아슈 섞기]

색을 혼합시킨 부분이 [붓] 도구→[두껍게 칠하기]에 있는 [구아슈]와 같이 마른 질감이 됩니다.

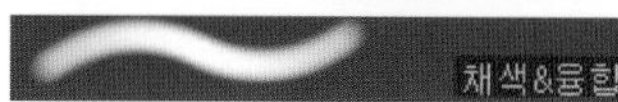

[채색&융합]

[색 혼합] 계열의 붓 도구는 기본적으로 색을 칠할 수 없지만 [채색&융합]은 칠하기도 혼합하기도 할 수 있습니다. 필압을 강하게 하면 그리기 색으로 칠하지만 필압을 약하게 하면 바탕색을 당기면서 흐리게 합니다.

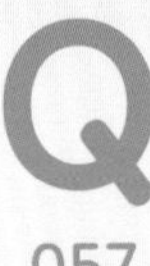

057 밑바탕과 혼합하면서 칠하고 싶다

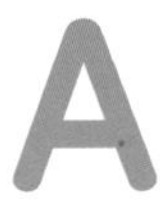

[밑바탕 혼색]을 ON으로 한 붓 도구를 사용합니다.

[밑바탕 혼색] ON

[밑바탕 혼색]은 이미 칠해져 있는 (밑바탕의) 색과 혼합하면서 칠할 수 있는 기능입니다. [붓] 도구→[두껍게 칠하기] 그룹의 [혼색 원 브러시]나 [구아슈] 등은 [밑바탕 혼색] 기능이 ON으로 되어 있습니다.

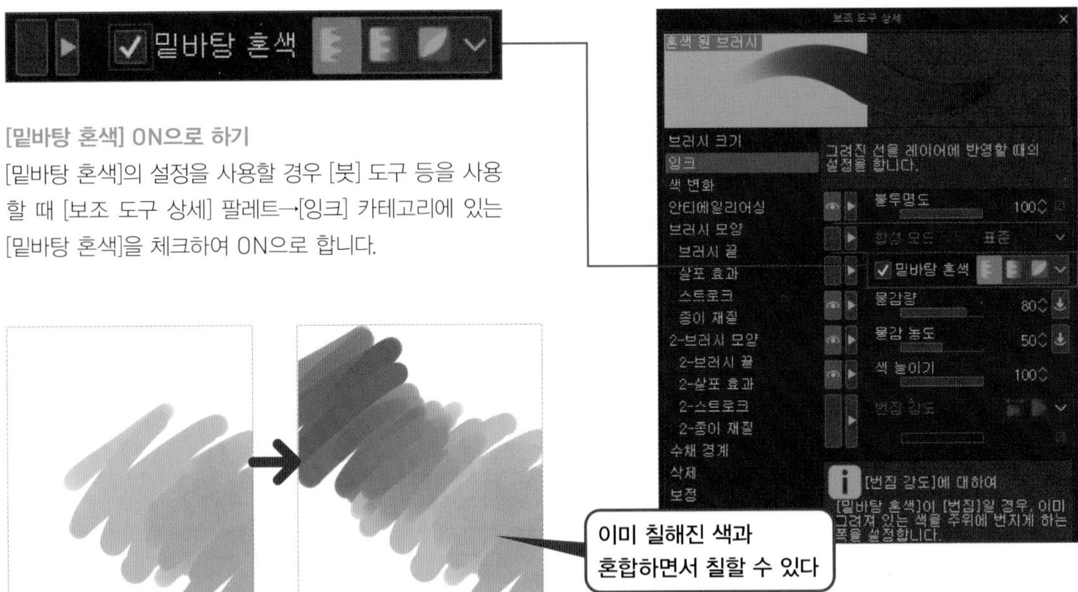

[밑바탕 혼색] ON으로 하기

[밑바탕 혼색]의 설정을 사용할 경우 [붓] 도구 등을 사용할 때 [보조 도구 상세] 팔레트→[잉크] 카테고리에 있는 [밑바탕 혼색]을 체크하여 ON으로 합니다.

[물감량] 설정

[물감량]은 밑바탕과 그리기 색이 혼합했을 때의 RGB 값의 비율을 결정하는 설정입니다. 값을 높이면 밑바탕의 색과 혼합했을 때 그리기 색이 짙게 나옵니다. 반대로 값이 낮을 때는 밑바탕 색의 영향을 받습니다.

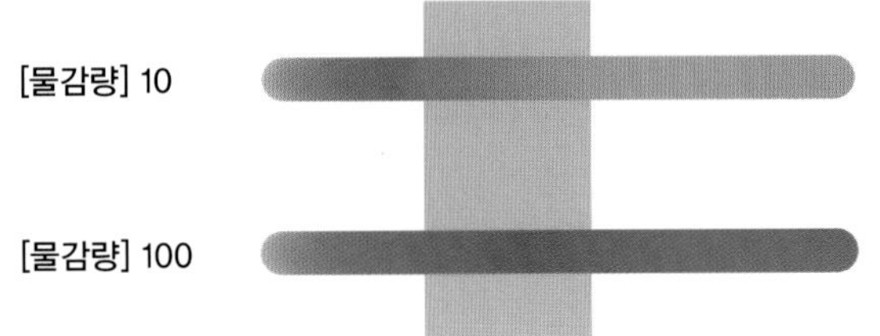

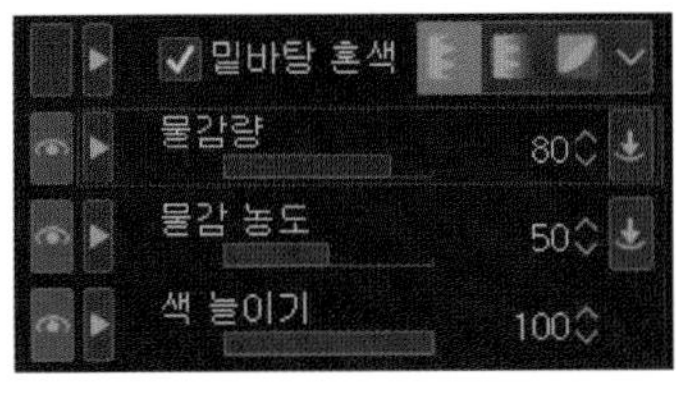

[물감 농도] 설정

[물감 농도]의 값을 높이면 그리기 색의 불투명도를 우선으로 그리기 때문에 그리기 색이 짙게 나옵니다. 값을 낮추면 그리기 색이 옅어지고 밑바탕의 불투명도를 반영하기 쉬워집니다.

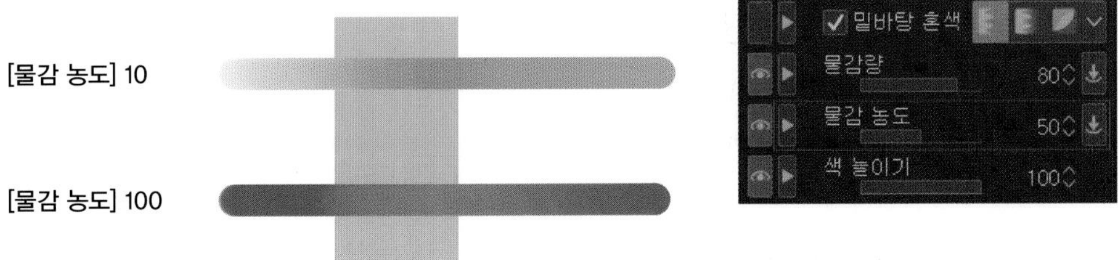

[색 늘이기] 설정

[색 늘이기]의 값을 높일수록 스트로크 시작 지점의 색을 당기듯 늘립니다. 값이 낮은 경우 주변 색에 녹아들기까지의 거리가 짧아집니다.

[번짐] 설정

[밑바탕 혼색]은 [번짐]의 타입을 선택할 수 있습니다. [번짐]은 밑바탕의 색을 흐린 후 섞습니다. [번짐]을 선택하면 [번짐 강도]를 설정할 수 있습니다. [자동 설정]으로 하면 번지는 폭이 브러시 크기에 연동됩니다. [고정값]으로 하면 번지는 정도를 수치로 설정할 수 있습니다.

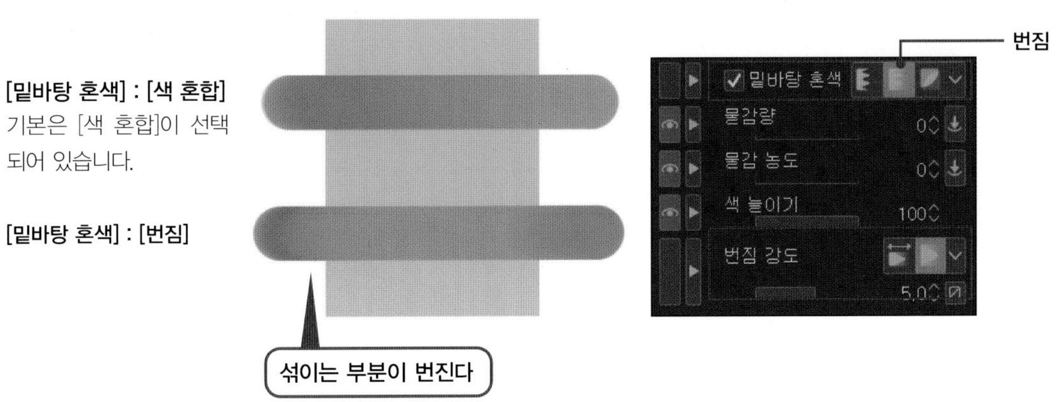

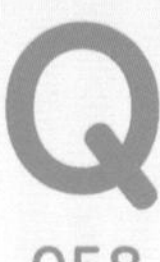

에어브러시로 부드럽게 칠하고 싶다

058

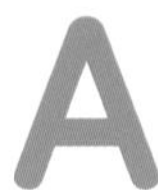

보조 도구의 [부드러움]을 추천합니다.

[부드러움]의 브러시 크기

[에어브러시] 도구→[부드러움]은 흐릿한 그림을 그리기 때문에 부드러운 채색이 특기인 보조 도구입니다. 흐릿한 정도는 브러시 크기로 조정합니다.

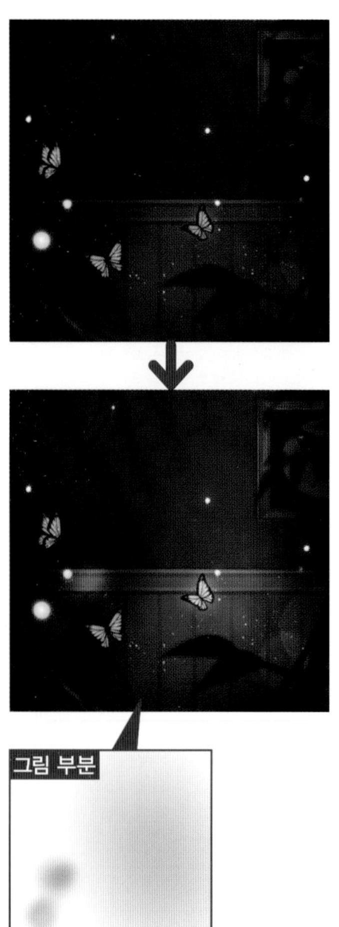

효과를 준 그림

[에어브러시] 도구는 그림 마무리의 효과를 줄 때도 자주 사용됩니다. 위 그림은 레이어를 만들어 합성 모드를 [더하기(발광)]로 하고, 브러시 크기를 크게 한 [부드러움] 도구를 사용해 톡톡 두드리듯이 색을 얹어 빛의 효과를 표현했습니다.

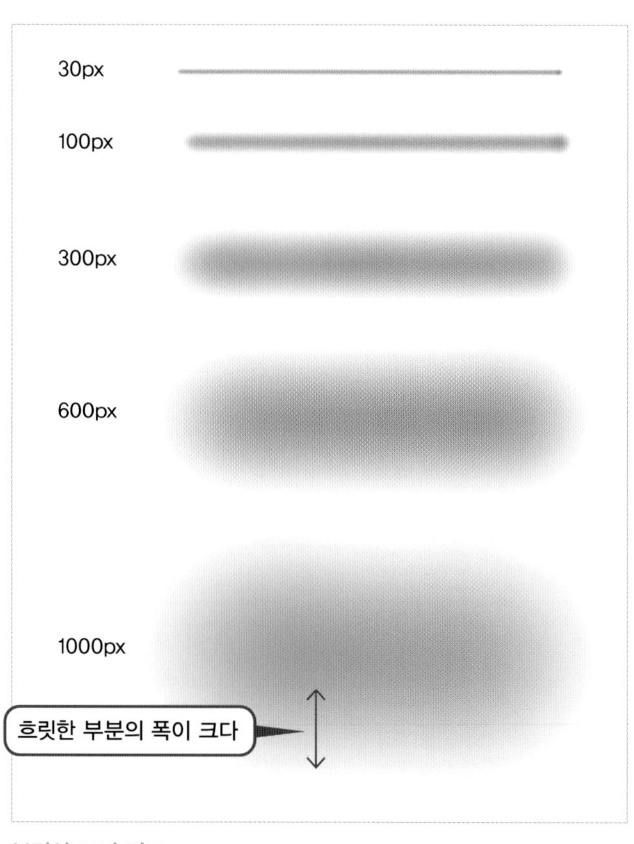

브러시 크기 비교

브러시 크기가 작으면 약간 흐려짐이 강한 펠트펜과 같은 브러시 도구가 됩니다. 부드러운 그라데이션을 그리고 싶다면 브러시 크기를 크게 합니다.

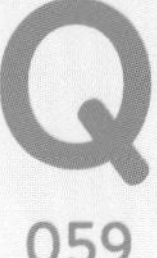

059

수채화 물감이 쌓인 듯한 표현을 하고 싶다

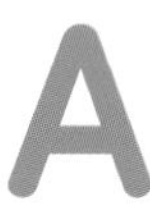

[수채 경계]로 그림 부분에 수채화 칠에 맞는 테두리를 붙일 수 있습니다.

레이어의 [수채 경계]

[레이어 속성] 팔레트에서 [경계 효과]를 ON으로 하고 [수채 경계]를 선택하면 그림의 가장자리에 번진 테두리가 생깁니다. [수채 경계]는 수채화 물감으로 그렸을 때, 칠한 부분의 끝에 물감이 쌓여 짙게 보이는 표현을 재현할 수 있는 설정입니다.

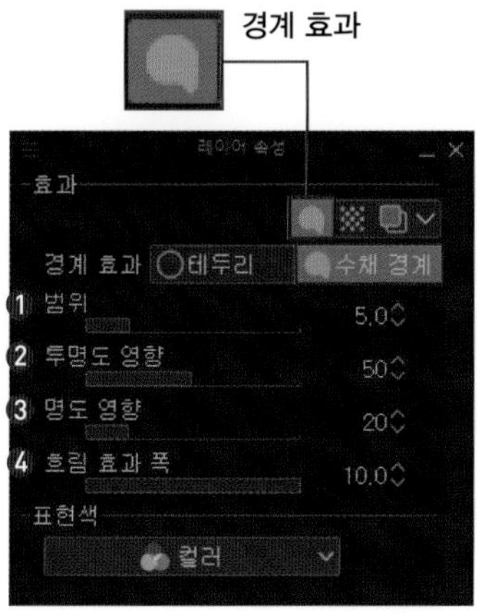

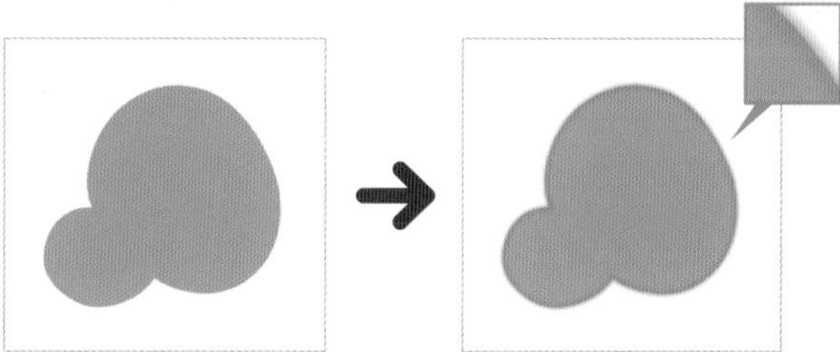

❶ 범위
테두리를 짙게 하는 범위를 설정합니다.

❷ 투명도 영향
[수채 경계]의 불투명도를 설정합니다. 값을 올리면 테두리가 짙어집니다.

❸ 명도 영향
[수채 경계]의 명도를 설정합니다. 값을 올리면 테두리가 어두워집니다.

❹ 흐림 효과 폭
[수채 경계]의 효과를 흐리게 하는 양을 설정합니다.

붓 도구의 [수채 경계]

붓 도구의 설정에도 [수채 경계]가 있습니다. [붓] 도구→[수채] 카테고리 안 일부의 붓 도구는 초기 설정에 이미 [수채 경계]가 ON으로 되어 있습니다.

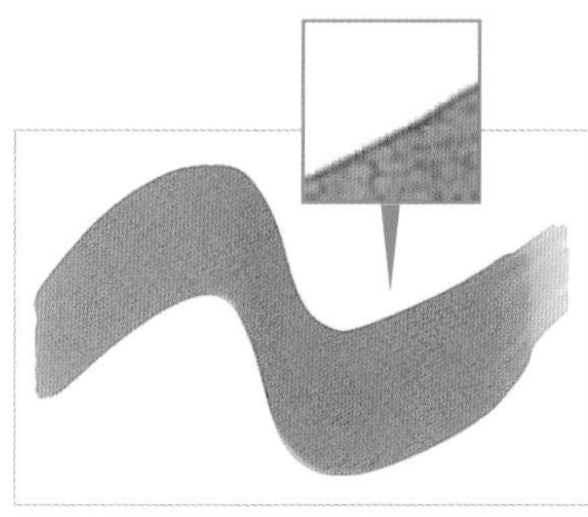

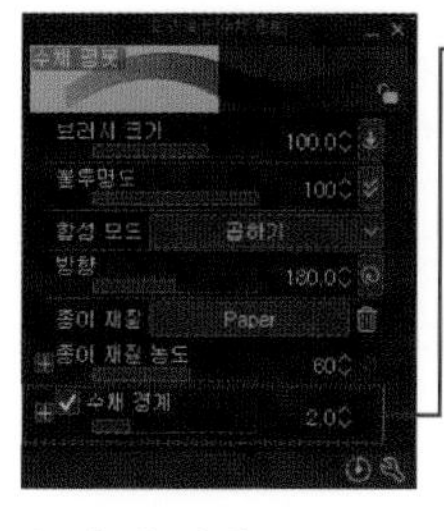

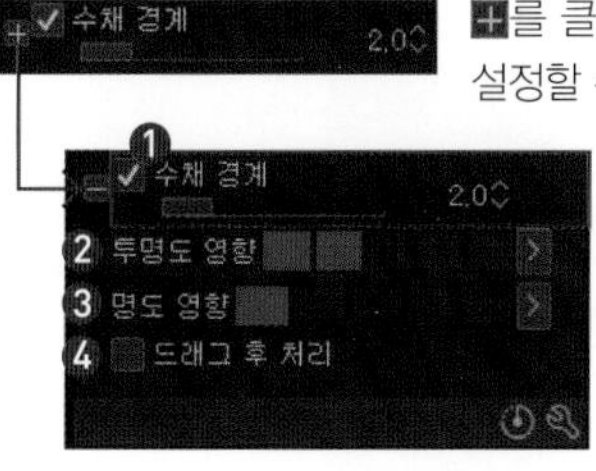

+를 클릭하면 상세하게 설정할 수 있습니다.

❶ 수채 경계
[수채 경계]의 ON/OFF 및 범위를 변경할 수 있습니다.

❷ 투명도 영향
[수채 경계]의 불투명도를 설정합니다.

❸ 명도 영향
[수채 경계]의 명도를 설정합니다.

❹ 드래그 후 처리
체크하면 그린 후에 [수채 경계]가 반영됩니다. [수채 경계]의 처리가 무거울 때 동작을 빨리할 수 있습니다.

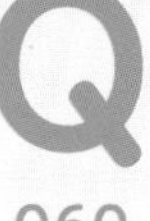

수채화 채색으로 얼룩진 듯한 표현을 하고 싶다

060

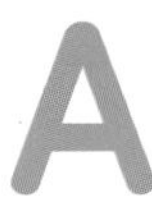

[수채 번짐]이나 [부드러운 수채 번짐]을 사용하는 것을 추천합니다.

[수채 번짐]

[붓] 도구→[수채] 그룹에 있는 [수채 번짐]은 물을 머금은 물감이 종이에 번진 것 같은 표현이 가능합니다.

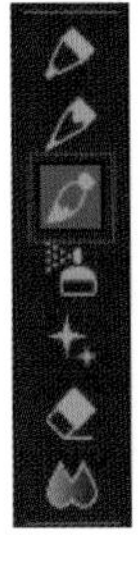

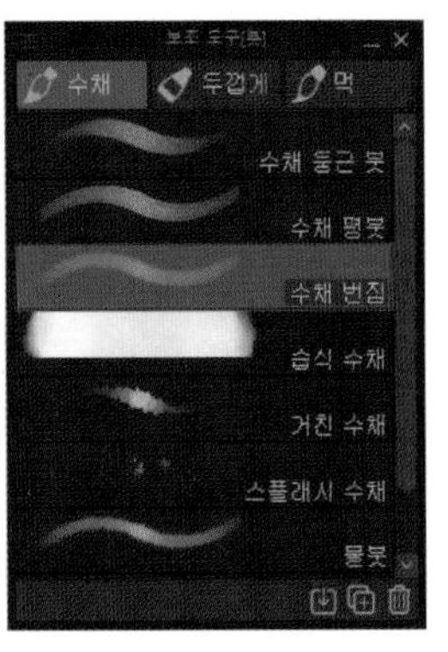

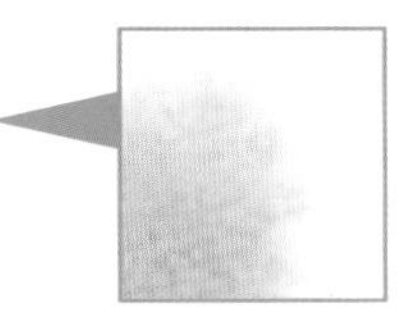

번짐을 활용한 그림의 예
하얀 곳을 남기듯 그리면 하늘에 떠 있는 번진 구름을 쉽게 그릴 수 있습니다.

[부드러운 수채 번짐]

[색 혼합] 도구→[부드러운 수채 번짐]은 번진 듯한 표현으로 색을 융합시킬 수 있는 브러시 도구입니다. 단순한 채색도 색의 경계를 [부드러운 수채 번짐]으로 융합시켜 수채화풍이 됩니다.

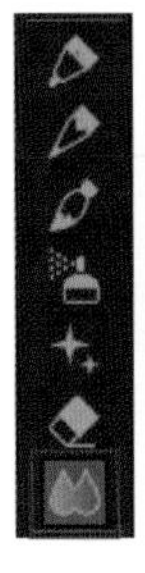

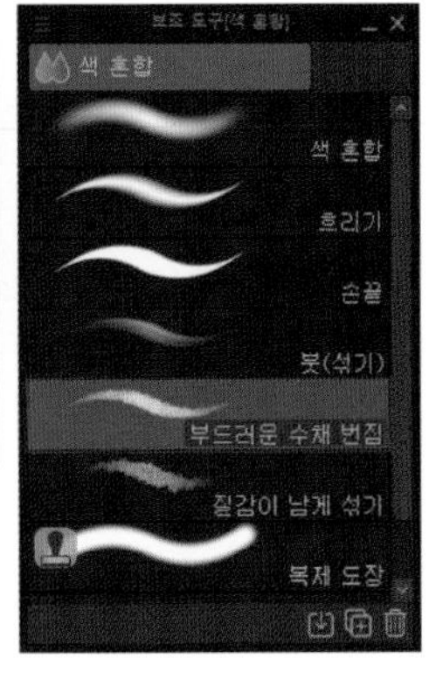

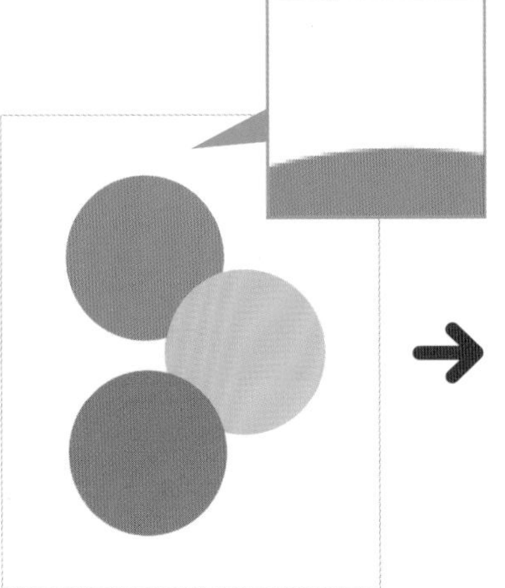

윤곽 주변을 [부드러운 수채 번짐]으로 융합시킵니다.

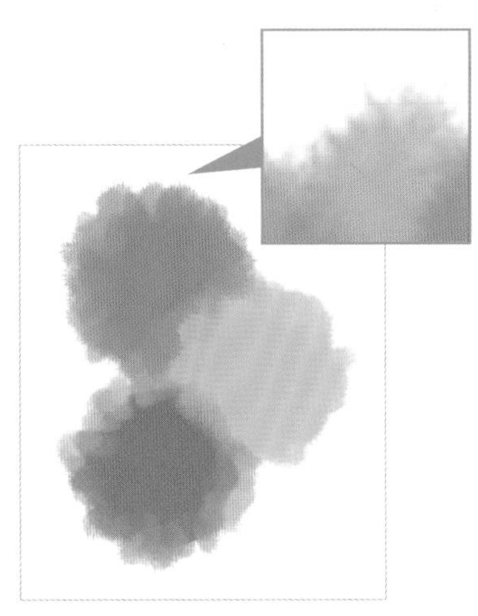

수채화풍의 그림이 됩니다.

[물붓]으로 연하게 하기

[붓] 도구→[수채] 그룹에 있는 [물붓]은 물을 많이 포함한 붓으로, 이미 칠해진 부분을 연하게 할 수 있는 브러시 도구입니다. 번진 그림으로 만들고 싶을 때 [수채 번짐]과 병용하면 좋습니다.

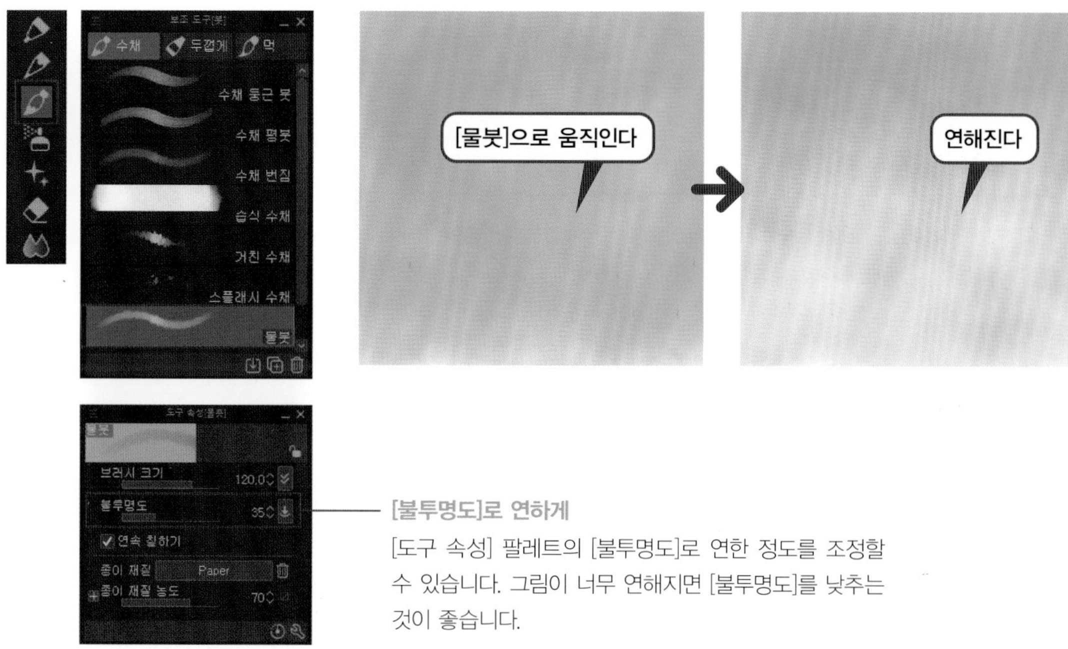

[불투명도]로 연하게

[도구 속성] 팔레트의 [불투명도]로 연한 정도를 조정할 수 있습니다. 그림이 너무 연해지면 [불투명도]를 낮추는 것이 좋습니다.

투명색을 사용한 [수채 번짐]

번진 그림의 분위기를 바꾸지 않고 수정하고 싶을 때는 투명색을 선택해 [수채 번짐]으로 지우는 것이 좋습니다. 그림 부분을 연하게 하는 [물붓]과 구분해 사용하면서 작업하는 것을 추천합니다.

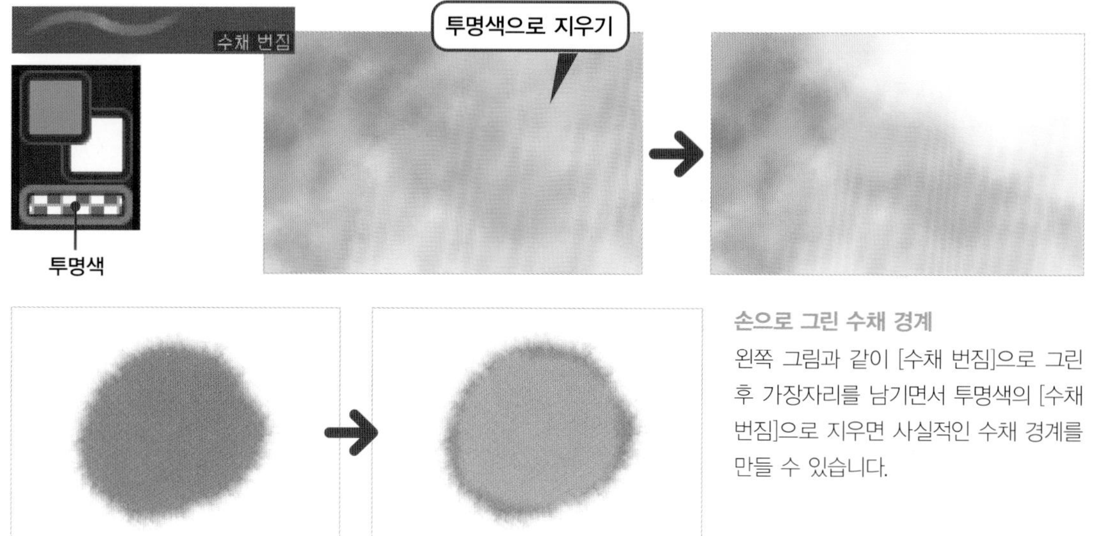

손으로 그린 수채 경계

왼쪽 그림과 같이 [수채 번짐]으로 그린 후 가장자리를 남기면서 투명색의 [수채 번짐]으로 지우면 사실적인 수채 경계를 만들 수 있습니다.

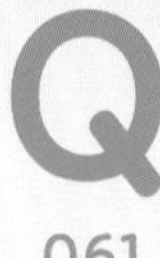

061 수채 계열의 도구로 고르게 칠하고 싶다

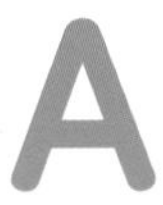

하나의 스트로크로 칠하거나 [투명도 바꾸기]로 설정합니다.

하나의 스트로크 그림

[붓] 도구→ [수채] 그룹의 보조 도구에는 그림이 겹치면 진해지는 설정의 도구가 있습니다. 하나의 스트로크로 그리면 고르게 칠할 수 있습니다.

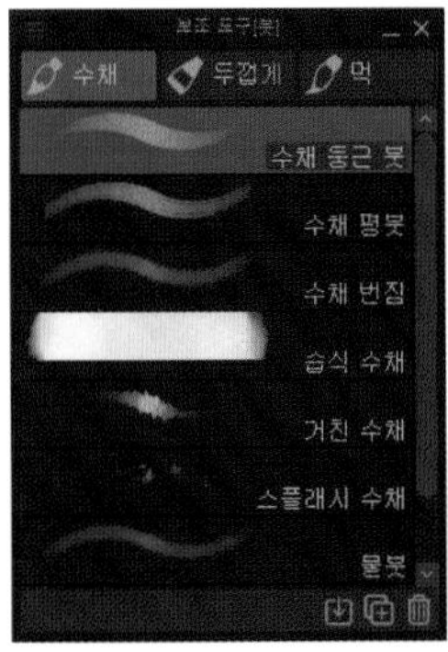

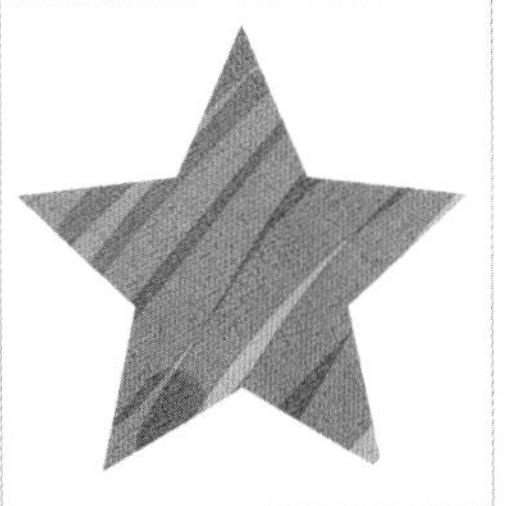

[수채 둥근 붓], [수채 평붓], [수채 번짐], [거친 수채]는 스트로크가 겹친 부분이 진해집니다.

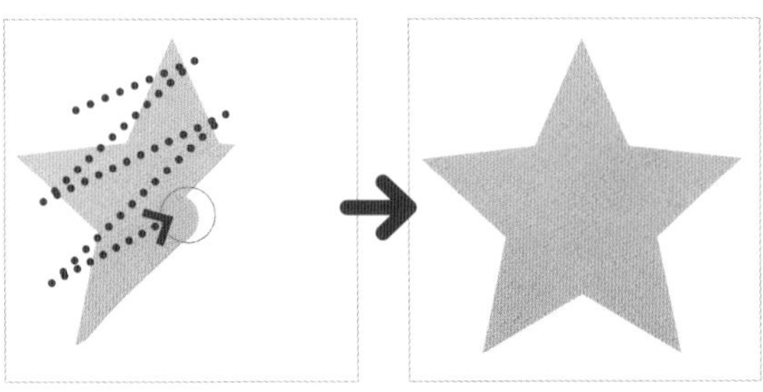

펜을 태블릿에서 떼지 않고 그리면 고르게 칠할 수 있습니다.

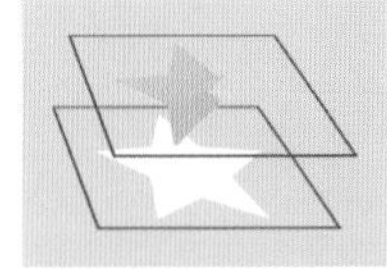

※ 별 모양 레이어에 클리핑하여 칠합니다.

[투명도 바꾸기] 설정

그림을 겹치면 진해지는 [수채] 그룹의 보조 도구는 [도구 속성] 팔레트의 합성 모드가 [곱하기]로 설정되어 있습니다. 이 설정을 [투명도 바꾸기]로 변경하면 복수의 스트로크를 겹쳐도 얼룩이 되지 않게 됩니다.

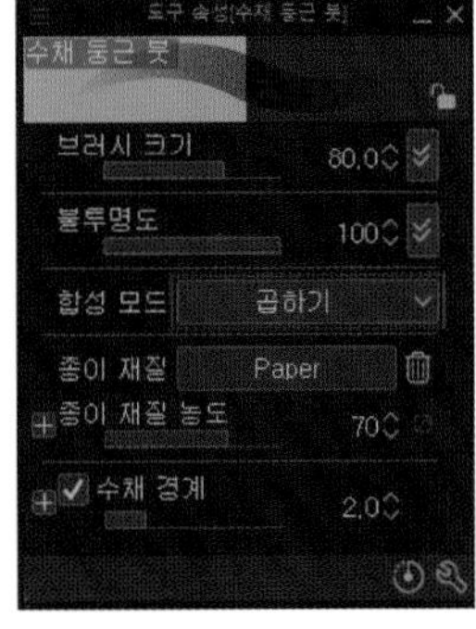

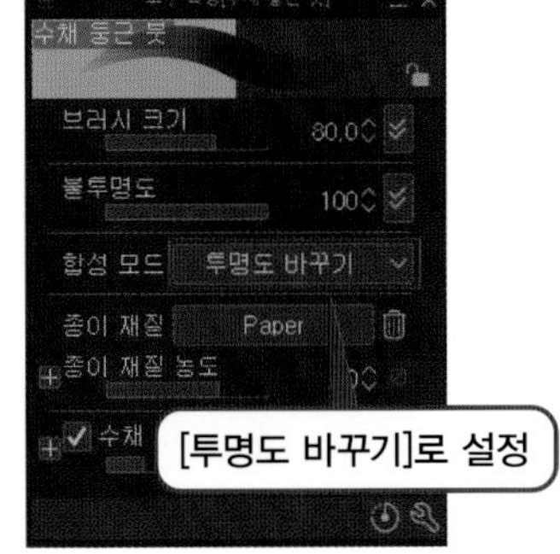

[수채 둥근 붓], [수채 평붓], [수채 번짐], [거친 수채]는 초기 설정의 합성 모드가 [곱하기]입니다.

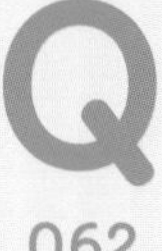

수채 계열의 도구로 그라데이션 모양으로 색을 겹치고 싶다

062

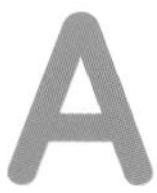

레이어를 나누면 매끈하게 색의 변화를 줄 수 있습니다.

색을 탁하지 않게 겹치기

레이어를 나누어 [아래 레이어에서 클리핑]을 ON으로 한 뒤, 그라데이션 모양으로 색을 겹치면 매끄럽게 색의 변화를 줄 수 있습니다.

레이어를 나누어 색을 겹친다

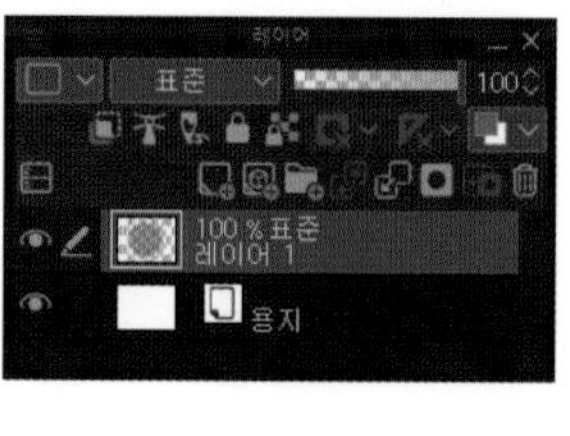

❶ 새로운 레이어를 만들고 밑바탕이 되는 색을 칠합니다.

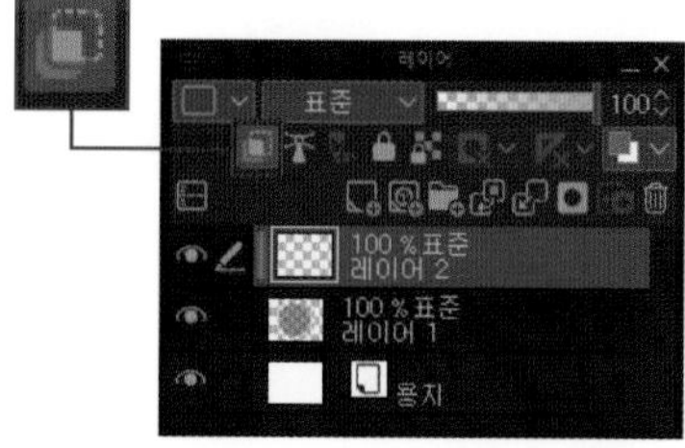

❷ 밑바탕 채색이 끝나면 위에 새로운 레이어를 만들고 [아래 레이어에서 클리핑]을 ON으로 합니다.

❸ [수채 번짐]으로 칠합니다. 레이어를 나누면 색이 탁해지지 않고 그라데이션 모양으로 칠할 수 있습니다.

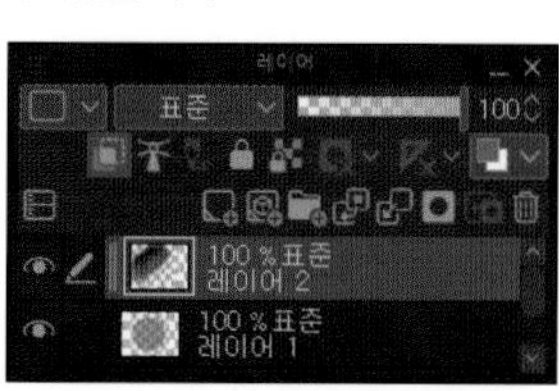

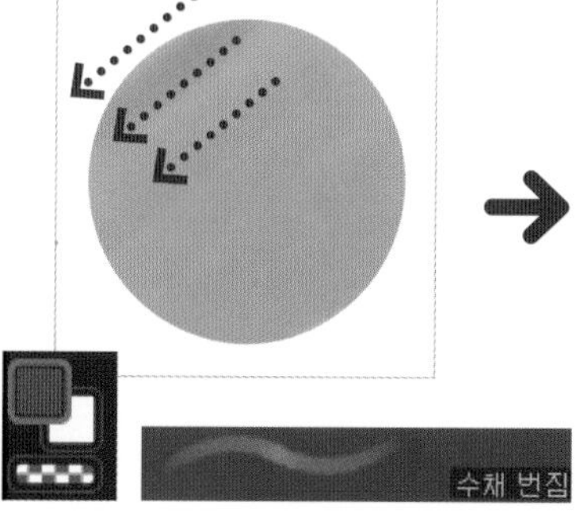

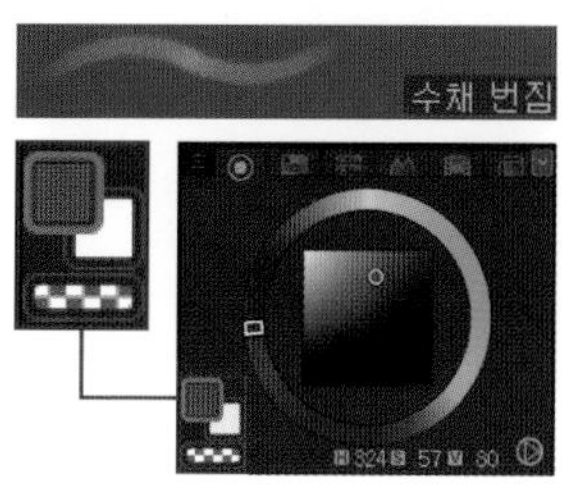

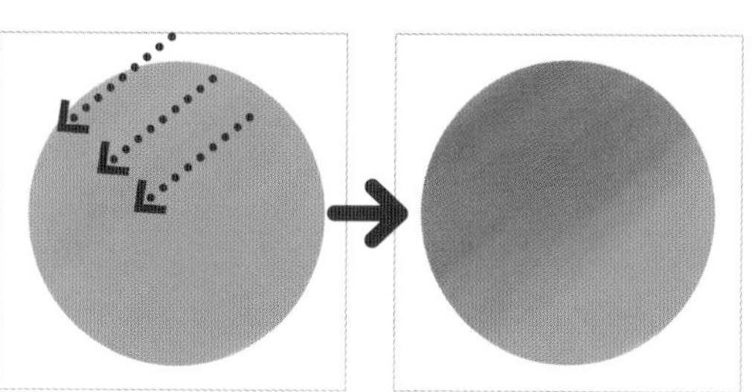

같은 레이어에서 색을 겹친다

[수채] 그룹의 보조 도구로 색을 겹치면, 색이 섞여 생각한 것과 같은 색의 그림이 되지 않는 경우가 있습니다. 왼쪽 그림에서는 선택 중인 그리기 색보다 어두운색이 되었습니다.

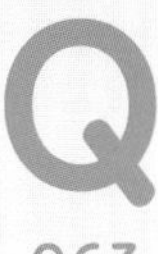

063

수채 계열의 도구로 흰색을 겹치고 싶다

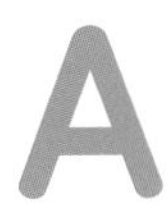

브러시 합성 모드를 바꾸거나 새로운 레이어에 흰색을 칠합니다.

브러시의 합성 모드 바꾸기

[붓] 도구→[수채] 그룹의 보조 도구를 사용할 때, 흰색으로 그릴 수 없는 경우가 있습니다. 합성 모드(레이어가 아닌 브러시 도구의 설정)를 바꾸면 흰색을 겹칠 수 있습니다.

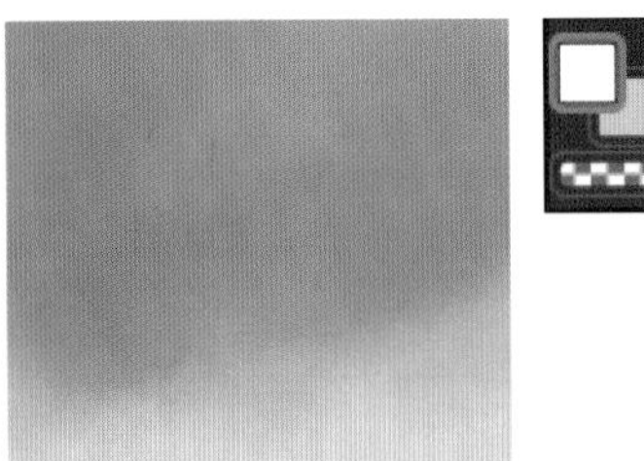

합성 모드가 [곱하기]로 설정되어 있으면 색칠한 레이어에서 흰색을 겹쳐 칠할 수 없습니다.

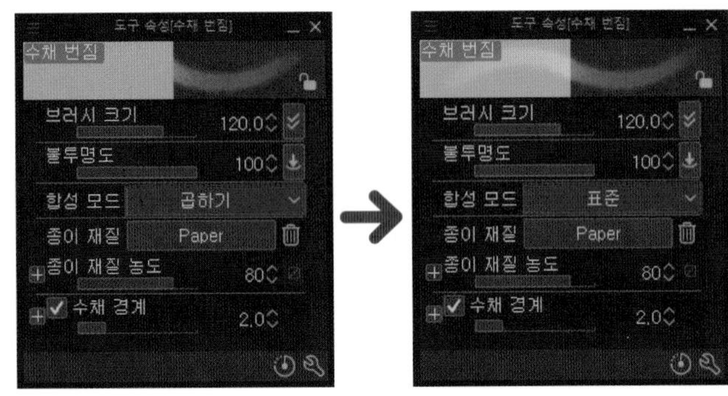

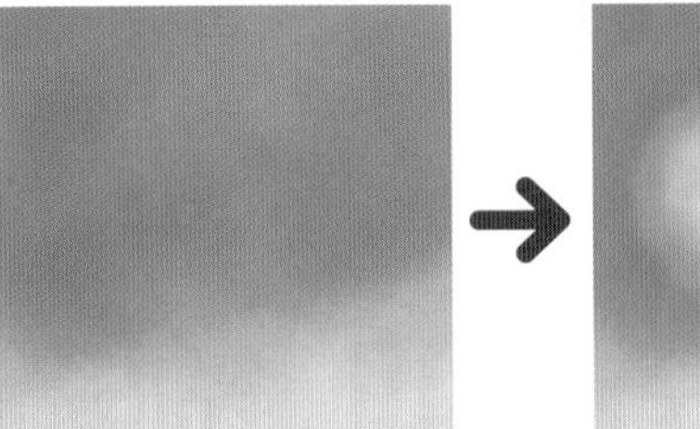

합성 모드를 [표준]으로

[도구 속성] 팔레트에서 합성 모드를 [표준]으로 설정하면 색칠한 레이어에도 흰색을 겹칠 수 있습니다.

다른 레이어에서 흰색을 겹치기

[수채] 보조 도구의 사용감을 바꾸지 않고 합성 모드를 그대로 [곱하기]로 사용하고 싶을 때는 위에 새로운 레이어를 만들어 그립니다.

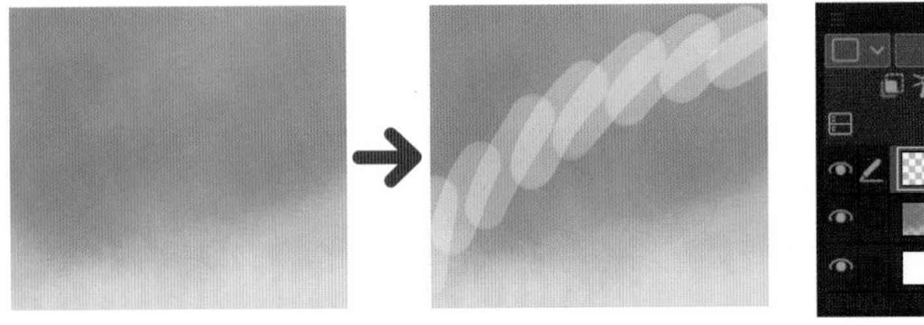

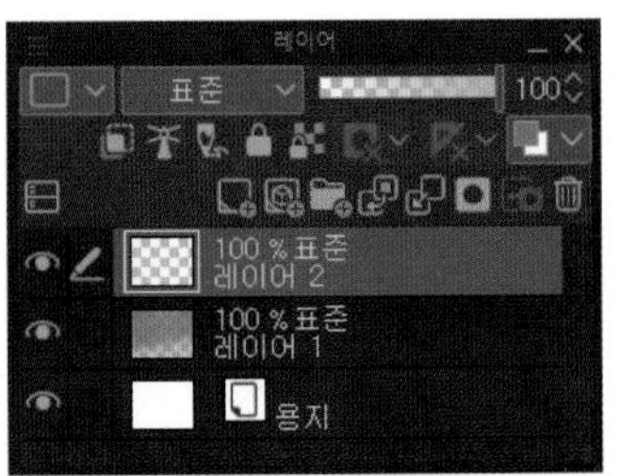

아무것도 그려져 있지 않은 레이어라면 [곱하기] 설정의 브러시 도구에서도 흰색을 겹칠 수 있습니다.

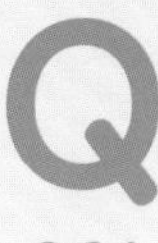

브러시에 질감을 추가하고 싶다

064

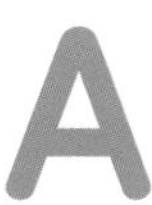

[종이 재질] 설정에서 텍스처를 적용할 수 있습니다.

[종이 재질] 설정하기

브러시 도구에는 [종이 재질]이라는 설정이 있습니다. [종이 재질]에서는 [도화지] 등의 용지 텍스처를 스트로크에 반영시킬 수 있어 그린 부분이 종이에 그려진 것처럼 됩니다.

용지 텍스처가 설정된 브러시

일부 브러시 도구에는 초기 설정에서 용지 텍스처가 설정되어 있습니다.

[붓] 도구→[수채] 그룹의 [수채 둥근 붓]에는 [도화지(Paper)]가 설정되어 있습니다.

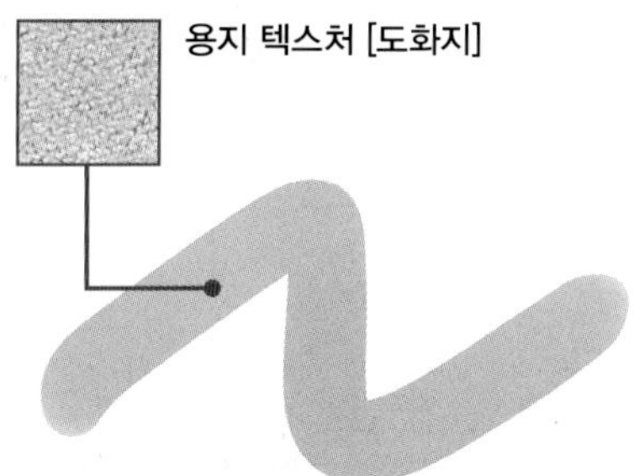

TIPS [연필] 등 다른 도구에도!

[연필] 도구의 [연필]이나 [파스텔] 그룹의 [목탄], [붓] 도구에서는 [수채] 그룹 대부분의 보조 도구, [두꺼운 칠] 그룹의 [구아슈] 등에 용지 텍스처가 적용되어 있습니다.

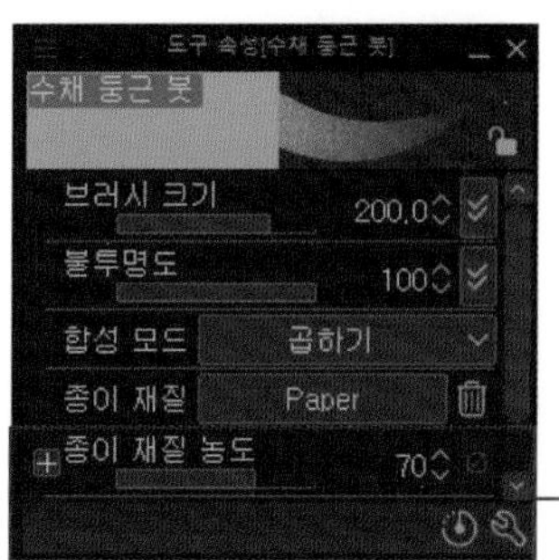

[도구 속성] 팔레트

기능 확장 ⊞를 클릭하여 전개합니다.

종이 재질 Paper ❶ ❷
종이 재질 농도 ❸ 70
❹ 확대율 28

❶ **종이 재질**

클릭하면 대화상자가 열려 용지 텍스처 소재를 선택할 수 있습니다.

❷ **종이 재질 삭제**

클릭하면 용지 텍스처를 '없음'으로 설정합니다.

❸ **종이 재질 농도**

값을 크게 하면 용지 텍스처의 반영이 강해집니다.

❹ **확대율**

값을 크게 하면 스트로크 중 용지 텍스처의 확대율이 커집니다.

용지 텍스처가 없는 브러시

[G펜] 등 용지 텍스처가 적용되지 않은 브러시 도구도 [종이 재질] 설정이 가능합니다. [도구 속성] 팔레트에 설정이 없는 경우 [보조 도구 상세] 팔레트→[종이 재질] 카테고리에서 설정할 수 있습니다.

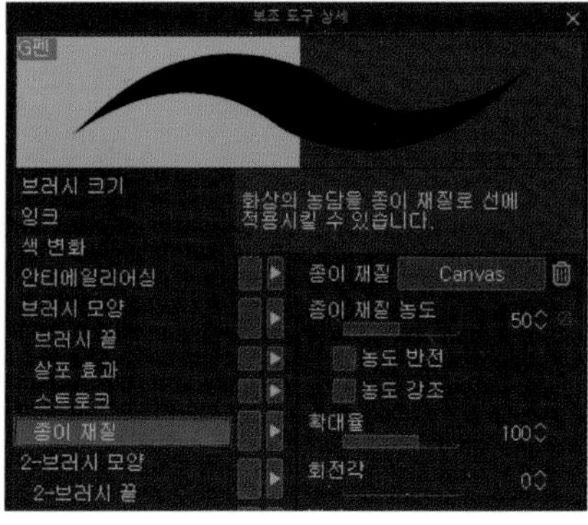

[보조 도구 상세] 팔레트

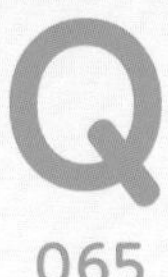

065 그라데이션 도구를 사용하고 싶다

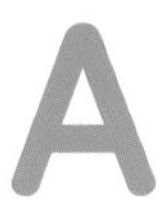

[그리기색에서 투명색] 등으로 캔버스 위에서 드래그합니다.

드래그하면 그라데이션을 그릴 수 있다

[그라데이션] 도구의 보조 도구는 다양하며, 기본은 [그리기색에서 투명색]과 [그리기색에서 배경색]입니다. 캔버스 위에서 드래그하면 그라데이션이 그려집니다.

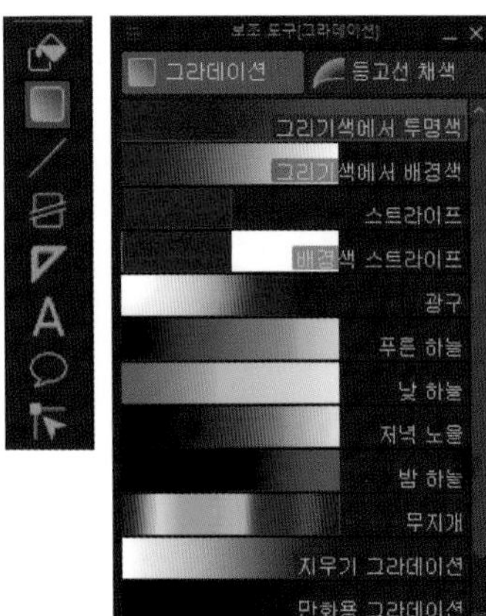

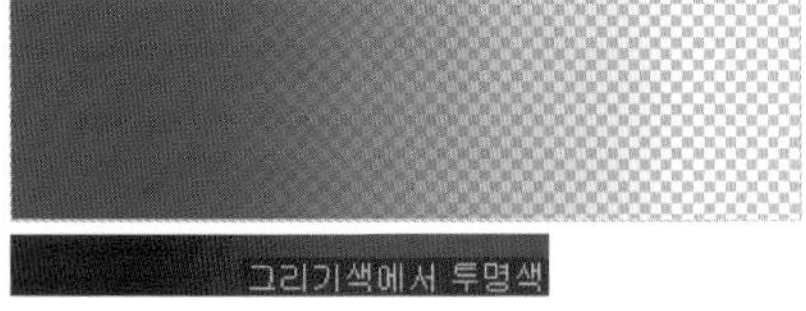

그리기색에서 투명색
메인컬러로 설정한 색상이 투명해지는 그라데이션을 만들 수 있습니다.

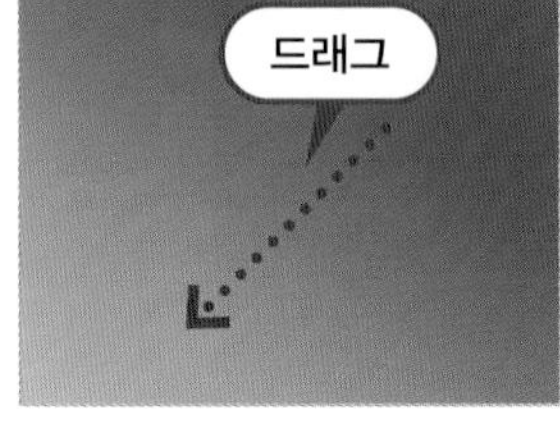

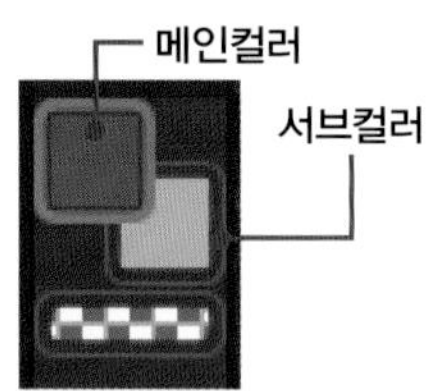

그리기색에서 배경색
메인컬러에서 서브컬러로 바뀌는 그라데이션입니다.

도구로 그라데이션 레이어 만들기

[도구 속성] 팔레트의 [그리기 대상] 초기 설정은 [편집 대상 레이어에 그리기]로 되어 있습니다. 이 설정을 [그라데이션 레이어를 작성]으로 바꾸면 그릴 때 새로운 그라데이션 레이어가 작성됩니다. 용도에 따라 구분해서 사용하는 것이 좋습니다.

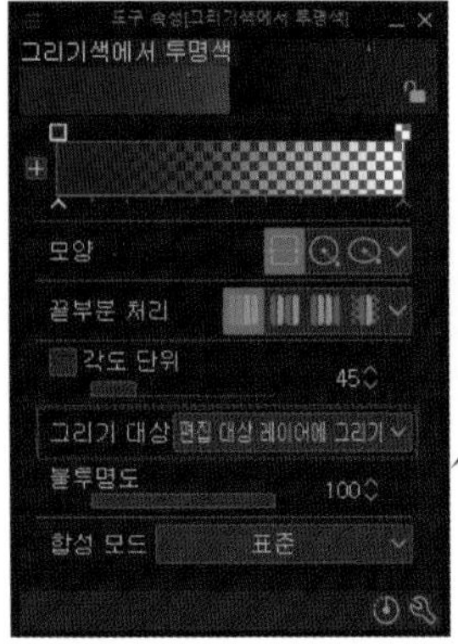

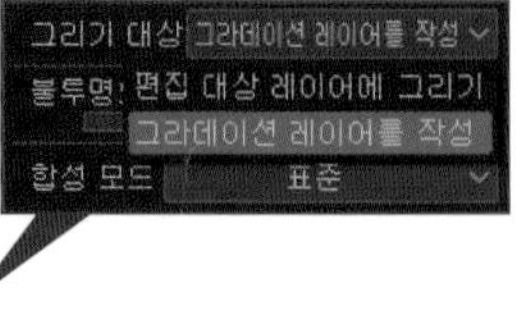

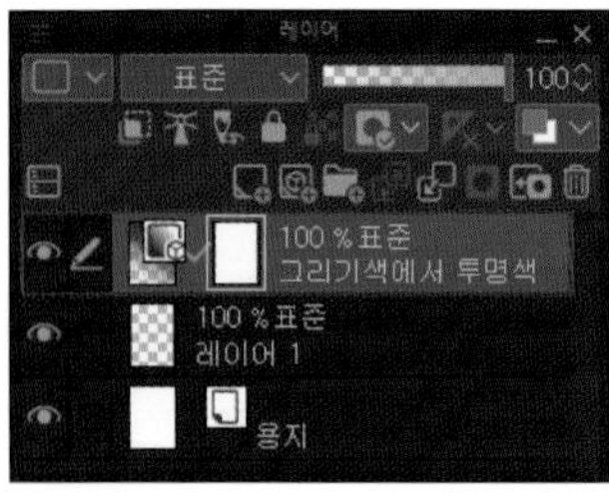

그라데이션 레이어
그라데이션 레이어는 나중에 그라데이션 방향을 바꾸는 등의 편집이 가능하므로 편리합니다.

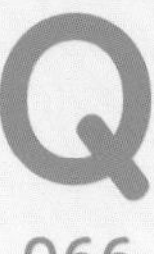

그라데이션 레이어를 편집하고 싶다

066

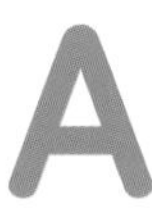

[오브젝트]를 사용하면 핸들을 조작해 편집할 수 있습니다.

그라데이션의 색·방향·폭·위치를 바꾸기

그라데이션 레이어는 [레이어] 메뉴에서 만들 수 있습니다([그라데이션] 도구로도 만들 수 있습니다.→이전 페이지 참조). 그라데이션 레이어를 편집할 때는 [오브젝트] 도구를 사용합니다.

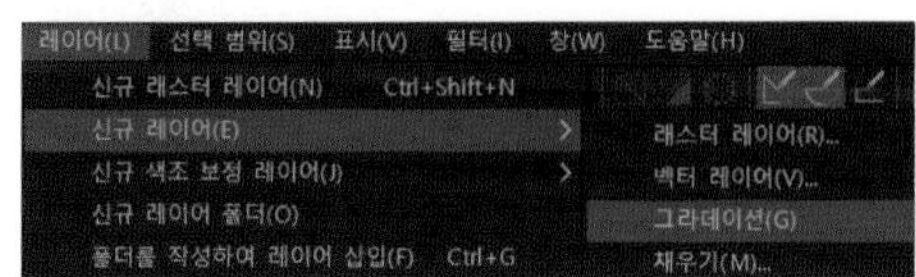

[레이어] 메뉴→[신규 레이어]→[그라데이션]을 선택하면 그라데이션 레이어가 만들어집니다.

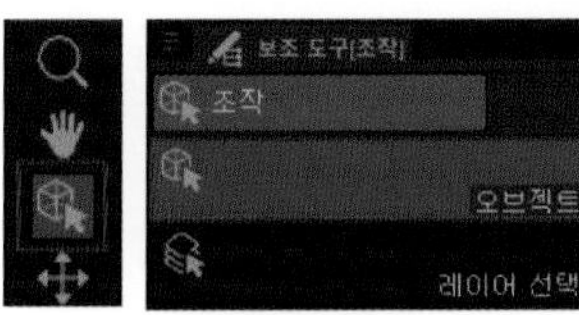

[오브젝트]로 편집

[레이어] 팔레트에서 그라데이션 레이어를 선택한 상태로 [조작] 도구의 [오브젝트]를 사용하여 그라데이션 레이어를 편집할 수 있습니다.

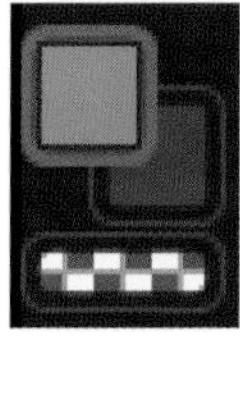

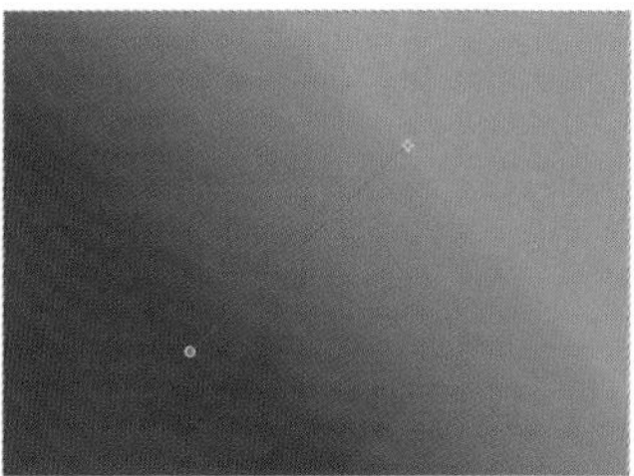

그라데이션의 색

[오브젝트]가 선택된 상태에서 컬러 아이콘의 메인컬러와 서브컬러를 바꾸면 색을 변경할 수 있습니다. 그리기색에서 투명색 그라데이션은 메인컬러만 변경할 수 있습니다.

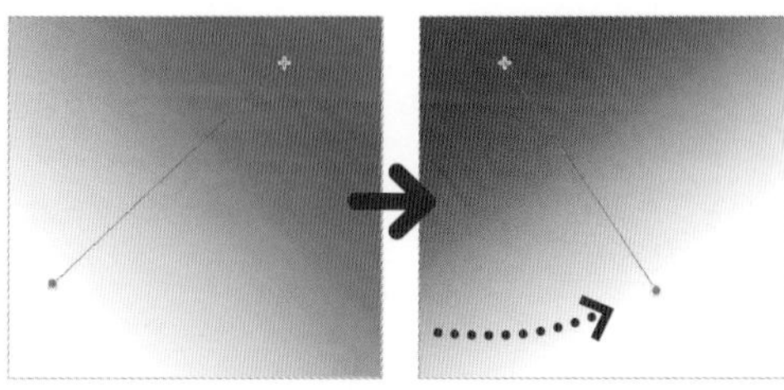

방향

●를 드래그하여 그라데이션 방향을 변경할 수 있습니다.

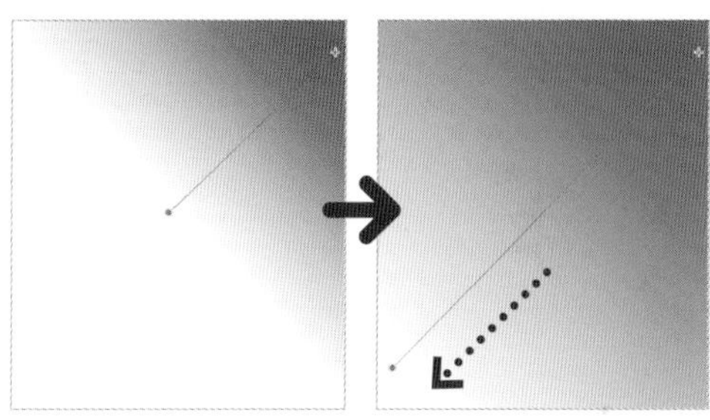

폭

●를 클릭하여 핸들을 늘리면 그라데이션의 폭을 넓힐 수 있습니다.

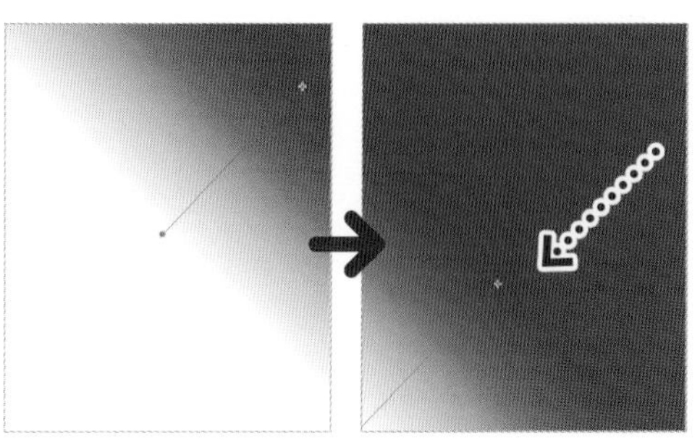

위치

+를 드래그하여 이동시키면 그라데이션의 위치를 바꿀 수 있습니다.

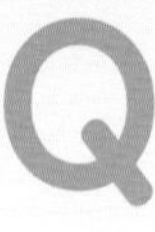

선택 범위를 만들고 싶다

067

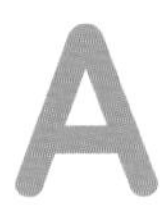

[선택 범위] 도구나 [자동 선택] 도구, [선택 범위] 메뉴 등에서 작성합니다.

[선택 범위] 도구

[선택 범위] 도구에는 다양한 선택 범위를 만들 수 있는 보조 도구가 있습니다.

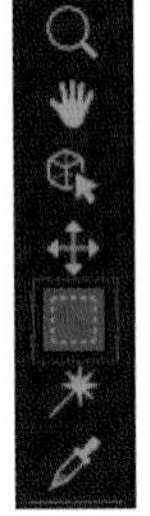

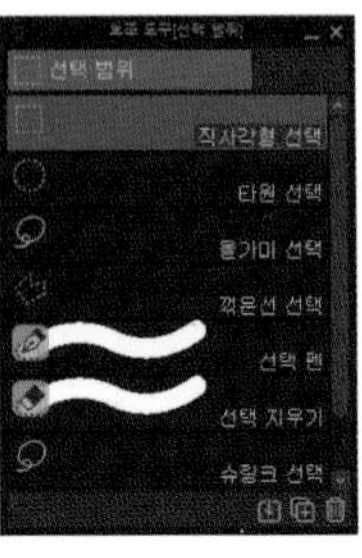

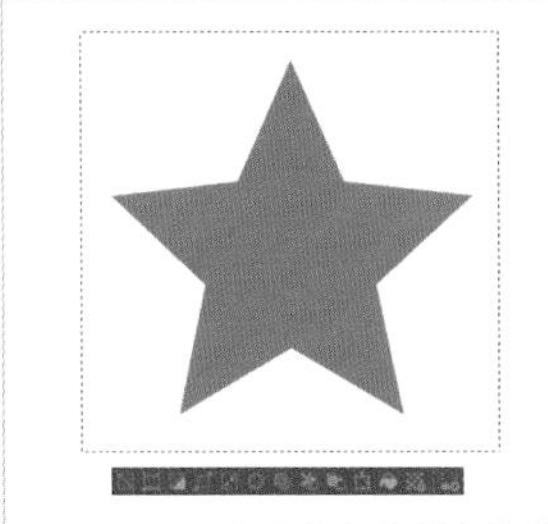

[직사각형 선택]

드래그하여 직사각형의 선택 범위를 만들 수 있습니다. Shift를 누르면서 드래그하면 정사각형의 선택 범위가 됩니다.

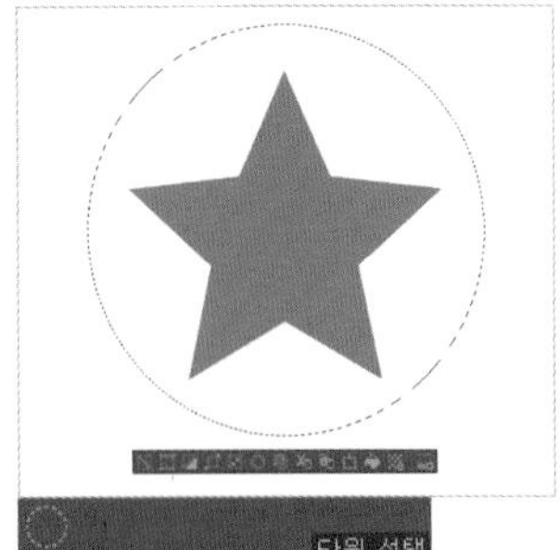

[타원 선택]

드래그하여 타원의 선택 범위를 만들 수 있습니다. Shift를 누르면서 드래그하면 정원의 선택 범위가 됩니다.

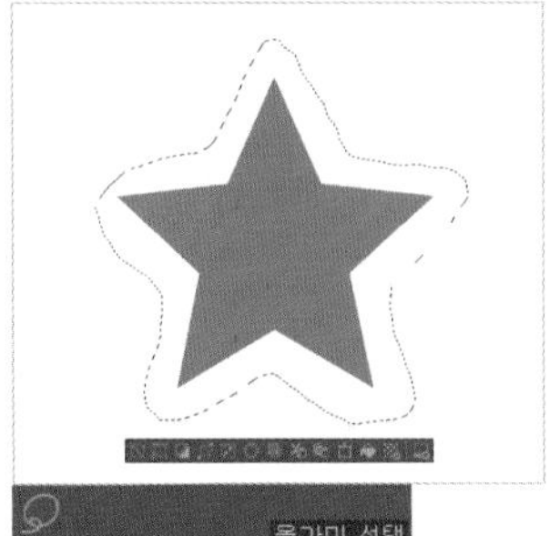

[올가미 선택]

프리핸드로 커서를 움직여 둘러싼 영역이 선택 범위가 됩니다.

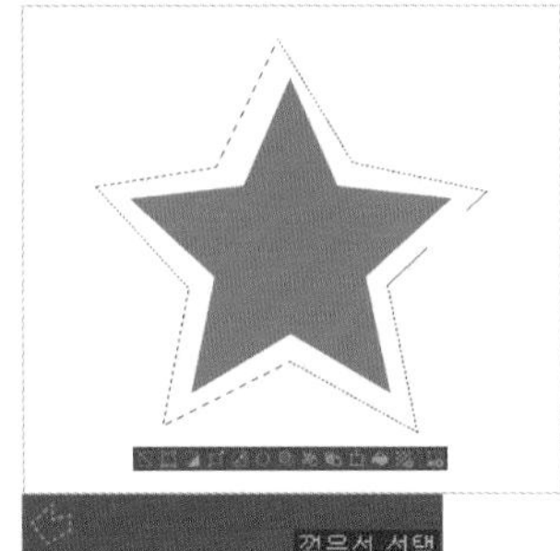

[꺾은선 선택]

'선분의 시작점과 끝점 클릭'을 반복하여 꺾은선의 선택 범위를 만듭니다.

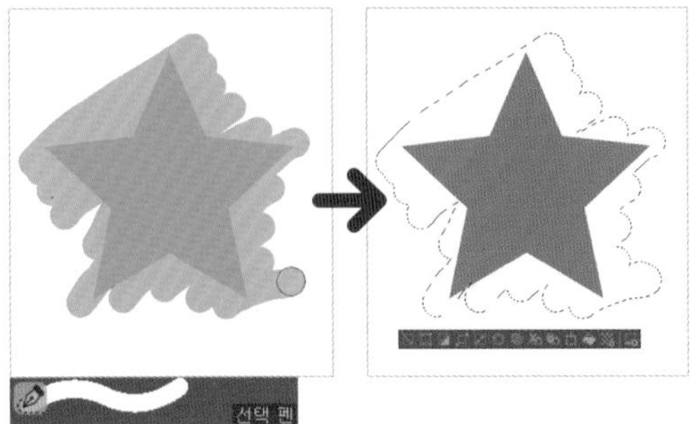

[선택 펜]

펜으로 그리듯이 선택 범위를 만들 수 있습니다.

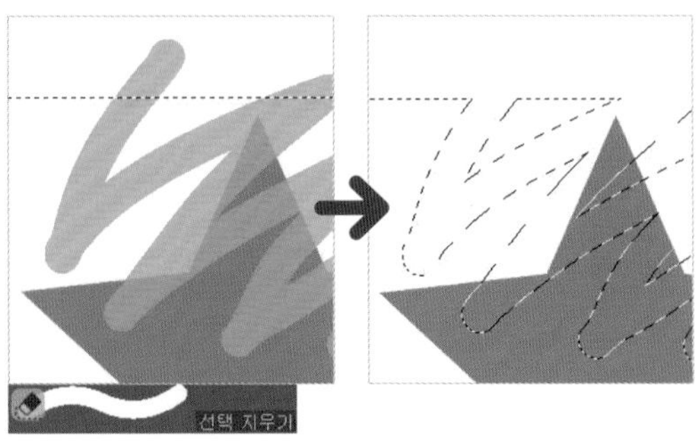

[선택 지우기]

지우개로 지우듯이 선택 범위를 삭제할 수 있습니다. 선택 범위의 형태를 조정할 때 편리합니다.

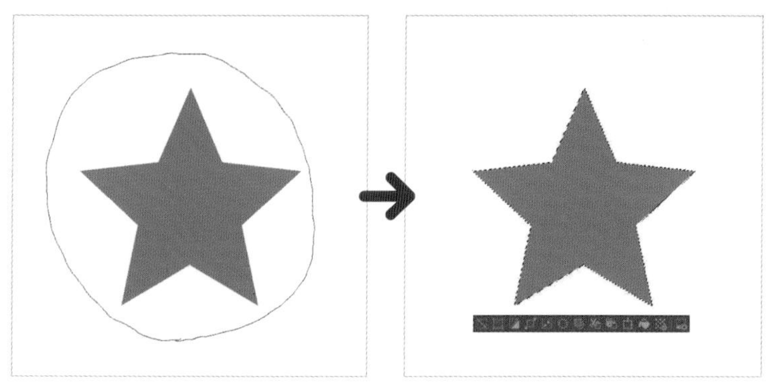

슈링크 선택

[슈링크 선택]

프리핸드로 선택하고 싶은 부분의 주위를 둘러쌉니다. 둘러싼 안쪽에 있는 선으로 닫힌 영역이 선택 범위가 됩니다.

[자동 선택] 도구로 선으로 둘러싸인 부분을 선택

[자동 선택] 도구의 보조 도구는 선으로 둘러싸인 범위를 선택 범위로 할 수 있습니다.

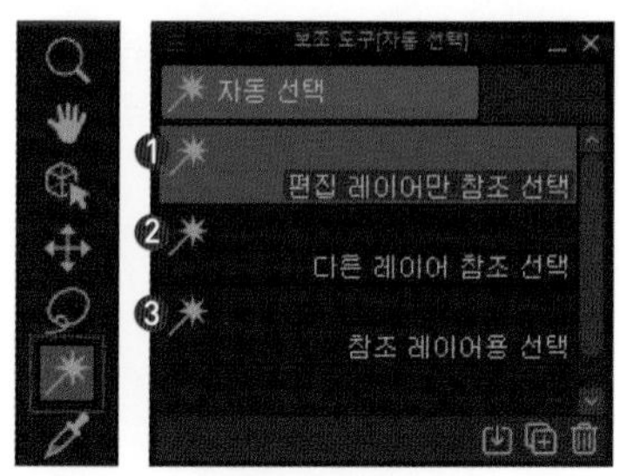

[자동 선택] 도구의 보조 도구

❶ 편집 레이어만 참조 선택

편집 중인 레이어만 참조하여 선으로 둘러싸인 영역을 선택합니다.

❷ 다른 레이어 참조 선택

모든 레이어를 참조하여 선으로 둘러싸인 영역을 선택합니다.

❸ 참조 레이어용 선택

참조 레이어만 참조하여 선으로 둘러싸인 영역을 선택합니다.

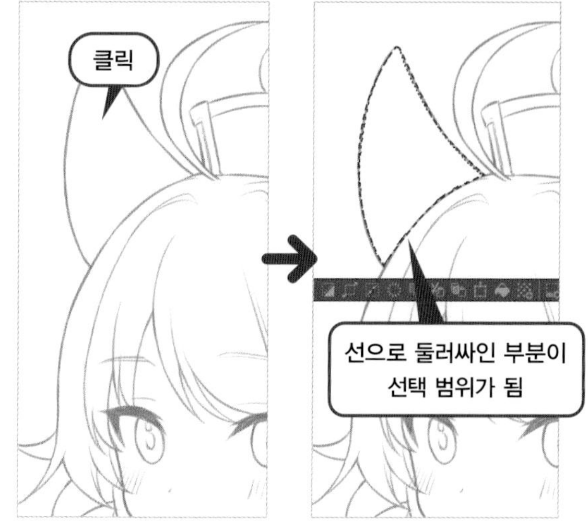

[전체 선택]

[선택 범위] 메뉴→[전체 선택]으로 캔버스 전체를 선택 범위로 할 수 있습니다.

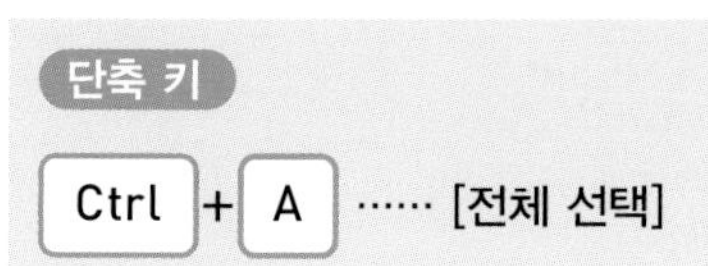

단축 키

Ctrl + A …… [전체 선택]

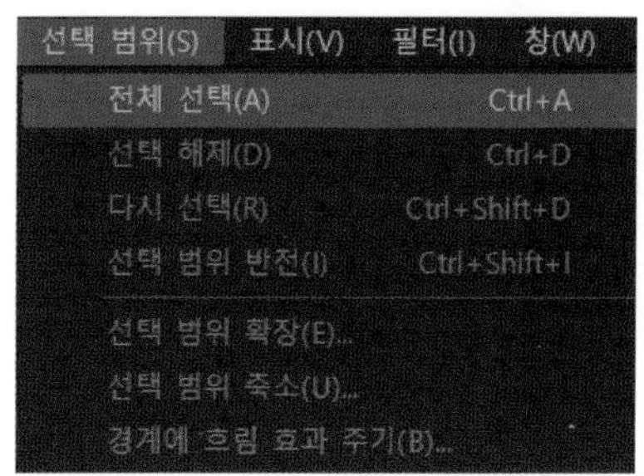

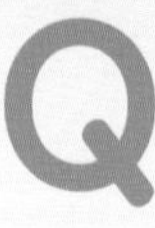

선택 범위를 해제하고 싶다

068

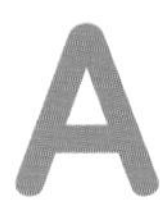

[선택 범위] 메뉴→[선택 해제]로 선택 범위를 해제할 수 있습니다.

[선택 해제]

[선택 범위] 메뉴→[선택 해제]를 선택하면 선택 범위를 해제할 수 있습니다. 단축 키나 선택 범위 런처(→ P.96)로도 가능합니다.

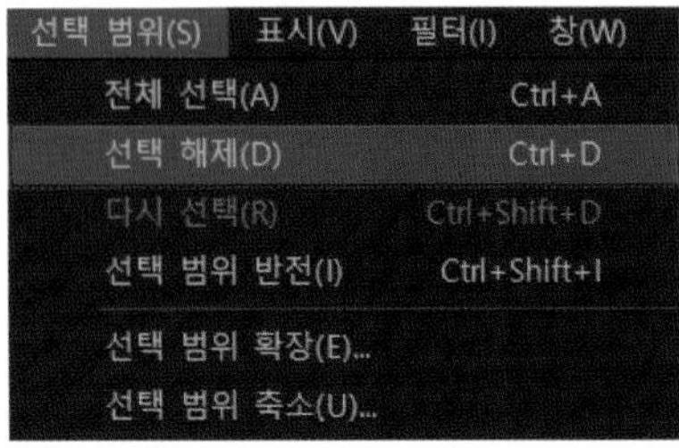

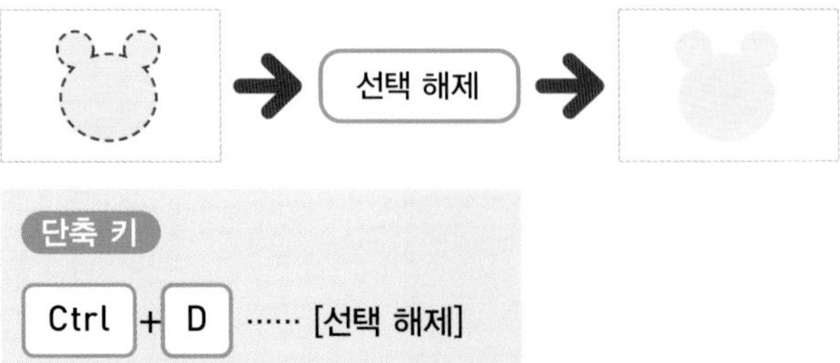

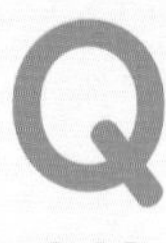

선택 범위를 반전하고 싶다

069

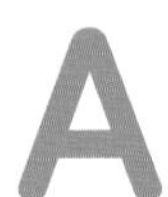

[선택 범위] 메뉴→[선택 범위 반전]으로 선택 범위를 반전시킬 수 있습니다.

[선택 범위 반전]

[선택 범위] 메뉴→[선택 범위 반전]을 선택하면 선택 범위를 반전시킬 수 있습니다. 단축 키나 선택 범위 런처(→ P.96)로도 가능합니다.

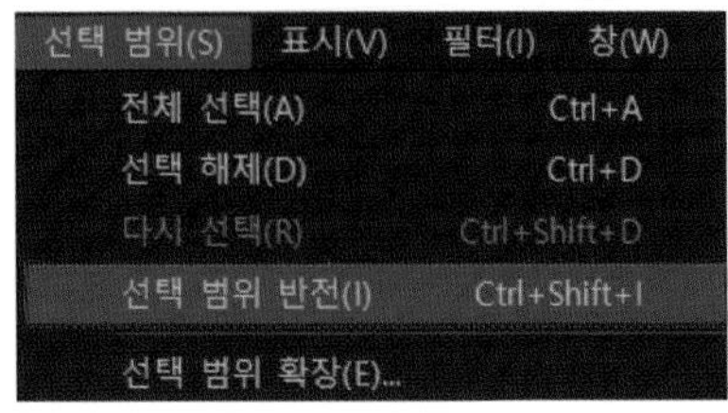

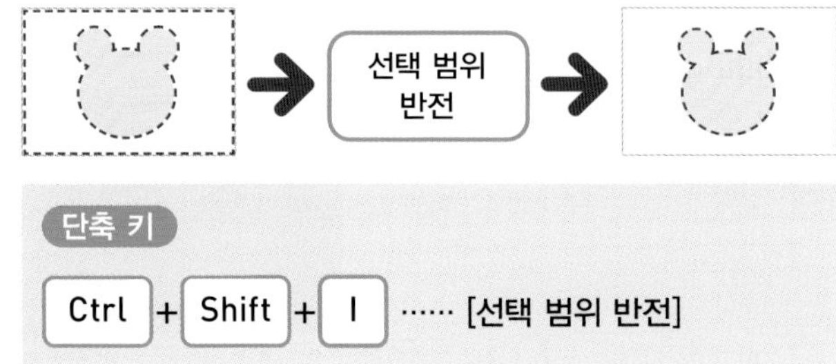

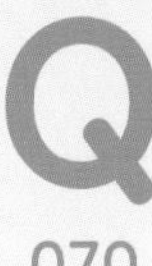

선택 범위를 확장하고 싶다

070

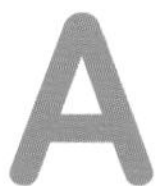

[선택 범위] 메뉴→[선택 범위 확장]으로 선택 범위를 수치로 확장할 수 있습니다.

[선택 범위 확장]

[선택 범위] 메뉴→[선택 범위 확장]을 선택하고 대화상자에서 수치를 입력하여 선택 범위를 확장할 수 있습니다.

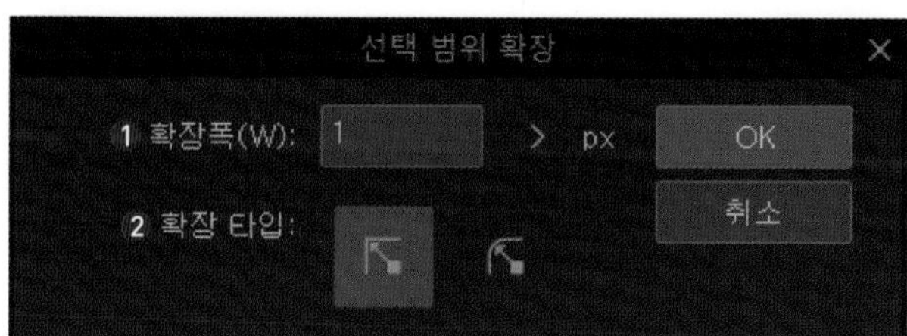

❶ 확장 폭
확장할 폭을 설정할 수 있습니다.

❷ 확장 타입
확장된 선택 범위의 모서리 타입을 선택합니다.

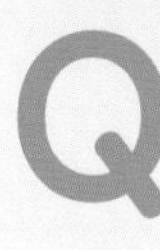

선택 범위를 축소하고 싶다

071

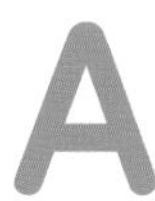

[선택 범위] 메뉴→[선택 범위 축소]로 선택 범위를 수치로 축소할 수 있습니다.

[선택 범위 축소]

[선택 범위] 메뉴→[선택 범위 축소]를 선택하고 대화상자에서 수치를 입력하여 선택 범위를 축소할 수 있습니다.

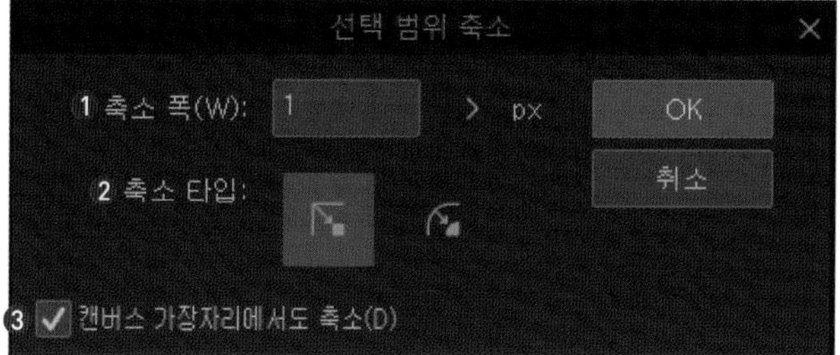

❶ 축소 폭
축소할 폭을 설정할 수 있습니다.

❷ 축소 타입
축소된 선택 범위의 모서리 타입을 선택합니다.

❸ 캔버스 가장자리에서도 축소
체크하면 캔버스 가장자리 부분도 축소됩니다.

[캔버스 가장자리에서도 축소] 체크를 해제

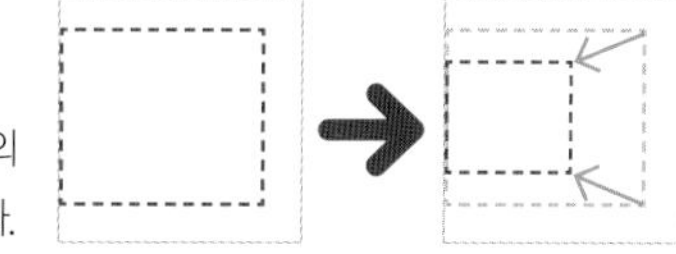

체크를 해제하면 캔버스 가장자리의 선택 범위는 축소되지 않습니다.

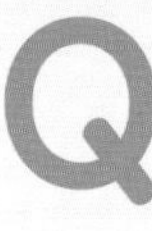

선택 범위 경계에 흐림 효과를 주고 싶다

072

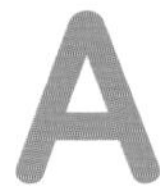

[선택 범위] 메뉴→[경계에 흐림 효과 주기]나 [퀵 마스크]로 선택 범위 경계에 흐림 효과를 줄 수 있습니다.

[경계에 흐림 효과 주기]로 경계선에 흐림 효과내기

선택 범위의 경계선을 흐리게 할 때는 [선택 범위] 메뉴→[경계에 흐림 효과 주기]를 선택합니다.

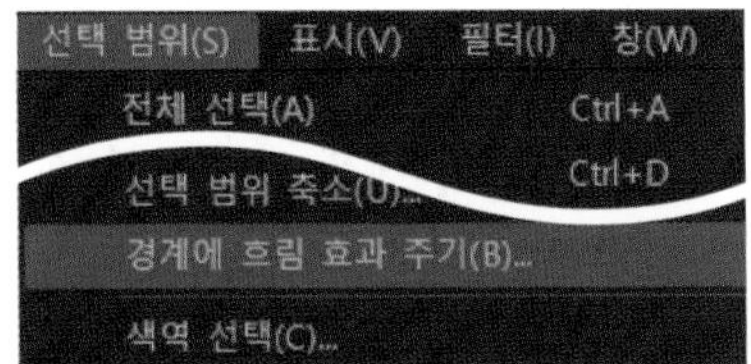

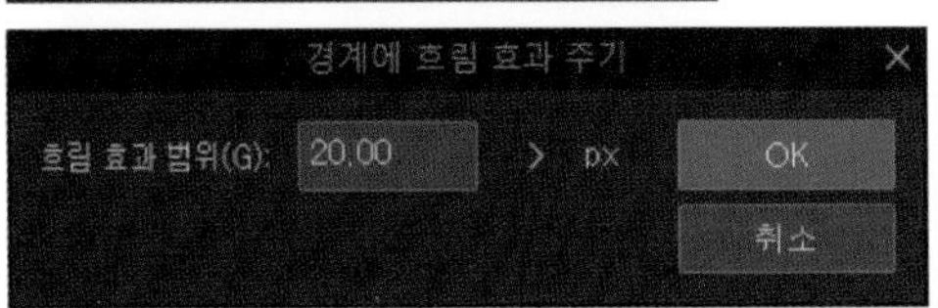

[선택 범위] 메뉴→[경계에 흐림 효과 주기]를 선택하고 대화상자에서 [흐림 효과 범위]를 설정해 선택 범위의 경계를 흐리게 할 수 있습니다.

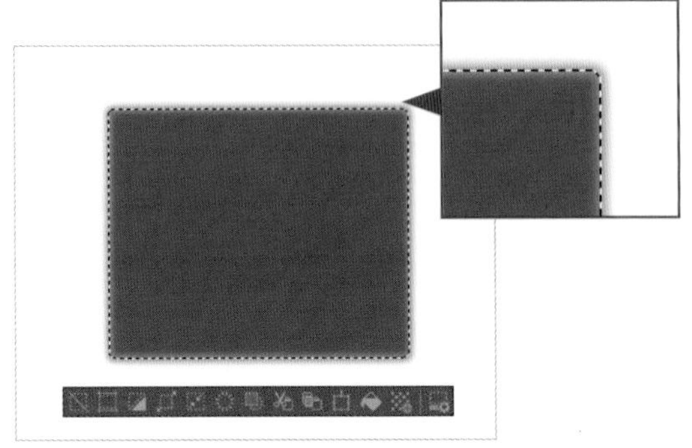

흐림 효과를 준 선택 범위를 채색하면 가장자리가 흐려집니다.

[퀵 마스크]로 부분적으로 흐리게 하기

[퀵 마스크]는 선택 범위를 붉게 표시해 브러시 도구로 편집할 수 있는 기능입니다. 부분적으로 선택 범위를 흐리게 하고 싶을 때는 [퀵 마스크]를 사용합니다.

❶ [선택 범위] 메뉴→[퀵 마스크]를 선택하면 선택 범위가 붉게 표시됩니다.

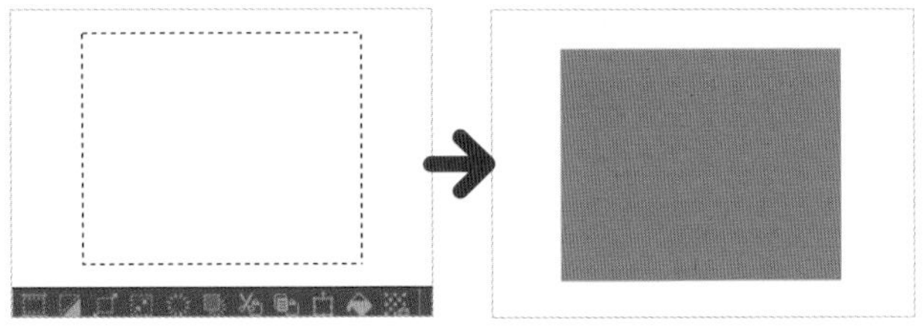

❷ 가장자리를 [지우개] 도구→[부드러움] 등의 도구로 지웁니다.

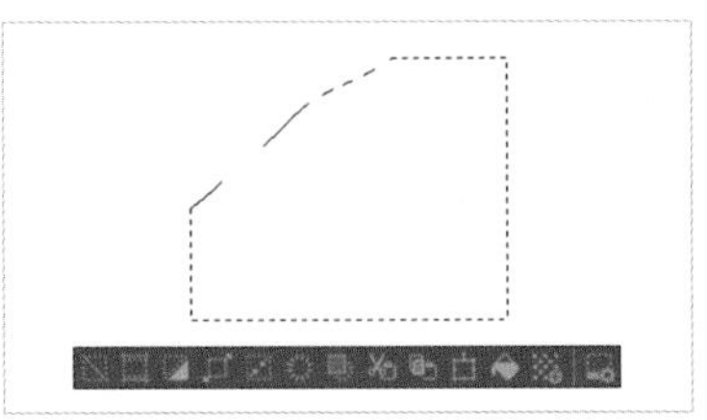

❸ 다시 [선택 범위] 메뉴→[퀵 마스크]를 선택해 퀵 마스크를 해제합니다. 경계가 흐려진 선택 범위가 만들어집니다.

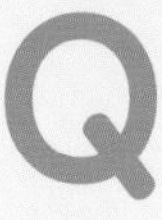

특정 색을 선택 범위로 하고 싶다

073

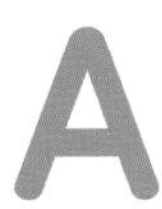

[선택 범위] 메뉴→[색역 선택]이나 [자동 선택] 도구를 사용합니다.

[색역 선택]

[선택 범위] 메뉴→[색역 선택]으로 색을 지정하여 선택 범위를 만들 수 있습니다.

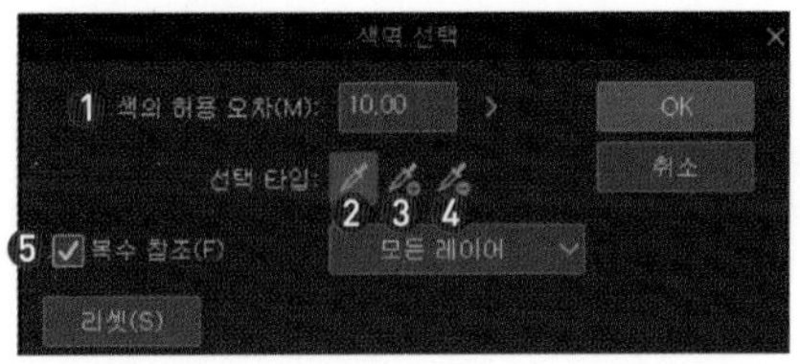

[색역 선택] 대화상자

[선택 범위] 메뉴→[색역 선택]을 선택하면 대화상자가 열립니다.

❶ 색의 허용 오차

지정할 색의 허용할 수 있는 범위를 결정합니다.

❷ 선택 타입: 신규로 선택

지정한 색역으로 새로운 선택 범위를 만듭니다.

❸ 선택 타입: 선택에 추가

지정한 색역으로 선택 범위를 추가합니다.

❹ 선택 타입: 선택에서 삭제

지정한 색역으로 선택 범위를 해제합니다.

❺ 복수 참조

해제하면 선택 중인 레이어의 색상만 색역 지정의 대상으로 합니다. 체크하면 색역 지정 대상이 되는 레이어의 범위를 설정할 수 있습니다.

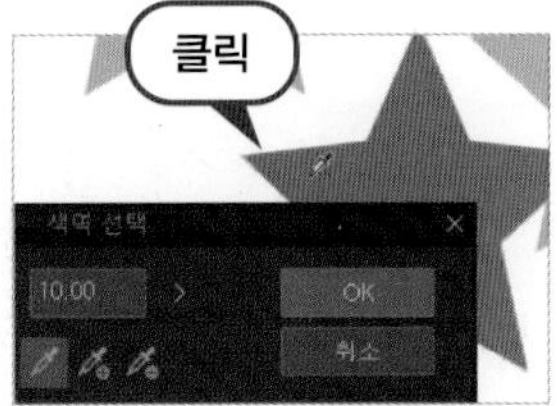

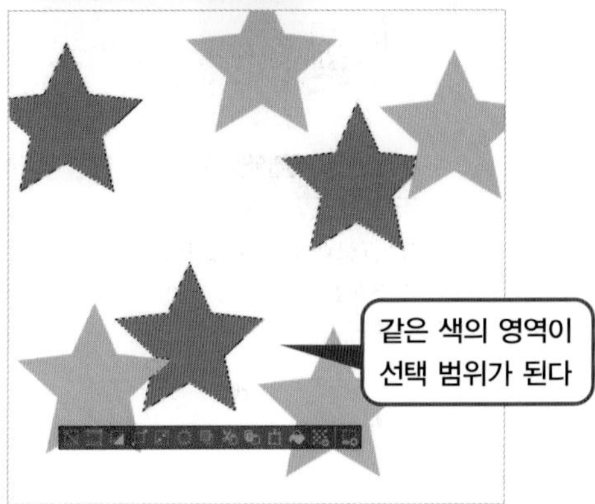

캔버스 위를 클릭하면 클릭한 장소의 색의 범위에서 선택 범위가 만들어집니다.

[자동 선택] 도구

[자동 선택] 도구 선택 중에 [도구 속성] 팔레트에서 [인접 픽셀 선택]을 해제하면 클릭한 장소와 같은 색의 영역을 선택 범위로 할 수 있습니다.

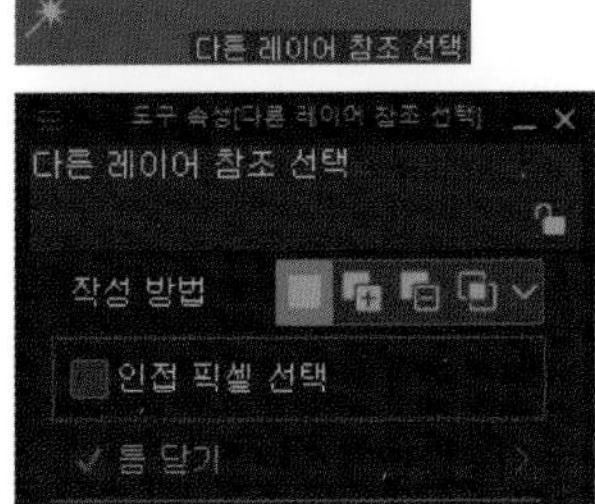

[인접 픽셀 선택]의 체크를 해제하면 인접하지 않은 색이라도 색역이 같으면 선택 범위가 됩니다.

[인접 픽셀 선택]을 체크

[인접 픽셀 선택]의 체크를 해제

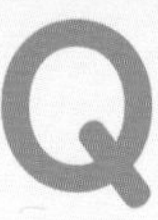

선택 범위를 추가하고 싶다

074

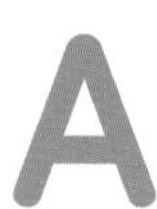

[작성 방법]을 설정하여 선택 범위를 추가할 수 있습니다.

[추가 선택]으로 설정

[선택 범위] 도구나 [자동 선택] 도구를 사용할 때 [도구 속성] 팔레트→[작성 방법]의 설정에서 [추가 선택]을 선택하면 선택 범위를 추가할 수 있습니다.

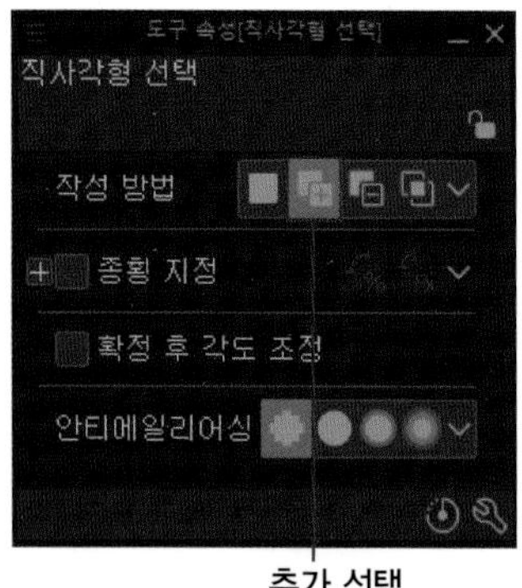

추가 선택

선택 범위를 추가

TIPS 선택 범위 런처

선택 범위를 작성하면 표시되는 선택 범위 런처는 선택 범위에 관한 조작을 버튼으로 빠르게 실행할 수 있습니다.

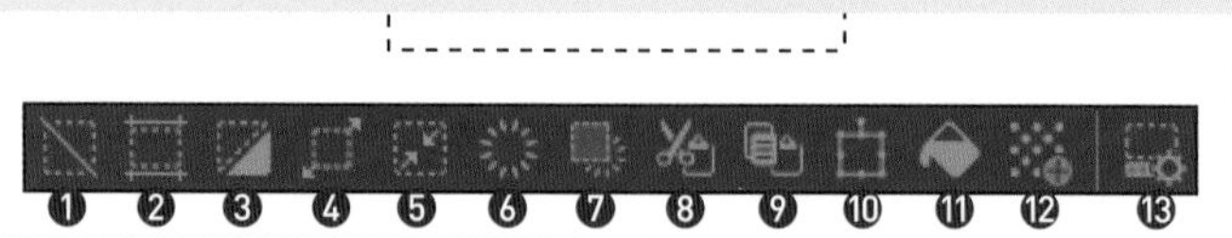

❶ 선택 해제
선택 범위를 해제합니다.

❷ 캔버스 사이즈를 선택 범위에 맞추기
캔버스 사이즈가 선택 범위에 맞춰집니다.

❸ 선택 범위 반전
선택 범위를 반전합니다.

❹ 선택 범위 확장
선택 범위를 확장합니다.

❺ 선택 범위 축소
선택 범위를 축소합니다.

❻ 삭제
선택 범위의 그림을 삭제합니다.

❼ 선택 범위 이외 지우기
선택 범위 이외의 그림을 지웁니다.

❽ 잘라내기+붙여넣기
선택 범위의 이미지를 복사한 후 지우고 신규 레이어에 붙여넣습니다.

❾ 복사+붙여넣기
선택 범위의 이미지를 복사하여 신규 레이어에 붙여넣습니다.

❿ 확대/축소/회전
선택 범위의 이미지를 확대, 축소, 회전합니다.

⓫ 채우기
선택 범위를 채웁니다.

⓬ 신규 톤
선택 범위에 톤을 붙입니다.

⓭ 선택 범위 런처 설정
선택 범위 런처 설정을 변경할 수 있습니다.

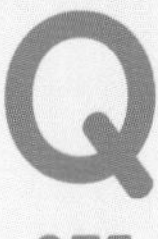

선택 범위를 저장하고 싶다

075

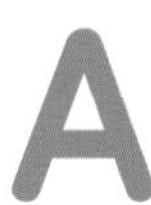

선택 범위는 [선택 범위 스톡]으로 저장할 수 있습니다.

[선택 범위 스톡]

선택 범위는 [선택 범위] 메뉴→[선택 범위 스톡]으로 저장해 둘 수 있습니다. 저장한 레이어는 선택 범위 레이어로 [레이어] 팔레트에 표시됩니다.

선택 범위 스톡

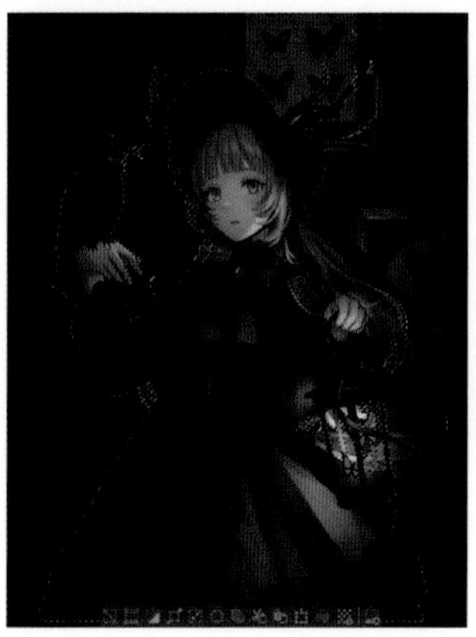

❶ 저장하고 싶은 선택 범위를 만들고 [선택 범위] 메뉴→[선택 범위 스톡]을 선택합니다.

선택 범위 레이어

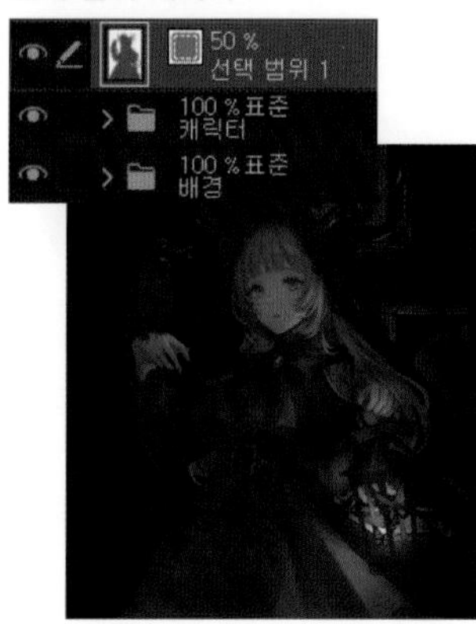

❷ [레이어] 팔레트에 선택 범위 레이어가 추가됩니다. 선택 범위가 녹색으로 표시됩니다.

선택 범위를 불러오고
싶을 때는 여기를 클릭한다

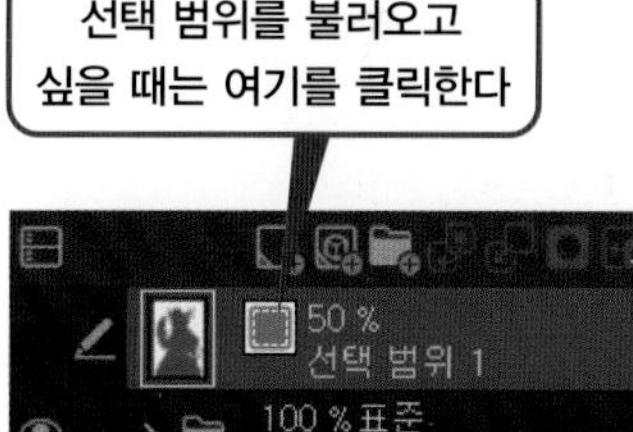

❸ 선택 범위 레이어는 숨겨둡니다. 저장한 선택 범위를 재선택할 때는 ▦를 클릭합니다.

선택 범위 레이어

[선택 범위 스톡]으로 작성한 선택 범위는 녹색 영역을 편집하여 선택 범위의 형태를 조정할 수 있습니다.

[펜] 도구나 [채우기]
도구로 선택 범위를
늘릴 수 있다

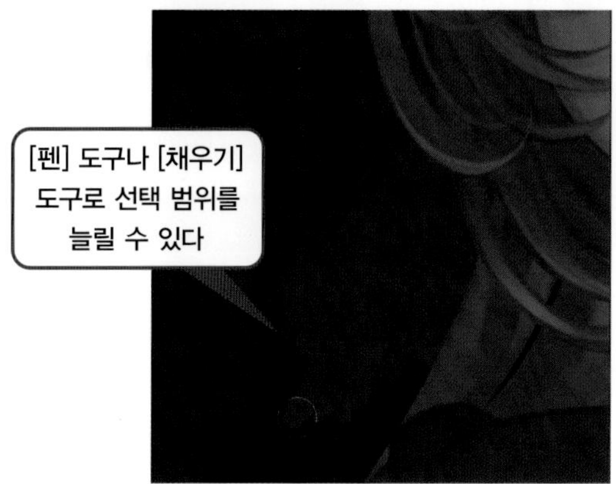

녹색 영역(선택 범위)은 그리기 도구로 편집할 수 있습니다. [펜] 도구 등으로 그리면 선택 범위가 추가되고 [지우개] 도구나 투명색으로 그리면 선택 범위가 삭제됩니다.

TIPS 퀵 마스크와 동일

선택 범위 레이어를 편집하는 방법은 [퀵 마스크](→ P.94)와 같습니다.

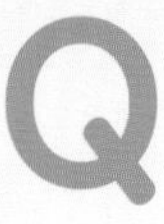

그림의 일부를 숨기고 싶다

076

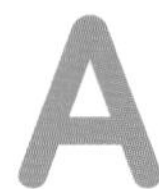

레이어 마스크가 편리합니다.

레이어 마스크란?

레이어 마스크는 레이어의 일부를 숨길 수 있는 기능입니다.

마스크를 한 부분은 [지우개] 도구로 지운 것처럼 보이지 않게 되지만 레이어 마스크를 편집하면 언제든지 표시를 되돌릴 수 있습니다.

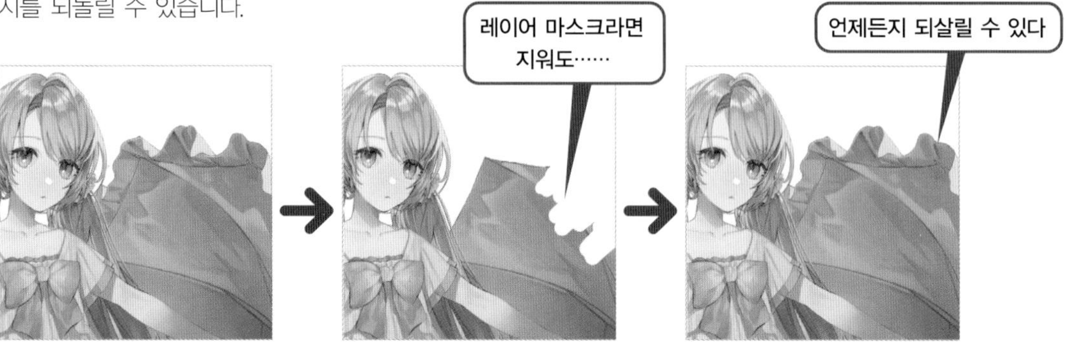

레이어 마스크 만들기

레이어 마스크를 만드는 방법은 몇 가지가 있습니다.

[레이어] 팔레트에서 [레이어 마스크 작성] 아이콘을 클릭하면 레이어 마스크가 작성됩니다.

선택 범위를 만들고 [레이어] 메뉴→[레이어 마스크]→[선택 범위 이외를 마스크] 또는 [선택 범위를 마스크]를 선택하면 레이어 마스크를 만들 수 있습니다.

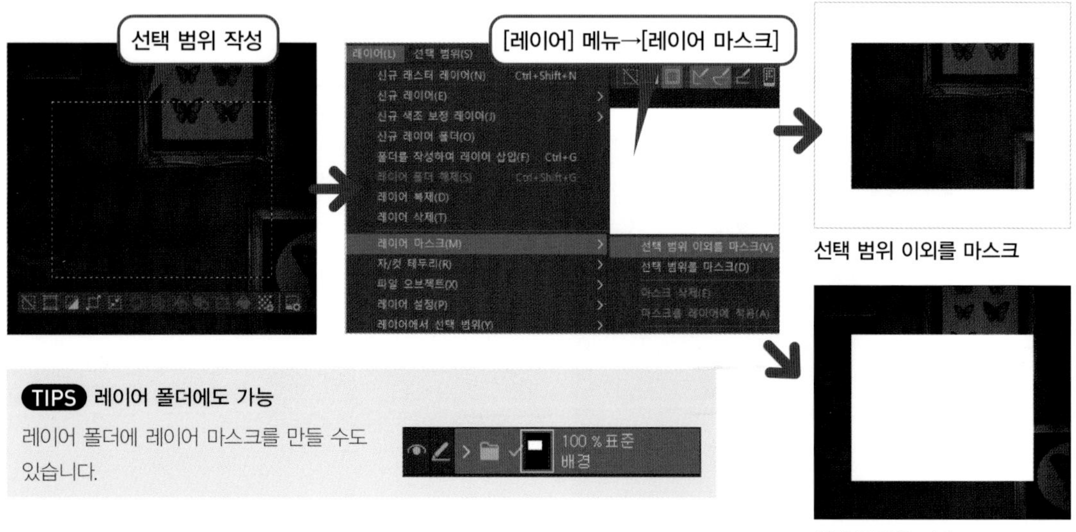

TIPS 레이어 폴더에도 가능

레이어 폴더에 레이어 마스크를 만들 수도 있습니다.

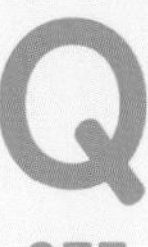

레이어 마스크를 편집하고 싶다

077

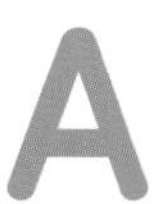

레이어 마스크는 그리기 도구로 편집할 수 있습니다.

아이콘을 선택하여 편집

레이어 마스크는 [펜] 도구나 [에어브러시] 도구, [지우개] 도구 등 그리기 계열 도구로 편집할 수 있습니다.

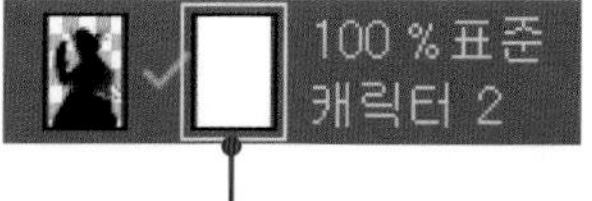

선택하면 흰색 테두리가 표시됩니다.

레이어 마스크 아이콘

레이어 마스크를 편집할 때는 레이어 마스크 아이콘을 선택한 상태에서 작업합니다.

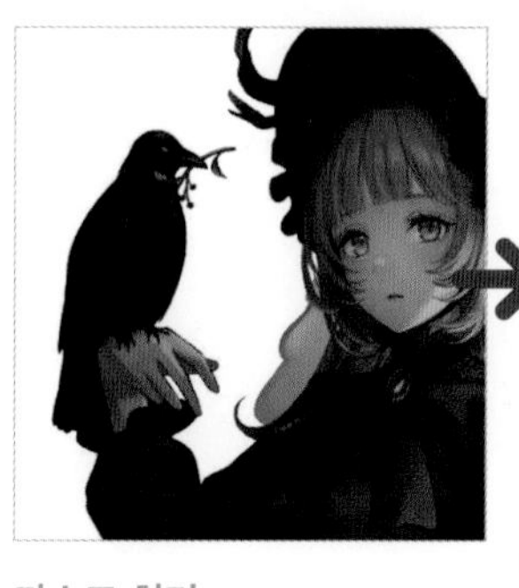

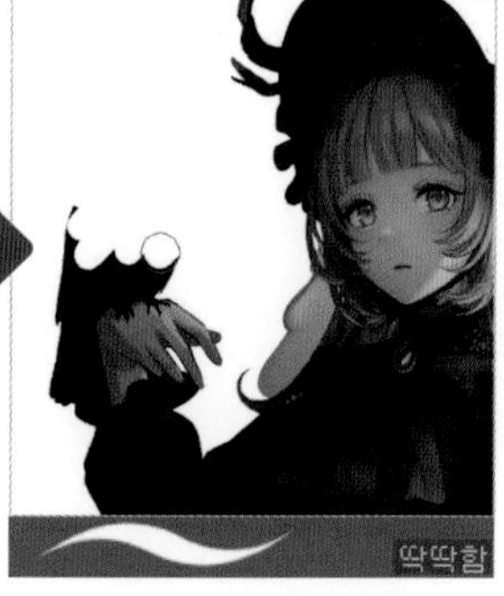

마스크 하기

[지우개] 도구로 지운 부분은 표시되지 않습니다. 또 투명색으로 그린 부분도 표시되지 않습니다.

마우스 오른쪽 클릭

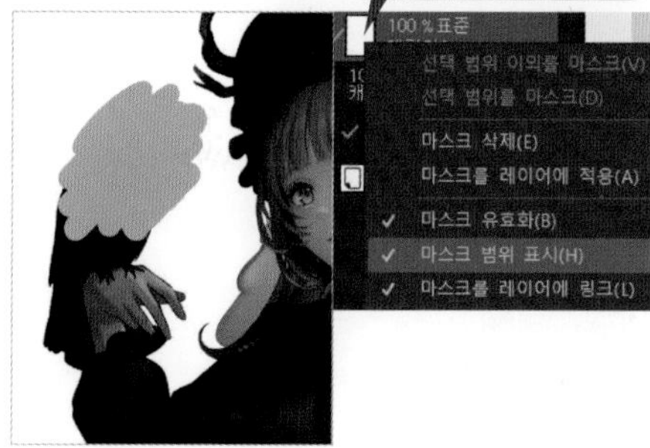

마스크 범위 표시

레이어 마스크 아이콘 위에서 마우스 오른쪽 클릭→[마스크 범위 표시]를 선택하면 마스크된 범위가 표시됩니다.

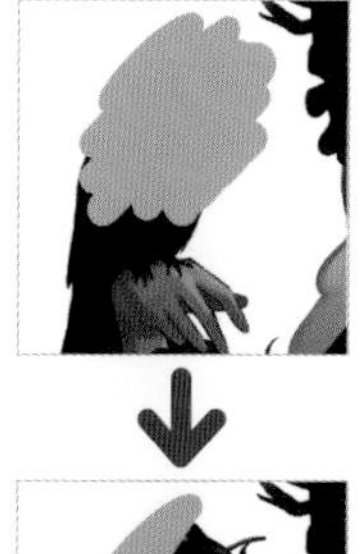

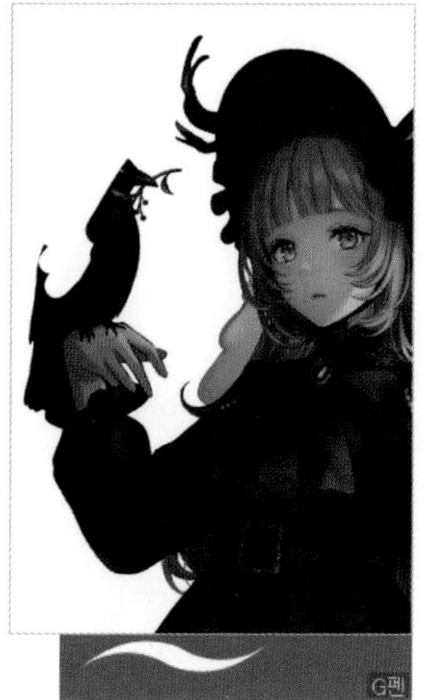

마스크 지우기(표시시키기)

메인컬러나 서브컬러를 선택한 상태에서 그린 부분은 마스크가 지워집니다.

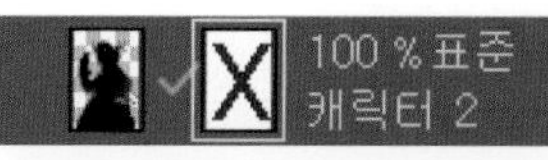

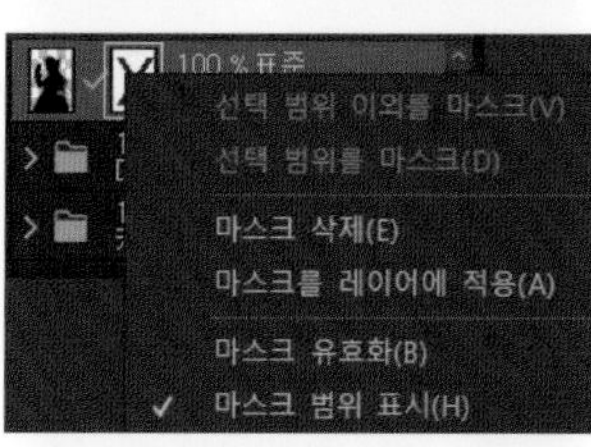

레이어 마스크 무효화

레이어 마스크 아이콘 위에서 마우스 오른쪽 클릭→[마스크 유효화]를 선택해 체크를 해제하면 레이어 마스크가 무효화됩니다.

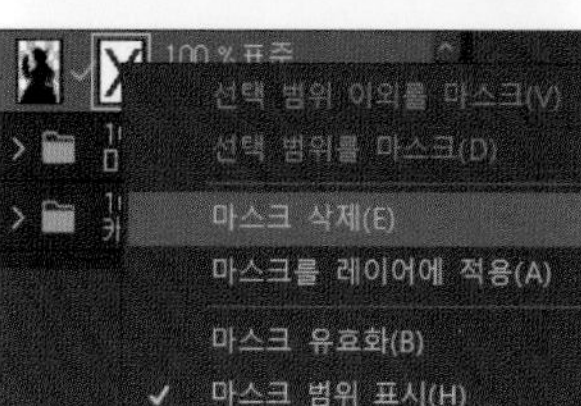

마스크 삭제

레이어 마스크 아이콘 위에서 마우스 오른쪽 클릭→[마스크 삭제]를 선택하면 레이어 마스크를 삭제할 수 있습니다.

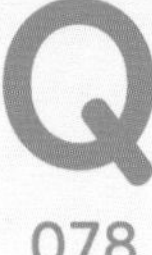

변형해서 크기를 바꾸거나 회전시키고 싶다

078

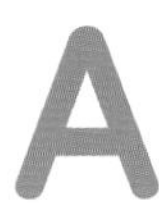

[확대/축소/회전]으로 작업하는 것이 기본입니다.

핸들을 조작하여 변형하기

[편집] 메뉴→[변형]→[확대/축소/회전]을 선택하면 핸들을 조작해 그림을 변형할 수 있습니다.

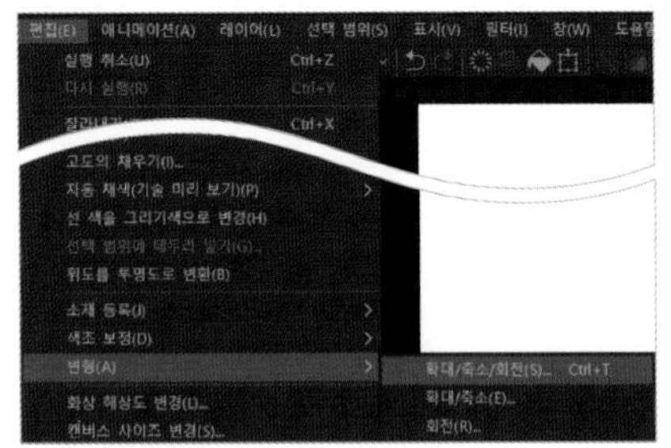

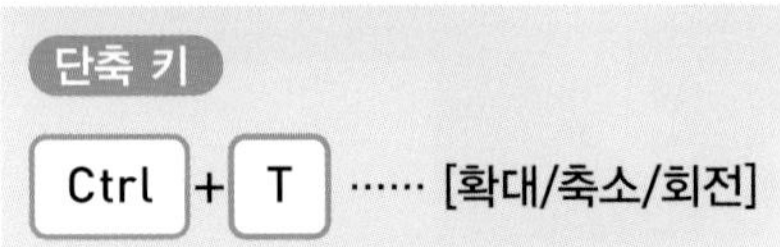

단축 키

Ctrl + T …… [확대/축소/회전]

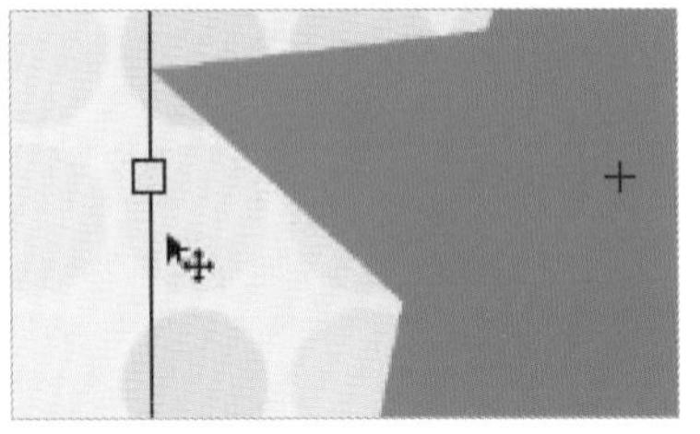

이동

핸들 주위에서 마우스 커서 표시가 ↖✥로 되어 있을 때 이동시킬 수 있습니다.

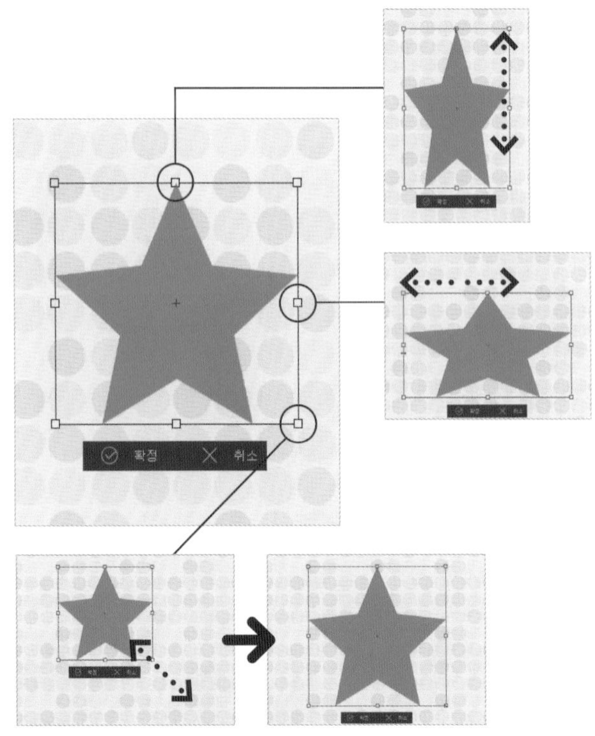

확대/축소

핸들의 □를 드래그하여 확대 및 축소시킬 수 있습니다.

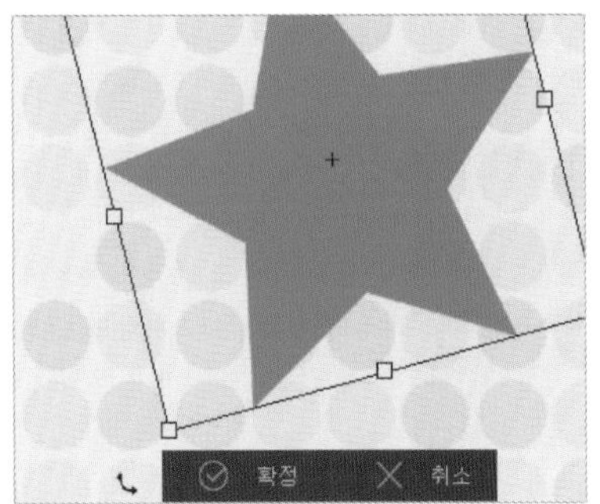

회전

핸들의 네 모서리 부근에서 마우스 커서 표시가 ↪로 되어 있을 때 회전시킬 수 있습니다.

TIPS 45°씩 회전

Shift를 누르면서 회전시키면 45°씩 회전시킬 수 있습니다.

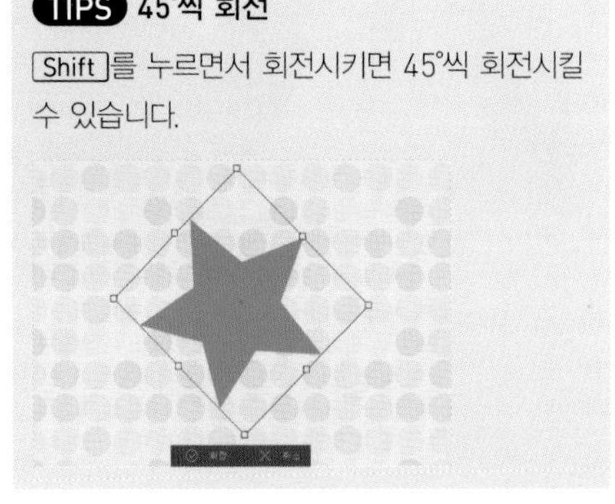

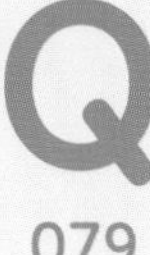

가로와 세로 비율을 유지한 채 확대 / 축소하고 싶다

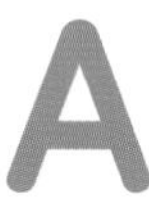

[Shift]를 누르면서 변형시킵니다.

[종횡비 고정] 설정

가로와 세로 비율을 유지한 채로 확대/축소하고 싶을 때는 [확대/축소/회전]으로 핸들을 드래그할 때 [Shift]를 누릅니다. 또는 [도구 속성] 팔레트에서 [종횡비 고정]을 체크합니다.

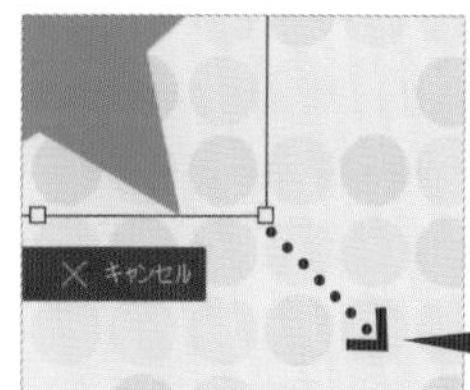

[Shift]를 누르고 있는 동안은 종횡비가 유지됩니다.

[Shift]를 누르고 드래그

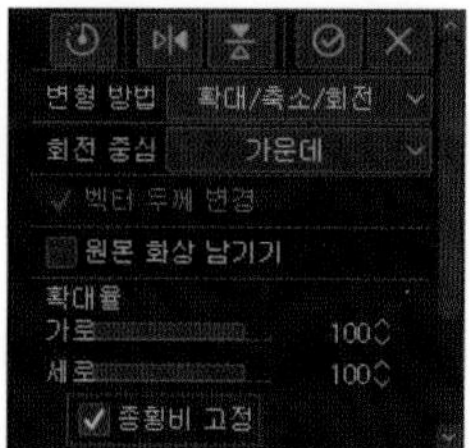

핸들이 표시되어 있을 때 [도구 속성] 팔레트에서 [종횡비 고정] 설정이 가능합니다.

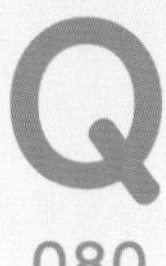

회전의 중심점을 바꾸고 싶다

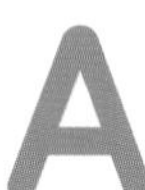

[Alt]를 누르고 클릭하면 중심점을 지정할 수 있습니다.

중심점 변경 방법과 설정

초기 설정의 [확대/축소/회전]이나 [회전]에서는 그림의 중앙을 축으로 회전합니다. 회전의 중심점을 변경하고 싶을 때는 변형 중 [Alt]를 누르면서 임의의 위치를 클릭합니다. 또 [도구 속성] 팔레트에서 중심점을 설정할 수 있습니다.

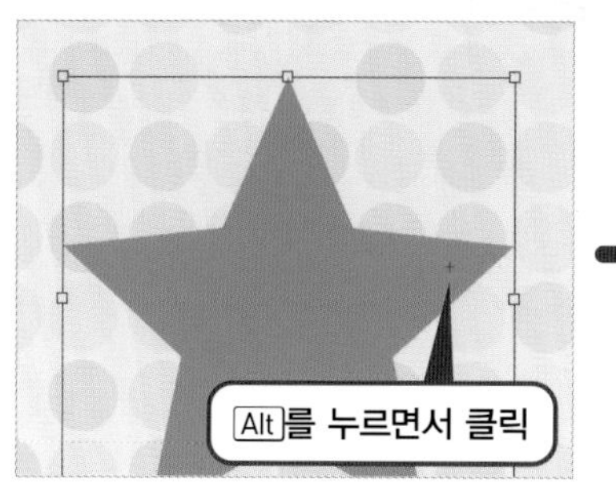

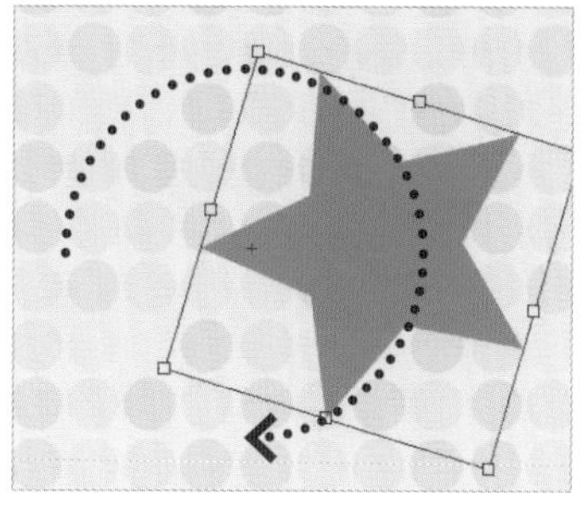

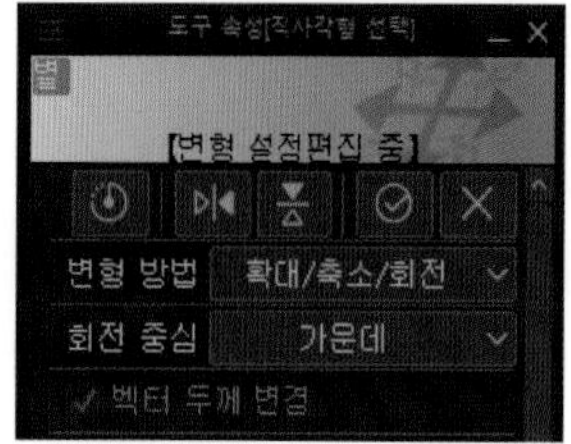

[도구 속성] 팔레트의 [회전 중심]에서 중심점을 설정할 수 있습니다. 초기 설정은 [가운데]로 되어 있습니다.

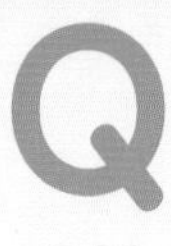

그림을 왜곡시키고 싶다

081

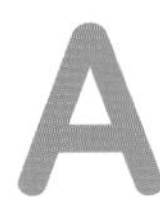

[자유 변형]이나 [왜곡] 등으로 왜곡시킬 수 있습니다.

다양한 왜곡 변형

[편집] 메뉴→[변형]→[자유 변형]에서는 핸들을 조작해 그림을 원하는 형태로 변형시킬 수 있습니다. 또 [편집] 메뉴→[변형]→[왜곡]이나 [평행 왜곡], [원근 왜곡]으로 왜곡시킬 수 있습니다.

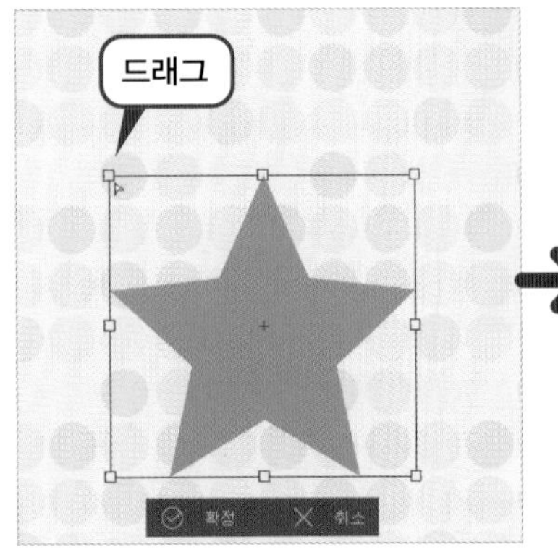

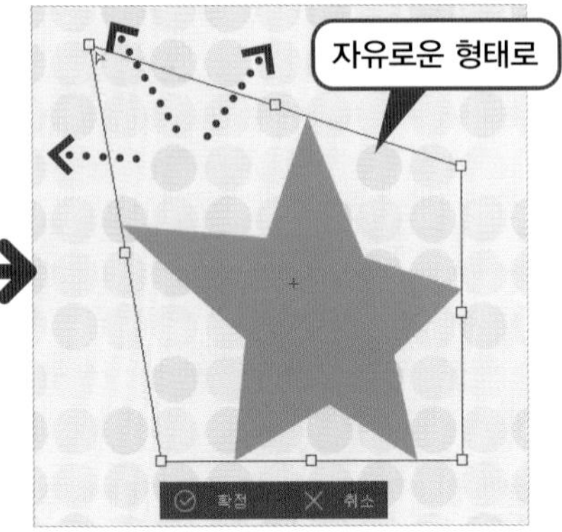

[자유 변형]

[편집] 메뉴→[변형]→[자유 변형]은 핸들의 □를 드래그하여 자유로운 형태로 왜곡시킬 수 있습니다.

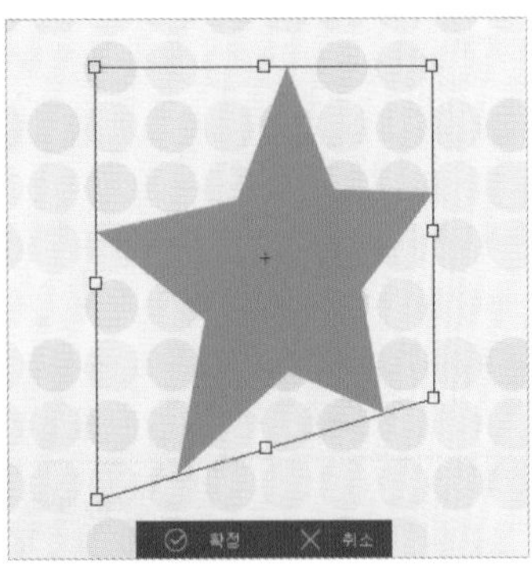

[왜곡]

[편집] 메뉴→[변형]→[왜곡]은 핸들의 □를 가이드 선의 방향에 따라서 이동시킨 변형을 할 수 있습니다.

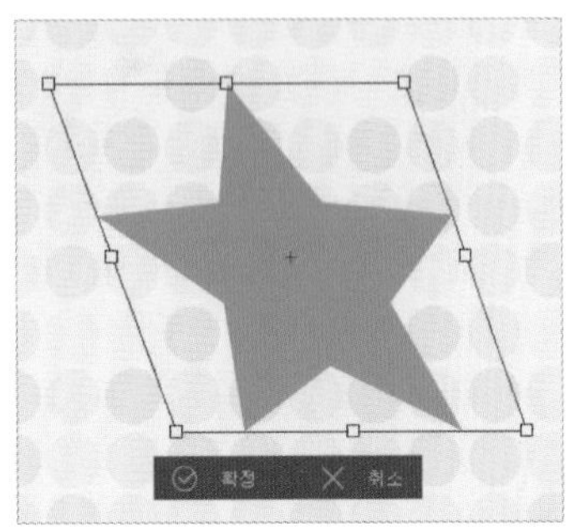

[평행 왜곡]

[편집] 메뉴→[변형]→[평행 왜곡]은 변 전체를 가이드 선의 방향에 따라서 이동시킨 변형을 할 수 있습니다.

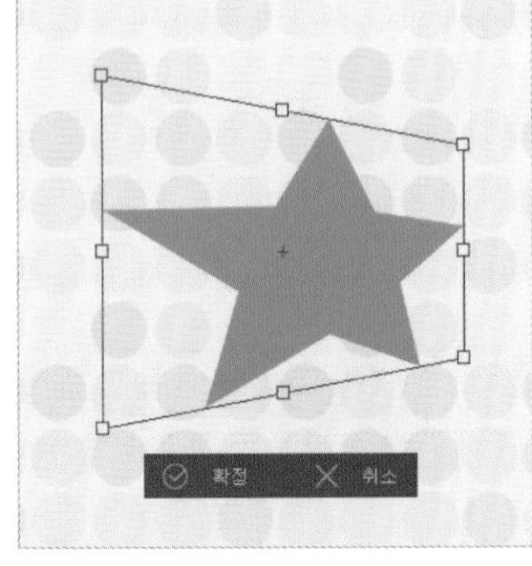

[원근 왜곡]

[편집] 메뉴→[변형]→[원근 왜곡]은 드래그한 핸들의 변의 반대쪽이 역방향으로 이동해 원근감이 생긴 것 같은 형태로 왜곡됩니다.

[왜곡] 보조 도구

[픽셀 유동화] 그룹에 있는 [픽셀 유동화]는 펜으로 덧그린 부분을 왜곡시킬 수 있습니다. 부분적으로 형태를 조정할 때 편리합니다.

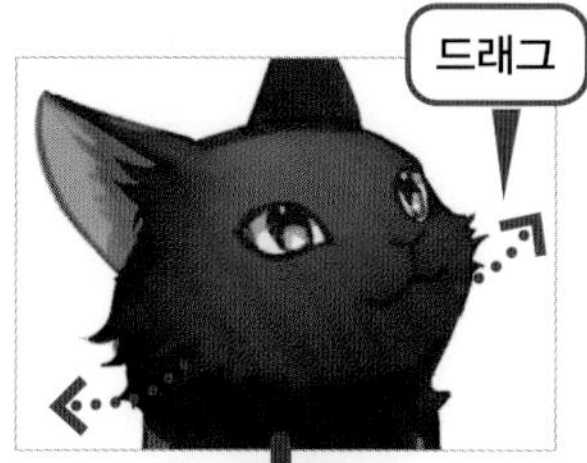

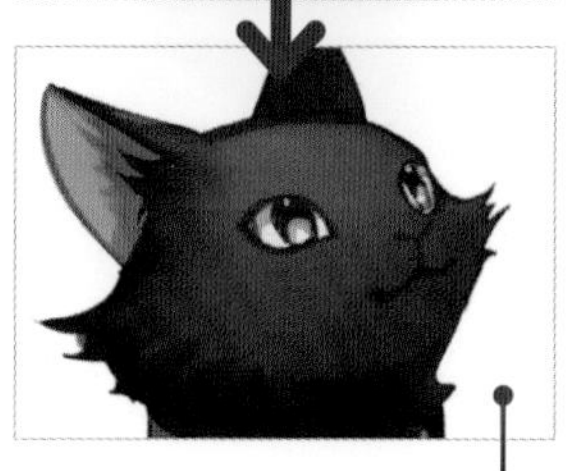

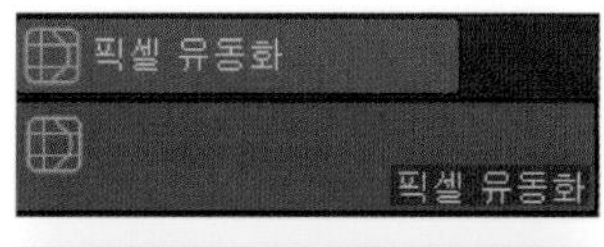

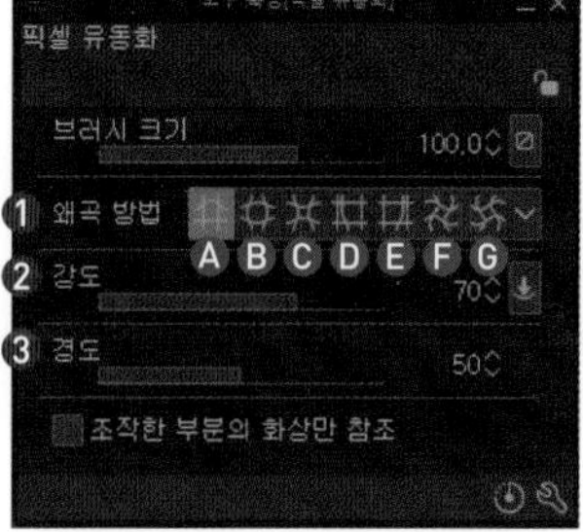

펜으로 덧그려서 부분적으로 모양과 크기를 변화시킬 수 있습니다.

❶ 왜곡 방법

Ⓐ 진행 방향
스트로크의 방향에 맞추어 이미지를 왜곡시킵니다.

Ⓑ 팽창
부풀어 오르도록 이미지를 왜곡시킵니다.

Ⓒ 수축
줄어들도록 이미지를 왜곡시킵니다.

Ⓓ 진행 방향의 왼쪽
스트로크 방향에 대해 왼쪽으로 이미지를 왜곡시킵니다.

Ⓔ 진행 방향의 오른쪽
스트로크 방향에 대해 오른쪽으로 이미지를 왜곡시킵니다.

Ⓕ 시계 방향으로 회전
시계 방향으로 회전하도록 이미지를 왜곡시킵니다.

Ⓖ 반시계 방향으로 회전
시계 반대 방향으로 회전하도록 이미지를 왜곡시킵니다.

❷ 강도
왜곡 효과의 강도를 조정합니다.

❸ 경도
값을 올릴수록 커서의 범위 안이 골고루 왜곡됩니다.

Part.4 그림 편집

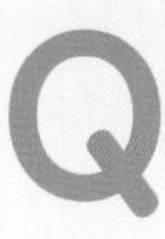

Q 082 수치를 입력하여 변형시키고 싶다

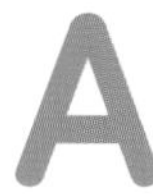

A [도구 속성] 팔레트에서 수치를 입력할 수 있습니다.

[확대율] 설정

[확대/축소/회전] 등의 변형을 실행 중일 때 [도구 속성] 팔레트에 있는 [확대율]로 변형시키고 싶은 값을 입력할 수 있습니다.

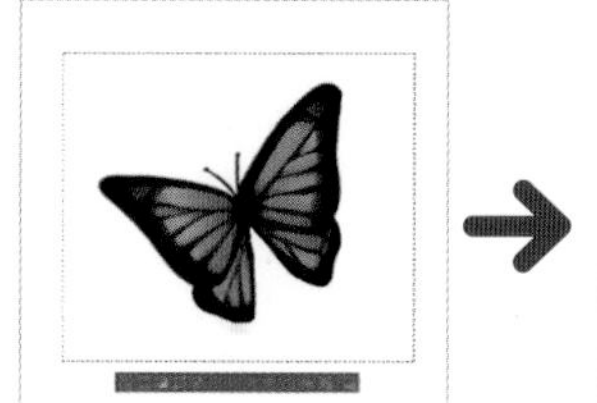

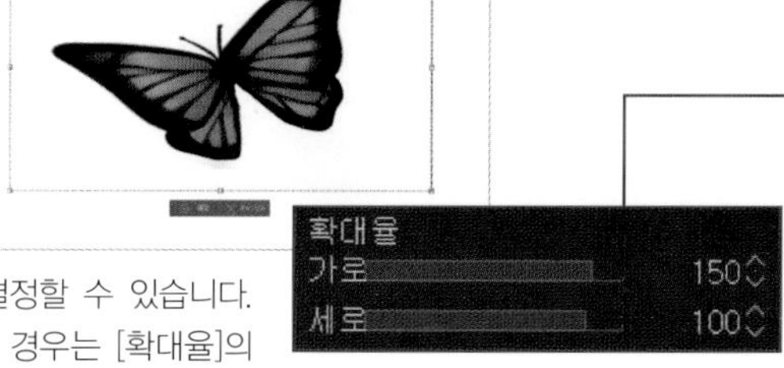

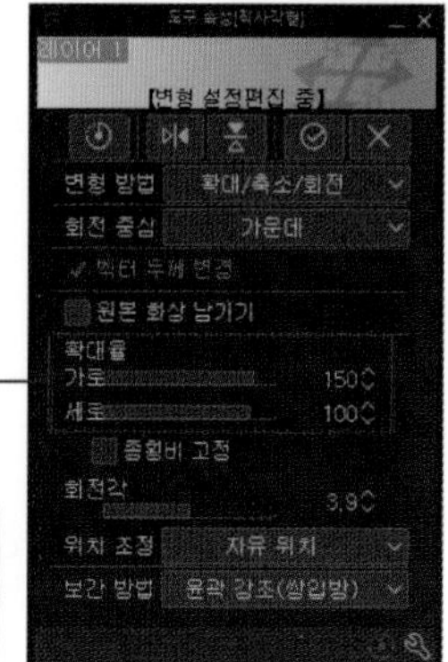

[확대율]은 확대/축소의 정도를 %로 결정할 수 있습니다. 예를 들면 가로 폭만 1.5배 하고 싶은 경우는 [확대율]의 [가로]를 [150]으로 설정합니다.

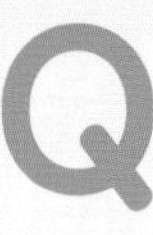

083 이미지를 흐리게 하고 싶다

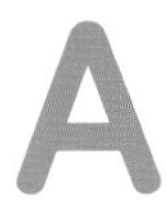

[필터] 메뉴→[흐리기]→[가우시안 흐리기] 등으로 흐리게 합니다.

필터로 흐리게 하기

[필터] 메뉴→[흐리기]에서 이미지를 흐리게 하는 필터를 선택할 수 있습니다.

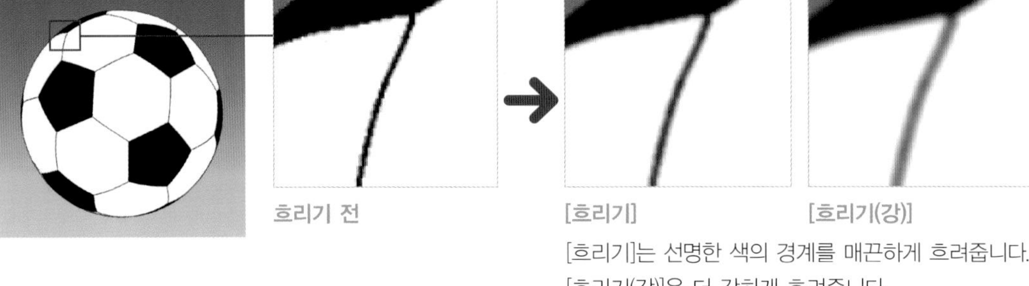

흐리기 전

[흐리기]

[흐리기(강)]

[흐리기]는 선명한 색의 경계를 매끈하게 흐려줍니다.
[흐리기(강)]은 더 강하게 흐려줍니다.

[가우시안 흐리기]

디지털 일러스트에서는 흐리게 하는 정도를 조정할 수 있는 [가우시안 흐리기]가 자주 사용됩니다. 특히 강하게 흐리게 하고 싶을 때는 [가우시안 흐리기]를 추천합니다.

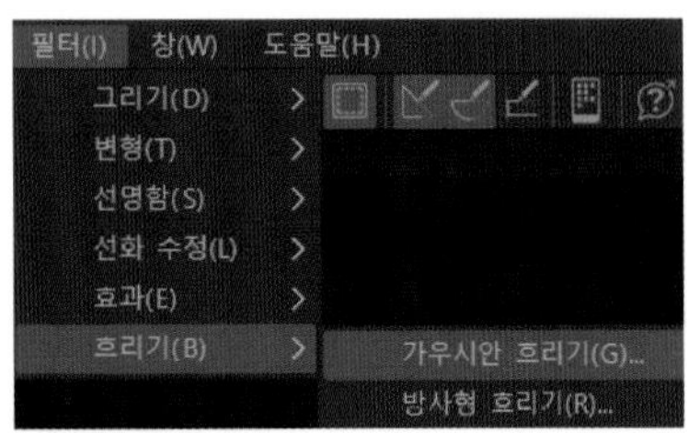

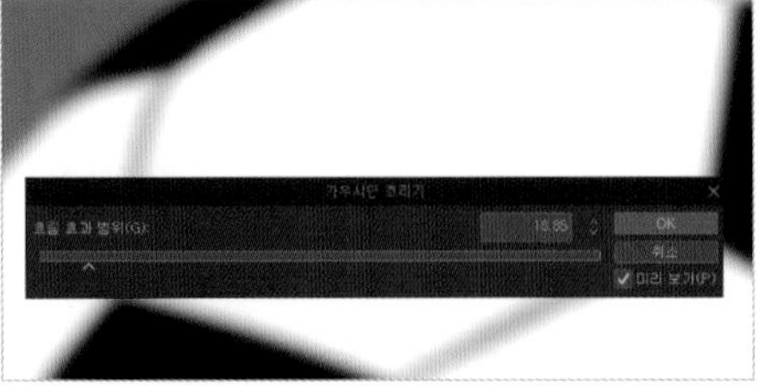

[흐림 효과 범위]

[흐림 효과 범위]를 조정하여 흐리게 하는 강도를 결정합니다.

[필터] 메뉴→[흐리기]→[가우시안 흐리기]로 실행할 수 있습니다.

TIPS 필터를 적용하는 레이어

필터는 한 장의 레이어에만 적용할 수 있습니다. 한 번 필터를 적용하여 저장하면 이전 상태로 되돌릴 수 없으므로 필터를 적용할 때는 [레이어 복제]로 필터를 적용하기 위한 레이어를 만듭니다.

복수의 레이어에 필터를 적용하고 싶을 때는 대상이 되는 레이어를 모두 복제해 [선택 중인 레이어 결합]으로 1장으로 정리하면 좋습니다.

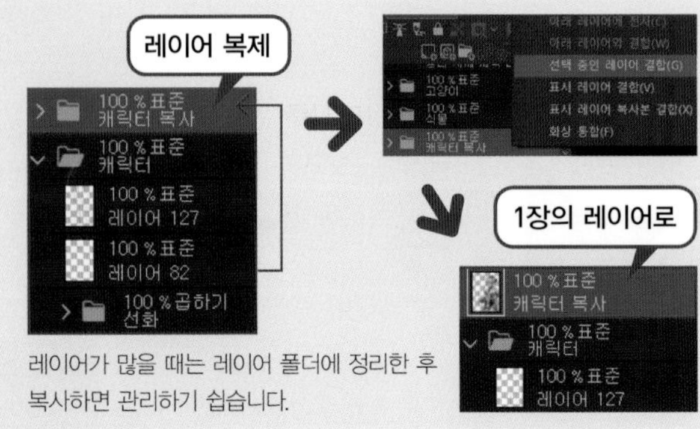

레이어가 많을 때는 레이어 폴더에 정리한 후 복사하면 관리하기 쉽습니다.

[방사형 흐리기]

[필터] 메뉴→[흐리기]→[방사형 흐리기]는 동심원상으로 이미지를 흐리게 하는 필터입니다. [방사형 흐리기]를 적용하면 바로 앞에서 안쪽으로 움직이고 있는 것 같은 느낌이 생깁니다.

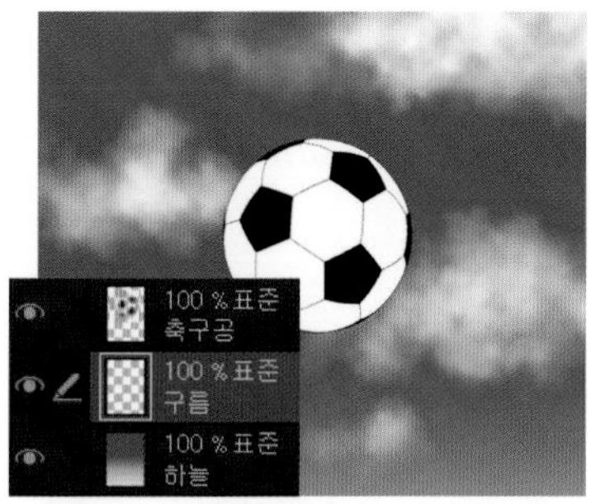

❶ 필터를 적용하고 싶은 레이어를 선택합니다. 구름을 그린 레이어에 [방사형 흐리기]를 적용합니다.

빨간색 × 표시를 드래그하면 효과의 중심을 변경할 수 있습니다.

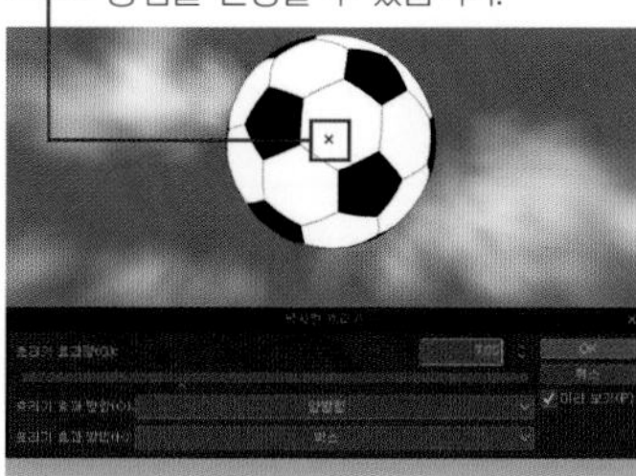

❷ [필터] 메뉴→[흐리기]→[방사형 흐리기]를 선택하면 대화상자가 열립니다. 미리보기를 보면서 [흐리기 효과량]을 조정합니다.

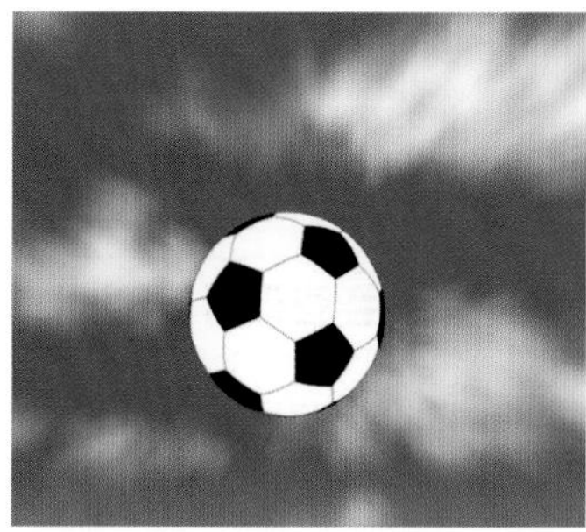

❸ 구름을 방사형으로 흐리게 합니다.

[이동 흐리기]

[필터] 메뉴→[흐리기]→[이동 흐리기]는 일정한 방향으로 이미지를 흐리게 하는 필터입니다.

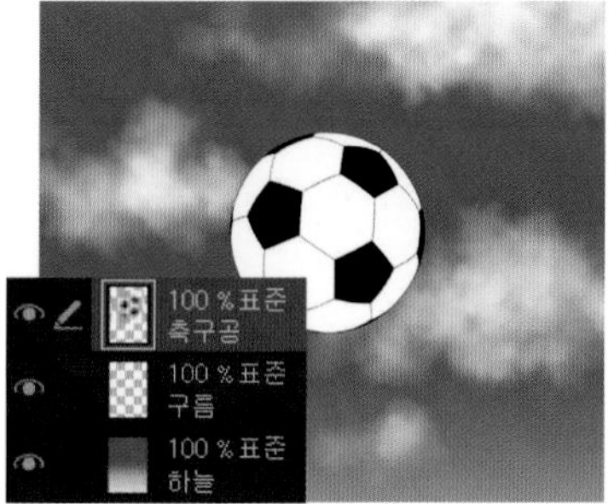

❶ 필터를 적용하고 싶은 레이어를 선택합니다. 축구공을 그린 레이어에 [이동 흐리기]를 적용합니다.

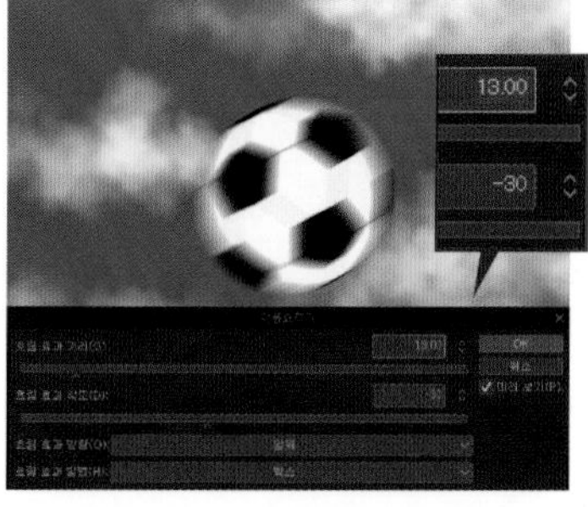

❷ [필터] 메뉴→[흐리기]→[이동 흐리기]를 선택하면 대화상자가 열립니다. 미리보기를 보면서 [흐림 효과 거리]와 [흐림 효과 각도]를 조정합니다.

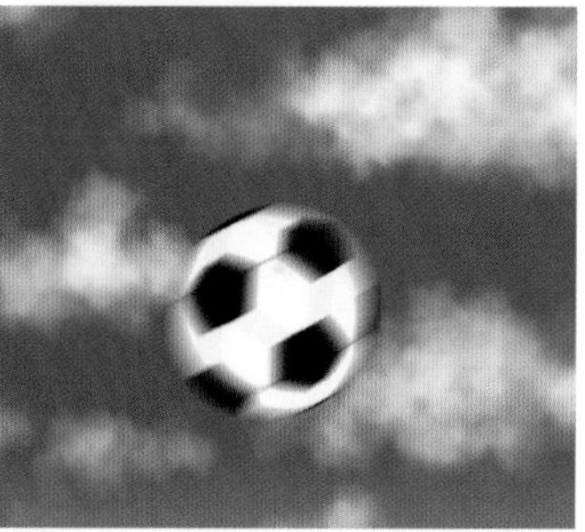

❸ 움직이는 공이 흔들려서 보이도록 흐리기 효과를 적용했습니다.

도구로 흐리게 하기

[색 혼합] 도구→[흐리기]는 브러시를 움직인 곳을 흐리게 합니다. 세세한 부분을 흐리게 할 때 사용할 수 있습니다.

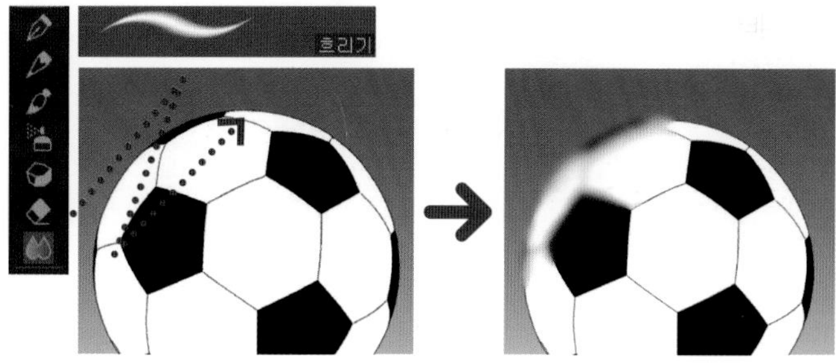

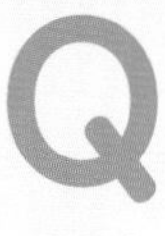

084 문자를 입력하고 싶다

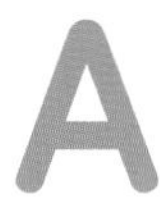

[텍스트] 도구를 사용합니다.

[텍스트] 도구 사용법

[텍스트] 도구는 캔버스의 원하는 위치에 문자를 입력할 수 있습니다. 문자의 크기나 글꼴 등은 [도구 속성] 팔레트에서 결정합니다.

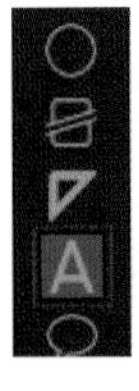

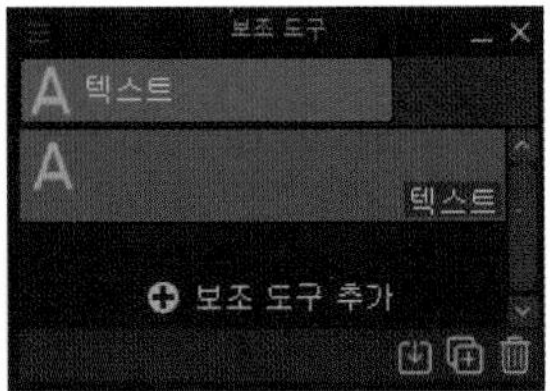

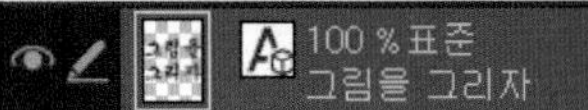

텍스트 레이어

도구로 문자를 입력하면 [레이어] 팔레트에 텍스트 레이어가 만들어집니다.

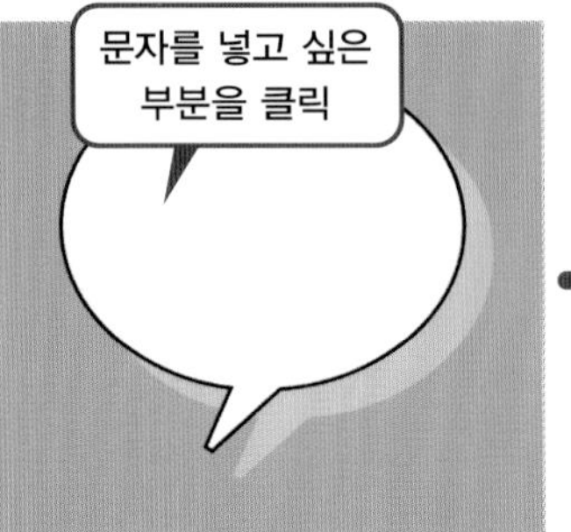

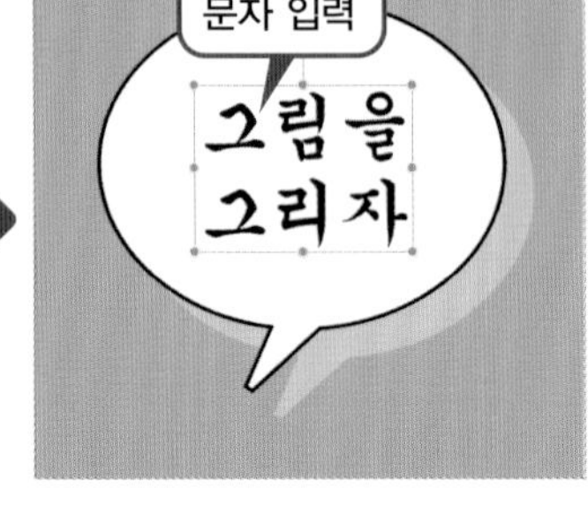

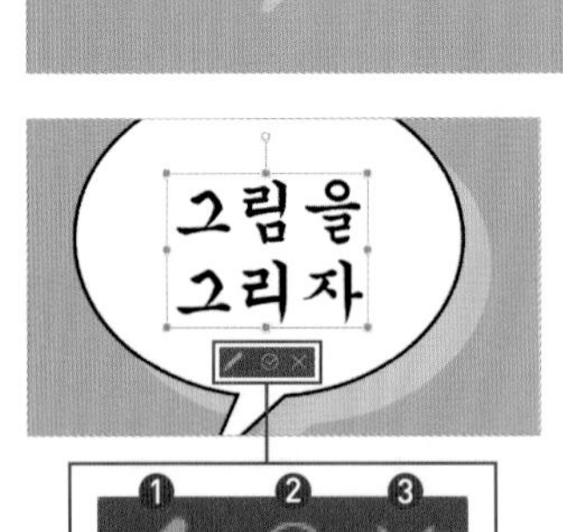

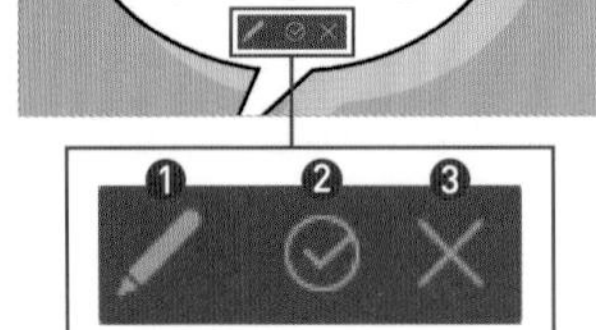

텍스트 런처

문자를 입력할 때 텍스트 런처가 표시됩니다. 문자를 입력하고 텍스트 런처의 [확정]을 클릭해 입력을 확정시킵니다.

❶ 상세 설정

[보조 도구 상세] 팔레트가 열려 행간이나 자간 등 상세한 설정을 할 수 있습니다.

❷ 확정

입력한 문자를 확정합니다.

❸ 취소

문자 입력이 취소됩니다.

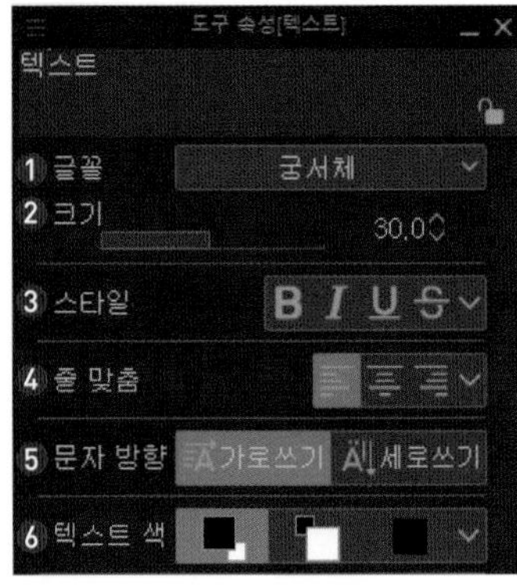

[도구 속성] 팔레트

❶ 글꼴

글꼴을 선택합니다.

❷ 크기

문자 크기를 정합니다.

❸ 스타일

[볼드체]나 [이탤릭체] 등의 스타일을 설정합니다.

❹ 줄 맞춤

줄 맞춤을 선택합니다.

❺ 문자 방향

[가로쓰기] 또는 [세로쓰기]를 선택합니다.

❻ 텍스트 색

[메인 컬러], [서브 컬러], [사용자 컬러]에서 선택합니다. [사용자 컬러]는 문자의 색을 지정할 수 있는 설정입니다.

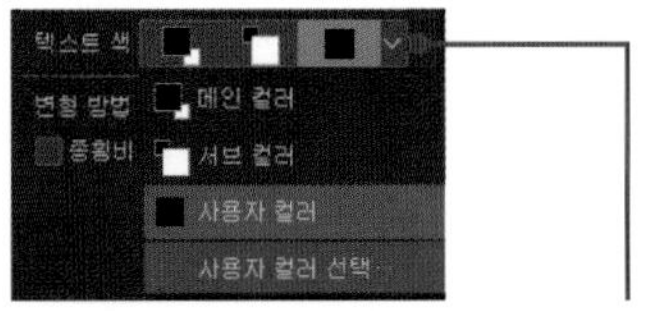

■를 클릭하면 메뉴가 열립니다. [사용자 컬러 선택]을 선택하면 [사용자 컬러]의 색을 설정할 수 있습니다.

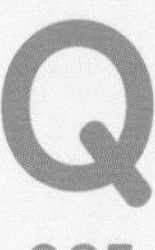

자간이나 행간을 조정하고 싶다

085

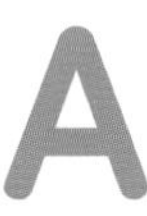

[보조 도구 상세] 팔레트에서 자간이나 행간을 설정할 수 있습니다.

문자 간격 설정

[텍스트] 도구로 문자를 선택하고 [보조 도구 상세] 팔레트→[글꼴] 카테고리에 있는 [문자 간격]에서 문자의 간격을 조정할 수 있습니다. [문자 간격 조정]도 문자의 간격을 조정하는 설정입니다.

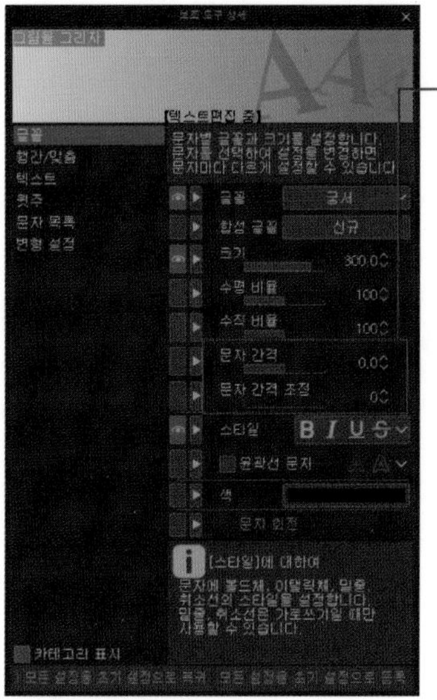

[보조 도구 상세] 팔레트

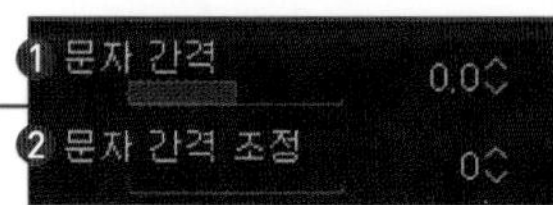

❶ 문자 간격
다음 문자와의 간격을 설정합니다. 수치는 문자 단위인 pt나 Q로 표시됩니다. 단위는 환경 설정에서 변경할 수 있습니다(→ P.110).

❷ 문자 간격 조정
문자 전후의 틈을 메우는 비율(%)을 설정할 수 있습니다.

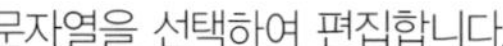

문자열을 선택하여 편집합니다.

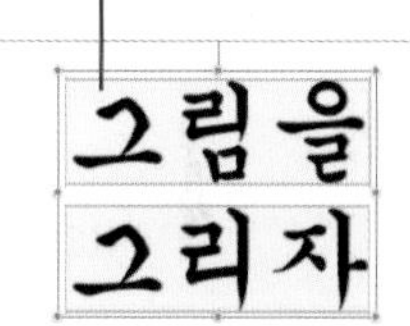

문자 간격 0 문자 간격 조정 0

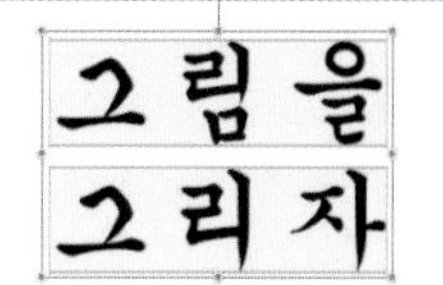

문자 간격 50.0 문자 간격 조정 0

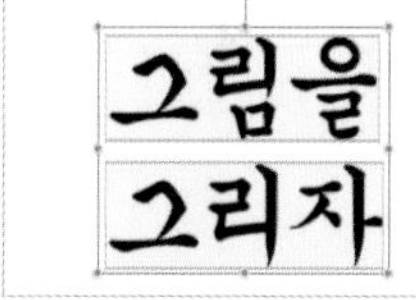

문자 간격 0 문자 간격 조정 50

행간 설정

[보조 도구 상세] 팔레트→[행간/맞춤] 카테고리에 있는 [줄 간격]에서 행간의 간격을 설정할 수 있습니다.

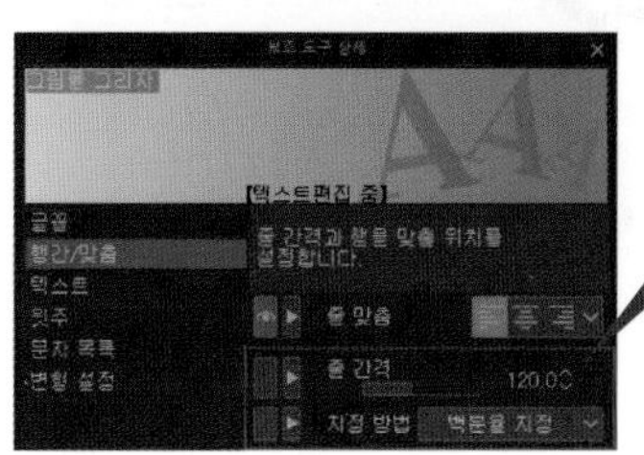

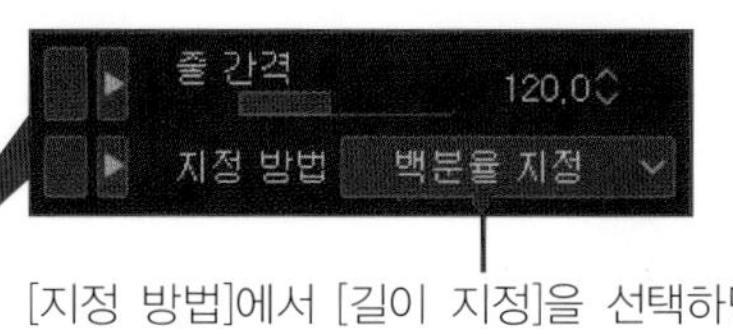

[지정 방법]에서 [길이 지정]을 선택하면, 행간을 길이로 지정합니다. [백분율 지정]은 행간을 비율(%)로 지정합니다.

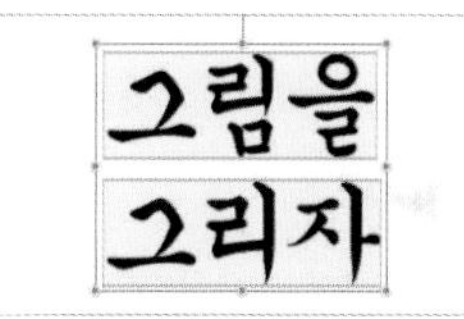

행간 120.0%

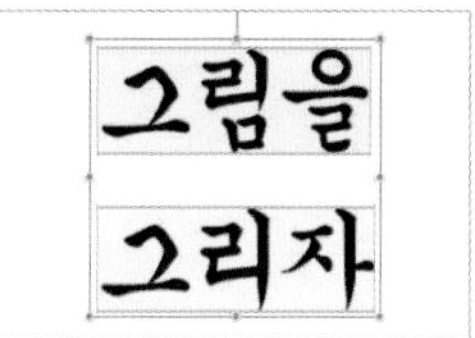

행간 150.0%

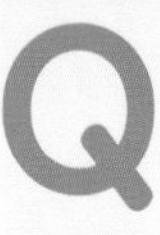

문자를 변형하고 싶다

086

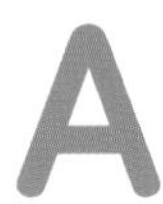

핸들로 변형하는 것 외 [편집] 메뉴→[변형]→[평행 왜곡]도 할 수 있습니다.

핸들로 확대/축소/회전

[텍스트] 도구로 문자를 입력할 때나 [오브젝트]로 문자를 선택했을 때, 핸들을 조작하여 이동이나 변형할 수 있습니다.

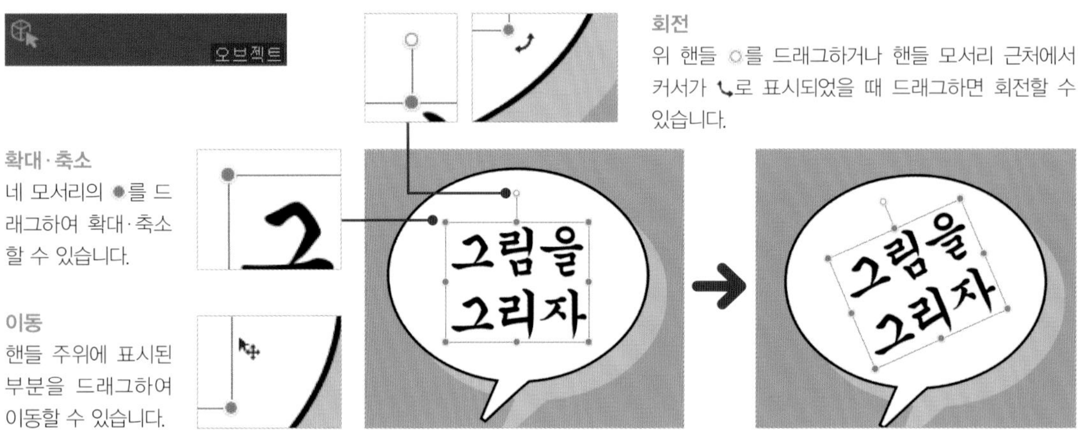

회전
위 핸들 ○를 드래그하거나 핸들 모서리 근처에서 커서가 ↷로 표시되었을 때 드래그하면 회전할 수 있습니다.

확대·축소
네 모서리의 ●를 드래그하여 확대·축소할 수 있습니다.

이동
핸들 주위에 표시된 부분을 드래그하여 이동할 수 있습니다.

[편집] 메뉴에서 변형

[오브젝트]로 문자를 선택해 [편집] 메뉴→[변형]에서 [확대/축소/회전]이나 [평행 왜곡] 등의 변형을 시킬 수 있습니다.

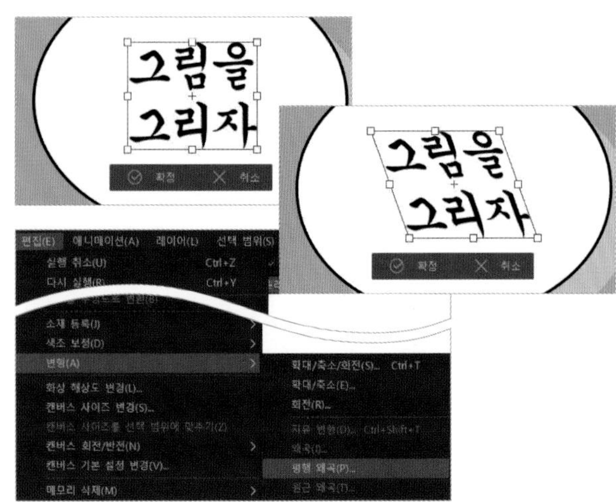

TIPS 불가능한 가공은 래스터화

텍스트 레이어는 일부의 변형이나 [흐리기] 등의 필터를 적용할 수 없습니다. 텍스트 레이어에서 할 수 없는 가공은 래스터화(→ P.51) 하여 변형합니다.

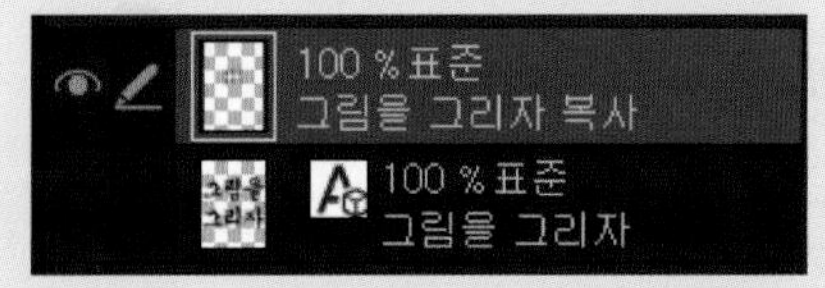

래스터화 하면 글꼴이나 문자 크기 등의 정보는 손실되므로 래스터화 하기 전에 텍스트 레이어를 복사해 둡니다.

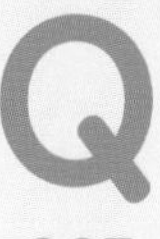
087

윗주를 지정하고 싶다

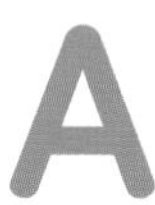

윗주 지정 작업은 [보조 도구 상세] 팔레트에서 실시합니다.

[윗주 설정]

[텍스트] 도구로 문자열을 선택하고 [보조 도구 상세] 팔레트→[윗주] 카테고리에 있는 [윗주 설정]에서 윗주를 설정할 수 있습니다.

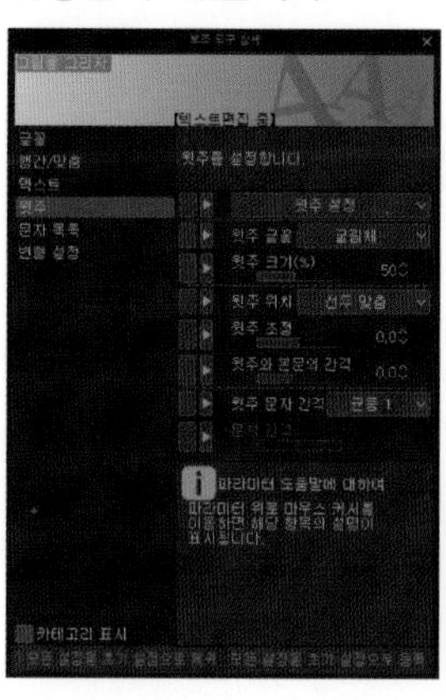

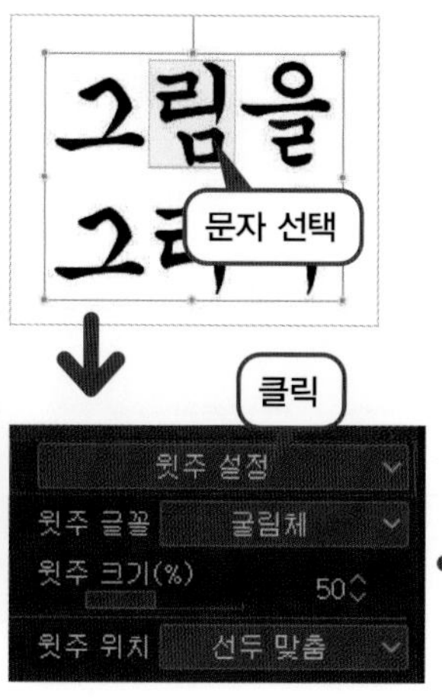

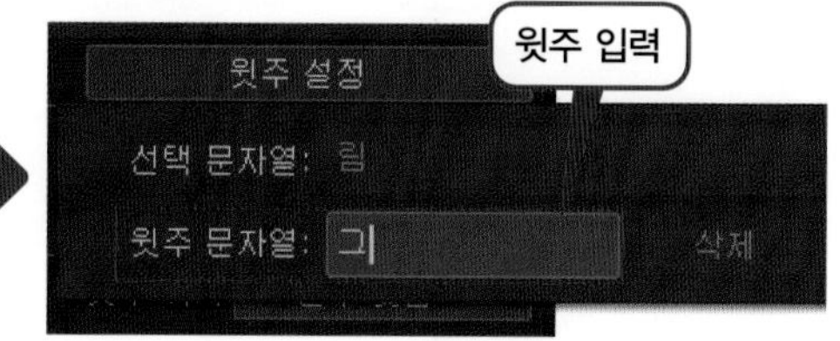

윗주를 넣는 방법

윗주를 넣고 싶은 문자를 [텍스트] 도구로 선택하고 [보조 도구 상세] 팔레트의 [윗주] 카테고리에 있는 [윗주 설정]을 클릭하여 표시된 [윗주 문자열]에 윗주를 입력합니다.

윗주 설정

[보조 도구 상세] 팔레트→[윗주] 카테고리에서 윗주의 크기나 위치 등을 조정할 수 있습니다.

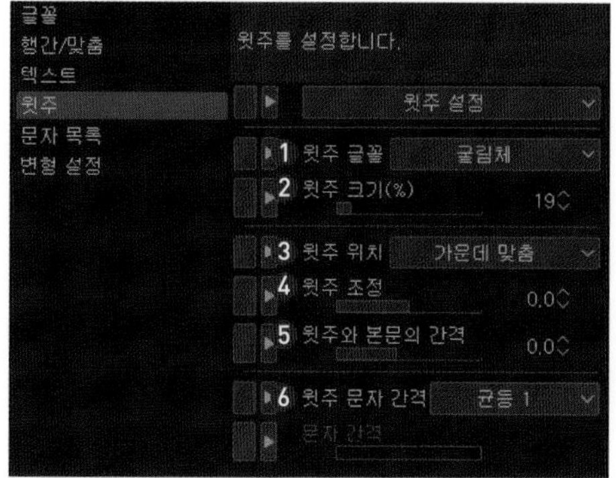

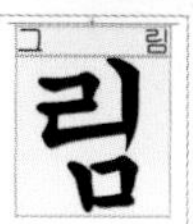
균등 1

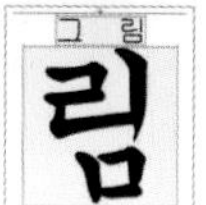
균등 2

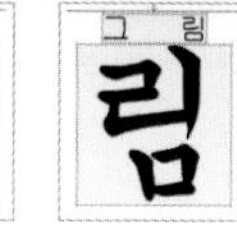
균등 3

❶ **윗주 글꼴**

글꼴을 설정합니다.

❷ **윗주 크기**

윗주의 크기를 선택한 문자에 대한 비율(%)로 설정합니다.

❸ **윗주 위치**

[선두 맞춤], [가운데 맞춤], [끝 맞춤]에서 윗주의 위치를 설정합니다.

❹ **윗주 조정**

윗주의 위치를 설정합니다.

❺ **윗주와 본문의 간격**

윗주와 본문의 간격을 설정합니다.

❻ **윗주 문자 간격**

윗주의 문자 간격을 설정합니다. [균등 1], [균등 2], [균등 3]은 윗주의 문자 간격이 균등하게 됩니다. [자유]를 선택하면 [문자 간격]에서 윗주 문자 간격의 값을 설정할 수 있습니다.

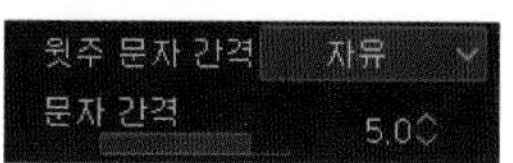

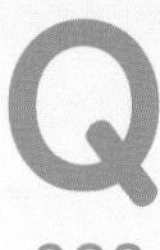

088 사용하는 폰트만 표시하고 싶다

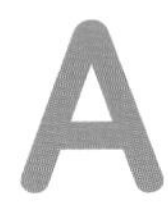

글꼴 리스트를 설정하여 사용하고 싶은 글꼴만 표시할 수 있습니다.

글꼴 리스트 만들기

사용하는 폰트만 [도구 속성] 팔레트에 글꼴 리스트로 등록할 수 있습니다.

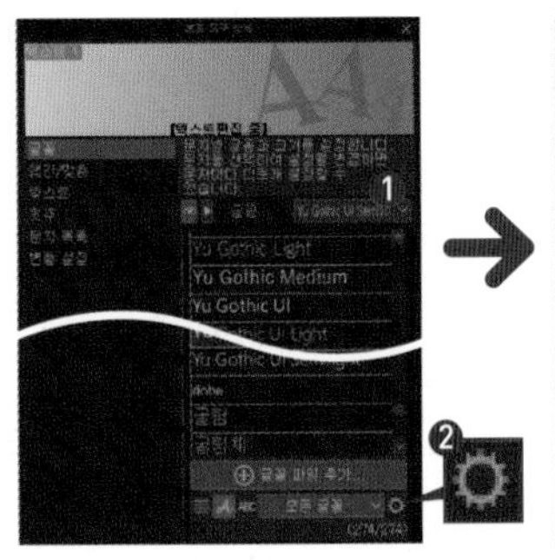

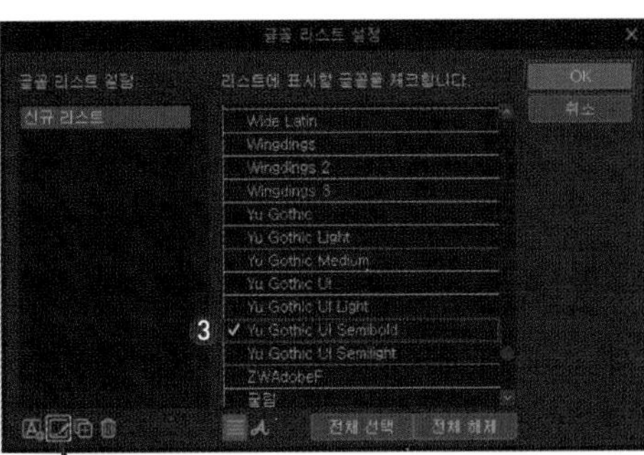

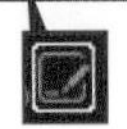

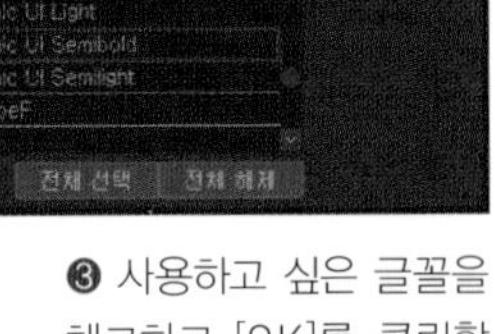

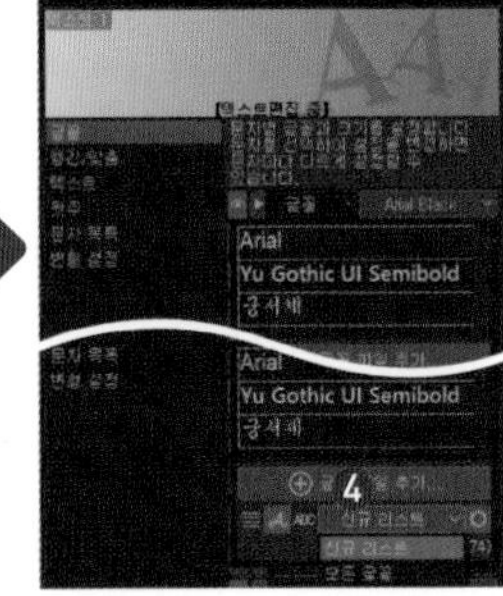

❶ 클릭하여 글꼴을 선택하는 메뉴를 표시합니다.

❷ 톱니바퀴 아이콘을 클릭하여 [글꼴 리스트 설정] 대화상자를 표시합니다.

글꼴 리스트의 명칭을 변경할 수 있습니다.

❸ 사용하고 싶은 글꼴을 체크하고 [OK]를 클릭합니다.

❹ [도구 속성] 팔레트에서 글꼴 리스트를 선택할 수 있습니다.

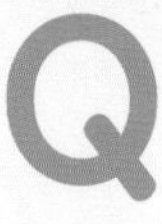

089 텍스트 단위를 바꾸고 싶다

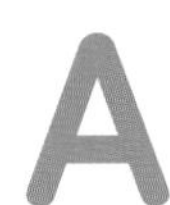

[환경 설정]에서 텍스트 단위를 바꿀 수 있습니다.

단위 설정

문자 크기의 단위는 pt(포인트)와 Q(급) 중에서 선택할 수 있습니다.
설정을 바꾸고 싶을 때는 [파일](MacOS/iPad 버전에서는 [CLIP STUDIO PAINT]) 메뉴→[환경 설정]을 선택하여 대화상자를 열고 [자/단위]에서 [텍스트 단위]를 선택합니다.

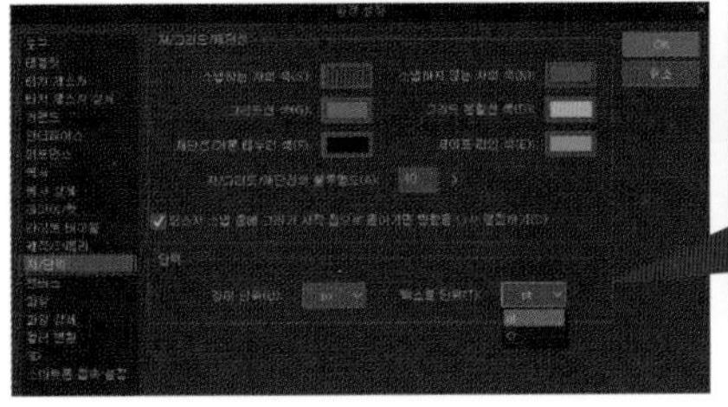

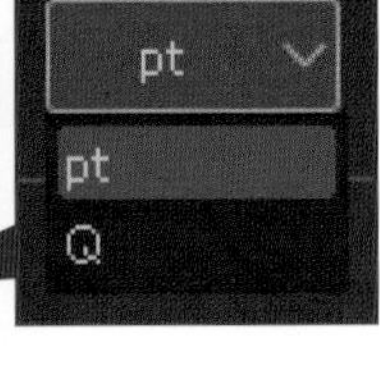

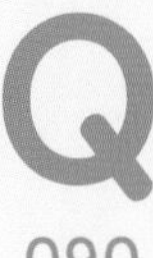

090 복수 레이어에 색조 보정하고 싶다

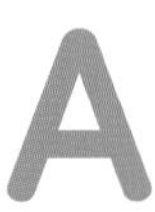

색조 보정 레이어를 사용하여 복수 레이어에 색조 보정을 합니다.

색조 보정 레이어

색조 보정이란 이미지의 색을 조정하는 기능입니다. 색조 보정 방법은 [편집] 메뉴→[색조 보정]에서 하는 방법과 색조 보정 레이어를 작성하는 방법이 있습니다.

색조 보정 레이어는 여러 개의 레이어에 색조 보정을 설정하는 것이 가능하고 나중에 설정치를 바꿀 수도 있습니다.

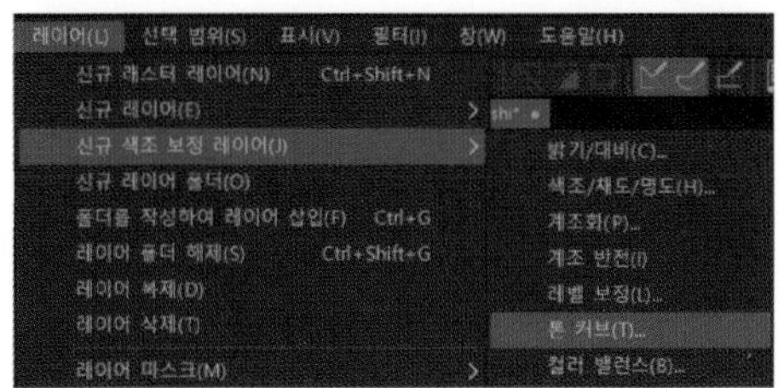

[레이어] 메뉴→[신규 색조 보정 레이어]에서 다양한 색조 보정의 타입을 선택할 수 있습니다.

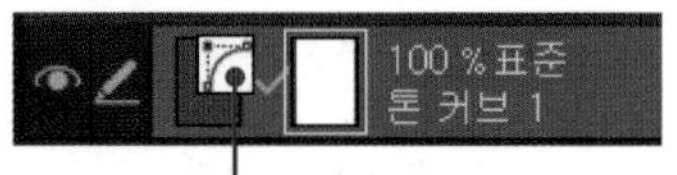

색조 보정 레이어의 아이콘을 더블클릭하면 설정을 다시 할 수 있습니다.

TIPS [편집] 메뉴에서 색조 보정

[편집] 메뉴→[색조 보정]에서 설정하는 색조 보정은 1개의 레이어만 대상으로 할 수 있고 다시 설정할 수도 없으므로 주의합니다.

색조 보정 레이어의 범위

색조 보정 레이어는 [레이어] 팔레트 아래에 있는 레이어에 대해 색조 보정합니다. 보정하는 레이어의 범위를 한정하고 싶은 경우는 [아래 레이어에서 클리핑]이나 레이어 폴더를 사용합니다.

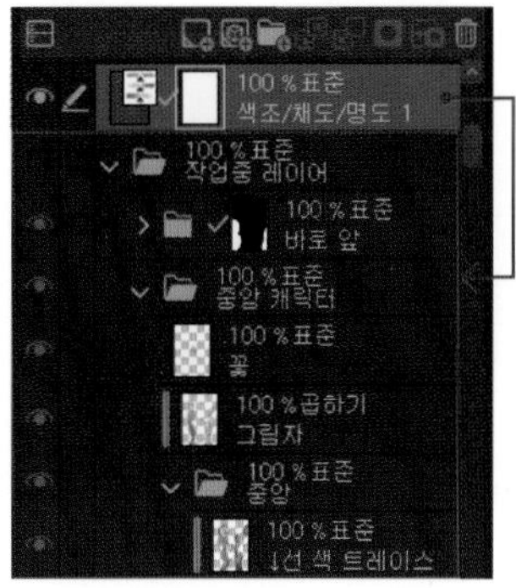

아래의 모든 레이어에

색조 보정 레이어는 아래에 있는 모든 레이어에 대해 색조 보정을 적용할 수 있습니다.

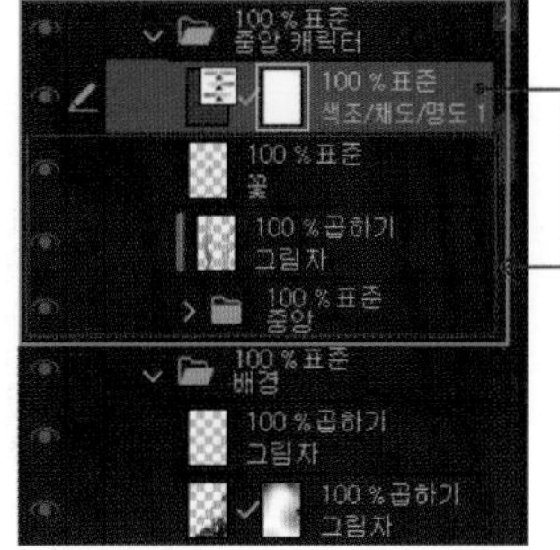

레이어 폴더에

레이어 폴더에 색조 보정 레이어를 작성했을 경우, 레이어 폴더 내의 레이어에만 색조 보정을 적용할 수 있습니다.

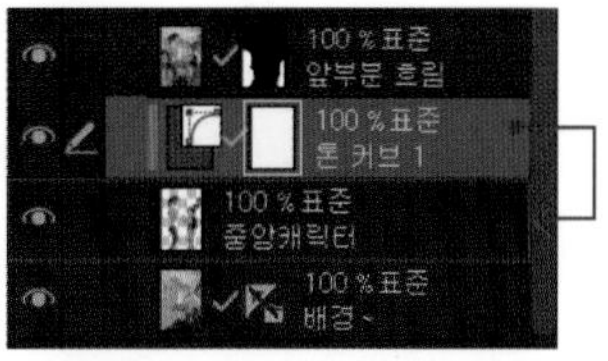

클리핑하여 보정

1개의 레이어에만 색조 보정하고 싶을 때는 [아래 레이어에서 클리핑]을 선택합니다.

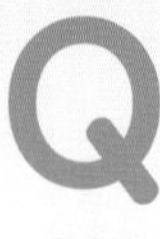

색조 보정으로 색의 대비를 올리고 싶다

091

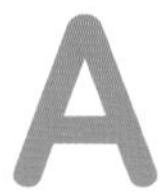

색의 대비를 조정하는 색조 보정에는 [밝기/대비], [레벨 보정], [톤 커브]가 있습니다.

[밝기/대비]

색의 대비란, 색의 밝은 부분과 어두운 부분의 차이를 말합니다. 색조 보정에서 색의 대비를 조정하는 방법은 몇 가지가 있습니다.

[밝기/대비]는 색의 세세한 조정은 할 수 없지만 단순한 조작으로 직관적으로 밝기나 대비를 조정할 수 있습니다.

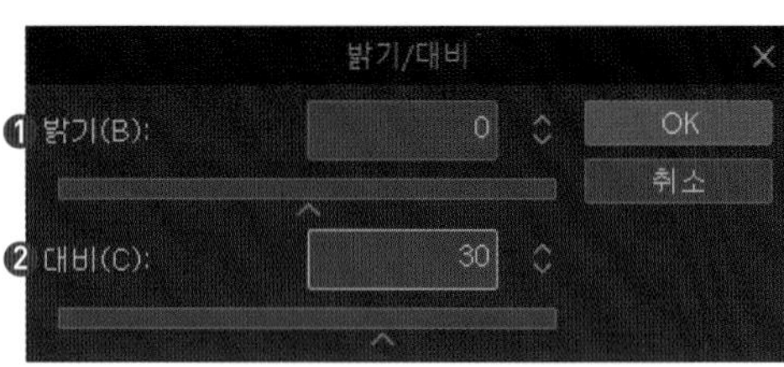

❶ 밝기
바를 오른쪽으로 드래그하면 밝아지고 왼쪽으로 드래그하면 어두워집니다.

❷ 대비
바를 오른쪽으로 드래그하면 대비가 강해지고 왼쪽으로 드래그하면 대비가 약해집니다.

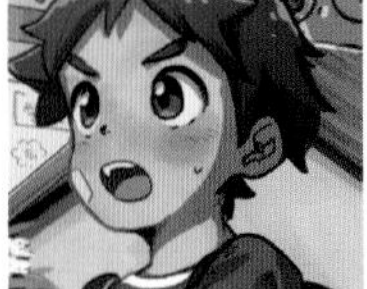

보정 없음

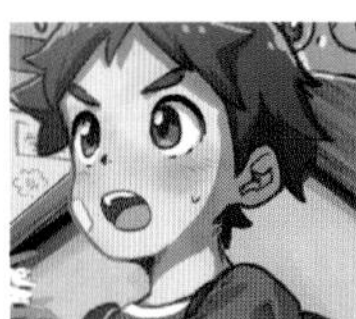

밝기:30 대비:0

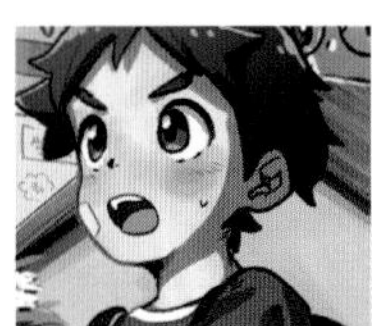

밝기:0 대비:30

[레벨 보정]

[레벨 보정]은 히스토그램으로 밝기나 대비를 조정합니다. 설정할 때는 [섀도 입력], [감마 입력], [하이라이트 입력] 등의 컨트롤 포인트를 움직입니다.

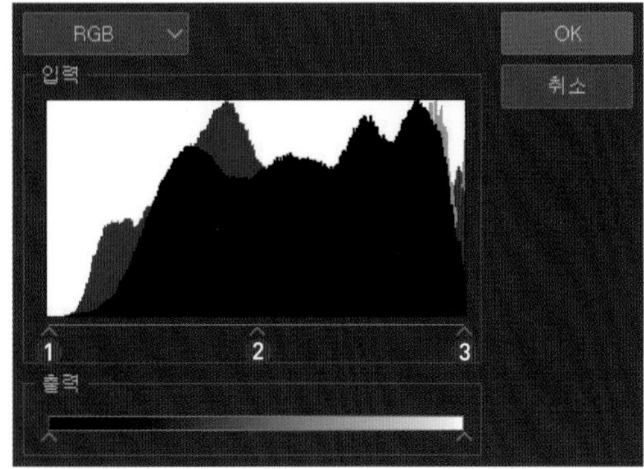

❶ 섀도 입력
이미지의 가장 어두운 부분을 설정합니다.

❷ 감마 입력
이미지의 중간 밝기가 되는 부분을 설정합니다.

❸ 하이라이트 입력
이미지의 가장 밝은 부분을 설정합니다.

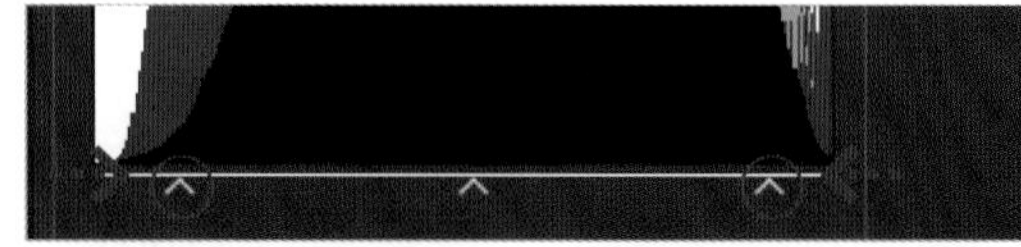

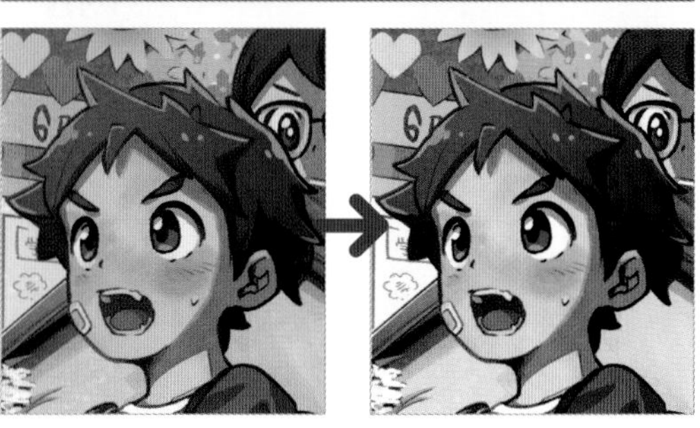

[섀도 입력]과 [하이라이트 입력]이 가까워지도록 조작하면 대비가 강해집니다.

[톤 커브]

[톤 커브]는 그래프를 조절해 밝기나 대비를 조정하는 색조 보정입니다. 사용법은 다소 복잡하지만 정밀한 조정이 가능합니다.

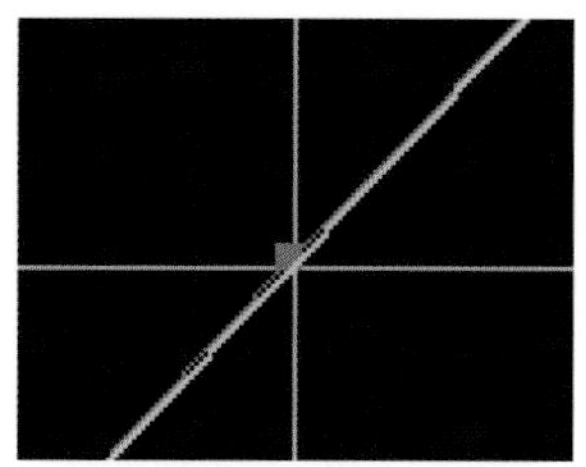

컨트롤 포인트
그래프 선상에서 클릭하면 ■가 추가됩니다.

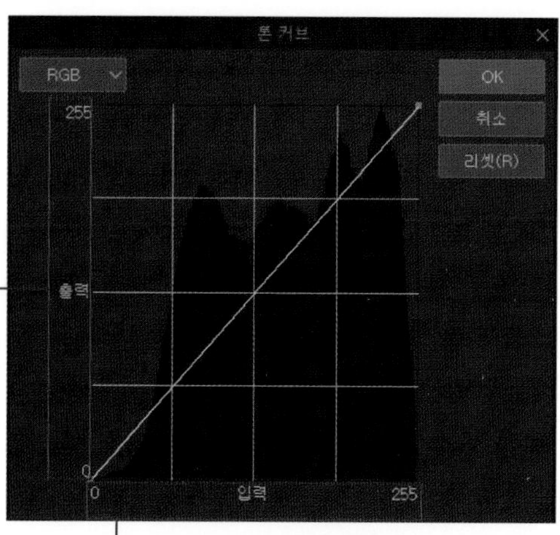

그래프의 세로축(출력)
설정 후의 밝기입니다.

그래프의 가로축(입력)
설정 전의 밝기입니다.

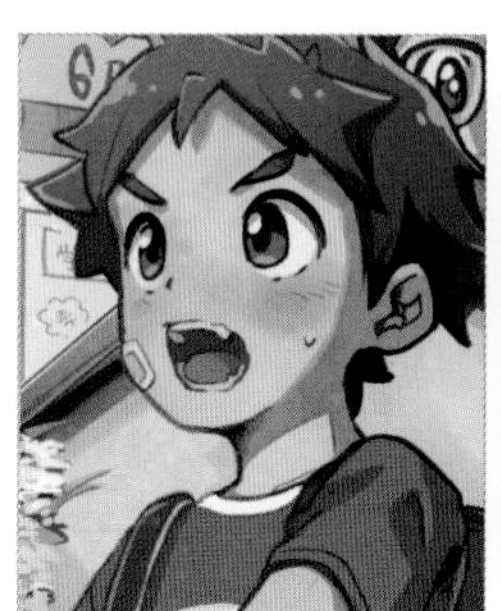

밝게
컨트롤 포인트를 위로 움직이면 이미지가 밝아집니다.

어둡게
컨트롤 포인트를 아래로 움직이면 이미지가 어두워집니다.

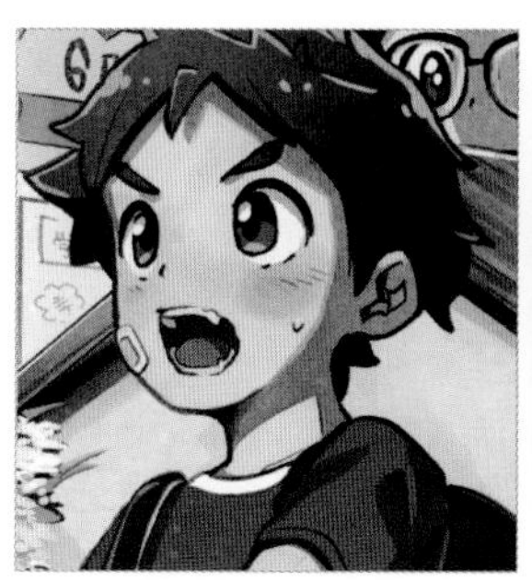

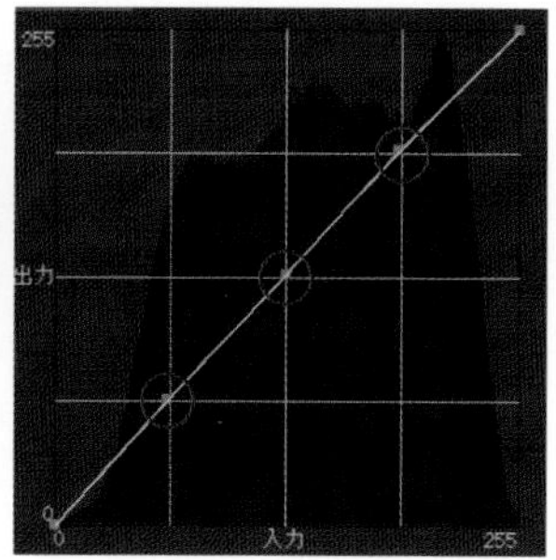

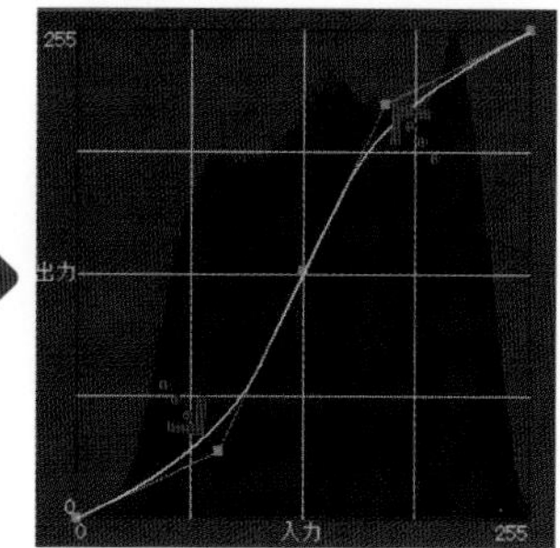

대비를 강하게
컨트롤 포인트를 3개 만들어 위 그림과 같이 움직이면 대비가 강해집니다.

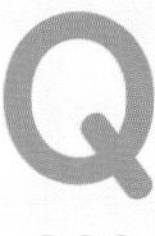

092 색조 보정으로 색상을 바꾸고 싶다

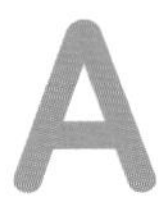

[색조/채도/명도]나 [컬러 밸런스]로 색조 보정을 합니다.

색상을 바꾸는 색조 보정

빨강을 파랗게 하거나 노랑을 보라색으로 하는 등의 색상 조정은 [색조/채도/명도]나 [컬러 밸런스]로 할 수 있습니다. [레이어] 메뉴→[신규 색조 보정 레이어]에서 선택할 수 있습니다.

[색조]의 슬라이더를 드래그하면 색상이 변합니다.

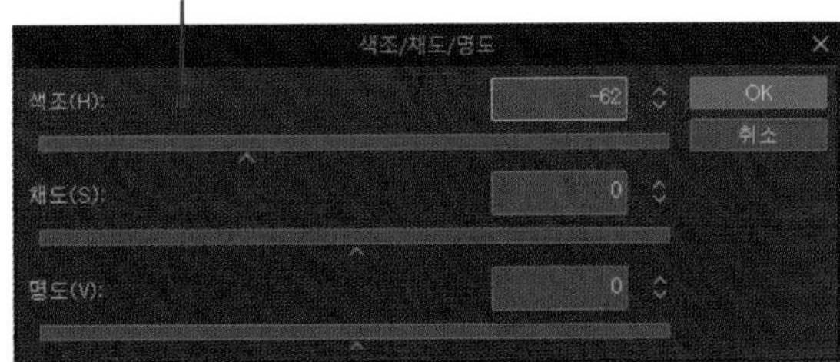

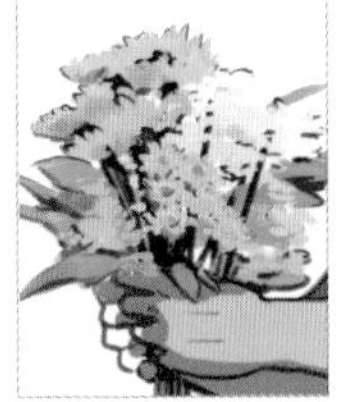

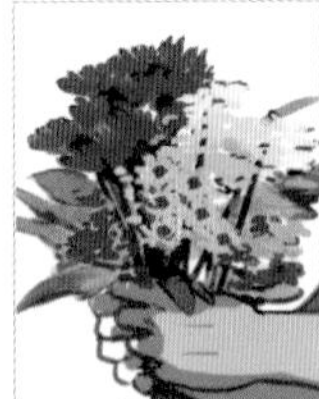

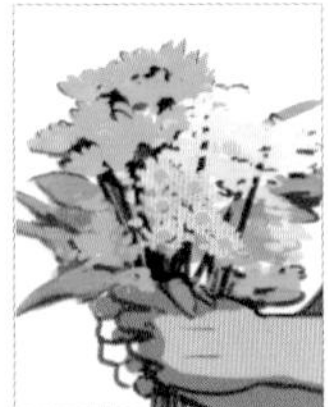

색조·채도·명도
[색조], [채도], [명도]의 각 슬라이더를 조정해 색조 보정을 합니다.

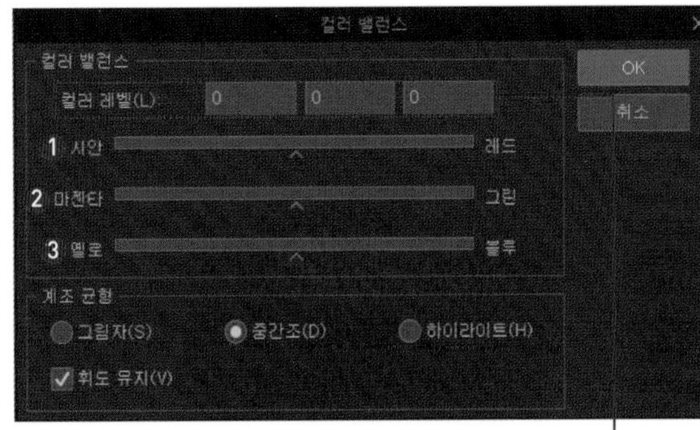

컬러 밸런스
RGB 각각의 컬러 밸런스를 조정해 색감을 설정할 수 있습니다.

❶ 시안/레드
슬라이더를 오른쪽으로 움직일수록 레드가 강하고 왼쪽으로 움직일수록 시안이 강해집니다.

❷ 마젠타/그린
슬라이더를 오른쪽으로 움직일수록 그린이 강하고 왼쪽으로 움직일수록 마젠타가 강해집니다.

❸ 옐로/블루
슬라이더를 오른쪽으로 움직일수록 블루가 강하고 왼쪽으로 움직일수록 옐로가 강해집니다.

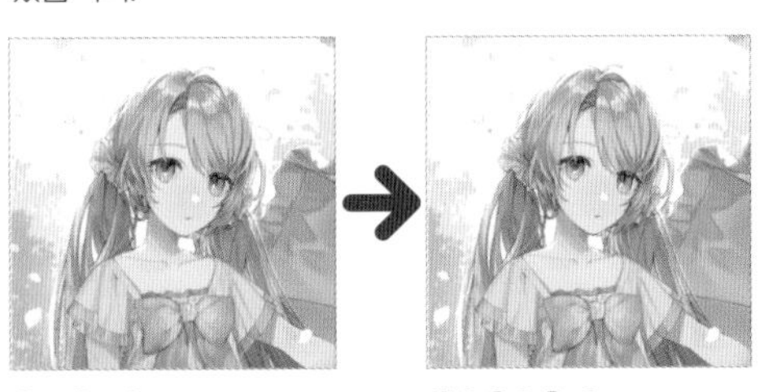

❶0 ❷0 ❸0 → ❶9 ❷0 ❸-8

컬러 레벨
각 슬라이더의 값이 표시됩니다.

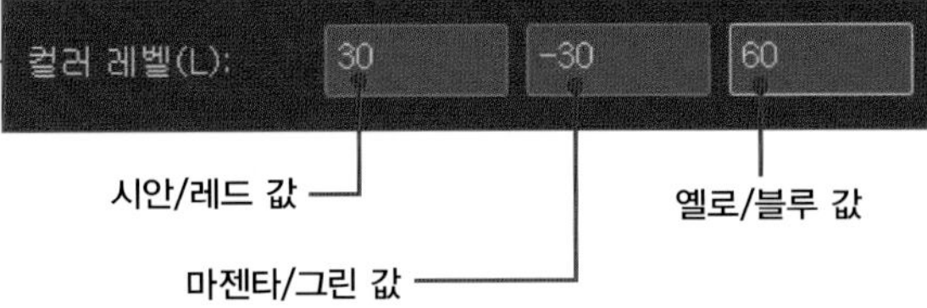

시안/레드 값
마젠타/그린 값
옐로/블루 값

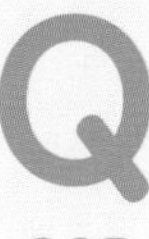

그림의 잡티를 제거하고 싶다

093

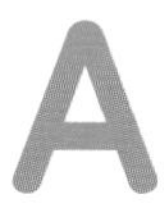

[잡티 지우기] 필터나 [잡티 지우기] 보조 도구로 지울 수 있습니다.

간단하게 잡티를 지우는 기능

지우다가 남거나 스캔했을 때의 오염 등 그림에 남아 있는 작은 점(잡티)은 필터나 도구로 지울 수 있습니다.

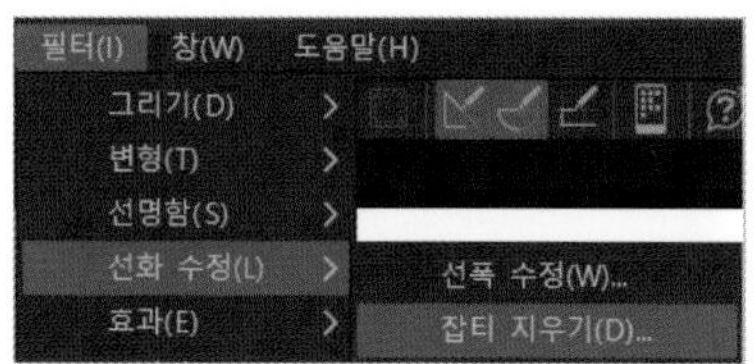

[잡티 지우기] 필터

[필터] 메뉴→[선화 수정]→[잡티 지우기]는 그림 전체의 잡티를 제거해 주는 필터입니다.

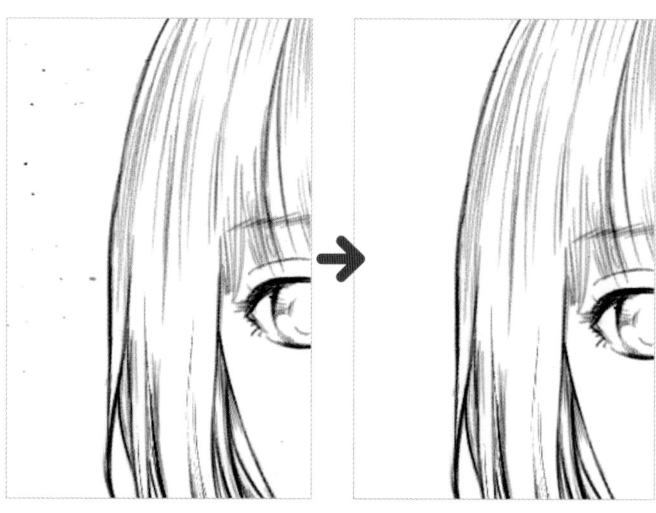

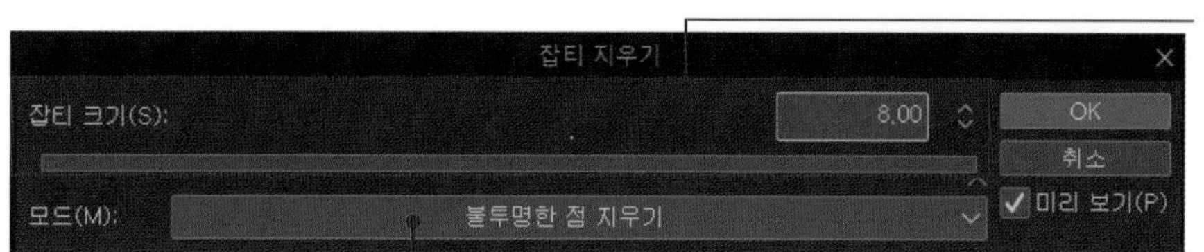

잡티 크기

잡티를 검사할 때 잡티로 인식하는 최대 크기를 지정합니다.

잡티 처리 방법

모드를 변경하여 잡티 처리 방법을 설정할 수 있습니다.

불투명한 점 지우기

투명한 레이어의 불투명한 잡티를 감지하고 지웁니다. 지운 부분은 투명해집니다.

흰 바탕 안의 점 지우기

흰 바탕에 있는 잡티를 지우고 하얗게 합니다.

투명한 구멍을 주위 색으로 채우기

불투명한 부분에 있는 투명이나 반투명의 작은 구멍을 잡티로 감지합니다. 잡티가 있던 장소는 주위에 있는 색으로 칠해집니다.

투명한 구멍을 그리기 색으로 채우기

불투명한 부분에 있는 투명이나 반투명의 작은 구멍을 잡티로 감지합니다. 잡티가 있던 장소는 그리기 색으로 칠해집니다.

[잡티 지우기] 보조 도구

[선 수정] 도구→[잡티 지우기] 그룹에 있는 [잡티 지우기]는 드래그한 부분의 잡티를 지울 수 있습니다.

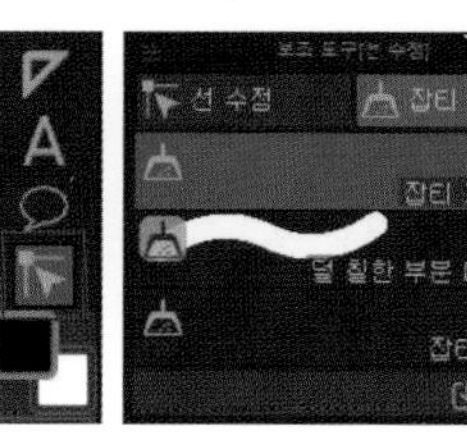

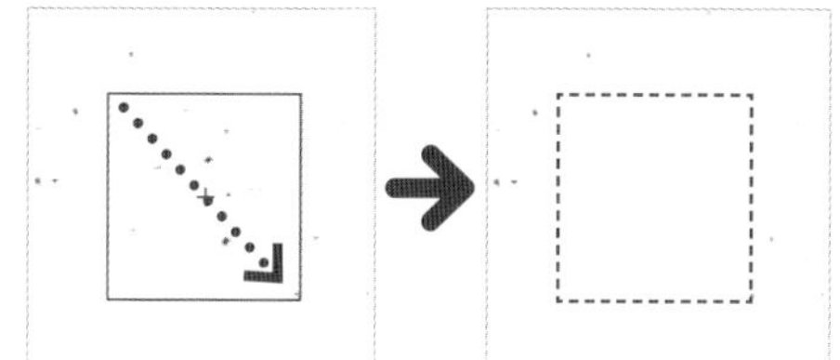

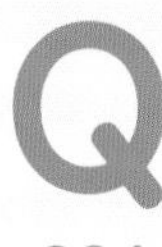

가이드를 작성하고 싶다

094

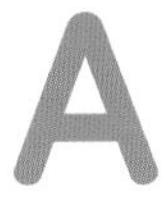

가이드는 [자 작성] 도구→[가이드]에서 작성합니다.

[자 작성] 도구의 [가이드]

가이드는 위치의 기준을 세우는 데 도움이 됩니다. 자의 사용법처럼 가이드에 스냅을 적용하여 선을 그릴 수도 있습니다.

가이드 작성

[자 작성] 도구→[가이드]를 사용해 가이드를 작성할 수 있습니다.

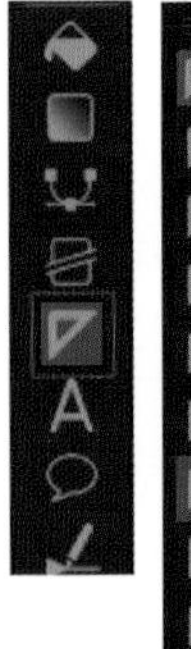

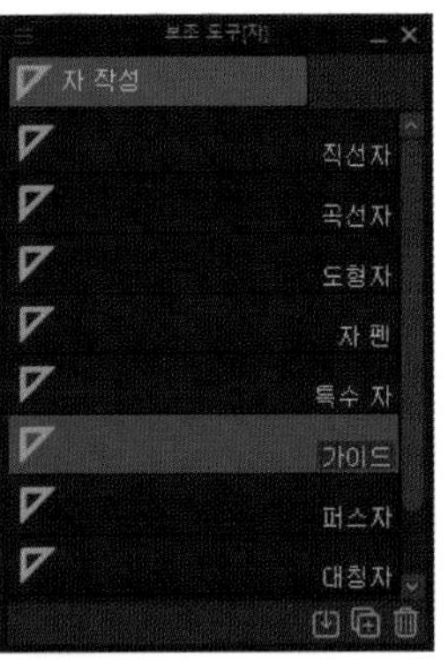

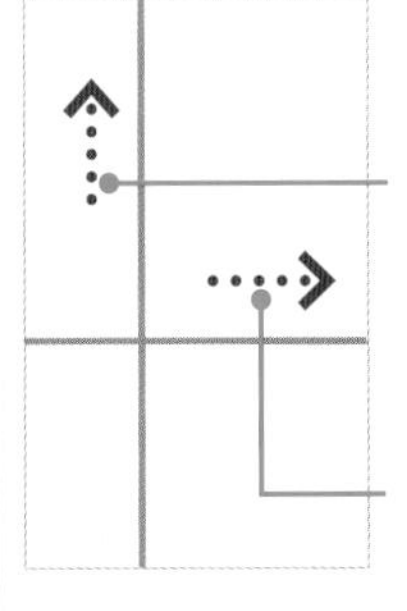

세로 방향으로 드래그하면 수직 가이드를 작성할 수 있습니다.

가로 방향으로 드래그하면 수평 가이드를 작성할 수 있습니다.

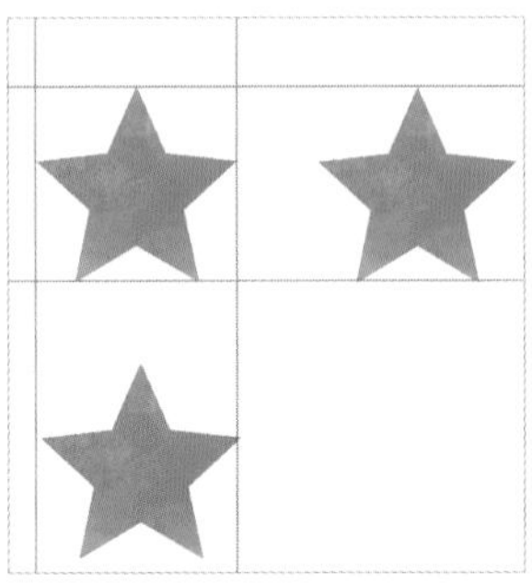

가이드는 위치의 기준을 세우는 데 도움이 될 수 있습니다.

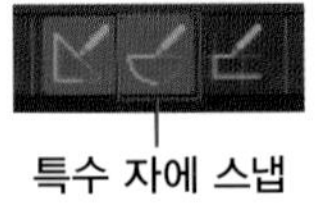

특수 자에 스냅

가이드에 스냅

가이드는 특수 자의 일종으로 취급되어 [특수 자에 스냅]이 ON으로 되어 있으면 가이드에 스냅시켜 선을 그릴 수 있습니다.

TIPS 눈금자에서 작성

눈금자가 표시되어 있는 경우는 눈금자에서 당기듯 드래그하면 가이드를 작성할 수 있습니다.

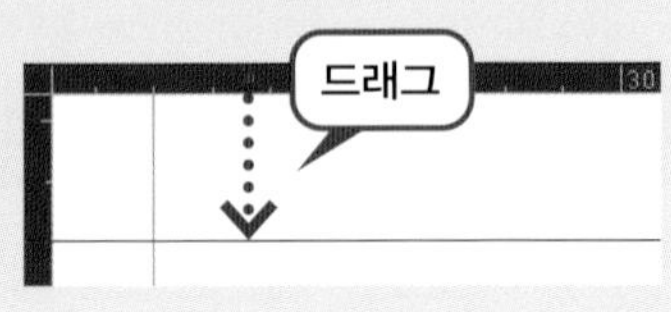

[오브젝트]로 이동

[조작] 도구→[오브젝트]로 가이드를 클릭하여 선택하면 이동시킬 수 있습니다. 가이드선 근처에 있는 (스냅 전환)을 클릭하거나 [도구 속성] 팔레트의 [스냅]에서 스냅을 체크 또는 해제하여 ON/OFF로 전환할 수 있습니다.

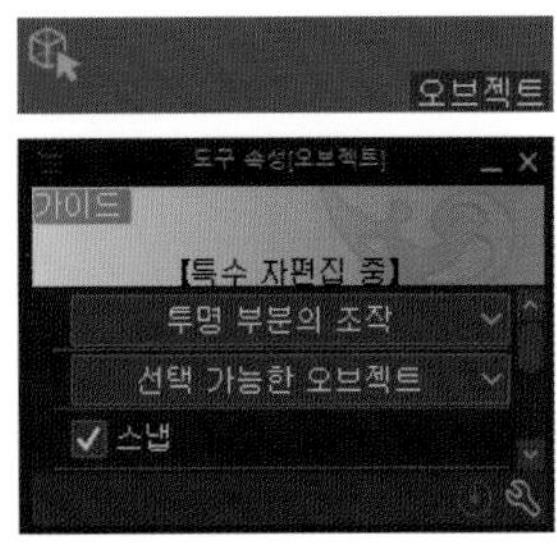

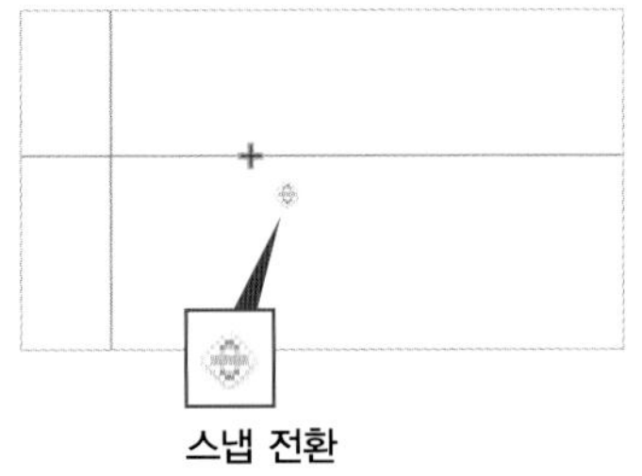

스냅 전환

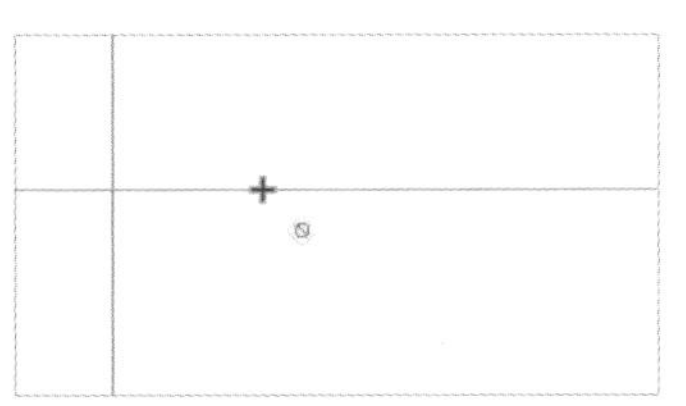

스냅이 해제된 가이드는 녹색이 됩니다.

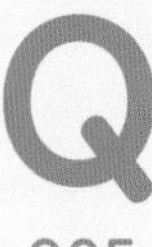

눈금자를 사용하고 싶다

095

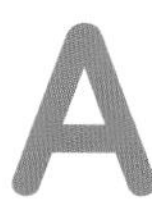

[표시] 메뉴에서 표시합니다.

눈금자 표시

눈금자는 캔버스 가장자리에 눈금을 표시하여 크기를 측정할 때 기준으로 하는 기능입니다. [표시] 메뉴→[눈금자]를 선택해 표시합니다.

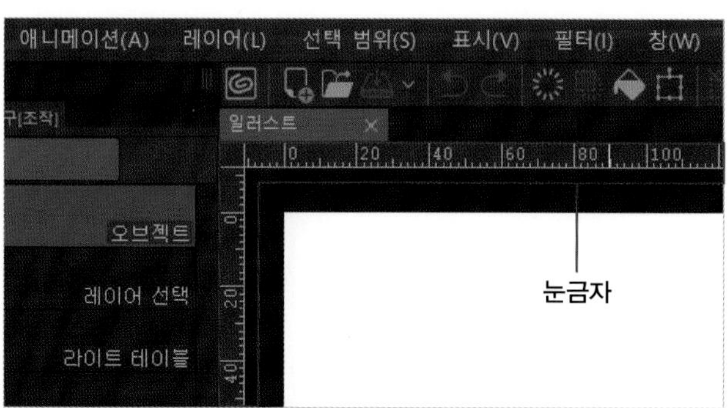

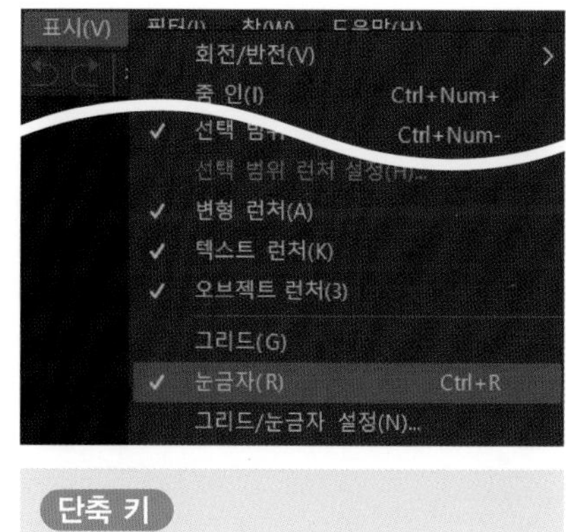

단축 키

Ctrl + R …… [눈금자]

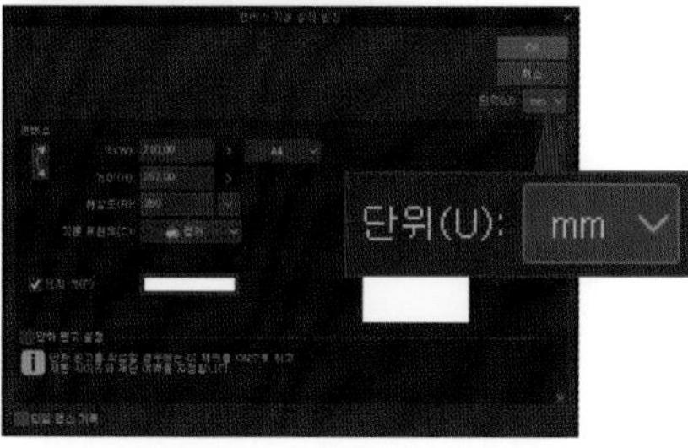

단위 설정

눈금자 단위는 캔버스 기본 설정이 반영되어 있습니다. 설정은 [편집] 메뉴→[캔버스 기본 설정 변경]에서 확인/변경할 수 있습니다.

눈금자의 원점

눈금자의 원점은 수치가 0이 되는 위치입니다. 원점의 위치를 바꾸고 싶을 때는 [표시] 메뉴→[그리드/눈금자 설정]에서 설정합니다.

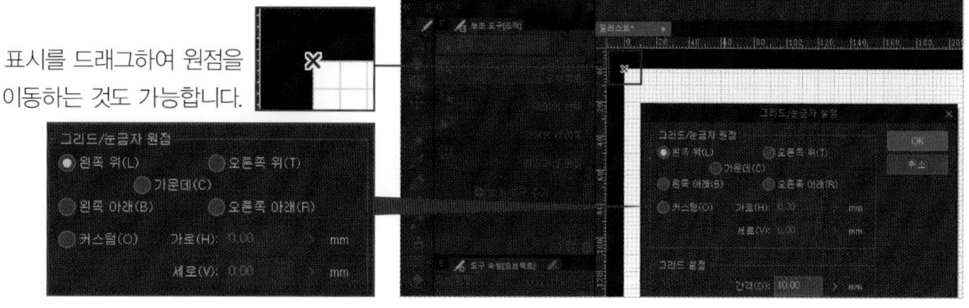

빨간색 × 표시를 드래그하여 원점을 이동하는 것도 가능합니다.

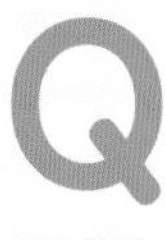

그리드를 사용하고 싶다

096

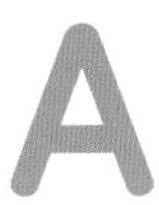

그리드는 [표시] 메뉴에서 표시합니다.

그리드 표시

그리드는 [표시] 메뉴→[그리드]로 표시할 수 있습니다.
도형을 등간격으로 배열할 때 위치나 크기의 기준을 세우는 데 도움이 됩니다.

그리드에 스냅

[그리드에 스냅]을 ON으로 하면, 그리드에 스냅을 적용해 선을 그릴 수 있습니다.

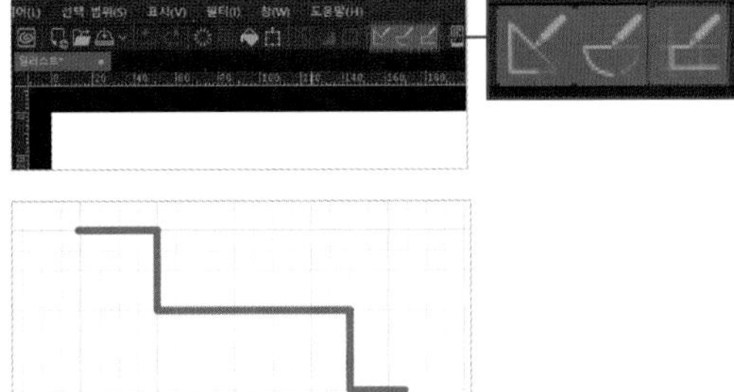

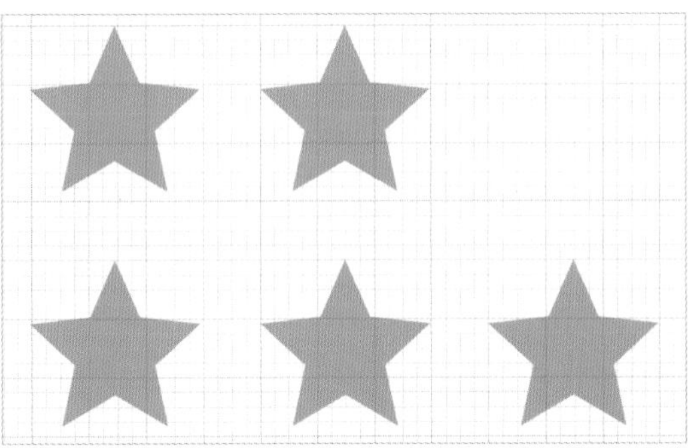

그리드는 방안지와 같은 보조선입니다. 이미지를 레이아웃할 때 편리합니다.

간격 설정하기

그리드의 간격을 바꾸고 싶을 때는 [표시] 메뉴→[그리드/눈금자 설정]에서 설정합니다.

그리드는 굵은 선과 가는 선으로 이루어져 있습니다.

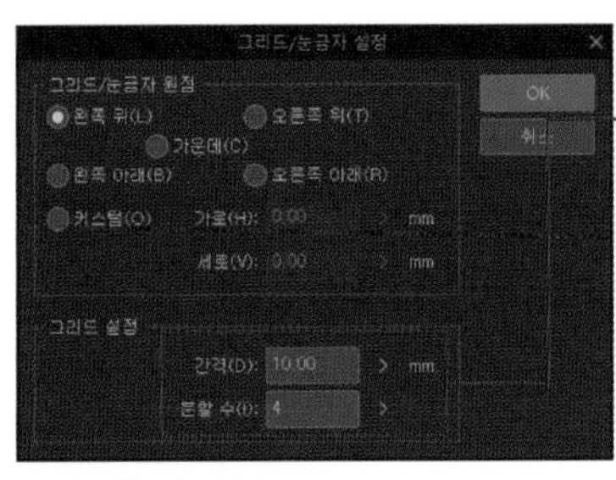

그리드/눈금자 설정

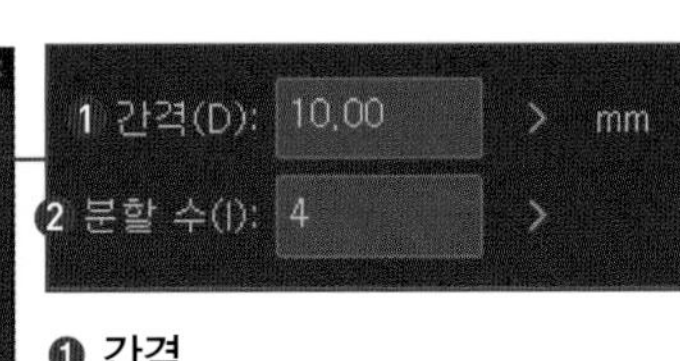

❶ 간격
그리드의 굵은 선 간격을 설정합니다.

❷ 분할 수
그리드의 굵은 선 사이의 분할 수를 설정합니다.

TIPS 그리드 이동

[레이어 이동] 도구→[그리드 이동]을 선택하여 드래그하면 격자의 위치를 이동시킬 수 있습니다.

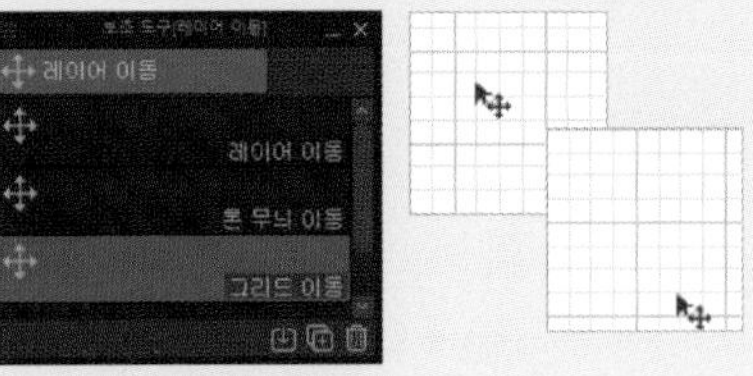

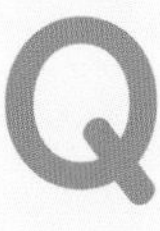

재단선을 표시하고 싶다

097

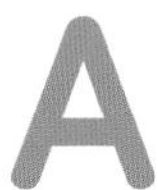

[표시] 메뉴에서 표시할 수 있습니다. 캔버스를 [신규]로 작성할 때는 [코믹] 또는 [모든 코믹 설정 표시]로 설정합니다.

재단선으로 마무리 크기를 표시하기

재단선이란 인쇄물에서 마무리 크기와 재단 위치를 표시하기 위한 가이드입니다. [표시] 메뉴→[재단선/기본 테두리 설정]에서 작성할 수 있습니다.

[파일] 메뉴→[신규]에서 재단선이 있는 캔버스를 작성하고 싶은 경우는 [신규] 대화상자에서 [코믹] 또는 [모든 코믹 설정 표시]를 선택합니다.

재단선 작성 예

예를 들어 폭 100mm×높이 70mm의 재단선을 만듭니다.

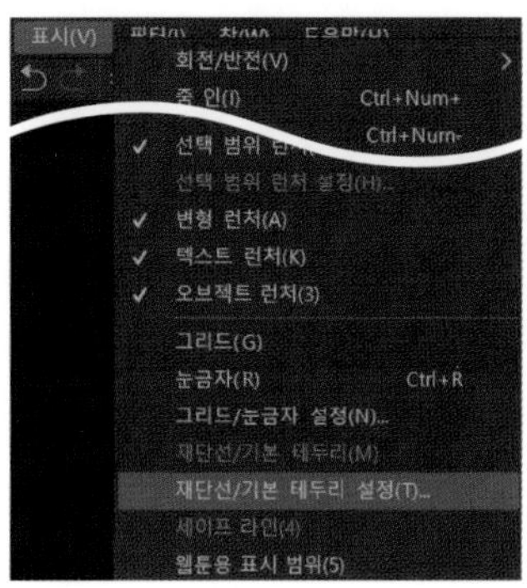

❶ [표시] 메뉴→[재단선/기본 테두리 설정]을 선택하여 [재단선/기본 테두리 설정] 대화상자를 엽니다.

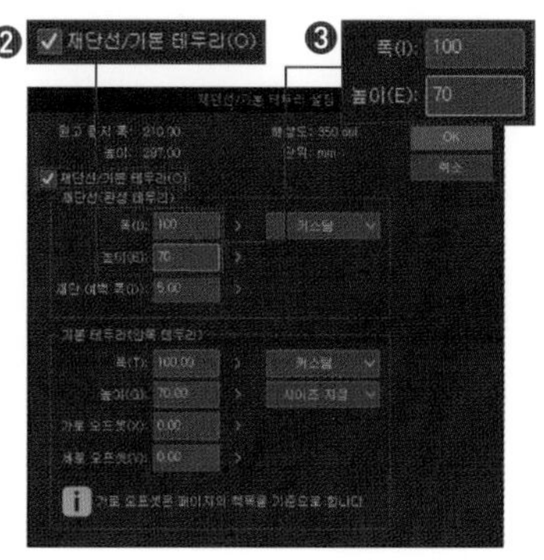

❷ [재단선/기본 테두리]에 체크합니다.

❸ [폭] 100, [높이] 70으로 설정합니다.

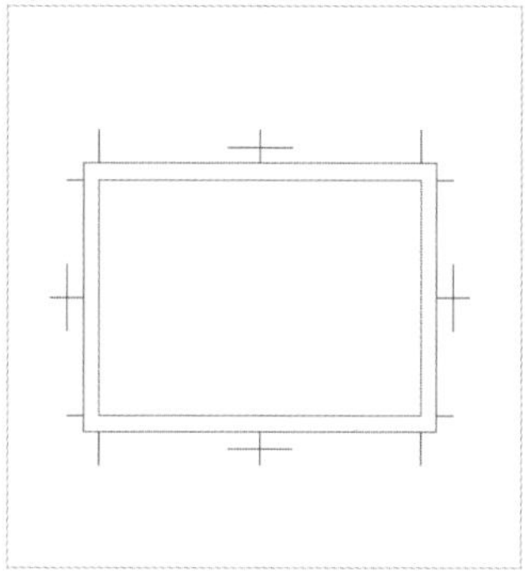

❹ [OK]를 클릭하면 재단선이 표시됩니다.

기본 테두리

기본 테두리는 만화에서는 안쪽 테두리라고도 하고 인쇄업계에서는 '판면'이라고 하는 것이 일반적입니다. 여백이 정해져 있는 경우는 [여백 지정]을 설정하는 것이 편리합니다.

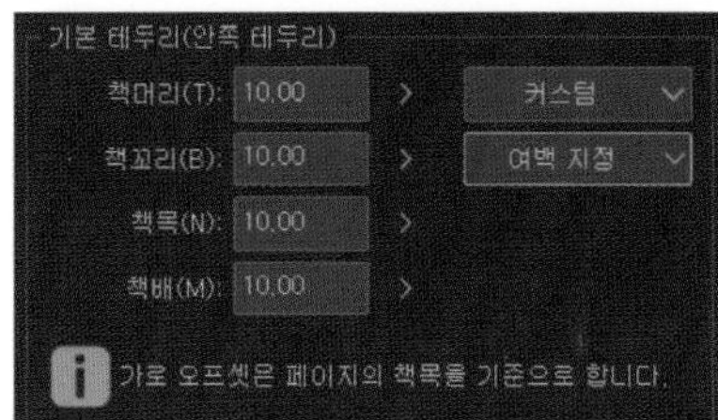

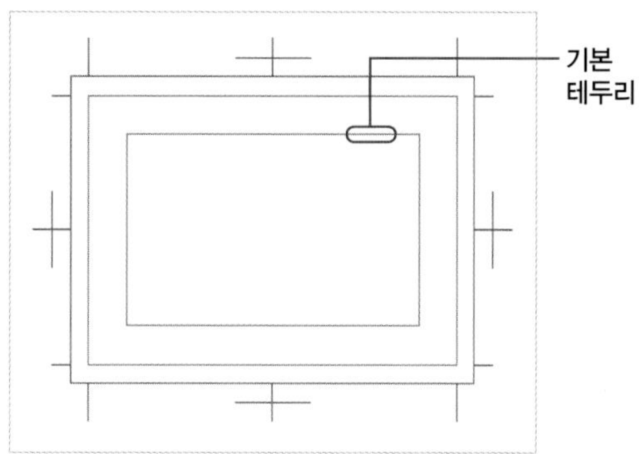

TIPS 캔버스의 크기

재단선을 만들 때 캔버스(원고지)는 재단선보다 커야 합니다. 예를 들어 A4 크기의 재단선을 만든다면 캔버스는 B4 등 A4보다 크게 작성합니다.

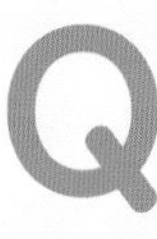

벡터선을 그리고 싶다

098

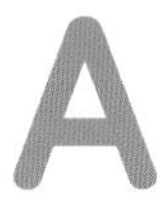

벡터 레이어에서 그린 선은 벡터선이 됩니다.

벡터선이란?

벡터 레이어에서 선을 그리면 벡터선이 됩니다. 벡터선은 그린 후 선의 색이나 굵기를 바꾸거나 제어점을 움직여 모양을 바꿀 수 있습니다. 래스터 레이어에 그린 선은 확대하면 거칠어질 수 있지만, 벡터 레이어의 선은 확대해도 거칠어지지 않는 것이 강점입니다.

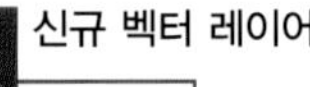

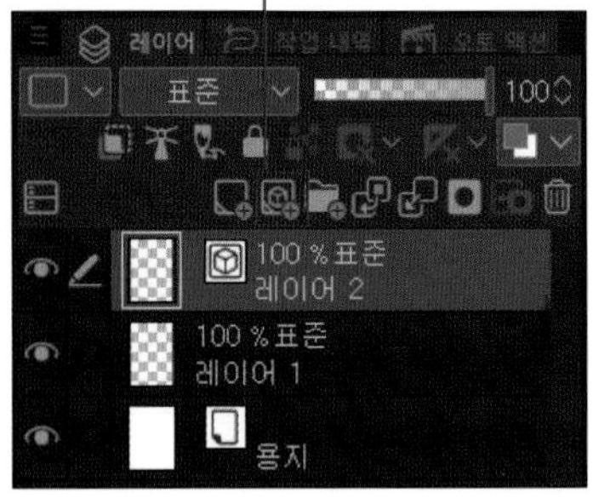

신규 벡터 레이어

[레이어] 팔레트에서 [신규 벡터 레이어]를 클릭하면 벡터 레이어를 작성할 수 있습니다.

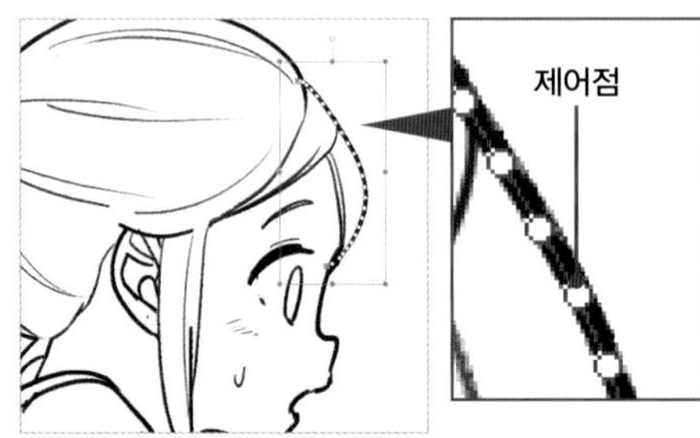

벡터선

벡터선은 제어점과 그것을 연결하는 선이 됩니다.

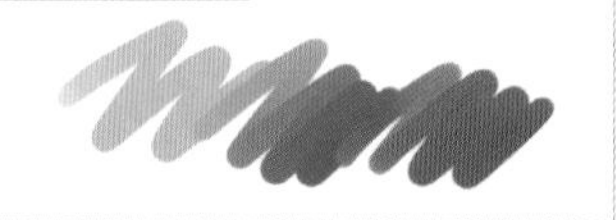

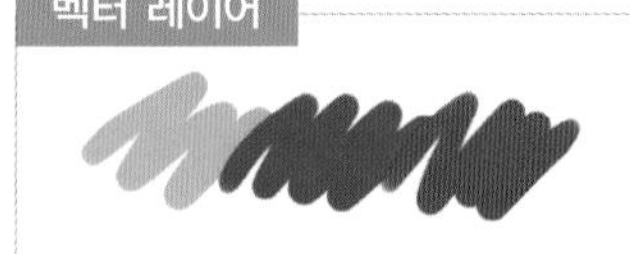

사용할 수 없는 붓 도구

벡터 레이어에서는 [채우기] 도구를 사용할 수 없으며, 바탕색과 섞으면서 칠할 수 없으므로 [붓] 도구나 [색 혼합] 도구는 본래의 장점을 발휘할 수 없습니다.

TIPS 래스터 데이터와 벡터 데이터

화상 데이터에는 래스터 데이터와 벡터 데이터가 있습니다.

CLIP STUDIO PAINT에서는 래스터 레이어에 그려진 것은 래스터 데이터, 벡터 레이어에 그려진 것은 벡터 데이터가 됩니다.

래스터 데이터는 점(픽셀)이 모여 이루어진 화상 데이터입니다. 확대하면 픽셀이 거칠고 지저분하게 보일 수 있습니다.

벡터 데이터는 주로 점의 좌표와 이를 연결하는 선으로 구성되며 수치 데이터로 이미지를 표현합니다. 확대/축소 등의 변형을 해도 연산으로 형태가 재현되기 때문에 거칠어지지 않습니다.

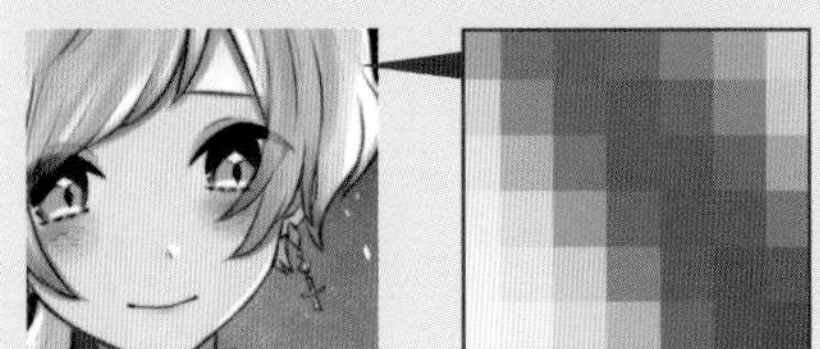

래스터 데이터는 격자 모양으로 나열된 픽셀로 구성되어 있습니다.

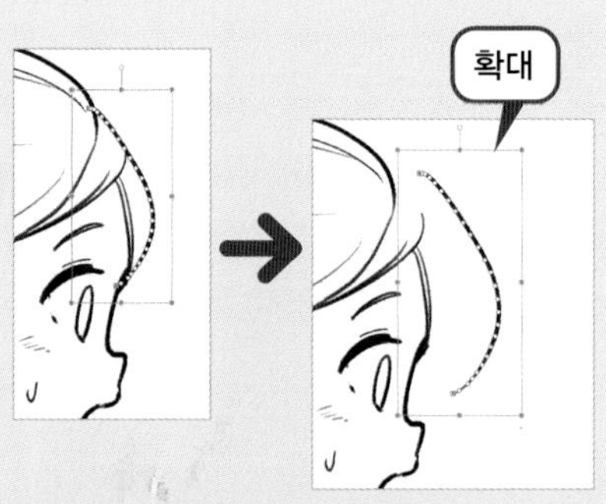

확대해도 거칠어지지 않는다

벡터선은 확대해도 선이 거칠어지지 않습니다.

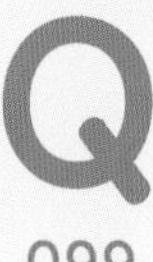

벡터선을 지우고 싶다

099

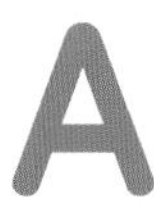

[오브젝트]로 선택해 지우거나 [벡터용] 지우개로 지웁니다.

벡터선 전체를 지우기

벡터선 전체를 지울 때는 [오브젝트]로 선택해 [편집] 메뉴→[삭제] Delete 로 지웁니다.

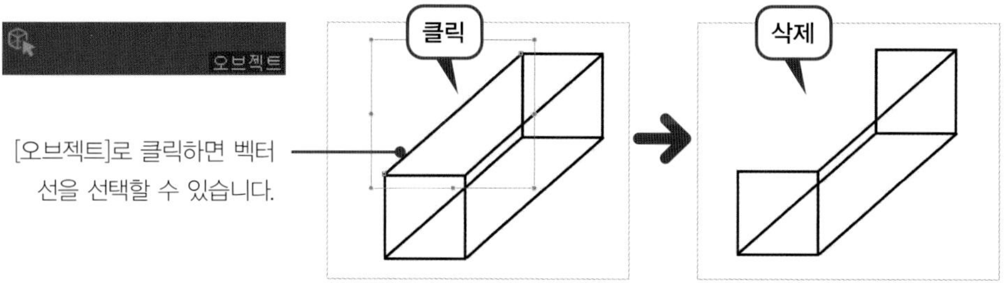

[벡터용] 지우개

벡터선을 부분적으로 지우고 싶을 때는 [지우개] 도구→[벡터용]을 사용하면 좋습니다. [벡터용]은 설정을 바꾸면 선을 지우는 방법이 바뀝니다. 설정은 [도구 속성] 팔레트에 있는 [벡터 지우기]에서 합니다. [벡터 지우기]의 [교점까지]는 선의 돌출 등을 깨끗하게 지울 수 있으므로 매우 편리합니다.

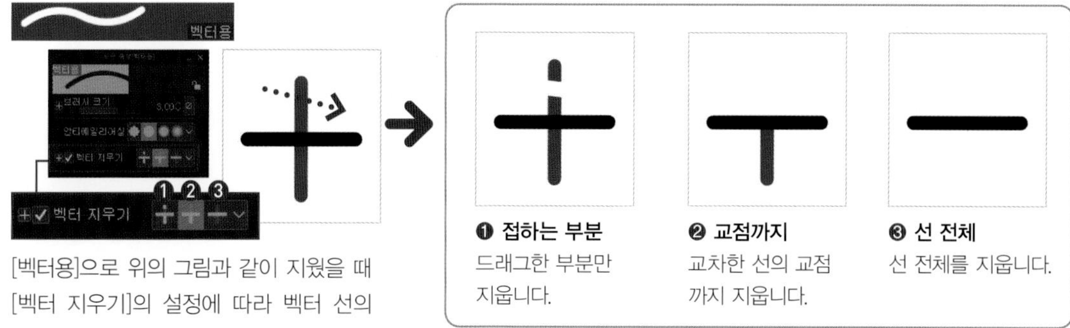

[벡터용]으로 위의 그림과 같이 지웠을 때 [벡터 지우기]의 설정에 따라 벡터 선의 삭제 방법이 바뀝니다.

[교점까지]를 활용하기

[교점까지]로 설정한 [벡터용] 지우개는 선이 뒤엉키거나 튀어나온 부분을 정리하는 데 도움이 됩니다.

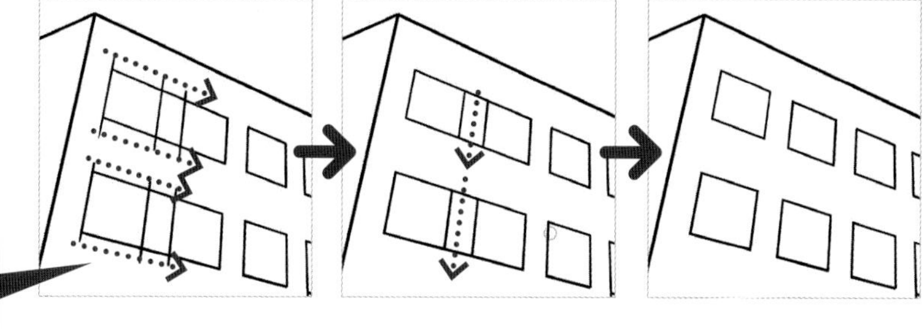

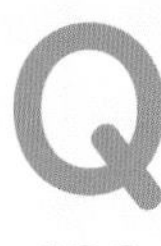

벡터선을 편집하고 싶다

100

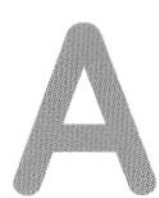

[오브젝트]나 [제어점] 보조 도구로 편집합니다.

선택하여 변형

벡터선을 [오브젝트]로 선택하면 확대/축소/회전이 가능한 핸들이 표시됩니다.

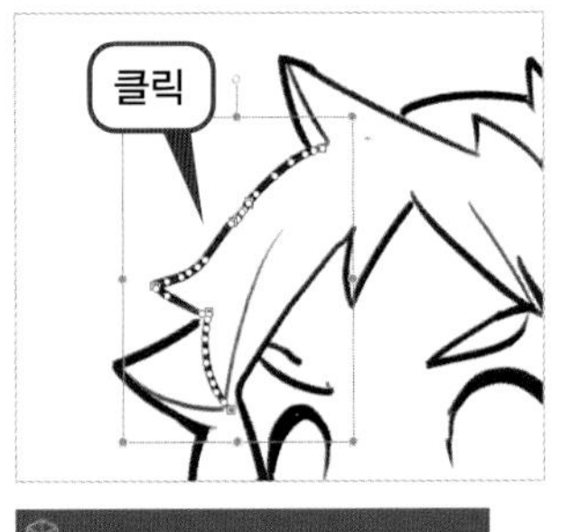

[오브젝트]로 선택

벡터선을 [오브젝트]로 클릭하면 선택할 수 있습니다.

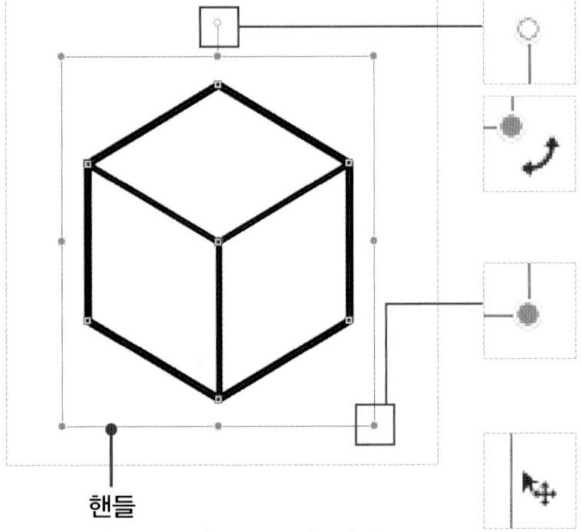

핸들

컨트롤 포인트를 드래그하여 확대/축소할 수 있습니다.

회전

위의 ○을 드래그하거나 핸들 모서리 근처에서 커서가 ↷로 표시되었을 때 드래그하면 회전합니다.

확대/축소

●를 드래그하여 확대/축소할 수 있습니다.

이동

핸들 주변에서 ↖✥가 표시된 부분을 드래그하면 이동할 수 있습니다.

여러 개의 벡터선 선택

[도구 속성] 팔레트→[투명 부분의 조작]→[드래그로 범위를 지정하여 선택]을 ON으로 하면 드래그하여 여러 개의 벡터선을 선택할 수 있습니다.

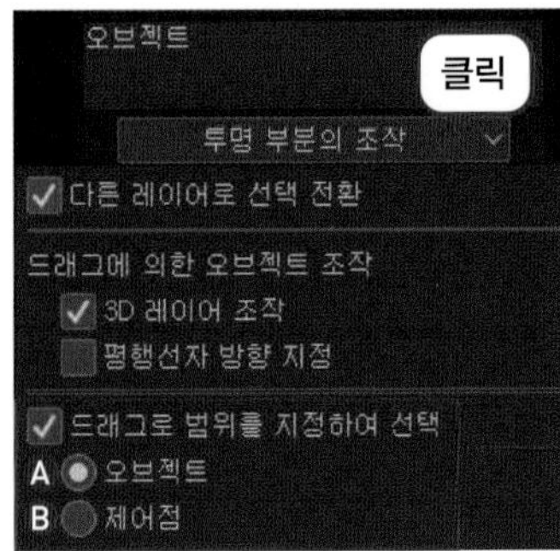

드래그로 범위를 지정하여 선택

체크하면 드래그한 범위로 선택할 수 있습니다. 또, 선택할 대상을 선택할 수 있습니다.

Ⓐ 오브젝트

하나로 연결된 벡터선 전체를 선택합니다.

Ⓑ 제어점

제어점을 선택합니다.

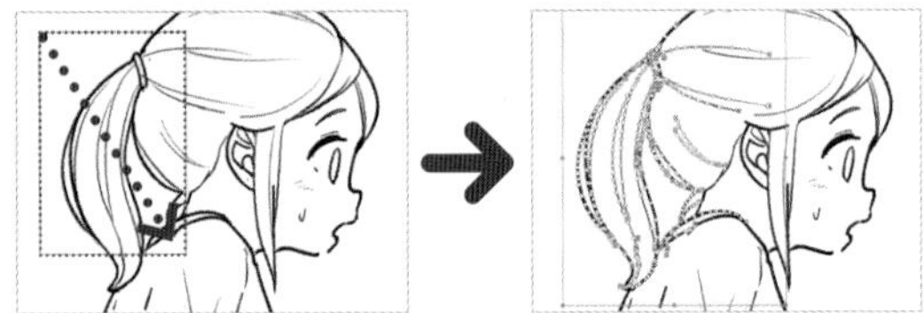

TIPS 드래그로 추가 선택

벡터선을 선택할 때 Shift를 누르면서 드래그하면 추가 선택할 수 있습니다.

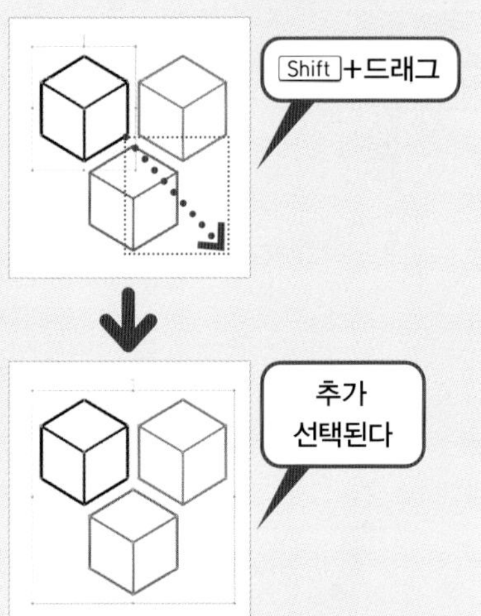

[도구 속성]에서 편집

[오브젝트]로 편집 중인 [도구 속성] 팔레트에서는 선의 색, 굵기, 브러시 형태 등을 설정할 수 있습니다.

[도구 속성] 팔레트에서 편집

[오브젝트]로 벡터선을 편집하기 위한 설정입니다.

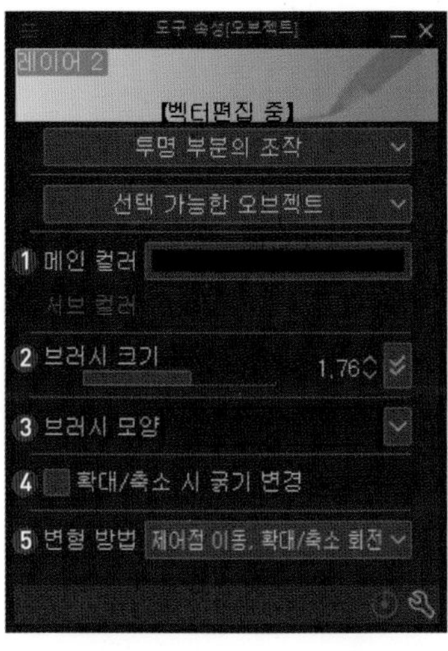

❶ 메인 컬러

벡터선의 색을 설정합니다.

❷ 브러시 크기

벡터선의 굵기를 설정합니다.

❸ 브러시 모양

벡터선의 브러시 모양을 설정합니다.

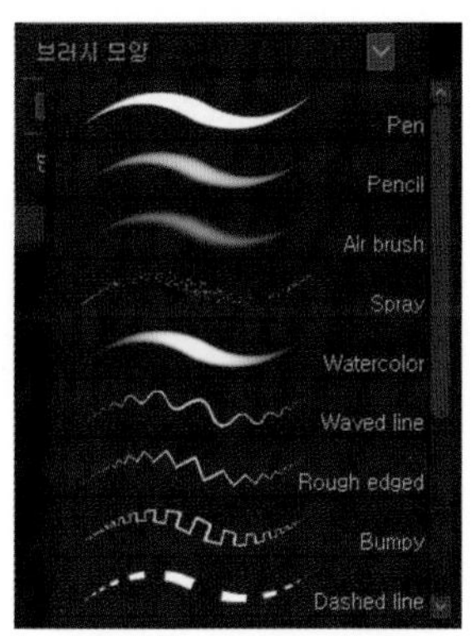

❹ 확대/축소 시 굵기 변경

체크하면 확대/축소했을 때 선 굵기도 연동하여 변경됩니다.

❺ 변형 방법

[오브젝트]로 벡터선을 선택했을 때 변형하는 방법을 선택합니다. 초기 설정의 [제어점 이동, 확대/축소 회전]에서는 핸들로 확대/축소/회전을 할 수 있는 것 외에 제어점을 드래그해 이동하는 것도 가능합니다.

[제어점] 보조 도구로 편집

[선 수정] 도구에 있는 [제어점]은 제어점의 이동/추가/삭제의 편집이 가능한 보조 도구입니다. [도구 속성] 팔레트에서 사용하고 싶은 기능을 선택한 후 작업합니다.

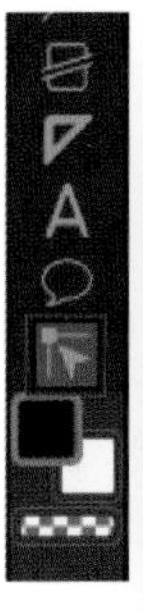

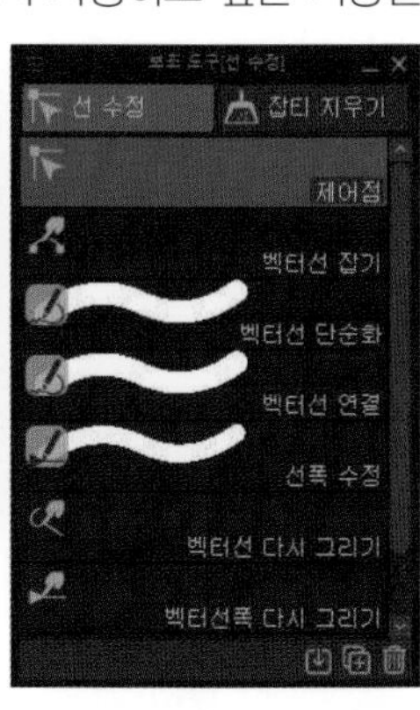

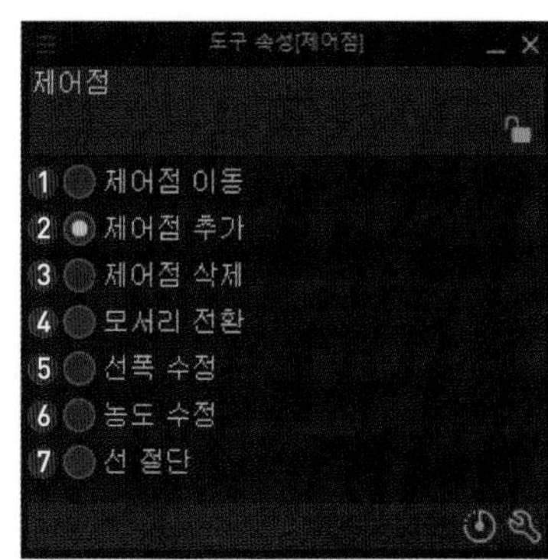

[제어점] 보조 도구의 기능은 [도구 속성] 팔레트에서 선택합니다.

[제어점]은 제어점을 편집하기 위한 보조 도구입니다.

❶ 제어점 이동

제어점을 드래그하여 이동할 수 있습니다.

❷ 제어점 추가

벡터선의 임의의 위치를 클릭하면 제어점이 추가됩니다.

❸ 제어점 삭제

제어점을 클릭하면 삭제됩니다.

❹ 모서리 전환

모서리의 유무를 전환합니다.

❺ 선폭 수정

선 굵기를 바꿉니다.

❻ 농도 수정

선의 농도를 바꿉니다.

❼ 선 절단

클릭한 곳에서 선을 2개로 분할합니다.

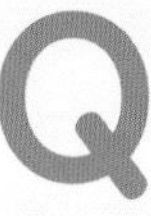

벡터선에 강약을 붙이고 싶다

101

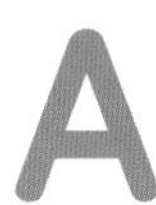

[선 수정] 도구의 [선폭 수정]이나 [제어점]에서 선에 강약을 붙일 수 있습니다.

선의 굵기를 부분적으로 바꾸기

[선 수정] 도구에 있는 [선폭 수정]은 벡터선의 굵기를 부분적으로 바꿀 수 있는 보조 도구입니다. 드래그한 부분을 굵게 하거나 가늘게 할 수 있습니다.

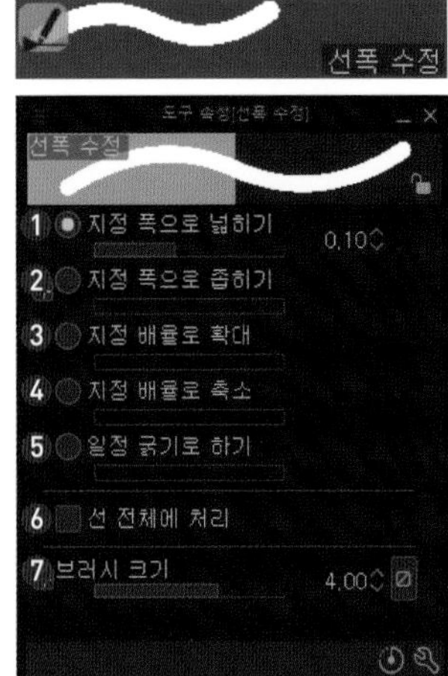

사용하고 싶은 기능을 [도구 속성] 팔레트에서 선택합니다.

❶ 지정 폭으로 넓히기
선폭의 값을 지정하여 굵게 합니다.

❷ 지정 폭으로 좁히기
선폭의 값을 지정하여 가늘게 합니다.

❸ 지정 배율로 확대
배율을 설정하여 선폭을 굵게 합니다.

❹ 지정 배율로 축소
배율을 설정하여 선폭을 가늘게 합니다.

❺ 일정 굵기로 하기
선폭 값을 지정하여 일정한 굵기로 합니다.

❻ 선 전체에 처리
체크하면 [선폭 수정]의 처리가 선 전체에 적용됩니다.

❼ 브러시 크기
[선폭 수정]의 브러시 크기를 설정합니다.

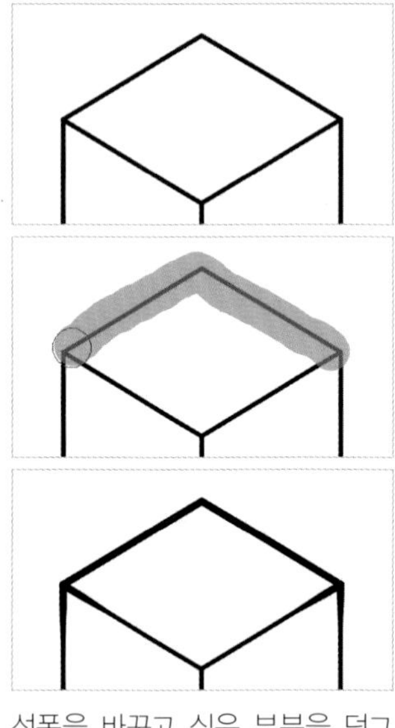

선폭을 바꾸고 싶은 부분을 덧그리듯이 브러시를 움직입니다.

제어점을 편집하여 굵기를 바꾸기

P.123에서 소개한 [선 수정] 도구→[제어점]을 사용해 제어점 주위에 있는 선의 굵기를 바꿀 수 있습니다.

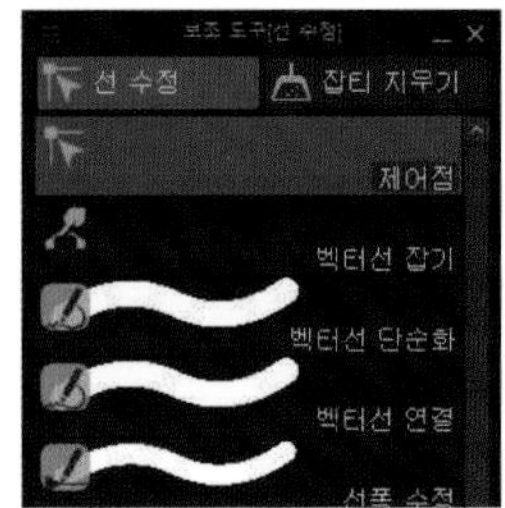

❶ [보조 도구] 팔레트에서 [선 수정] 도구→[제어점]을 선택합니다.

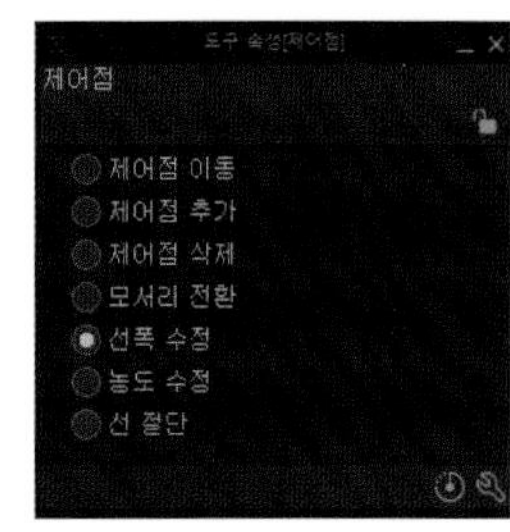

❷ [도구 속성] 팔레트에서 [선폭 수정]을 선택합니다.

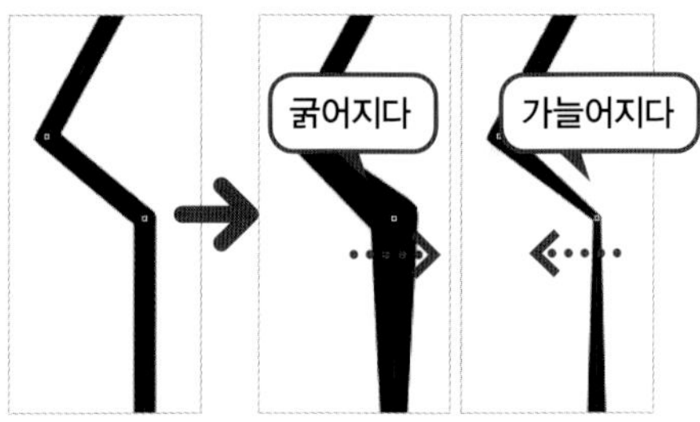

❸ 제어점을 오른쪽으로 드래그하면 선이 굵어지고 왼쪽으로 드래그하면 가늘어집니다.

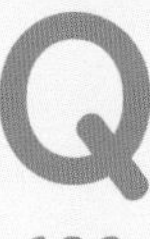

102

벡터선을 매끈하게 하고 싶다

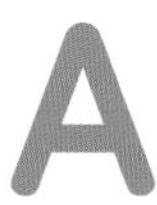

[벡터선 단순화]로 해결할 수 있습니다.

매끈한 선

[선 수정] 도구에 있는 [벡터선 단순화]는 벡터선의 제어점을 줄이고 단순화하여 선을 매끈하게 하는 보조 도구입니다.

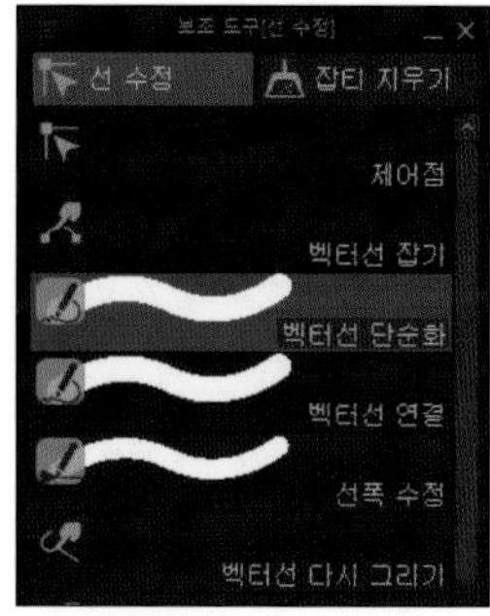

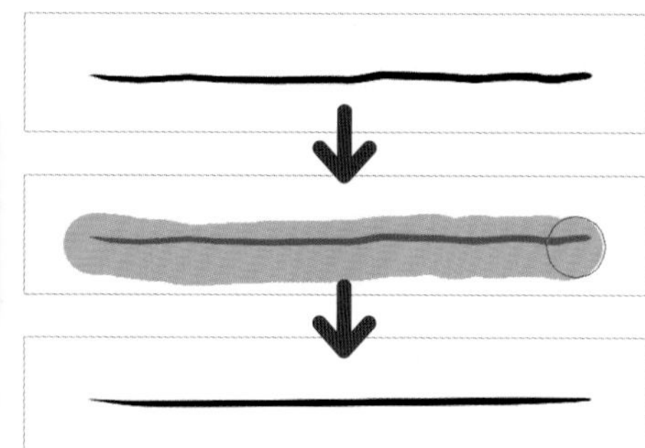

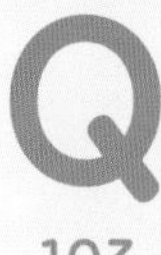

103

끊어진 벡터선을 연결하고 싶다

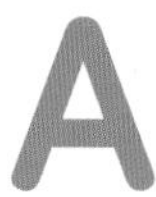

[벡터선 연결]로 벡터선끼리를 연결합니다.

인접한 벡터선끼리 연결하기

끝이 인접한 벡터선끼리는 [선 수정] 도구에 있는 [벡터선 연결]로 연결할 수 있습니다.

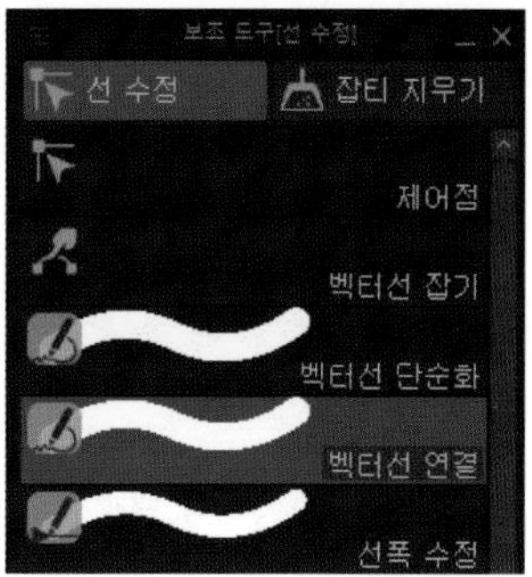

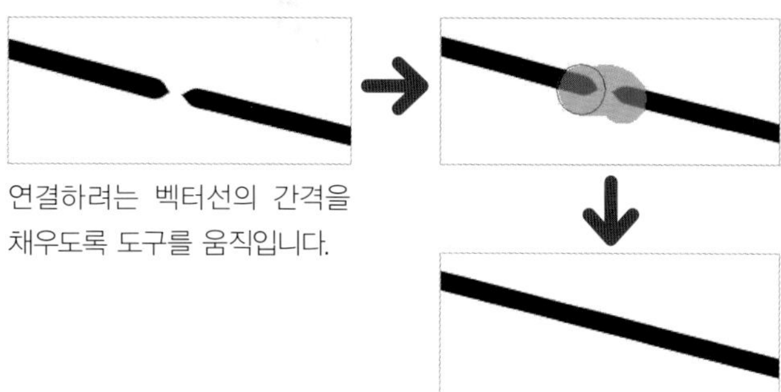

연결하려는 벡터선의 간격을 채우도록 도구를 움직입니다.

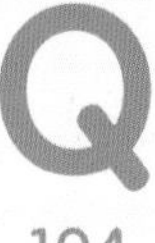

104

Adobe Illustrator의 벡터 이미지를 가져오고 싶다

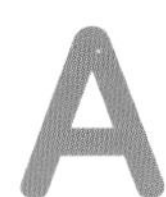

SVG 형식으로 Adobe Illustrator와 벡터 이미지를 주고받을 수 있습니다.

SVG 파일 가져오기와 내보내기

Adobe Illustrator에서 작업한 SVG 형식의 이미지 파일은 [파일] 메뉴→[가져오기]→[벡터]로 읽어 들일 수 있습니다.

CLIP STUDIO PAINT에서 SVG 파일로 저장하고 싶은 경우는 [파일] 메뉴→[벡터 내보내기]를 선택합니다. 작성된 SVG 파일은 Adobe Illustrator에서 열 수 있습니다.

Adobe Illustrator에서 저장하기

Adobe Illustrator에서 작성한 이미지를 [파일] 메뉴→[다른 이름으로 저장]에서 SVG 형식으로 저장합니다.

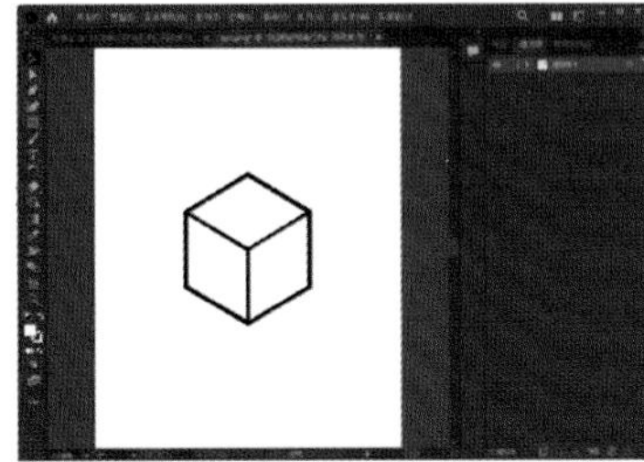

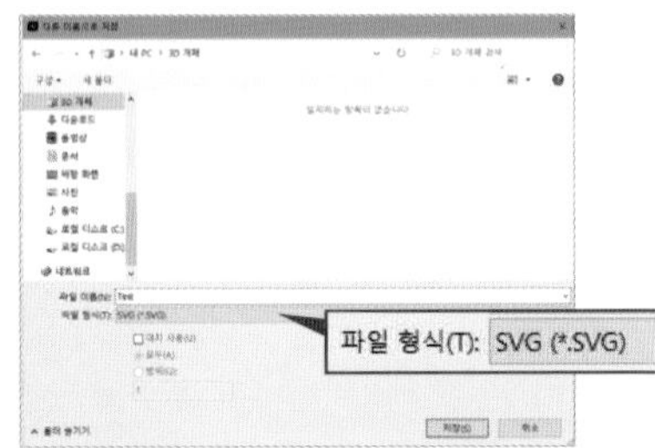

CLIP STUDIO PAINT에서 가져오기

이미지를 불러올 캔버스를 연 상태에서 [파일] 메뉴→[가져오기]→[벡터]를 선택해 SVG 파일을 가져옵니다.

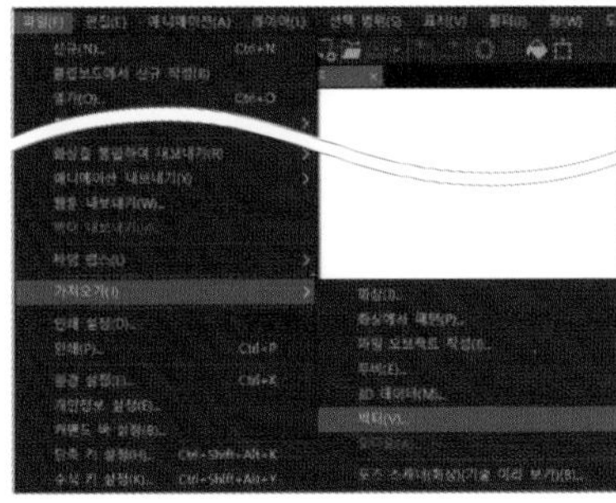

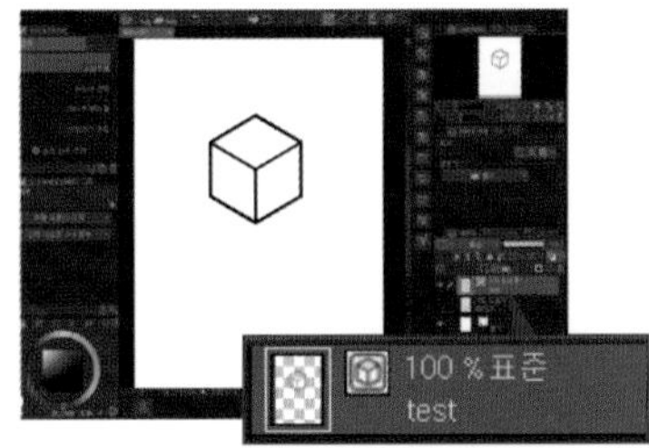

SVG 파일은 벡터 레이어로 읽힙니다.

CLIP STUDIO PAINT에서 내보내기

[파일] 메뉴→[벡터 내보내기]로 벡터 레이어의 이미지를 SVG 형식으로 내보낼 수 있습니다.

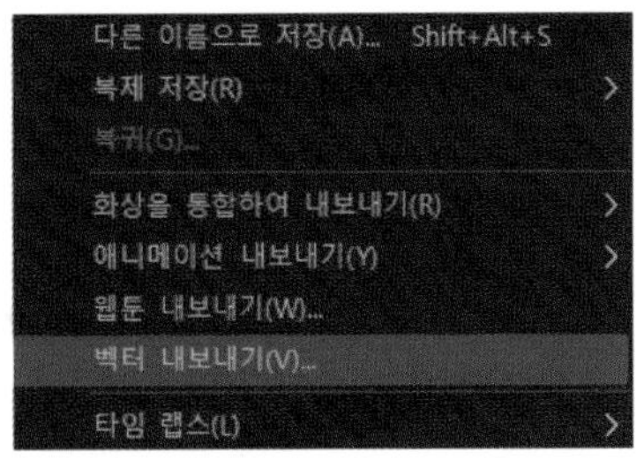

TIPS 선 이외의 정보는 주고받을 수 없다

CLIP STUDIO PAINT에서 가져오는 SVG 형식의 이미지 파일은 선 정보만 됩니다. CLIP STUDIO PAINT에서 SVG 형식으로 내보내는 경우도 선뿐으로 브러시 형태나 채색 등의 정보는 내보낼 수 없습니다.

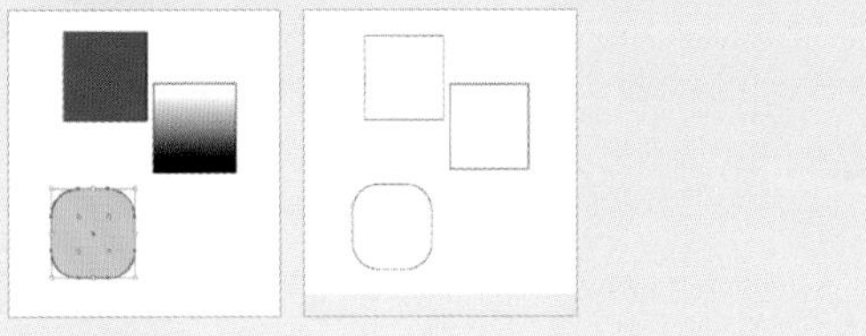

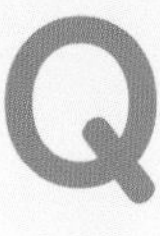

자로 선을 그리고 싶다

105

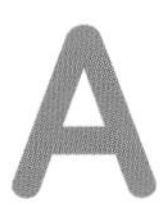

보라색 선으로 표시된 자에 스냅시켜 선을 그립니다.

여러 가지 자

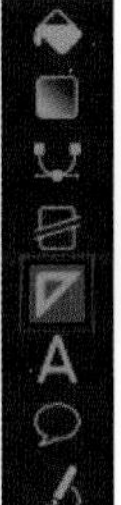

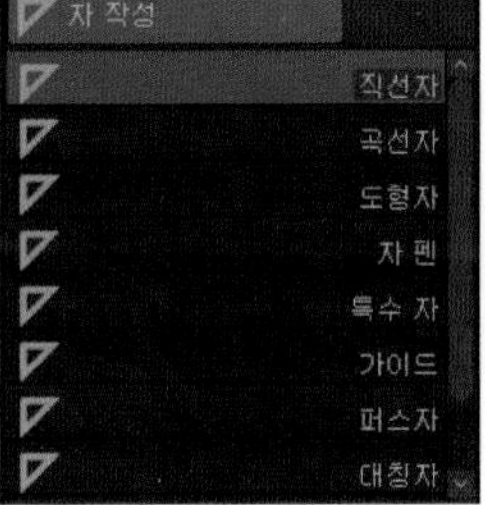

[자] 도구에는 다양한 종류의 보조 도구가 있습니다.

자에는 여러 종류가 있어 곧은 선을 그리거나 퍼스에 맞는 그림을 그릴 때 작화를 도와줍니다.

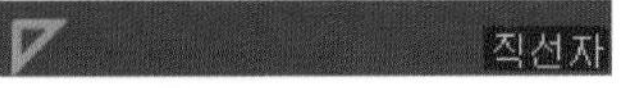

[직선자] 직선을 그리는 자를 작성합니다.

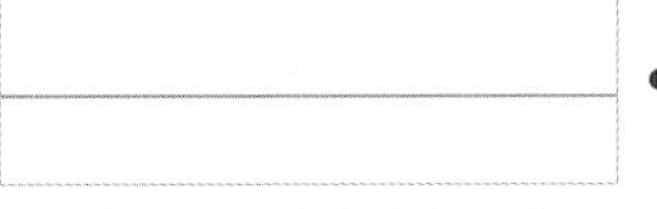

작성한 자는 보라색 가이드 선으로 표시됩니다.

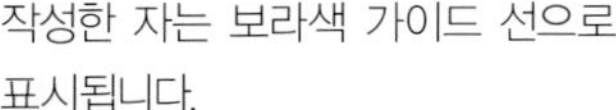

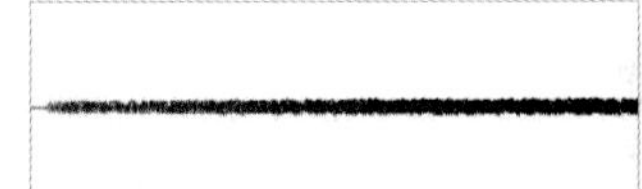

원하는 브러시 도구로 스냅시켜 선을 그립니다.

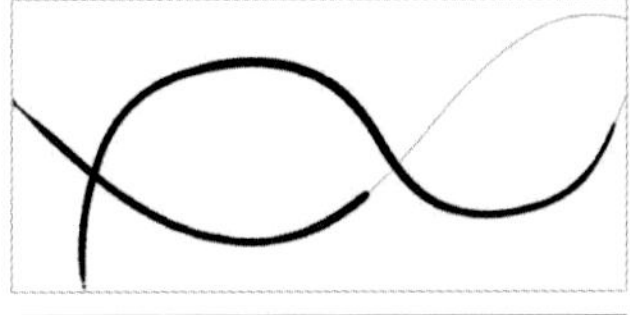

[곡선자]
곡선을 그리는 자를 만듭니다. 베지어 곡선을 사용하여 곡선자를 만들 수 있습니다.

[특수자]
[평행선] 등의 특수 자를 용도에 맞게 선택할 수 있습니다.

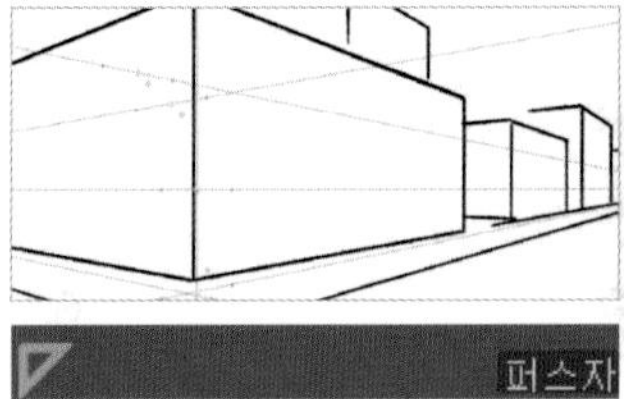

[퍼스자]
투시도법을 이용한 그림을 그리기 위한 자를 작성합니다.

자에 스냅시키기

자에 브러시를 스냅(흡착)시키려면 [표시] 메뉴→[자에 스냅]/[특수 자에 스냅] 혹은 커맨드 바의 버튼을 ON으로 합니다.

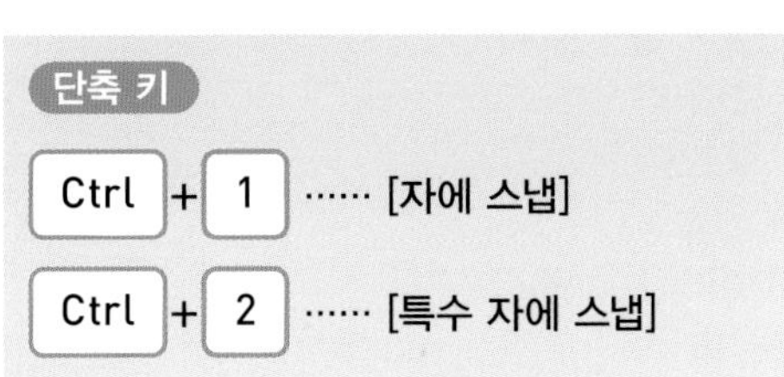

단축 키

Ctrl + 1 …… [자에 스냅]

Ctrl + 2 …… [특수 자에 스냅]

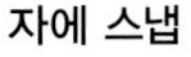

자에 스냅
[직선자], [곡선자], [도형자] 등에 스냅시킬 때 ON으로 합니다.

특수 자에 스냅
[특수자], [퍼스자], [가이드] 등에 스냅시킬 때 ON으로 합니다.

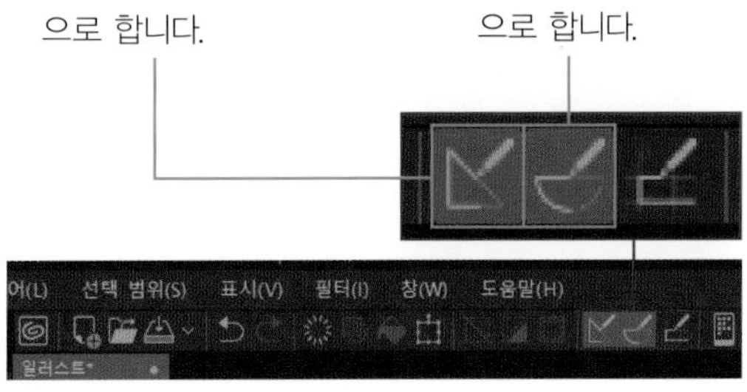

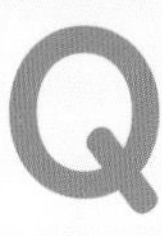

자를 지우고 싶다

106

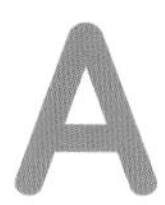

자를 삭제하거나 [자의 표시 범위 설정]에서 숨깁니다.

자 아이콘 조작

자를 삭제하고 싶을 때는 [레이어] 메뉴→[자/컷 테두리]→[자 삭제]를 선택하거나 [레이어] 팔레트에서 자 아이콘을 휴지통으로 드래그합니다.
자 아이콘을 드래그하여 자를 다른 레이어로 이동할 수도 있습니다.

자 삭제

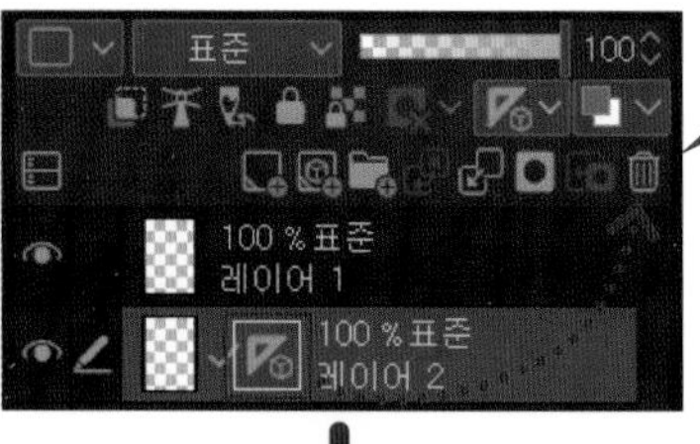

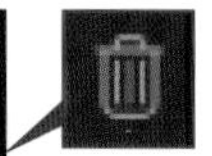

자 아이콘을 휴지통으로 드래그합니다.

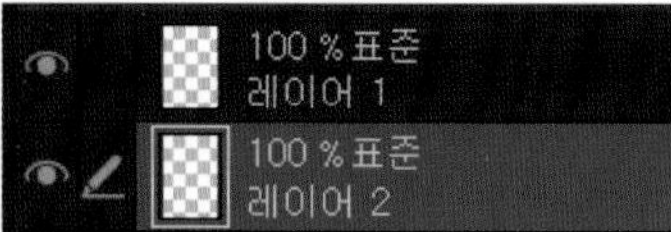

자가 삭제됩니다.

자 이동

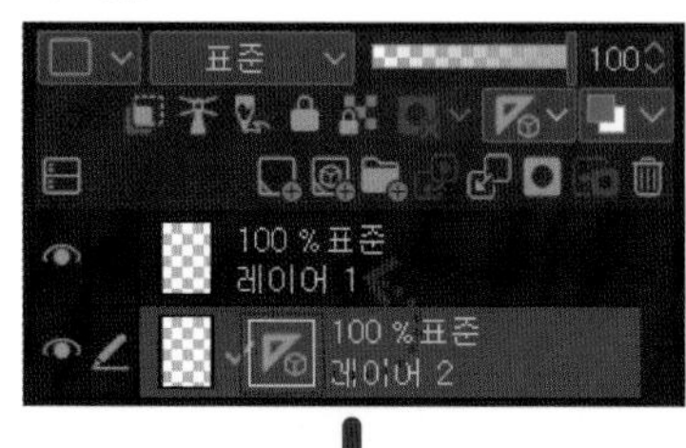

자 아이콘을 다른 레이어로 드래그하여 이동합니다.

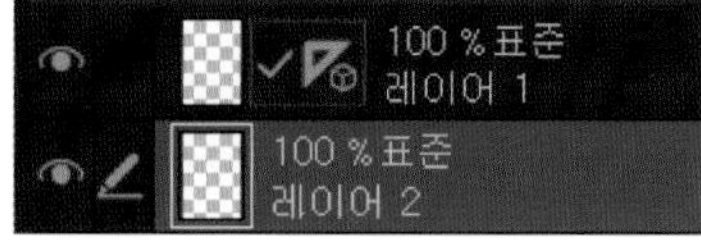

자가 다른 레이어로 이동됩니다.

자의 표시 범위

자의 표시를 지우고 싶거나 자의 영향 범위를 정하고 싶을 때는 [자의 표시 범위 설정]을 설정합니다.

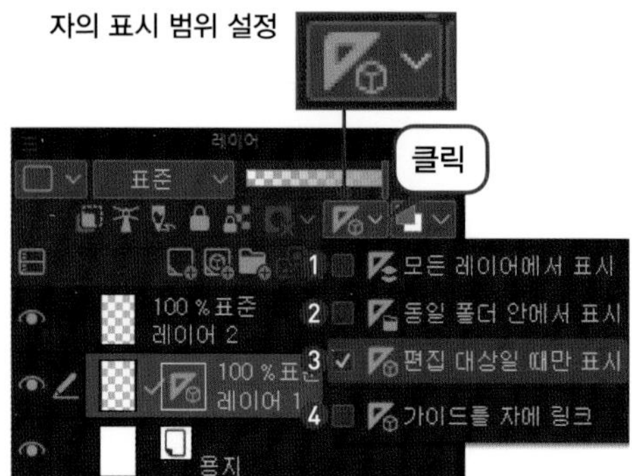

[자의 표시 범위 설정]은 [레이어] 팔레트에 있습니다.

❶ 모든 레이어에서 표시
모든 레이어에서 자를 표시하고 스냅시키는 것이 가능합니다.

❷ 동일 폴더 안에서 표시
자가 포함된 레이어 폴더 안의 레이어에만 자를 표시하고 스냅시키는 것이 가능합니다.

❸ 편집 대상일 때만 표시
자가 있는 레이어를 편집 중일 때만 자를 표시하고 스냅시키는 것이 가능합니다.

❹ 가이드를 자에 링크
자가 있는 레이어에 가이드 선이 있는 경우 자를 다른 레이어로 이동하면 가이드도 연동되어 이동합니다.

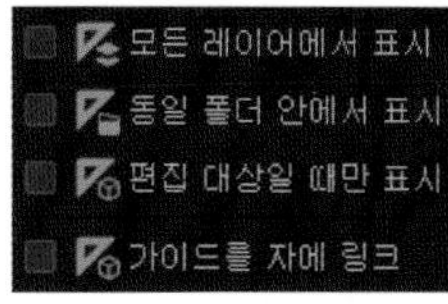

모든 레이어에서 숨김
모든 체크를 해제하면 자는 표시되지 않습니다.

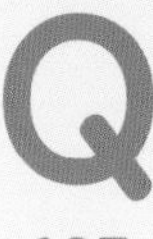

자의 눈금을 사용하여 그리고 싶다

107

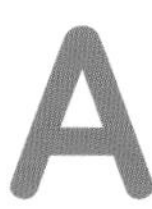

[직선자]의 설정으로 눈금을 표시할 수 있습니다.

길이를 재는 눈금

[자] 도구의 [직선자]에는 눈금을 표시하는 기능이 있습니다. 눈금을 사용하여 길이를 측정할 수 있습니다.

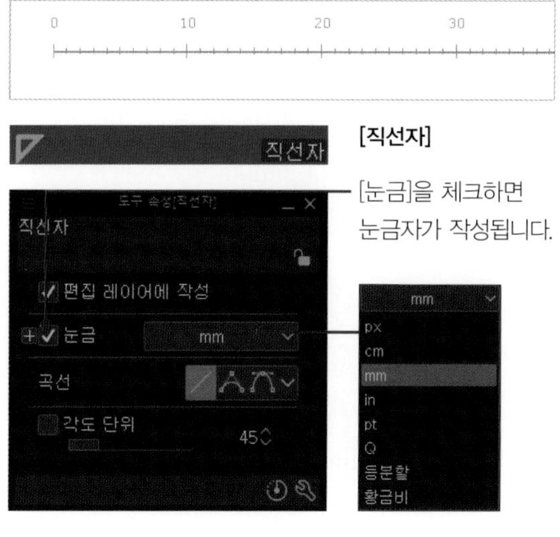

[cm]나 [mm] 등 눈금 단위를 선택할 수 있습니다.

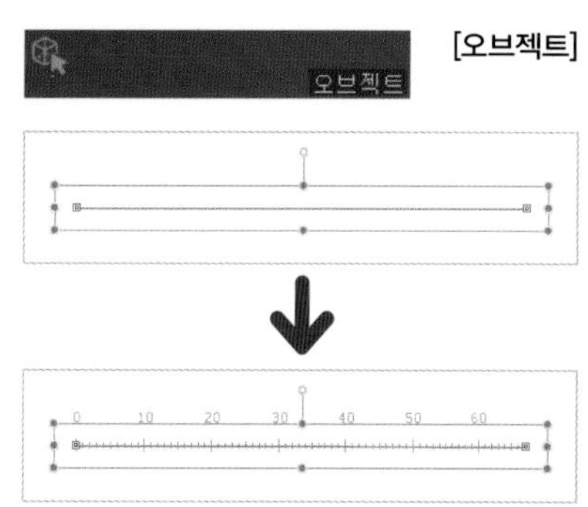

나중에 눈금 표시

나중에 자에 눈금을 표시하고 싶을 때는 [오브젝트]로 선택하고 [도구 속성] 팔레트에서 [눈금]을 체크합니다.

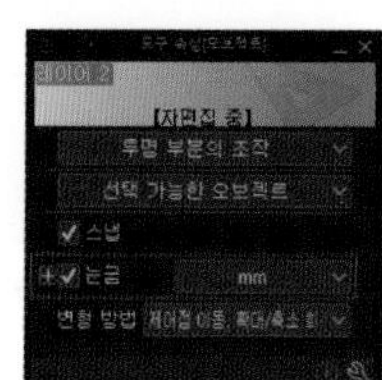

등분할의 눈금

[눈금]을 [등분할]로 설정하면 같은 길이로 분할하는 기준을 설정할 수 있습니다.

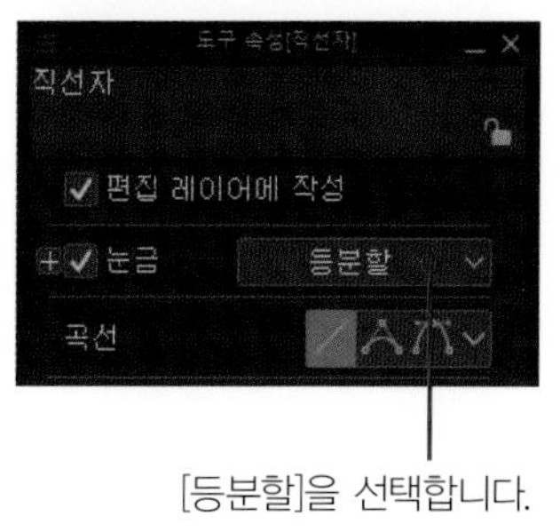

[등분할]을 선택합니다.

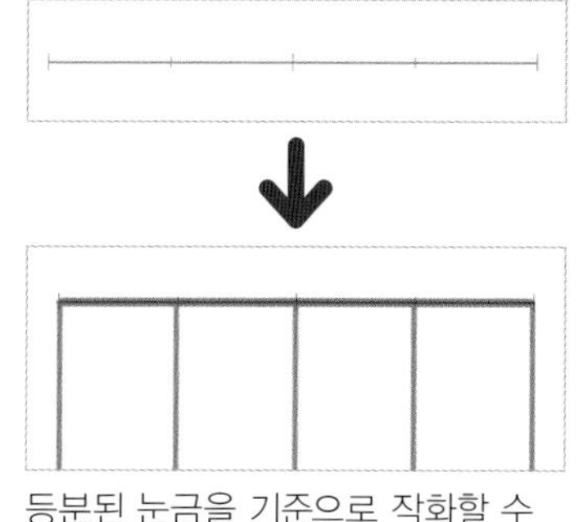

등분된 눈금을 기준으로 작화할 수 있습니다.

기능 확장 ⊞를 클릭하여 엽니다.

눈금 등분할
분할 수 4

분할 수 바꾸기

기능 확장을 열면 분할 수를 바꿀 수 있습니다.

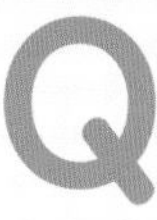

좌우 대칭의 그림을 그리고 싶다

108

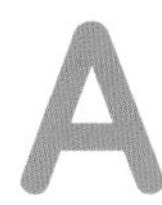

[대칭자]를 사용하면 좌우 대칭의 그림을 그릴 수 있습니다.

[대칭자]

[자] 도구→[대칭자]는 선대칭 그림을 그리기 위한 자입니다. [선 수]의 설정을 바꿔 다양한 작업을 할 수 있습니다.

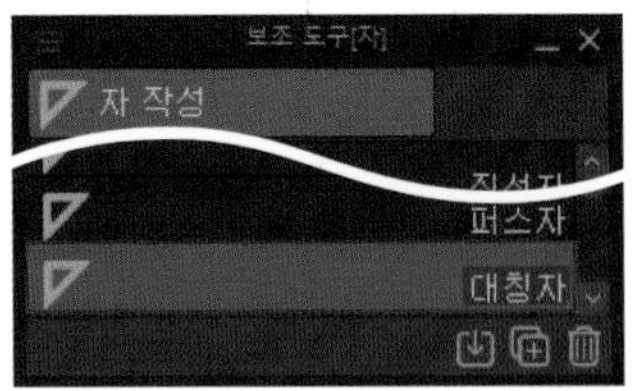

특수 자에 스냅

스냅 ON/OFF

[특수 자에 스냅]을 OFF로 하면 [대칭자]의 효과가 없어집니다.

좌우 대칭의 그림 그리기

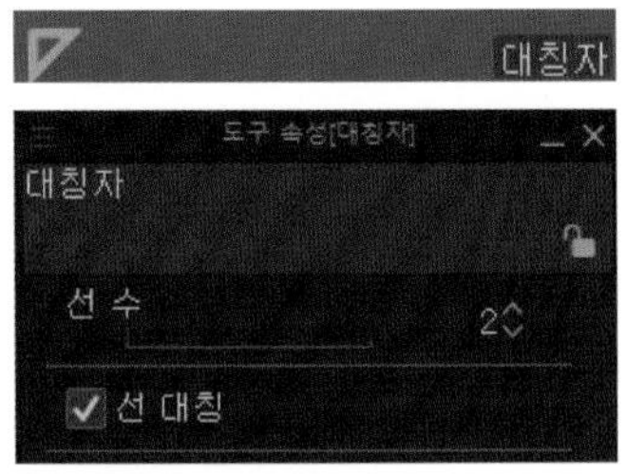

❶ 좌우 대칭의 그림을 그릴 경우는 초기 설정대로 [대칭자]를 사용합니다. 초기 설정에서는 [도구 속성] 팔레트의 [선 수]가 2로 되어 있습니다.

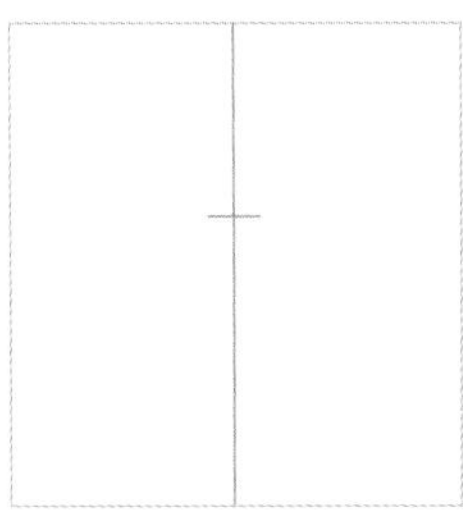

❷ [대칭자]로 캔버스를 드래그하면 화면을 분할하는 자의 선이 표시됩니다.

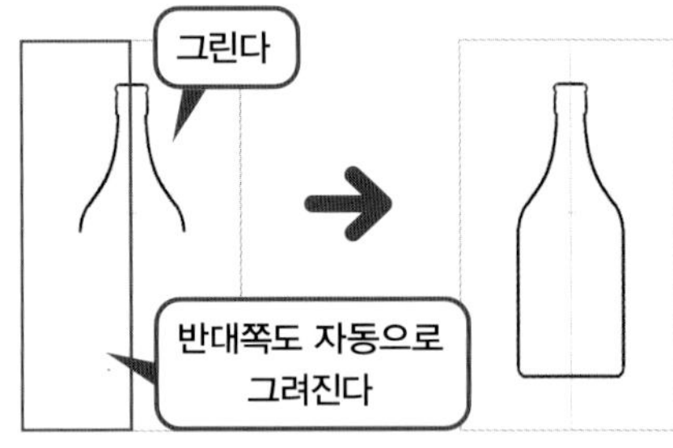

❸ 자의 선을 경계로 하여 한쪽 영역에서 그리면 반대쪽도 자동으로 그려집니다.

TIPS 수평·수직의 자

자를 작성할 때 [Shift]를 누르면서 드래그하면 수평 또는 수직 방향으로 작성할 수 있습니다.

설정 바꾸기

[선 수]의 설정을 바꾸어 다양한 그림을 그릴 수 있습니다.

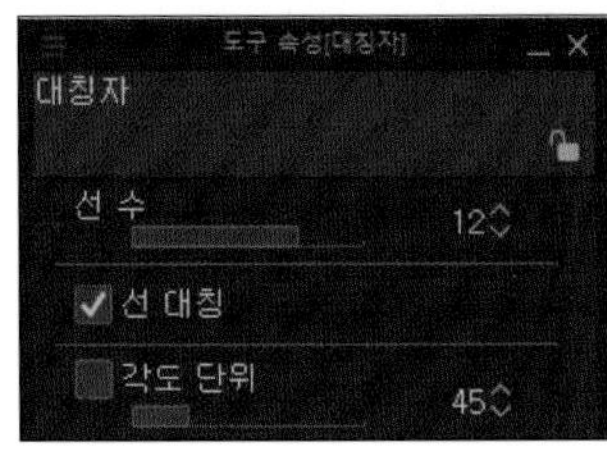

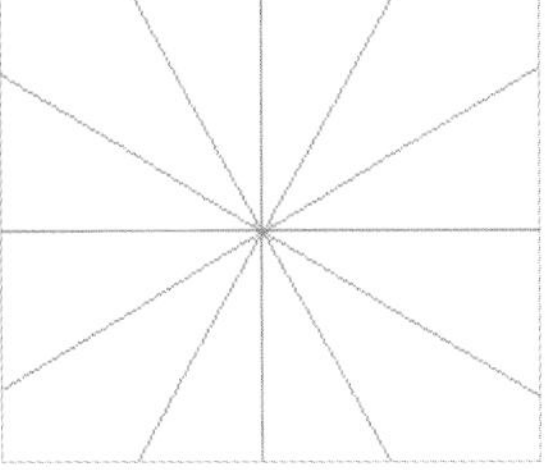

❶ [대칭자]의 [도구 속성] 팔레트에서 [선 수]를 12로 설정한 다음 캔버스를 드래그하여 자를 만듭니다.

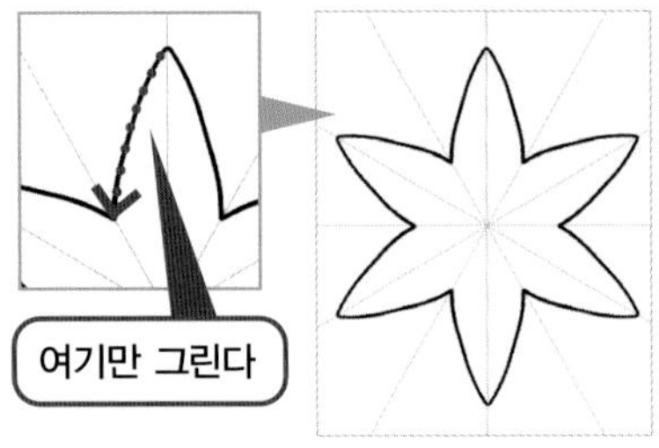

❷ 분할된 것 중 1개의 면을 그리면 그림과 같은 무늬를 그릴 수 있습니다.

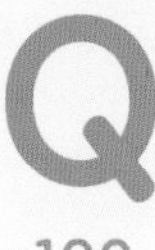

레이스 무늬를 그리고 싶다

109

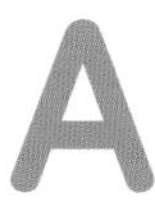

[대칭자]와 [경계 효과]를 사용해 레이스 무늬를 그릴 수 있습니다.

레이스 모양 그리기 설정

[대칭자]와 [레이어 속성] 팔레트의 [경계 효과]를 사용하여 레이스 무늬를 간단하게 만들 수 있습니다.

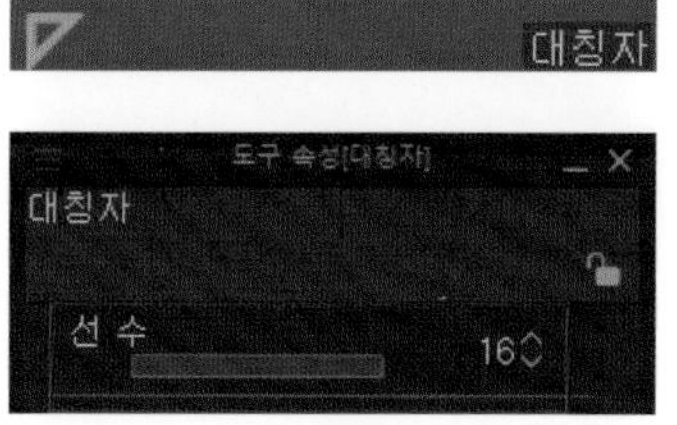

❶ [자] 도구의 [대칭자]를 선택하고 [도구 속성] 팔레트에서 [선 수]를 16으로 설정합니다.

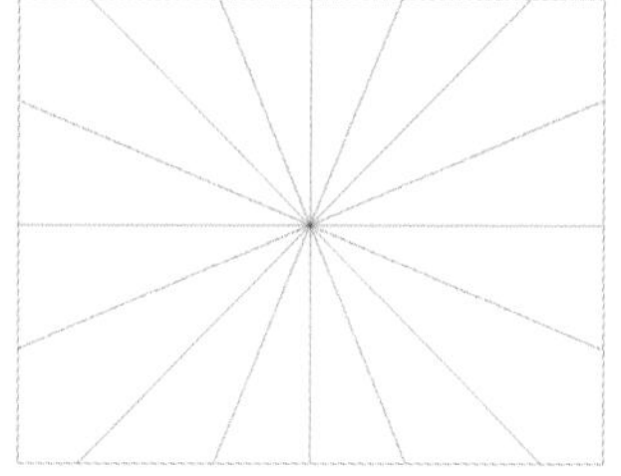

❷ 캔버스를 드래그하여 자를 만듭니다.

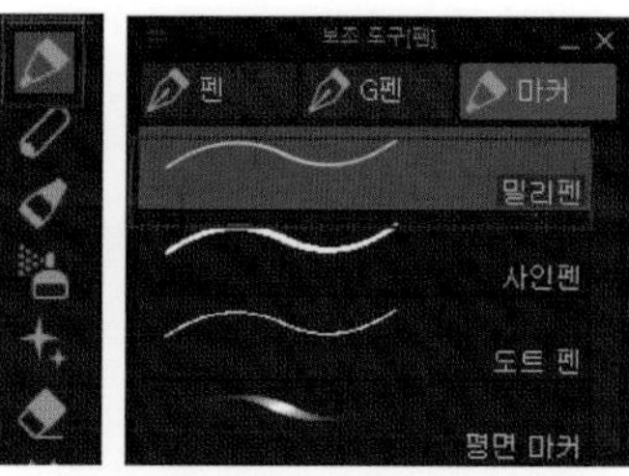

❸ 브러시 도구를 선택합니다. [펜] 도구의 [마커] 그룹에 있는 [밀리펜]을 선택합니다.

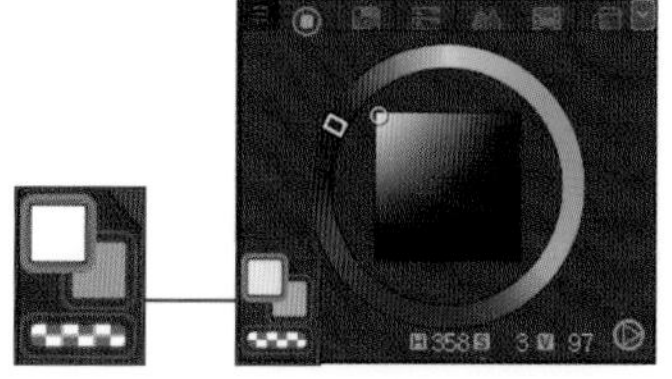

❹ 그리기 색을 흰색으로 설정합니다.

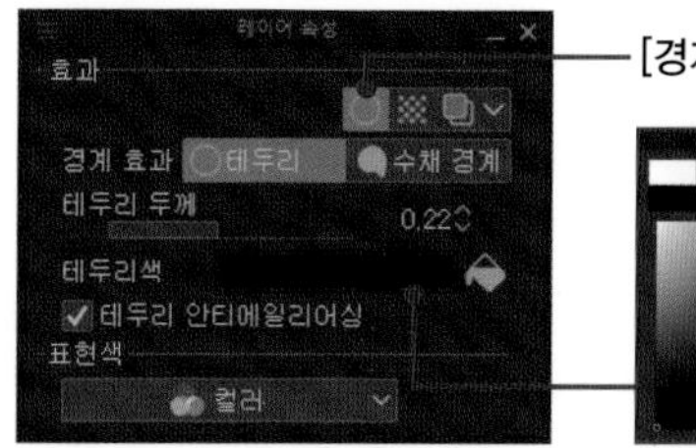

[경계 효과]를 ON

[테두리 색]은 컬러 아이콘을 클릭하여 [색 설정] 대화상자에서 설정합니다.

❺ [레이어 속성] 팔레트에서 [경계 효과]를 ON으로 하고 [테두리]를 선택, [테두리 색]은 검정으로 설정합니다.

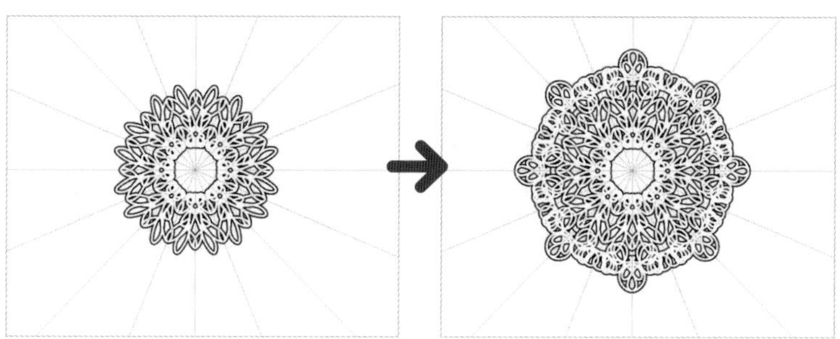

❻ 그려서 무늬를 만듭니다. 무늬는 간단하게 만들 수 있으므로 마음에 들지 않으면 다시 그려도 좋습니다.

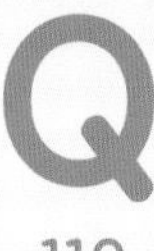

110

복수의 평행한 선을 그리고 싶다

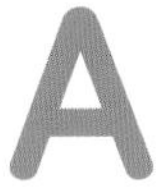

[특수 자]의 종류를 [평행선]이나 [평행 곡선], [동심원]으로 설정하여 그릴 수 있습니다.

[평행선] 유형의 [특수 자]

[자] 도구→[특수 자]의 종류를 [평행선]으로 설정하면 한 방향으로 평행한 선을 그릴 수 있습니다.

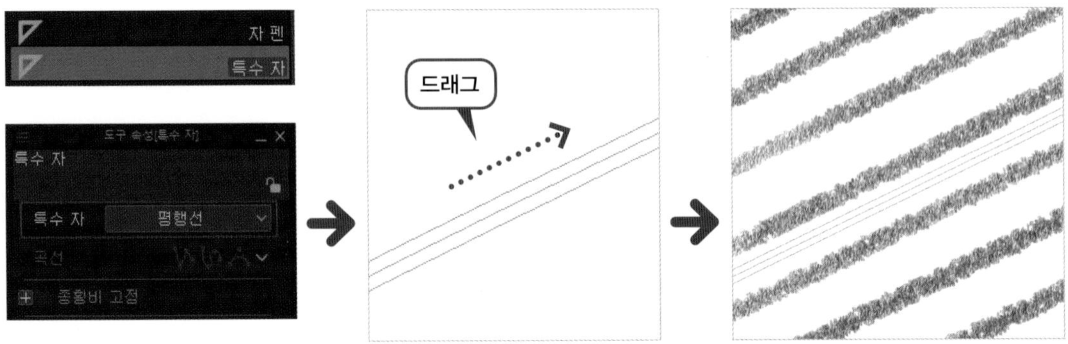

❶ [특수 자]를 선택하고 [도구 속성] 팔레트에서 [평행선]을 선택합니다.

❷ 캔버스 위에서 드래그하여 자를 작성합니다.

❸ [특수 자에 스냅]이 ON으로 되어 있으면 원하는 브러시로 평행선을 그릴 수 있습니다.

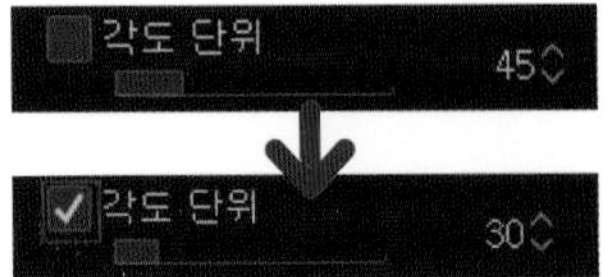

[각도 단위] 설정

Shift를 누르면서 드래그하면 수직, 수평 방향으로 자를 만들 수 있습니다.
[도구 속성] 팔레트에서 [각도 단위]를 체크하고 각도를 설정하면 Shift를 누르면서 설정한 각도의 단위로 자를 만들 수 있습니다.

평행한 곡선

[특수 자]의 종류를 [평행 곡선]으로 설정하면 평행한 곡선을 그릴 수 있습니다. 또 중심이 같은 원을 그릴 수 있는 [동심원]도 평행한 곡선을 그리는 데 도움이 됩니다.

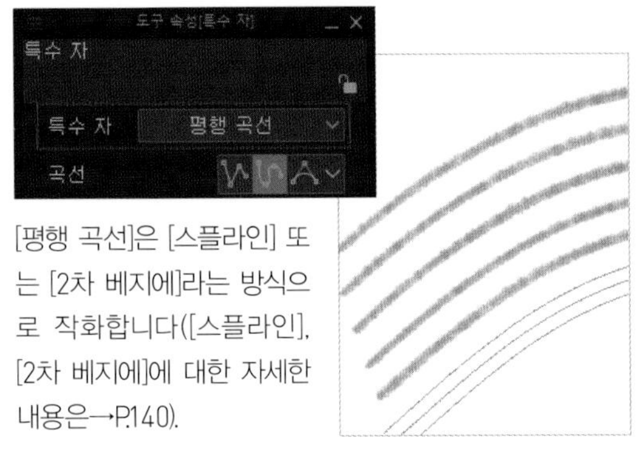

[평행 곡선]은 [스플라인] 또는 [2차 베지에]라는 방식으로 작화합니다([스플라인], [2차 베지에]에 대한 자세한 내용은→P.140).

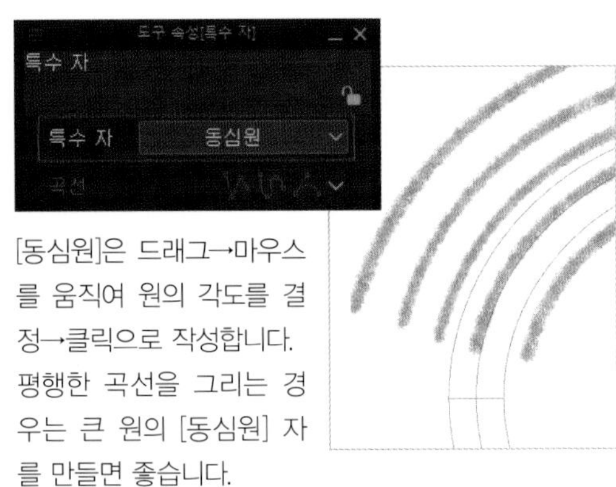

[동심원]은 드래그→마우스를 움직여 원의 각도를 결정→클릭으로 작성합니다. 평행한 곡선을 그리는 경우는 큰 원의 [동심원] 자를 만들면 좋습니다.

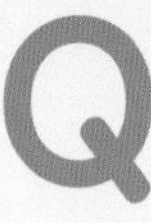

방사상으로 선을 그리고 싶다

111

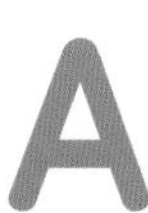

[특수 자]의 종류를 [방사선]으로 설정해 선을 그립니다.

[특수 자]를 [방사선]으로 설정

[자] 도구→[특수 자]의 종류를 [방사선]으로 설정하면 방사상으로 선을 그릴 수 있습니다.

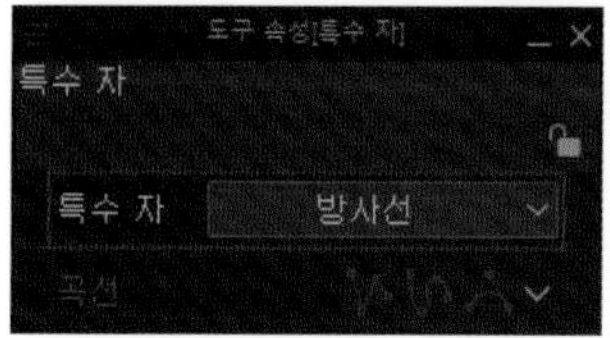

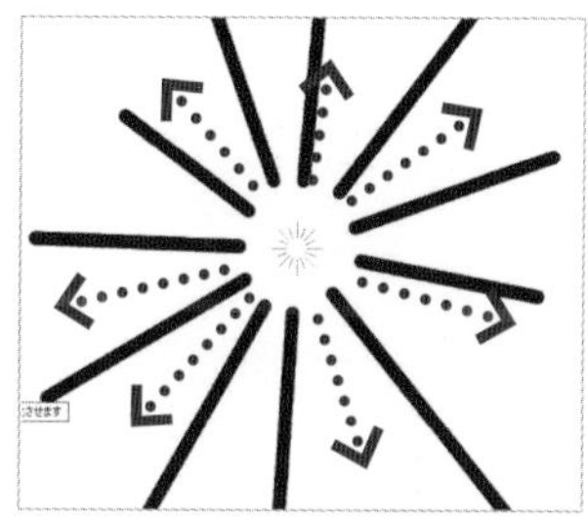

캔버스 위에서 클릭하면 [방사선] 자가 작성됩니다. 클릭한 부분을 중심으로 방사선을 그릴 수 있습니다.

벡터선을 자로 하고 싶다

112

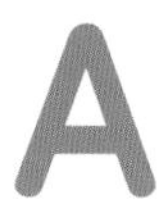

[벡터선을 자로 변환]으로 벡터선이 자가 됩니다.

[벡터선을 자로 변환]

[레이어] 메뉴→[자/컷 테두리]→[벡터선을 자로 변환]에서 벡터 레이어의 선을 자로 할 수 있습니다.

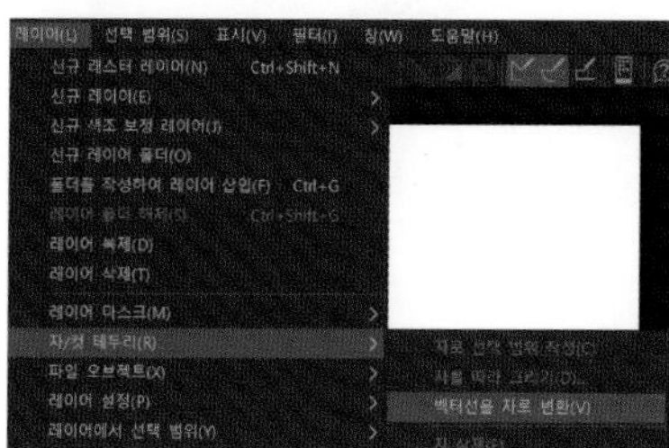

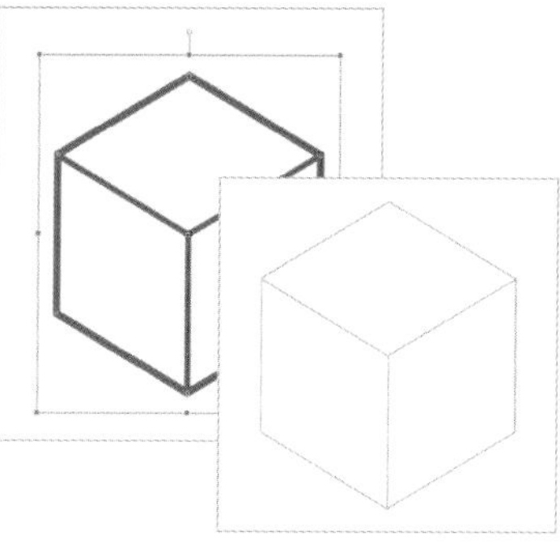

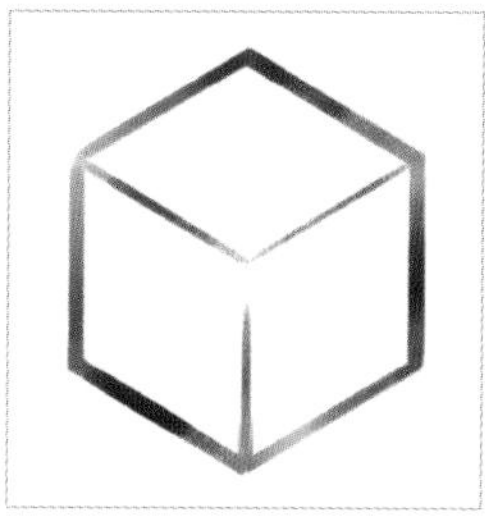

작성한 자를 래스터 레이어에 옮기면 [바탕색 혼합] 등 벡터 레이어에서 할 수 없는 그리기로 선을 그릴 수 있습니다.

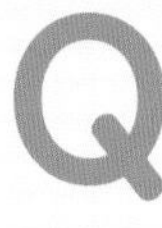

퍼스자를 만들고 싶다

113

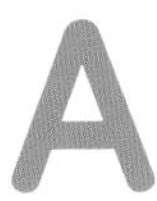

메뉴에서 [퍼스자 작성]을 선택하거나 [퍼스자] 보조 도구로 작성합니다.

메뉴에서 작성

퍼스자는 [레이어] 메뉴→[자/컷 테두리]→[퍼스자 작성]을 선택하여 만들 수 있습니다.

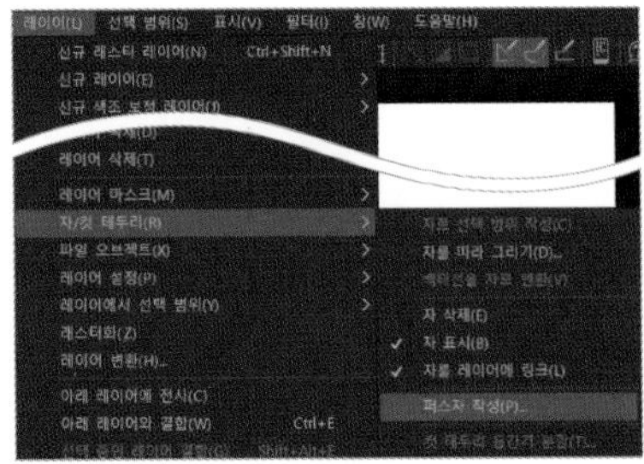

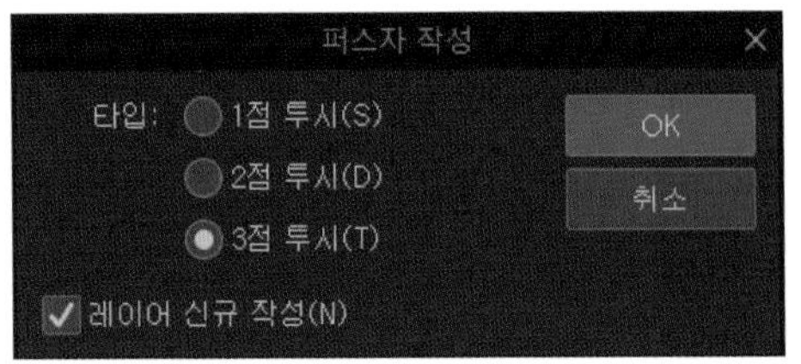

[퍼스자 작성] 대화상자에서 투시도법의 타입을 선택하고 [OK]를 클릭하면 퍼스자가 만들어집니다.

도구에서 작성

[자] 도구→[퍼스자]에서는 러프의 선에 맞추어 퍼스자를 만들 수 있습니다.

[퍼스자] 보조 도구 사용법 (3점 투시의 예)

깊이의 소실점에 어울릴 것 같은 선에 맞추어 [퍼스자]로 드래그합니다.

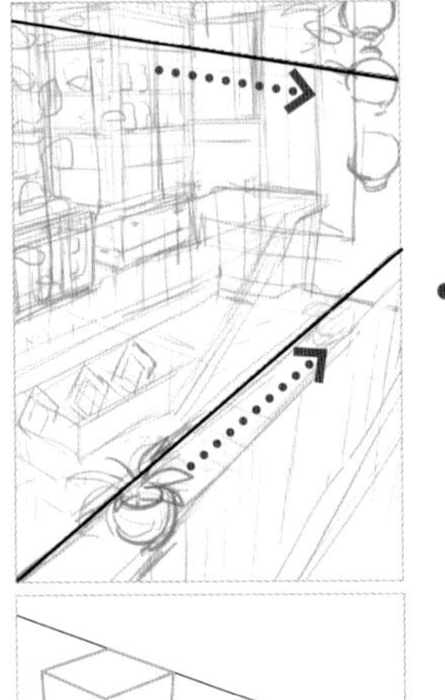

오른쪽 깊이로 향하는 선을 따라 소실점을 정합니다.

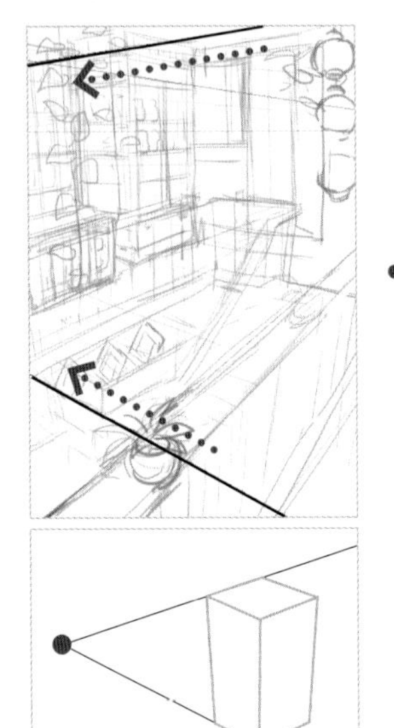

왼쪽 깊이로 향하는 선을 따라 소실점을 정합니다.

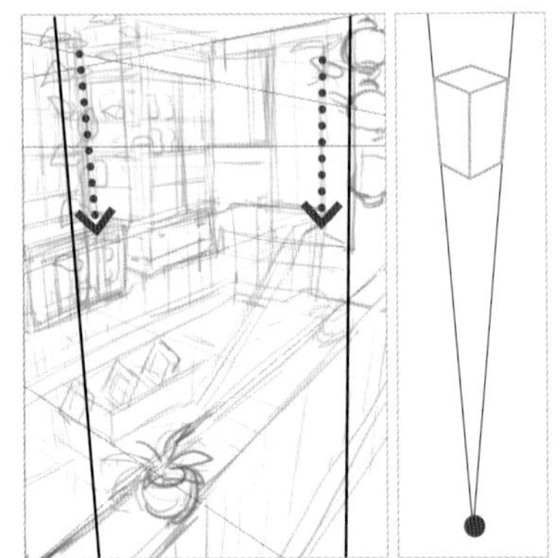

세로 방향으로도 소실점을 만들어 3점 투시 퍼스자로 만듭니다.

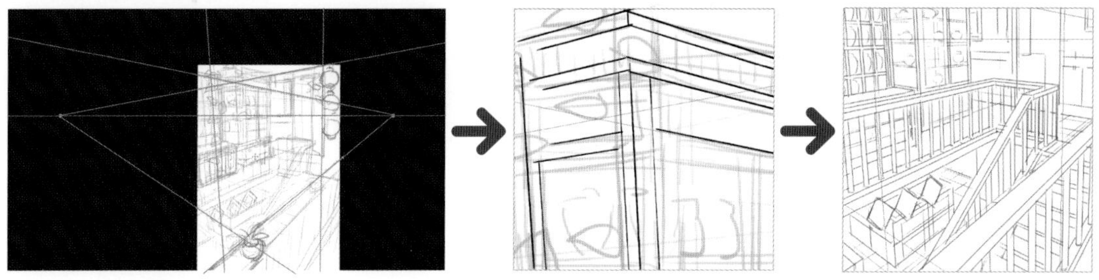
퍼스자에 스냅시켜 그립니다.

퍼스자의 각부 명칭과 가이드선 조작

퍼스자를 [조작] 도구→[오브젝트]로 선택하면 가이드 선이나 각종 핸들이 표시되어 편집할 수 있게 됩니다.

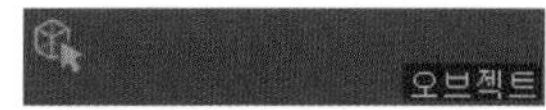

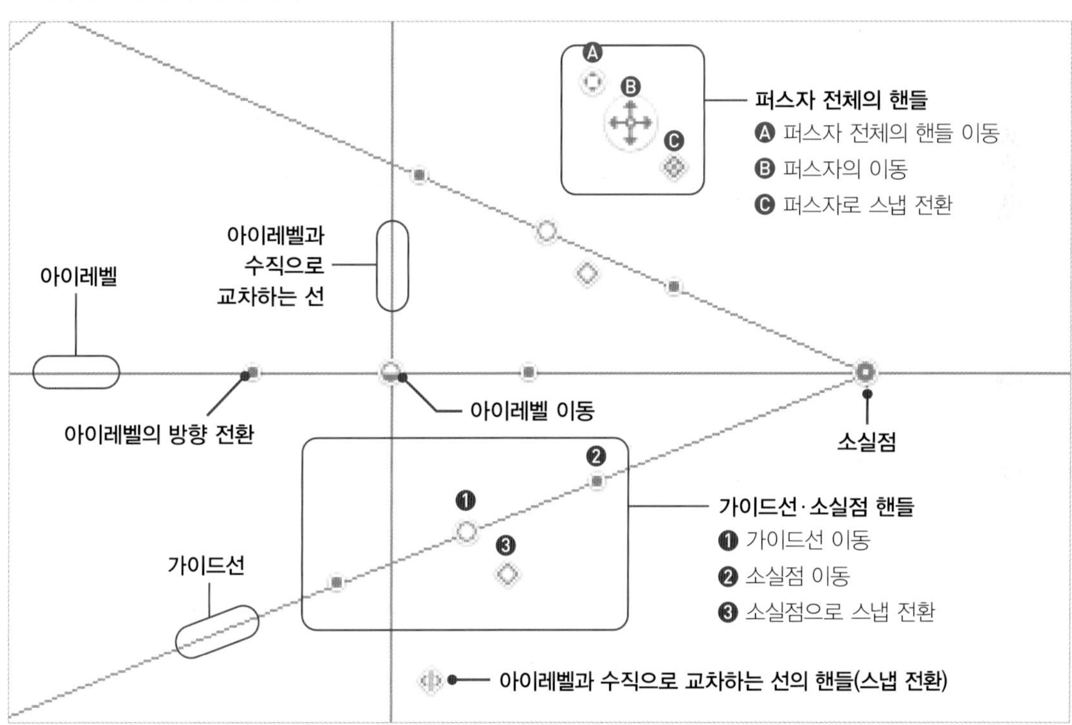

가이드선만 조작

[가이드선 이동]을 드래그하면 가이드선만 움직일 수 있습니다.

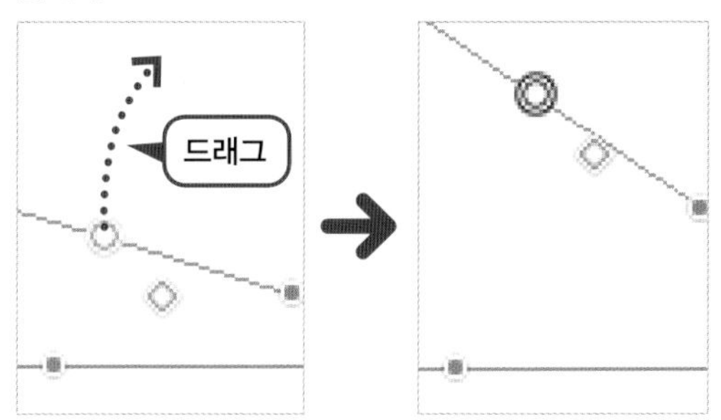

가이드선과 소실점 이동

가이드선에 있는 [소실점 이동]을 드래그하면 가이드선과 연결되어 있는 소실점도 연동해 이동합니다.

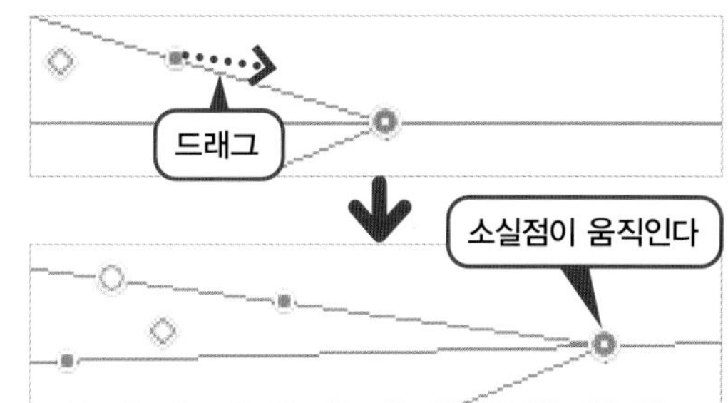

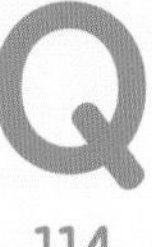

114

퍼스자의 아이레벨을 수평으로 하고 싶다

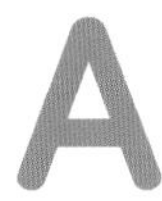

[아이레벨을 수평으로 하기]로 수평으로 할 수 있습니다.

마우스 오른쪽 클릭으로 메뉴 열기

퍼스자를 [오브젝트]로 편집할 때 마우스 오른쪽 클릭→[아이레벨을 수평으로 하기]를 선택하면 아이레벨이 수평이 됩니다.

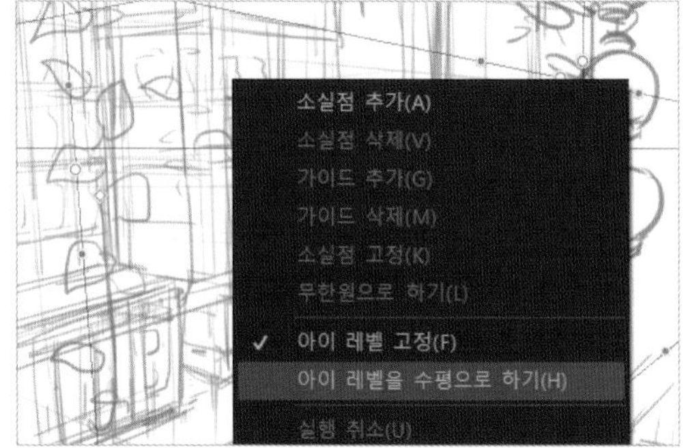

TIPS 아이레벨 고정하기

[도구 속성] 팔레트에서 [아이레벨 고정]을 체크하면 아이레벨이 고정되어 움직이지 않게 됩니다.

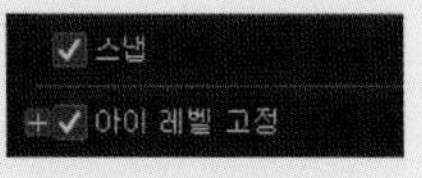

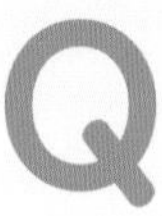

115

퍼스자로 스냅을 한정하고 싶다

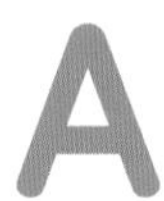

스냅시키고 싶지 않은 가이드 선의 스냅을 OFF 시킵니다.

스냅을 OFF로 하기

퍼스자는 소실점으로 향하는 가이드 선이나 아이레벨과 수직으로 교차하는 선에 스냅시켜 선을 그리지만 예상치 못한 방향으로 스냅되는 경우가 있습니다. 스냅시키고 싶지 않은 가이드 선의 스냅을 OFF로 하면 작업하기 쉬워집니다.

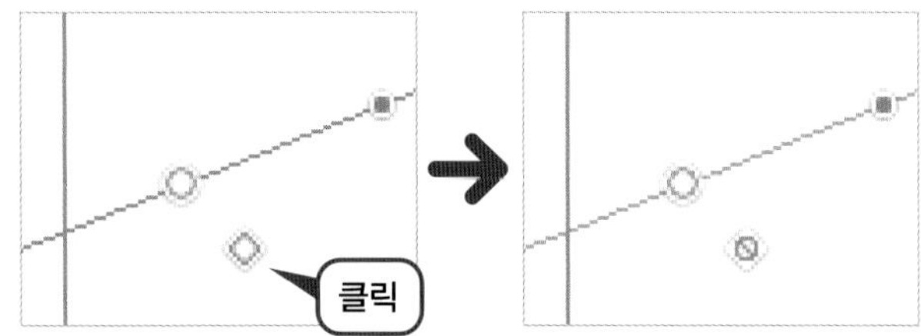

스냅 전환

[소실점으로 스냅 전환]이나 [아이레벨과 수직으로 교차하는 선의 핸들]은 클릭으로 스냅의 ON/OFF를 전환할 수 있습니다. 스냅이 꺼지면 선이 녹색이 됩니다.

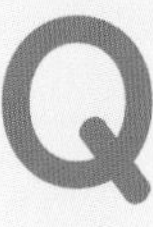

퍼스자의 그리드를 사용하고 싶다

116

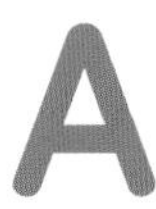

[도구 속성] 팔레트의 [그리드] 설정에서 그리드를 표시합니다.

그리드 표시

[오브젝트]로 퍼스자를 선택해 [도구 속성] 팔레트의 [그리드]에서 그리드를 표시할 수 있습니다. 그리드에는 [XY 평면], [YZ 평면], [XZ 평면]이 있으므로 대응하는 버튼을 클릭해 표시합니다.

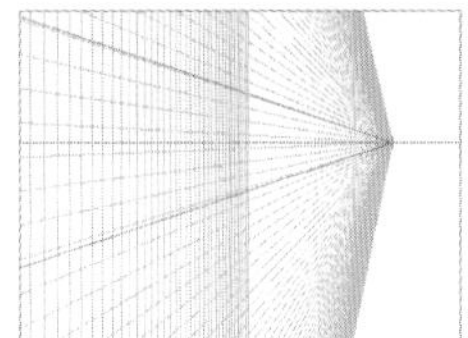

❶ XY 평면

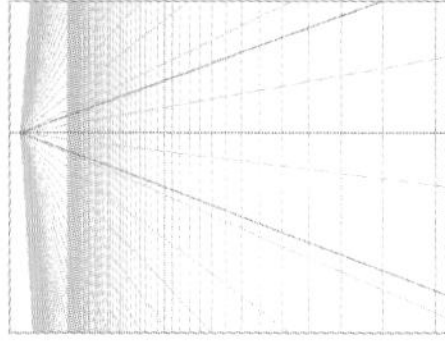

❷ YZ 평면

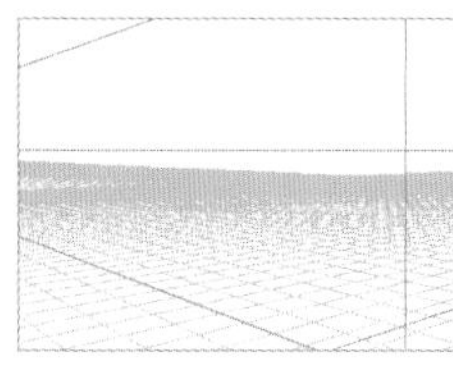

❸ XZ 평면

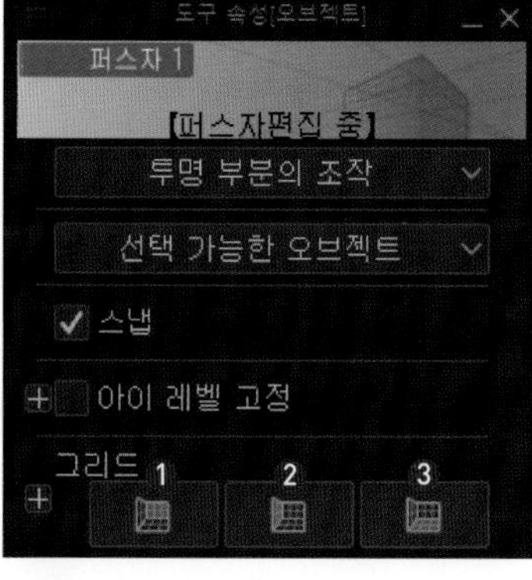

그리드에 스냅시키기

[그리드에 스냅]을 ON으로 하면 표시된 그리드에 스냅시킬 수 있습니다.

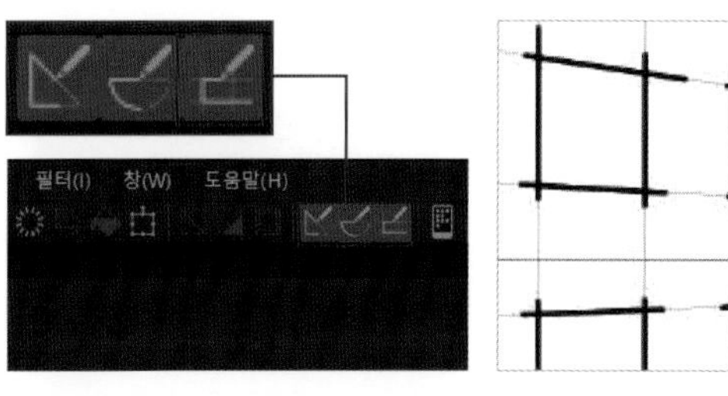

[그리드 크기] 바꾸기

⊞를 클릭해 표시되는 [그리드 크기]에서 그리드의 간격을 설정합니다.

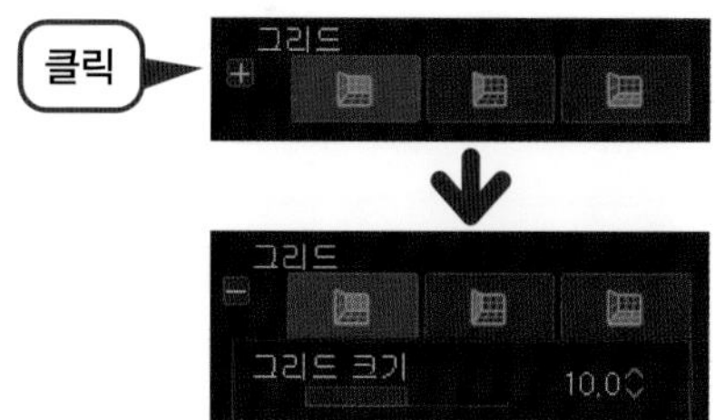

TIPS 스냅된 선을 다시 그리기

선을 그리는 중에 생각지도 못한 방향으로 스냅되거나 그리고 싶은 각도에서 어긋나 버린 경우는, 선을 그리기 시작한 곳까지 펜을 되돌리면 다시 그릴 수 있습니다.

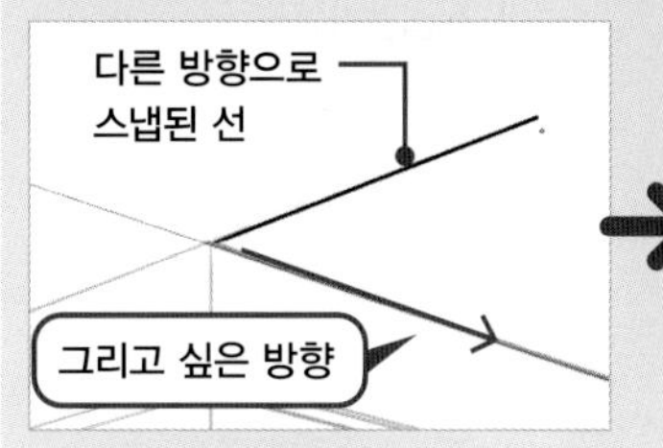

예상치 못한 방향으로 선이 그려지는 경우가 있습니다.

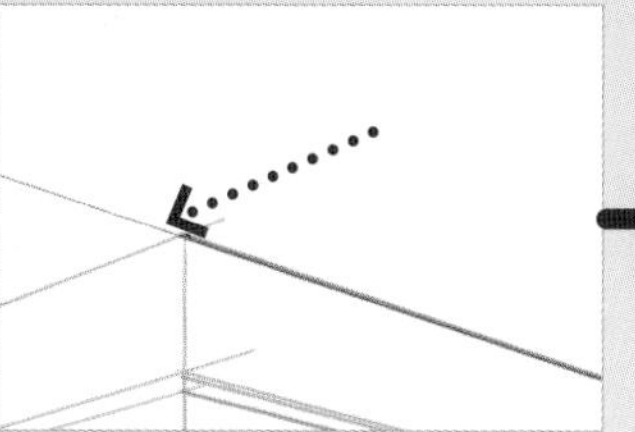

펜을 태블릿에서 떼기 전에 선을 그리기 시작한 곳까지 되돌립니다.

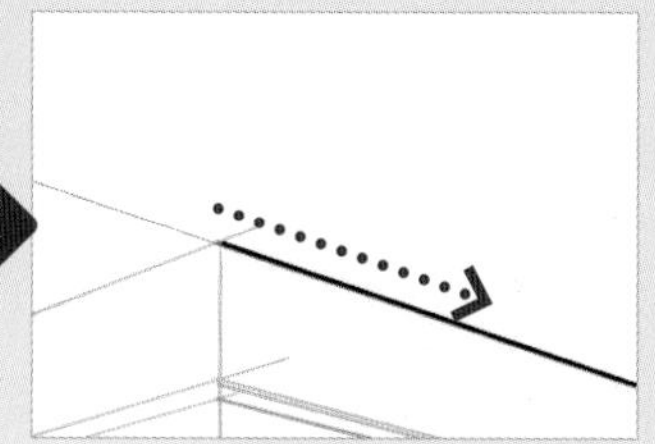

그대로 그리고 싶은 방향으로 선을 다시 그립니다.

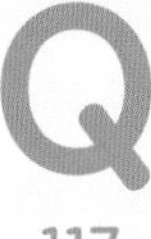

[직선] 도구로 재미있는 선을 그리고 싶다

117

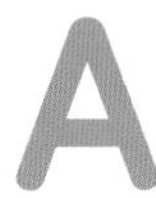

[시작점과 끝점]이나 [브러시 모양]을 설정합니다.

[직선] 보조 도구의 시작점과 끝점을 추가하기

[도형] 도구의 [직선]은 [시작점과 끝점]을 설정하면 강약이 있는 선을 만들 수 있습니다.

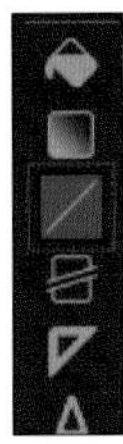

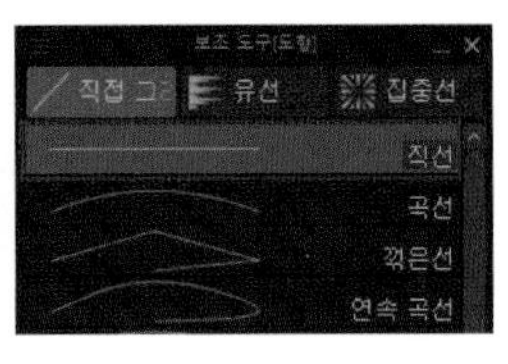

[시작점과 끝점] 설정

[도구 속성] 팔레트의 [시작점과 끝점]에서 [시작점과 끝점 영향범위 설정]을 열고 [브러시 크기]를 체크합니다.

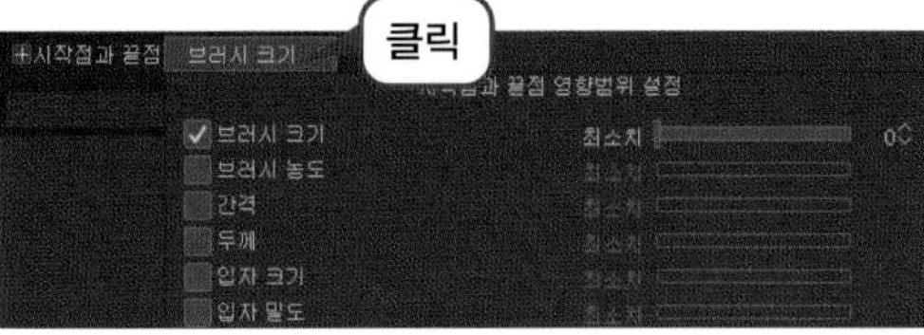

기능 확장
+를 클릭하여 엽니다.

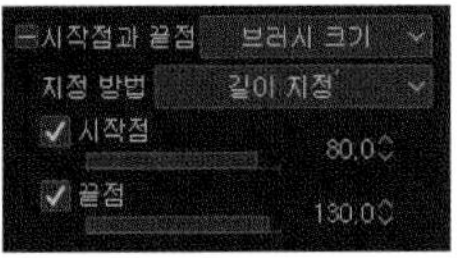

기능 확장에서 [시작점]과 [끝점]의 길이를 지정할 수 있습니다.

[직선] [시작점과 끝점] 없음

[직선] [시작점과 끝점] 있음

TIPS [시작점과 끝점] 설정

[직선]뿐만 아니라 [곡선]이나 [꺾은선] 등의 보조 도구도 [시작점과 끝점]을 설정할 수 있습니다. [도구 속성] 팔레트에 [시작점과 끝점]이 없는 경우는 [보조 도구 상세] 팔레트에서 설정합니다.

[브러시 모양] 설정하기

[도구 속성] 팔레트의 [브러시 모양]에서 다양한 브러시 모양을 선택할 수 있습니다. 선의 분위기를 바꾸고 싶을 때 사용하면 좋습니다.

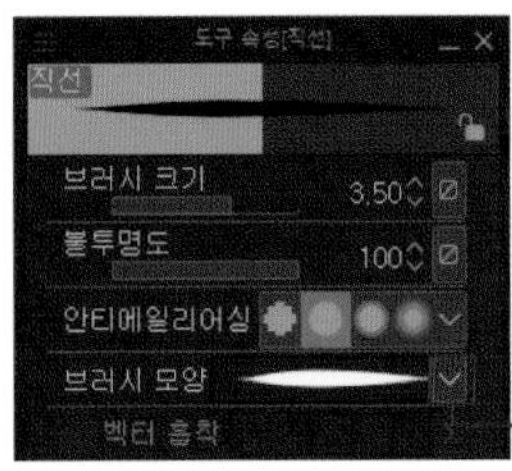

[브러시 모양]

[도구 속성] 팔레트의 [브러시 모양]을 클릭해 브러시 모양을 선택합니다.

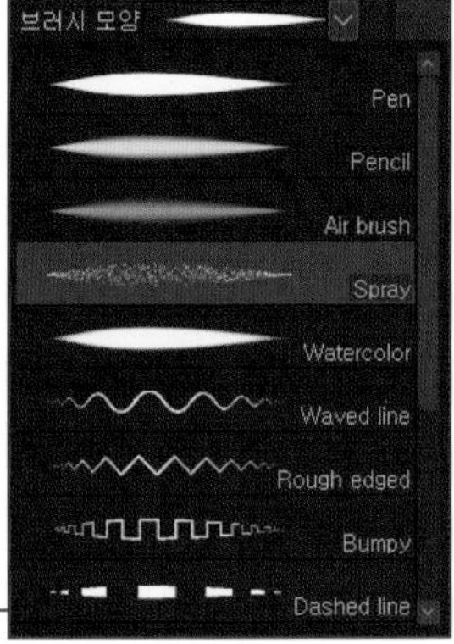

Pen

Pencil

Air brush

Spray

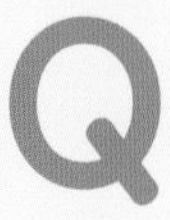

118

도형을 그리고 싶다

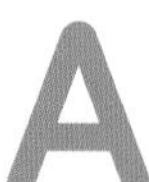

[도형] 도구에 있는 [직사각형]이나 [타원], [다각형]으로 기본적인 도형을 그릴 수 있습니다.

기본 도형을 만드는 보조 도구

[도형] 도구에는 [직사각형], [타원] 등 기본적인 도형을 만드는 보조 도구가 있습니다.

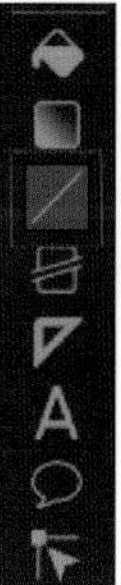

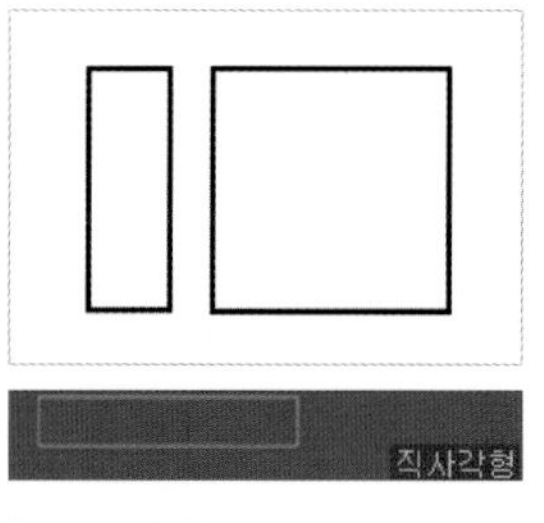

[직사각형]
드래그하여 사각형을 만드는 보조 도구입니다. Shift를 누르면서 드래그하면 정사각형을 만들 수 있습니다.

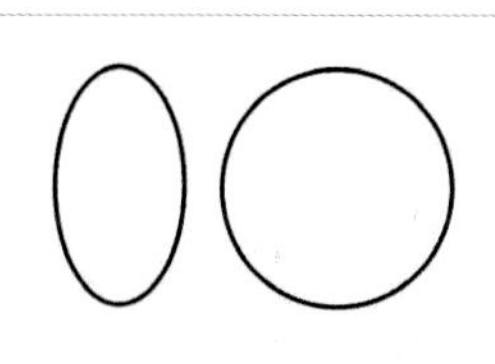

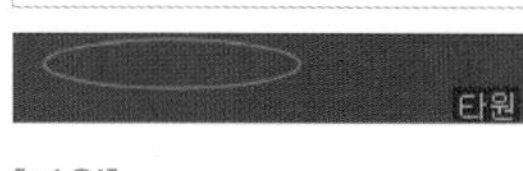

[타원]
드래그하여 타원을 만드는 보조 도구입니다. Shift를 누르면서 드래그하면 정원을 만들 수 있습니다.

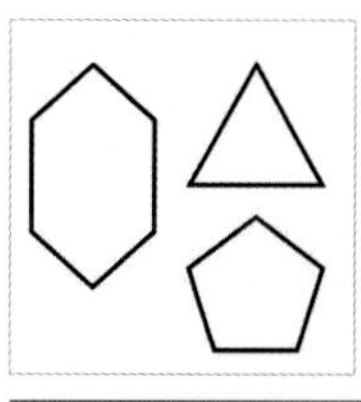

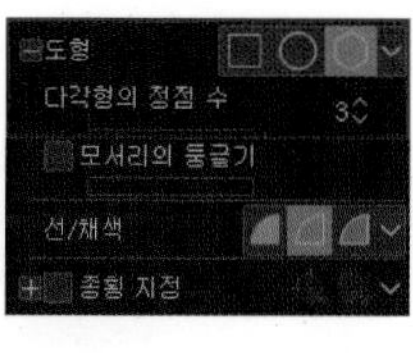

다각형

[다각형]
드래그하여 다각형을 만드는 보조 도구입니다. [도구 속성] 팔레트에 있는 [도형]의 기능 확장으로 [다각형의 정점 수]를 변경하여 삼각형이나 오각형 등을 만들 수 있습니다.

기억해 두면 좋은 설정

[도구 속성] 팔레트에서 도형의 종횡 지정 등을 설정할 수 있습니다.

종횡 지정

[종횡 지정]에서 도형의 종횡비를 설정할 수 있습니다.

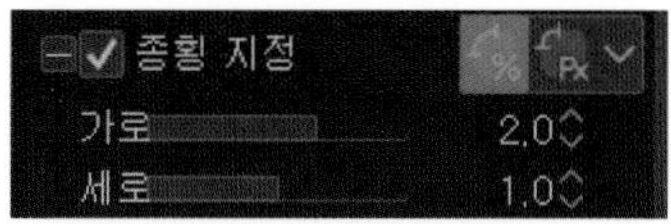

각도 조정

[타원]이나 [다각형] 등에 있는 [확정 후 각도 조정]을 체크하면 드래그하여 도형의 크기를 결정한 후에 마우스를 움직여 각도를 조정하고 클릭으로 확정시킵니다.

확정 후 각도 조정

선/채색 설정

[선/채색]의 설정은 만드는 도형의 선과 채색을 결정합니다.

❶ 채색 작성
선이 없고 채색만 하는 도형을 만듭니다. 채색한 색상은 메인컬러가 반영됩니다.

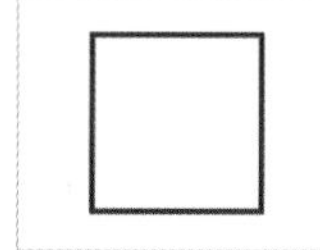

❷ 선 작성
선만 있는 도형을 만듭니다. 선 색상은 메인컬러가 반영됩니다.

❸ 선과 채색 작성
선과 채색을 한 도형을 만듭니다. 선은 메인컬러, 채색은 서브컬러가 반영됩니다.

모서리의 둥글기

[모서리의 둥글기]를 체크하면 모서리가 둥근 도형을 만들 수 있습니다.

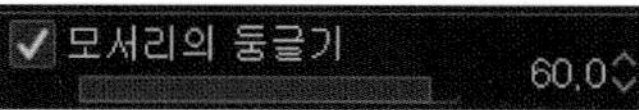

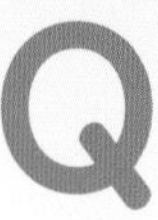

[도형] 도구로 곡선을 그리고 싶다

119

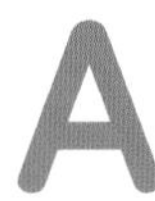

[곡선], [연속 곡선], [베지에 곡선]을 사용합니다.

[곡선] (2차 베지에)

[도형] 도구의 [곡선]은 2차 베지에라는 방법으로 곡선을 만듭니다. 2차 베지에는 제어점과 방향점으로 이루어져 방향점 위치에 따라 커브 형태가 바뀝니다.

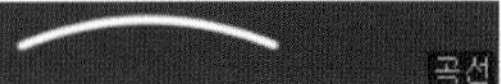

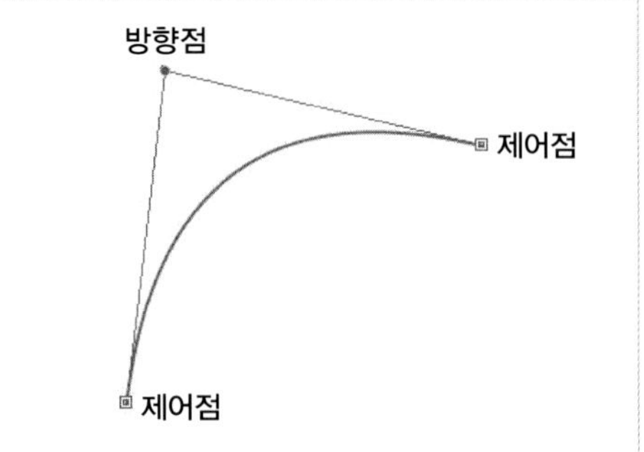

TIPS 벡터 레이어에서 재편집

벡터 레이어에서 그리면 방향점을 나중에 편집할 수 있습니다.

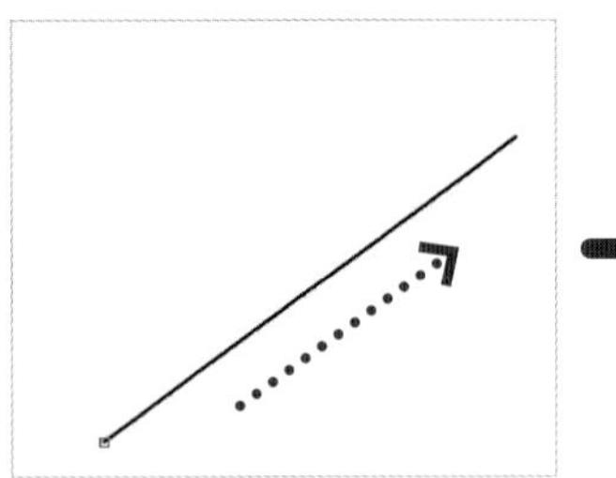

❶ 곡선의 시작점에서 끝점까지 마우스 버튼을 누른 채 드래그합니다.

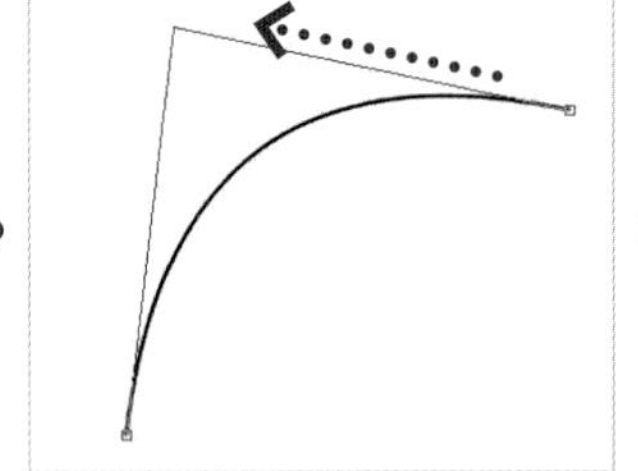

❷ 마우스 버튼에서 손가락을 떼고 마우스를 움직이면 방향점의 위치를 정할 수 있습니다.

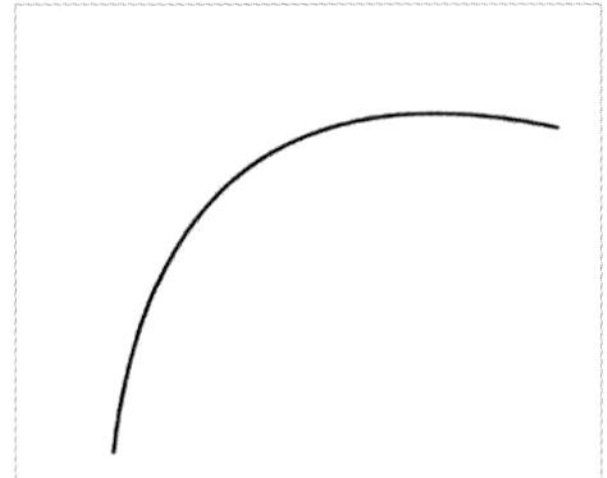

❸ 클릭하면 곡선이 확정됩니다.

[연속 곡선] (스플라인)

[도형] 도구의 [연속 곡선]은 스플라인이라는 방법으로 곡선을 만듭니다. 스플라인은 점을 찍듯이 클릭을 반복하여 곡선을 만듭니다.

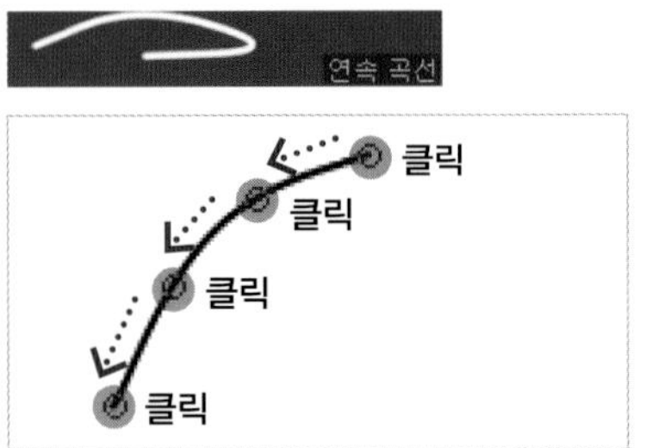

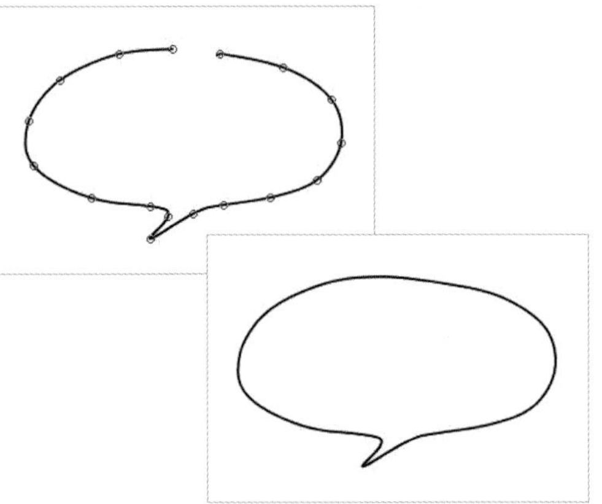

[베지에 곡선] (3차 베지에)

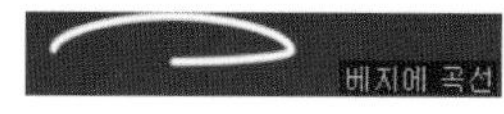

[도형] 도구의 [베지에 곡선]은 3차 베지에라는 방법으로 곡선을 만듭니다. 3차 베지에는 제어점에서 나온 핸들로 커브의 구부러짐 정도를 조정합니다.

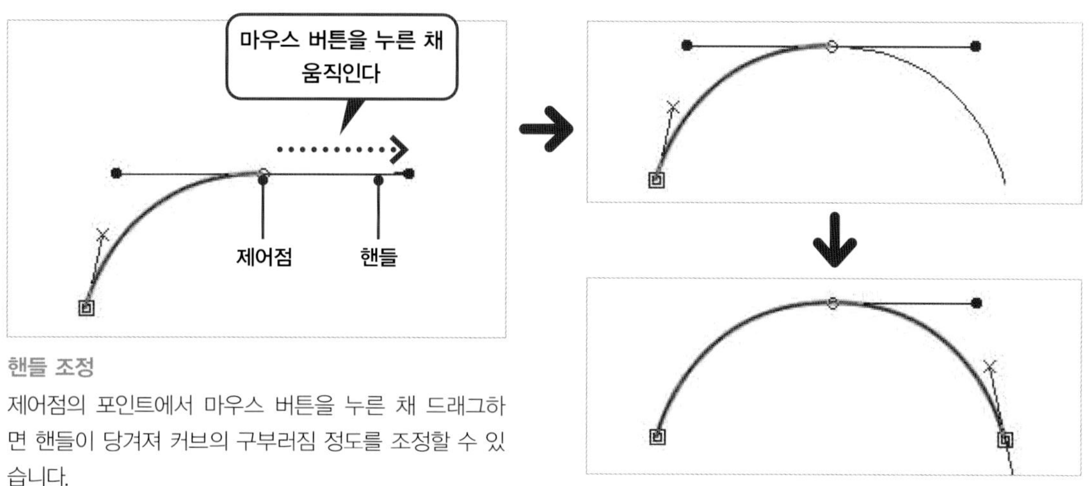

핸들 조정

제어점의 포인트에서 마우스 버튼을 누른 채 드래그하면 핸들이 당겨져 커브의 구부러짐 정도를 조정할 수 있습니다.

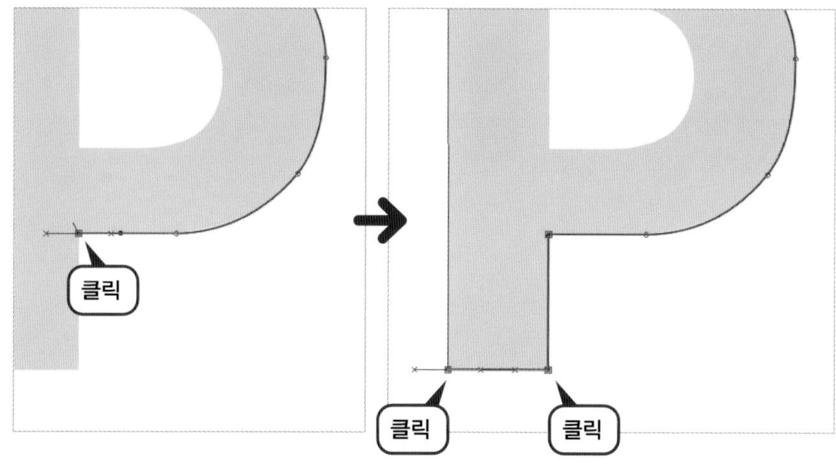

커브가 없는 부분

3차 베지에는 커브가 없는 그림도 가능합니다. 직선 부분은 핸들이 필요 없으므로 클릭만으로 제어점을 연결합니다.

TIPS Delete로 되돌리기

[베지에 곡선]으로 곡선을 만들 때 Delete를 누르면 1단계 전의 조작으로 되돌릴 수 있습니다.

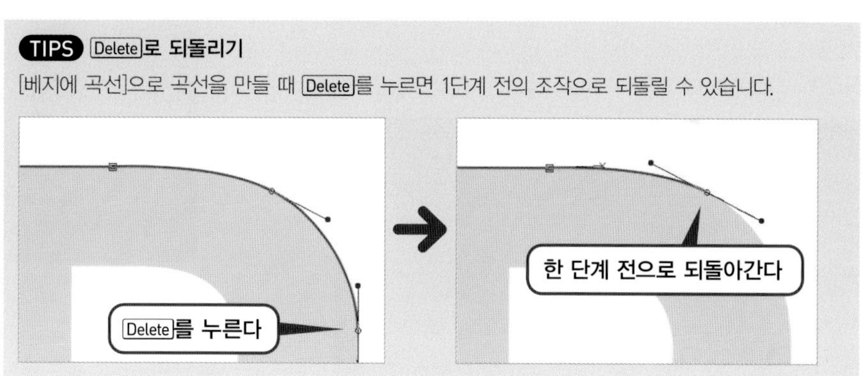

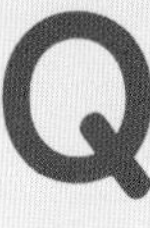

[소재] 팔레트를 사용하고 싶다

120

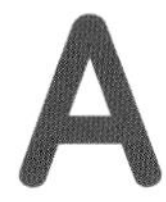

아이콘을 클릭하면 [소재] 팔레트가 열립니다.

[소재] 팔레트 열기

초기 설정에서 [소재] 팔레트는 아이콘으로 표시되어 있습니다. 아이콘을 클릭하면 팔레트가 열립니다. 트리 보기에서 종류를 선택하고 소재 목록에서 소재를 선택합니다.

소재 붙여넣기

[소재] 팔레트에서 선택한 소재를 캔버스에 드래그 앤 드롭하거나 [소재 붙여넣기]를 클릭하여 캔버스에 소재를 붙여넣습니다.

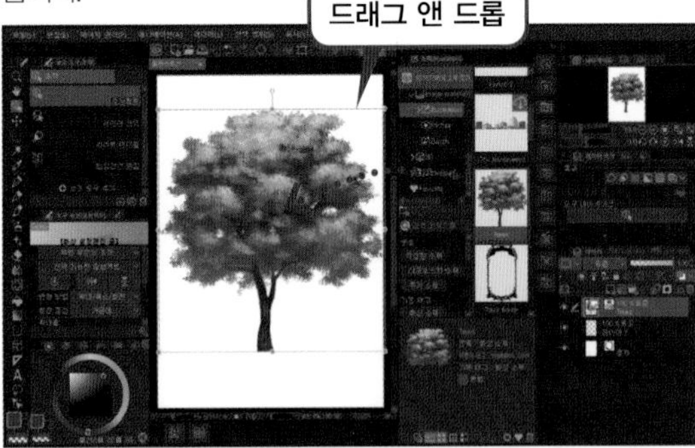

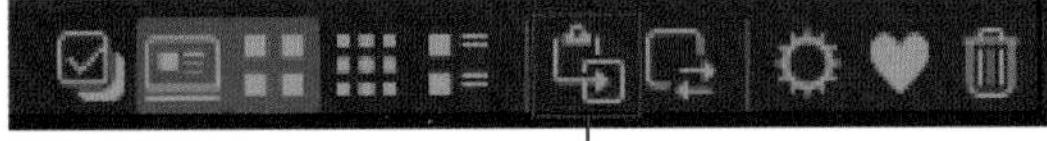

소재 붙여넣기

소재 설정

소재 목록에 있는 소재 섬네일을 더블클릭하면 [소재 속성] 대화상자가 열려 소재의 설정을 확인하거나 다시 설정할 수 있습니다.

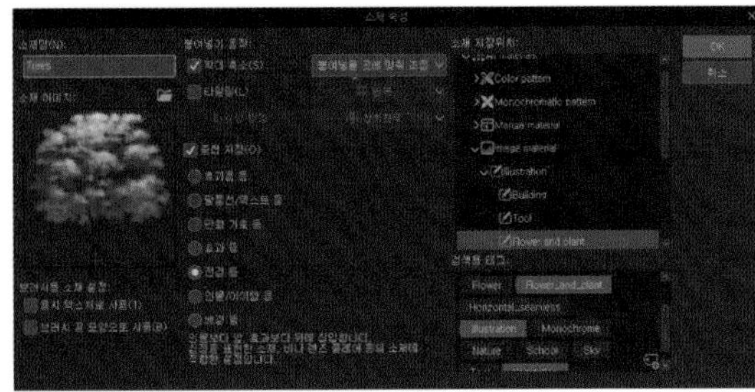

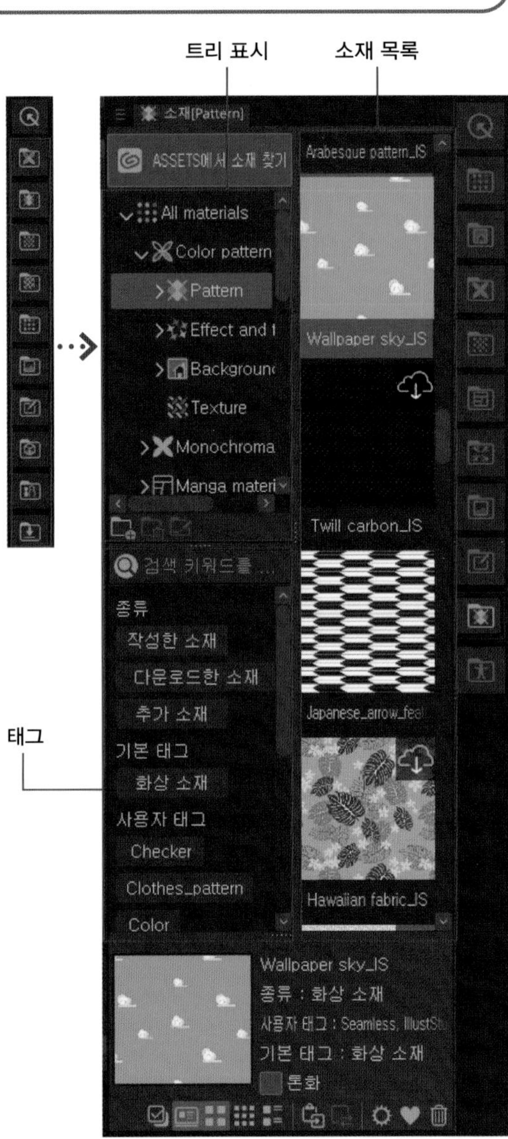

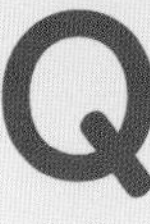

121

텍스처 소재로 질감을 주고 싶다

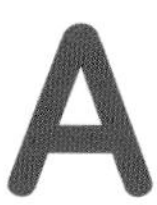

[소재] 팔레트에 있는 용지 텍스처로 질감을 추가할 수 있습니다.

용지 텍스처

[소재] 팔레트의 트리 표시 [Monochromatic pattern]→[Texture]에는 용지 텍스처가 모여 있습니다. 용지 텍스처를 사용하면 이미지에 종이의 질감을 간단하게 추가할 수 있습니다.
단, 용지 텍스처를 추가하면 화면이 어두워지므로 먼저 [질감 합성] 설정을 ON으로 하여 자연스러운 색조로 질감을 추가합니다.

[질감 합성] ON
[레이어 속성] 팔레트의 [질감 합성]을 ON으로 하면 용지 텍스처를 이미지에 추가시킬 수 있습니다.

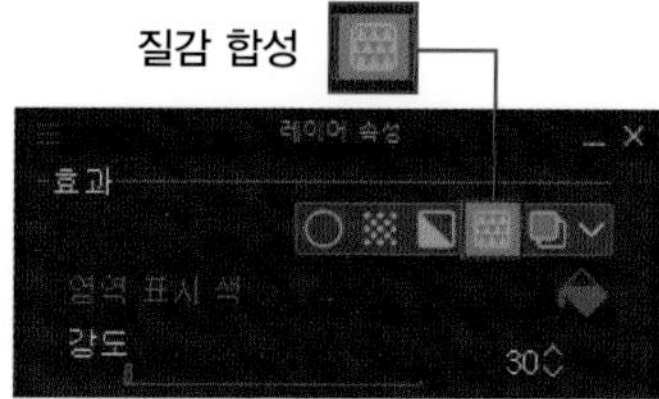

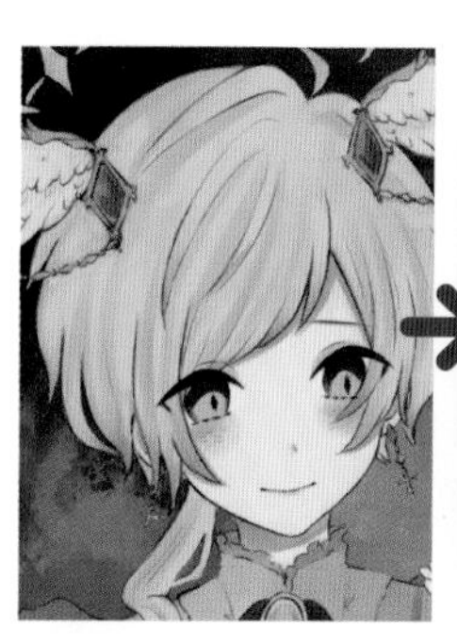

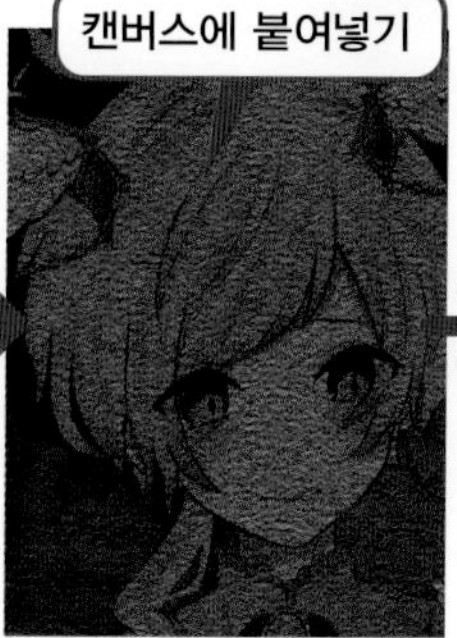

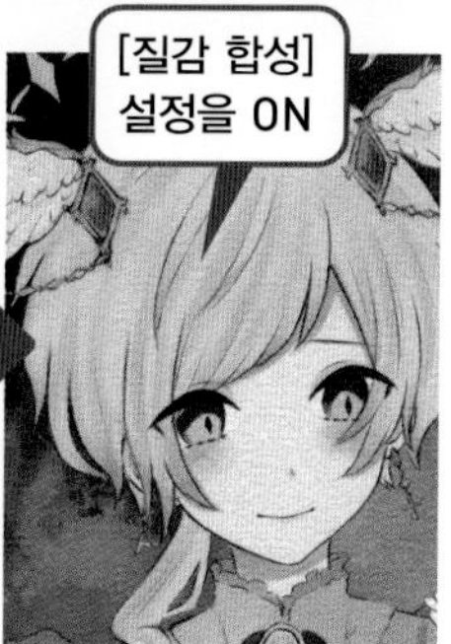

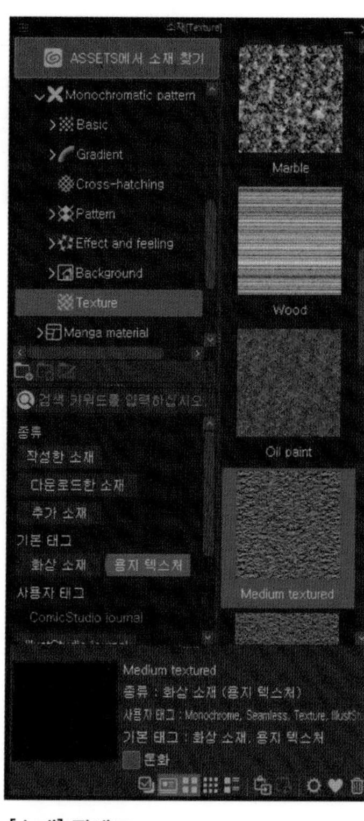

[소재] 팔레트

용지 텍스처의 강도 바꾸기

용지 텍스처 효과의 정도는 [질감 합성]의 [강도]에서 조정할 수 있습니다.

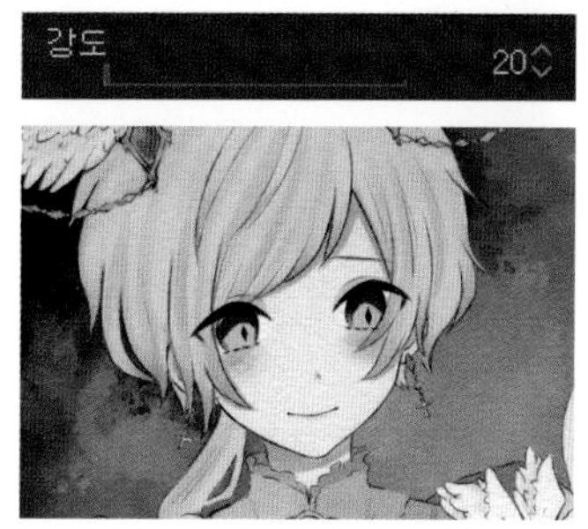

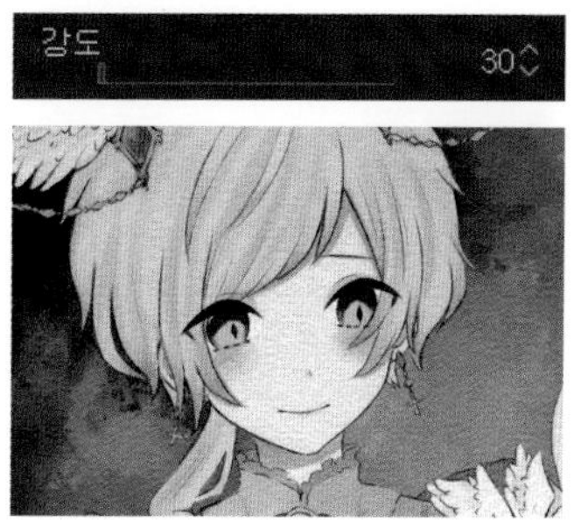

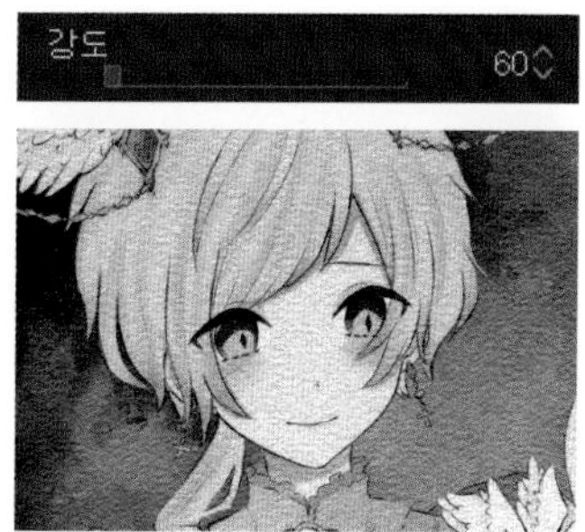

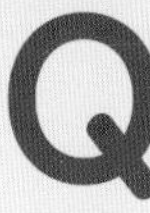

일러스트를 소재로 등록하고 싶다

122

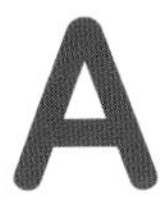

[편집] 메뉴→[소재 등록]을 선택하여 [소재] 팔레트에 등록합니다.

이미지의 소재 등록

[편집] 메뉴→[소재 등록]→[화상]을 선택하여 선택된 레이어의 이미지를 소재로 등록할 수 있습니다.

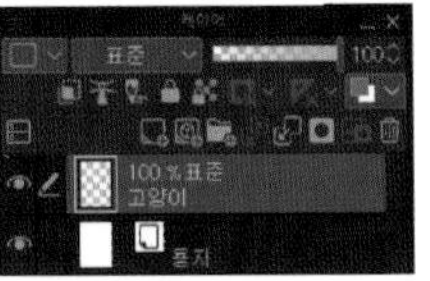

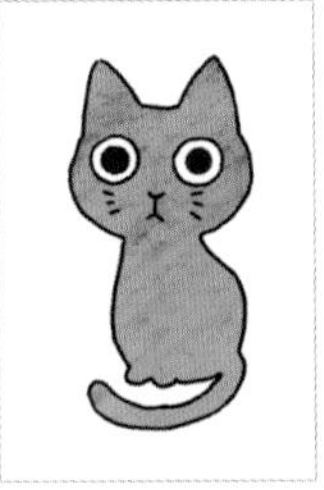

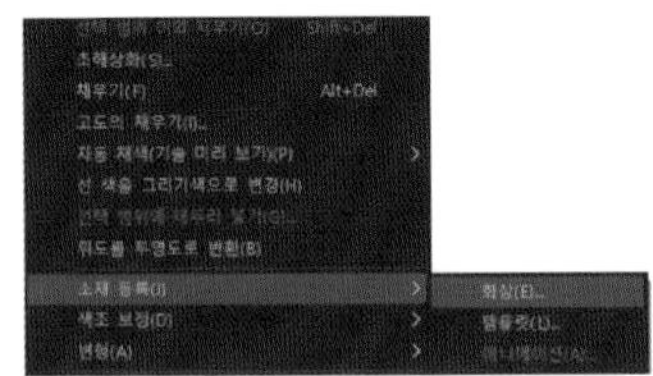

소재 등록 순서

❶ [레이어] 팔레트에서 소재로 하고 싶은 레이어를 선택합니다. 복수로 레이어가 나누어져 있는 경우는 [표시 레이어 복사본 결합]으로 결합합니다.

❷ [편집] 메뉴→[소재 등록]→[화상]을 선택합니다.

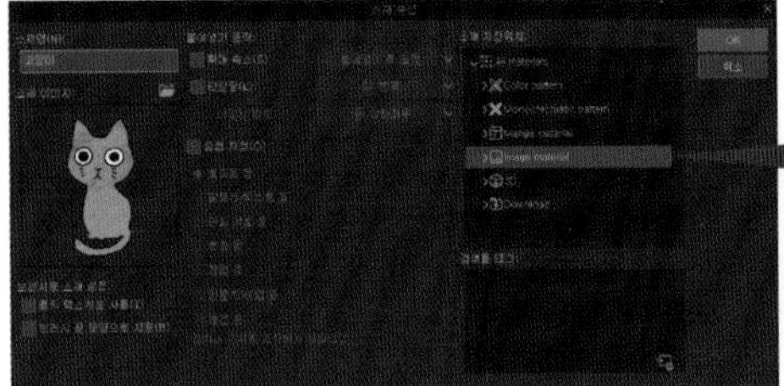

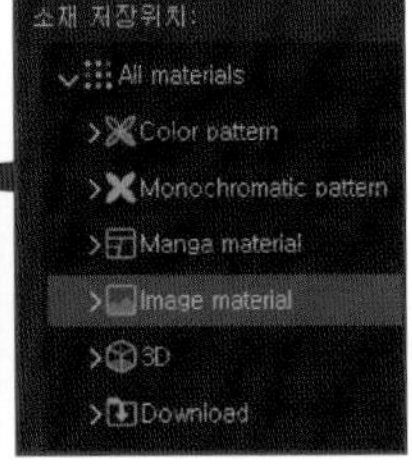

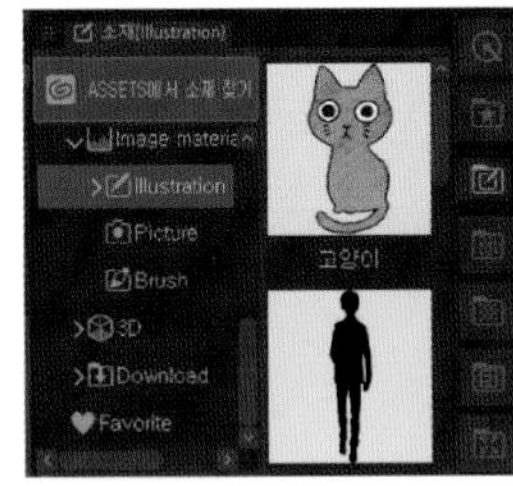

❸ [소재 속성] 대화상자에서 소재명과 소재 저장 위치를 결정하고 [OK]를 클릭합니다.

❹ [소재] 팔레트에 등록됩니다.

타일링한 소재 만들기

화상 소재는 소재 등록이나 화상 소재 레이어에서 편집할 때 소재를 나란히 배치하는 타일링 설정이 가능합니다.

소재 등록에서 타일링

소재 등록할 때 [소재 속성] 대화상자에서 [타일링]을 체크하면 타일링된 소재를 만들 수 있습니다.

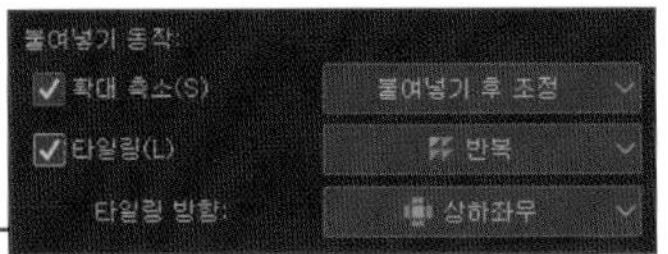

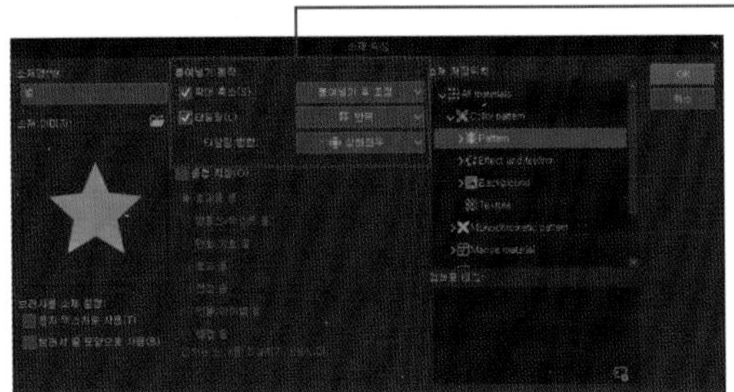

TIPS 붙여넣기 후의 처리

소재 등록 시에 [붙여넣기 동작] 아래의 [확대 축소]나 [타일링]을 체크하면 등록된 소재는 캔버스에 붙여넣기했을 때 화상 소재 레이어가 됩니다.

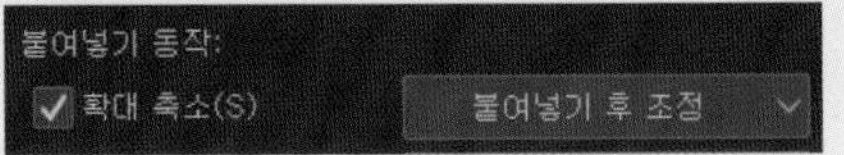

화상 소재에 여백 만들기

여백을 포함하여 선택 범위를 만들고 소재 등록을 하면 여백을 포함한 화상 소재가 됩니다.

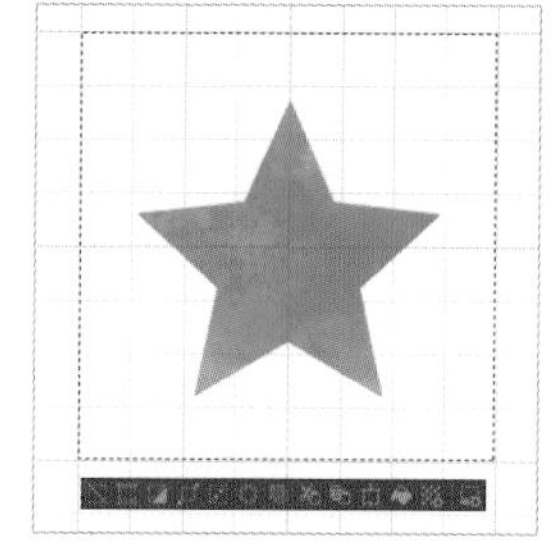

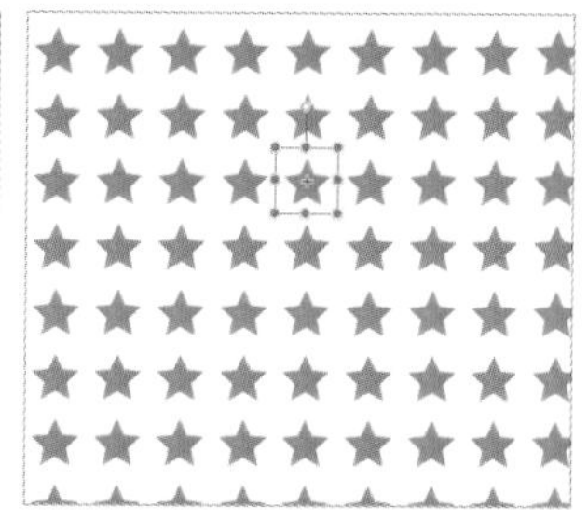

화상 소재 레이어의 타일링

화상 소재 레이어는 [오브젝트]로 편집 중인 [도구 속성] 팔레트에서 타일링 설정을 할 수 있습니다.

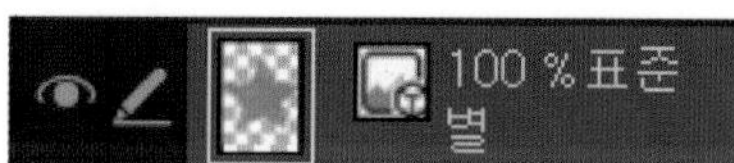

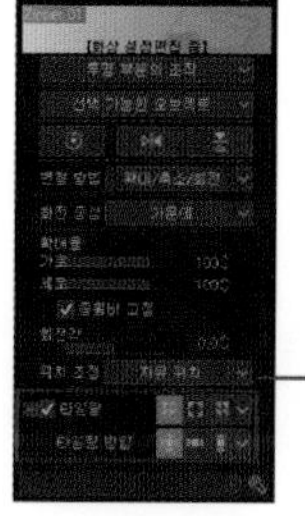

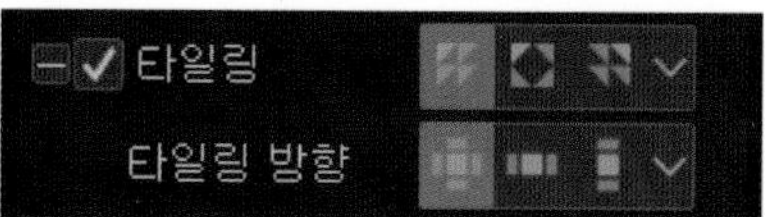

래스터 레이어에 그린 이미지도 [레이어] 메뉴→[레이어 변환]에서 화상 소재 레이어로 변환하면 타일링할 수 있습니다.

비스듬히 배치하기

4개로 분할된 이미지를 대각선으로 복제해 배치하면 비스듬히 타일링된 화상 소재를 만들 수 있습니다.

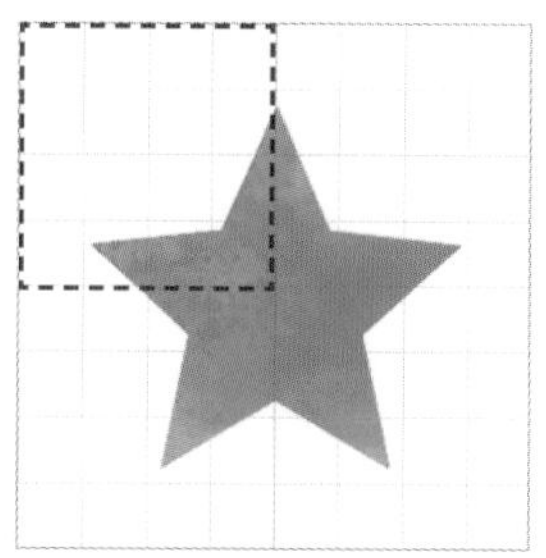

❶ 이미지를 4개로 분할하여 선택 범위를 만듭니다.

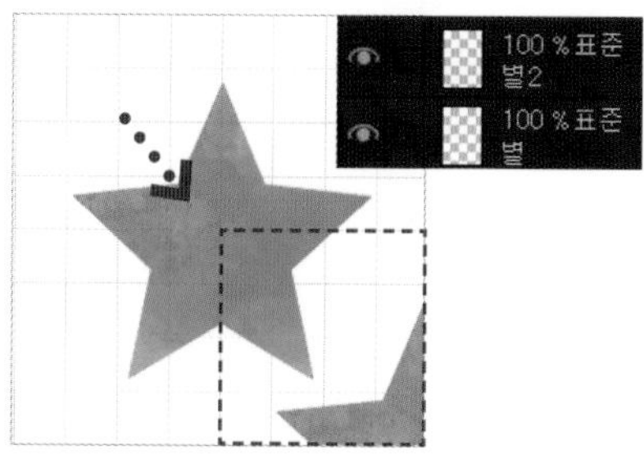

❷ 복사 & 붙여넣기하고 [레이어 이동]으로 대각선 방향으로 이동시킵니다.

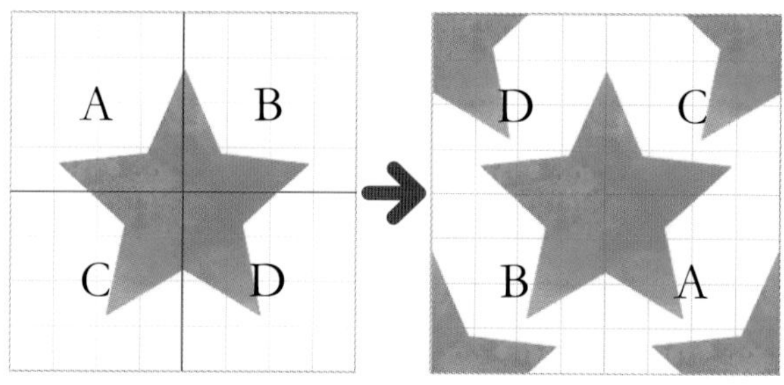

❸ 순서❶❷와 같이 분할한 다른 영역도 복사 & 붙여넣기하여 대각선 방향으로 이동시킵니다.

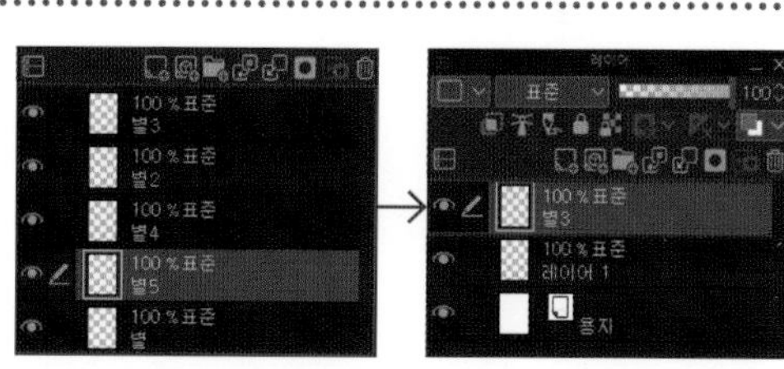

❹ 늘어난 레이어를 [레이어] 메뉴→[선택 중인 레이어 결합]으로 결합합니다.

❺ 선택 범위를 만들어 소재 등록합니다. 타일링을 설정하면 비스듬히 늘어선 패턴 소재를 만들 수 있습니다.

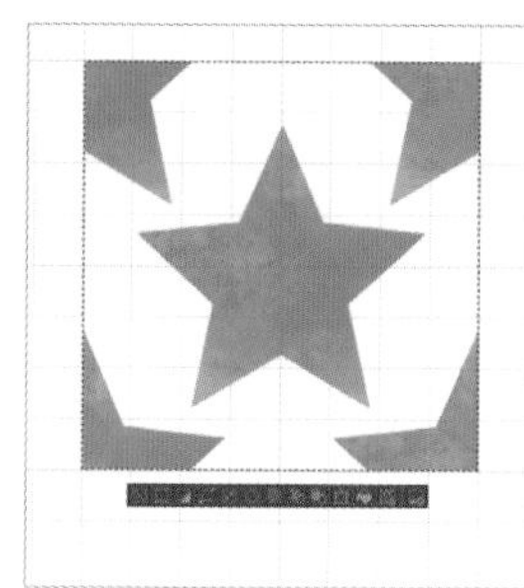

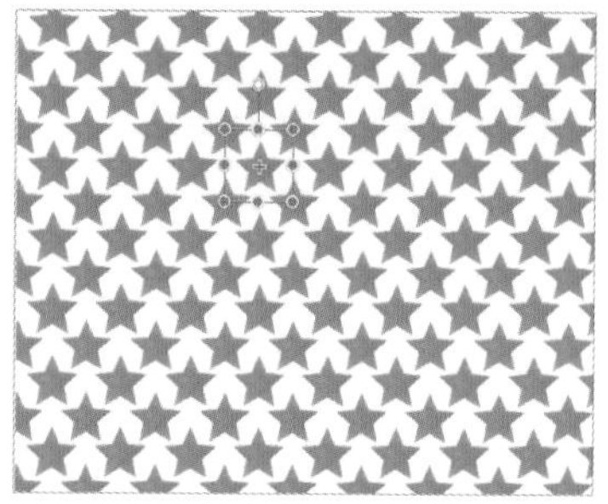

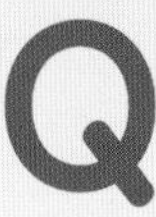

패턴 브러시를 만들고 싶다

123

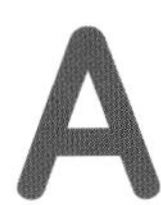

화상 소재를 브러시 끝 모양으로 설정합니다.

브러시 끝 모양으로 등록하기

CLIP STUDIO PAINT 브러시는 브러시 끝 모양을 설정하여 브러시의 모양을 바꿀 수 있습니다. 작성한 화상으로 패턴 브러시를 만드는 경우 브러시 끝 모양으로 소재 등록합니다.

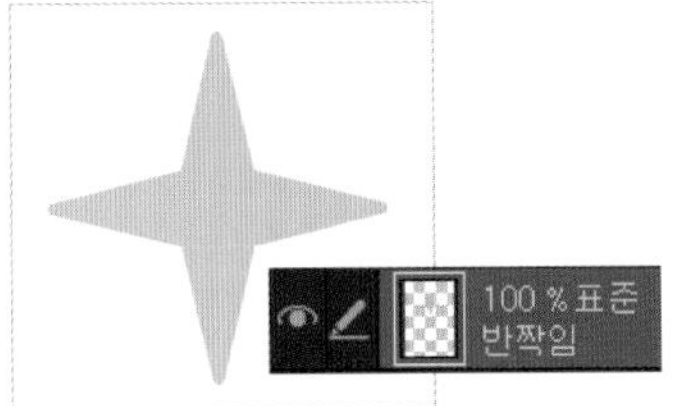

❶ 브러시용 이미지가 완성되면 [편집] 메뉴→[소재 등록]→[화상]을 선택합니다.

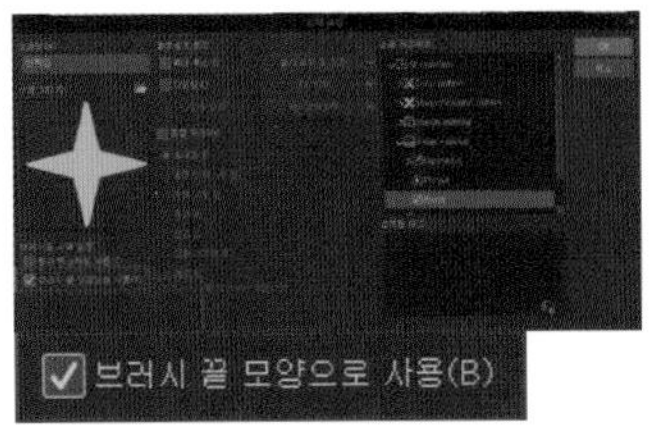

❷ [소재 속성] 대화상자에서 [브러시 끝 모양으로 사용]을 체크합니다.

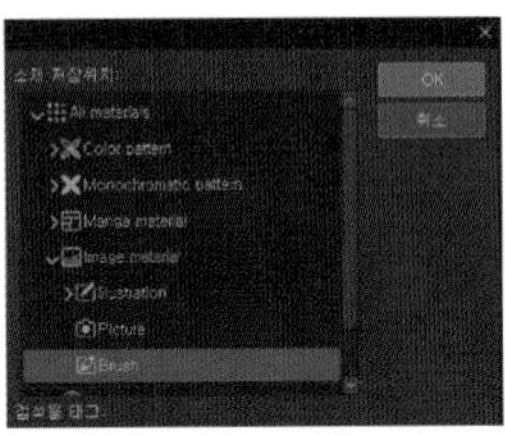

❸ 소재 저장 위치는 [All materials]→[Image material]→[Brush]로 설정하고 [OK]를 클릭하여 소재 등록합니다.

TIPS 태그 등록

소재 등록 시 태그를 작성해 두면 소재 찾기가 쉬워집니다.

태그를 추가할 때는 이 아이콘을 클릭합니다.

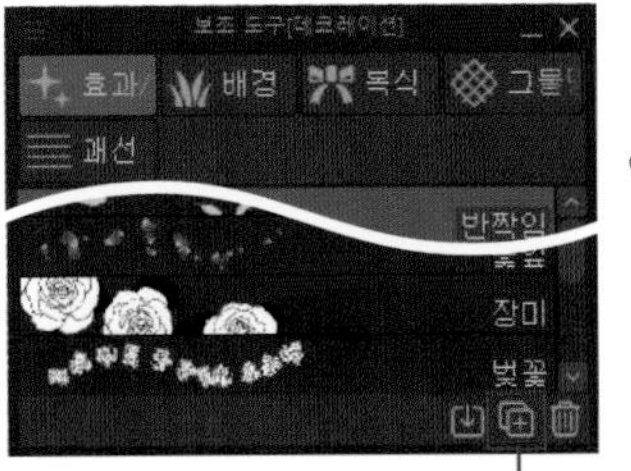

보조 도구 복제

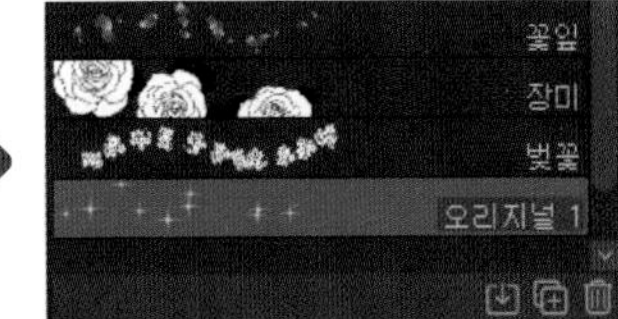

여기에서는 [데코레이션] 도구→[효과/연출] 그룹→[반짝임]을 [보조 도구 복제]로 복제해 이름을 '오리지널 1'로 했습니다.

❹ 등록한 화상 소재를 브러시에 적용합니다. 먼저 베이스가 되는 브러시를 만듭니다.

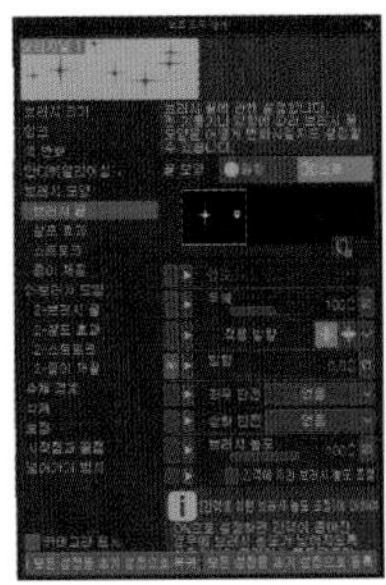

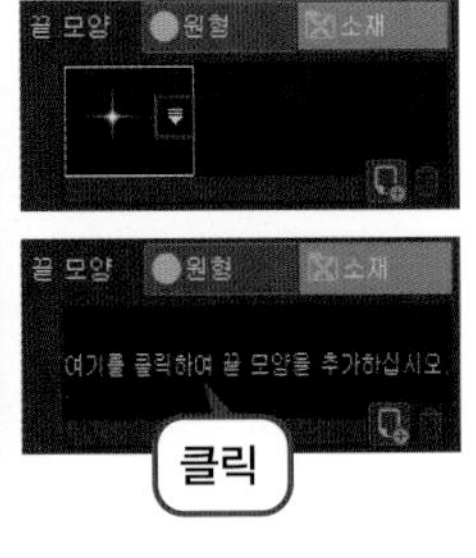

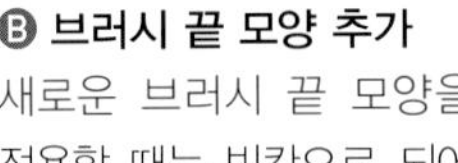

클릭

Ⓐ 브러시 끝 모양 변경

별도의 브러시 끝 모양이 적용되어 있는 경우는 ▼를 클릭하여 변경합니다.

Ⓑ 브러시 끝 모양 추가

새로운 브러시 끝 모양을 적용할 때는 빈칸으로 되어 있는 영역을 클릭합니다.

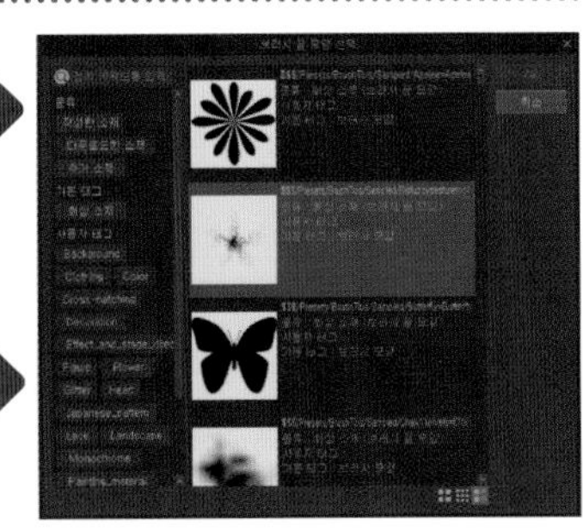

❺ [보조 도구 상세] 팔레트를 열고 [브러시 끝] 카테고리에서 브러시 끝 모양을 설정합니다. [끝 모양]에서 [소재]를 선택해 위의 Ⓐ나 Ⓑ의 방법으로 [브러시 끝 모양 선택] 대화상자를 엽니다.

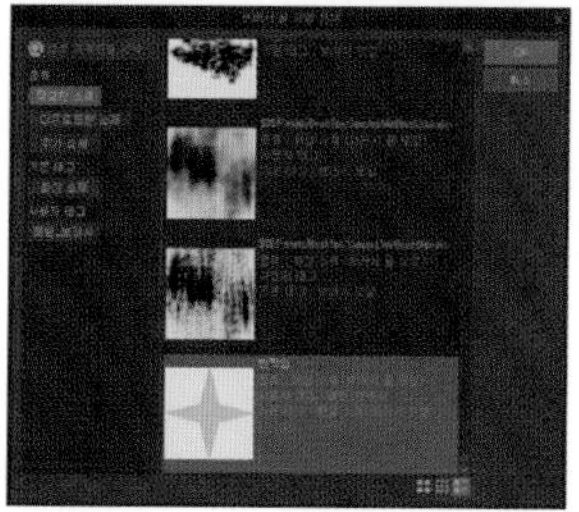

❻ 작성한 브러시 끝 모양을 선택합니다.

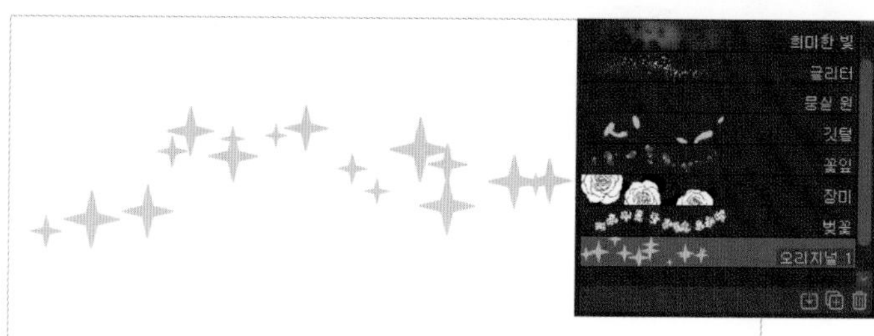

❼ 오리지널 패턴 브러시가 완성됩니다.

패턴 브러시 설정

[보조 도구 상세] 팔레트에서는 패턴의 간격 등 세세한 설정이 가능합니다.

[살포 효과]

[살포 효과] 카테고리→[살포 효과]를 체크하면 스프레이와 같이 브러시 끝 모양이 살포됩니다.

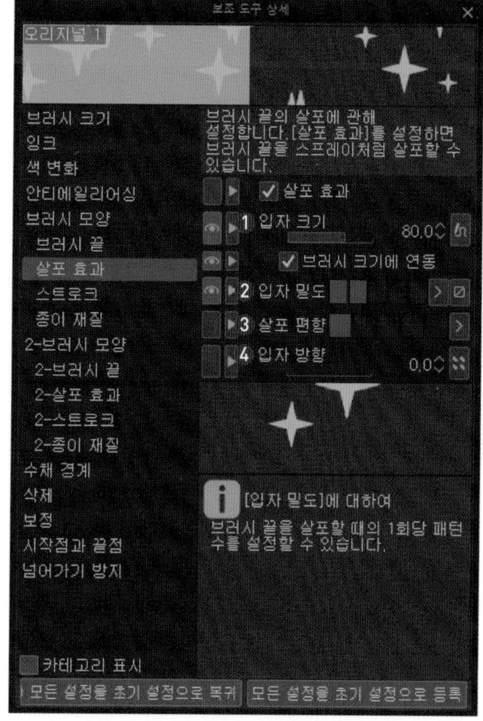

살포 효과

❶ 입자 크기

살포되는 브러시 끝 모양의 크기를 설정합니다.

❷ 입자 밀도

살포할 때 1회당 브러시 끝 모양의 수를 설정합니다.

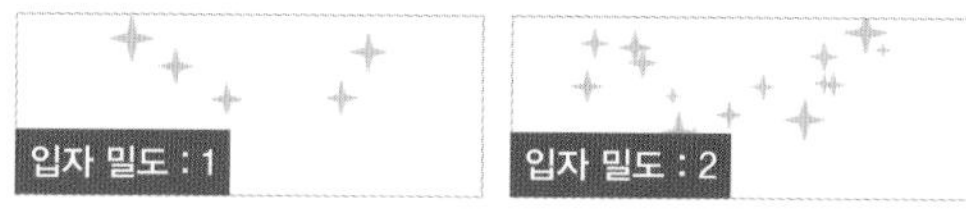

❸ 살포 편향

값을 올릴수록 살포되는 브러시 끝 모양이 스트로크의 중심에 모입니다.

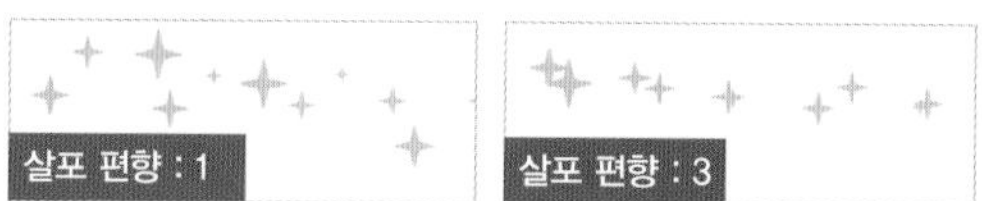

❹ 입자 방향

살포되는 브러시 끝 모양의 각도를 설정합니다.

[간격]

[스트로크] 카테고리의 [간격]에서는 브러시 끝 모양의 간격을 설정할 수 있습니다. [고정]을 선택하면 간격을 수치로 설정합니다.

※[리본]이 체크되어 있으면 설정할 수 없습니다.

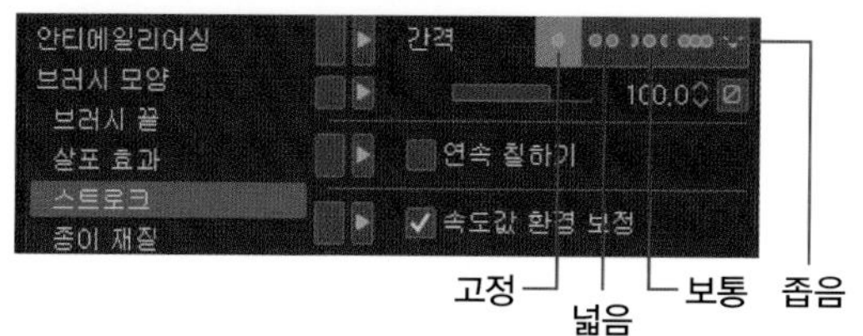

[리본]

[스트로크] 카테고리의 [리본]을 체크하면 스트로크를 따라서 브러시 끝 모양이 하나의 연결로 나열됩니다.

※[살포 효과]가 켜져 있으면 설정할 수 없습니다.

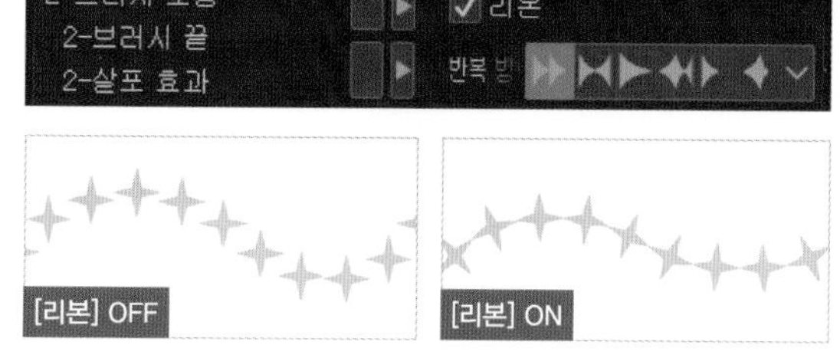

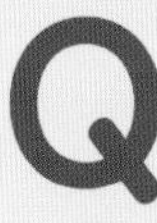

124

심리스 패턴 브러시를 만들고 싶다

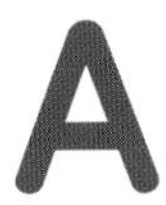

끝이 연결되도록 화상 소재를 작성합니다.

브러시 끝 모양이 연결되도록 하기

그릴 때 연속하여 브러시 끝 모양이 연결되도록 화상 소재를 작성하면 심리스 패턴 브러시를 만들 수 있습니다.

심리스 패턴 브러시 작성의 예

❶ 소재로 할 이미지를 적당한 곳에서 분할합니다. 선택 범위를 작성해 선택 범위 런처에서 [잘라내기+붙여넣기]를 클릭합니다.

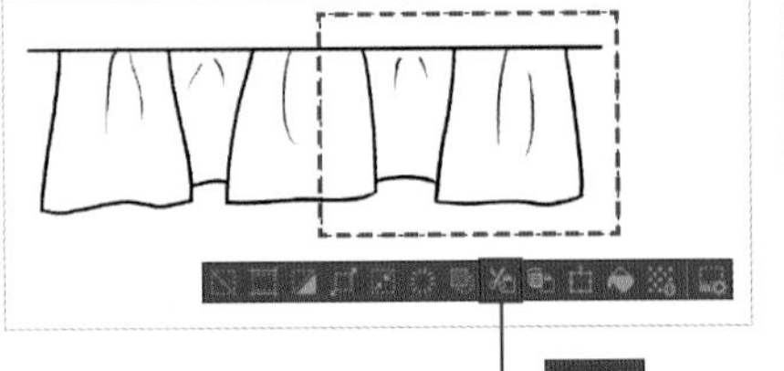

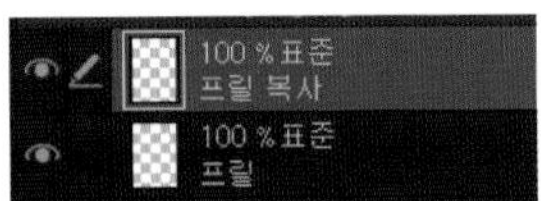

[레이어] 팔레트에 잘라낸 화상 레이어가 작성됩니다.

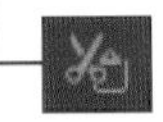

잘라내기+붙여넣기

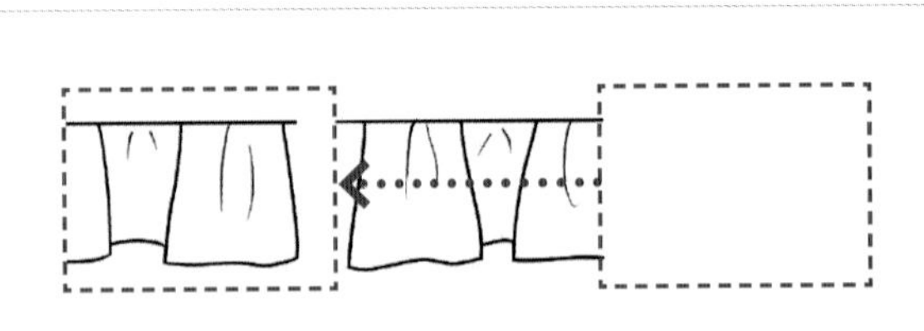

❷ [레이어 이동]으로 이동시킵니다.

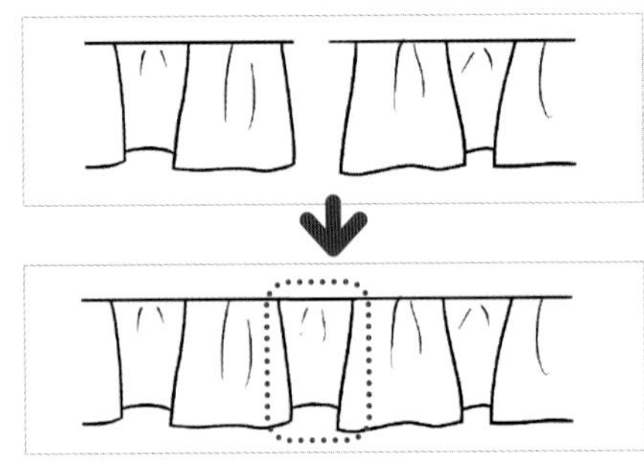

❸ 틈을 메우도록 그려줍니다.

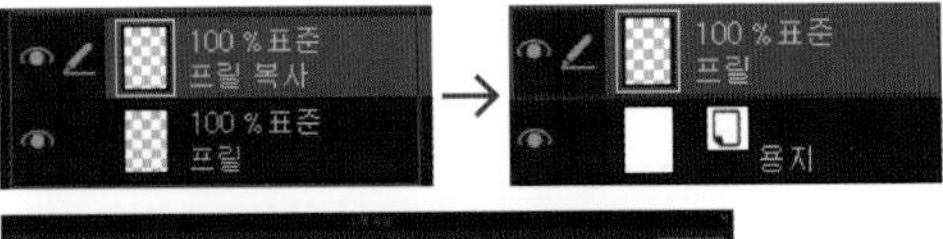

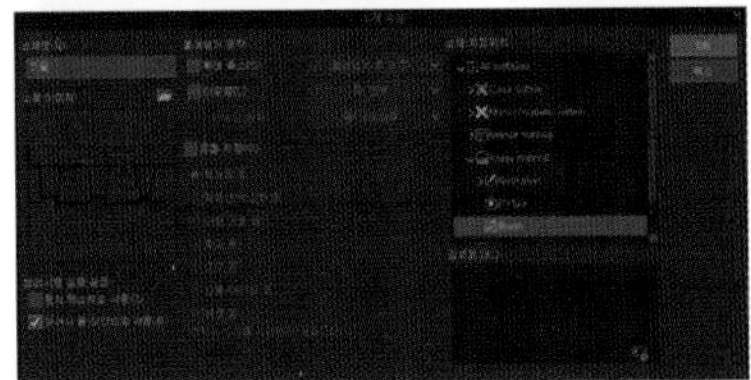

❹ [아래 레이어와 결합]으로 레이어를 결합합니다. 소재가 될 이미지가 완성되었습니다. 브러시 끝 모양에 소재 등록합니다.

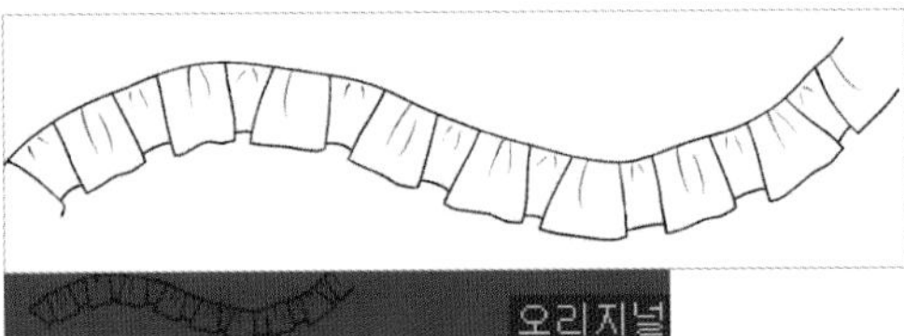

❺ 베이스가 되는 보조 도구를 만들고 작성한 소재를 브러시 끝 모양으로 적용(→P.146)하면 완성됩니다.

TIPS 베이스 브러시 선택

베이스가 되는 보조 도구는 만들고 싶은 브러시 이미지에 가까운 [데코레이션] 도구의 보조 도구를 복제하면 좋습니다.

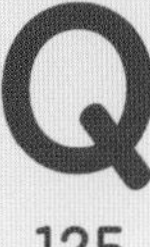

[소재] 팔레트에 없는 소재를 사용하고 싶다

125

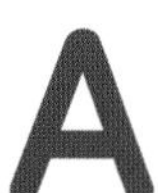

CLIP STUDIO ASSETS에 다양한 소재가 공개되어 있습니다.

CLIP STUDIO ASSETS에서 소재 찾기

포털 애플리케이션 CLIP STUDIO에서 액세스할 수 있는 CLIP STUDIO ASSETS에는 다양한 소재가 공개되어 있습니다. 무료로 다운로드할 수 있는 것도 많으므로 체크해 보면 좋습니다.

소재를 다운로드하는 순서

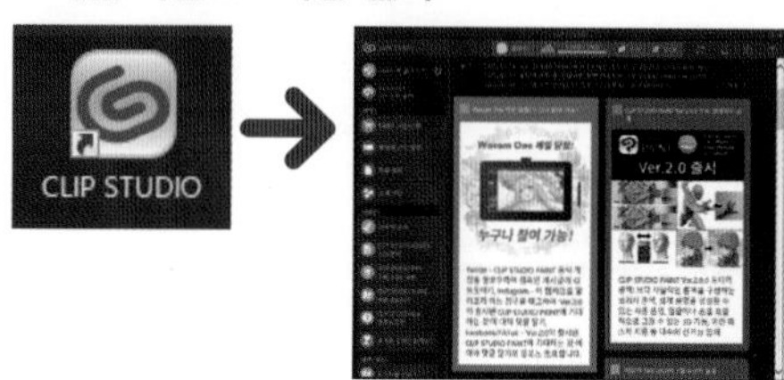

❶ CLIP STUDIO를 엽니다.

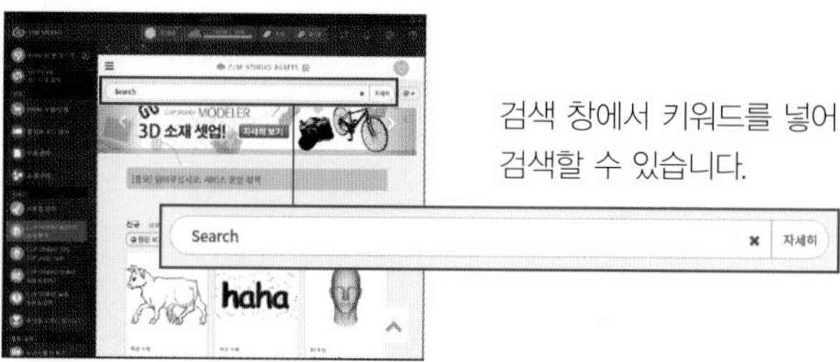

검색 창에서 키워드를 넣어 검색할 수 있습니다.

❷ [CLIP STUDIO ASSETS 소재 찾기]를 클릭하면 CLIP STUDIO ASSETS가 열립니다.

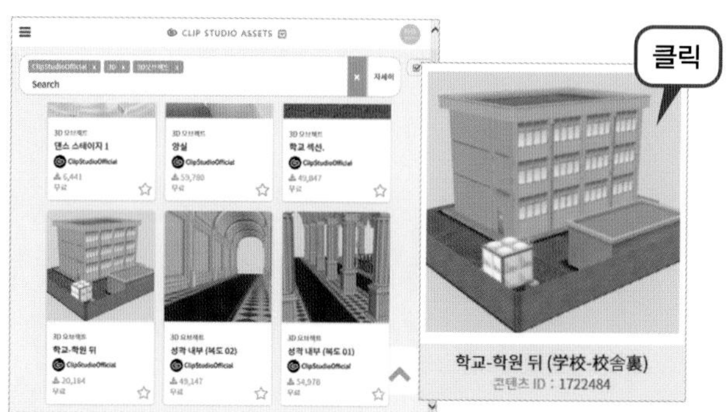

❸ 소재 이름이나 섬네일을 클릭하면 소재 상세 페이지가 열립니다.

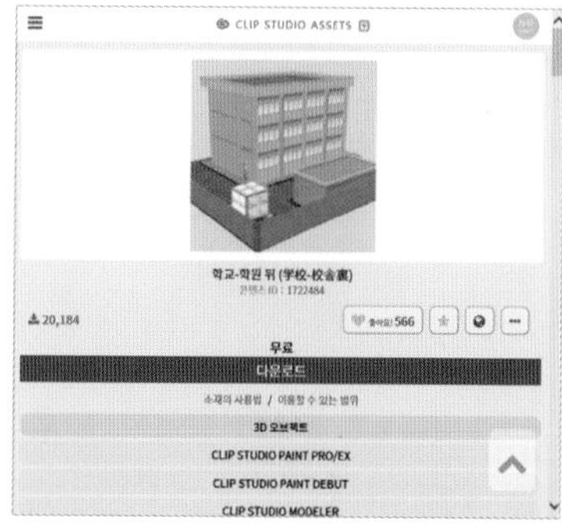

❹ 원하는 소재가 있으면 상세 페이지에서 [다운로드]를 클릭합니다.

TIPS 다양한 종류

다운로드할 수 있는 소재는 이미지 외 브러시나 컬러 세트 등 다양한 종류가 있습니다.

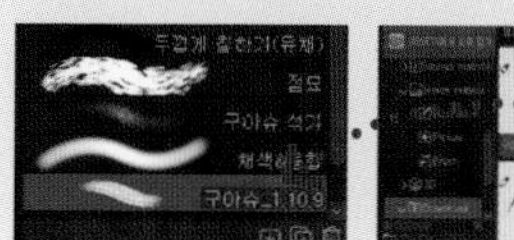

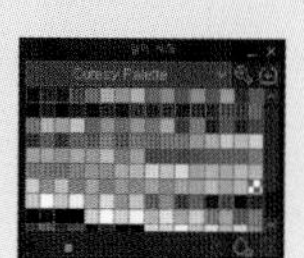

브러시 소재는 [보조 도구] 팔레트에 드래그 앤 드롭해 사용합니다.

컬러 세트 소재는 [컬러 세트] 팔레트에 드래그 앤 드롭합니다.

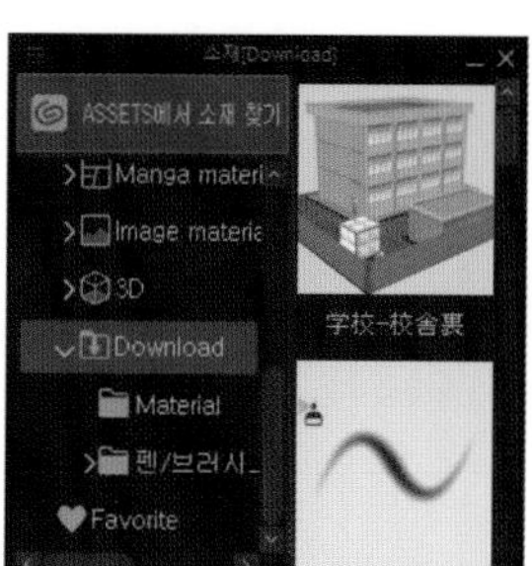

소재의 저장 장소

다운로드한 소재는 [소재] 팔레트의 트리 표시 [Download]에 저장됩니다.

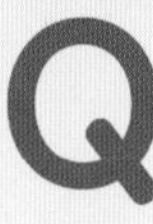

3D 소재를 사용하고 싶다

126

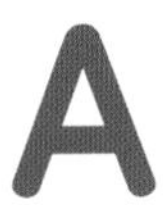

[소재] 팔레트에 3D 소재가 있습니다. 3D 소재는 [오브젝트]로 편집합니다.

다양한 3D 소재

[소재] 팔레트에는 3D 데생 인형과 소품, 건물 등의 3D 소재가 있습니다.

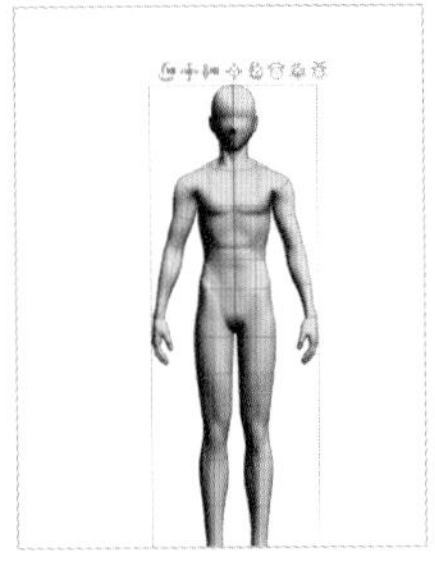

3D 데생 인형

3D 데생 인형에는 남성 모델과 여성 모델이 있으며 체형을 편집할 수 있습니다.

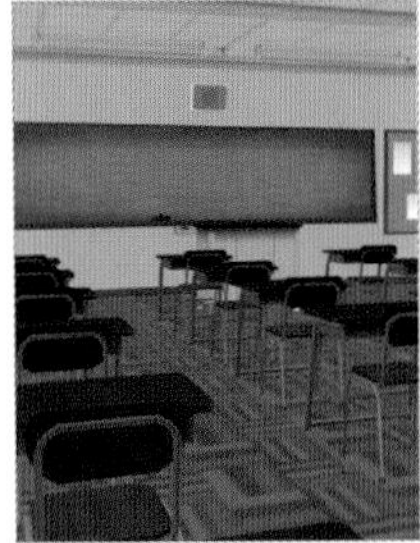

배경

학교, 주택 등 건물이나 시설의 3D 소재입니다.

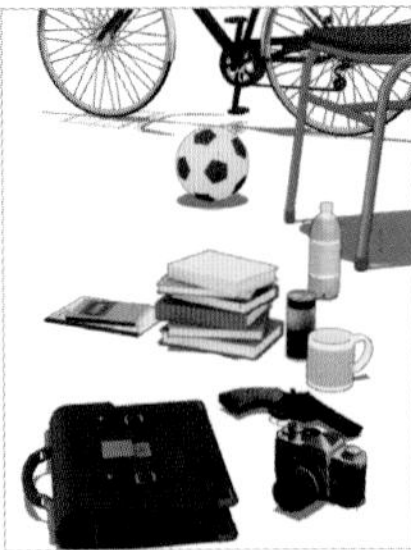

소품

문구, 의자, 탈 것 등 소품 3D 소재입니다.

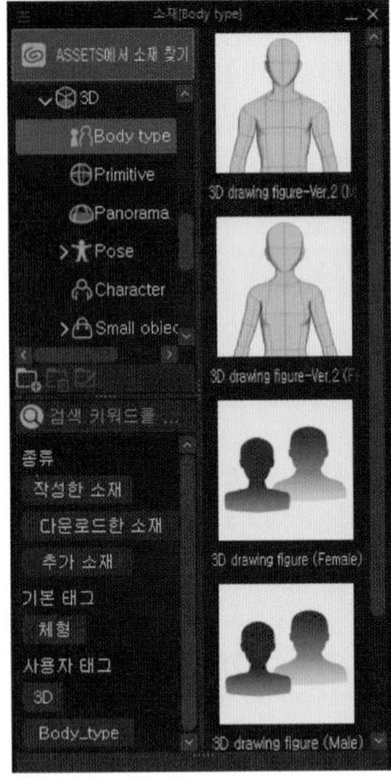

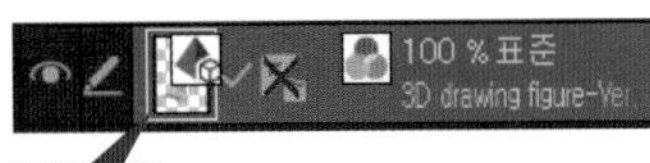

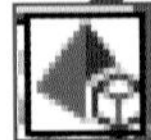

3D 소재 레이어를 나타내는 아이콘입니다.

3D 레이어

3D 소재를 붙여넣기하면 3D 레이어가 됩니다. 퍼스자가 설정되어 있는 것이 특징이며, 3D 소재는 퍼스자를 사용하는 공간에 배치되어 있습니다.

3D 소재 편집

3D 소재는 [조작] 도구→[오브젝트]로 편집합니다. [오브젝트]로 3D 소재를 선택하면 이동 매니퓰레이터나 오브젝트 런처 등 편집에 편리한 기능을 사용할 수 있게 됩니다.

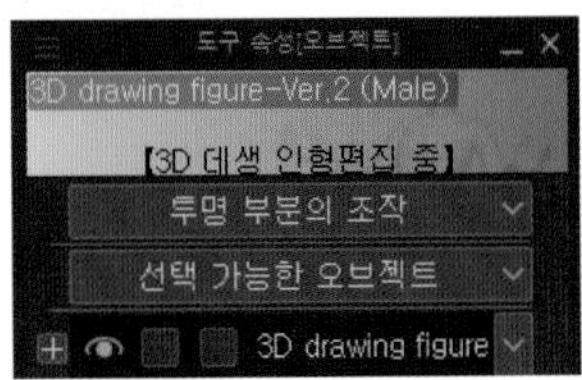

[오브젝트]로 편집 중에는 [도구 속성] 팔레트에서 다양한 설정을 할 수 있습니다.

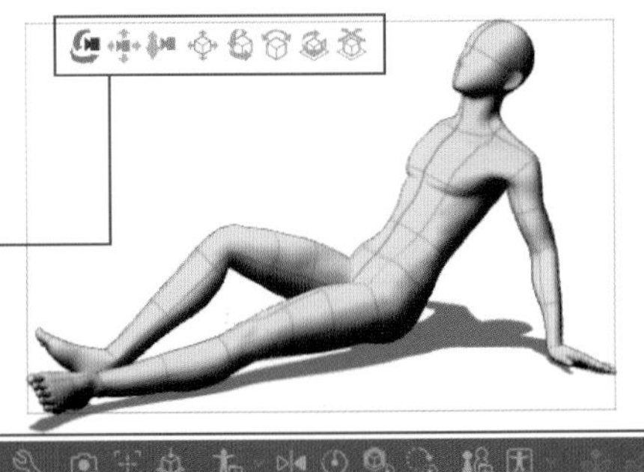

이동 매니퓰레이터

카메라 앵글이나 위치 등을 편집합니다.

오브젝트 런처

카메라 앵글이나 위치 등을 편집합니다.

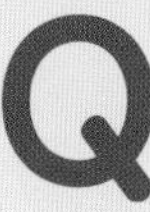

3D 소재의 앵글을 바꾸고 싶다

127

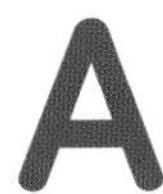

이동 매니퓰레이터로 카메라를 조작하여 3D 소재의 앵글을 바꿀 수 있습니다.

프리셋 앵글

3D 소재에는 프리셋 앵글이 준비되어 있습니다. 프리셋은 [오브젝트]로 선택 중에 [도구 속성] 팔레트에서 엽니다.

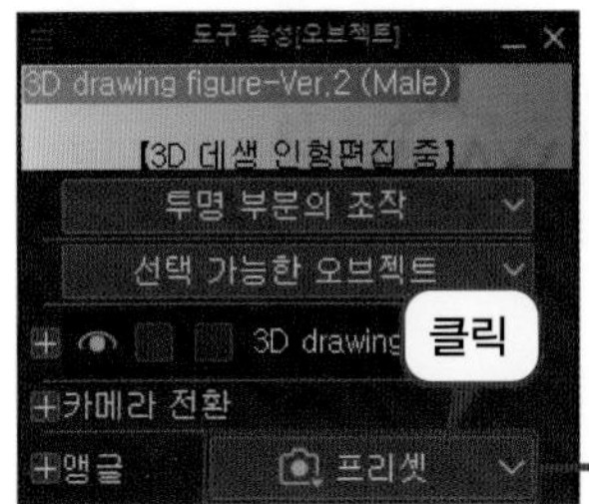

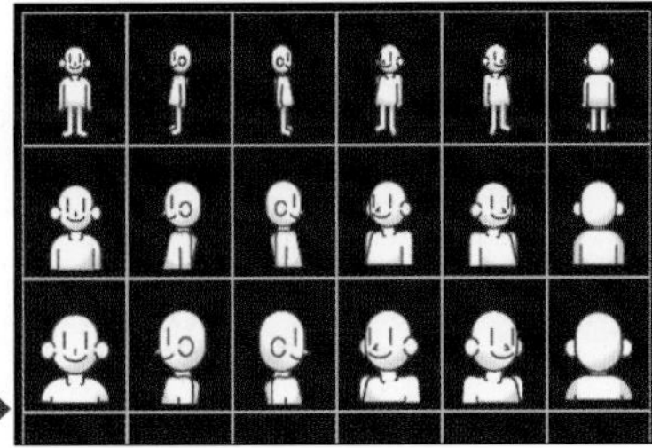

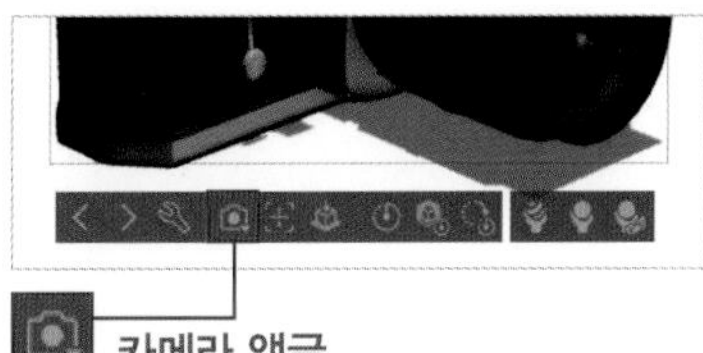

카메라 앵글

오브젝트 런처의 카메라 앵글에서도 프리셋을 열 수 있습니다.

드래그로 앵글 바꾸기

이동 매니퓰레이터를 사용하면 시점(카메라)을 움직여 앵글을 변경할 수 있습니다.

이동 매니퓰레이터

각 조작 버튼을 ON으로 하면 드래그로 카메라나 3D 소재의 앵글이나 위치를 바꿀 수 있습니다.

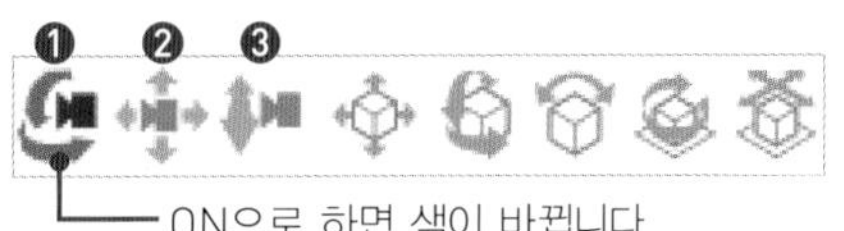

ON으로 하면 색이 바뀝니다.

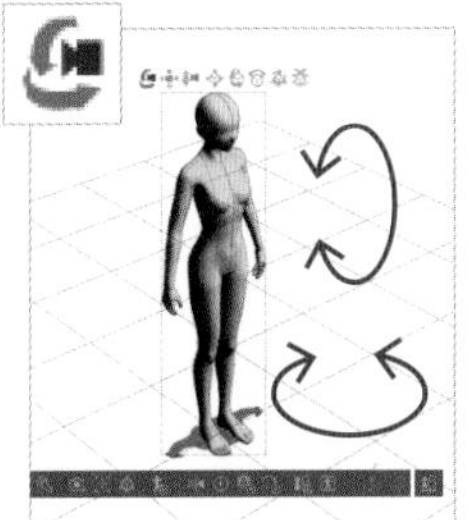

❶ 카메라 회전

카메라가 회전합니다.

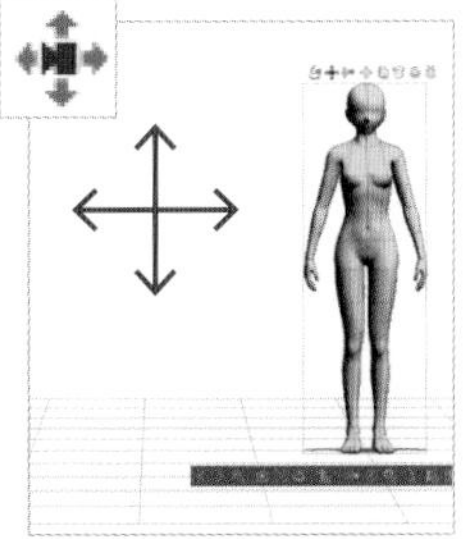

❷ 카메라 평행 이동

카메라가 평행 이동합니다.

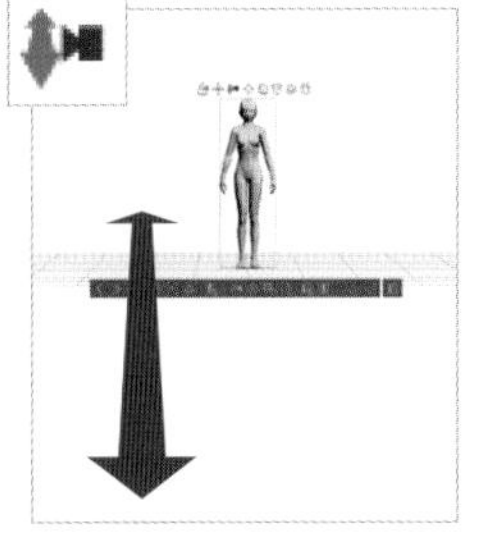

❸ 카메라 전후 이동

카메라가 앞뒤로 이동합니다.

편집 대상 주시

오브젝트 런처의 [편집 대상 주시]를 클릭하면 3D 소재가 화면의 중심으로 이동합니다.

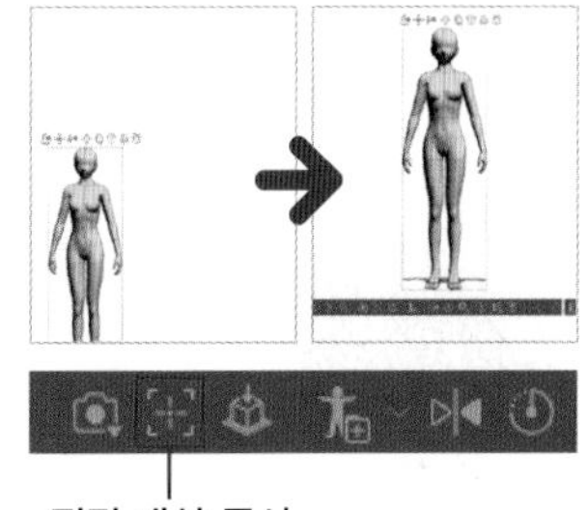

편집 대상 주시

TIPS 마우스로 카메라 조작하기

마우스 조작만으로 카메라를 움직일 수 있습니다.

드래그
카메라의 회전

휠 버튼을 누르면서 움직인다
카메라의 평행 이동

오른쪽 버튼을 누르면서 움직인다
카메라의 전후 이동

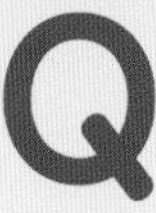

3D 소재의 위치를 바꾸고 싶다

128

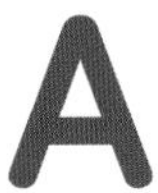

이동 매니퓰레이터나 [보조 도구 상세] 팔레트에서 3D 소재의 위치나 각도를 바꿀 수 있습니다.

드래그로 위치 조정하기

이동 매니퓰레이터를 사용하여 3D 소재를 이동, 회전할 수 있습니다. 오브젝트 런처의 [접지]와 병용하면서 3D 소재를 배치합니다.

이동 매니퓰레이터

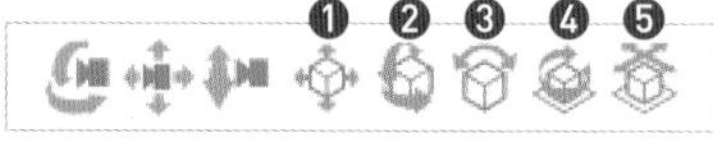

오브젝트 런처

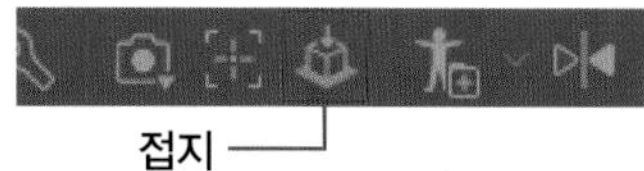

접지

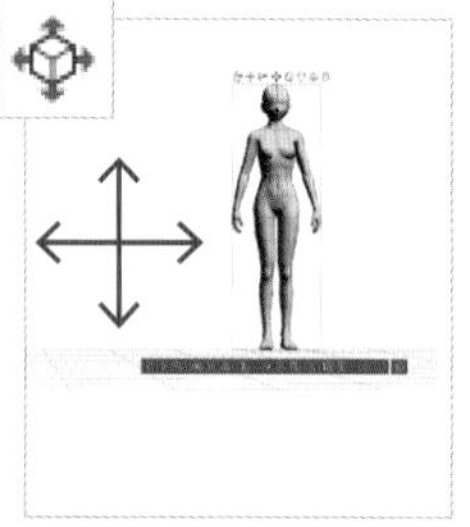

❶ 평면 이동
상하좌우로 이동합니다.

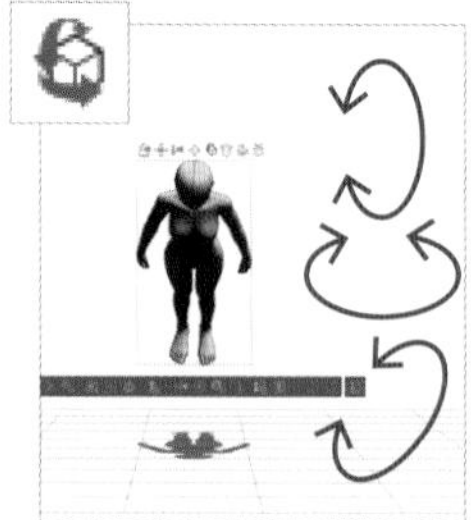

❷ 카메라 시점 회전
카메라 시점을 기준으로 회전합니다.

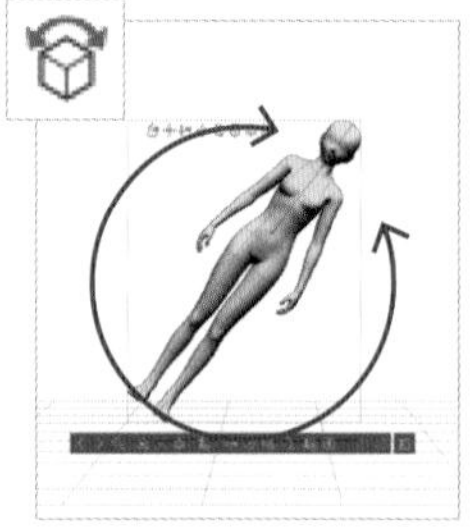

❸ 평면 회전
가로 방향으로 회전합니다.

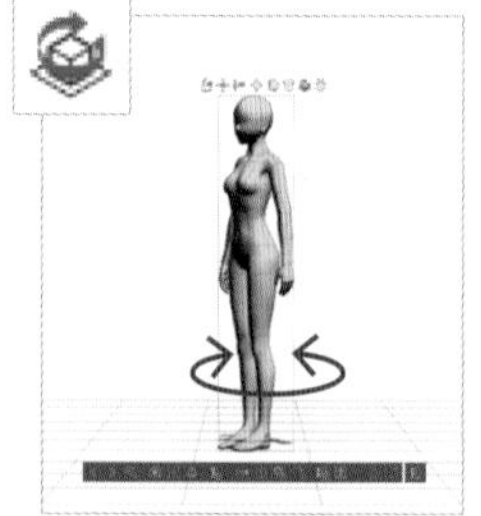

❹ 3D 공간 기준 회전
3D 공간에 대해 가로 방향으로 회전합니다.

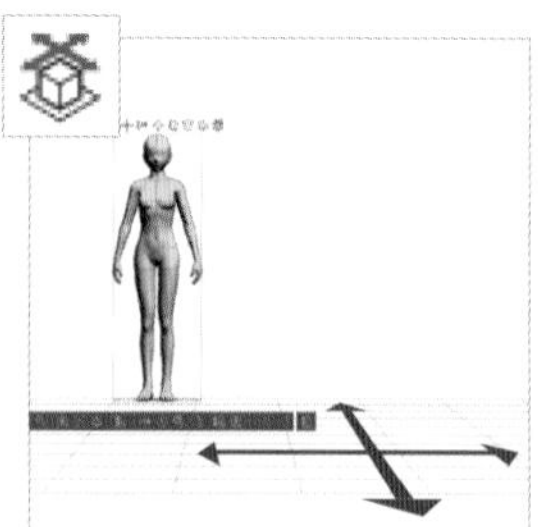

❺ 흡착 이동
3D 공간의 베이스에 접지시키면서 전후좌우로 이동합니다.

드래그로 위치 조정하기

[보조 도구 상세] 팔레트의 [배치] 카테고리에서 세세하게 위치를 설정할 수 있습니다.

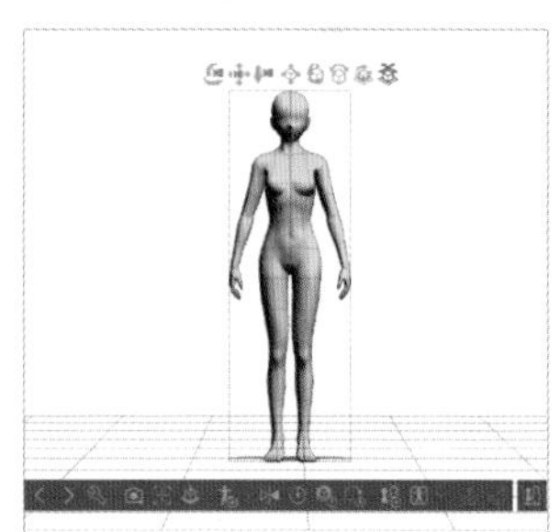

위치
수치로 위치를 설정합니다. [접지]를 클릭하면 3D 공간의 바닥 면에 접지합니다.

전체 회전
수치로 각도를 설정합니다. [리셋]을 클릭하면 모든 값이 0이 됩니다.

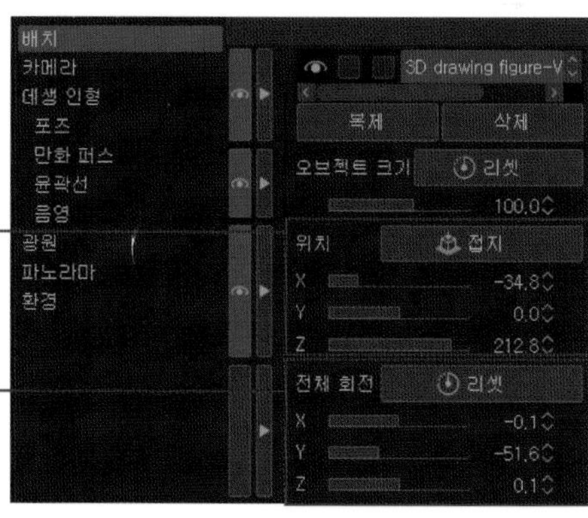

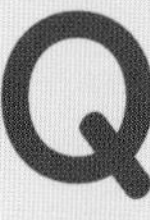

3D 소재의 크기를 바꾸고 싶다

129

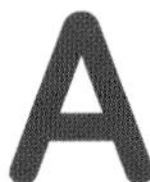

루트 매니퓰레이터나 [보조 도구 상세] 팔레트에서 3D 소재의 크기를 바꿀 수 있습니다.

직관적으로 크기 변경

루트 매니퓰레이터에서 직관적으로 크기(스케일)를 변경할 수 있습니다. 루트 매니퓰레이터는 [조작] 도구→[오브젝트]로 3D 소재를 선택했을 때 표시됩니다.

루트 매니퓰레이터 외부의 링을 드래그하면 크기가 변화합니다.

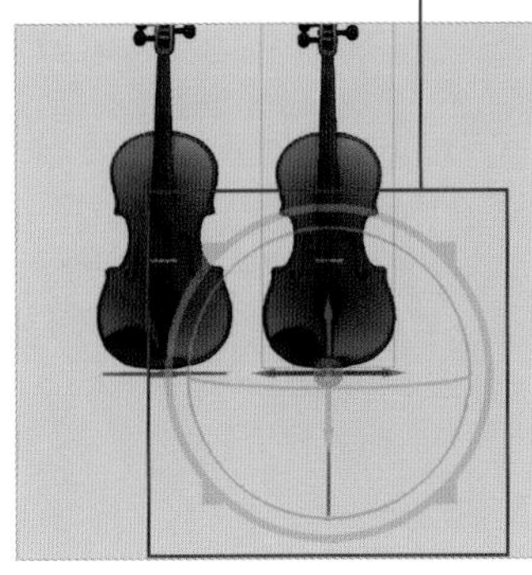

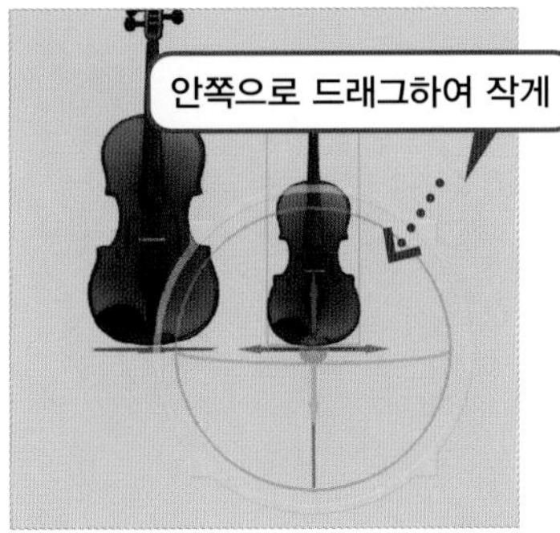

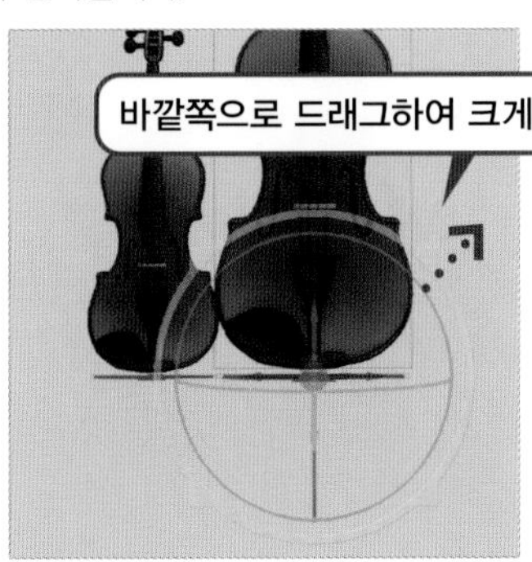

비율로 크기 변경

[보조 도구 상세] 팔레트→[배치] 카테고리→[오브젝트 크기]에서 3D 소재의 크기를 변경할 수 있습니다. 설정값에는 비율을 입력합니다.

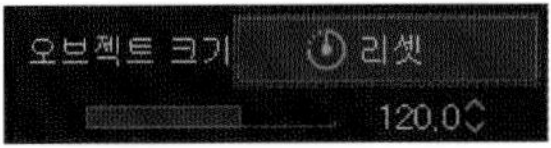

오브젝트 크기 리셋
[리셋]을 클릭하면 크기가 초기치(100)로 돌아옵니다.

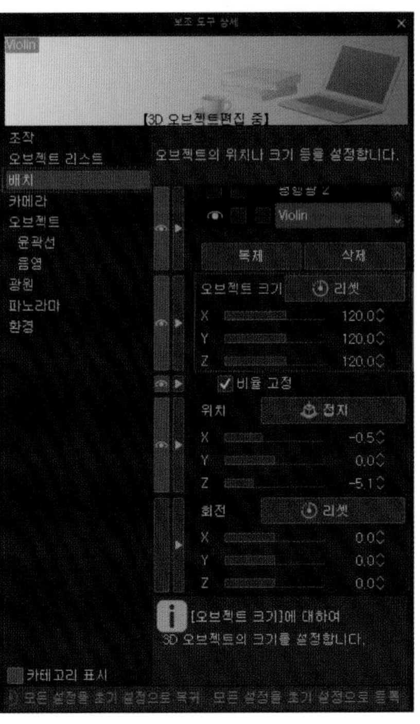

TIPS 3D 공간 공유

여러 개의 3D 소재를 같은 3D 공간에 배치할 수 있습니다.
[레이어] 팔레트에서 3D 소재의 레이어를 선택한 상태에서 다른 3D 소재를 캔버스에 붙여넣기하면 같은 3D 레이어 안에서 3D 공간을 공유합니다.

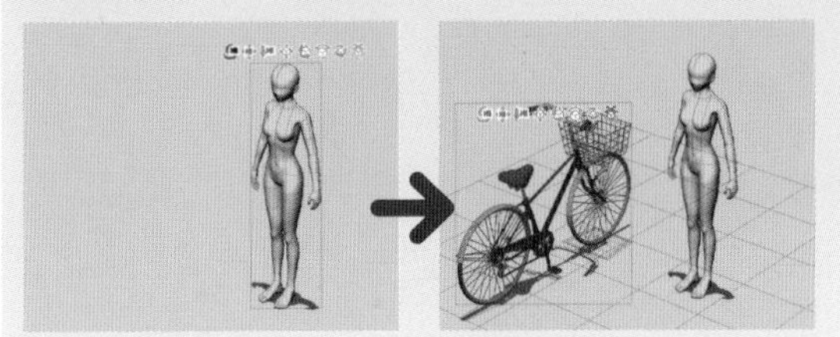

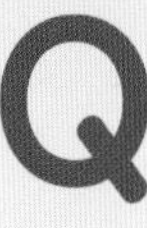

3D 데생 인형의 포즈를 바꾸고 싶다

130

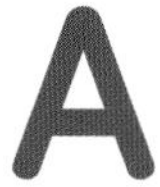

프리셋 포즈를 사용할 수 있는 포즈 소재가 있습니다.
부위를 움직여 미세하게 포즈를 만들 수 있습니다.

포즈 소재

[소재] 팔레트에는 다양한 포즈 소재가 준비되어 있습니다.
캔버스 위의 3D 데생 인형이나 3D 캐릭터를 드래그 앤 드롭하여 포즈를 취할 수 있습니다. 원하는 포즈에 가까운 포즈 소재를 사용하면 편리합니다.

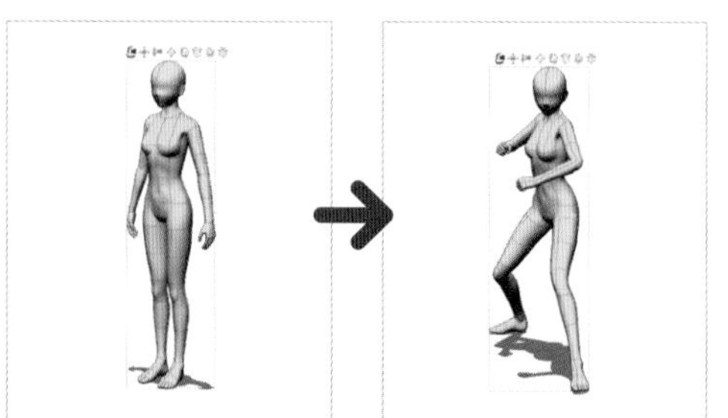

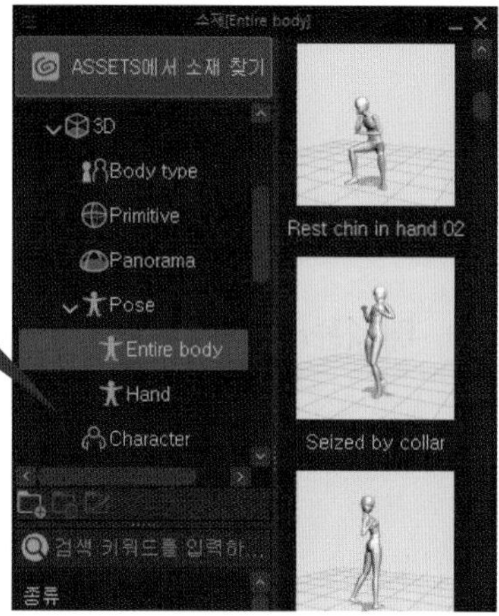

포즈 소재에는 전신(Entire body) 포즈와 손(Hand) 포즈가 있습니다.

부위를 잡고 움직이기

특정 부위를 드래그하면 거기에서 당겨질 수 있도록 다른 부위도 움직입니다. 움직이고 싶지 않은 관절은 [관절 고정]으로 고정할 수 있습니다.

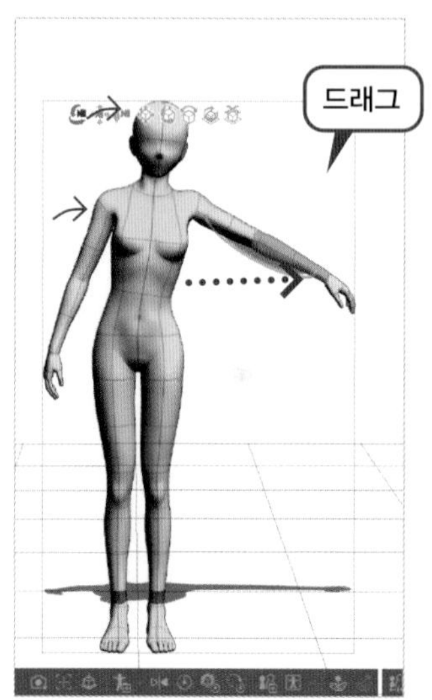

관절의 고정과 해제

고정하고 싶은 부위 위에서 마우스 오른쪽 버튼을 클릭하면 그 부위와 관련된 관절이 고정됩니다. 고정을 해제하고 싶을 때는 다시 마우스 오른쪽 버튼을 클릭합니다.

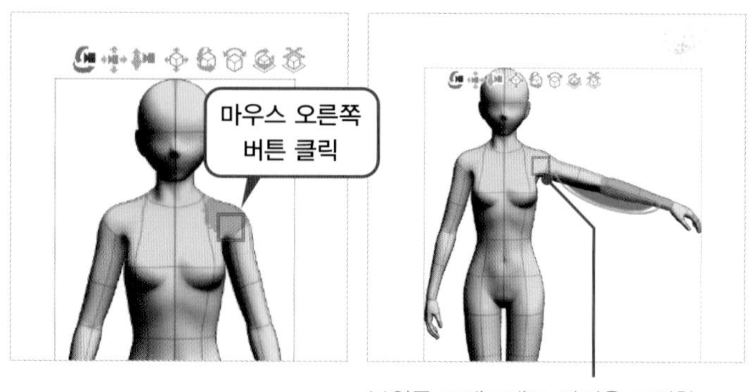

부위를 드래그해도 관절을 고정한 곳에서 앞은 움직이지 않습니다.

애니메이션 컨트롤러

3D 데생 인형을 선택하면 애니메이션 컨트롤러가 표시됩니다. 구체를 드래그하여 손, 발, 허리 등 특정 부위를 움직일 수 있습니다.

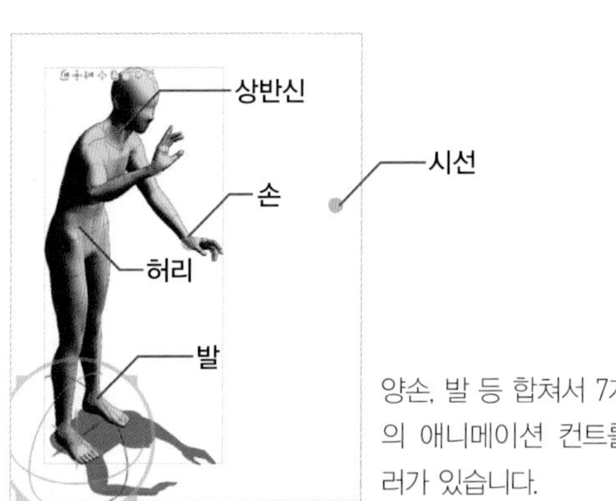

양손, 발 등 합쳐서 7개의 애니메이션 컨트롤러가 있습니다.

시선 움직이기

3D 데생 인형 앞쪽에 있는 애니메이션 컨트롤러는 시선을 움직입니다.

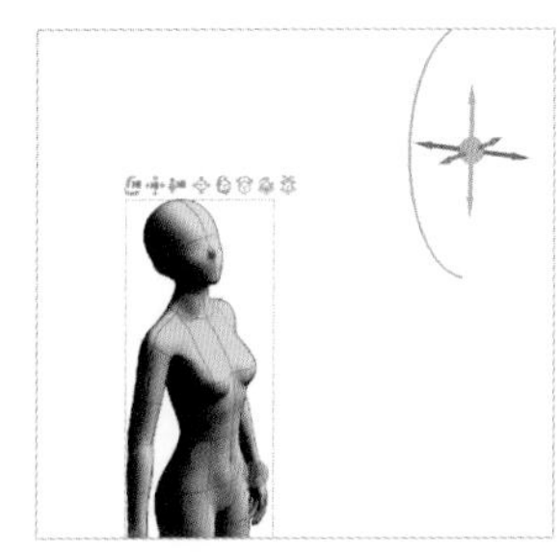

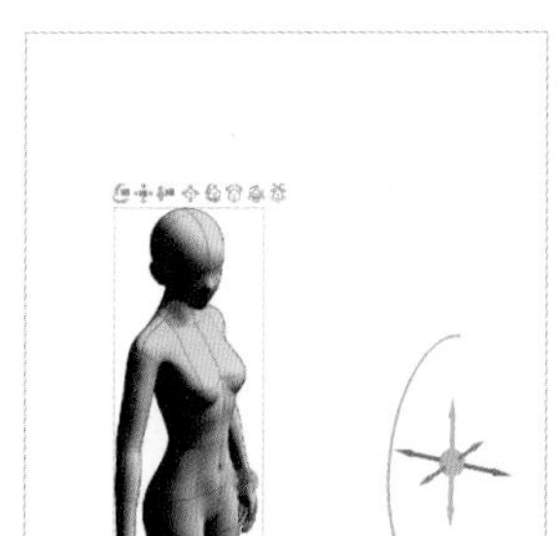

매니퓰레이터

3D 데생 인형 부위를 클릭하면 매니퓰레이터가 표시됩니다(애니메이션 컨트롤러가 나타나면 다시 한 번 클릭합니다). 매니퓰레이터는 관절이 움직이는 범위가 링으로 표시됩니다. 링을 드래그하여 관절을 움직일 수 있습니다.

움직일 수 있는 영역

부위를 회전할 수 있는 영역이 표시됩니다.

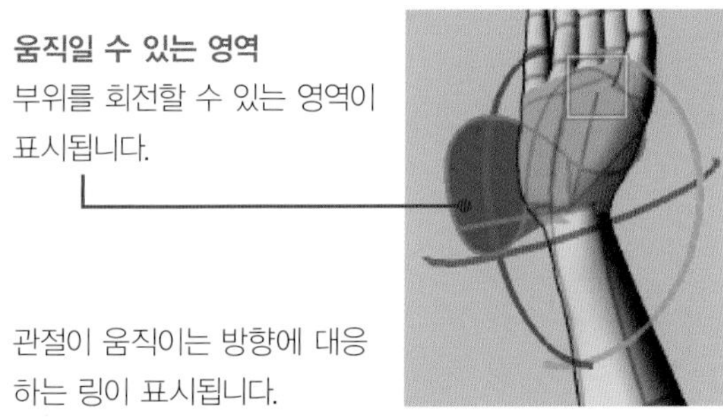

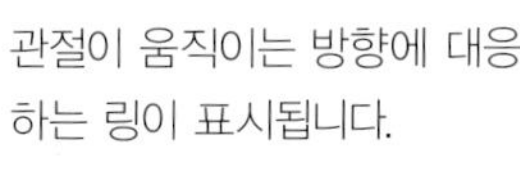

관절이 움직이는 방향에 대응하는 링이 표시됩니다.

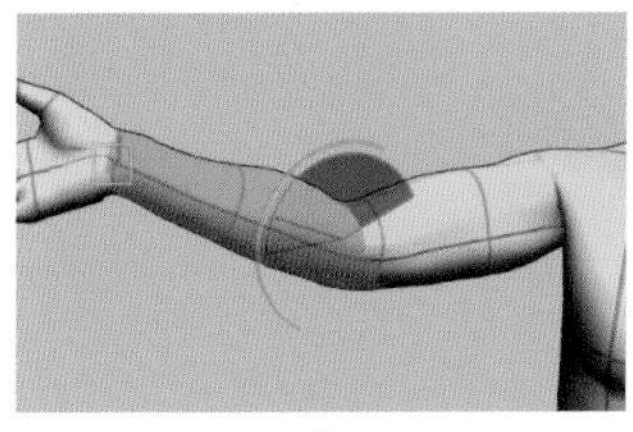

관절 움직이기

링 위에 커서를 맞추면 링 색깔이 노란색이 됩니다. 그대로 드래그하여 관절을 움직입니다.

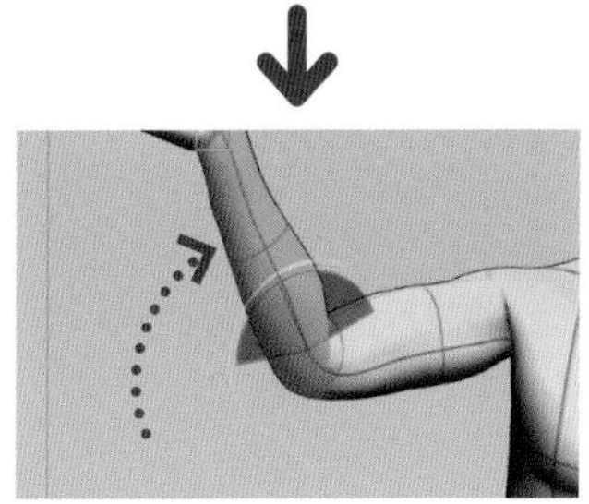

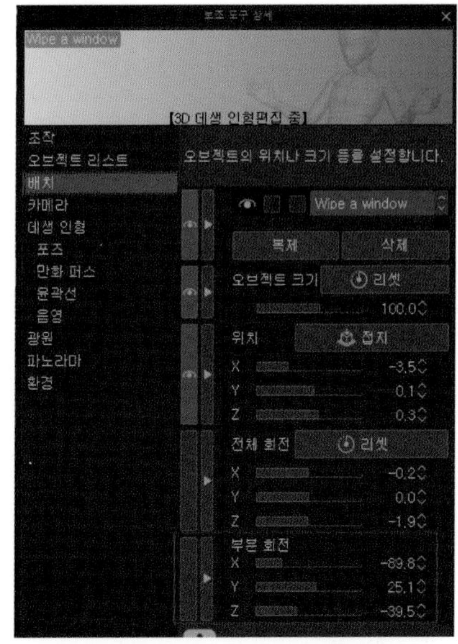

[부분 회전]으로 움직이기

[보조 도구 상세] 팔레트→[배치] 카테고리→[부분 회전]에서는 수치를 입력해 부위를 회전하는 각도를 설정할 수 있습니다.

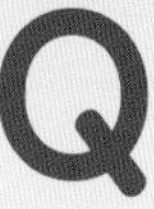

131 3D 데생 인형의 손 포즈를 만들고 싶다

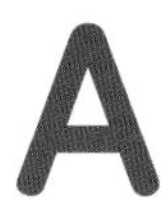

손 포즈는 [핸드 셋업]에서 만듭니다.

[핸드 셋업]

[핸드 셋업]은 손의 포즈를 편집할 수 있는 설정입니다. [도구 속성] 팔레트에 있는 [포즈]의 기능 확장을 열면 [핸드 셋업]이 표시됩니다.

손가락 잠금

각 손가락에 대응하는 [손가락 잠금]을 ON으로 하면 움직이고 싶지 않은 손가락을 고정할 수 있습니다.

엄지손가락 가운뎃손가락 새끼손가락

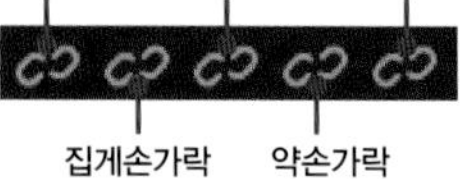

집게손가락 약손가락

주먹 쥐는 방법 프리셋

손의 주먹 쥐는 방법 프리셋을 선택할 수 있습니다.

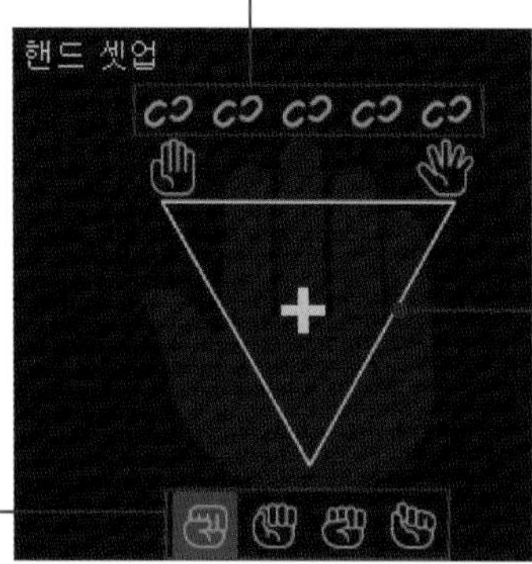

핸드 컨트롤러

+를 드래그하면 손을 펴거나 닫습니다.

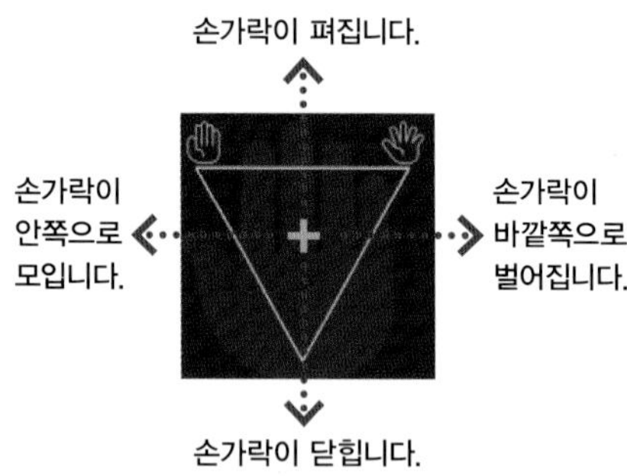

손 포즈 작성 순서

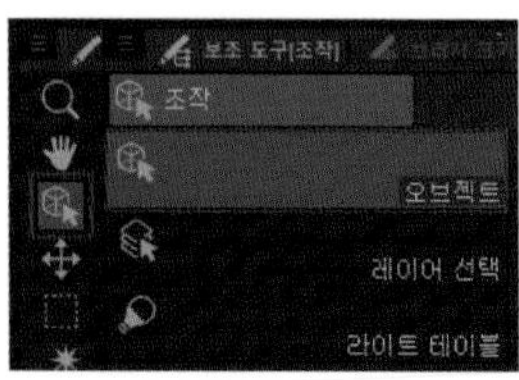

❶ [조작] 도구→[오브젝트]를 선택합니다.

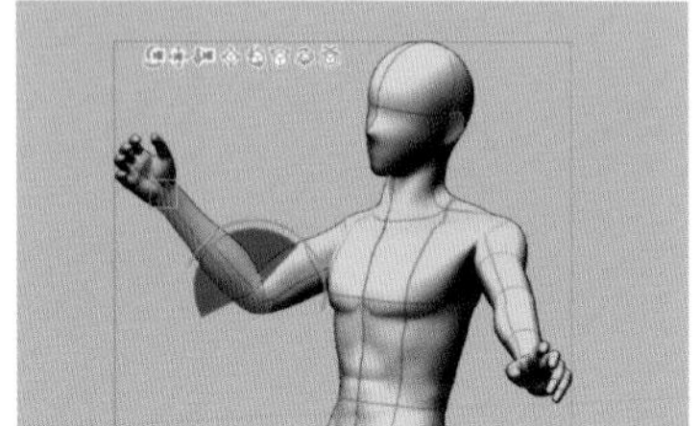

❷ 손 포즈를 설정하고 싶은 부위를 선택합니다.

⊞를 클릭하여 엽니다.

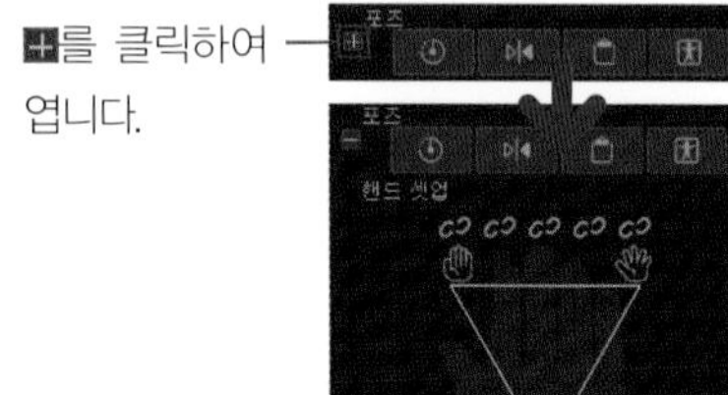

❸ [도구 속성] 팔레트에서 [핸드 셋업]을 표시합니다.

여기서는 집게손가락을 제외하고 잠갔습니다.

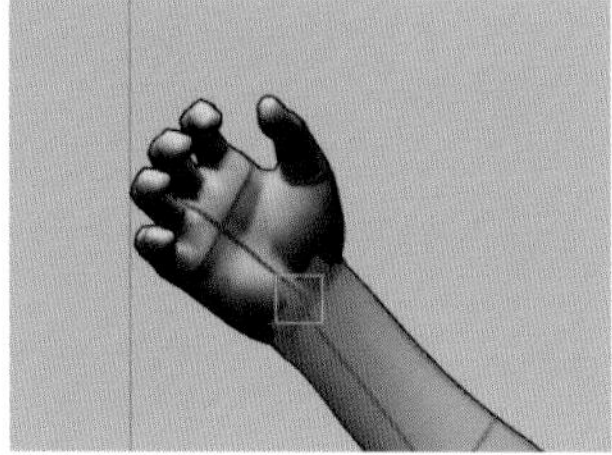

❹ 움직이고 싶지 않은 손가락을 잠급니다.

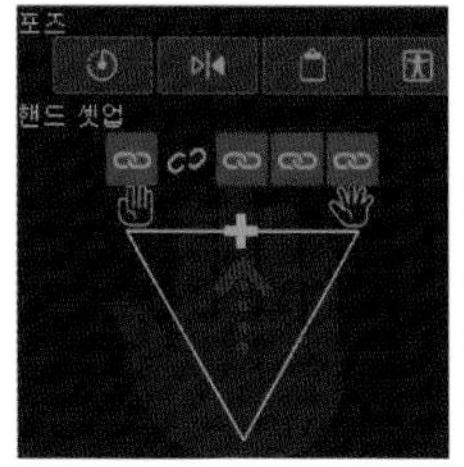

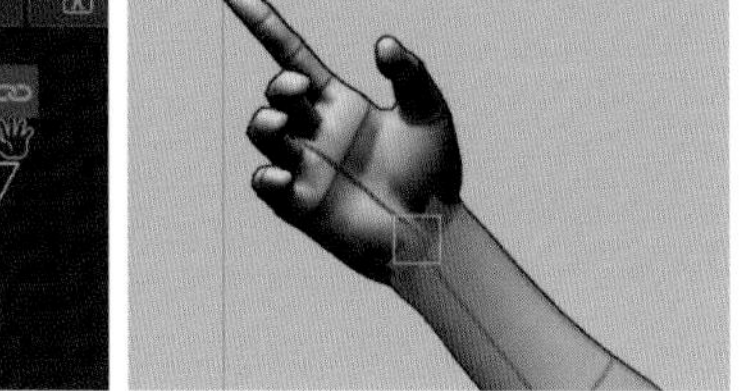

❺ 핸드 컨트롤러로 손가락을 움직입니다.

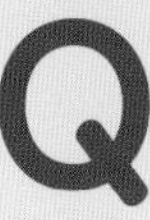

132

3D 데생 인형의 체형을 바꾸고 싶다

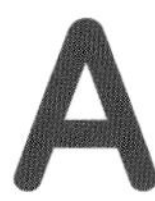

[체형 변경] 설정으로 변경할 수 있습니다.

체형 편집

[도구 속성] 팔레트의 [체형 변경]에서 3D 데생 인형의 체형을 세세하게 편집할 수 있습니다.

[체형 변경]의 기능 확장⊞을 클릭하면 [키], [등신], [2D 슬라이더]가 표시됩니다.

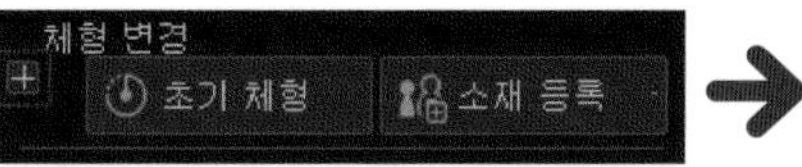

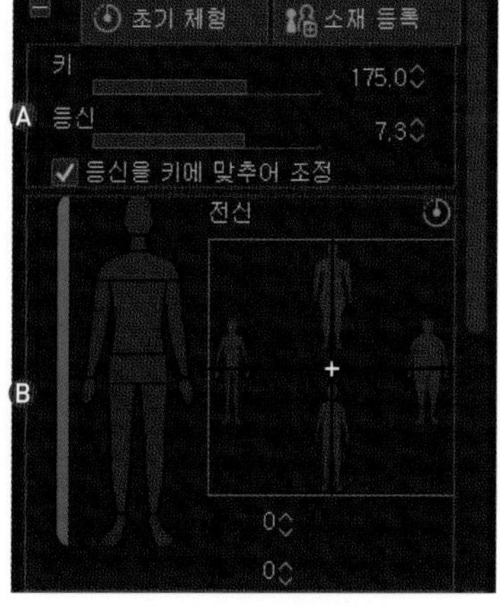

Ⓐ 키와 등신

[키]에서 3D 데생 인형의 신장, [등신]에서 등신을 편집할 수 있습니다. [등신을 키에 맞추어 조정]을 체크하면 키 설정에 등신이 연동됩니다.

Ⓑ 2D 슬라이더

2D 슬라이더를 위로 움직이면 남성형은 근육이 강조되고 여성형은 글래머 체형이 됩니다.

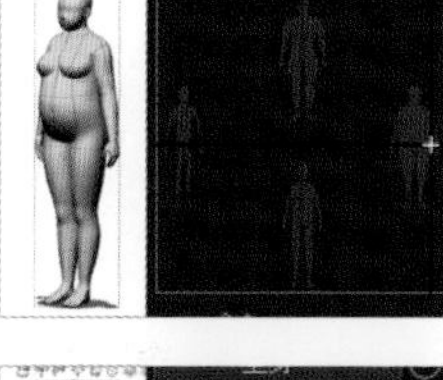

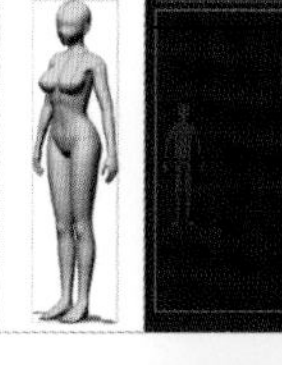

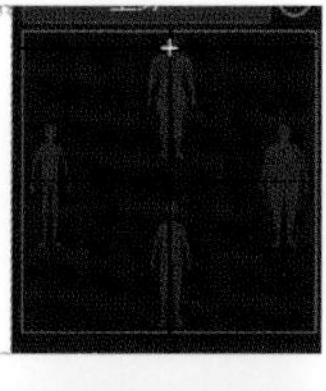

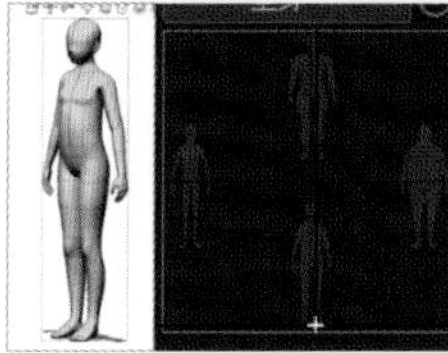

체형을 초기 상태로 되돌립니다.

부위별 편집

2D 슬라이더는 부위별로 체형을 조정할 수 있습니다.

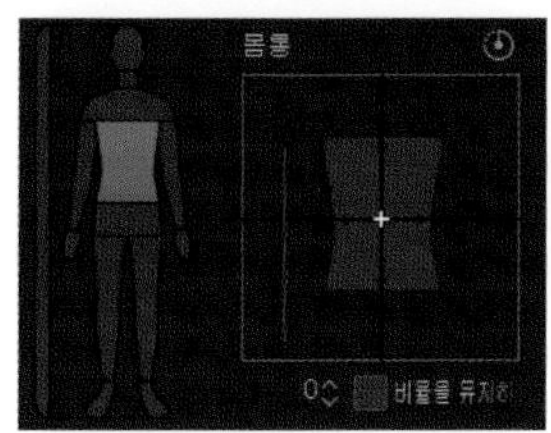

부위를 선택합니다.

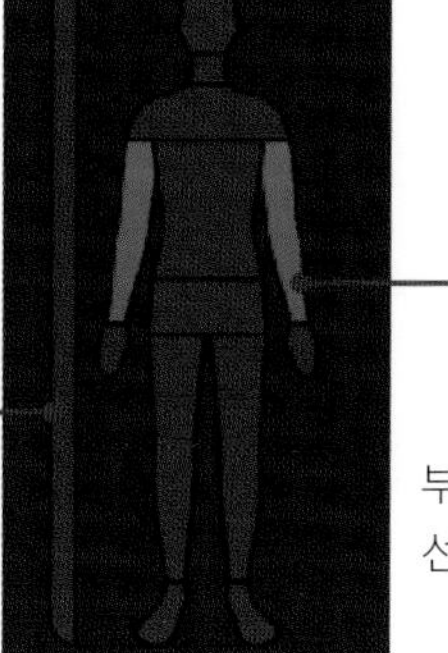

전신을 선택할 때는 여기를 클릭합니다.

부위를 선택합니다.

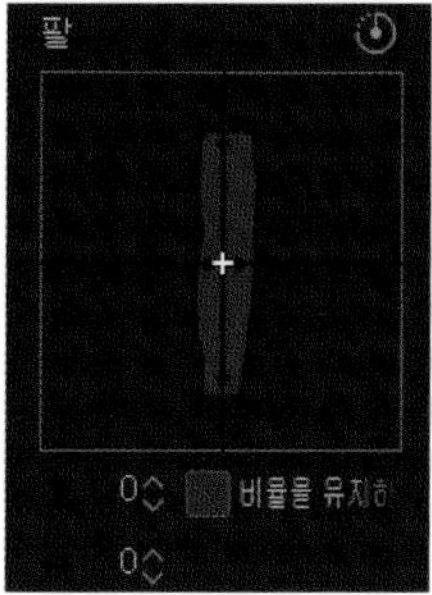

2D 슬라이더를 드래그하여 부위의 높이와 폭을 편집합니다.

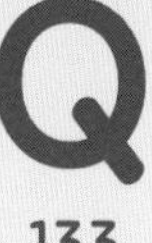

133

자주 사용하는 기능을 모아둔 팔레트를 사용하고 싶다

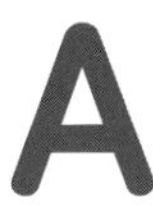

[퀵 액세스] 팔레트를 커스터마이즈해 사용하면 좋습니다.

[퀵 액세스] 팔레트에 등록

[퀵 액세스] 팔레트는 자주 사용하는 보조 도구나 그리기 색, 메뉴의 기능 등을 세트 리스트에 버튼으로 등록해 자신 취향의 팔레트로 만들 수 있습니다.

메뉴 표시
메뉴를 표시하여 다양한 조작을 할 수 있습니다.

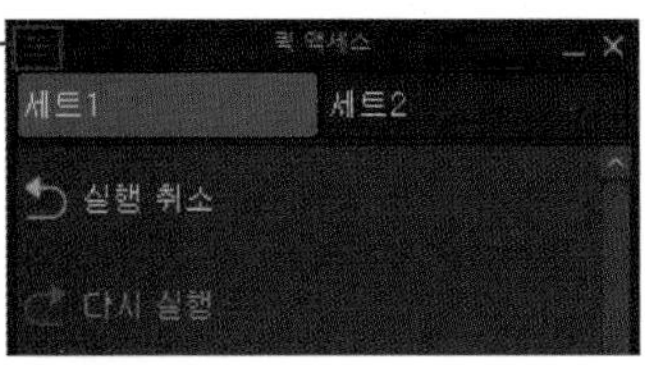

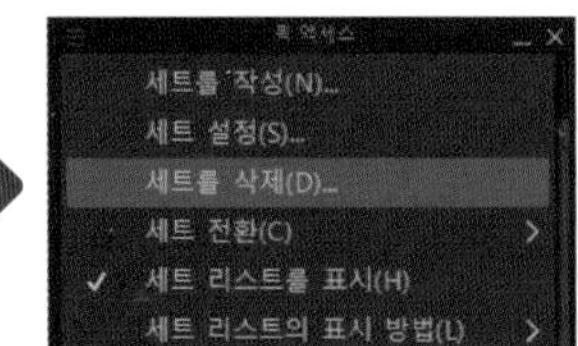

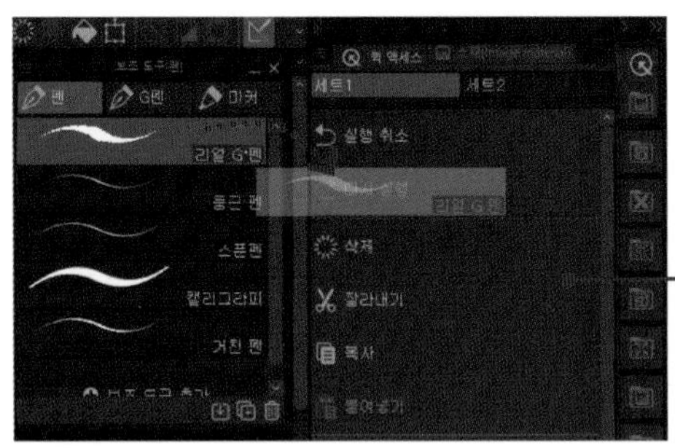

세트 리스트
기능이 버튼으로 되어 있는 영역입니다.

보조 도구 등록
[보조 도구] 팔레트에서 드래그 앤 드롭으로 [퀵 액세스] 팔레트에 등록할 수 있습니다.

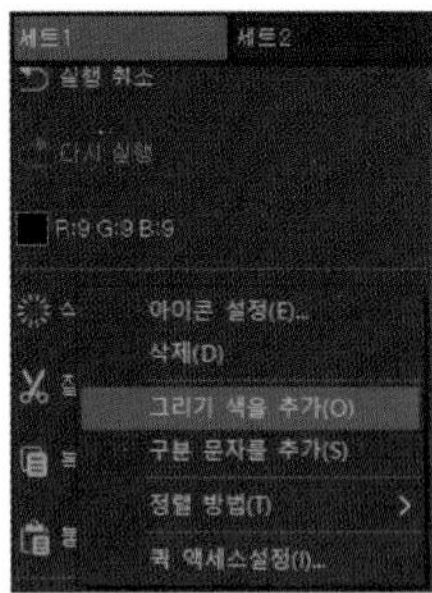

그리기 색 등록
그리기 색은 마우스 오른쪽 클릭하고 [그리기 색을 추가](→ P.54)를 선택하여 등록할 수 있습니다.

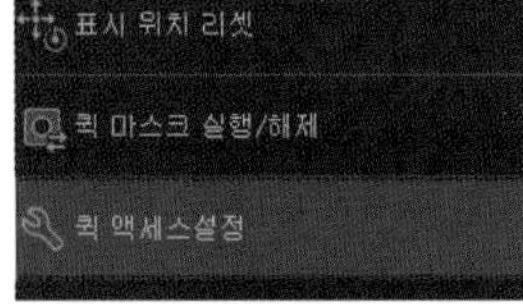

메인 메뉴 기능 등록
위에 있는 메뉴의 기능은 메뉴 표시→[퀵 액세스설정]→[메인 메뉴]에서 등록할 수 있습니다.

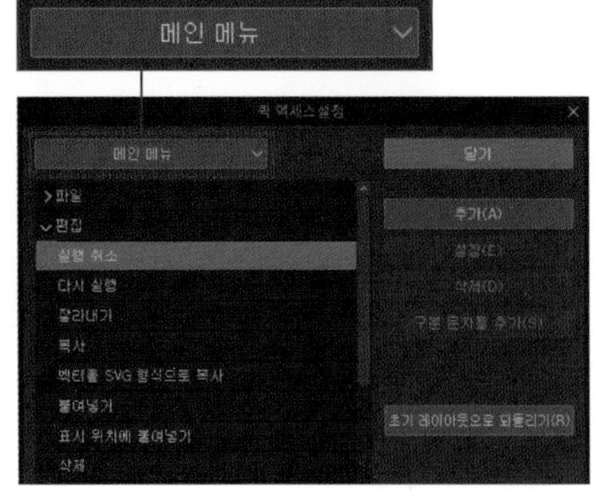

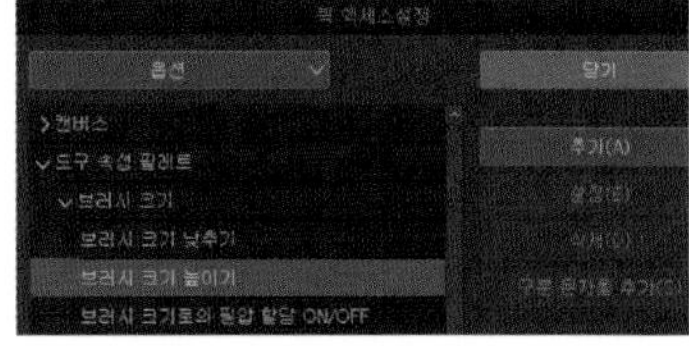

메뉴에 없는 기능 등록
[퀵 액세스설정]→[옵션]에서는 [도구 속성] 팔레트의 기능 등 메뉴에 없는 기능을 등록할 수 있습니다.

팝업 팔레트 등록

[퀵 액세스설정]→[팝업 팔레트]에서는 각 팔레트를 팝업 표시할 수 있는 버튼을 추가할 수 있습니다.

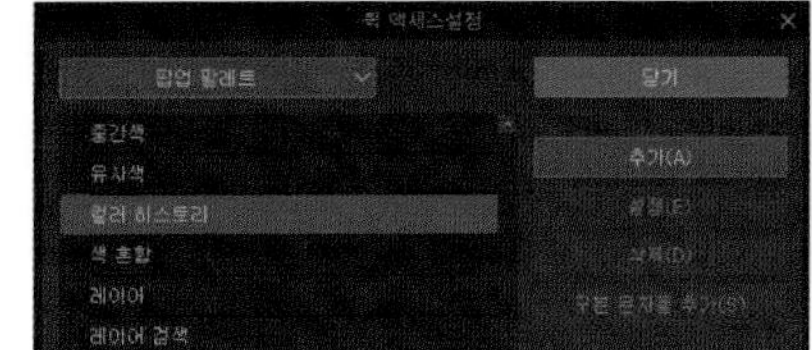

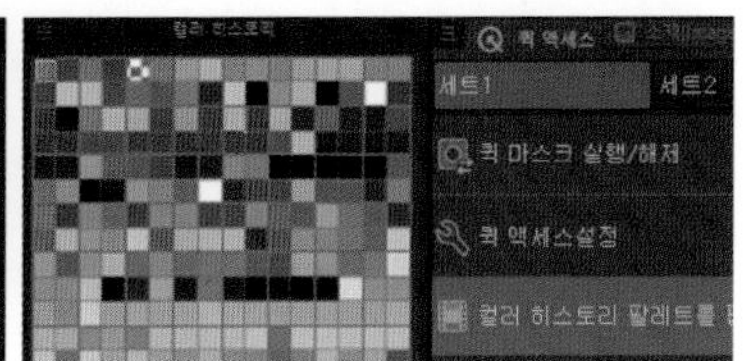

[퀵 액세스] 팔레트 편집

세트 리스트의 작성, 버튼의 표시나 이동 방법 등 [퀵 액세스] 팔레트의 편집 방법을 알아봅니다.

세트 리스트 작성/삭제

메뉴 표시→[세트를 작성]을 선택하여 새로운 세트 리스트를 만들 수 있습니다.
메뉴 표시→[세트를 삭제]를 선택하면 세트를 삭제합니다.
메뉴 표시→[세트 설정]을 선택하여 세트의 이름을 변경할 수 있습니다.

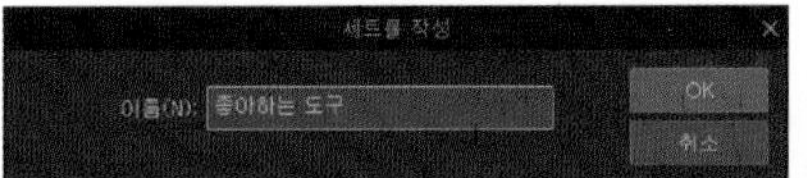

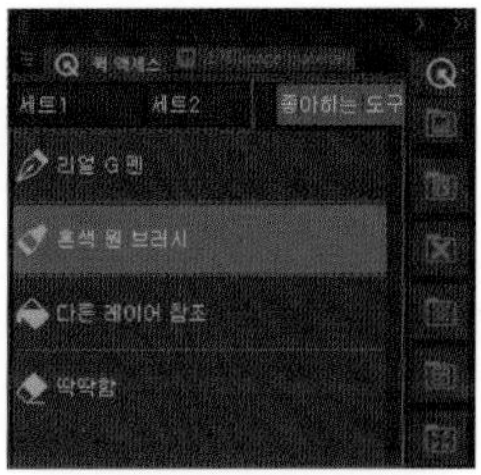

버튼의 표시 바꾸기

메뉴 표시→[표시 방법]에서 버튼의 크기나 표시 방법을 변경할 수 있습니다.

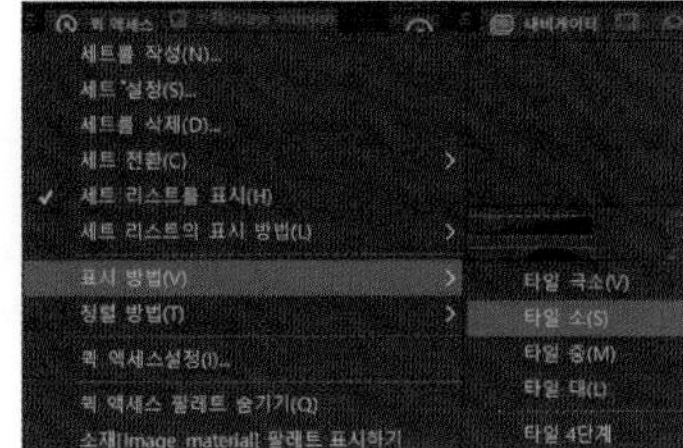

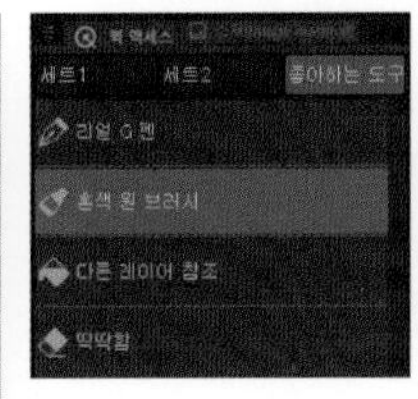

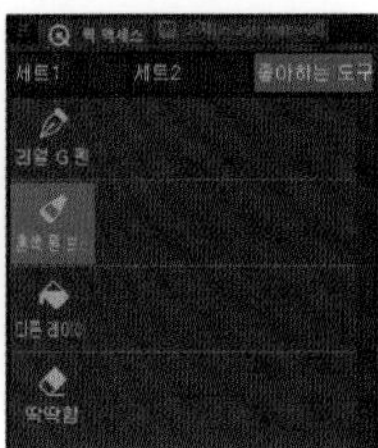

구분 문자 만들기

버튼과 버튼 사이에서 마우스 오른쪽 클릭하여 [구분 문자를 추가]를 선택하면 선이 표시됩니다. 버튼을 분류하는 데 편리합니다.

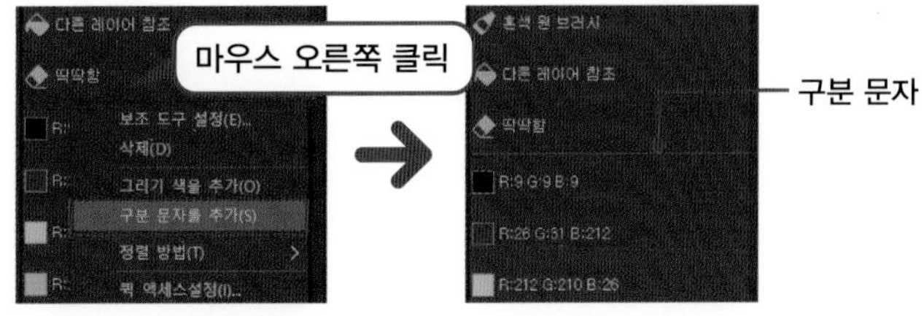

버튼 이동

버튼의 순서를 바꿀 때는 Ctrl를 누르면서 드래그합니다.

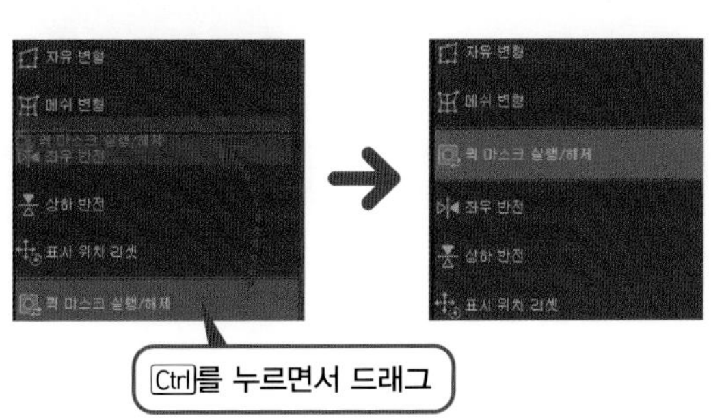

TIPS 버튼의 이름 바꾸기

보조 도구나 그리기 색은 마우스 오른쪽 클릭으로 이름을 변경할 수 있습니다.

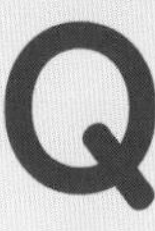

CMYK 저장을 미리 보고 싶다

134

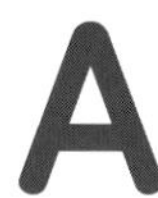

[컬러 프로파일 미리 보기]에서 확인합니다.

CMYK 변환 후 이미지 미리 보기

CLIP STUDIO PAINT는 RGB 방식으로 색을 표현하고 있으므로 CMYK로 저장하면 색감이 바뀌는 경우가 있습니다.

[컬러 프로파일 미리 보기]는 CMYK로 변환 후의 이미지를 미리 보기할 수 있습니다. CMYK로 저장한 화상이 원하는 색조가 되도록 미리 컬러 프로파일 미리 보기로 확인하면 좋습니다.

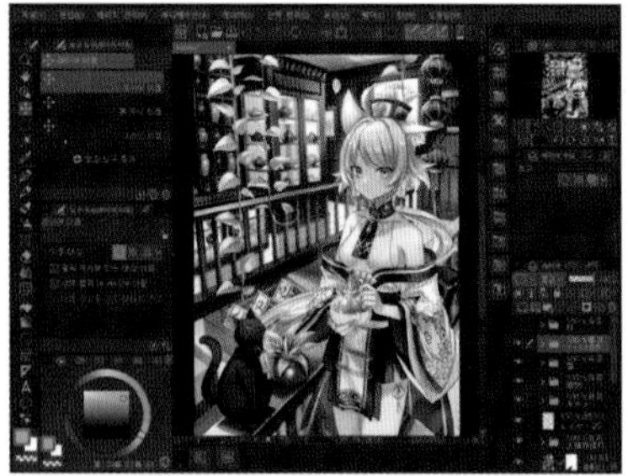

❶ CMYK에서 미리 보기할 파일을 엽니다.

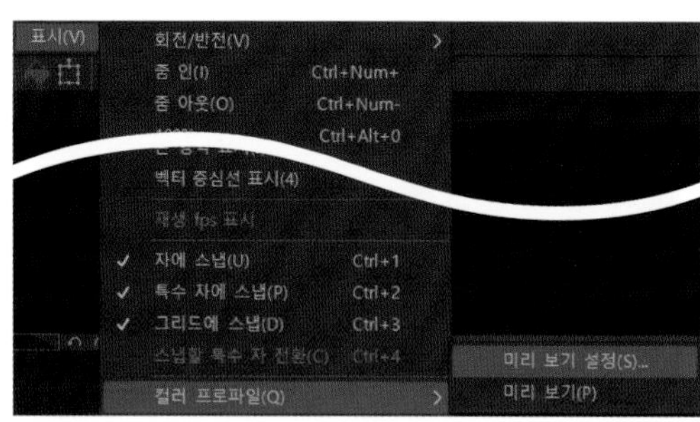

❷ [표시] 메뉴→[컬러 프로파일]→[미리 보기 설정]을 선택합니다.

❸ [컬러 프로파일 미리 보기] 대화상자가 열립니다.
[미리 보기하는 프로파일]에서 [CMYK : Japan Color 2001 Coated]를 선택하고 [OK]를 클릭합니다.

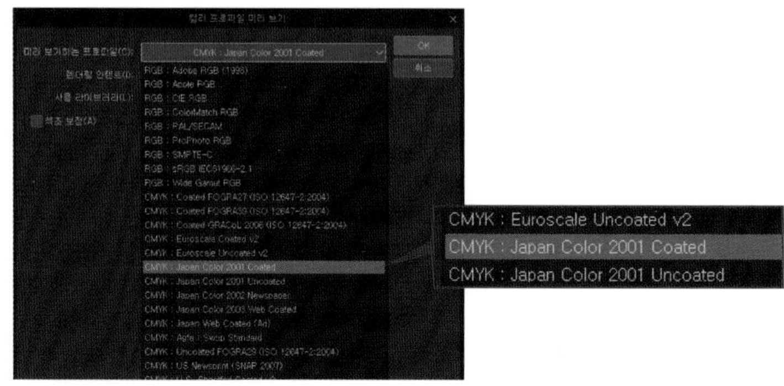

❹ [표시] 메뉴→[컬러 프로파일]→[미리 보기]를 선택하여 CMYK로 변환된 미리 보기 표시를 할 수 있습니다.

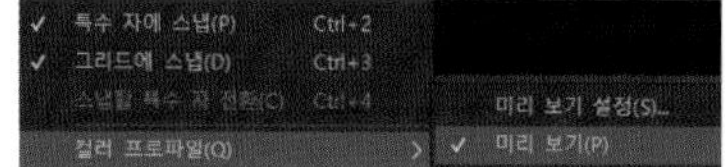

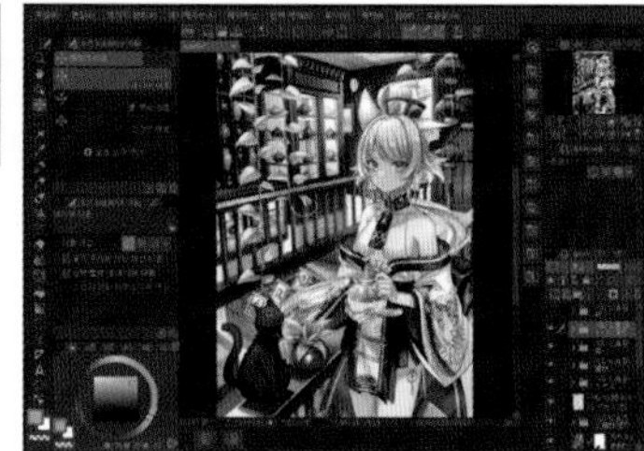

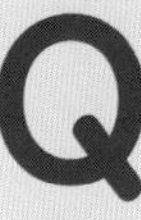

투명한 PNG 이미지로 저장하고 싶다

135

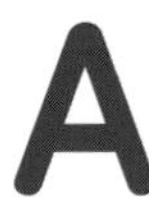

용지 레이어를 숨기고 저장합니다.

배경을 투명하게 하여 저장하기

[레이어] 팔레트에서 용지 레이어를 숨기고 [파일] 메뉴→[화상을 통합하여 내보내기]→[.png(PNG)]를 선택하면 투명 PNG 이미지로 저장할 수 있습니다.

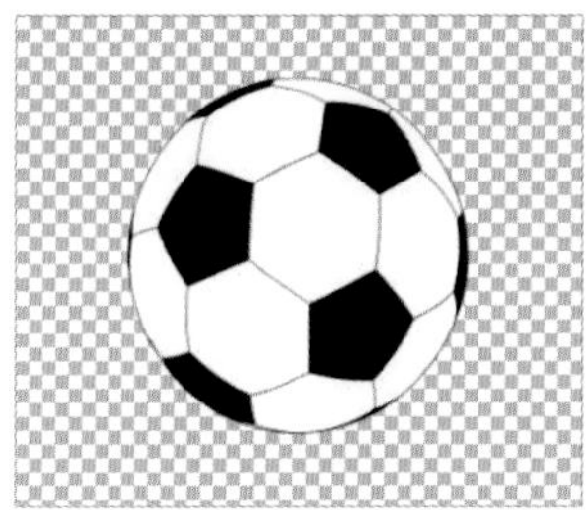

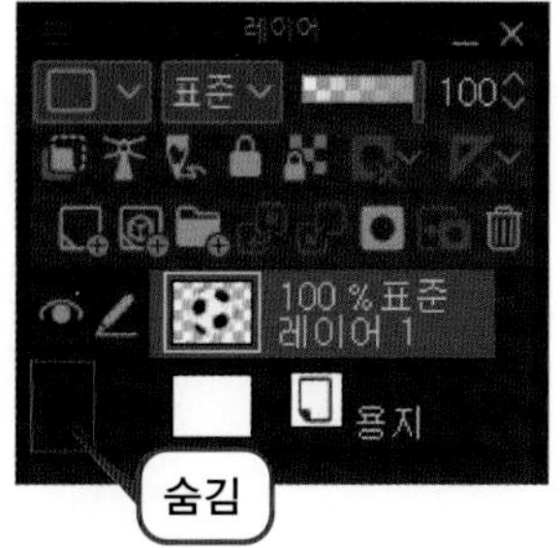

TIPS [다른 이름으로 저장]에서도

[다른 이름으로 저장]이나 [복제 저장]에서도 투명한 PNG 이미지를 저장할 수 있습니다.

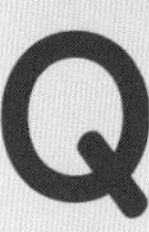

채색한 색을 [스포이트]하고 싶다

136

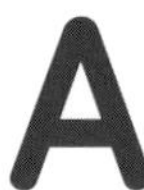

[스포이트] 도구의 [참조처] 설정을 [편집 레이어]로 합니다.

불투명도를 무시하고 [스포이트]

[스포이트] 도구 설정에서 [참조 위치]가 [편집 레이어]일 때는 색의 불투명도를 무시하고 색을 추출합니다. 따라서 옅은 필압으로 칠하거나 레이어 불투명도를 낮춰 반투명해진 색에서도 채색했을 때 선택했던 그리기 색을 추출할 수 있습니다.

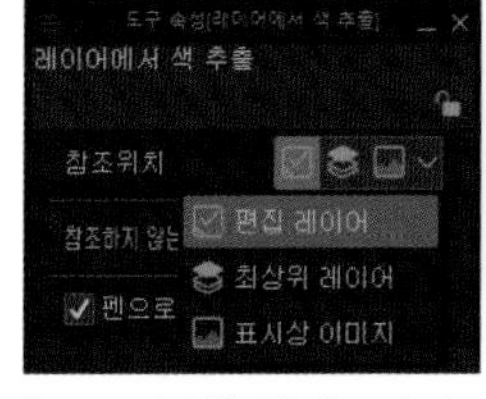

[도구 속성] 팔레트에서 [참조 위치]를 [편집 레이어]로 합니다.

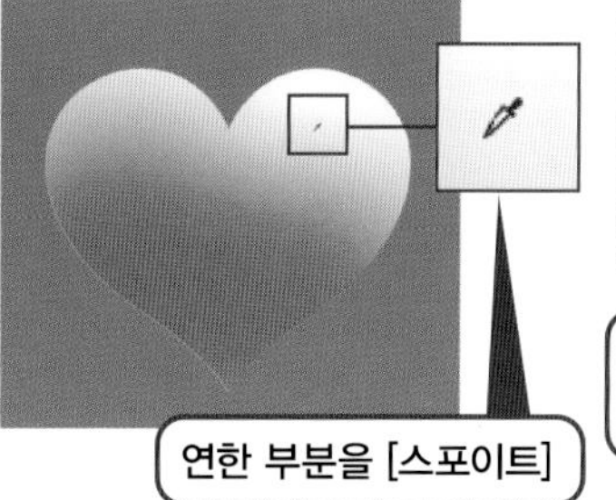

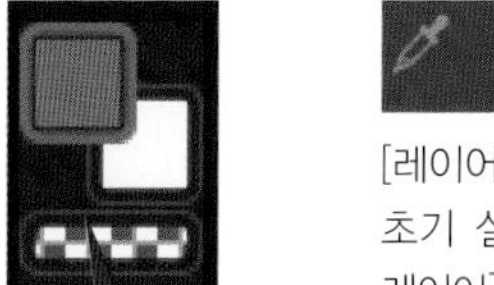

불투명도를 무시하고 색을 추출한다

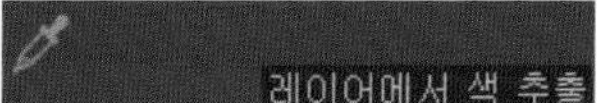

[레이어에서 색 추출] 보조 도구는 초기 설정에서 [참조 위치]가 [편집 레이어]로 되어 있습니다.

Part.7 편리한 기능

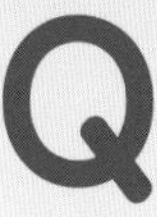

하얀 배경을 투명하게 하고 싶다

137

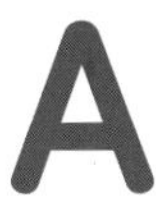

[휘도를 투명도로 변환]으로 투명해집니다.

[휘도를 투명도로 변환]

[편집] 메뉴→[휘도를 투명도로 변환]은 휘도가 높은 색일수록 투명하게 변환하는 기능입니다. 이것을 사용하면 흰색 바탕에 검은색 선화가 그려진 레이어의 흰색 부분을 완전히 투명하게 만들 수 있으므로 선화를 추출하고 싶을 때 편리합니다.

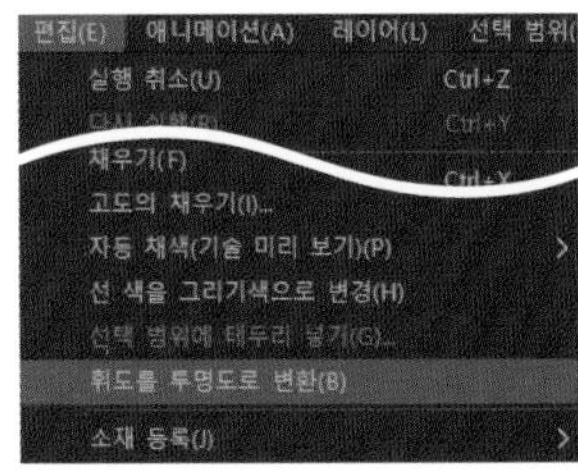

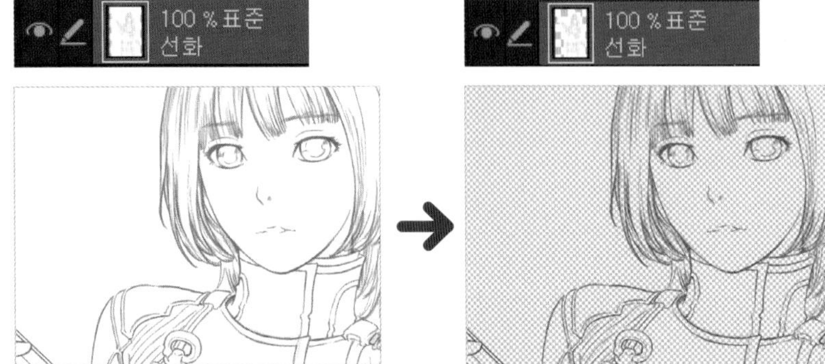

Part.7 편리한 기능

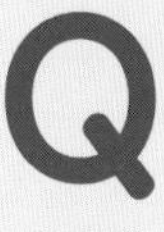

이전에 사용한 색을 찾고 싶다

138

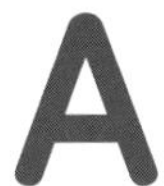

[컬러 히스토리] 팔레트에서 찾아봅니다.

[컬러 히스토리] 팔레트에는 그리기 색의 이력이 표시됩니다. 과거에 사용했던 그리기 색을 찾고 싶을 때 확인해 봅니다.

TIPS 팔레트를 찾을 수 없을 때

[컬러 히스토리] 팔레트는 [컬러 서클] 팔레트 등 컬러 팔레트들이 겹쳐 눈에 띄지 않는 장소에 있습니다. 찾을 수 없을 때는 [창] 메뉴→[컬러 히스토리]로 표시합니다.

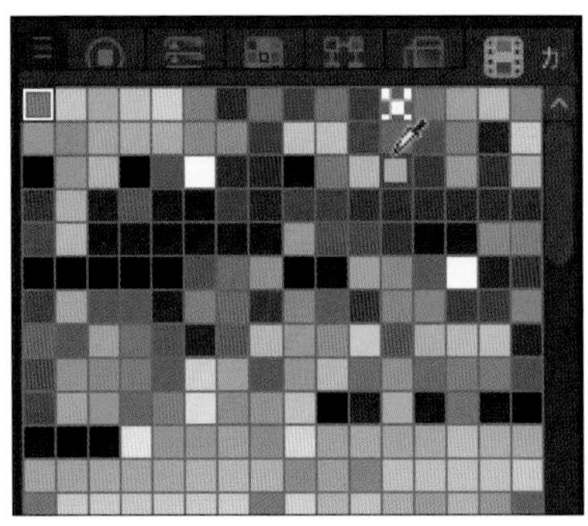

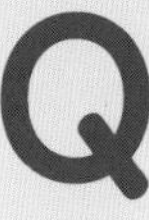

자료 이미지를 보면서 작업하고 싶다

139

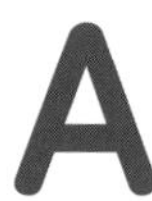

[서브 뷰] 팔레트를 사용하면 편리합니다.

[서브 뷰] 팔레트

[서브 뷰] 팔레트에 이미지를 표시시켜 일러스트를 그릴 때 참고로 하거나 이미지에서 색을 추출할 수 있습니다.

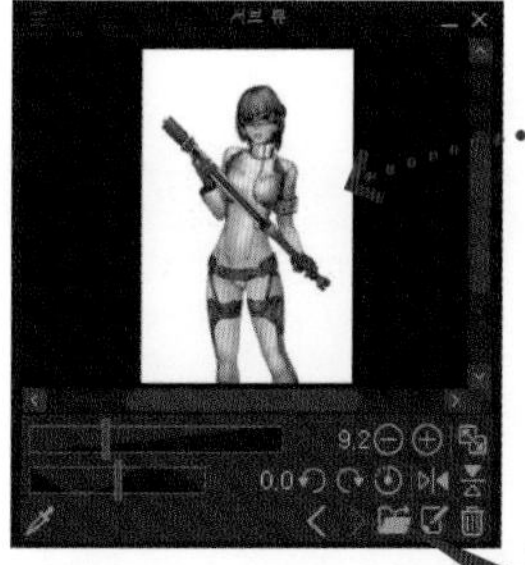

드래그하여 이미지를 가져올 수 있습니다.

[가져오기]에서 이미지를 불러올 수 있습니다.

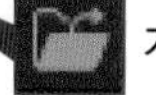

가져오기

TIPS [서브 뷰] 장소

초기 상태에서는 [내비게이터] 팔레트와 겹쳐 있으므로 탭을 클릭해 표시합니다.

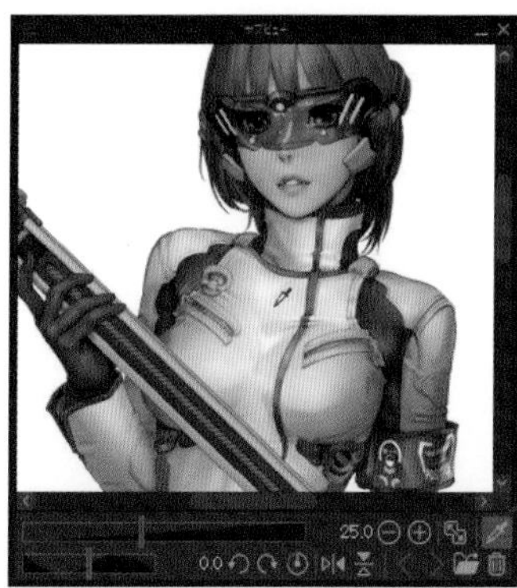

[스포이트]로 색 추출

[자동으로 스포이트 전환]을 ON으로 하면 커서가 이미지 위에 있을 때는 [스포이트]가 되어 색을 추출해 그리기 색으로 할 수 있습니다.

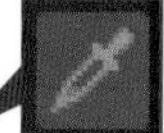

자동으로 스포이트 전환

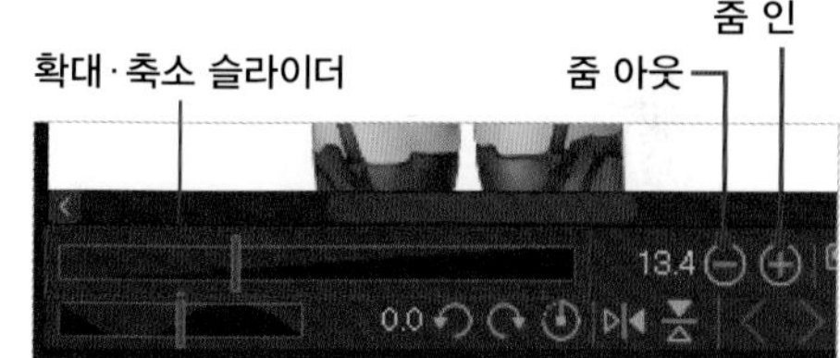

크게 표시

창의 폭을 넓히면 이미지를 크게 표시할 수 있습니다. 화상의 표시는 [서브 뷰] 팔레트의 [확대·축소 슬라이더], [줌 인], [줌 아웃]으로 크기를 조정할 수 있습니다.

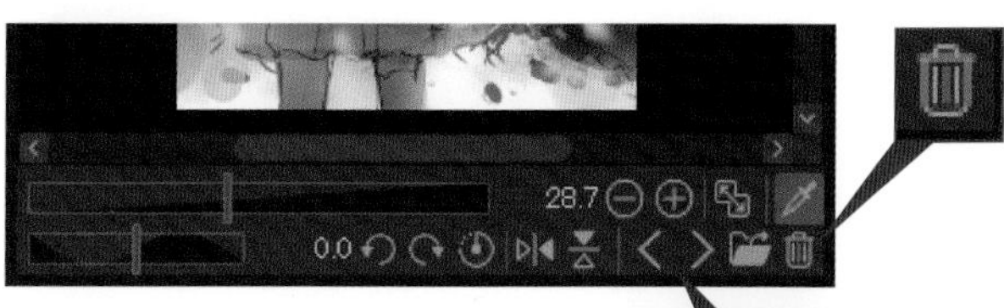

가져온 이미지 지우기

휴지통 아이콘을 클릭하면 [서브 뷰] 팔레트에 표시된 이미지를 삭제할 수 있습니다.

여러 개의 이미지 가져오기

[서브 뷰] 팔레트에는 여러 개의 이미지를 가져올 수 있습니다. 표시하는 이미지를 바꿀 때는 [이전 화상으로], [다음 화상으로]를 클릭합니다.

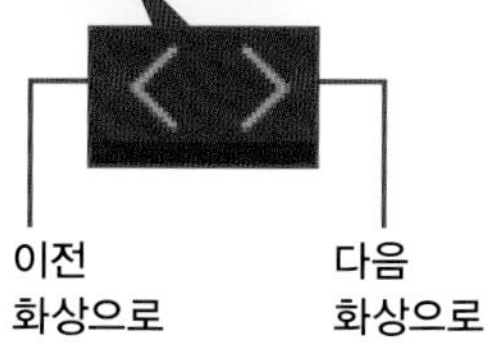

TIPS 불러온 이미지에 대하여

불러온 이미지는 CLIP STUDIO PAINT를 종료해도 사라지지 않기 때문에 다음에 열었을 때도 [서브 뷰] 팔레트에 표시됩니다. 그러나 원래의 이미지 파일을 지우거나 PC 내에서 이미지 파일이 있는 장소에 변경이 있거나 하면 [서브 뷰] 팔레트에 표시할 수 없습니다.

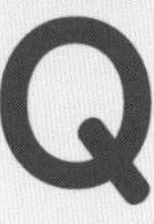

Q 140 클라우드에 파일을 업로드하고 싶다

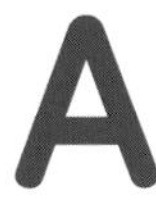

A CLIP STUDIO의 [작품 관리]에서 클라우드에 업로드합니다.

클라우드로 작품을 공유하기

클라우드를 사용하여 PC나 아이패드 등으로 작품을 공유할 수 있습니다.

작품 업로드

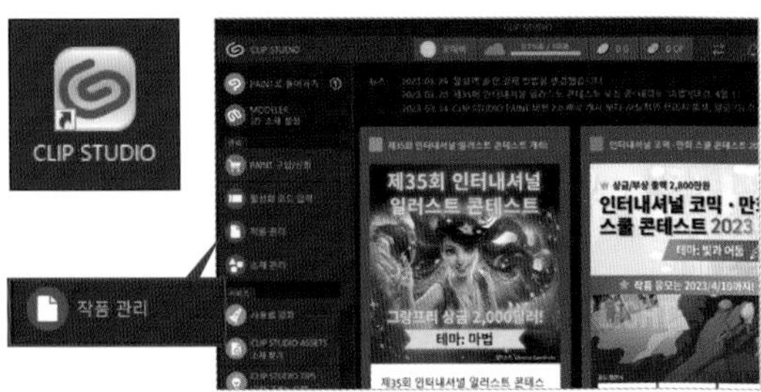

❶ CLIP STUDIO를 열고 [작품 관리]를 클릭합니다.

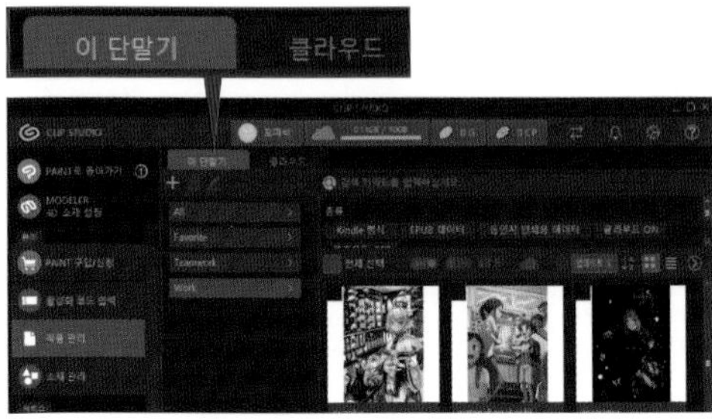

❷ [이 단말기] 탭(iPad 버전에서는 [애플리케이션 내])을 클릭해 표시합니다.

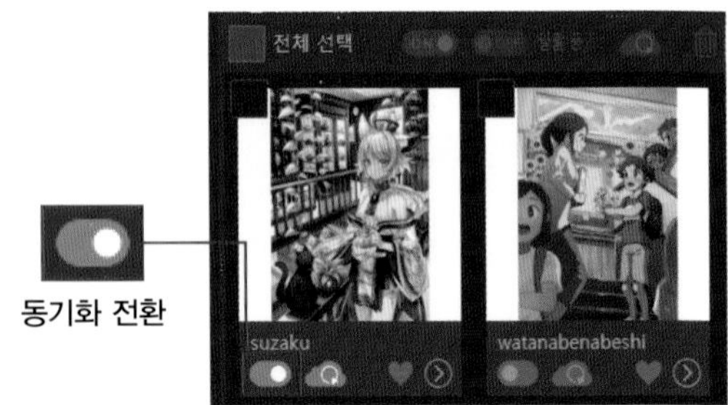

❸ [동기화 전환]을 ON으로 합니다.

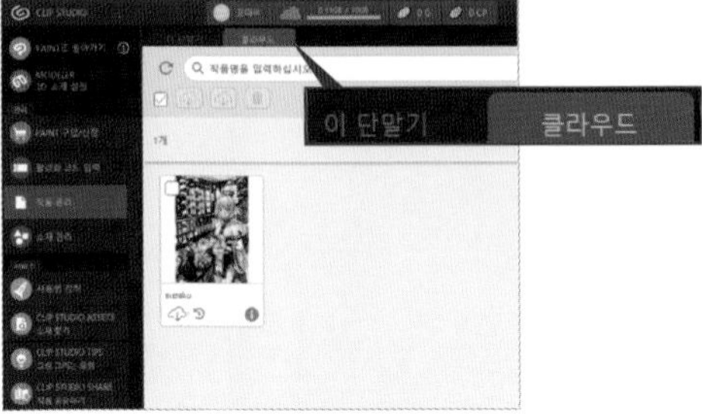

❹ 클라우드에 작품이 업로드됩니다.

TIPS [동기화 전환]과 [지금 바로 동기화]

[이 단말기](iPad 버전에서는 [애플리케이션 내])에서 [동기화 전환]을 ON으로 하면 CLIP STUDIO를 시작/종료할 때 자동으로 클라우드에 업로드됩니다. 바로 올리고 싶은 경우는 [지금 바로 동기화]를 클릭합니다.

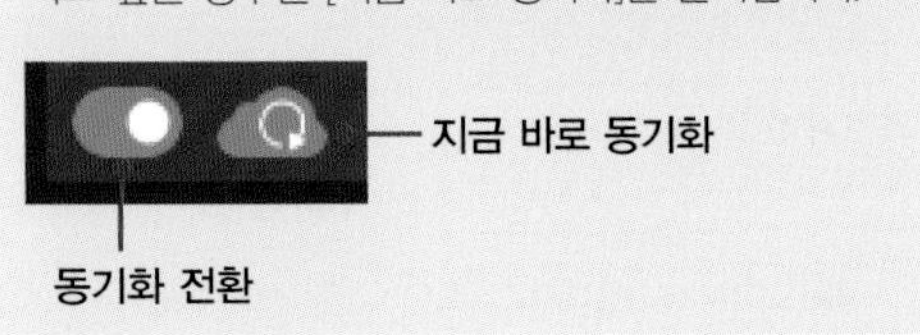

신규 다운로드
작업 중인 PC나 태블릿에 파일이 없는 경우 표시됩니다.

덮어쓰기 다운로드
작업 중인 PC나 태블릿에 파일이 있는 경우 표시됩니다.

다운로드

[작품 관리]→[클라우드]에서 [신규 다운로드] 혹은 [덮어쓰기 다운로드]를 클릭하면 클라우드에 있는 작품을 다운로드할 수 있습니다.

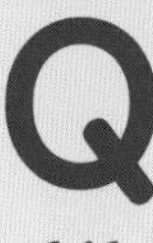

클라우드에 백업하고 싶다

141

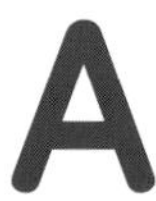

[클라우드 설정] 후 작품을 동기화시킵니다.

여러 작품을 클라우드에 동기화하기

[클라우드 설정]에서 동기화 설정을 하면 [작품 관리]에서 동기화하도록 한 작품은 클라우드에 저장됩니다.

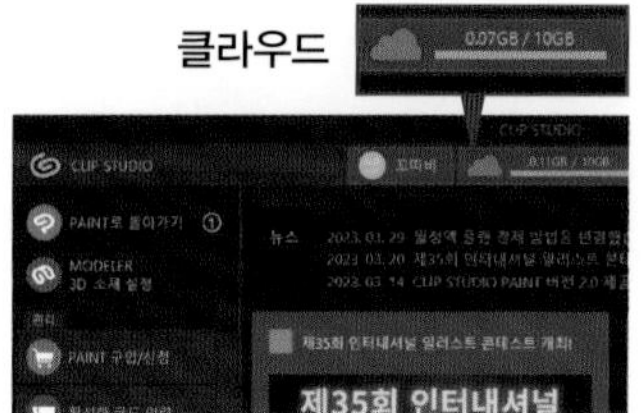

❶ CLIP STUDIO를 열고 위에 있는 구름 아이콘의 [클라우드]를 클릭합니다.

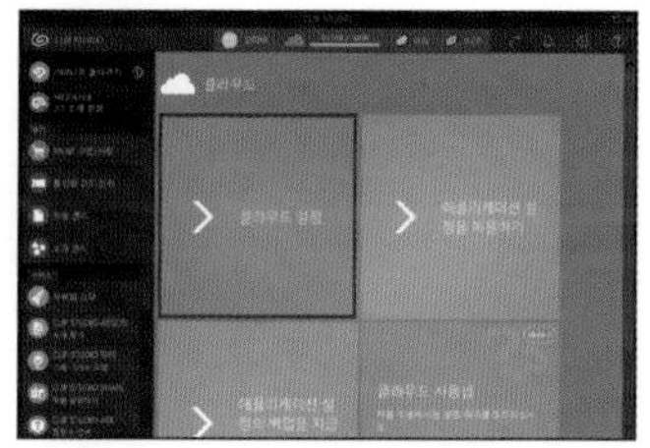

❷ [클라우드 설정]을 선택합니다.

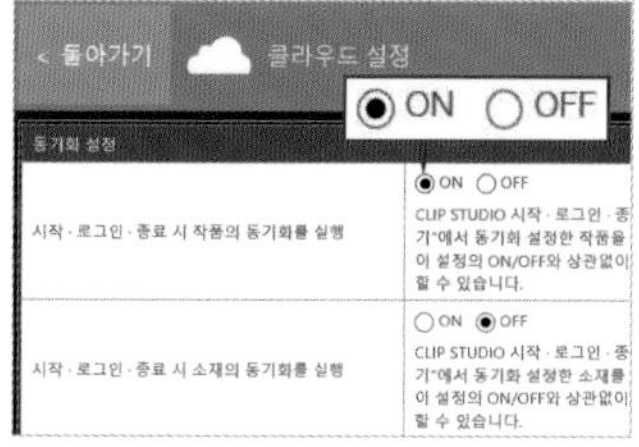

❸ [시작·로그인·종료 시 작품의 동기화를 실행]에서 [ON]을 선택합니다.

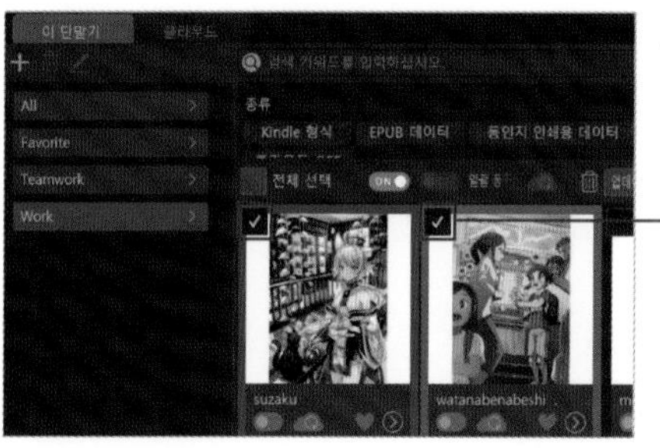

체크하여 선택합니다.

❹ [작품 관리]→[이 단말기](iPad 버전에서는 [애플리케이션 내])에서 백업하고 싶은 작품을 선택합니다.

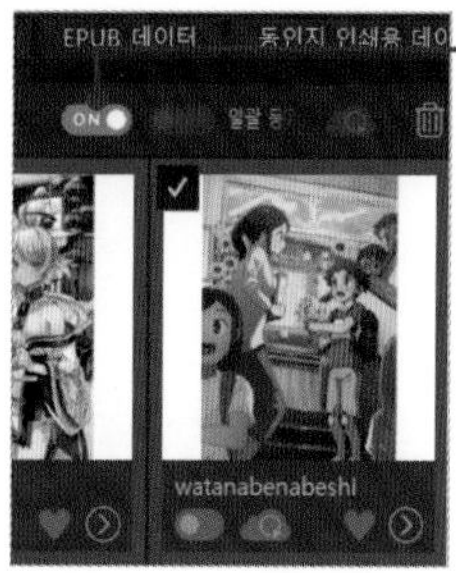

일괄 동기화 전환/동기화 ON

❺ [일괄 동기화 전환/동기화 ON]을 클릭합니다.

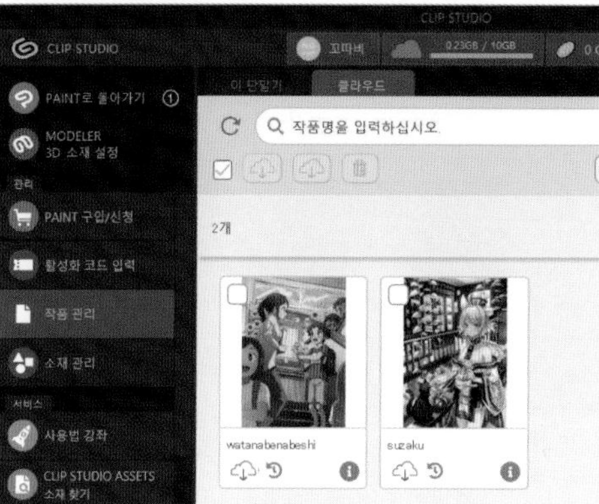

❻ 이로써 CLIP STUDIO에 로그인하는 동안 클라우드에 백업되게 하였습니다. 백업 타이밍은 CLIP STUDIO의 시작·로그인·종료 시가 됩니다.

※ CLIP STUDIO PAINT의 저장/종료 시가 아니므로 주의.

TIPS 로그인이 필요

클라우드 백업은 CLIP STUDIO에 CLIP STUDIO 계정으로 로그인해야 합니다. 로그인하지 않았을 때는 클라우드 백업이 되지 않습니다.

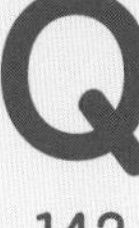
142

지워버린 초기 보조 도구를 다시 가져오고 싶다

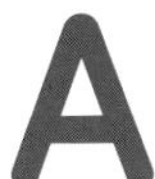

[초기 보조 도구 추가]에서 초기 보조 도구를 [보조 도구] 팔레트에 추가할 수 있습니다.

초기 보조 도구 가져오기

실수로 초기 보조 도구를 지워 버렸을 경우 [보조 도구] 팔레트의 메뉴 표시에서 [초기 보조 도구 추가]를 선택해 초기 보조 도구를 다시 가져올 수 있습니다.

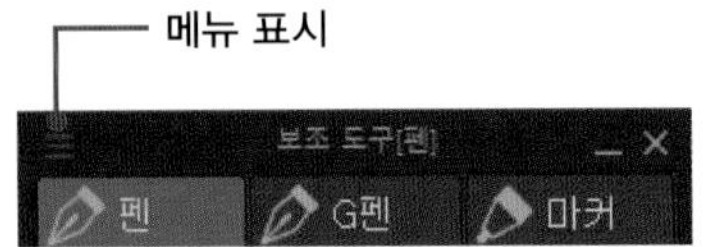

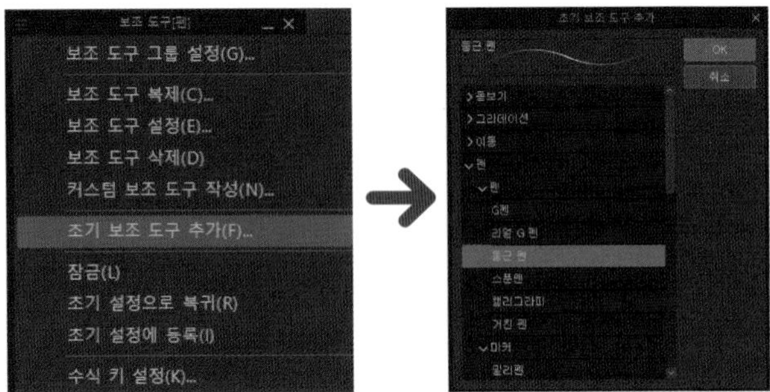

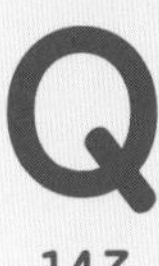
143

PC 내 백업을 확인하고 싶다

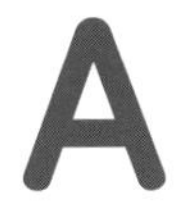

CLIP STUDIO의 [관리 메뉴]에서 백업 데이터를 표시할 수 있습니다.

Windows 버전, MacOS 버전은 PC 내에 자동으로 백업 파일이 생성되어 있습니다.
백업 파일은 CLIP STUDIO의 오른쪽 위에 있는 톱니바퀴 아이콘을 클릭해 [관리 메뉴]→[PAINT 백업 데이터 저장 위치 열기]에서 확인할 수 있습니다.

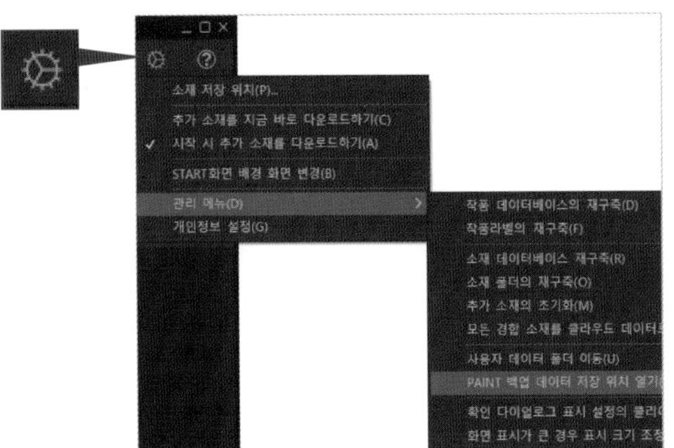

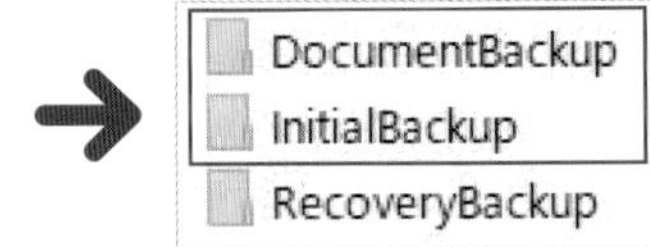

TIPS 아이패드 버전은 클라우드에서

iPad 버전에는 자동 백업 기능이 없으므로 클라우드 백업(→ P.165)을 활용합니다.

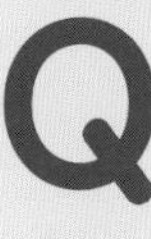

144 모니터에서 인쇄 크기를 확인하고 싶다

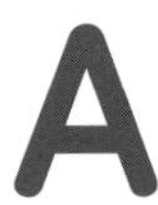

[디스플레이 해상도 설정] 대화상자에서 인쇄 크기를 표시하는 설정을 합니다.

자로 표시 크기를 설정하기

[디스플레이 해상도 설정] 대화상자에서 설정하면 모니터에서 인쇄할 때의 크기를 확인할 수 있습니다. 인쇄물의 원고를 제작할 때 편리한 기능입니다.

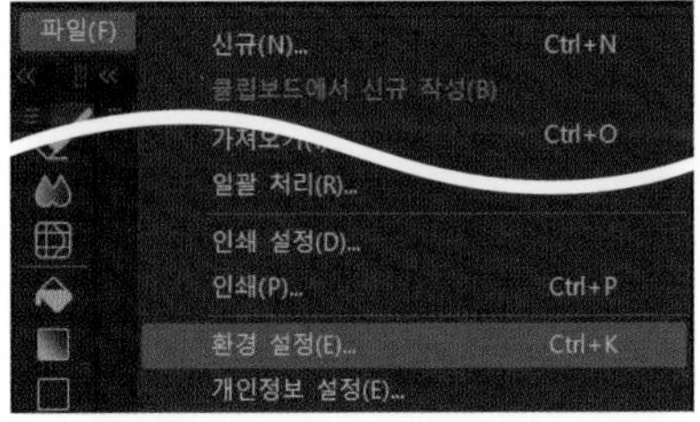

❶ [파일](MacOS/iPad 버전에서는 [CLIP STUDIO PAINT]) 메뉴→[환경 설정]을 선택하여 [환경 설정] 대화상자를 엽니다.

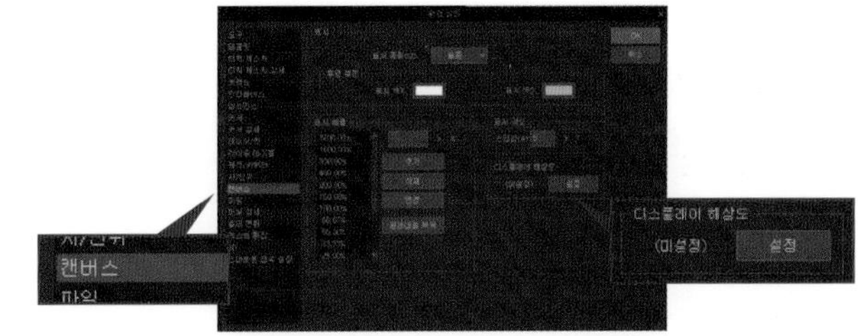

❷ [캔버스] 카테고리→[디스플레이 해상도]에 있는 [설정]을 클릭합니다.

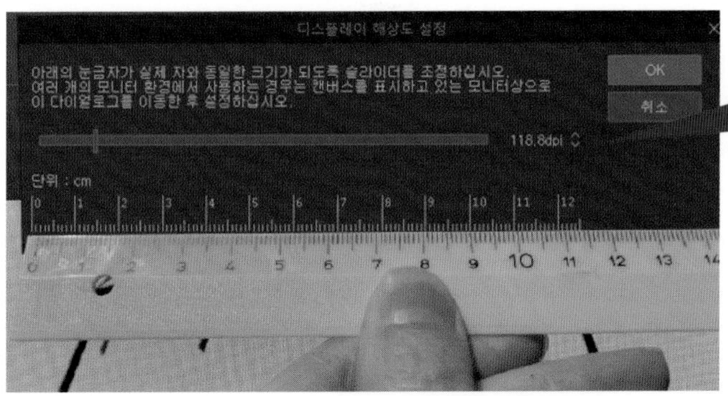

❸ [디스플레이 해상도 설정] 대화상자가 열립니다. 표시된 자가 실제 자와 같은 크기가 되도록 슬라이더를 움직입니다. 설정되면 [OK]를 클릭합니다.

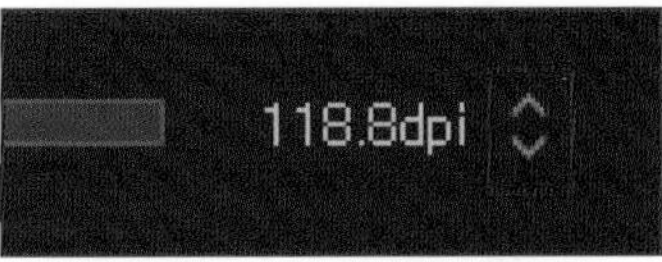

자 크기의 미세 조정은 ▲와 ▼를 클릭합니다.

❹ [환경 설정] 대화상자에서 [OK]를 클릭하여 설정을 완료합니다.

❺ [표시] 메뉴→[인쇄 크기]를 선택하면 실제의 인쇄 크기로 표시됩니다.

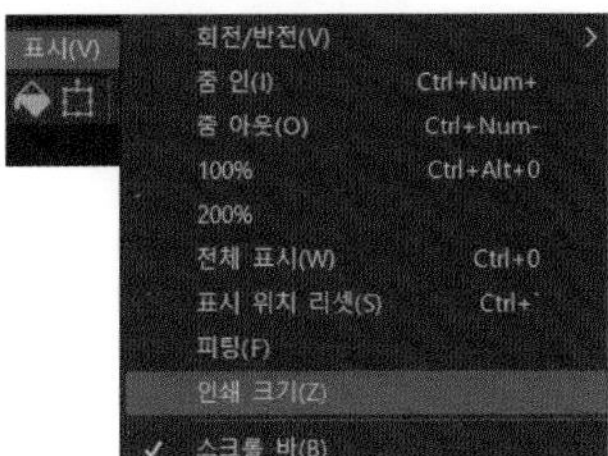

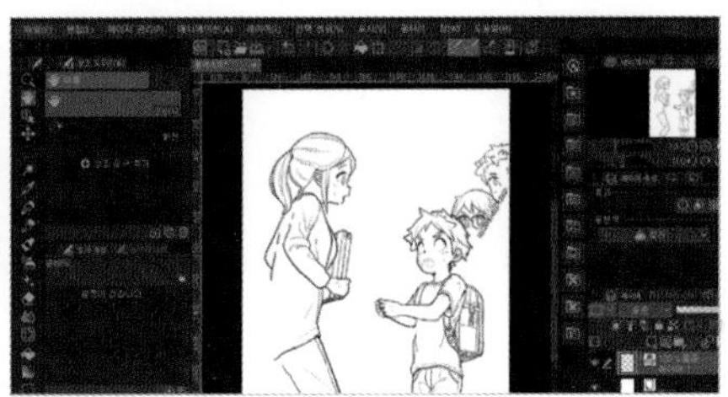

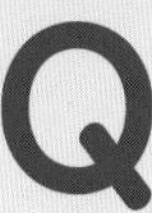

145 커스텀 브러시를 만들고 싶다

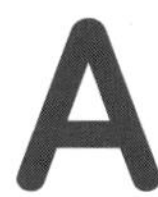

마우스 오른쪽 클릭→[커스텀 보조 도구 작성]에서 만드는 것을 추천합니다.

[커스텀 보조 도구 작성]

변경한 브러시의 설정을 저장하고 싶을 때는 설정 후에 [보조 도구 상세] 팔레트→[모든 설정을 초기 설정으로 등록]을 선택합니다. 그러나 이 방법은 초기의 보조 도구 설정이 손실됩니다.

초기의 보조 도구는 그대로 두고 설정을 변경한 보조 도구를 저장하고 싶을 때는 아래와 같은 순서로 [커스텀 보조 도구 작성]을 선택하면 좋습니다.

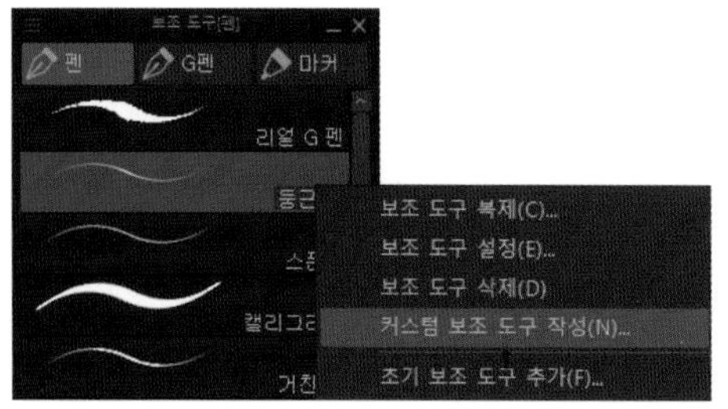

❶ [보조 도구] 팔레트에서 기본으로 하고 싶은 보조 도구 위에서 마우스 오른쪽 클릭→[커스텀 보조 도구 작성]을 선택합니다.

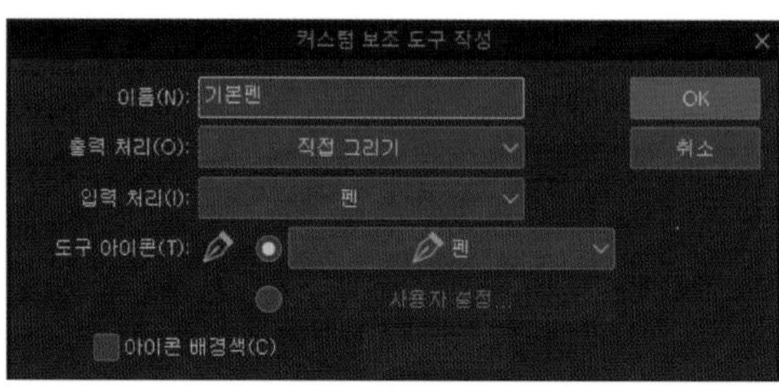

❷ [커스텀 보조 도구 작성] 대화상자가 열립니다. 보조 도구의 이름이나 아이콘의 종류 등을 설정할 수 있습니다.

❸ [보조 도구 상세] 팔레트가 열리면 설정합니다.

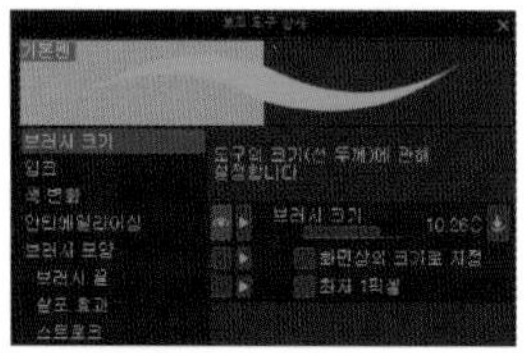

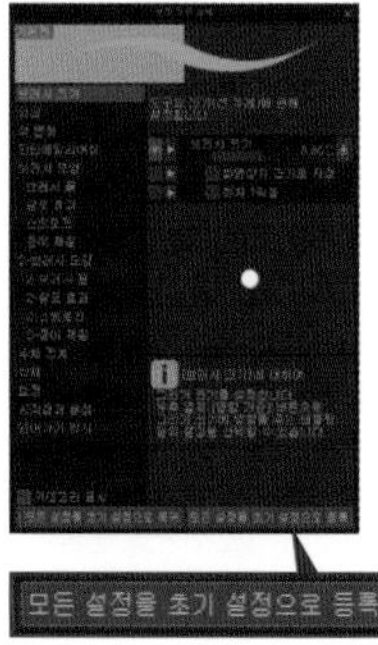

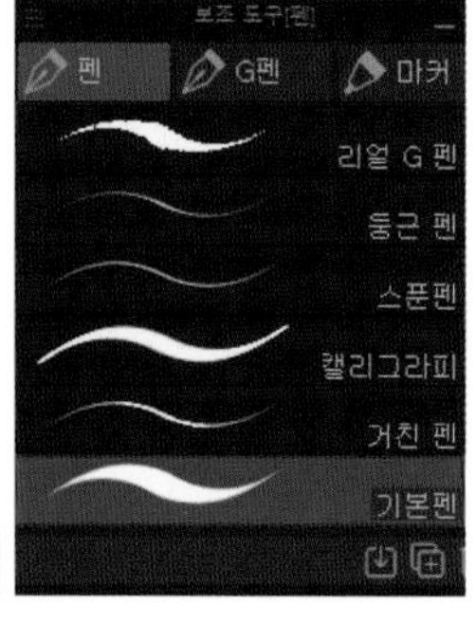

❹ [모든 설정을 초기 설정으로 등록]을 클릭해 설정을 종료합니다. 커스텀 보조 도구가 완성됩니다.

TIPS 커스텀 보조 도구의 예

여기에서는 [둥근 펜]을 기본으로 필압으로 농담이 나오도록 했습니다.

[불투명도]의 오른쪽 끝에 있는 버튼을 눌러 [불투명도 영향 기준의 설정]을 열고 [필압]에 체크를 하면 필압이 강할 때는 진하고 약할 때는 옅어지는 브러시가 됩니다.

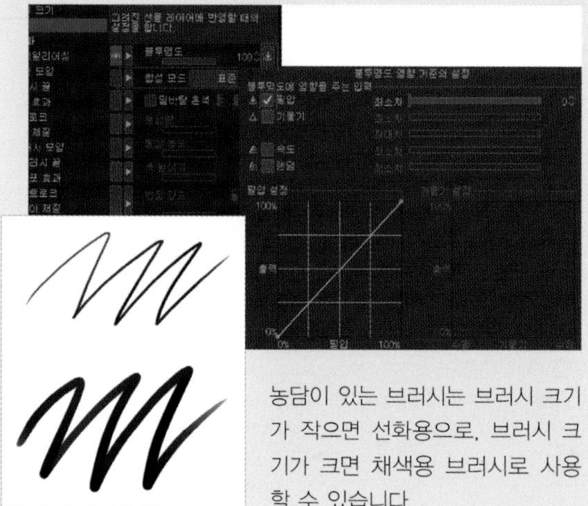

농담이 있는 브러시는 브러시 크기가 작으면 선화용으로, 브러시 크기가 크면 채색용 브러시로 사용할 수 있습니다.

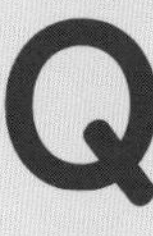

146 커스텀 보조 도구를 저장하고 싶다

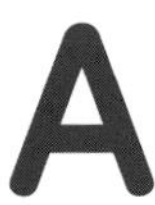

마우스 오른쪽 클릭→[보조 도구 내보내기]로 저장합니다.

보조 도구 내보내기

커스텀 보조 도구는 보조 도구 파일(.sut)로 저장할 수 있습니다.
파일로 저장하여 소재로 공개하거나 다른 단말기에서 열 수 있습니다.

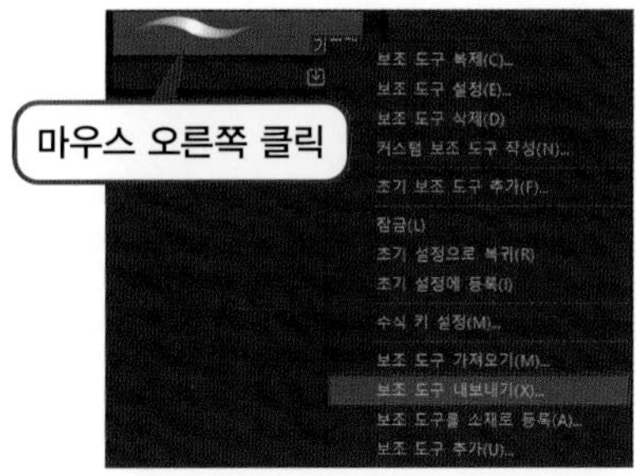

❶ 저장하고 싶은 보조 도구 위에서 마우스 오른쪽 클릭→[보조 도구 내보내기]를 선택합니다.

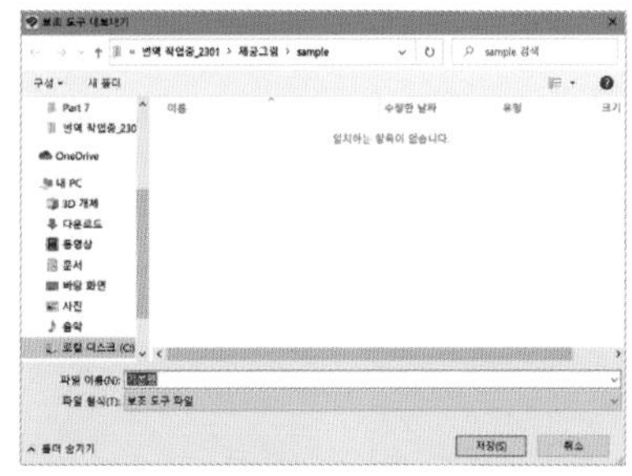

❷ 저장할 위치를 지정하고 [저장]을 클릭합니다.

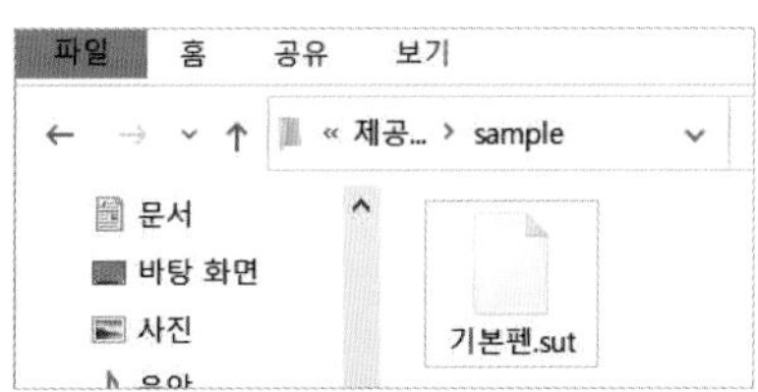

❸ 보조 도구 파일이 작성되었습니다.

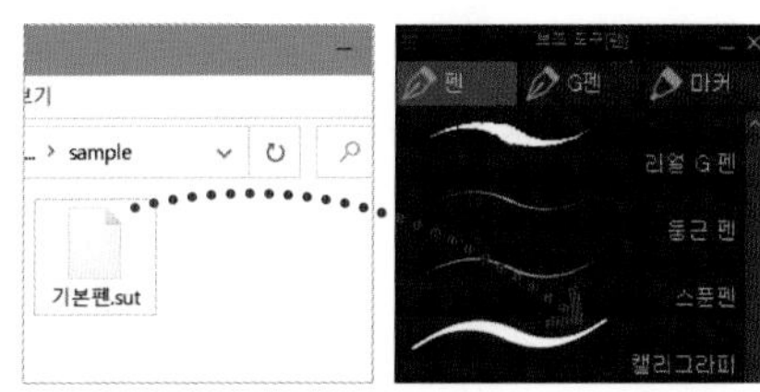

파일 가져오기

보조 도구 파일은 [보조 도구] 팔레트의 메뉴 표시에서 [보조 도구 가져오기]로 불러올 수 있습니다.

TIPS 신규 컬러 세트 내보내기

[컬러 세트] 팔레트에서는 신규 컬러 세트를 만들 수 있습니다. 작성한 컬러 세트는 메뉴 표시에서 [컬러 세트 내보내기]를 선택하여 컬러 세트 파일(.cls)로 저장할 수 있습니다.

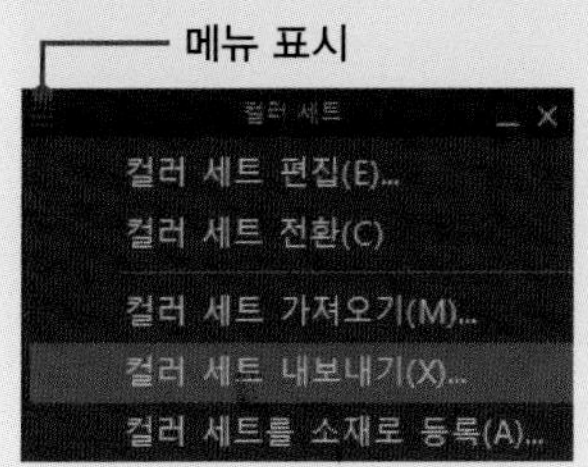

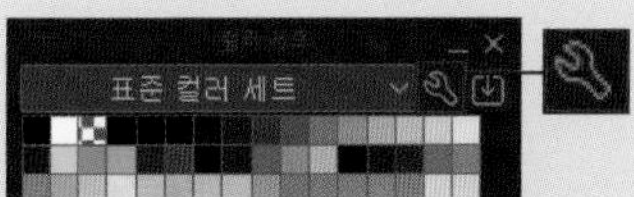

❶ [컬러 세트 편집] 아이콘을 클릭합니다.

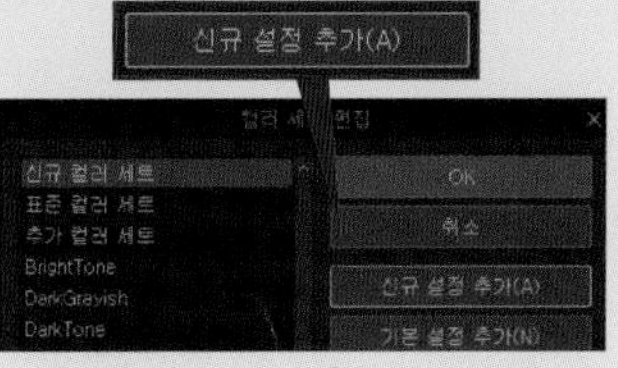

❷ [신규 설정 추가]에서 새로운 컬러 세트를 작성합니다.

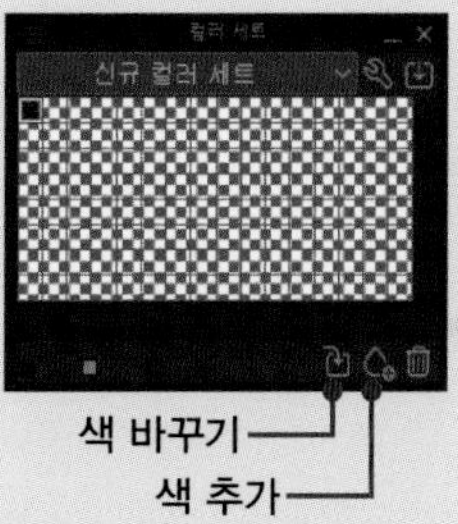

❸ [색 바꾸기]로 색을 채워 컬러 세트를 만들 수 있습니다(칸이 없을 때는 [색 추가]로 추가합니다).

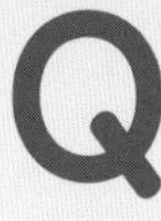

단축 키를 커스터마이즈하고 싶다

147

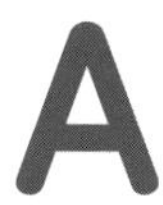

[단축 키 설정]으로 설정을 변경할 수 있습니다.

[단축 키 설정]

[파일](MacOS/iPad 버전에서는 [CLIP STUDIO PAINT]) 메뉴→[단축 키 설정]에서 단축 키 설정을 변경할 수 있습니다.

❶ 설정 영역

단축 키를 설정할 항목을 선택합니다.

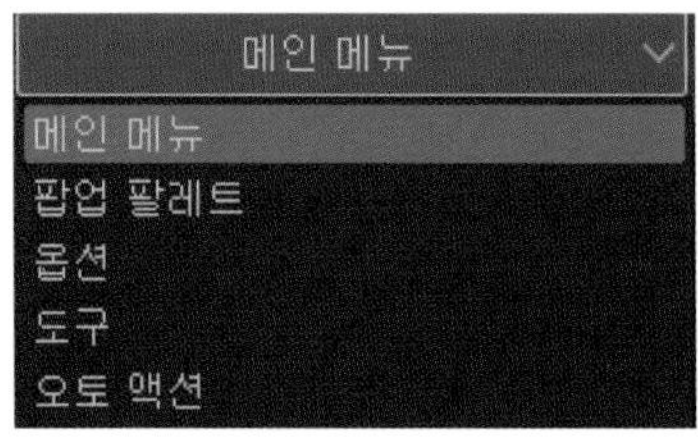

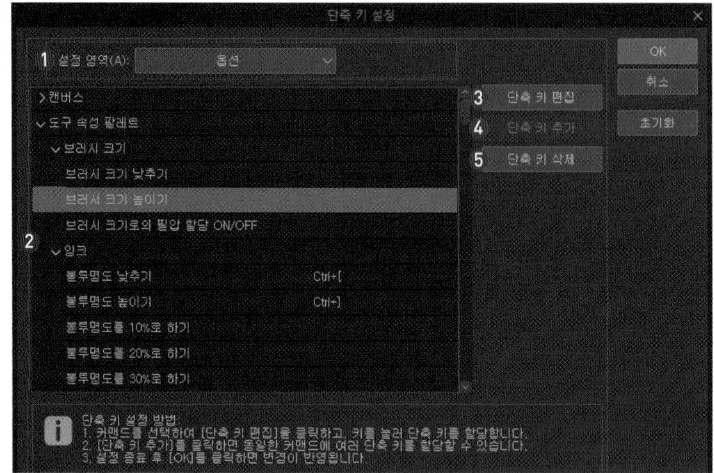

❷ 단축 키 목록

기능 항목과 현재 단축 키가 나열됩니다. 여기서 변경하고 싶은 명령어를 선택합니다.

❸ 단축 키 편집

버튼을 클릭하고 키를 입력하여 선택 중인 명령어에 단축 키를 설정할 수 있습니다.

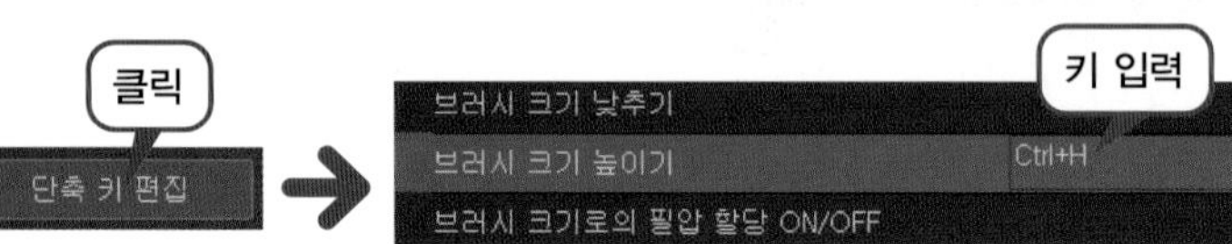

❹ 단축 키 추가

하나의 항목에 여러 개의 단축 키를 설정할 수 있습니다.

❺ 단축 키 삭제

선택한 항목의 단축 키를 삭제합니다.

TIPS 수식 키 설정

수식 키란 특정 키를 누르는 동안 일시적으로 도구를 변경하여 사용할 수 있는 기능입니다. [파일](MacOS/iPad 버전에서는 [CLIP STUDIO PAINT]) 메뉴→[수식 키 설정]으로 수식 키의 설정을 변경할 수 있습니다.

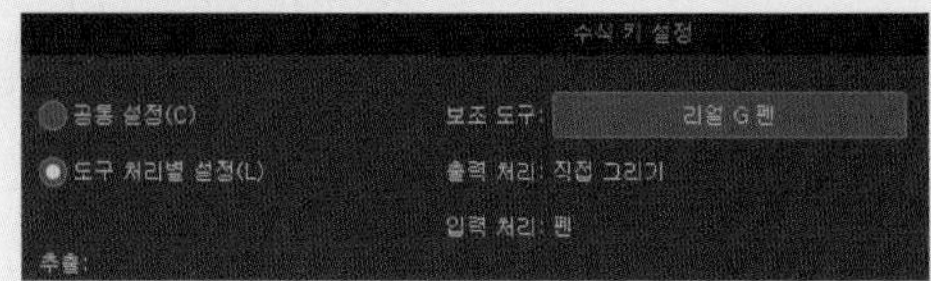

보조 도구별로 수식 키를 설정할 수 있습니다.

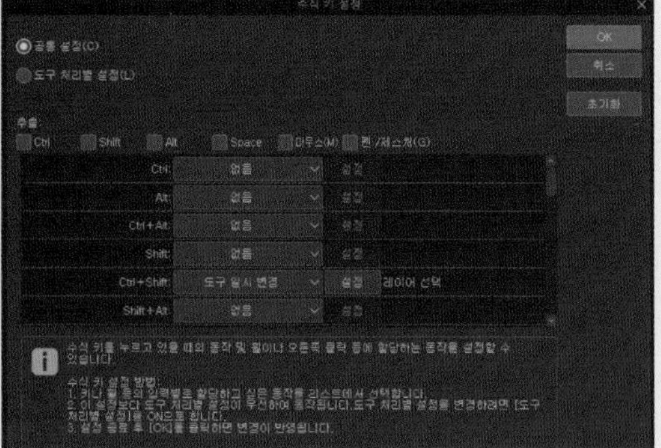

CHAPTER 2

꼭 배우고 싶은 프로 작가의 최강 스킬

칙칙하지 않은 그림자 색 만들기

POINT

특히 캐릭터의 피부색은 칙칙하지 않도록 주의합니다.

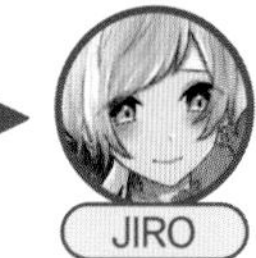

선명한 그림자 색

그림자 색을 만들 때 기본 색상을 어둡게 하는 것만으로는 칙칙한 색이 될 수 있습니다. 선명한 그림자 색을 만들려면 채도를 너무 떨어뜨리지 않는 것이 좋습니다. 그림자 색이 선명해지면 기본 색상도 발색이 좋아 보입니다.

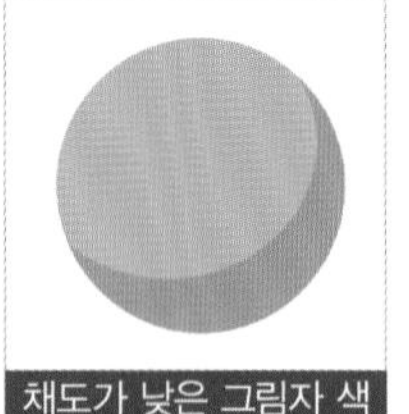
채도가 낮은 그림자 색

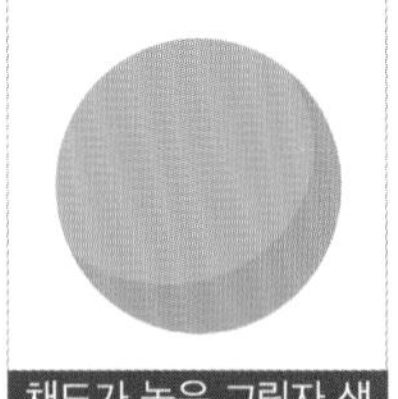
채도가 높은 그림자 색

그림자 색의 예

베이스 색을 기준으로 그림자 색을 만듭니다. 아래 그림에서는 색상을 움직여 채도를 높이고 명도는 조금 낮췄습니다.

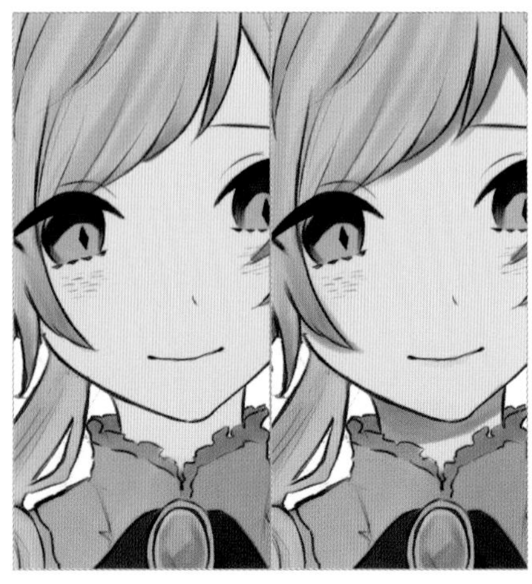

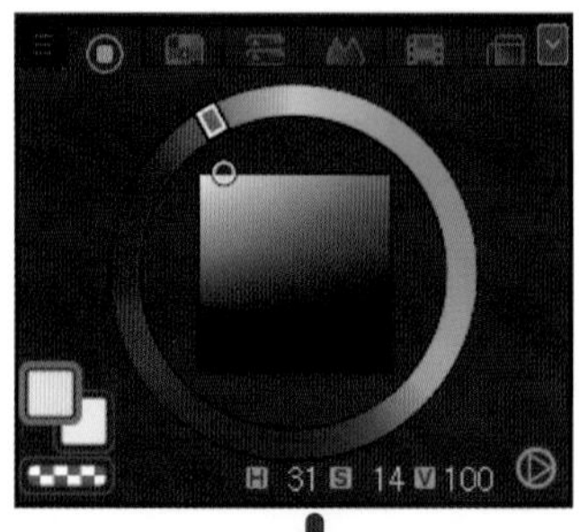

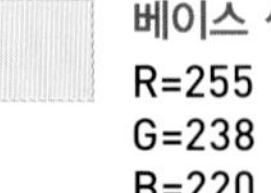
베이스 색
R=255
G=238
B=220

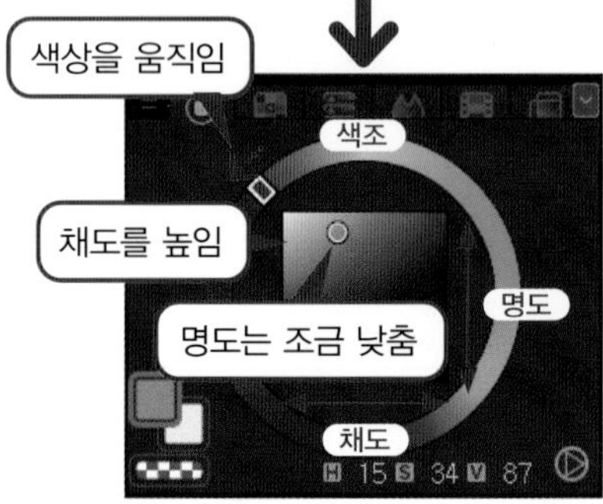

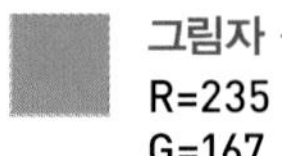
그림자 색
R=235
G=167
B=148

TIPS **파란색 섞기**

칙칙하지 않은 그림자 색을 만들기 위해서는 파란색을 섞으면 좋다고 알려져 있습니다.
CLIP STUDIO PAINT의 경우, 색상의 링을 파란색 쪽으로 가까이 이동시킵니다. 노란색으로 가까이 가면 엉성한 그림자 색이 됩니다.

[컬러 서클] 팔레트에서 파란색에 가까워지고 싶은 경우는 노란색과 반대쪽으로 색상을 움직입니다.

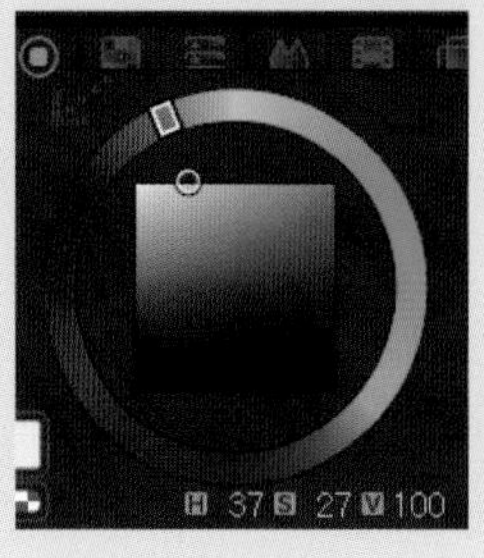

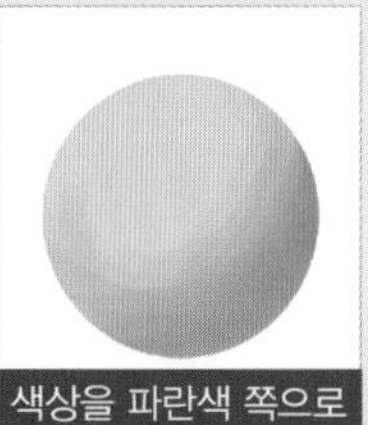
색상을 파란색 쪽으로 움직인 그림자 색

색상을 노란색 쪽으로 움직인 그림자 색

인물의 밑바탕으로 배경이 비치는 것을 방지하기

POINT

밑바탕의 색은 선화의 색이나 모티브의 고유색과 같은 색으로 하면 잘 어울립니다.

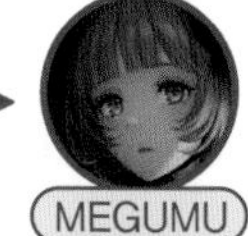
MEGUMU

색이 비친 부분 찾기

옅게 칠한 부분에 배경이 비치는 경우가 있습니다. 인물 레이어 아래에 밑바탕을 만들면 색이 비치는 것을 방지할 수 있습니다. 또 P.174의 '채색이 남아 있는 곳 찾기' 방법으로 배경에 색을 넣으면 비치는 부분을 찾기 쉬워집니다.

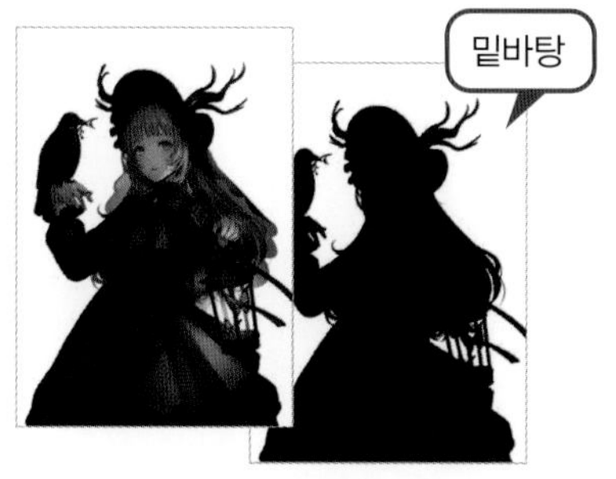

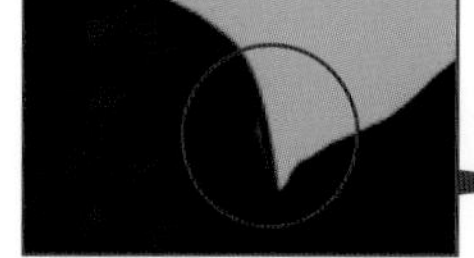
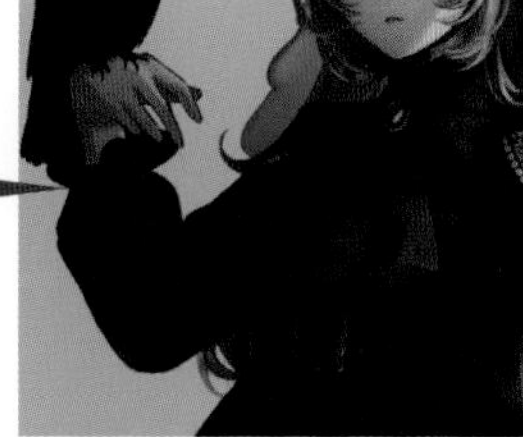

옷이나 머리에 배경색이 비칩니다.

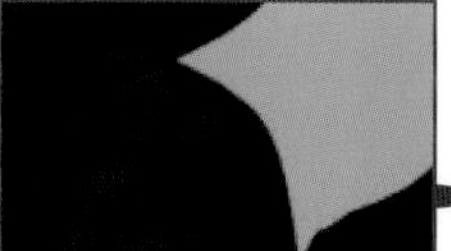
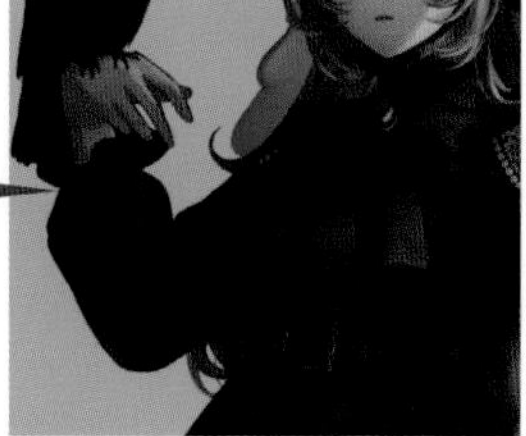

밑바탕을 넣어 비침이 없어졌습니다.

밑바탕을 만드는 방법

밑바탕은 선택 범위를 작성하고 색을 채워 만듭니다. 선화 단계라면, 인물의 선화 바깥쪽을 선택해 [선택 범위 반전]으로 작성하는 것이 좋습니다.
채색이 끝난 경우는 인물 레이어의 그림 부분에서 선택 범위를 작성합니다.

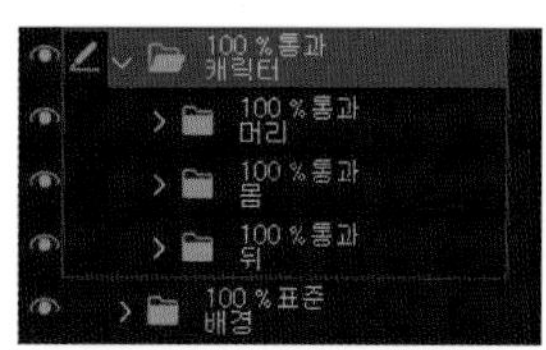

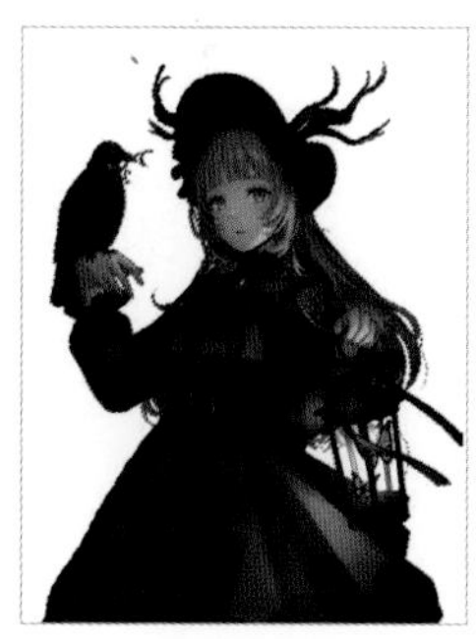

그림 부분에서 선택 범위 만들기
예제에서는 인물을 그린 레이어를 정리한 레이어 폴더를 선택해 [레이어] 메뉴→[레이어에서 선택 범위]→[선택 범위 작성]으로 선택 범위를 작성했습니다.

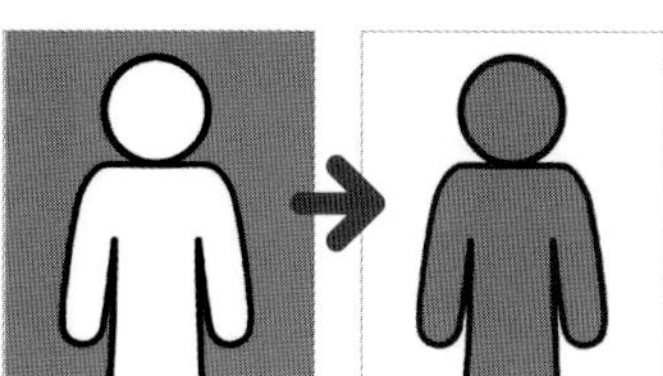

선화에서 선택 범위 만들기
[자동 선택] 도구로 인물의 바깥쪽을 선택한 후 [선택 범위] 메뉴→[선택 범위 반전]을 선택합니다.

TIPS 밑바탕의 조정

밑바탕의 색이 잘 어울리지 않는 부분이 있으면 부분적으로 다른 색을 칠해서 조정합니다. 예제에서는 밑바탕에 칠한 갈색이 머리 색과 잘 어울리지 않아 밑바탕 일부에 머리 색을 칠했습니다.

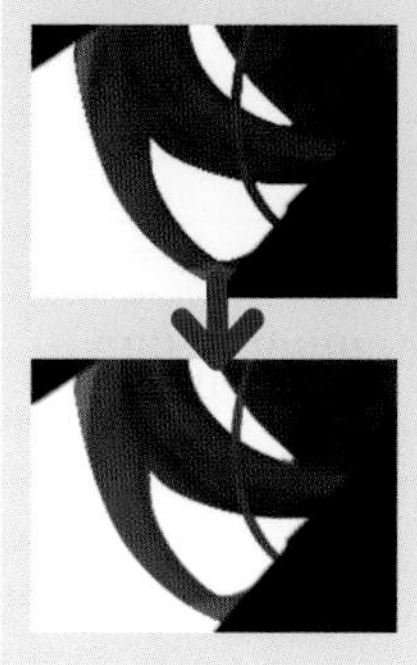
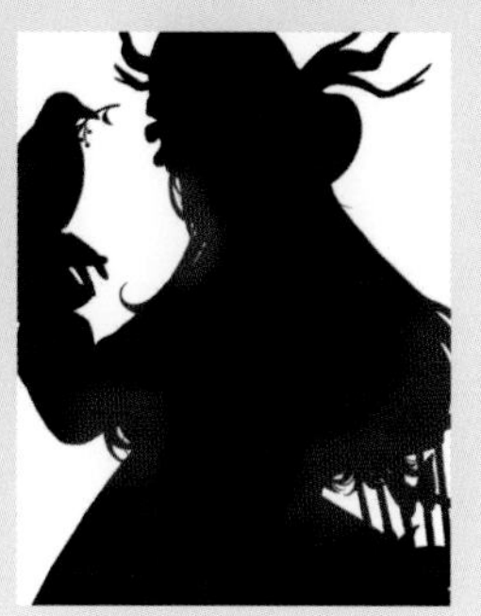

03 채색이 남아 있는 곳 찾기

POINT

배경이 어두우면 채색이 남아 있는 곳을 찾기 어려울 수 있습니다.

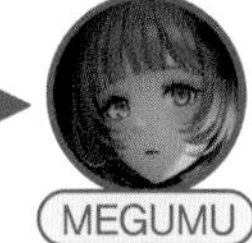
MEGUMU

배경에 색 넣기

채색이 남아 있는 곳을 찾을 때는 뒤에 선명한 색을 넣으면 찾기 쉬워집니다.

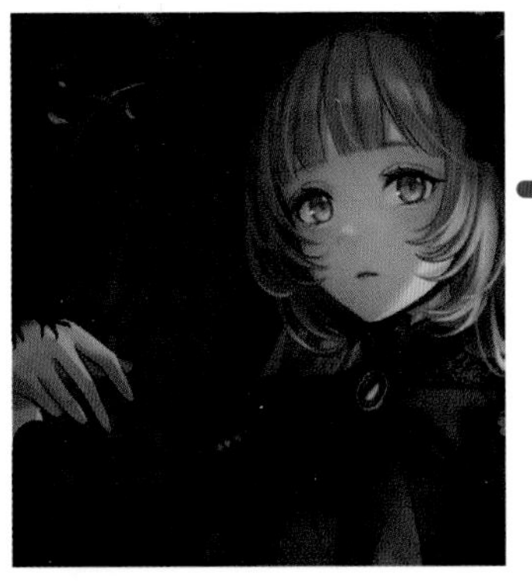

100 % 통과 캐릭터
100 % 통과 머리
100 % 통과 몸
100 % 통과 위
100 % 표준 채우기 1
100 % 표준 배경

인물을 그린 레이어 아래(또는 배경 위)에 채우기 레이어를 작성합니다.

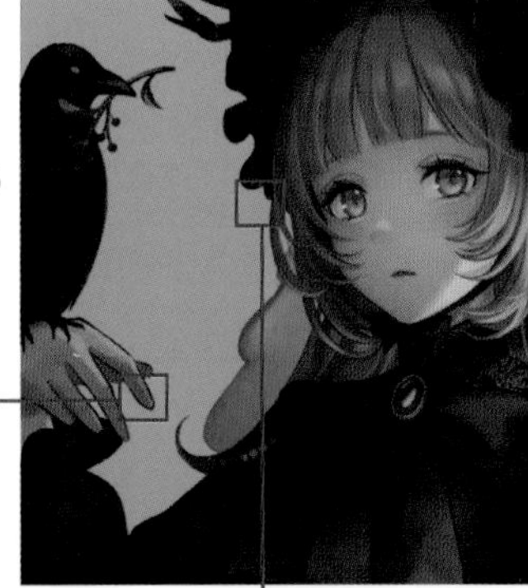

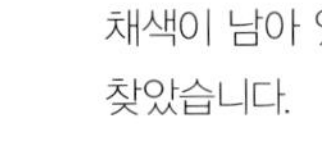

채색이 남아 있는 곳을 찾았습니다.

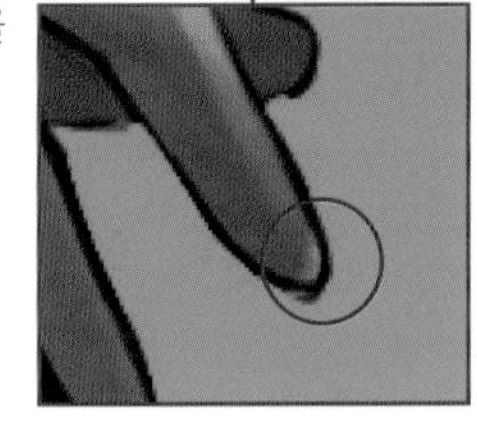

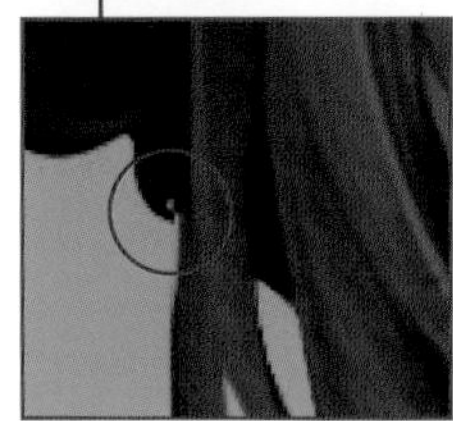

TIPS 다른 색도 시도해 본다

배경에 넣는 색에 따라 채색이 남아 있는 곳을 놓칠 수 있으므로 다른 색을 넣어 확인해 보는 것도 추천합니다.

수정할 레이어 찾기

채색이 남은 부근을 [조작] 도구→[레이어 선택]으로 클릭하면 수정할 레이어를 빠르게 선택할 수 있습니다.

TIPS 선택에 실패했을 때

[레이어 선택]은 위의 레이어의 그림 부분을 우선해 선택하기 때문에 화면 전체에 그라데이션으로 그린 레이어가 있으면 그 레이어가 선택되어 버립니다. 선택에 방해가 되는 레이어는 일시적으로 숨기는 것이 좋습니다.

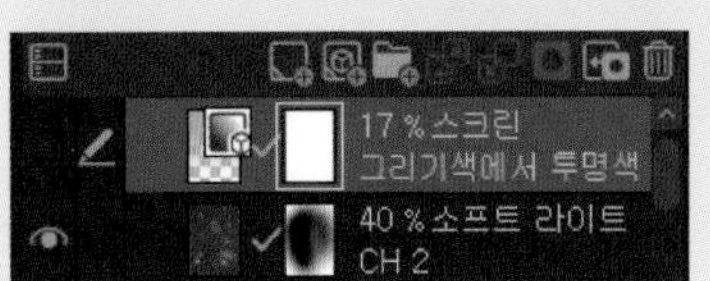

레이어 선택

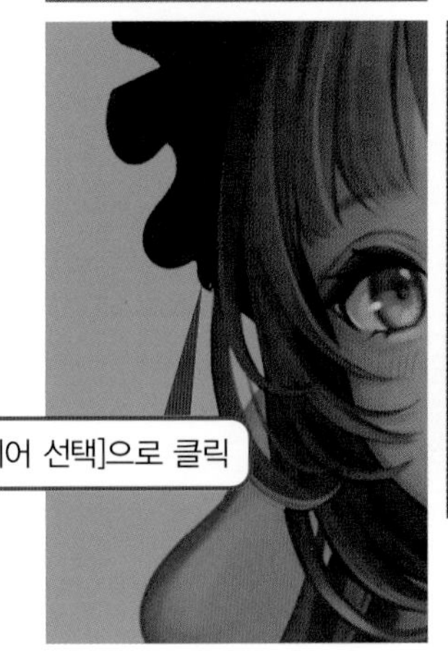

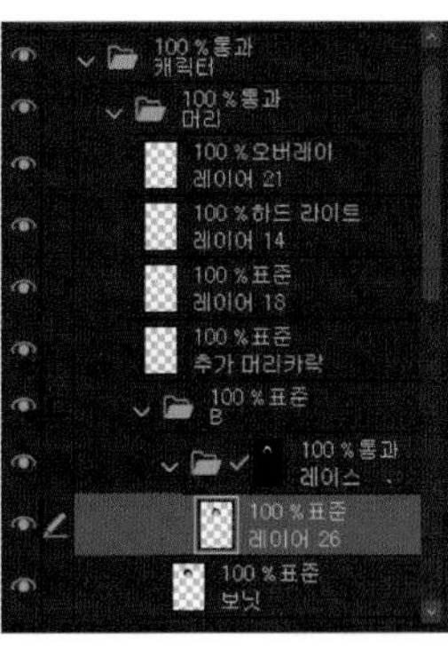

잡티 찾기

POINT

잡티는 [지우개] 도구로 지워도 좋지만, 선택 범위를 작성해 [삭제]하면 더 빠르게 지울 수 있습니다.

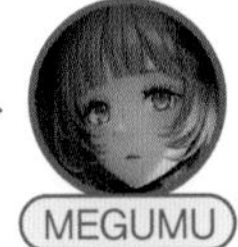

[경계 효과]를 ON으로 하기

[레이어 속성] 팔레트에서 [경계 효과]로 잡티를 찾을 수 있습니다.
잡티를 찾고 싶은 레이어(또는 레이어 폴더)를 선택하고 [경계 효과]를 ON으로 하면 레이어의 불투명 부분에 모두 테두리가 붙기 때문에 놓치고 있던 잡티가 나타납니다.

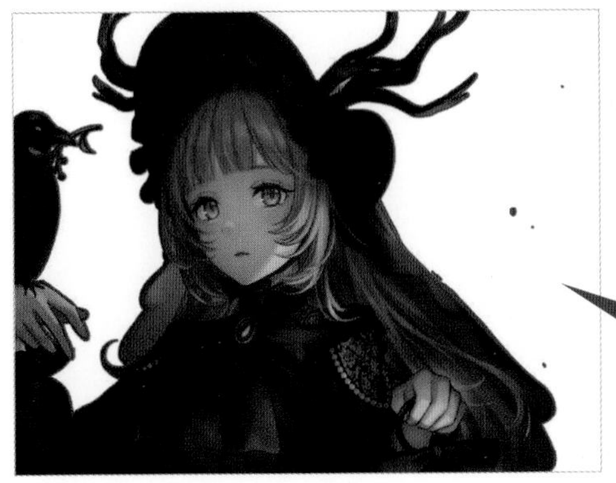

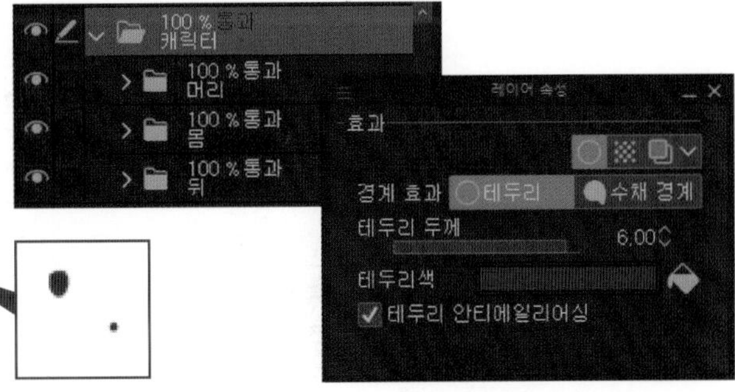

[레이어 속성] 팔레트→[경계 효과]를 ON으로 하고 [테두리]를 선택.
[테두리 색]은 빨강과 같이 눈에 띄는 색으로 하는 것이 좋습니다.

잡티 지우기

찾은 잡티를 지웁니다. 레이어 폴더가 대상인 경우, [지우개] 도구를 사용할 수 없으므로 [선택 범위] 도구→[올가미 선택]으로 선택하고 [편집] 메뉴→[삭제]Delete로 지웁니다.

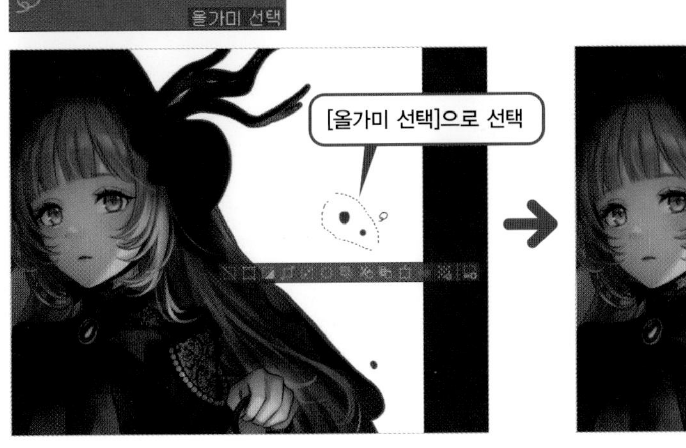

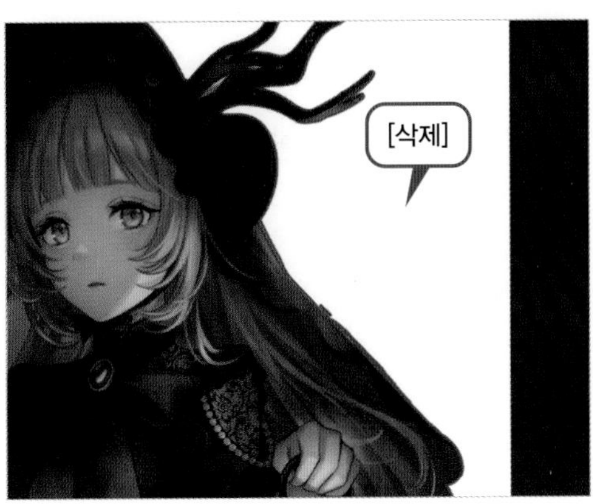

그레이 일러스트에 색을 입히기

POINT

검정에 가까운 색 위에는 [오버레이] 레이어에서 색이 표현되기 어렵기 때문에 주의합니다.

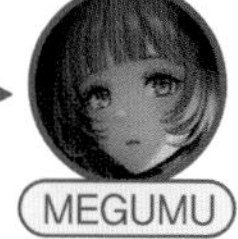

MEGUMU

합성 모드를 설정하여 색을 겹치기

그레이로 음영을 그린 이미지에 위에서 색을 얹어 가는 채색 방법이 있습니다. 흔히 '그리자이유 기법'이라고 불리는 방법입니다. 이는 일러스트 위에 합성 모드를 [오버레이] 등으로 설정한 레이어를 만들어 색을 겹치는 것이 기본 채색 방법입니다.

[오버레이] 합성 모드 [오버레이]는 아래 레이어의 명암을 크게 바꾸지 않으므로 그레이 이미지에 색을 입히기 적합합니다.

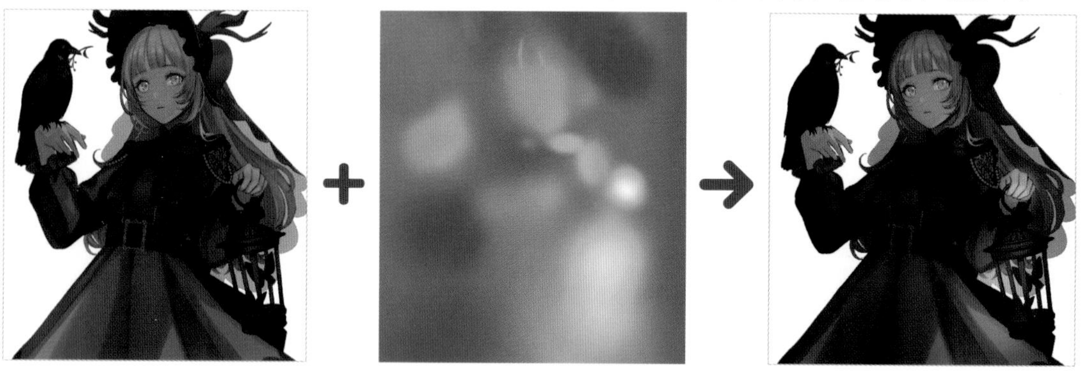

[곱하기] 합성 모드 [곱하기]는 합성한 색이 어두워지므로 아래의 색이 밝은 곳에 사용합니다. 짙은 색 위에 사용하면 검게 변해서 색감이 잘 표현되지 않습니다.

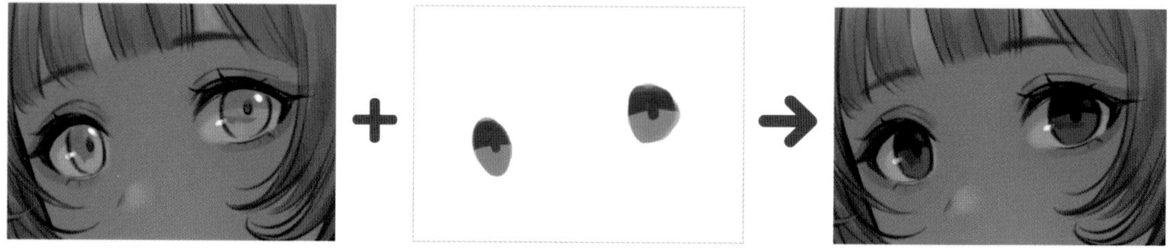

[컬러] 합성 모드 [컬러]는 아래 레이어의 농담을 유지해 색을 겹칩니다. [컬러] 레이어는 색상을 받아들이고 아래 레이어는 계조를 받아들이는 형태가 됩니다.

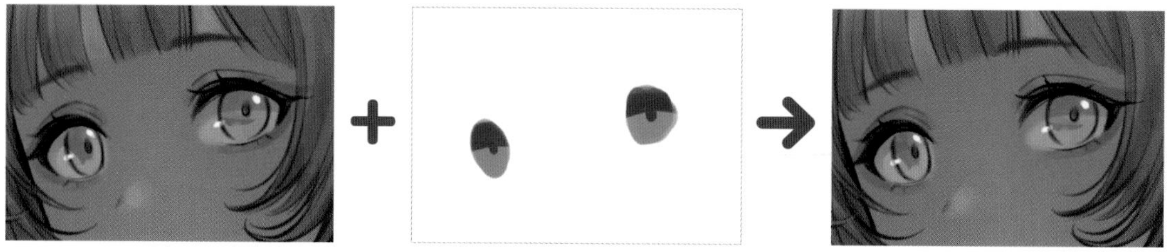

복수의 레이어에서 색칠하기

다양한 효과를 사용해 채색할 경우, 레이어가 여러 개 필요합니다. 늘어난 레이어는 레이어 폴더로 정리해 둡시다.

레이어 폴더는 [통과]

색을 칠하는 레이어 폴더는 합성 모드를 [통과]로 설정해 폴더 안 레이어의 [오버레이] 설정을 폴더 밖에 있는 그레이로 칠한 레이어에도 적용하도록 합니다.

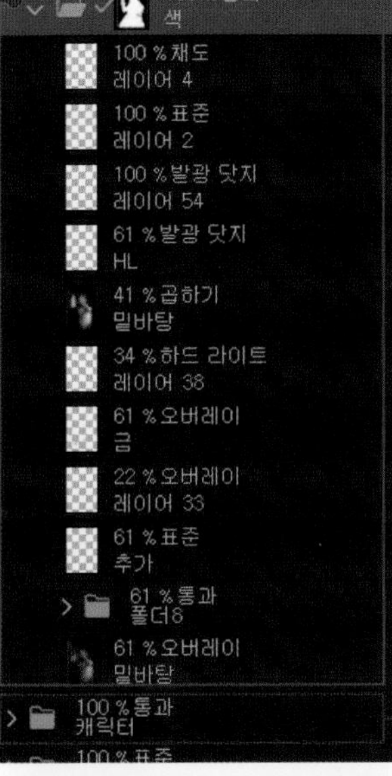

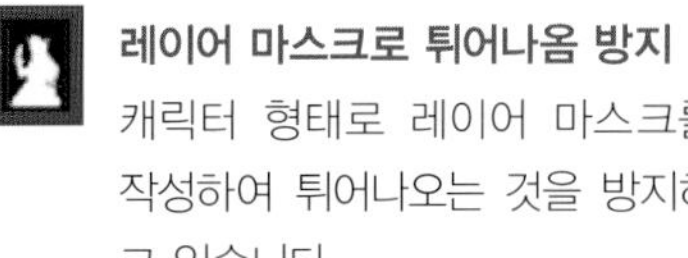

레이어 마스크로 튀어나옴 방지

캐릭터 형태로 레이어 마스크를 작성하여 튀어나오는 것을 방지하고 있습니다.

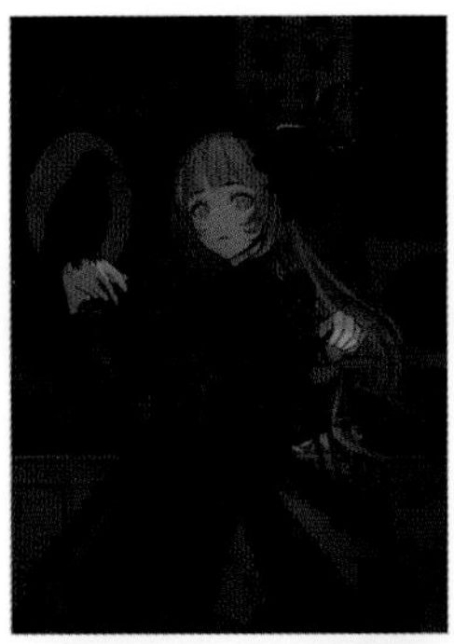

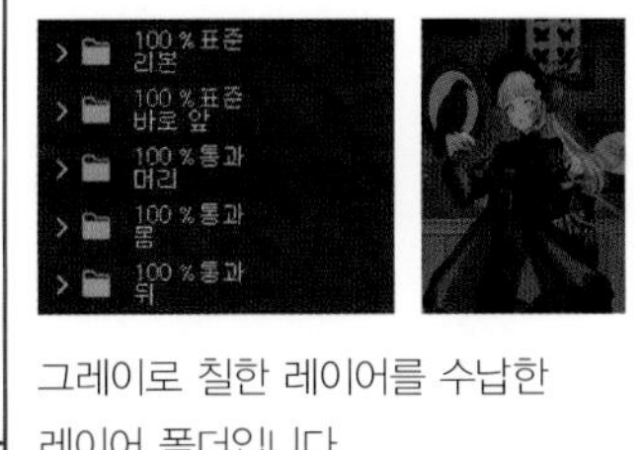

그레이로 칠한 레이어를 수납한 레이어 폴더입니다.

클리핑으로 튀어나옴 방지

[오버레이]로 채색한 레이어를 복제하여 각 파트 위에 놓고 [아래 레이어에서 클리핑]하여 파트마다 완성해 나가는 방법도 있습니다.

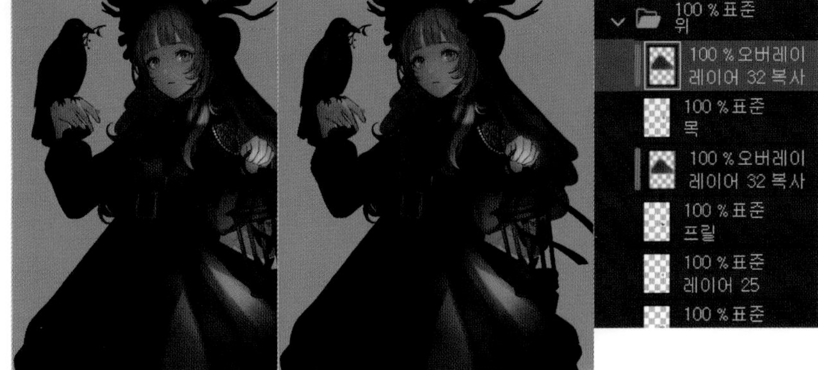

그라데이션 맵으로 색칠하기

그레이 이미지 위에 그라데이션 맵의 색조 보정 레이어를 만들면, 간편하게 색을 칠할 수 있습니다.

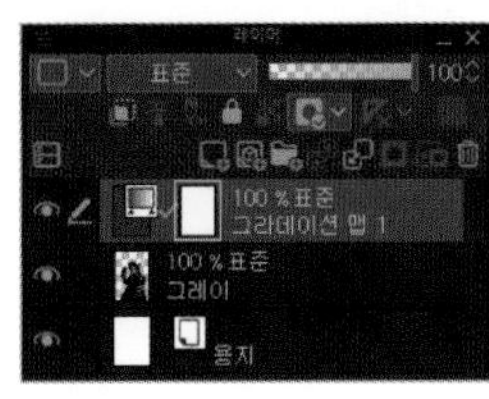

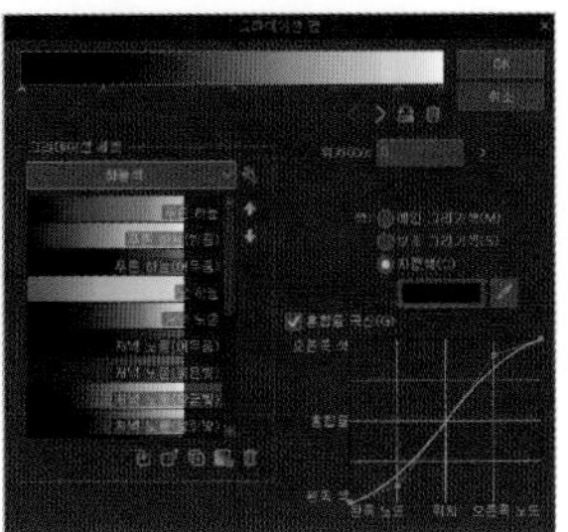

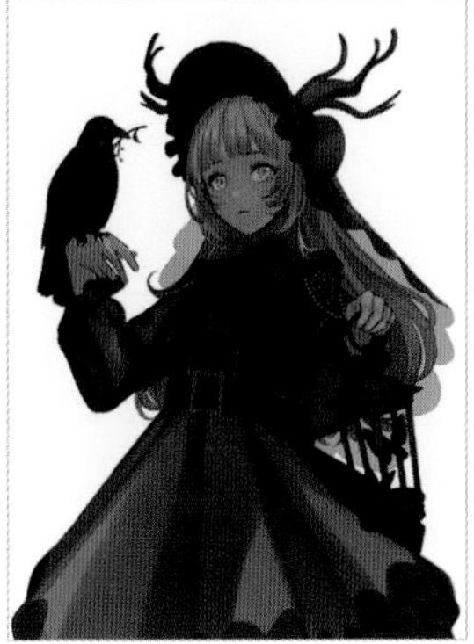

그라데이션 맵은 [레이어] 메뉴→[신규 색조 보정 레이어]→[그라데이션 맵]으로 만들 수 있습니다. 왼쪽 예에서는 [그라데이션 세트]→[하늘색]→[저녁 노을(황금빛)]을 선택했습니다.

경계 효과로 작화를 편안하게 하기

POINT

[경계 효과]를 사용할 때 [테두리 두께]는 주위의 선화 굵기에 맞춥니다.

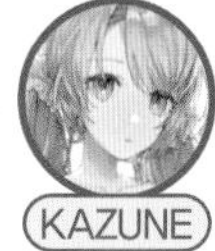

KAZUNE

하나의 스트로크로 철사 그리기

철사나 끈 등의 가는 것은 [경계 효과]를 사용해 편하게 그릴 수 있습니다. 다른 선화와는 레이어를 나누어 [도구 속성] 팔레트에서 [경계 효과]를 ON으로 하고 [테두리]를 선택해 그립니다. 그리기 색은 연한 색이나 흰색, [테두리 색]은 진한 색으로 그립니다.

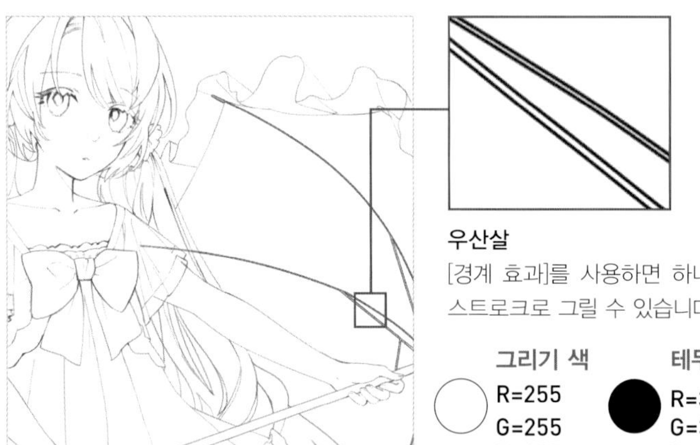

우산살

[경계 효과]를 사용하면 하나의 스트로크로 그릴 수 있습니다.

그리기 색	**테두리 색**
R=255	R=36
G=255	G=36
B=255	B=36

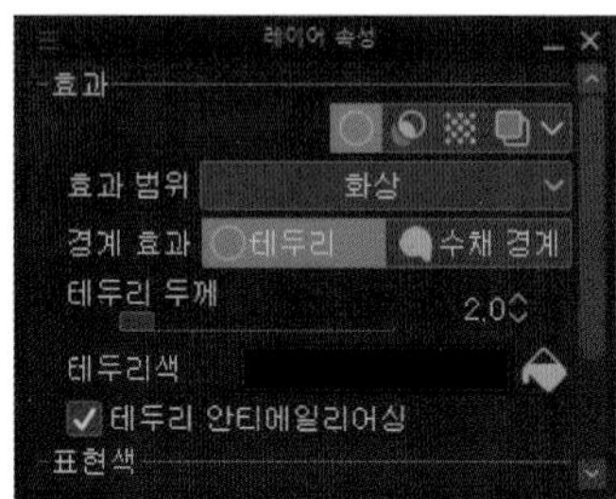

테두리 두께는 2px로 그렸습니다.

[경계 효과] ON 상태에서 덧칠

[경계 효과]를 ON으로 한 레이어에 그림자 등을 칠하고 싶은 경우, [투명 픽셀 잠금]을 선택하여 그리면 테두리를 남기면서 덧칠할 수 있습니다. [아래 레이어에서 클리핑]한 레이어에서 위부터 그리면 튀어나오지 않고 덧칠할 수 있지만, 테두리가 칠로 무너지기 때문에 주의가 필요합니다.

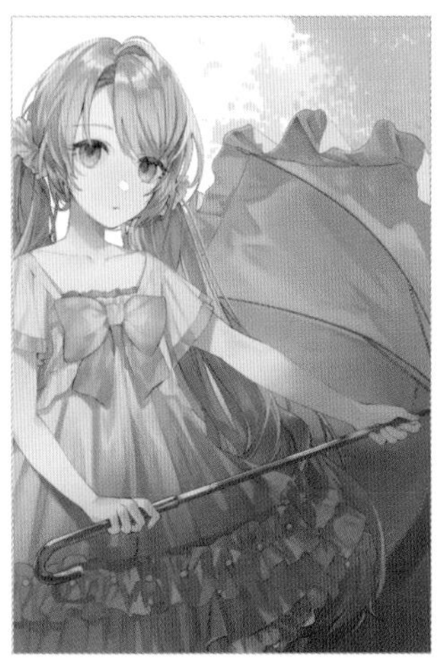

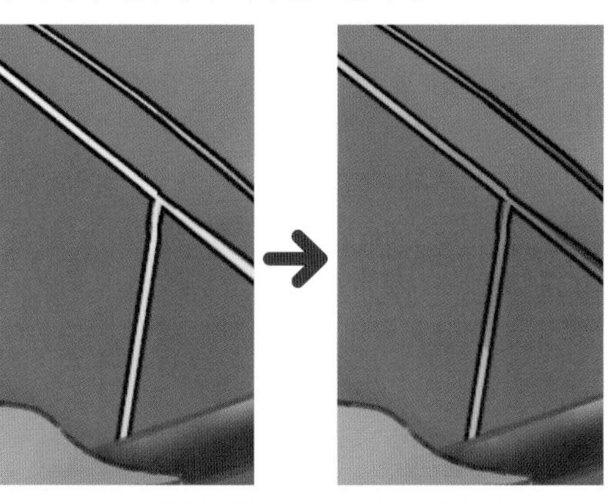

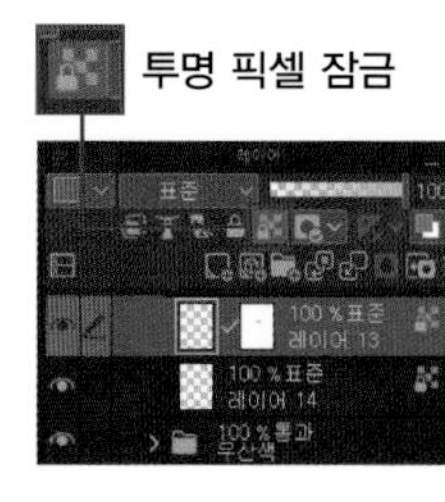

희미한 그림자를 [투명 픽셀 잠금]을 선택하여 칠하고 있습니다.
테두리 색을 바꾸고 싶지 않을 때는 [투명 픽셀 잠금]으로 덧칠합니다.

선화를 채색과 어우러지게 하기 (색 트레스)

POINT

옷의 주름이나 머리카락은 채색한 색보다 아주 조금 진한 정도의 색으로 해서 눈에 띄지 않도록 조심합니다.

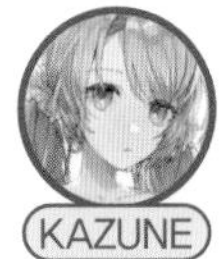

KAZUNE

선의 색을 부분적으로 바꾸기

검은색이나 짙은 갈색으로 그려진 선화를 주변의 채색에 맞춰 색을 부분적으로 바꾸면 일러스트의 인상이 부드러워집니다. 선화 위에 신규 레이어를 만들고 [아래 레이어에서 클리핑]한 상태로 색을 넣으면 선화 레이어를 편집하지 않고 색을 바꿀 수 있으므로 다시 고칠 수 있습니다.

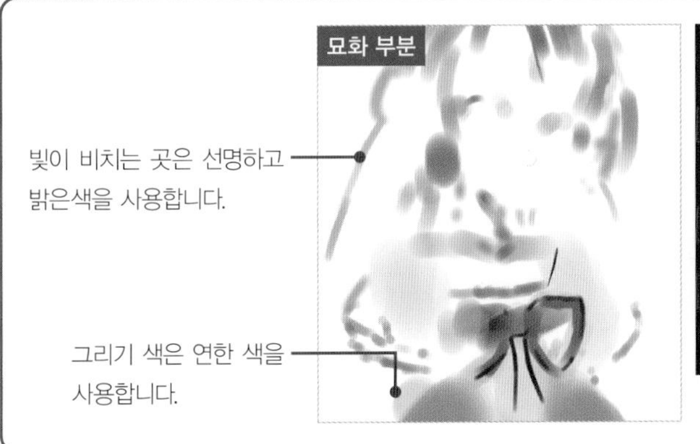

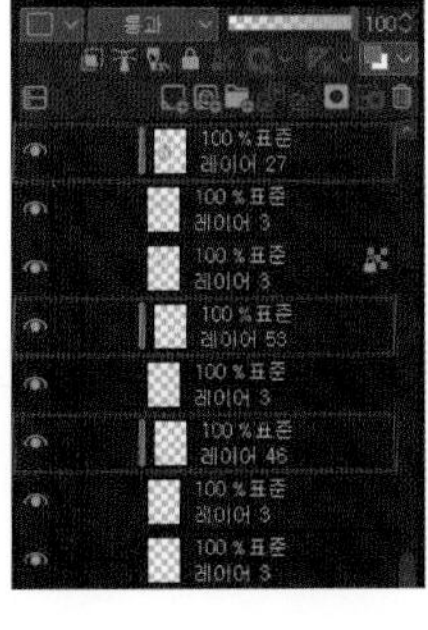

선화를 여러 개의 레이어로 그리는 경우, 각각의 레이어 위에 신규 레이어를 만들어 [아래 레이어에서 클리핑]합니다.

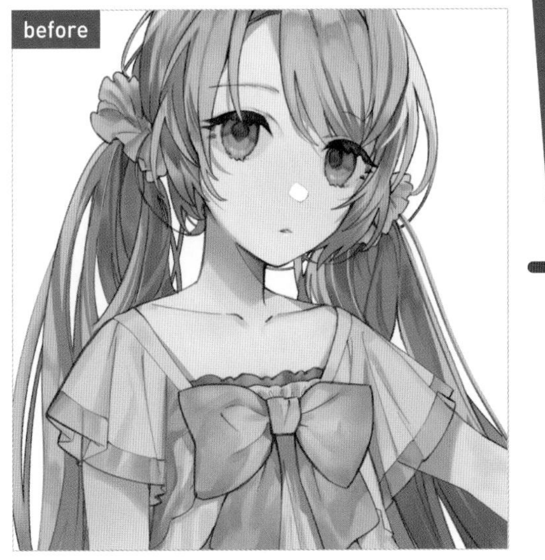

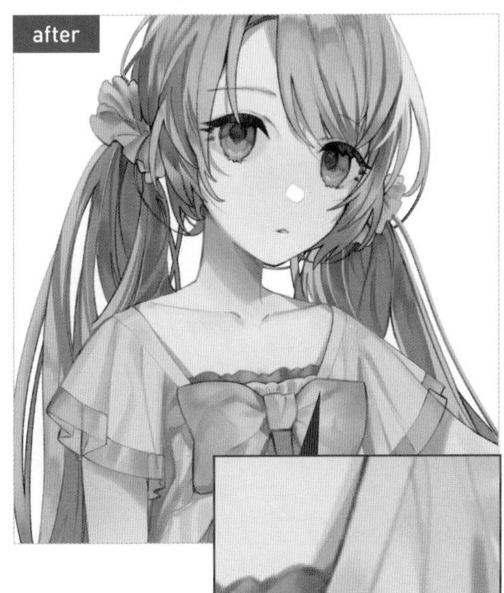

선의 색을 바꾸어 주위의 색과 어울리는 색이 되었습니다.

색수차로 색감에 변화 주기

POINT

얼굴 주변을 가공하면 표정에 영향을 미칠 수 있으므로 주의합니다.

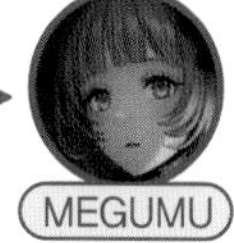

MEGUMU

색수차란

색수차란 카메라 등의 렌즈에서 색의 차이나 번짐이 일어나는 것을 말합니다. 색수차와 같이 색이 어긋난 가공을 하여 독특한 효과를 낼 수 있습니다.

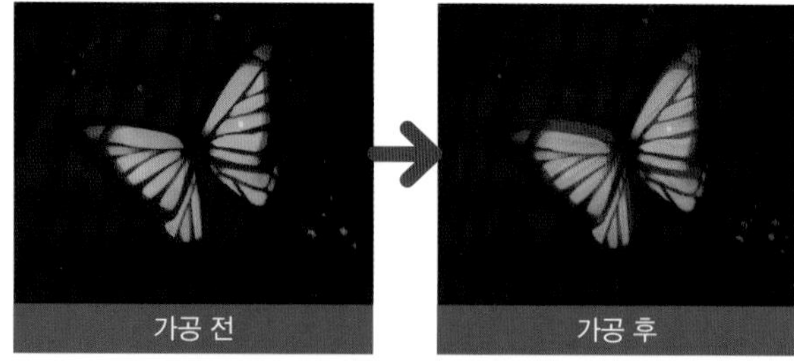

가공 전 / 가공 후

색수차 순서

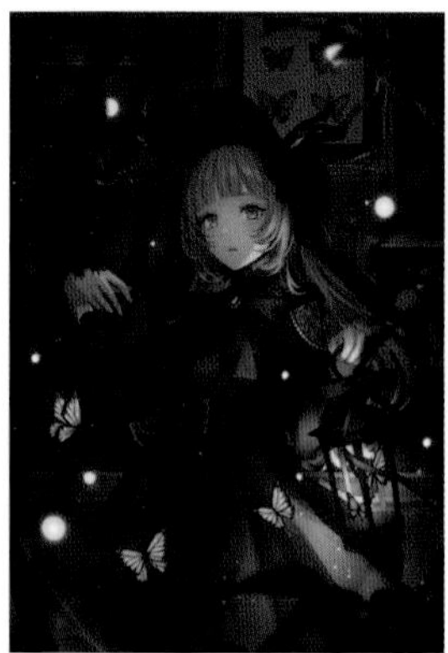

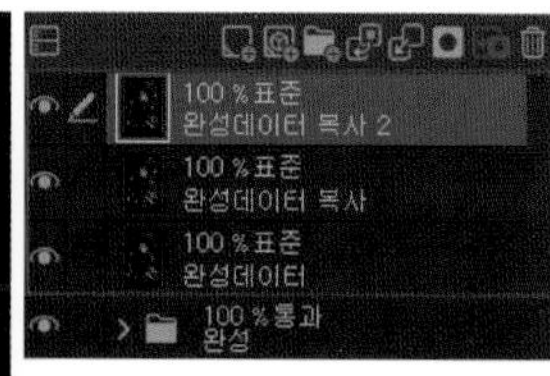

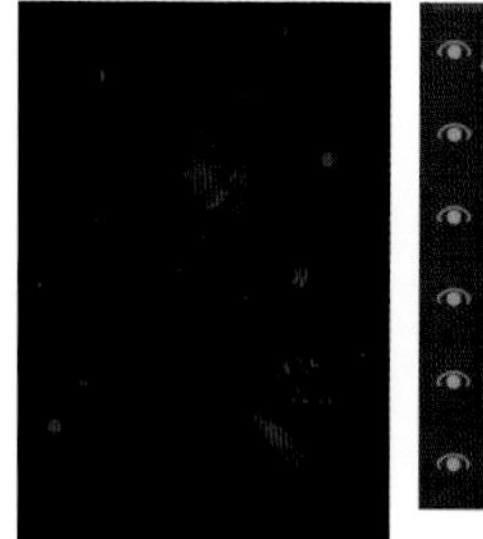

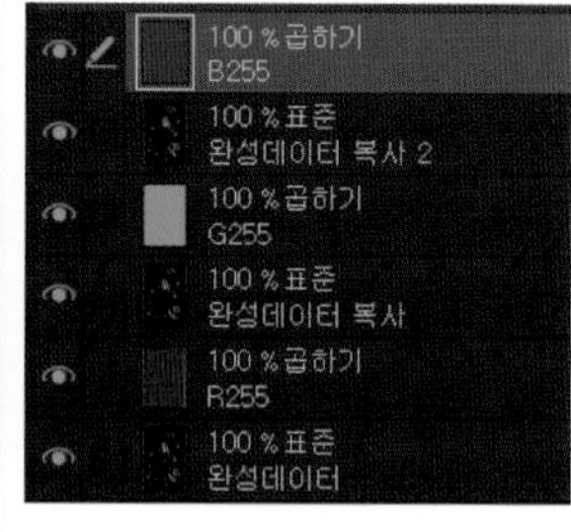

RED	GREEN	BLUE
R=255	R=0	R=0
G=0	G=255	G=0
B=0	B=0	B=255

❶ 채색이 끝난 일러스트에서 [레이어] 메뉴→[표시 레이어 복사본 결합]을 선택해 통합 레이어를 만든 후 레이어를 복제해 3개로 만듭니다.

❷ 레드, 그린, 블루로 채운 레이어를 만들고 합성 모드를 [곱하기]로 합니다. ❶에서 만든 각각의 레이어 위에 배치합니다.

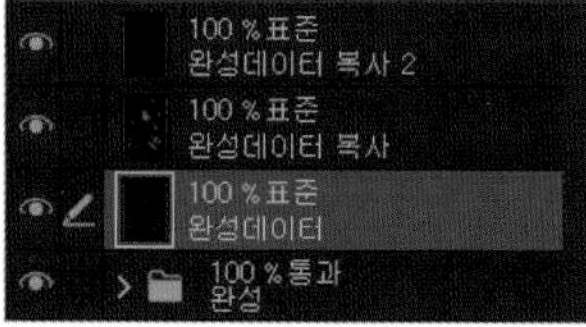

❸ 레드, 그린, 블루의 레이어를 [레이어] 메뉴→[아래 레이어와 결합]을 선택해 각각 결합합니다.

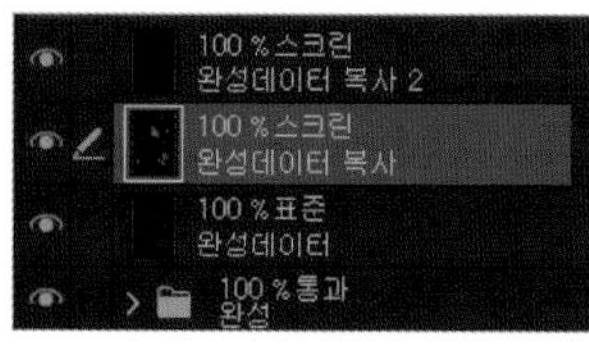

❹ 위의 2개 레이어 합성 모드를 [스크린]으로 설정합니다.

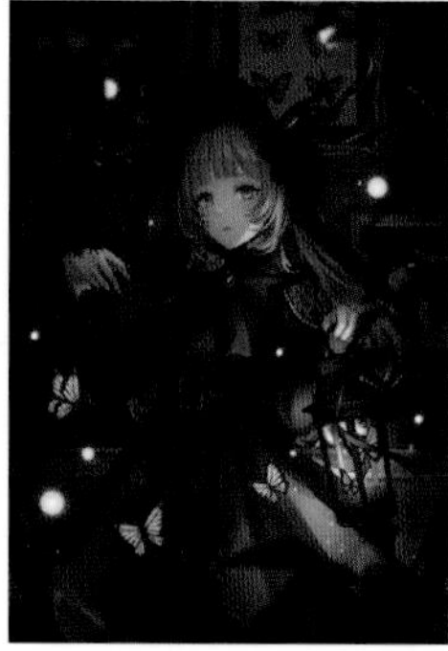

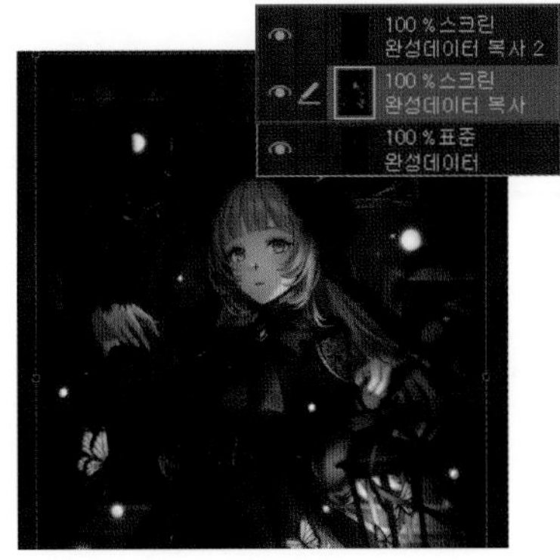

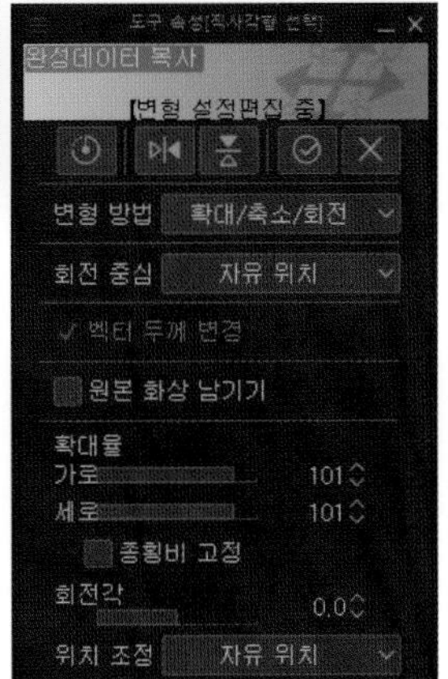

❺ 위의 2개 레이어를 [확대/축소/회전](Ctrl+T)으로 확대합니다. [도구 속성] 팔레트에서 [확대율]을 101%로 설정합니다.

❻ [확대/축소/회전]으로 편집 중 +를 드래그해 움직이면 변형의 중심을 결정할 수 있습니다. 중심으로 한 부분은 색의 차이가 작아집니다. 여기에서는 얼굴 근처로 해서 얼굴 부근의 색수차를 제한했습니다.

❼ 위의 2개 레이어를 각각 [레이어 이동] 도구로 아주 조금 이동시킵니다. 이것으로 색수차가 완료되었습니다.

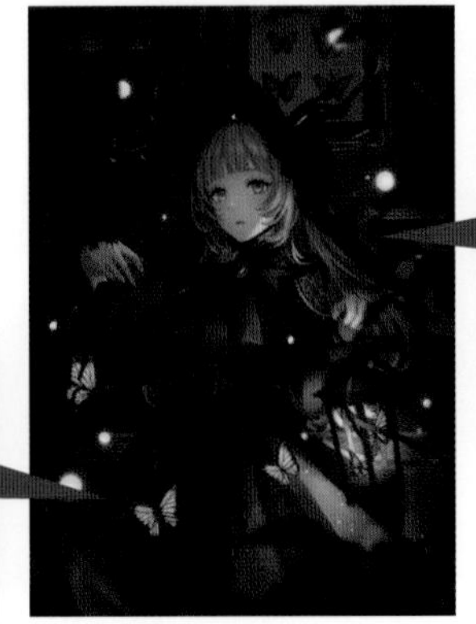

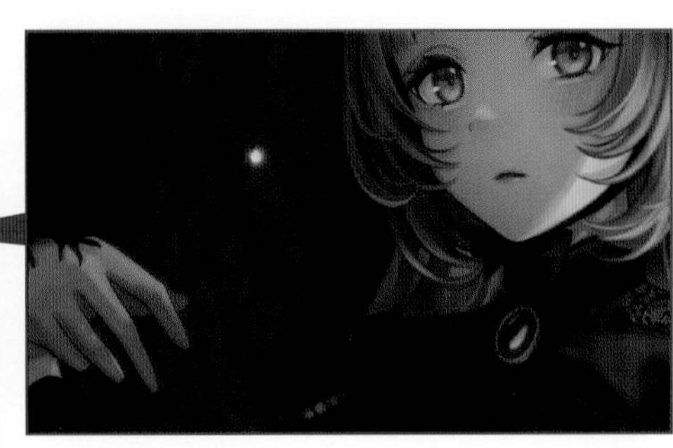

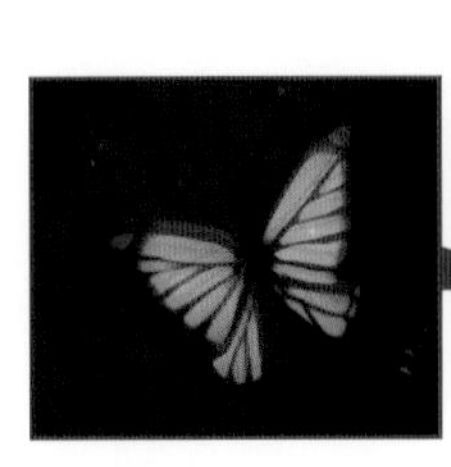

부분적인 색수차

레이어 마스크로 효과 범위를 한정하여 일부분에만 색수차를 만들어 봅니다.

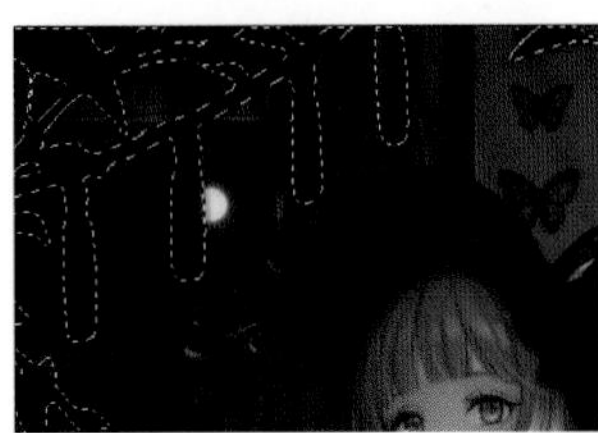

❶ 색수차를 만들고 싶은 부분의 선택 범위를 작성합니다. 앞쪽 식물 부분을 선택 범위로 지정합니다.

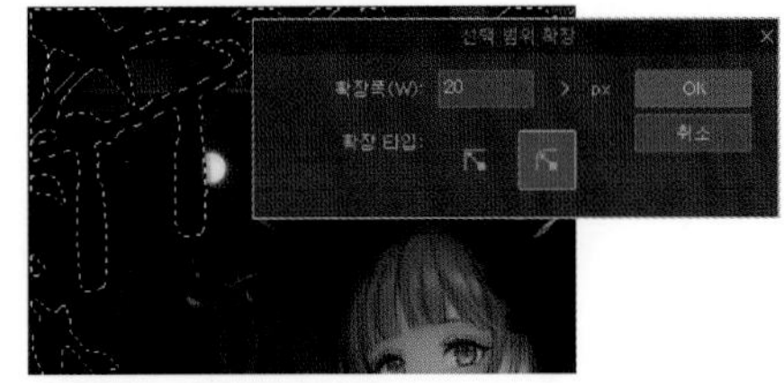

❷ 어긋난 색의 부분이 선택 범위에 포함되도록 [선택 범위] 메뉴→[선택 범위 확장]으로 확장합니다(여기서는 20px).

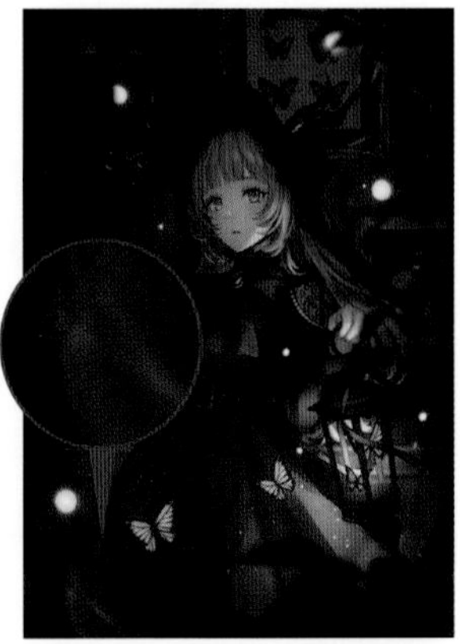

❺ 색수차 레이어 바로 앞 식물만 표시되었습니다.

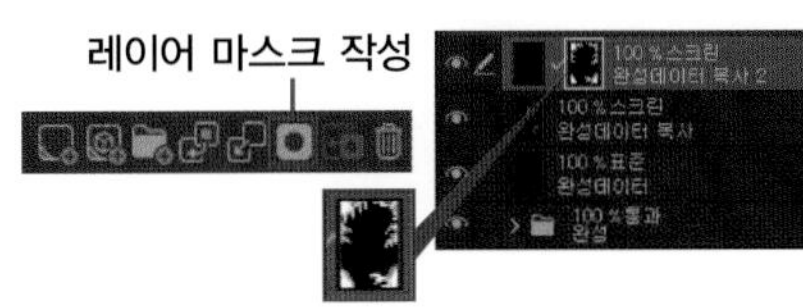

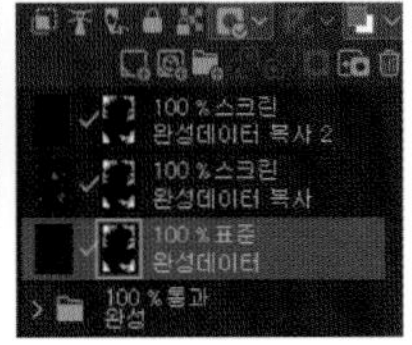

❸ 색수차 작업을 한 레이어를 선택해 [레이어 마스크 작성]을 클릭합니다.

❹ [선택 범위] 메뉴→[다시 선택]을 선택하여 ❷와 같은 선택 범위를 만들고 나머지 색수차 레이어에도 [레이어 마스크 작성]을 클릭하여 레이어 마스크를 만듭니다.

초점을 맞춘 포커스 효과

POINT

요소가 많아지면 화면을 보기 어려워집니다. 포커스 효과는 보여주고 싶은 포인트를 강조해 화면을 깔끔하게 보여주는 데 사용할 수 있는 기술입니다.

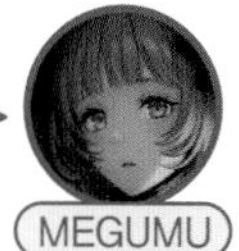

MEGUMU

바로 앞을 흐리게 하기

피사체에 초점을 맞춘 사진처럼, 전경이나 눈에 띄고 싶지 않은 모티브를 흐리게 하면 메인 모티브를 돋보이게 할 수 있습니다. [필터] 메뉴에 있는 [가우시안 흐리기]를 사용하지만, 필터는 여러 개의 레이어에 대해 한 번에 적용할 수 없으므로 대상이 되는 레이어를 결합합니다.

❶ 바로 앞의 식물을 흐리게 하여 인물을 돋보이게 합니다. 식물을 그린 레이어를 모두 레이어 폴더에 정리하고 [레이어] 메뉴→[레이어 복제] 후, [레이어] 메뉴→[선택 중인 레이어 결합]으로 결합합니다.

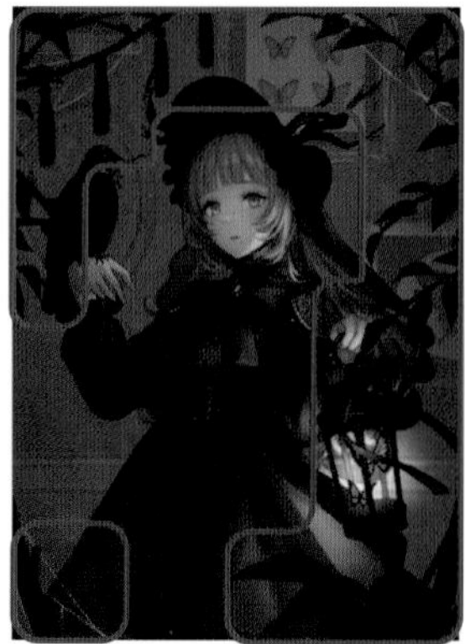

바로 앞의 식물

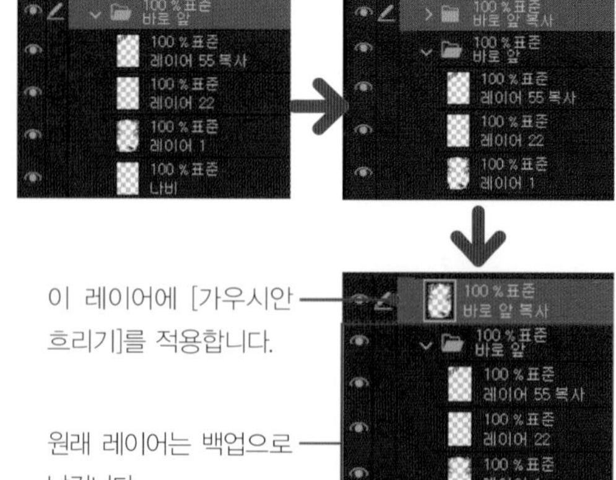

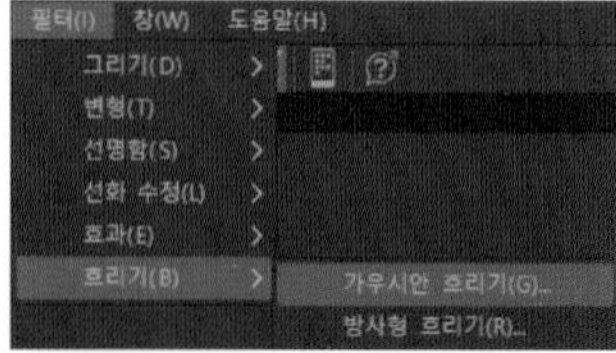

❷ 결합된 레이어에 [필터] 메뉴→[흐리기]→[가우시안 흐리기]를 적용합니다.

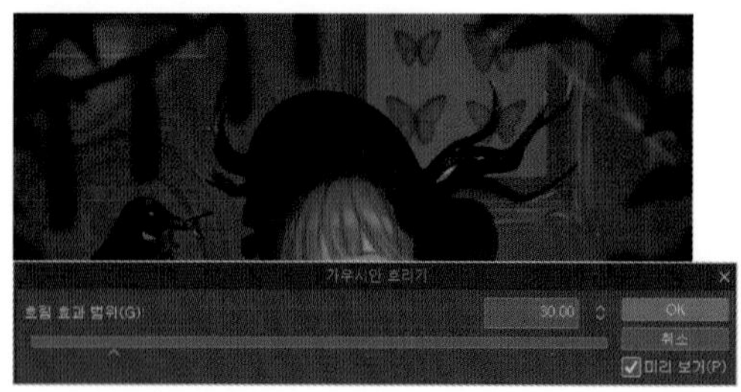

❸ [흐림 효과 범위]를 조정합니다. 여기서는 30으로 설정했습니다. 화상의 크기나 기호에 따라 적정치가 바뀌므로 [미리 보기]를 체크하여 화면을 보면서 조정합니다.

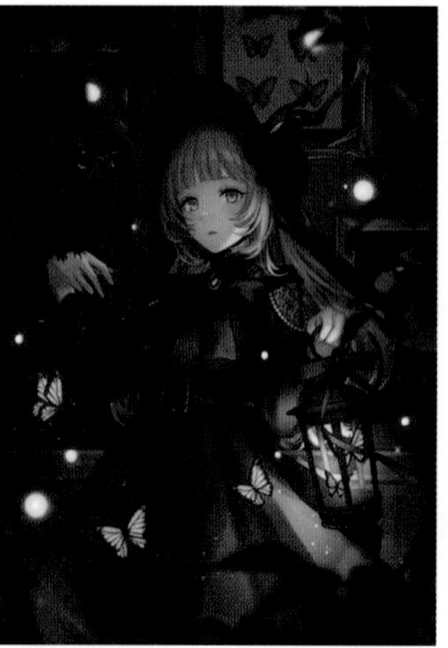

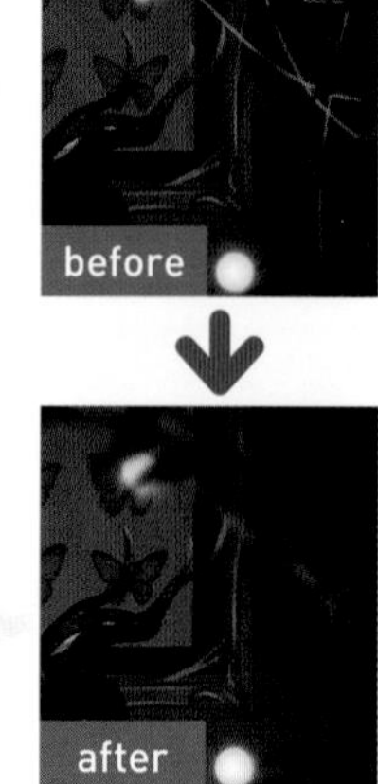

❹ 완료되었습니다. 바로 앞 식물에는 초점이 맞지 않아 흐릿한 표현이 되었습니다.

일부분에 초점 맞추기

다음으로 전체를 흐리게 한 후 초점을 맞추고 싶은 부분의 흐려짐을 제외해 가는 방법을 소개합니다.

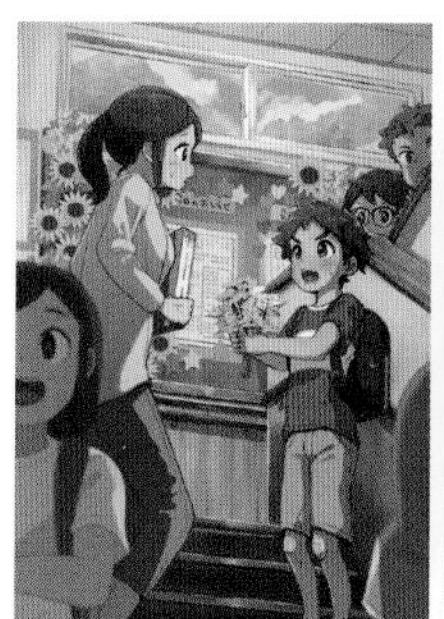

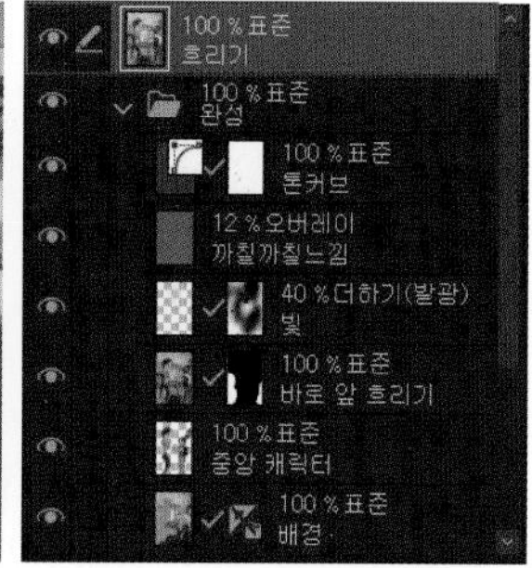

❶ 먼저 가공하기 위한 레이어를 만듭니다. [표시 레이어 복사본 결합]으로 결합된 레이어를 만들고 레이어 이름을 '흐리기'로 했습니다.

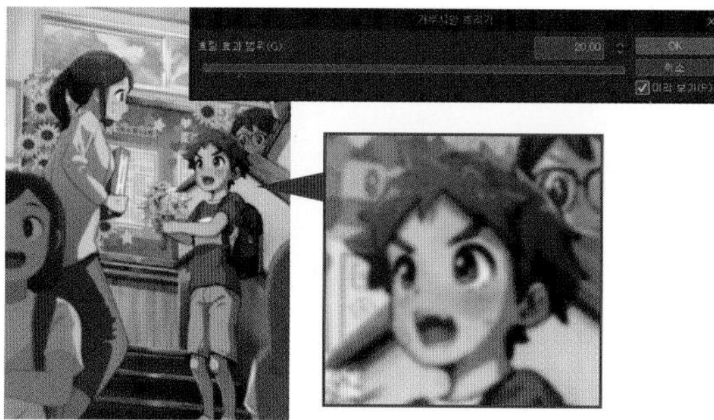

❷ 결합된 ❶의 레이어를 [필터] 메뉴→[흐리기]→[가우시안 흐리기]로 흐리게 합니다. 여기에서는 [흐림 효과 범위]를 20으로 했습니다.

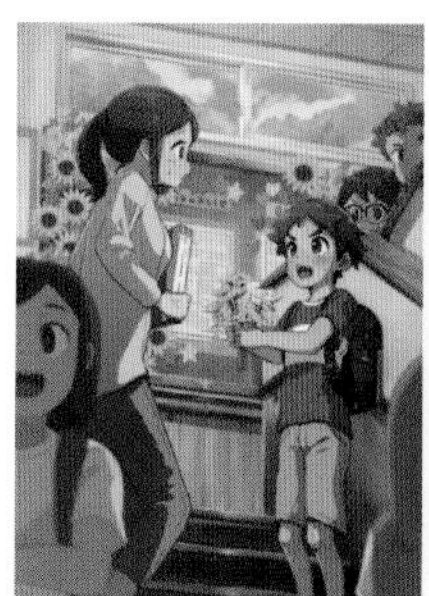

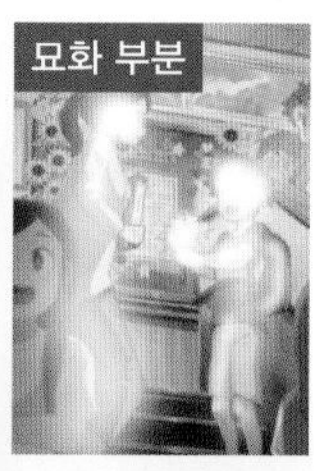

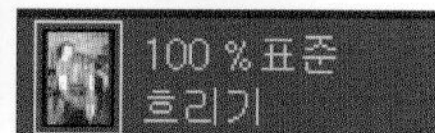

❸ [지우개] 도구→[부드러움]으로 초점을 맞추고 싶은(흐리게 하고 싶지 않은) 부분을 지웁니다.

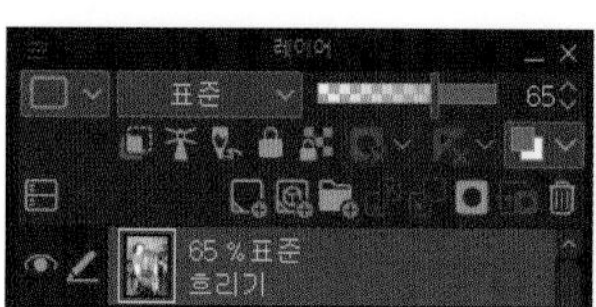

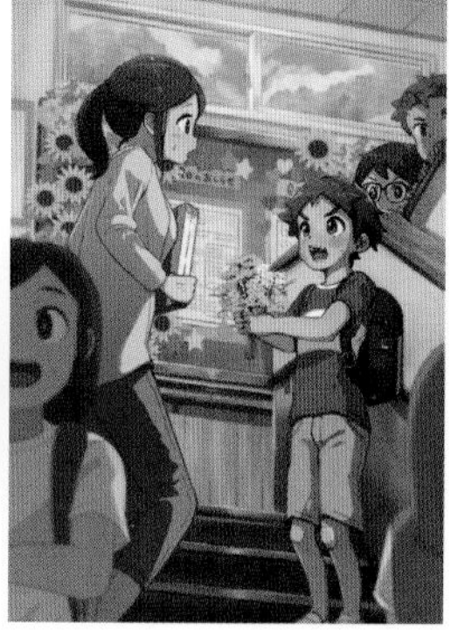

❹ 레이어 불투명도를 낮춰 흐리기 상태를 조정합니다. 이것으로 완료되었습니다.

일부분만 흐리게 하기

일부분만 흐리게 하고 싶을 때는 [색 혼합] 도구→[흐리기]를 사용합니다.

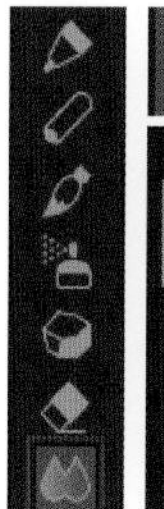

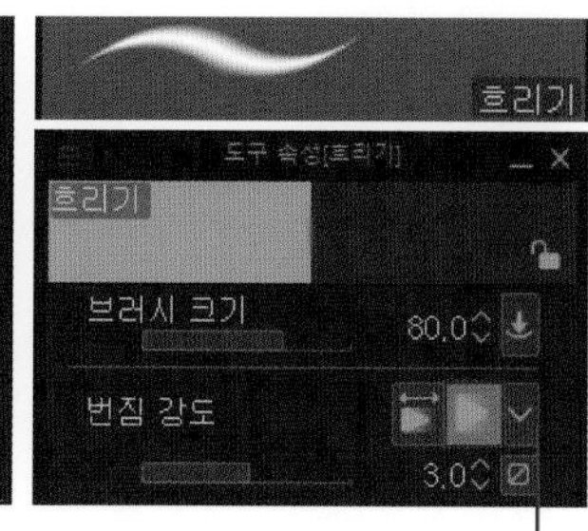

고정값

[흐리기] 설정

[흐리기] 보조 도구를 선택할 때 [도구 속성] 팔레트에서 [번짐 강도]를 [고정값]으로 설정합니다. 여기서는 3.0으로 설정했습니다.

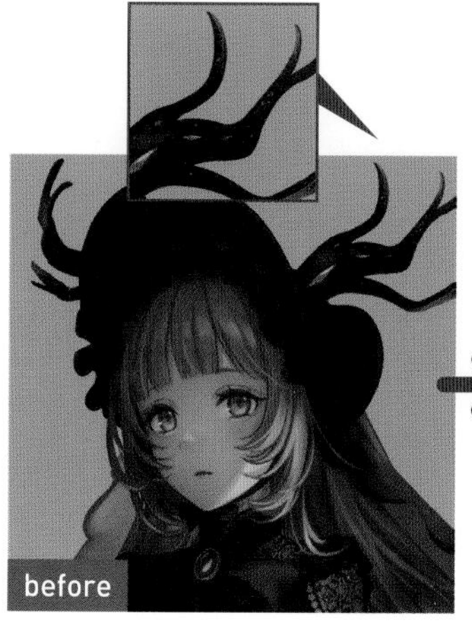

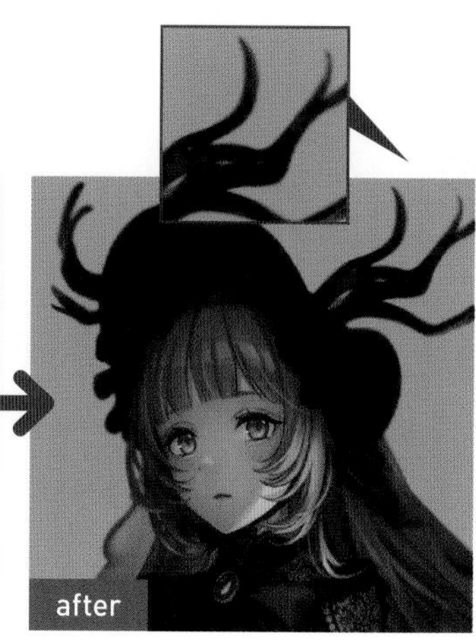

10 수채 텍스처 만들기

POINT

필압에 강약을 넣어 농담이 있는 채색을 하여 수채화 물감의 분위기를 표현합니다.

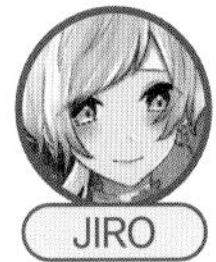

JIRO

수채 도구로 만드는 수채 텍스처

수채 도구와 용지 텍스처로 오리지널 수채 텍스처를 만들 수 있습니다.

수채 도구 번지는 표현이 가능한 브러시를 사용합니다. 여기서는 아래의 보조 도구를 사용합니다.

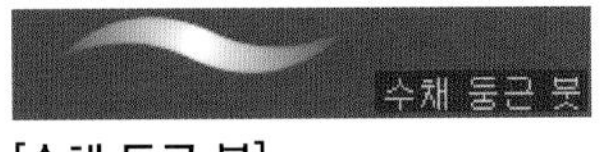

[수채 둥근 붓]

스플래시 수채

[스플래시 수채]

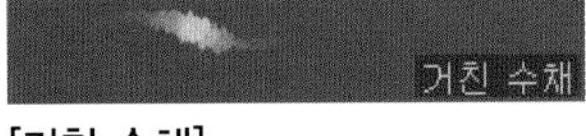

[거친 수채]

※ Ver.1.10.9 이전의 초기 보조 도구입니다. 이전 버전의 보조 도구는 ASSETS에서 다운로드할 수 있습니다(자세한 것은→P.202).

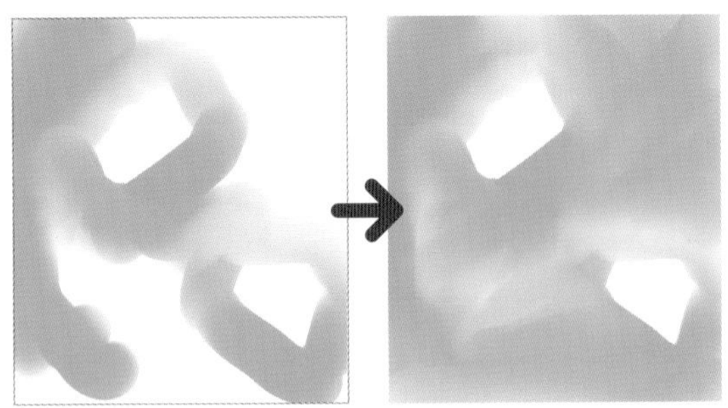

R=7
G=195
B=233

그리기 색은 선명한 색을 사용합니다.
이번에는 하늘색으로 합니다.

❶ [수채 둥근 붓]으로 흰 부분을 남기면서 화면 전체를 칠합니다.

❷ [거친 수채]로 번지도록 칠해줍니다.

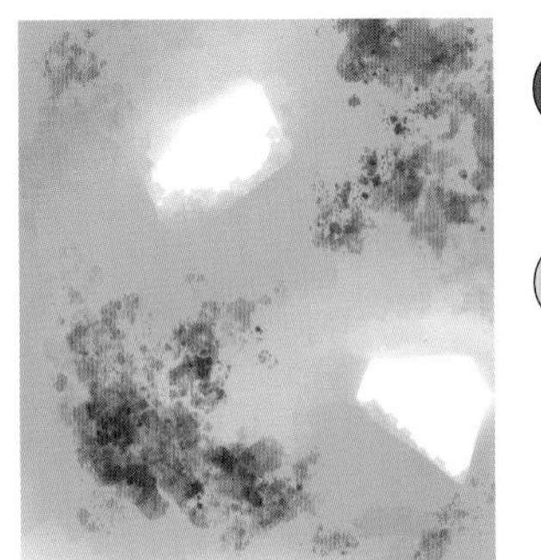

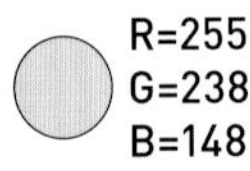

R=22
G=121
B=223

R=255
G=238
B=148

❸ [스플래시 수채]로 군데군데 그리기를 거듭합니다. 연한 노란색을 섞으면 수채화다운 복잡한 색감이 됩니다.

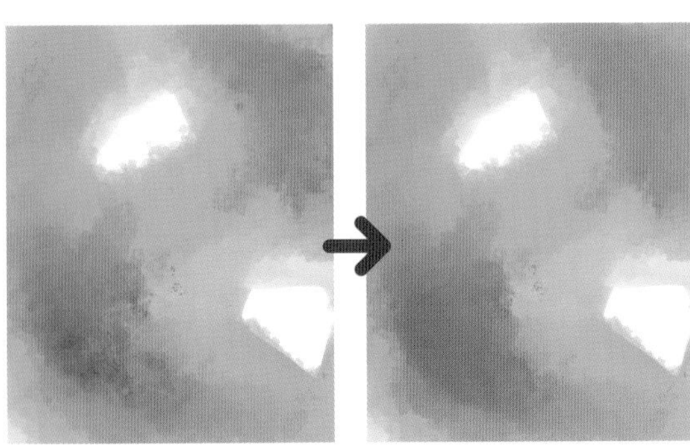

❹ 다시 [거친 수채]로 칠합니다.

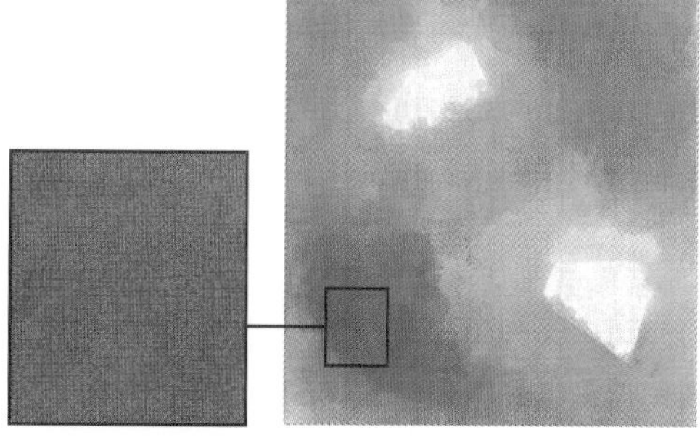

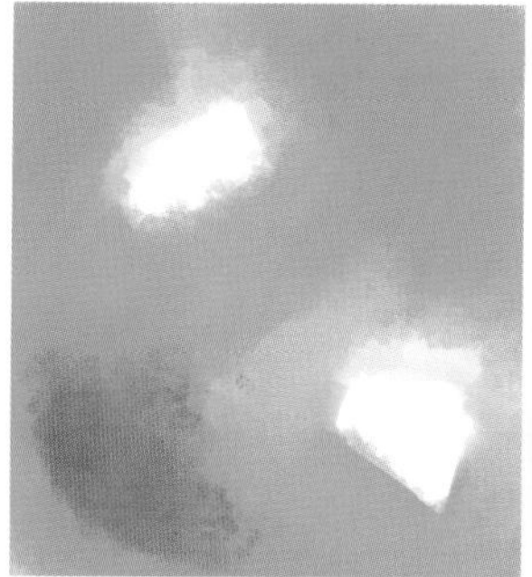

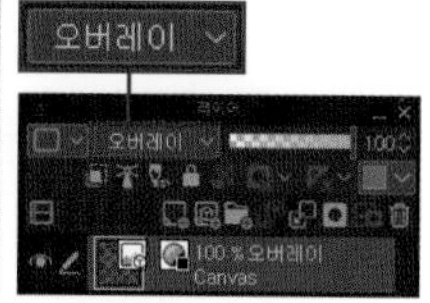

❺ [소재] 팔레트의 트리 표시에서 [Monochromatic pattern]→[Texture]→[Canvas]를 설정하고 [레이어 속성] 팔레트의 [질감 합성]을 ON으로 합니다.

❻ 텍스처의 레이어 합성 모드를 [오버레이]로 설정합니다.

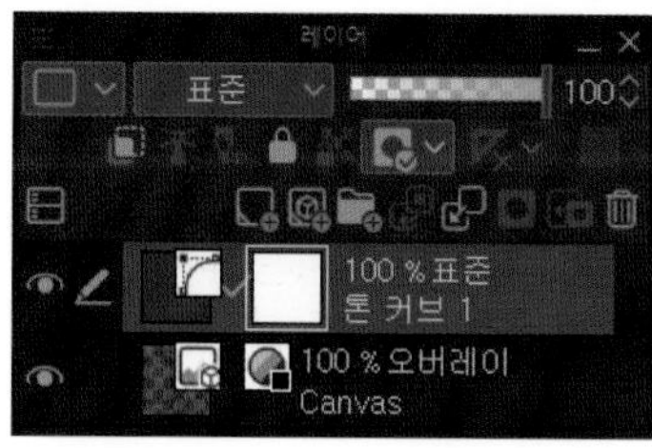

❼ 필요에 따라 [톤 커브]로 색조 보정하면 완성입니다.

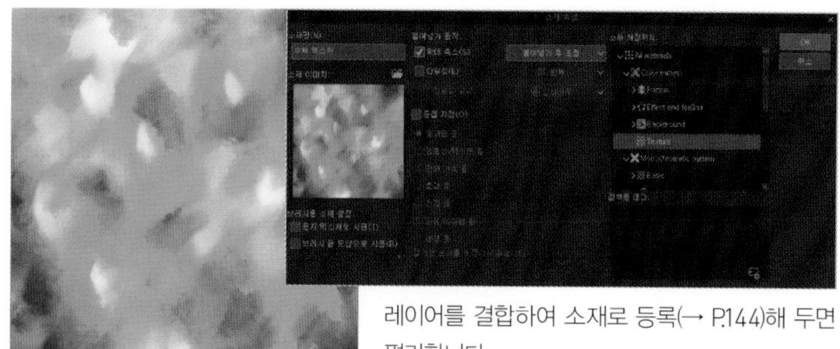

레이어를 결합하여 소재로 등록(→ P.144)해 두면 편리합니다.

수채 텍스처 활용

수채 텍스처를 사용하면 투명 수채 물감으로 다양한 색을 사용한 것 같은 수채화 표현이나, 수채 텍스처의 색은 반영하지 않고 터치 질감만을 합성할 수도 있습니다.

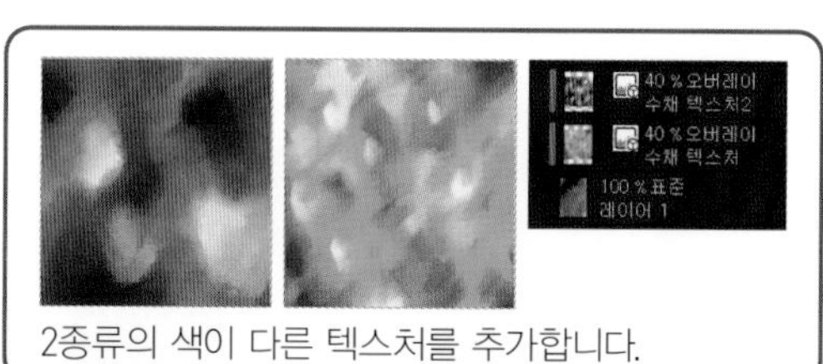

2종류의 색이 다른 텍스처를 추가합니다.

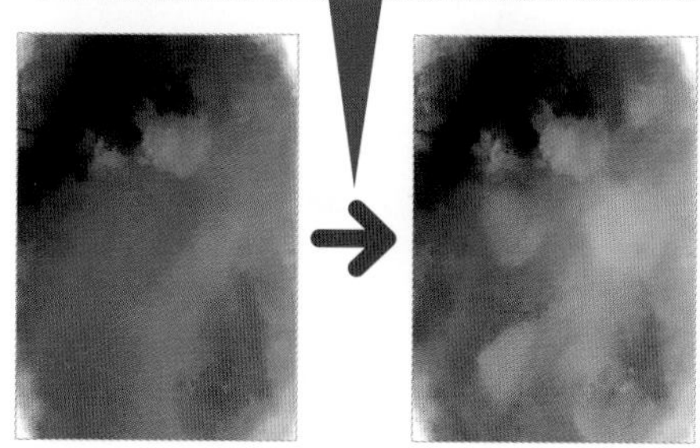

복잡한 색감으로

같은 순서로 다른 색의 수채 텍스처를 여러 개 만들어 겹치면 색감이 복잡해집니다.

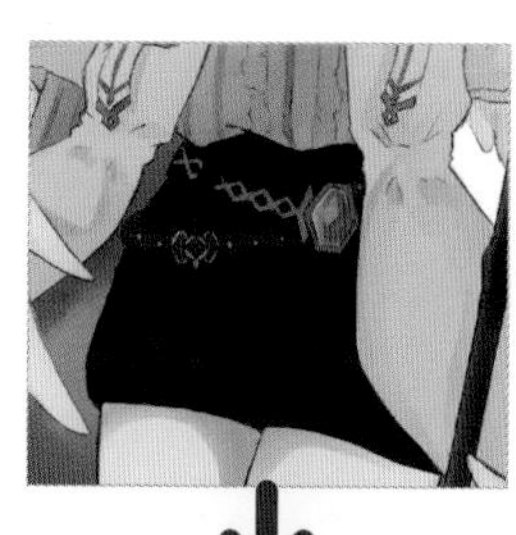

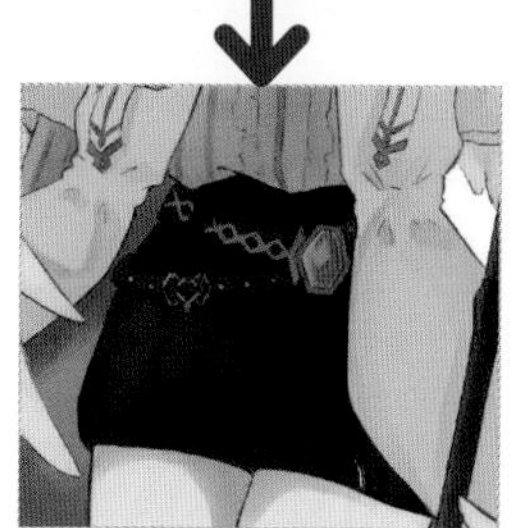

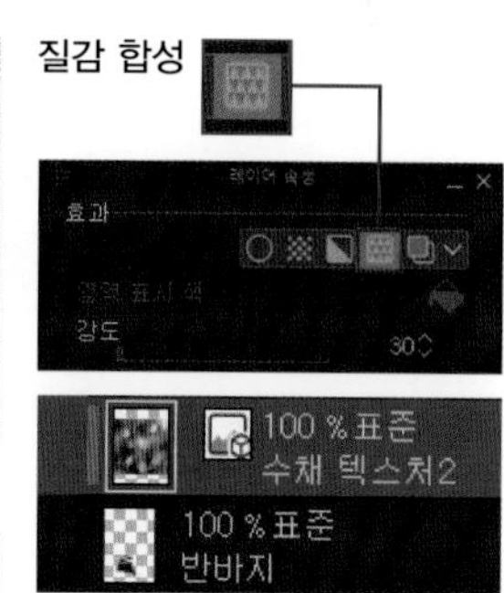

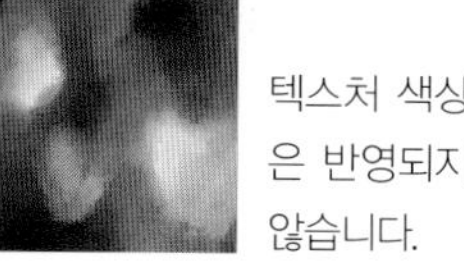

텍스처 색상은 반영되지 않습니다.

질감만 사용

수채 텍스처의 질감만 사용하고 싶은 경우는 [질감 합성]을 ON으로 합니다.

※ [질감 합성] 기능을 사용하려면 수채 텍스처가 화상 소재 레이어로 되어 있어야 합니다.

펄린 노이즈로 텍스처나 무늬 만들기

POINT

모래 폭풍의 텍스처는 쉽게 만들 수 있으므로 아날로그 느낌을 표현하고 싶을 때 편리합니다.

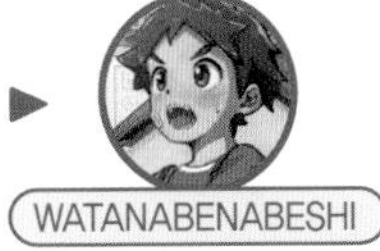

WATANABENABESHI

모래 폭풍 텍스처

그레이로 채운 이미지에 [펄린 노이즈]를 적용하면, 모래 폭풍과 같은 무늬를 만들 수 있습니다. 텍스처로 사용하면 까칠까칠한 질감을 일러스트에 줄 수 있습니다.

모래 폭풍 텍스처 작성 방법

❶ 텍스처용으로 신규 래스터 레이어를 만듭니다.

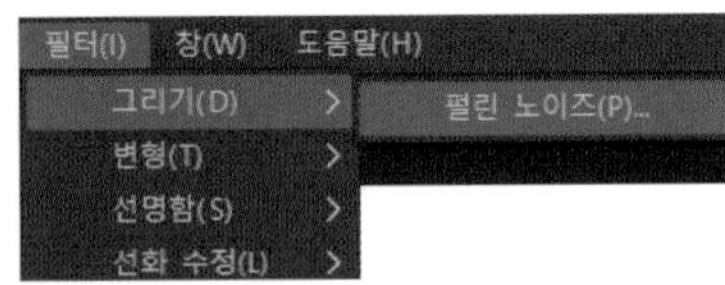

❷ [필터] 메뉴 →[그리기]→[펄린 노이즈]를 선택합니다.

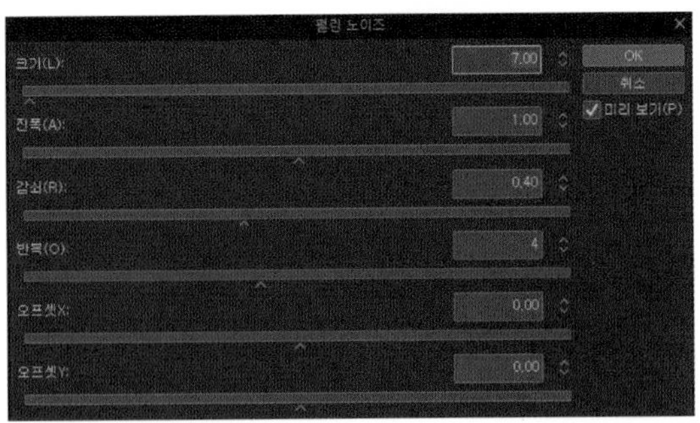

❸ [펄린 노이즈] 대화상자가 열립니다. [크기] 값을 5~10 정도로 합니다.

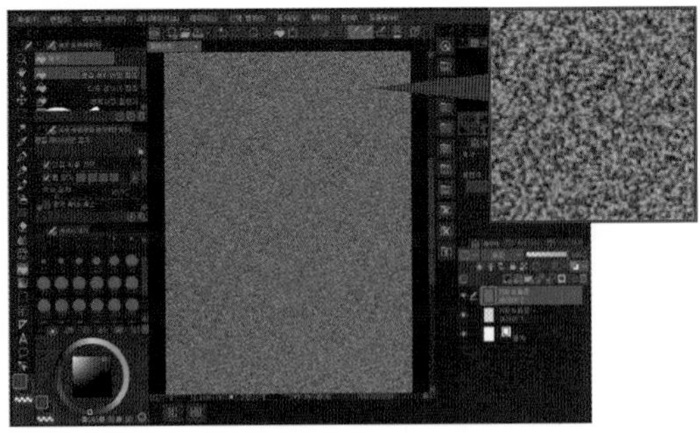

❹ 모래 폭풍 같은 무늬가 생깁니다.

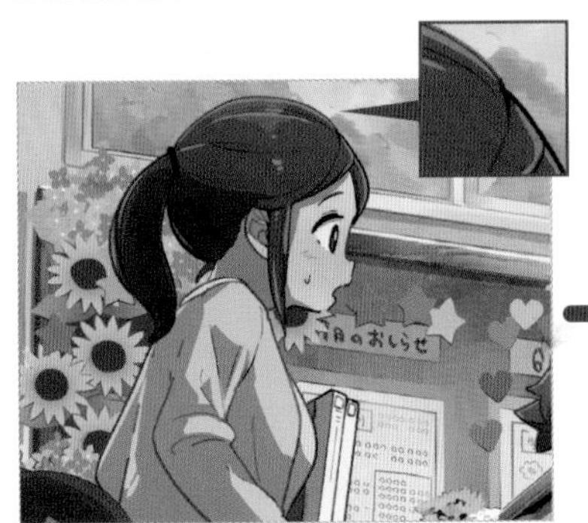

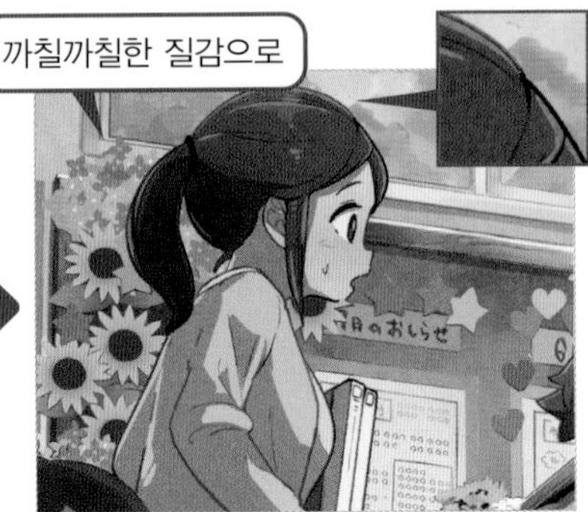

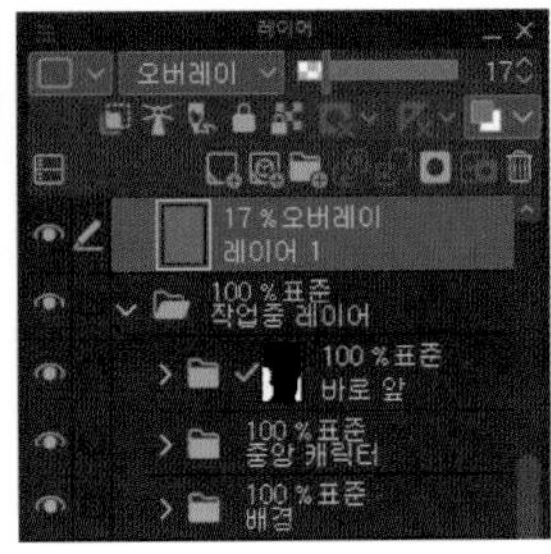

❺ 모래 폭풍 무늬를 일러스트에 겹칩니다. 합성 모드를 [오버레이]로 하고 불투명도를 17까지 내려 세기를 조정합니다.

구름무늬 만들기

그레이로 채우고 [펄린 노이즈]를 적용할 때 [크기] 값을 크게 하면 구름무늬를 만들 수 있습니다. 구름무늬는 연기와 같은 효과에 사용할 수 있는 것 외에 다양한 무늬를 표현할 수 있습니다.

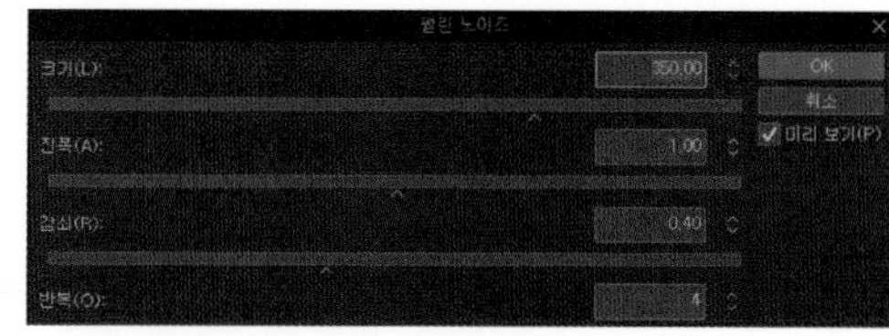

[펄린 노이즈]로 만드는 구름무늬

신규 레이어를 만든 후 [필터] 메뉴→[그리기]→[펄린 노이즈]를 선택하고 [크기]를 큰 값(300~500)으로 설정합니다.

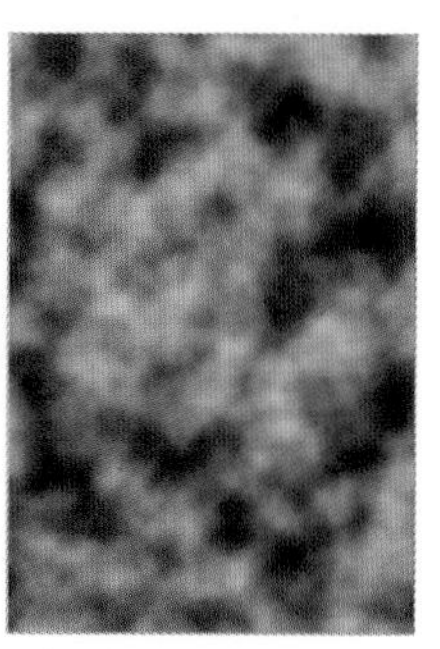

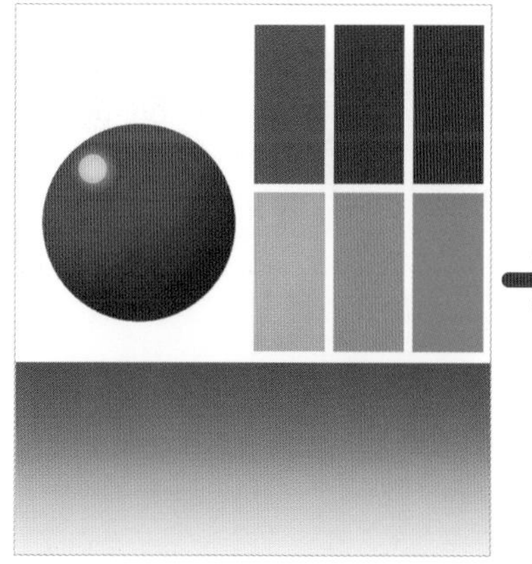

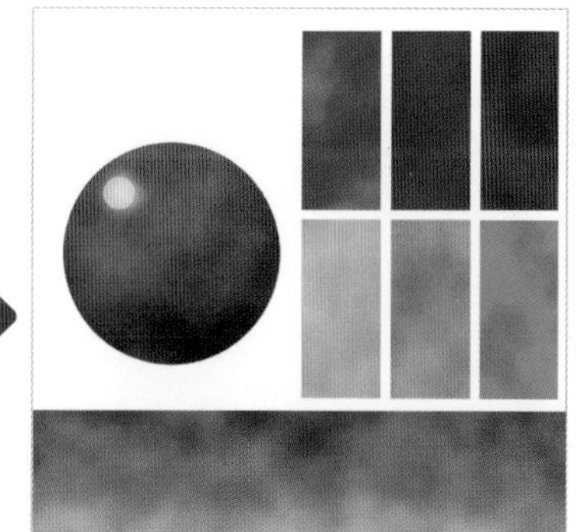

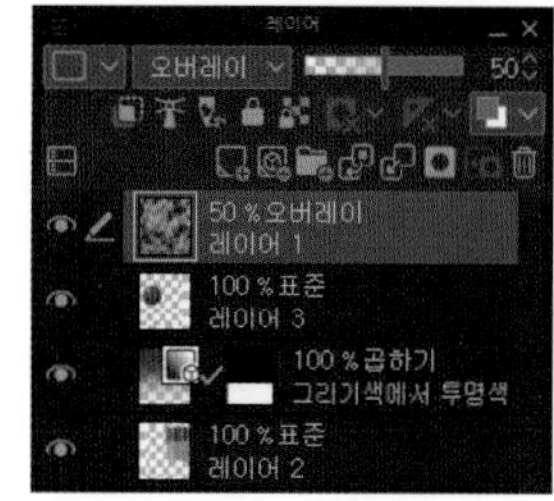

구름무늬는 [오버레이] 모드로 겹쳐 놓으면 연기와 같은 효과를 내거나 얼룩을 만드는 텍스처가 됩니다.

구름 모양이 생기면 소용돌이 모양 등도 만들 수 있게 됩니다.

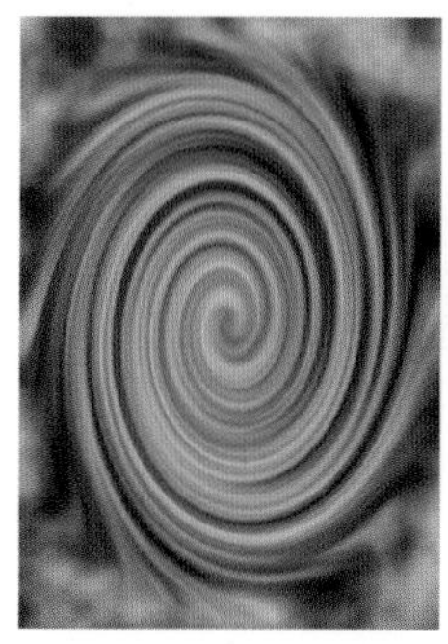

소용돌이

구름무늬에 [필터] 메뉴→[변형]→[소용돌이]를 선택하고 [비틀림]을 최대치로 설정하면 소용돌이무늬를 만들 수 있습니다.

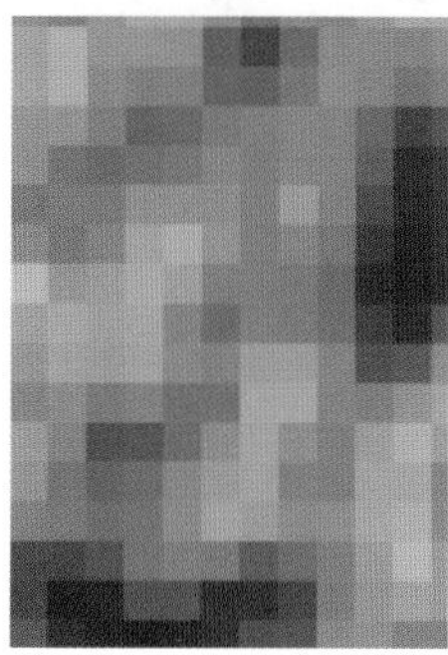

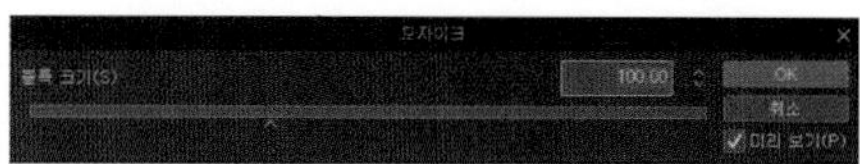

모자이크

모자이크 무늬는 어떤 이미지에서도 만들 수 있지만, 특별히 원하는 이미지가 없다면 구름무늬를 이용하면 간편합니다. [필터] 메뉴→[효과]→[모자이크]로 만들 수 있습니다.

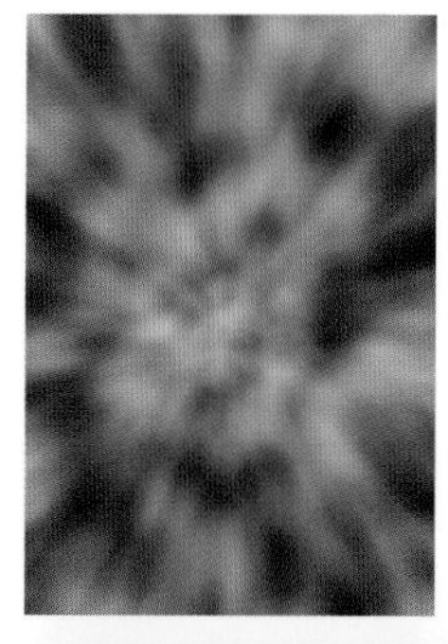

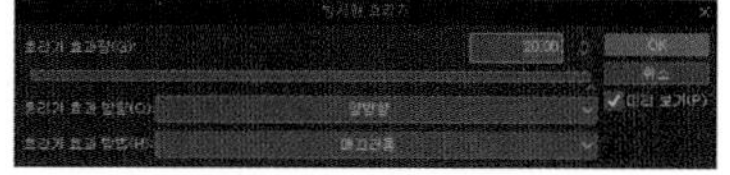

폭발

구름무늬에 [필터] 메뉴→[흐리기]→[방사형 흐리기]로 폭발과 같은 무늬를 만들 수 있습니다.

12 윤곽 주위에 광채 추가하기

POINT

[더하기(발광)]와 같이 색이 될수록 밝아지는 합성 모드는 어둡고 채도가 낮은 색으로 칠하면 부드러운 인상이 됩니다.

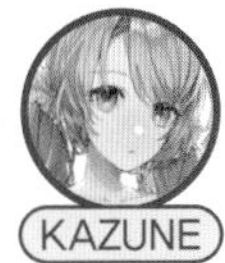

[더하기(발광)]로 광채 표현하기

[더하기(발광)]는 광채가 나는 듯한 그림이 가능한 합성 모드입니다. 여기에서는 캐릭터의 윤곽 주위에 빛이 나는 듯한 그림으로 반사를 강하게 합니다.

❶ 캐릭터를 그린 레이어의 그림 부분을 선택 범위로 지정합니다. 레이어를 레이어 폴더에 정리해 두고 [레이어] 메뉴→[레이어에서 선택 범위]→[선택 범위 작성]을 선택하여 선택 범위를 만듭니다.

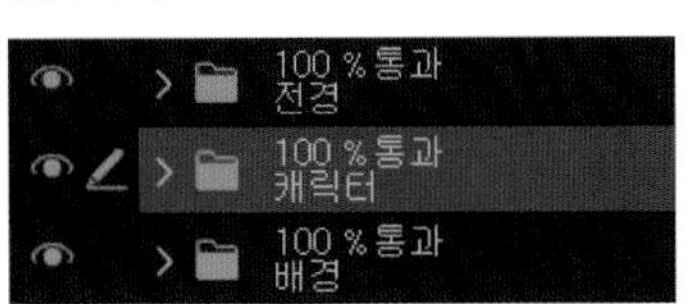

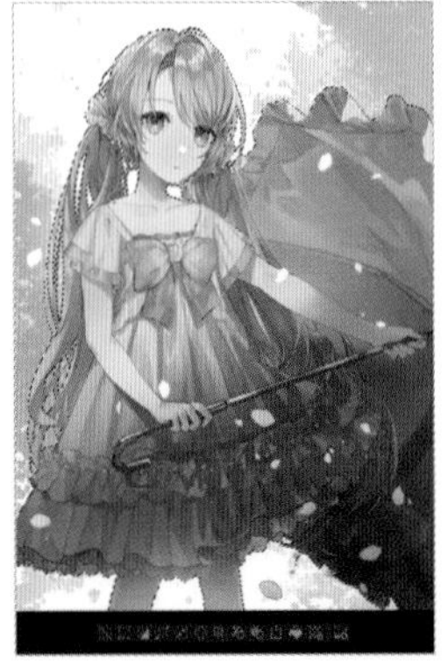

TIPS 빠르게 선택 범위 작성

레이어를 Ctrl+클릭하여 레이어의 그림 범위를 선택 범위로 할 수 있습니다. 레이어 폴더에서도 동일하게 선택 범위가 작성됩니다.

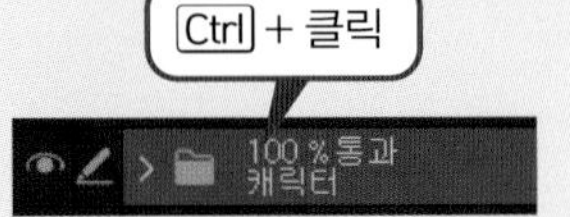

❷ 신규 레이어를 만들고 [레이어] 팔레트에서 [레이어 마스크 작성]을 클릭합니다.

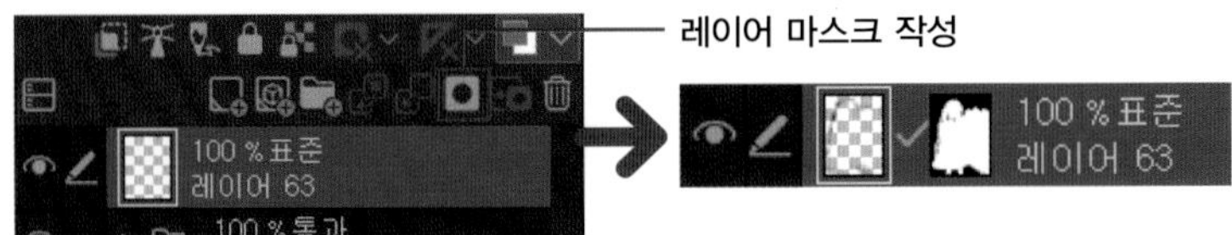

❸ 합성 모드를 [더하기(발광)]로 하여 빛내고 싶은 부분을 그립니다.

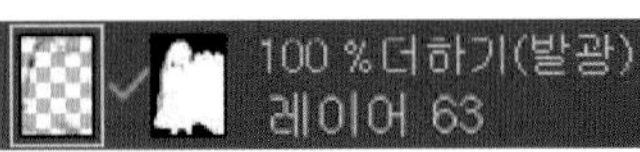

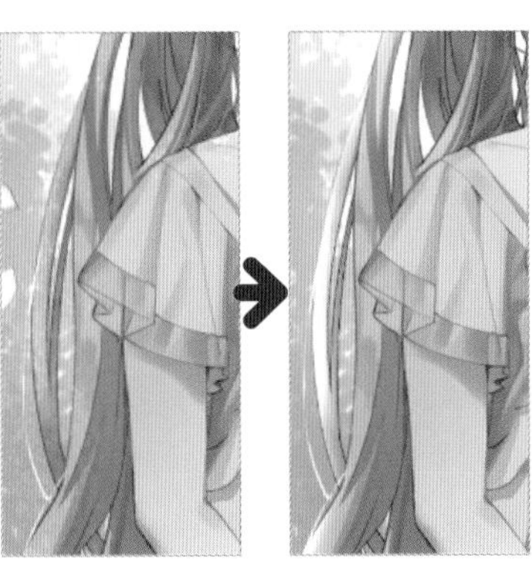

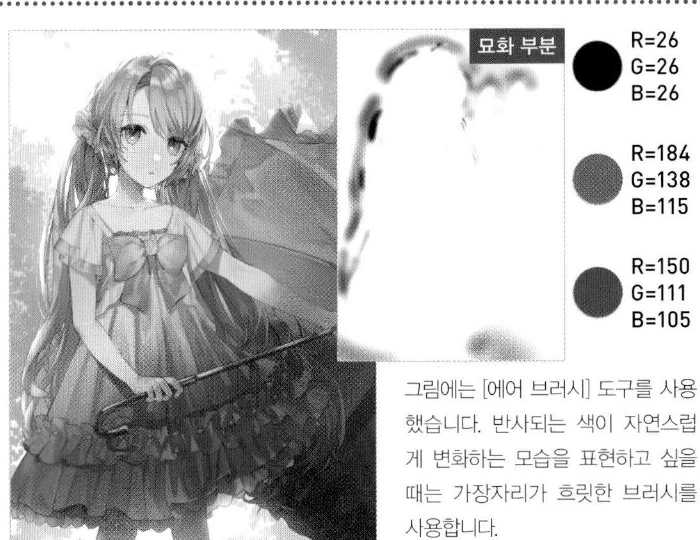

R=26
G=26
B=26

R=184
G=138
B=115

R=150
G=111
B=105

그림에는 [에어 브러시] 도구를 사용했습니다. 반사되는 색이 자연스럽게 변화하는 모습을 표현하고 싶을 때는 가장자리가 흐릿한 브러시를 사용합니다.

13 희미한 빛 그리기

POINT

조명 등 빛을 발광시키는 표현은 합성 모드를 사용하면 간단하게 그릴 수 있습니다. 그리기 색이나 색칠 방법에 따라서는 합성 모드를 사용하지 않아도 발광하는 것처럼 보이게 할 수 있습니다.

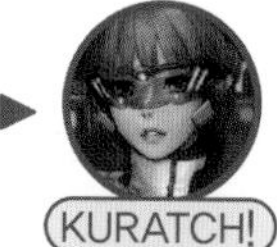

KURATCH!

[오버레이]로 칠하기

위에 [오버레이] 모드의 레이어를 만들어 빛나게 하고 싶은 부분을 칠하면 간단하게 발광하는 표현을 할 수 있습니다. [더하기]나 [스크린]에서도 합성한 색이 밝아지지만, 희끗희끗해져서 색이 튈 수 있습니다. 그리기 색의 색감을 살리고 싶을 때는 [오버레이]가 사용하기 쉽습니다.

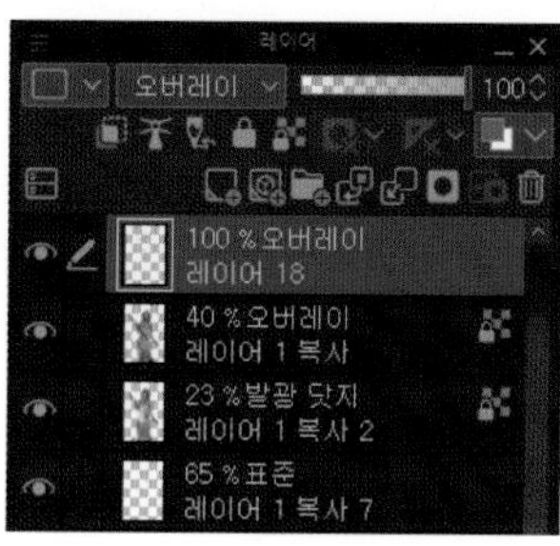

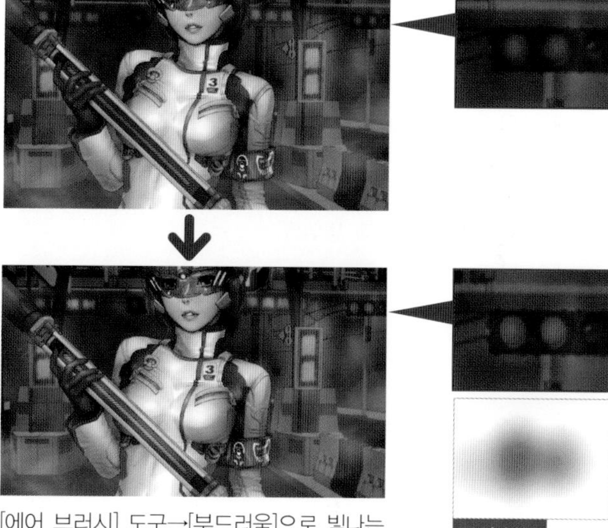

[에어 브러시] 도구→[부드러움]으로 빛나는 부분을 칠합니다.

묘화 부분

흰색 주위를 흐리게 칠하기

흰색이나 연노랑 같은 밝은색 주위를 흐리게 칠하면 빛나는 것처럼 보입니다.

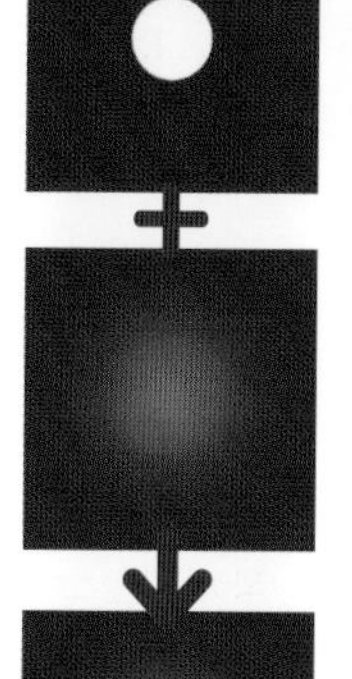

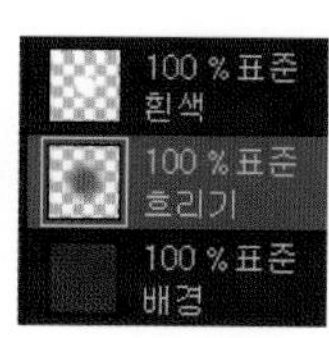

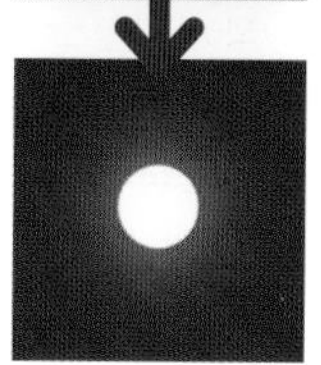

흰색 그림 아래에 레이어를 만들고 [에어 브러시] 도구→[부드러움]을 사용해 흐리게 칠합니다.

합성 모드를 사용하지 않아도 발광하는 것처럼 보입니다.

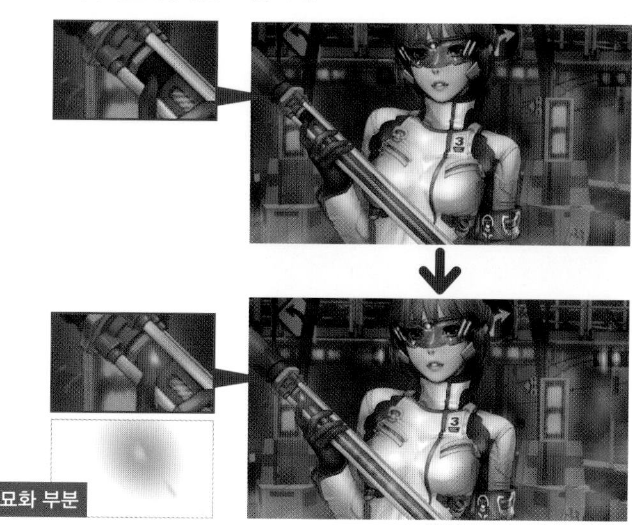

묘화 부분

14 반투명 아이템 그리기

POINT

반투명한 것을 희게 그리는 경우는 [스크린]을 사용하고, 선글라스와 같이 검게 그리는 경우는 [곱하기]를 사용하면 그럴듯해집니다. ▶

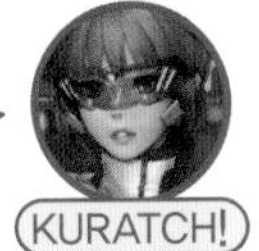

KURATCH!

반투명 표현과 빛나는 디스플레이

근미래적인 모티브의 예로서 디스플레이가 표시된 바이저 그리는 방법을 설명합니다. 바이저는 반투명하게 그려 캐릭터의 표정이 가려지지 않도록 합니다. 반투명을 표현하는 경우, 레이어의 불투명도나 합성 모드를 설정하는 것이 기본입니다.

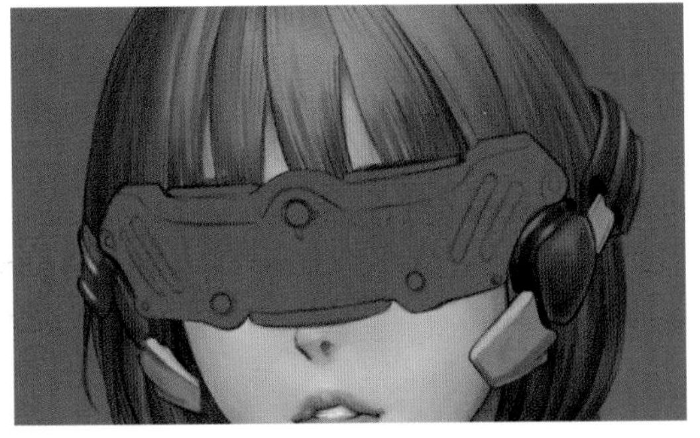

❶ 신규 레이어를 만들고 회색으로 밑칠합니다. 농담을 주지 않고 칠하므로 [펜] 도구로 그리거나, 선택 범위를 만들어 채색하면 좋습니다.

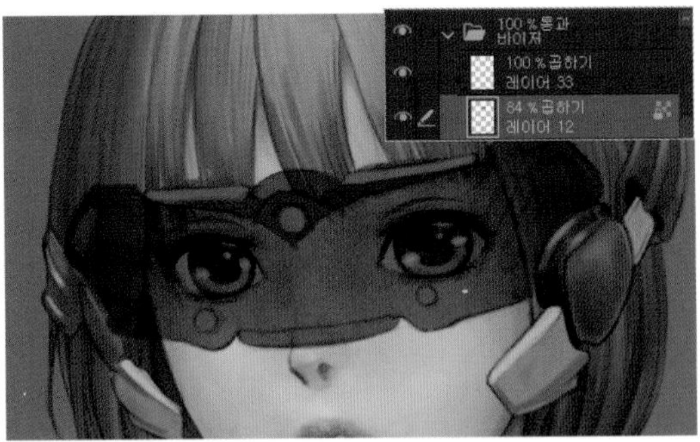

❷ 합성 모드를 [곱하기]로 하고 레이어 불투명도를 조금 내려(여기서는 84%) 반투명하게 합니다.

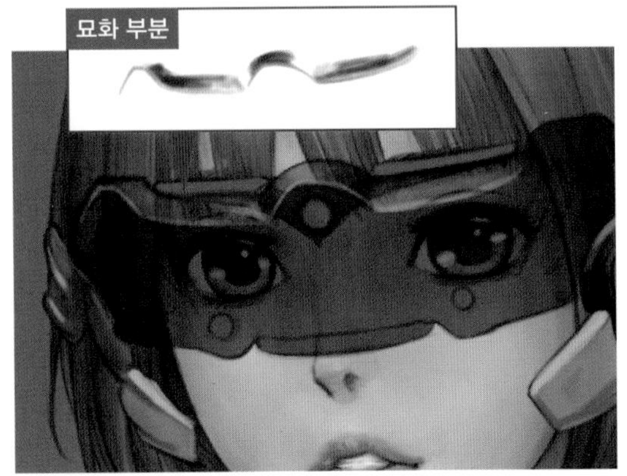

R=61
G=60
B=57

❸ 신규 레이어를 만들고 [스크린] 모드로 해 반사를 그립니다.

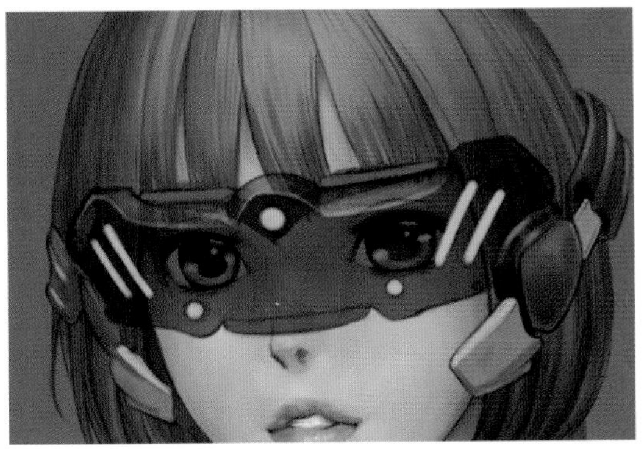

R=255
G=220
B=98

❹ 불투명한 부품은 표준 레이어에 그립니다. 신규 레이어를 만들고 [연필] 도구(예제에서는 [색연필][※])로 칠합니다.

※ Ver.1.10.9 이전 초기 보조 도구입니다. 이전의 보조 도구는 ASSETS에서 다운로드할 수 있습니다(자세한 것은→P.202).

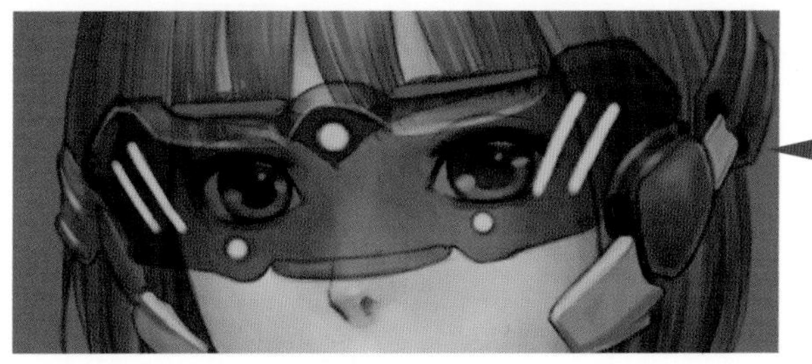

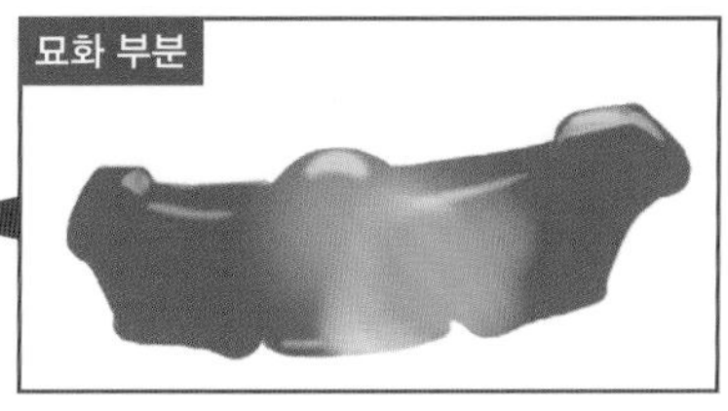

❺ 바이저 레이어를 복제해 [오버레이] 모드로 설정하여 겹칩니다. [투명 픽셀 잠금]을 ON으로 한 후 [에어브러시] 도구→[부드러움]으로 반사를 그립니다. 그리기 색은 뒤에 그리는 디스플레이 색상에 맞춥니다.

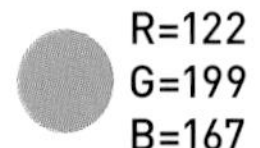

R=122
G=199
B=167

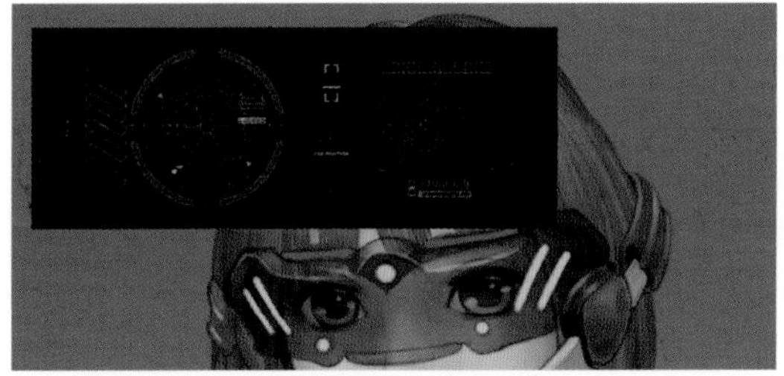

❻ 미리 만들어 둔 검은 바탕에 네온 컬러로 그린 디스플레이 소재를 열고 복사&붙여넣기합니다.

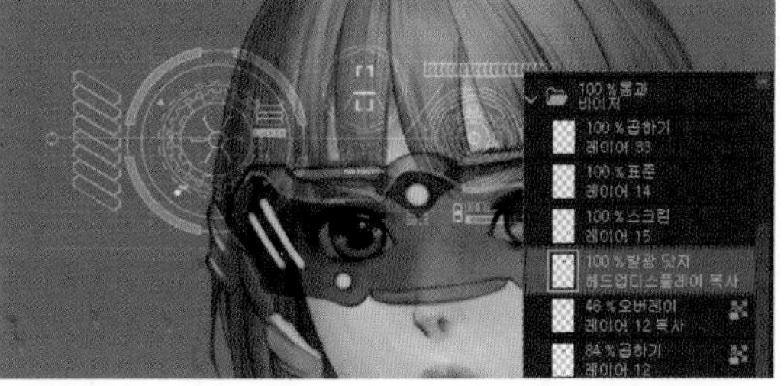

❼ 합성 모드를 [발광 닷지]로 하면 소재의 검은 베이스 부분은 보이지 않게 됩니다.

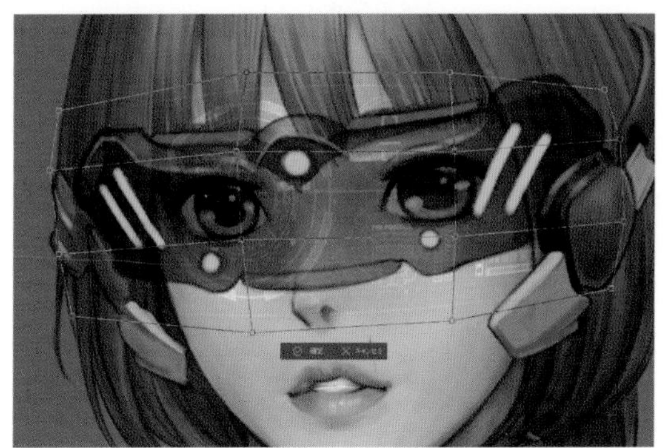

❽ [편집] 메뉴→[변형]→[메쉬 변형]으로 모양을 바이저에 맞춥니다. 불투명도는 49%로 합니다. 불필요한 선이 있으면 [지우개] 도구로 지웁니다.

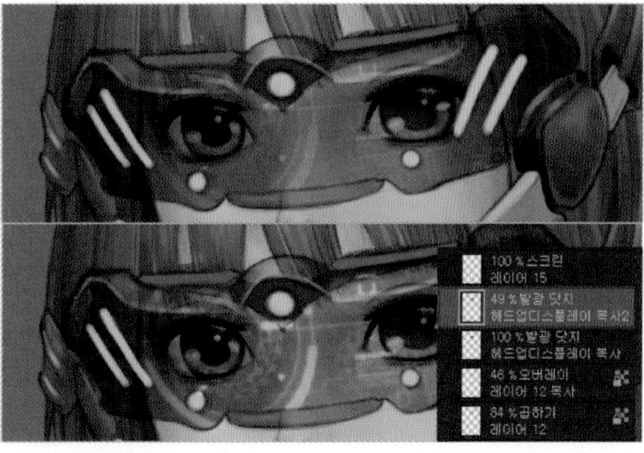

❾ 디스플레이의 레이어를 복제해 [필터] 메뉴→[흐리기]→[가우시안 흐리기]로 흐리게 합니다. [발광 닷지]가 2개 겹치므로 빛이 더 강해집니다.

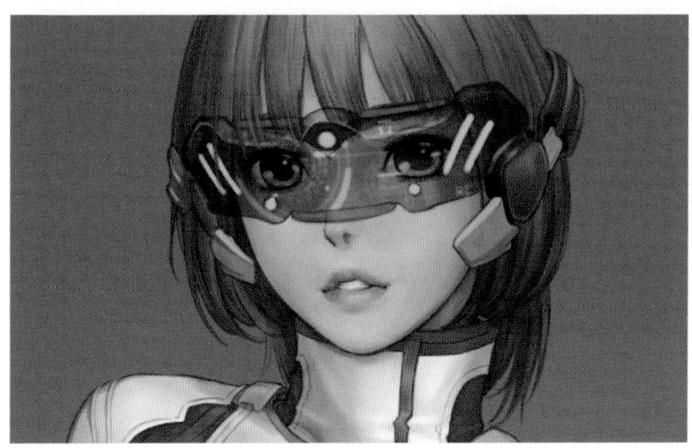

❿ 위에 신규 레이어를 만들고 바이저에 걸쳐진 머리를 그립니다. 이것으로 바이저 그리기는 완료입니다.

[메쉬 변형]으로 무늬를 옷에 맞추기

POINT

대략적으로 변형시킬 때는 격자의 수를 적게 하면 작업이 편해집니다.

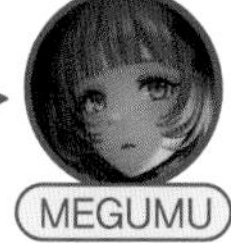

MEGUMU

복잡한 무늬를 옷에 맞추기

옷과 같은 복잡한 형태의 표면에 무늬를 그리는 것은 꽤 어렵습니다. 평면적인 그림을 그리고 [편집] 메뉴 →[변형]→[메쉬 변형]으로 모양을 맞추면 복잡한 무늬도 표현하기 쉬워집니다.

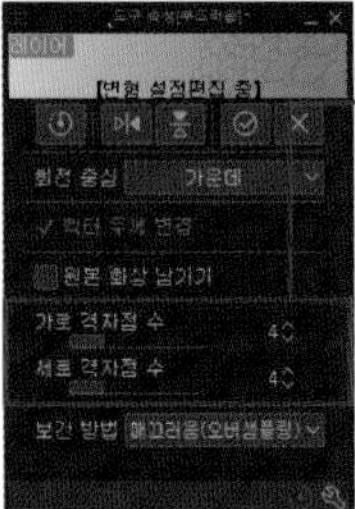

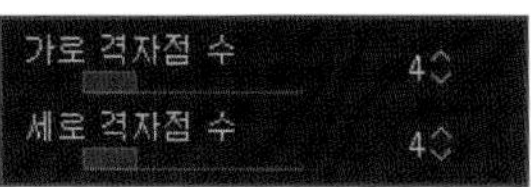

격자의 수

[메쉬 변형]의 격자 수는 [도구 속성] 팔레트의 [가로 격자점 수]와 [세로 격자점 수]에서 설정할 수 있습니다.

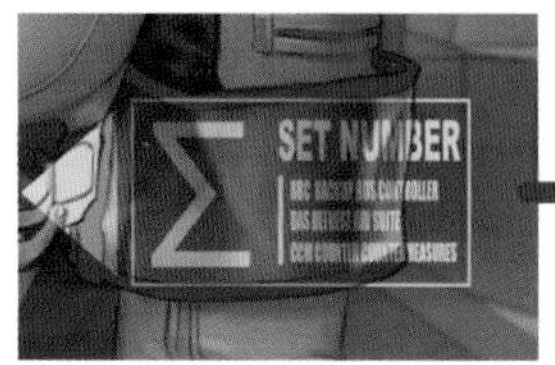

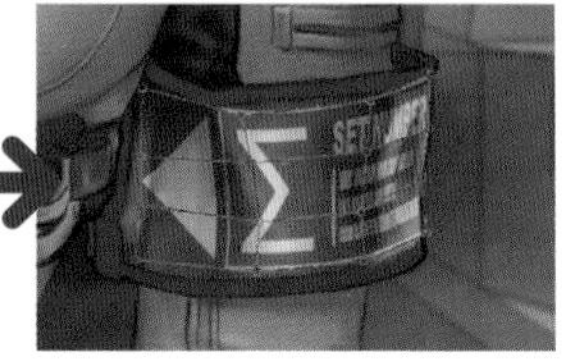

격자의 교점에 있는 □를 드래그하여 변형시킵니다.

좌우 대칭 무늬를 옷에 맞추기

[메쉬 변형]은 좌우 대칭의 무늬를 그릴 때도 유용합니다.

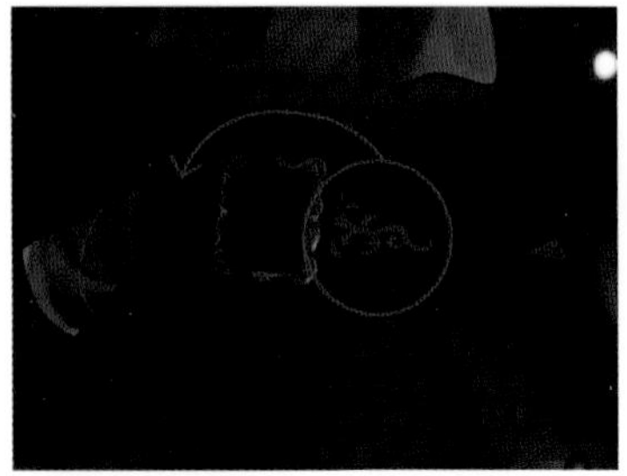

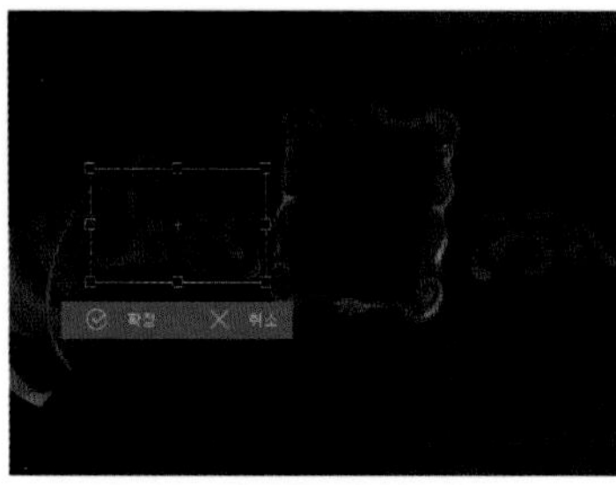

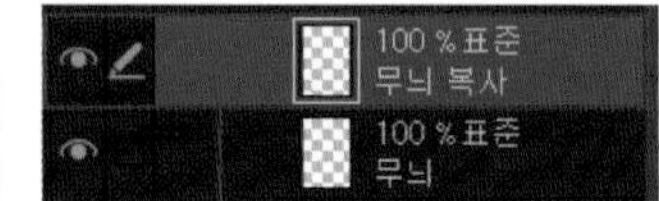

모양을 복사&붙여넣기하면 레이어가 생성됩니다.

❶ 무늬 레이어를 복제해 반대쪽으로 이동시키고 [편집] 메뉴→[변형]→[좌우 반전]을 선택하여 반전시킵니다.

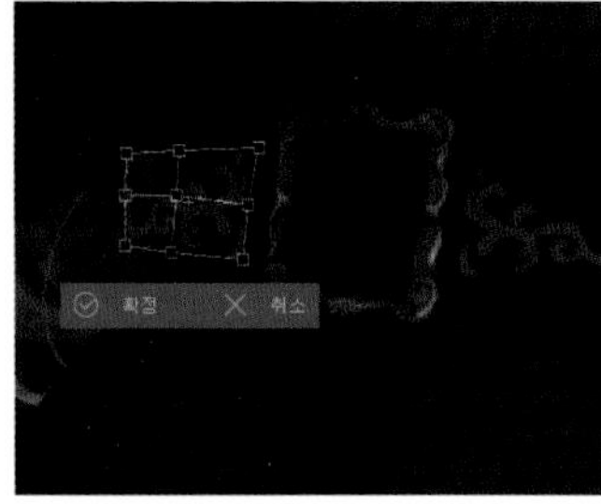

❷ [편집] 메뉴→[변형]→[메쉬 변형]으로 모양을 조정합니다.

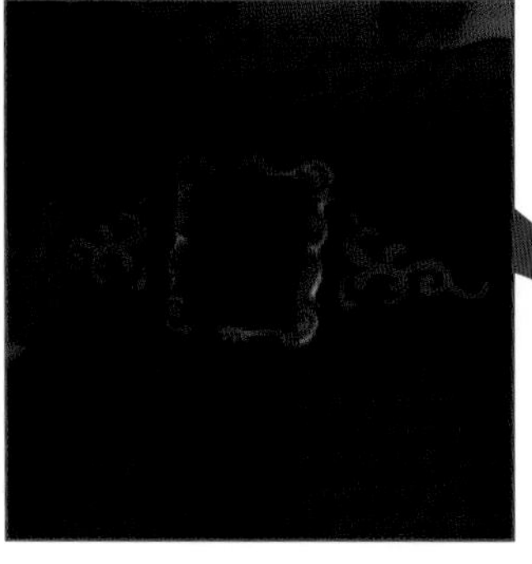

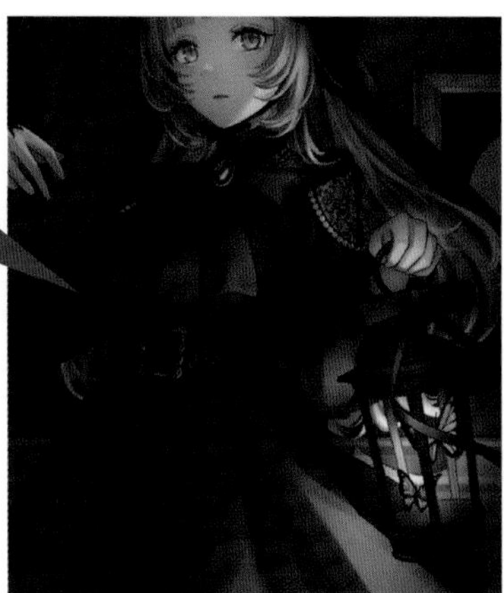

16 Adobe Photoshop의 브러시를 사용하기

POINT

ABR 파일을 찾을 수 없을 때는 확장자 「.abr」로 검색합니다. ▶

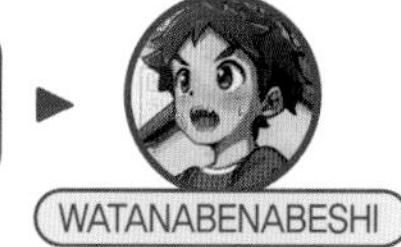
WATANABENABESHI

[보조 도구] 팔레트에 등록

CLIP STUDIO PAINT에 Adobe Photoshop 브러시를 가져올 수 있습니다. Adobe Photoshop의 브러시 파일은 ABR 파일(확장자가 .abr)이라고 합니다.

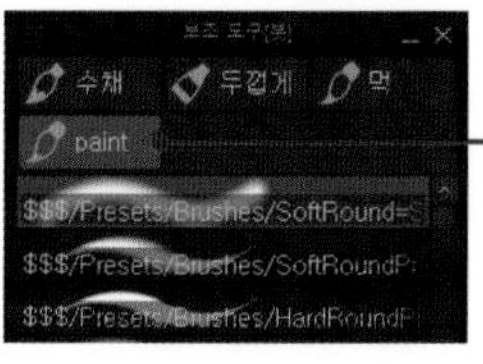

불러온 ABR 파일의 브러시가 복수인 경우, [보조 도구] 팔레트에 새로운 그룹이 생깁니다.

메뉴 표시

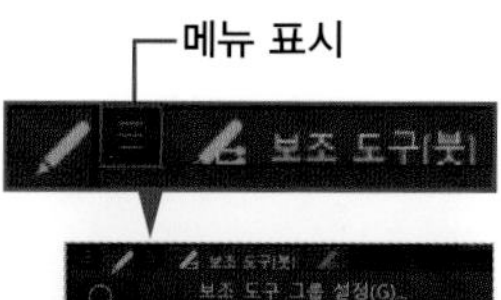

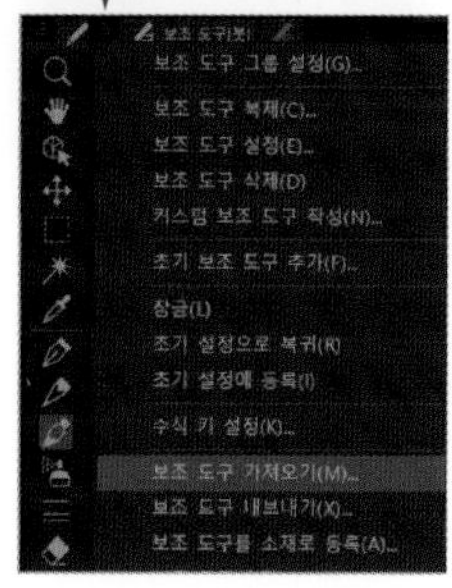

ABR 파일 가져오기

[보조 도구] 팔레트의 메뉴 표시에서 [보조 도구 가져오기]를 선택하여 ABR 파일을 읽어 들일 수 있습니다.

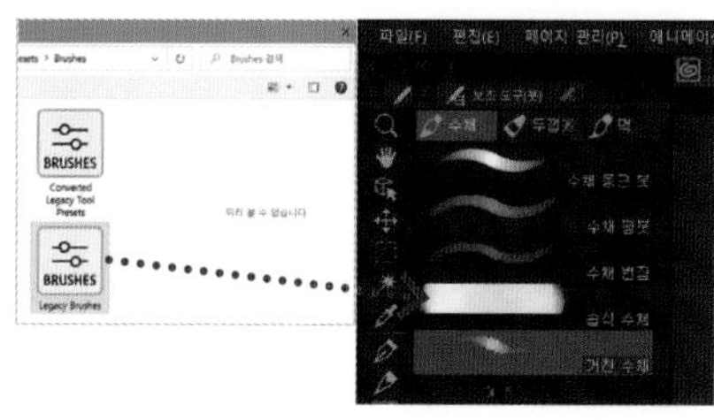

[보조 도구] 팔레트에 드래그하여 브러시를 가져올 수도 있습니다.

ABR 파일 위치	ABR 파일은 아래와 같은 장소에 있습니다. ※이용 환경에 따라 다를 수 있습니다.
MacOS	Applications/Adobe Photoshop [Photoshop_버전]/Presets/Brushes/
Windows	Program Files\Adobe\Adobe Photoshop [Photoshop_버전]\Presets\Brushes\

TIPS CLIP STUDIO PAINT 브러시를 Adobe Photoshop에서 사용

CLIP STUDIO PAINT의 브러시 끝 모양 소재를 Adobe Photoshop에서 사용하고 싶은 경우, 아래와 같은 순서로 진행합니다.

❶ CLIP STUDIO PAINT에서 [파일]→[신규]로 캔버스를 만들고 [소재] 팔레트의 트리 표시에서 [화상을 소재로 등록]→[브러시]에서 브러시 선단 소재를 선택해 캔버스에 붙입니다.

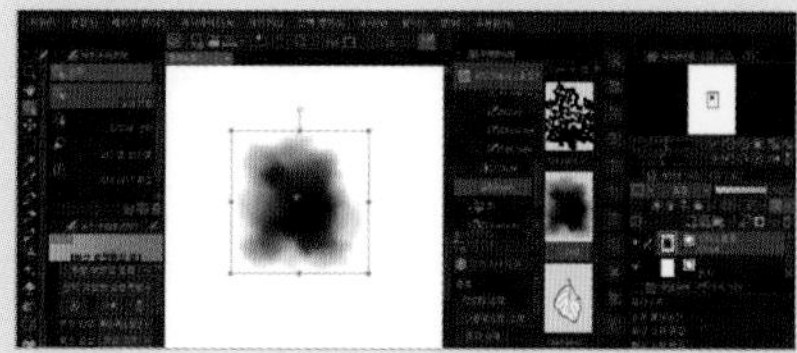

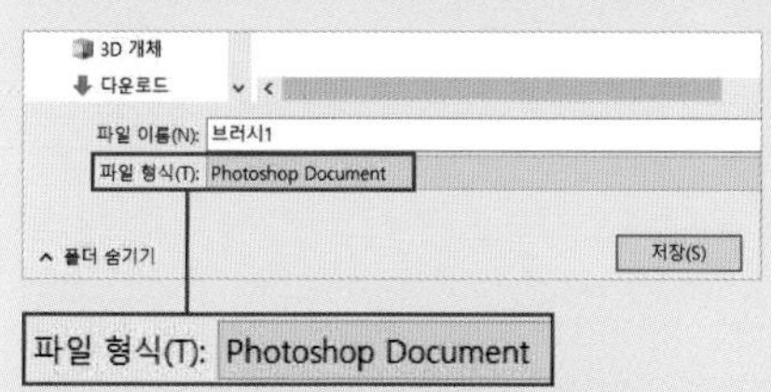

❷ [파일] 메뉴→[다른 이름으로 저장]을 선택하여 Photoshop 형식(.psd)으로 저장합니다.

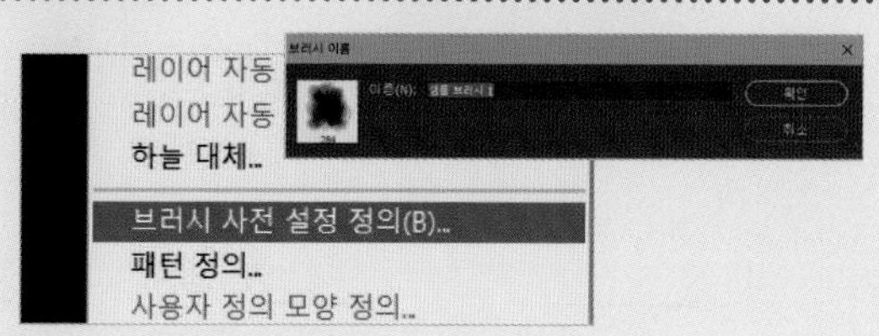

❸ 저장한 파일을 Adobe Photoshop에서 열고 [편집] 메뉴→[브러시 사전 설정 정의]로 등록하면 Adobe Photoshop에서 사용할 수 있는 브러시가 됩니다.

필터 범위를 레이어 마스크로 조정

POINT

선택 범위를 만들지 않고 레이어 마스크를 작성하여 마스크로 지정하고 싶은 부분을 그리기 도구로 조정하면 이미지의 변화를 확인하면서 조정할 수 있습니다.

SUZAKU

레이어 마스크 활용

레이어 마스크는 레이어나 색조 보정 레이어의 범위를 부분적으로 숨기는 것이 가능합니다(자세한 것은→ P.98). 이미지 위에 색을 올려 필터와 같은 효과를 낼 때 효과의 범위를 조정하는 데 사용합니다.

레이어 마스크 작성 및 편집

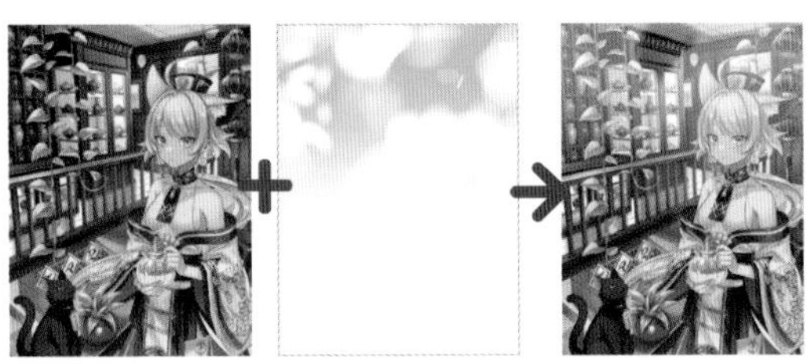

❶ [스크린] 레이어에 그린 것을 필터로 겹쳐 이미지의 색감에 변화를 줍니다.

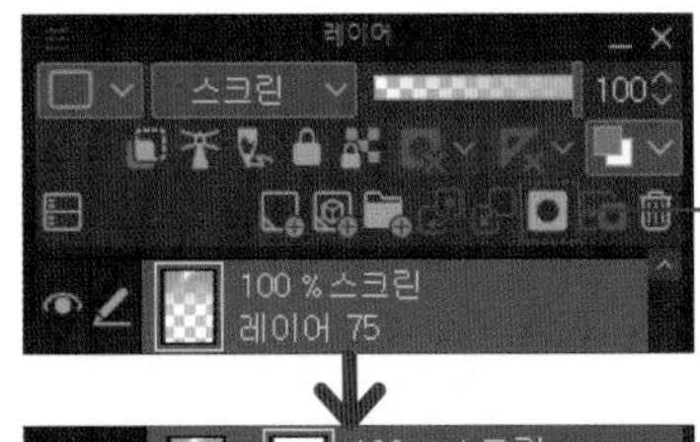

❷ [레이어] 팔레트에서 [레이어 마스크 작성]을 클릭합니다.

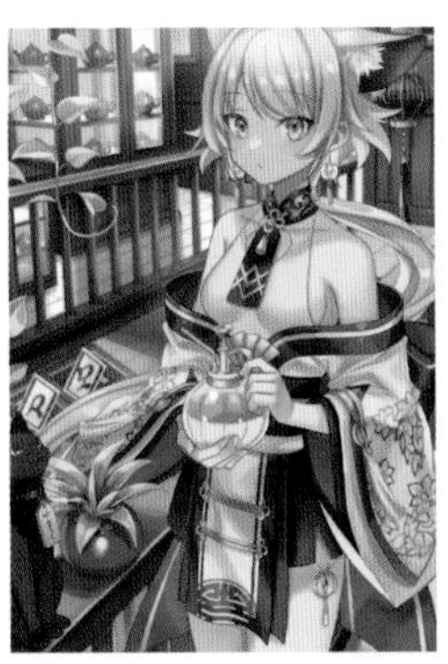

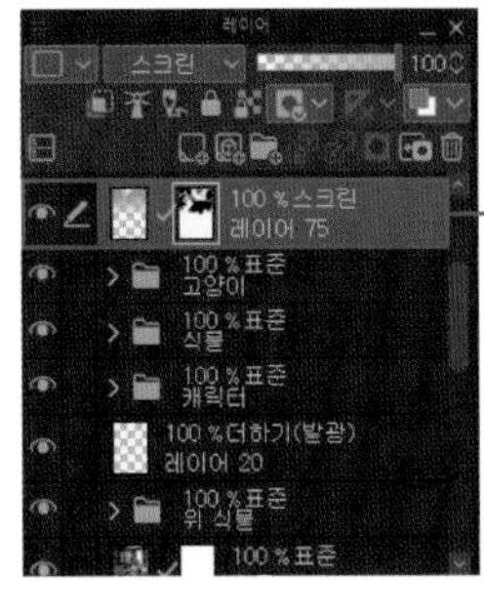

❸ 레이어 마스크로 효과 범위를 조정했습니다.

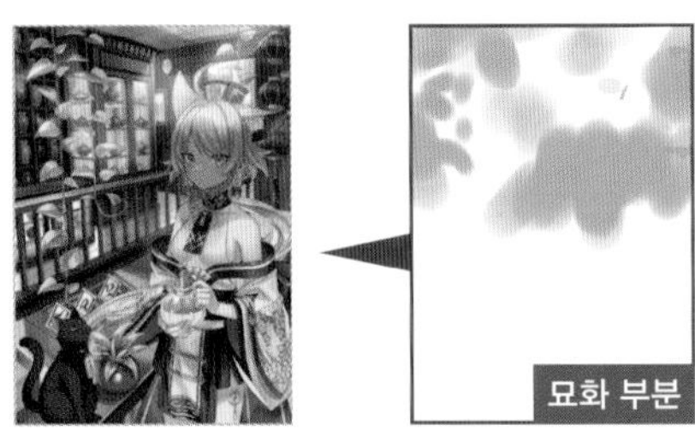

투명색을 선택하여 그리기 계열 도구로 칠하듯이 마스크합니다. [레이어] 메뉴→[레이어 마스크]→[마스크 범위 표시]를 선택하여 마스크 범위를 표시할 수 있습니다.

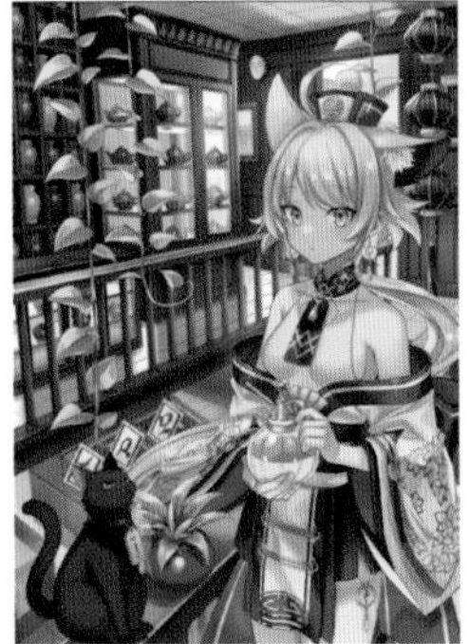

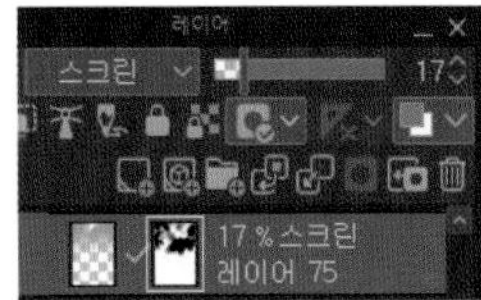

❹ 효과의 강도를 불투명도로 조정하여 완료합니다.

TIPS 색조 보정 레이어의 범위

색조 보정 레이어에서 보정하는 범위도 레이어 마스크로 조정할 수 있습니다. 레이어 마스크를 편집하여 일부분만 콘트라스트를 강하게 하거나 밝게 하는 등의 조정이 가능해집니다.

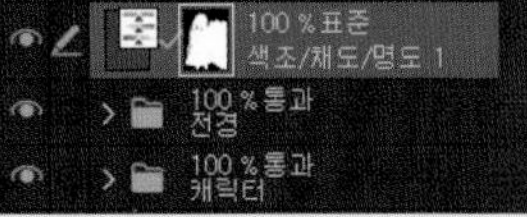

18 컬러 비교(밝음)로 색 조정

POINT

[컬러 비교(밝음)]로, 어두운색만 조정할 수 있습니다. 그림자 색을 조정할 때 사용할 수 있는 테크닉입니다.

SUZAKU

그림자를 파랗게 하기

[컬러 비교(밝음)]는 설정한 레이어와 아래의 레이어를 비교해, 밝은 쪽의 색을 표시하는 합성 모드입니다. 예를 들면 [컬러 비교(밝음)] 레이어에 칠한 색이 그림자 이외의 색보다 어둡고, 또 그림자보다 조금 밝은 경우 그림자에만 색이 합성됩니다. 이 방법으로 그림자 색을 조정할 수 있습니다.

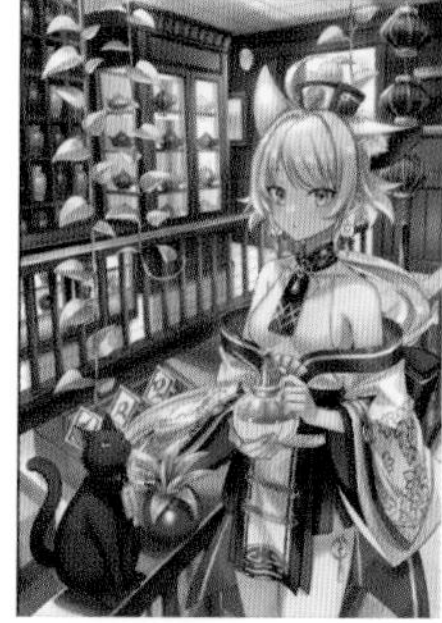

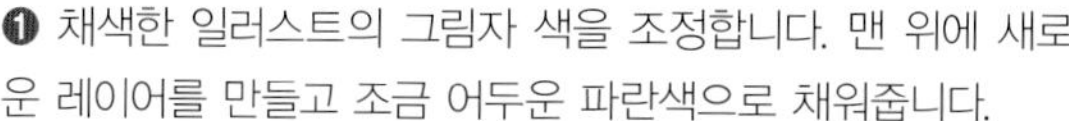

어두운 파란색
R=64
G=87
B=153

이 파란색은 그림자 색보다는 밝지만 다른 부분의 색보다는 어두운색으로 되어 있습니다.

❶ 채색한 일러스트의 그림자 색을 조정합니다. 맨 위에 새로운 레이어를 만들고 조금 어두운 파란색으로 채워줍니다.

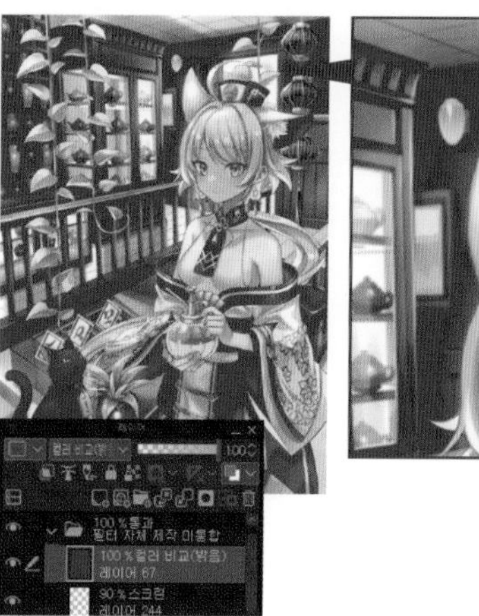

❷ 파란색의 레이어를 [컬러 비교(밝음)]로 설정합니다. 어두운 그림자 부분이 파란색을 채택하여 합성됩니다.

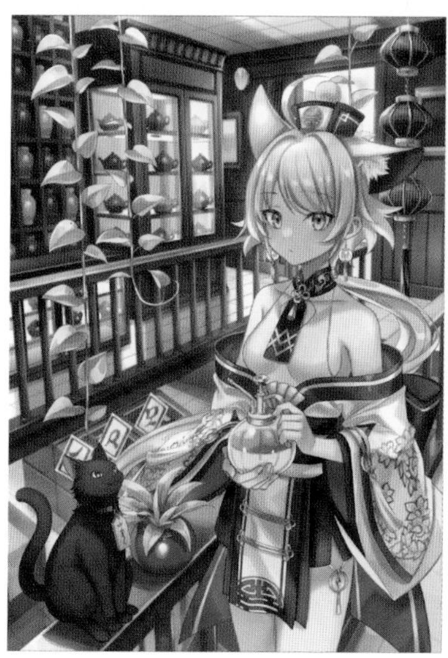

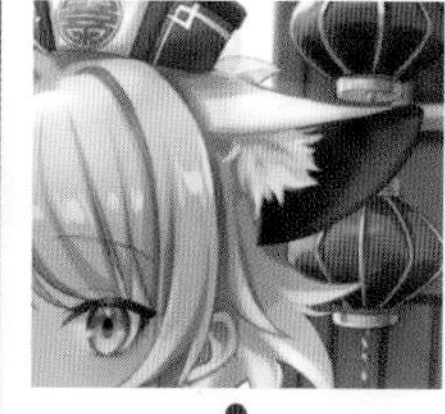

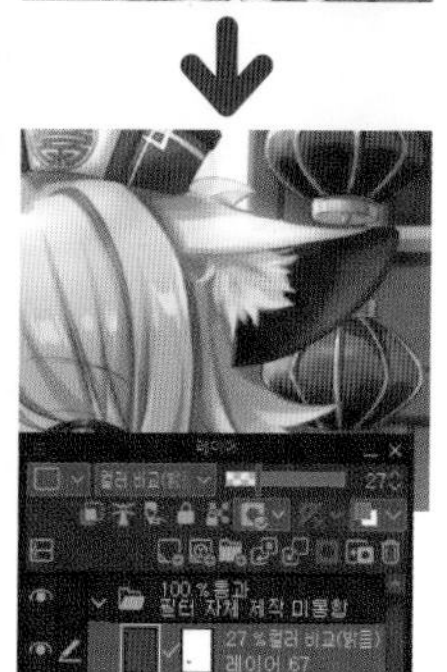

❸ 레이어 불투명도를 낮춰 원래 그림자에 파란색을 조금 섞어 완료합니다. 여기서는 불투명도를 27%로 했습니다.

TIPS 그림자 이외에는 색을 합성하지 않는다

[컬러 비교(밝음)]에서 어두운 파란색을 합성하면 캐릭터의 속눈썹이나 눈동자, 검은 머리 등 그림자 이외의 어두운색을 사용하는 부분도 파랗게 됩니다. 색을 바꾸고 싶지 않은 부분은 레이어 마스크로 조정합니다.

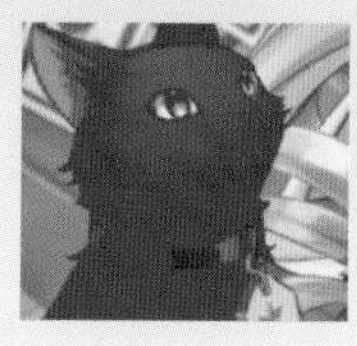

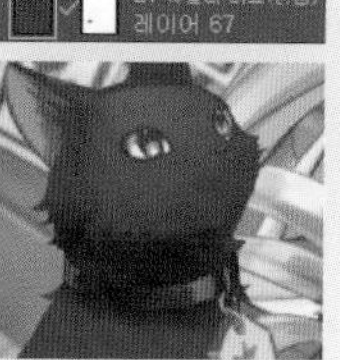

19 그라데이션 맵을 사용한 색 조정

POINT

그라데이션 맵의 색상을 지정할 때는 어두운 순서에서 그림자·베이스·공기감·하이라이트 이미지로 색상을 설정하면 좋습니다.

SUZAKU

그라데이션 맵 설정하기

그라데이션 맵은 이미지의 농담을 특정 그라데이션으로 대체하는 기능입니다. 여기에서는 그라데이션 맵을 사용하여 일러스트의 색감을 바꾸는 방법을 설명합니다.

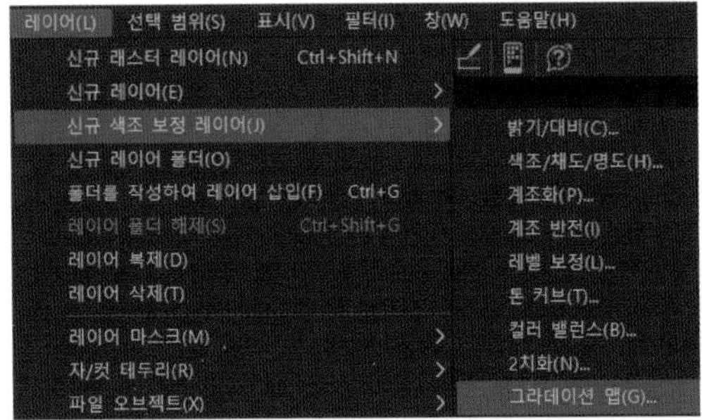

❶ [레이어] 메뉴→[신규 색조 보정 레이어]→[그라데이션 맵]을 선택합니다.

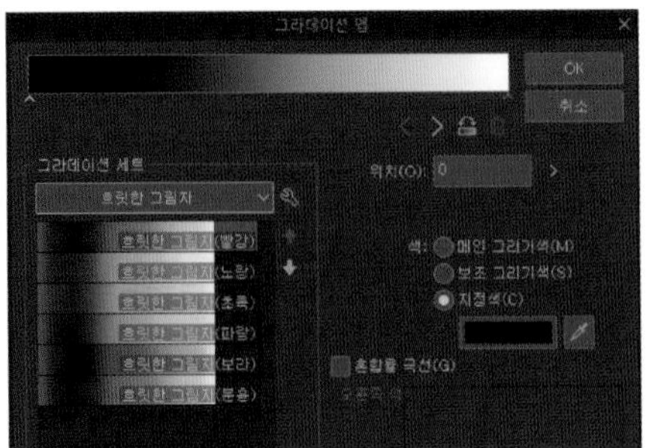

❷ [그라데이션 맵] 대화상자가 열립니다.

❸ 노드를 클릭하고 색상을 지정하여 그라데이션을 세세하게 편집할 수 있습니다. 노드는 컬러 바 하단을 클릭하여 추가할 수 있습니다.

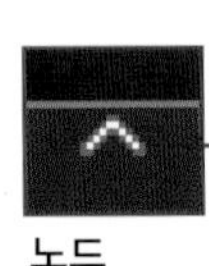

노드

[그라데이션 세트]
[그라데이션 세트]에 있는 그라데이션의 띠를 더블클릭하면, 이미지의 명암이 선택한 그라데이션으로 대체됩니다.

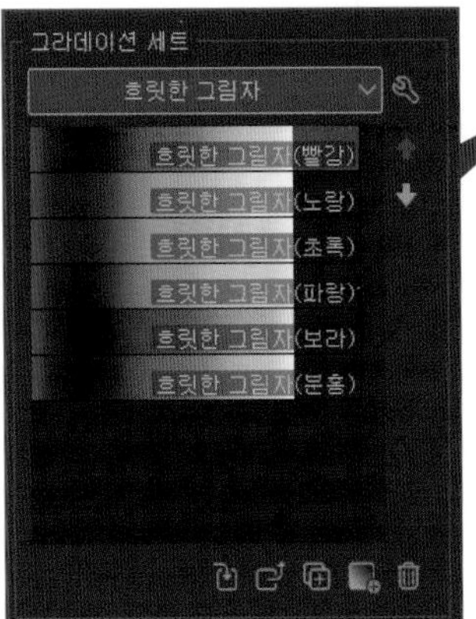

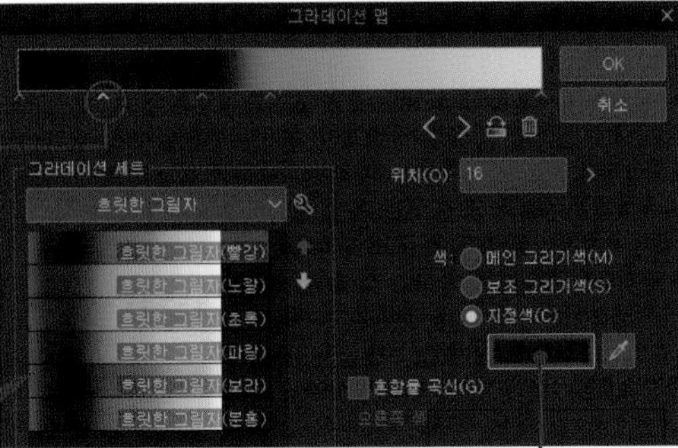

컬러 아이콘을 클릭하면 [색 설정] 대화상자가 열립니다.

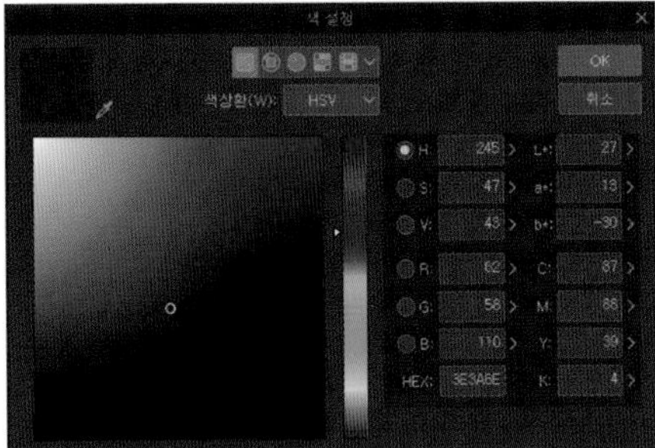

[색 설정] 대화상자

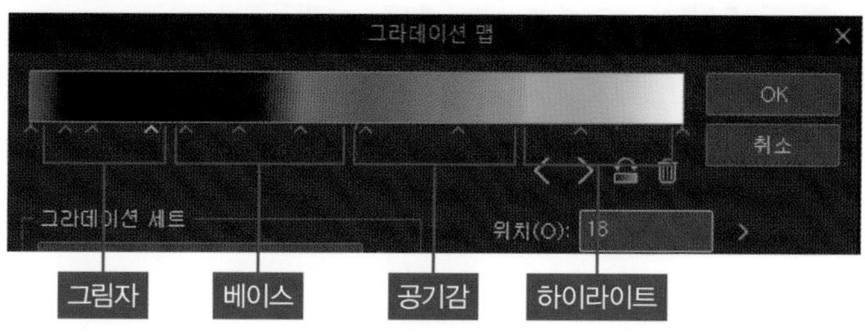

❹ 여기서는 따뜻한 색 계열의 빨간색을 베이스로 하이라이트에 연두색 계열의 흰색, 그림자에 차가운색 계열의 감색을 선택하고, 그 후 중간이 되는 색을 선택하는 순서로 설정했습니다.

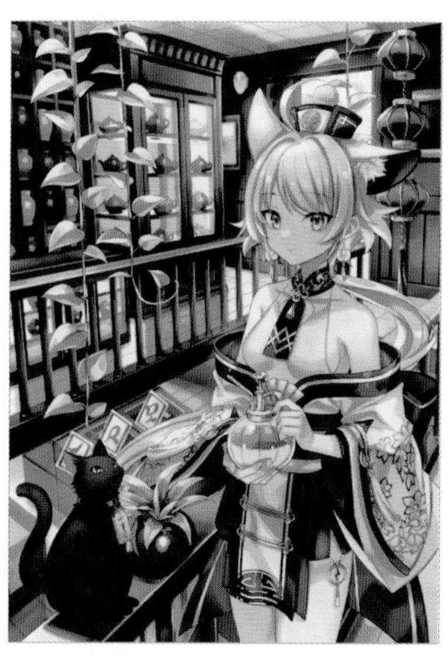

❺ 설정이 완료되면 [OK]를 클릭합니다. 이미지의 농담이 설정한 그라데이션으로 대체되었습니다.

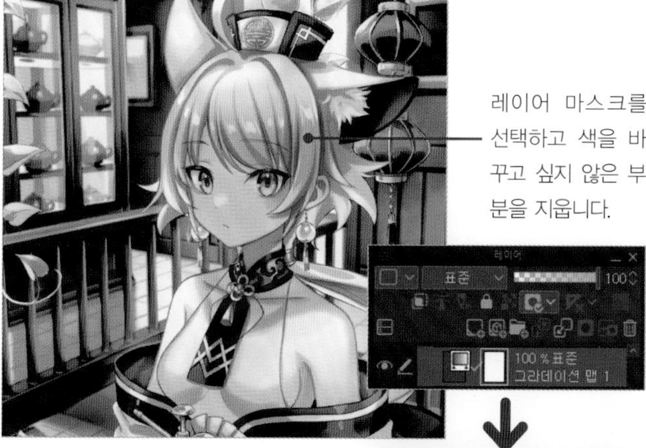

레이어 마스크를 선택하고 색을 바꾸고 싶지 않은 부분을 지웁니다.

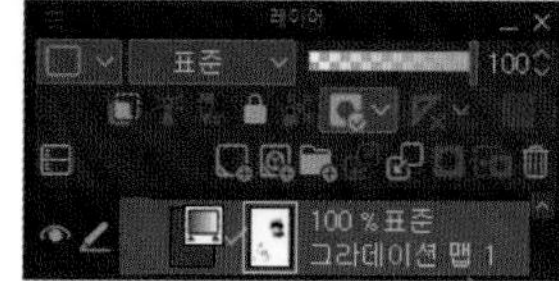

❻ 레이어 마스크로 그라데이션 맵의 효과 범위를 지정합니다. 레이어 마스크를 작성하고 [지우개] 도구로 효과를 주고 싶지 않은 부분을 마스크합니다.

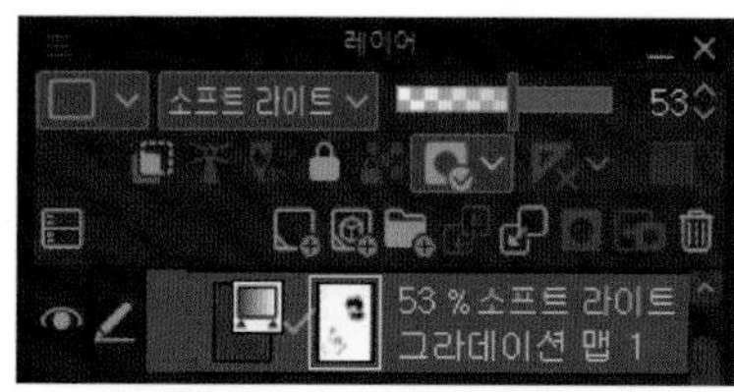

❼ 합성 모드를 사용하여 원래 이미지의 색상과 합성합니다. 여기서는 [소프트 라이트]로 했습니다.

❽ 레이어 불투명도를 낮추고 효과 강도를 조정합니다. 여기서는 53%로 했습니다.

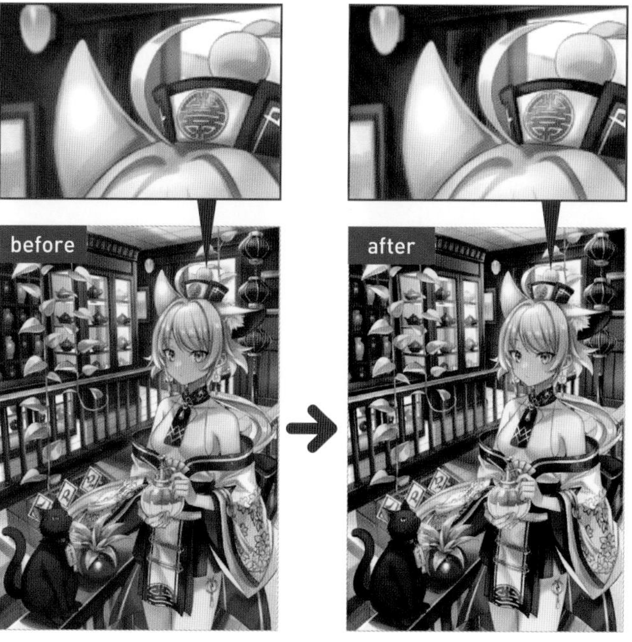

3D 소재를 밑바탕으로 하기

POINT

EX의 경우, [사면도] 팔레트를 사용하면 3D 소재의 배치를 실행하기 쉬워집니다.

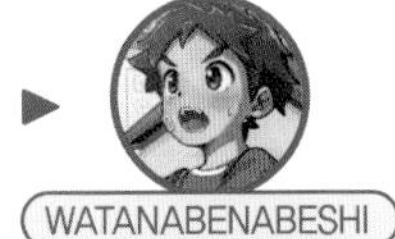

WATANABENABESHI

3D 배경과 3D 데생 인형

[소재] 팔레트→[3D]→[배경]에는 3D 배경이 있습니다. 이것과 [소재] 팔레트→[3D]→[체형]에 있는 3D 데생 인형을 사용해 배경과 인물의 주변을 작성할 수 있습니다. 또, CLIP STUDIO ASSETS(→ P.149)에도 3D 소재가 많이 공개되어 있습니다. [소재] 팔레트에 원하는 소재가 없는 경우는 CLIP STUDIO ASSETS를 살펴봅시다.

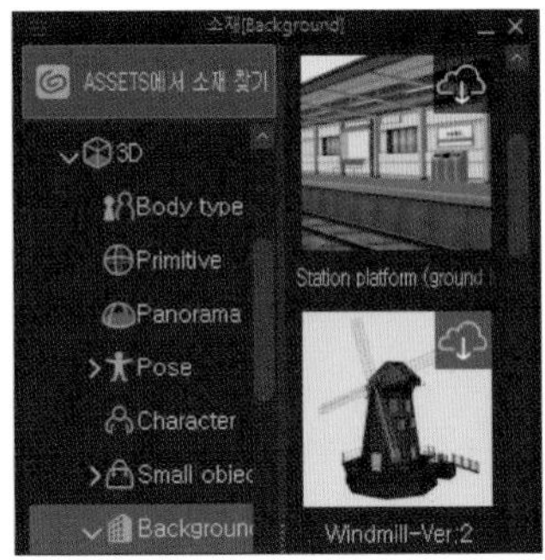

3D 배경 붙여넣기

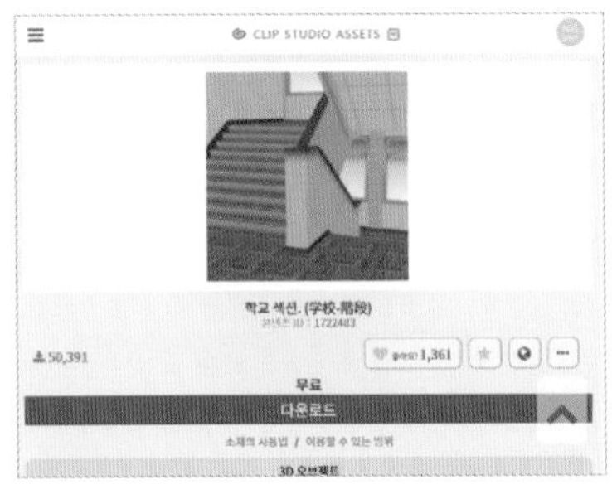

❶ 여기에서는 CLIP STUDIO ASSETS로 무료 다운로드할 수 있는 [학교 섹션]을 사용합니다.

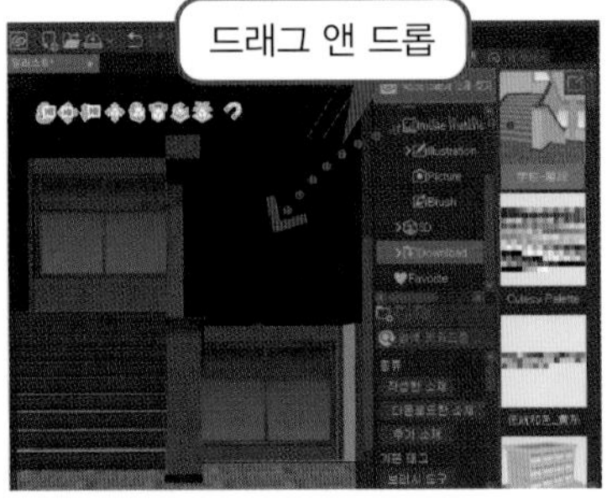

❷ 다운로드한 소재는 [소재] 팔레트→[다운로드]에 있습니다. 드래그 앤 드롭으로 캔버스에 붙입니다.

TIPS 검색 후보

검색 폼의 [자세히]를 클릭하면 검색어의 후보가 표시됩니다. [학교 섹션]은 [3D 오브젝트]와 [공식]을 선택해 검색하면 찾기 쉽습니다.

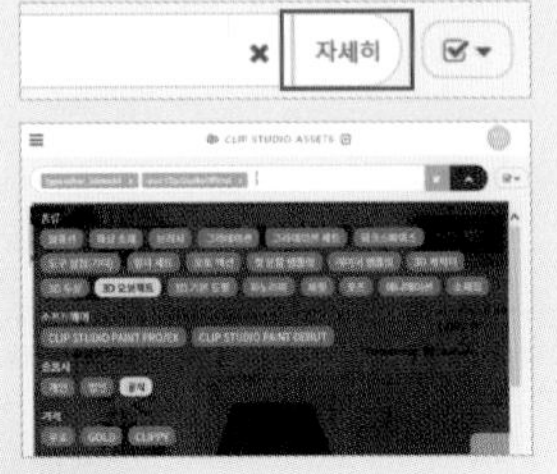

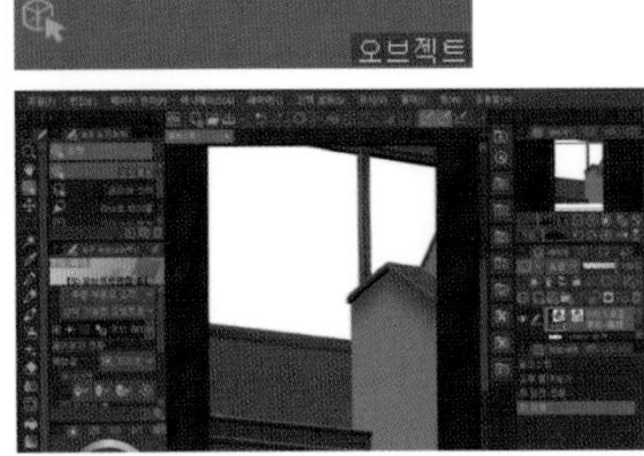

❸ [조작] 도구→[오브젝트]를 선택하고 3D 카메라를 조작해 구도를 결정합니다.

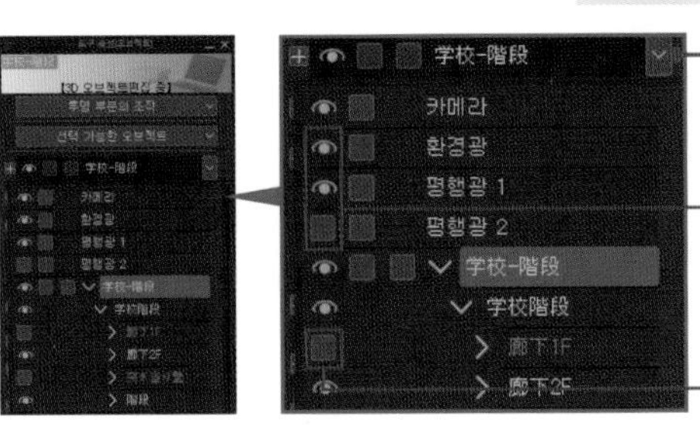

클릭하면 부품 목록이 표시됩니다.

3D 소재를 비추는 조명의 ON/OFF를 전환할 수 있습니다.

부품 표시/숨김을 전환할 수 있습니다.

❹ [도구 속성] 팔레트에서 표시하고 싶지 않은 오브젝트를 숨길 수도 있습니다.

3D 데생 인형 배치하기

[레이어] 팔레트에서 3D 배경의 레이어를 선택한 상태로 3D 데생 인형을 붙여넣으면 3D 배경에 3D 데생 인형을 배치할 수 있습니다.

같은 레이어에 있는 3D 소재는 같은 3D 공간(퍼스)을 공유합니다.

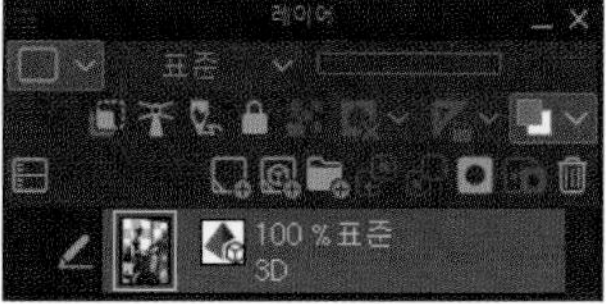

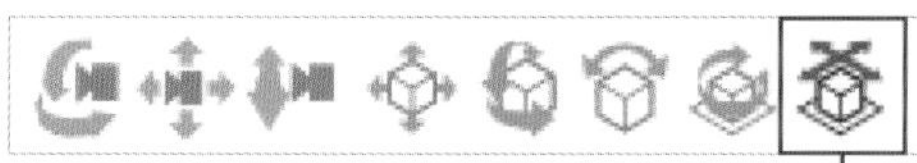

[흡착 이동]으로 3D 배경의 바닥 면에 흡착시키면서 이동시킬 수 있습니다.

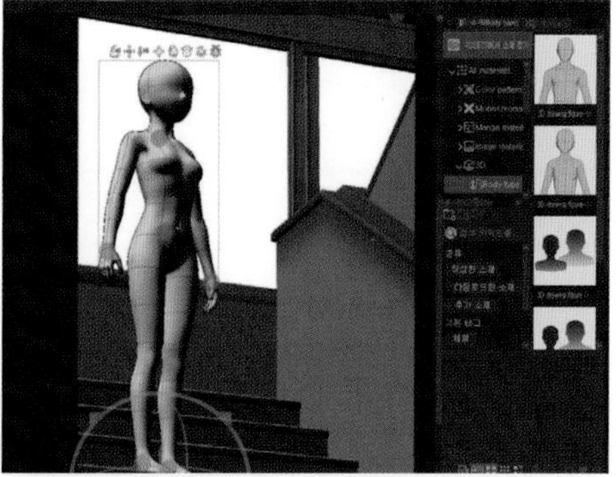

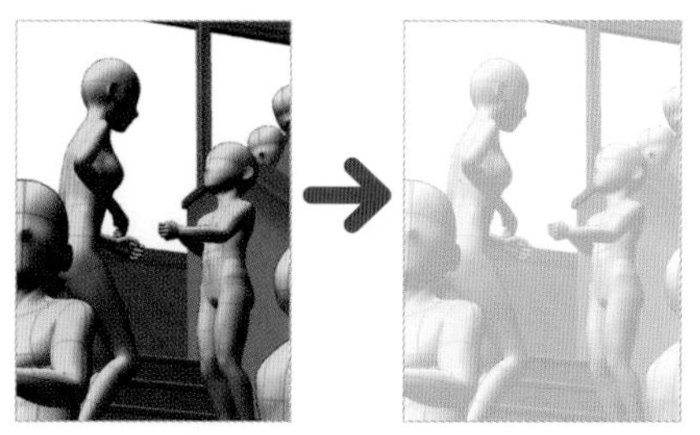

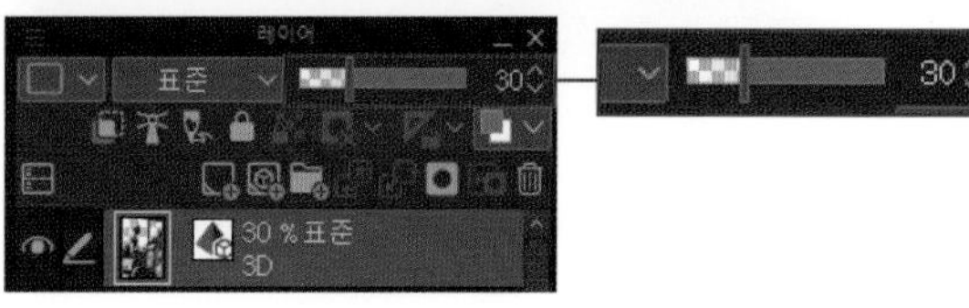

배치가 끝나면 3D 레이어의 불투명도를 낮춰 그림의 자료로 사용할 수 있습니다.

3D 레이어의 퍼스 자를 활용하기

3D 레이어에는 퍼스 자가 자동으로 만들어져 있습니다. 자 아이콘을 드래그해 다른 레이어로 이동하여 3D 소재와 같은 퍼스의 퍼스 자를 배경을 그리기 위한 레이어에 설정할 수 있습니다.

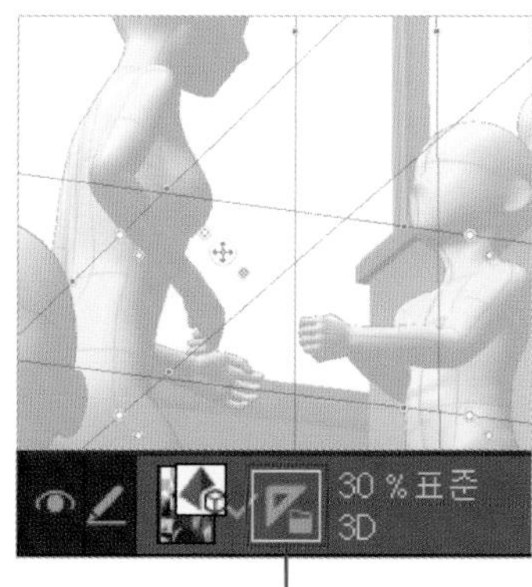

퍼스 자 아이콘

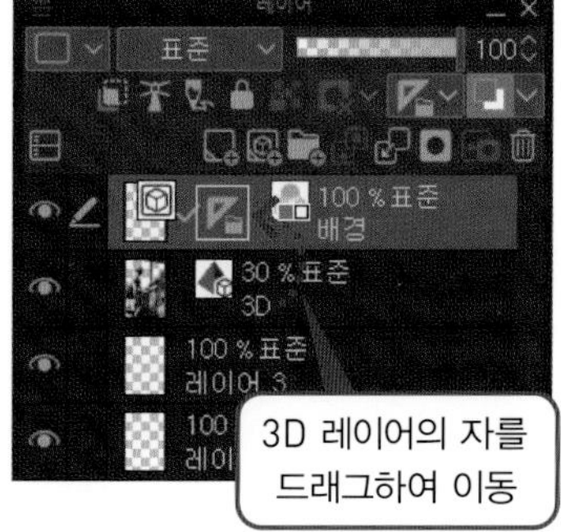

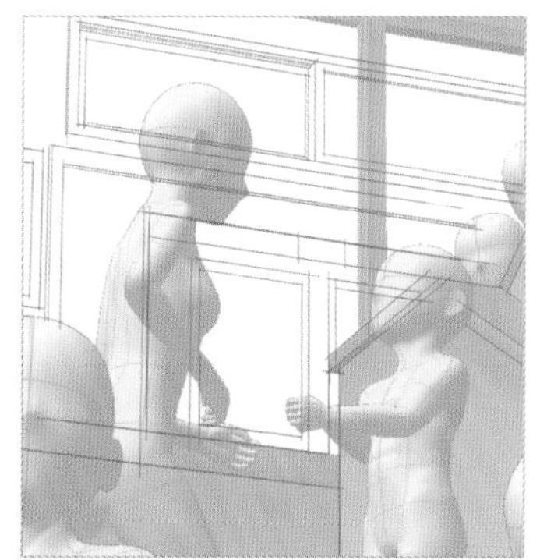

3D 레이어와 같은 원근감을 가진 퍼스 자로 작화할 수 있습니다.

TIPS [사면도] 팔레트 (EX)

[사면도] 팔레트는 4방향 앵글을 동시에 확인하면서 편집할 수 있으므로 3D 소재의 수가 늘어나거나 3D 데생 인형의 포즈가 복잡해졌을 때 편리합니다.

21 원근감이 있는 창문 그리기

POINT

퍼스의 분할이나 증식은 같은 간격으로 줄지어 있는 같은 크기의 그림을 그릴 때 사용합니다.

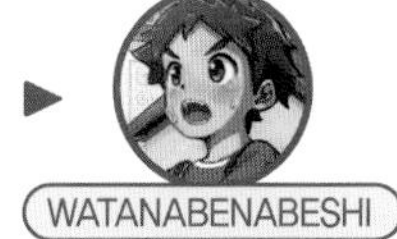

퍼스의 분할

퍼스가 있는 벽면이나 창문의 중심을 알고 싶을 때는 대각선을 사용합니다. 중심을 알면 면을 2개로 분할할 수 있습니다. 또한 2개로 분할한 그림에 선을 추가해 3개로 분할하는 방법도 기억해 두면 편리합니다.

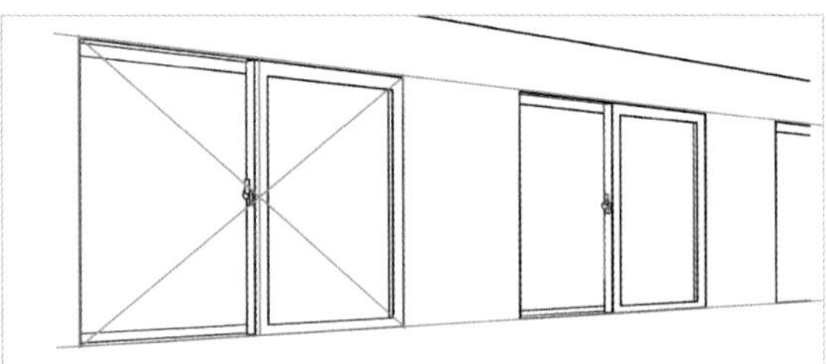

2분할

대각선을 그리면 면의 중심을 알 수 있습니다. 중심을 지나는 수직선을 그리면 2개로 분할할 수 있습니다.

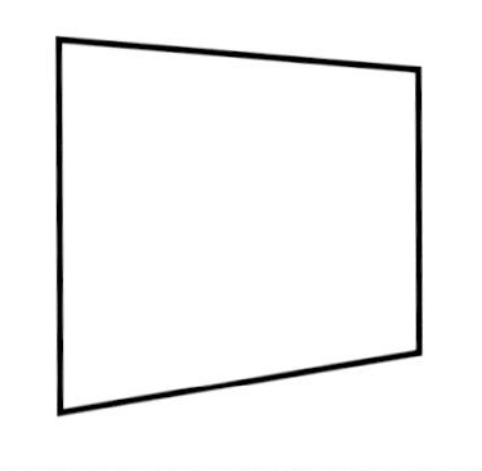

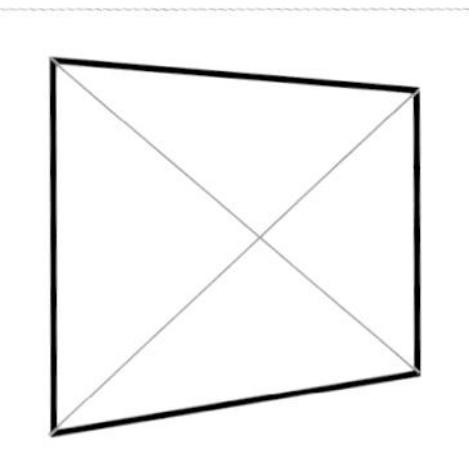

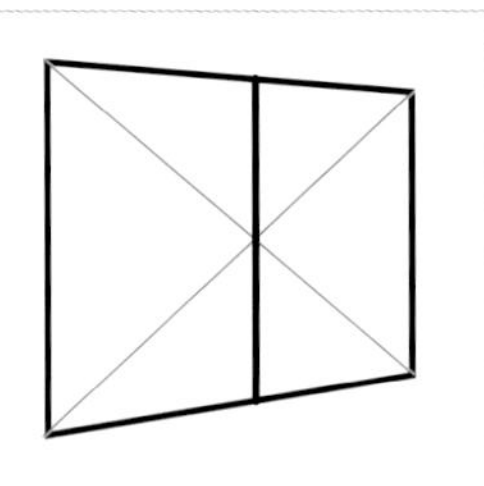

3분할

원래 면의 대각선과 2개로 분할한 면의 대각선 교점(오른쪽 그림의 A와 B)에서 3개로 분할하는 선을 그릴 수 있습니다.

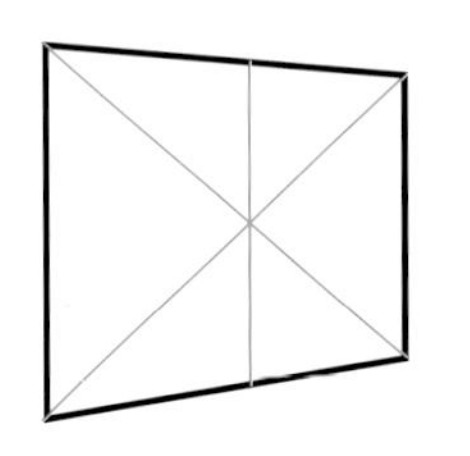

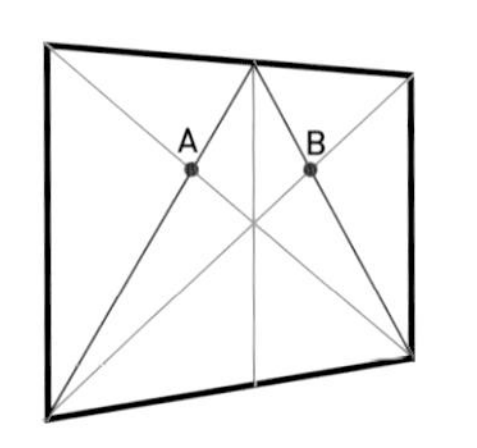

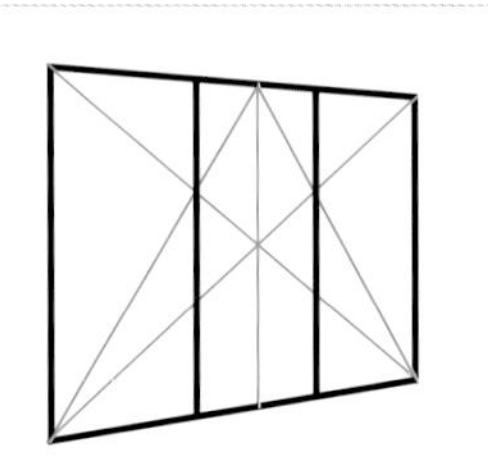

퍼스의 증식

같은 간격으로 늘어선 창문을 여러 개 그릴 때 사용할 수 있는 것이 퍼스의 '증식'입니다. 중심선을 구하고 대각선을 그려 퍼스에 의해 왜곡된 면을 증식시키는 방법입니다.

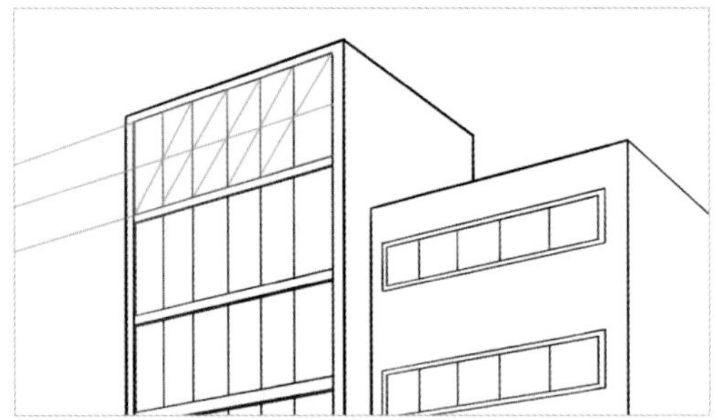

증식 순서

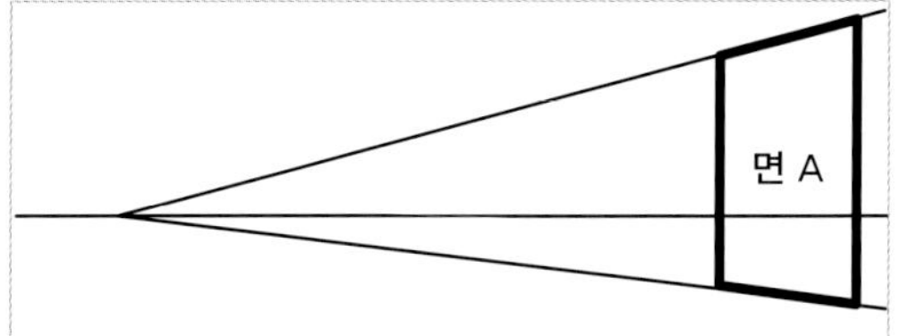

❶ 위 그림의 면 A를 퍼스에 맞춰 같은 간격으로 줄을 서도록 증식합니다.

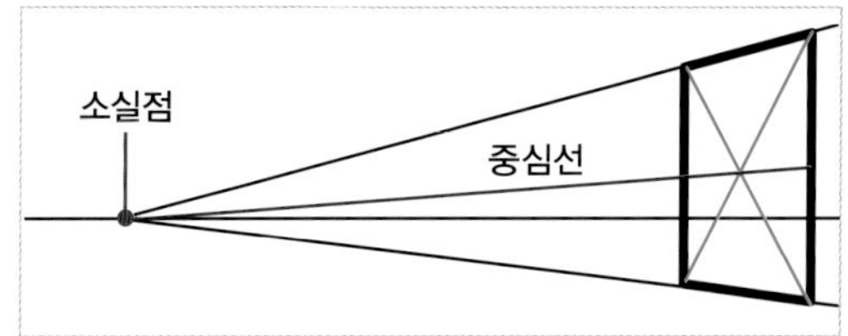

❷ 면 A의 중심(대각선의 교점)과 소실점을 지나는 선을 그립니다. 이것을 중심선이라고 합니다.

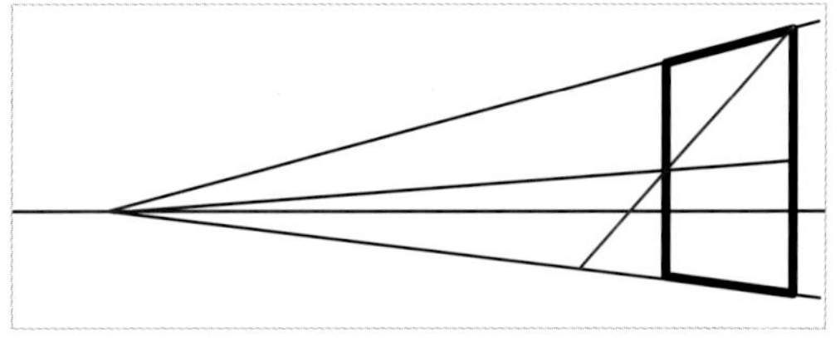

❸ 면 A의 모서리에서 면 A의 변과 중심선의 교점을 지나도록 선을 그립니다.

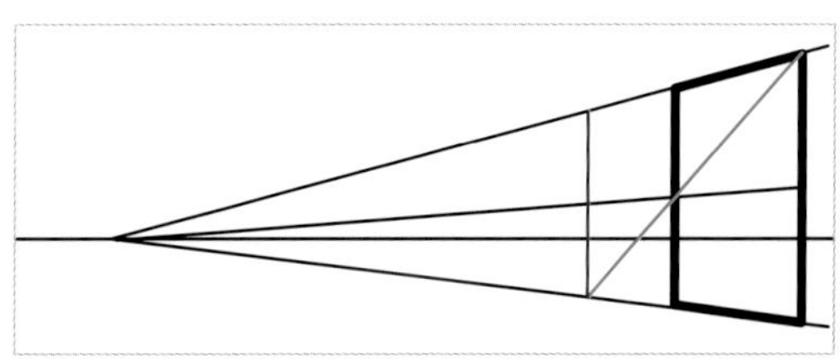

❹ 퍼스의 선과 ❸에서 그린 선의 교점에서 수직인 선을 그립니다.

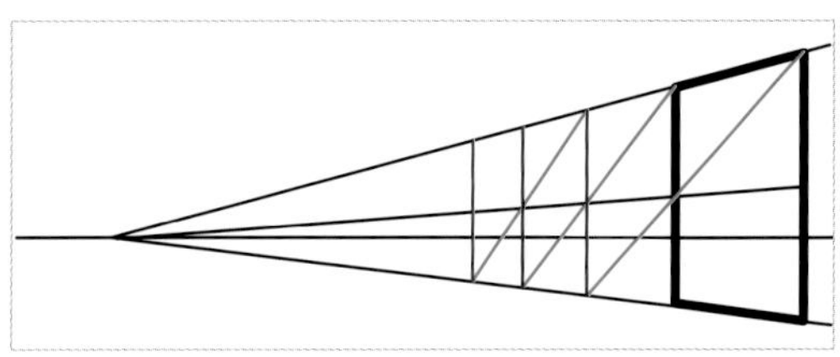

❺ 안쪽으로 ❸~❹를 반복합니다.

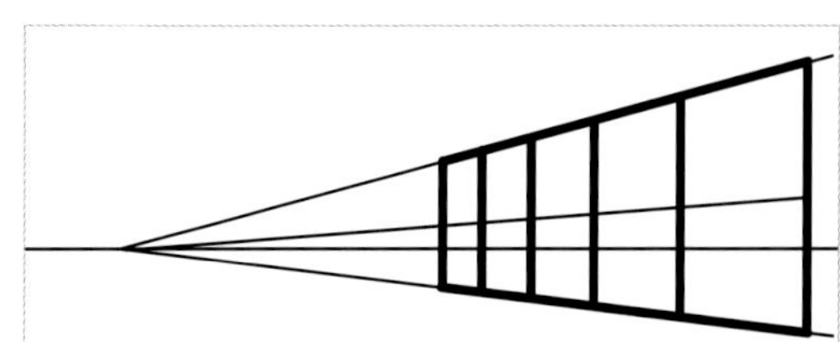

❻ 퍼스 증식이 생겼습니다.

변형으로 퍼스에 맞추기

평면적으로 그린 창문을 변형해 퍼스에 맞추는 것도 편하게 그릴 수 있는 방법입니다.

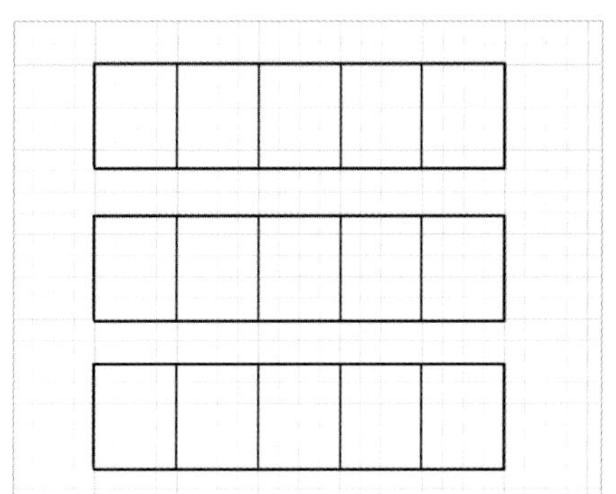

❶ 그리드를 따라 평면적으로 창문을 그립니다.

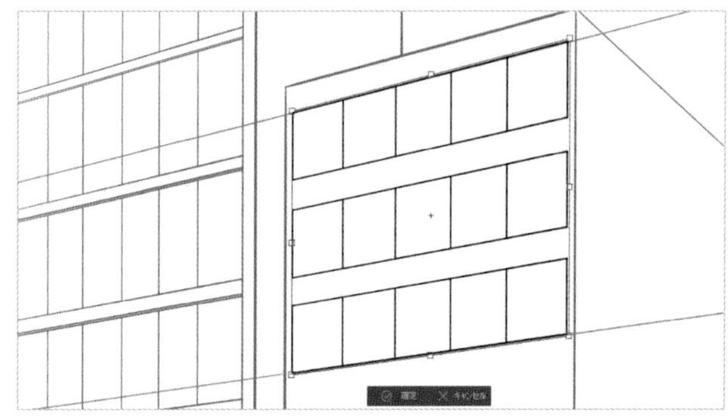

❷ [확대/축소/회전](Ctrl+T)으로 크기를 맞추고 핸들의 □을 Ctrl를 누르면서 드래그하거나 [자유 변형](Ctrl+Shift+T)으로 퍼스에 맞게 변형시킵니다.

Ver.1.10.9 이전의 초기 도구

CLIP STUDIO PAINT는 Ver.1.10.10 업데이트로 초기 보조 도구가 리뉴얼되었습니다. Ver.1.10.9 이전 초기 보조 도구를 사용하고 싶다면 CLIP STUDIO ASSETS에서 소재로 다운로드할 수 있습니다.

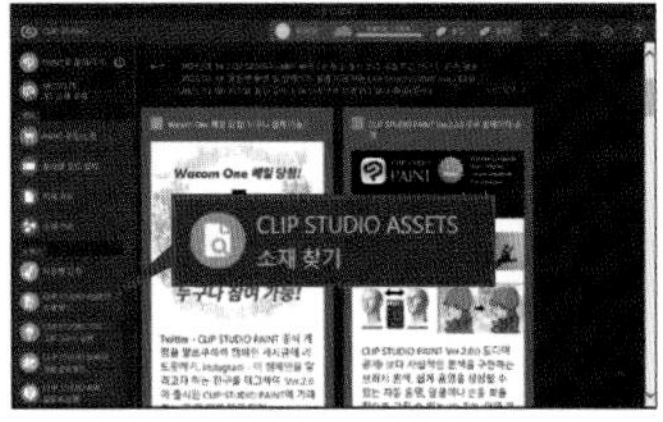

❶ CLIP STUDIO를 열고 [CLIP STUDIO ASSETS 소재 찾기]를 클릭합니다.

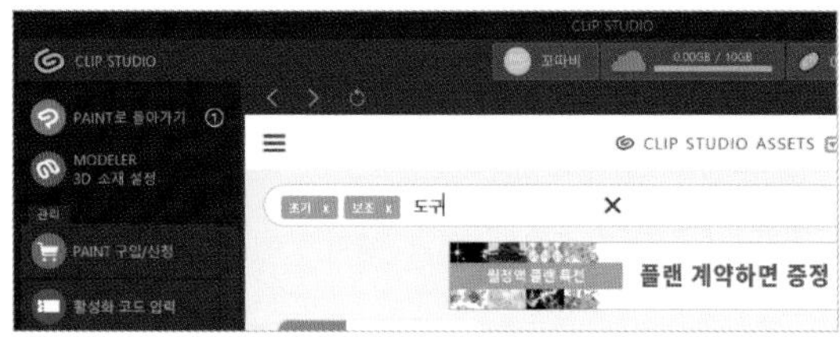

❷ 검색 창에 '초기 보조 도구'라고 입력하여 검색합니다.

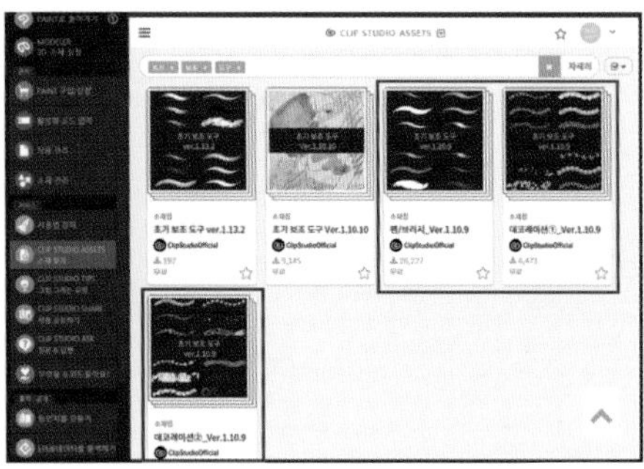

❸ 검색 결과가 표시됩니다. '펜/브러시_Ver.1.10.9' '데코레이션①_Ver.1.10.9' '데코레이션②_Ver.1.10.9'가 Ver.1.10.9 이전의 보조 도구입니다.

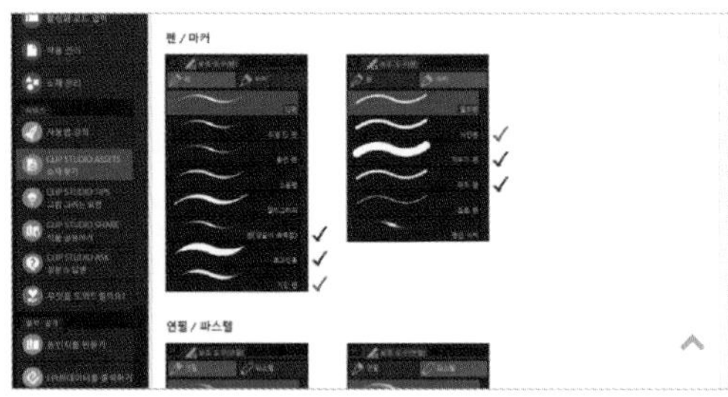

❹ 소재 페이지를 열고 다운로드합니다.

※다운로드에는 CLIP STUDIO 계정이 필요합니다.

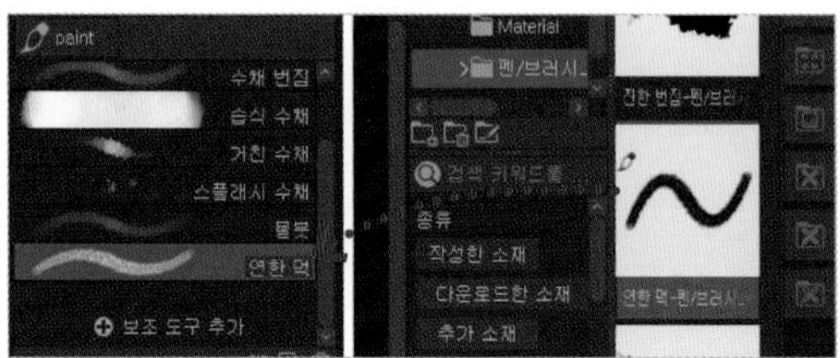

❺ CLIP STUDIO PAINT의 [소재] 팔레트→[Download] 카테고리에서 보조 도구를 [보조 도구] 팔레트에 추가해 사용합니다.

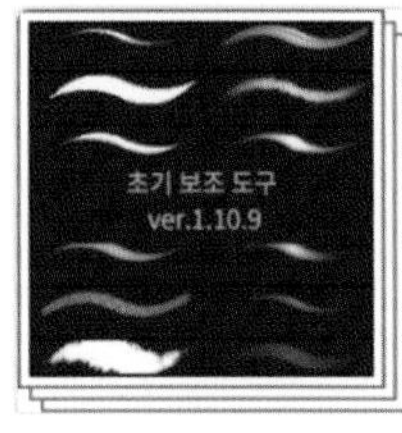

펜/브러시_Ver.1.10.9

[펜], [연필], [붓], [에어브러시]에 있던 보조 도구가 수록되어 있습니다. 리뉴얼된 보조 도구에는 삭제된 것과 설정이 바뀐 것이 있습니다.

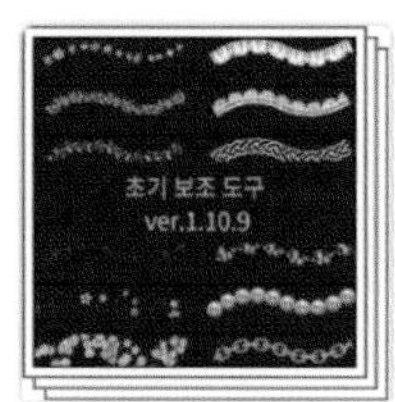

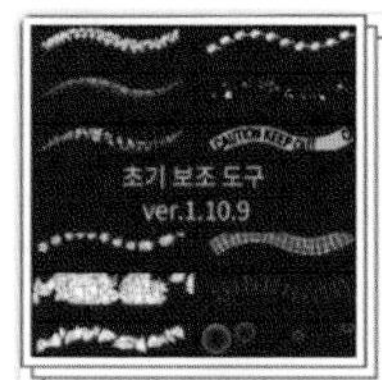

데코레이션①_Ver.1.10.9 / 데코레이션②_Ver.1.10.9

리뉴얼 전의 [데코레이션] 도구에 있던 보조 도구가 수록되어 있습니다.

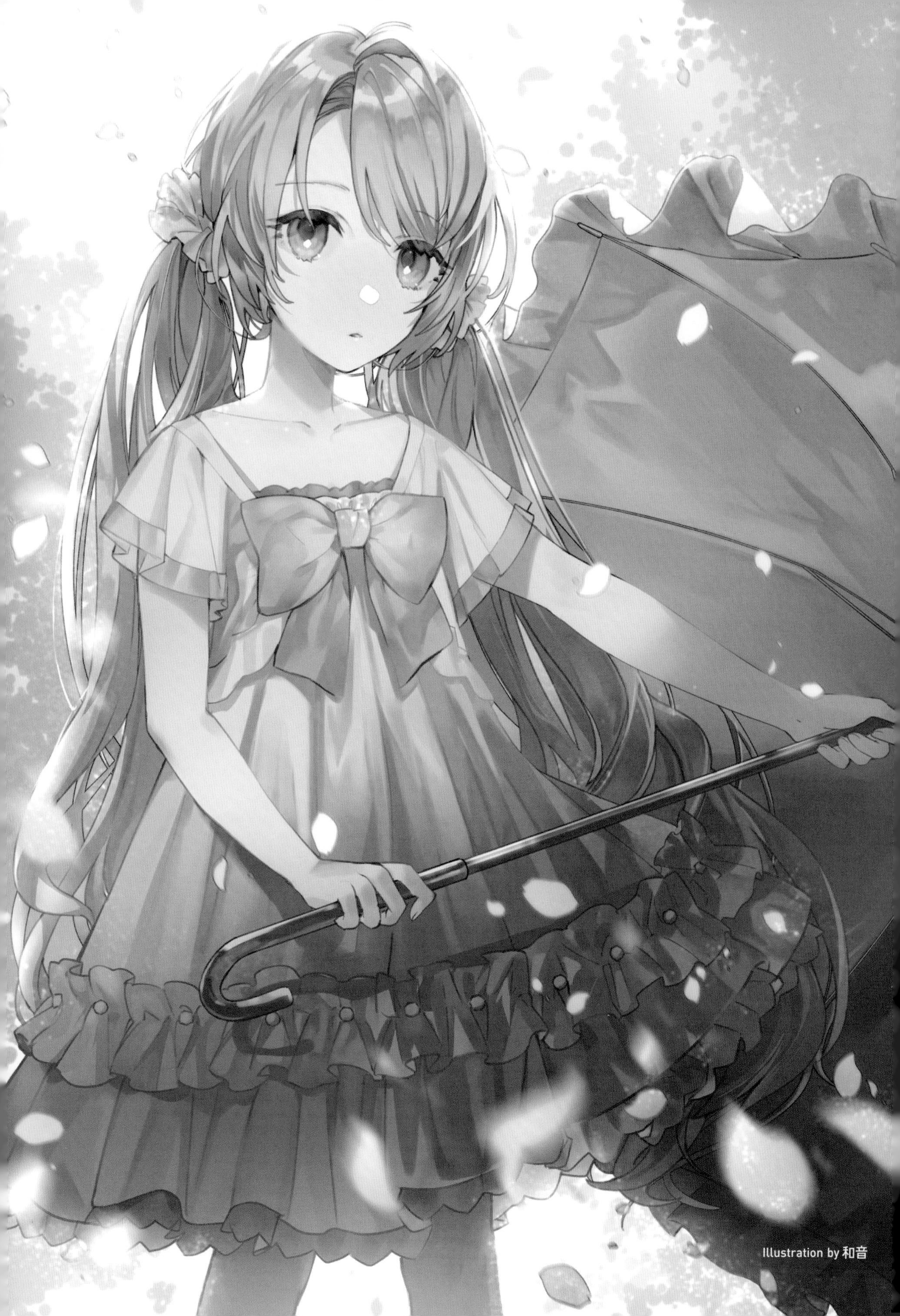
Illustration by 和音

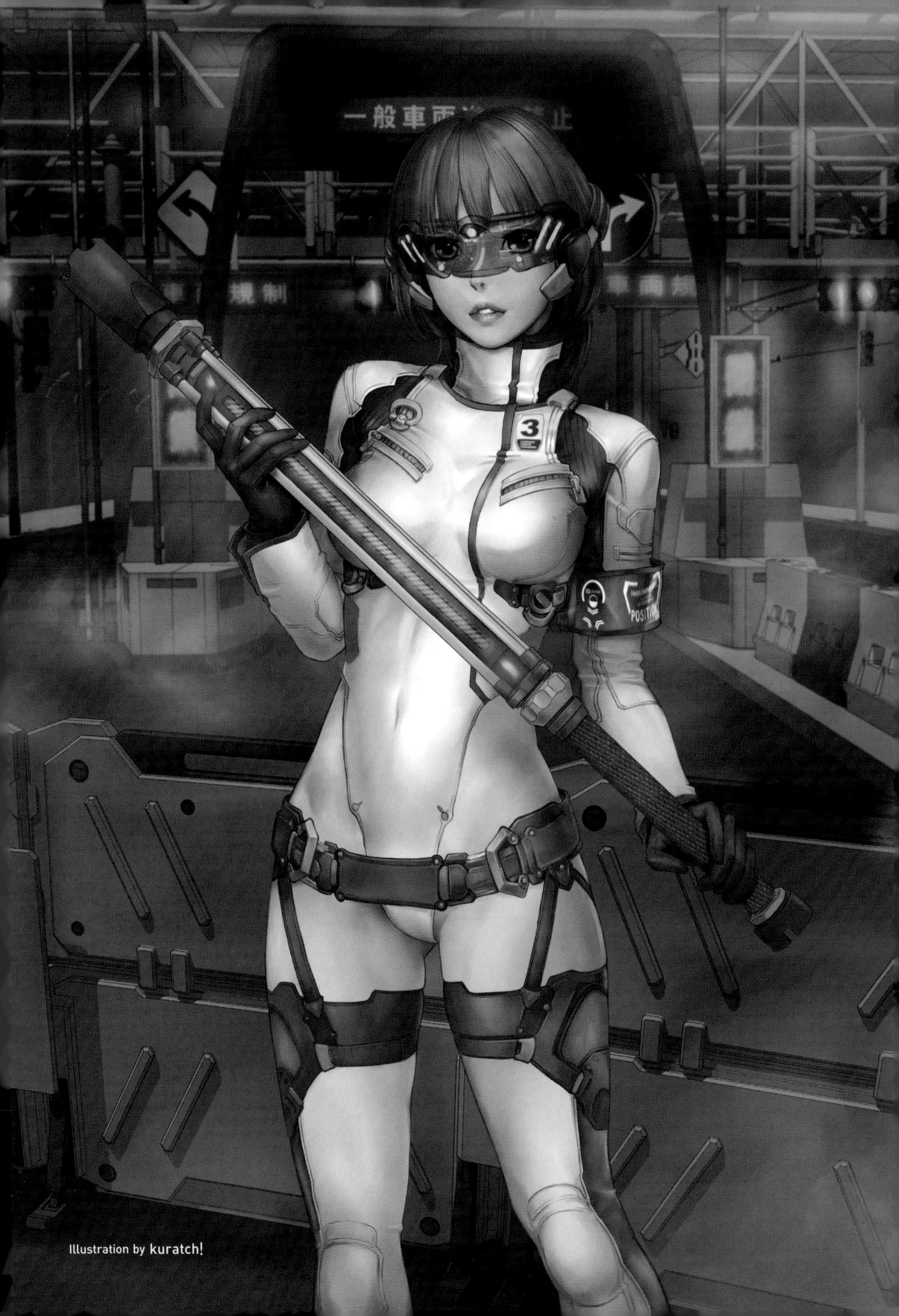

Illustration by kuratch!

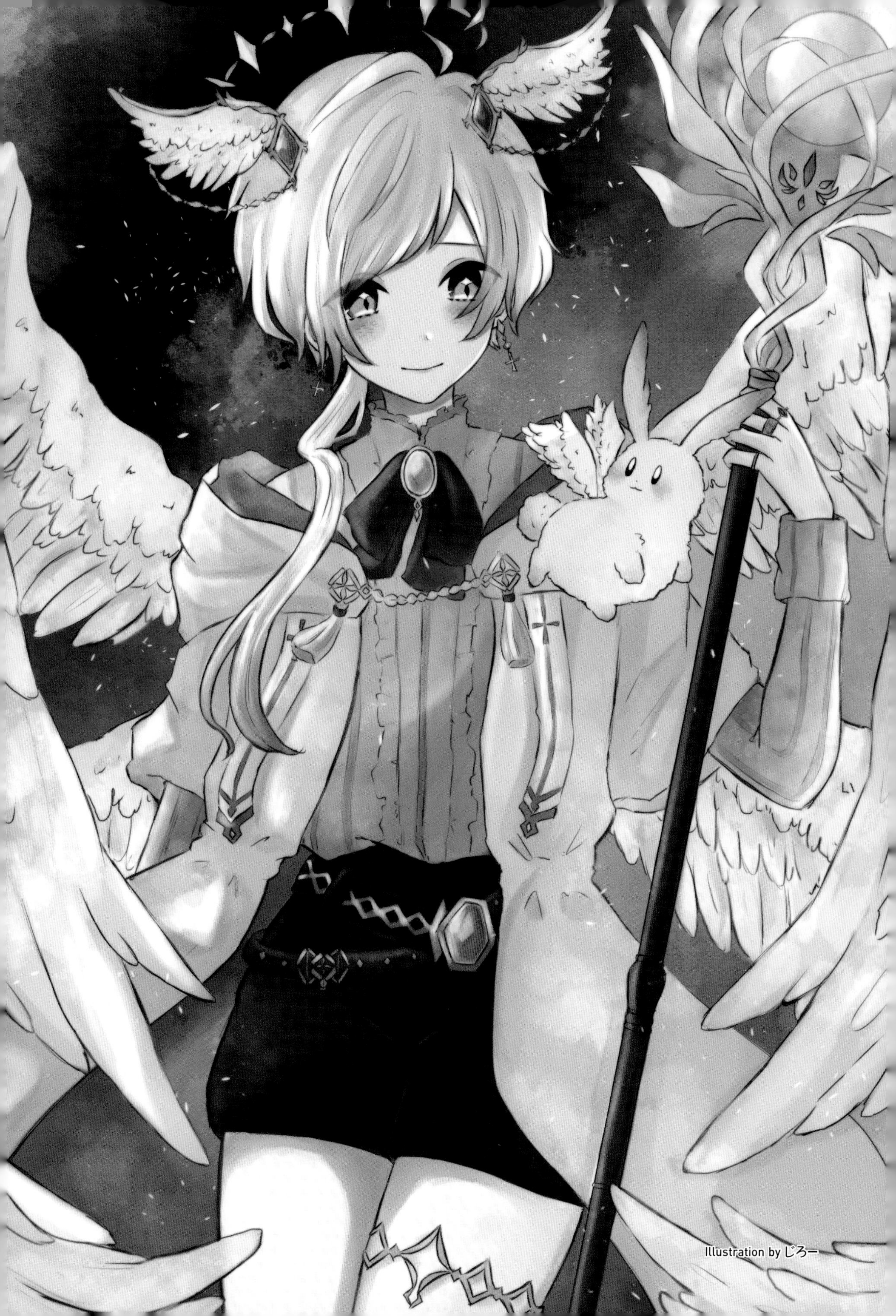
Illustration by じろー

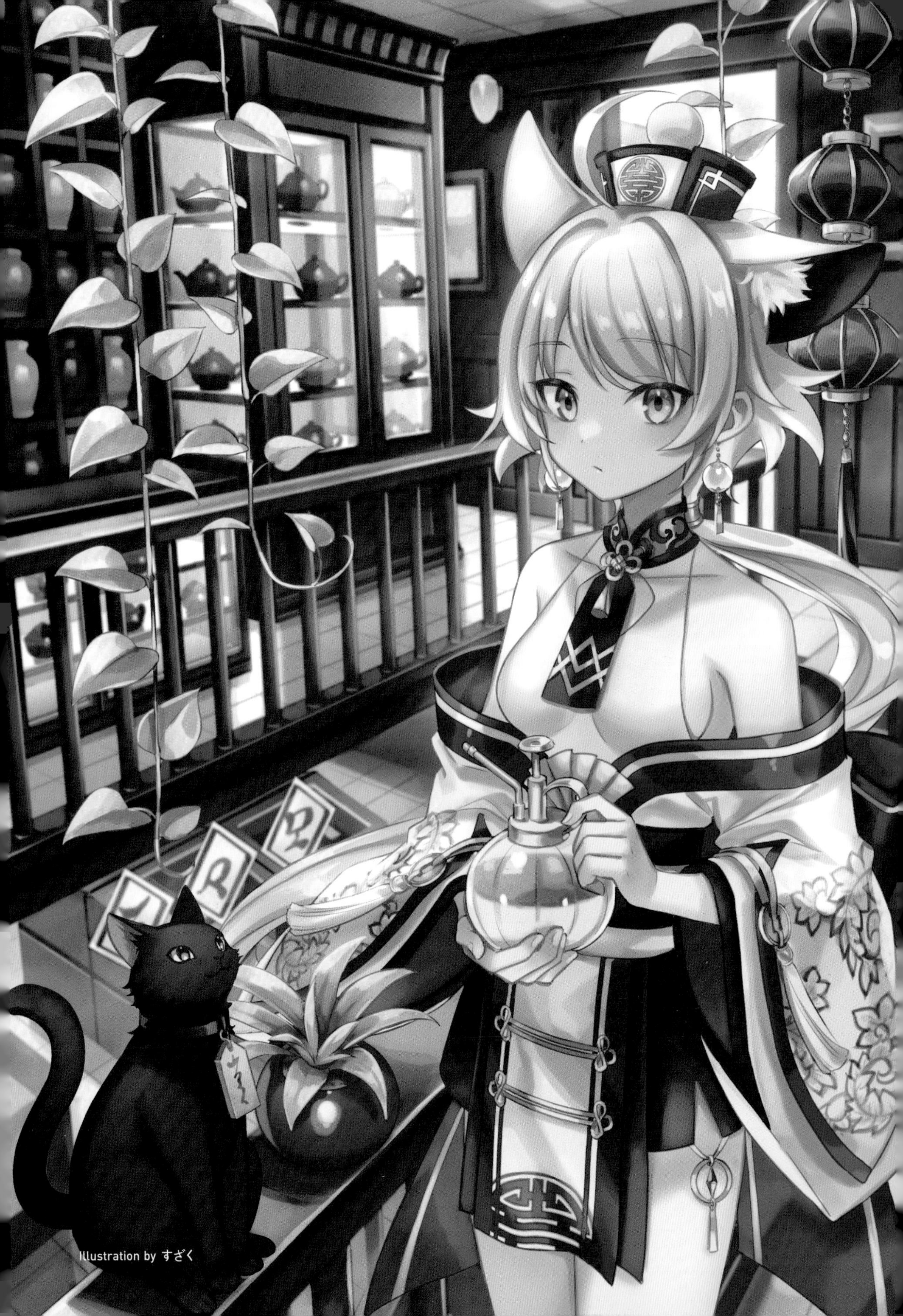
Illustration by すざく

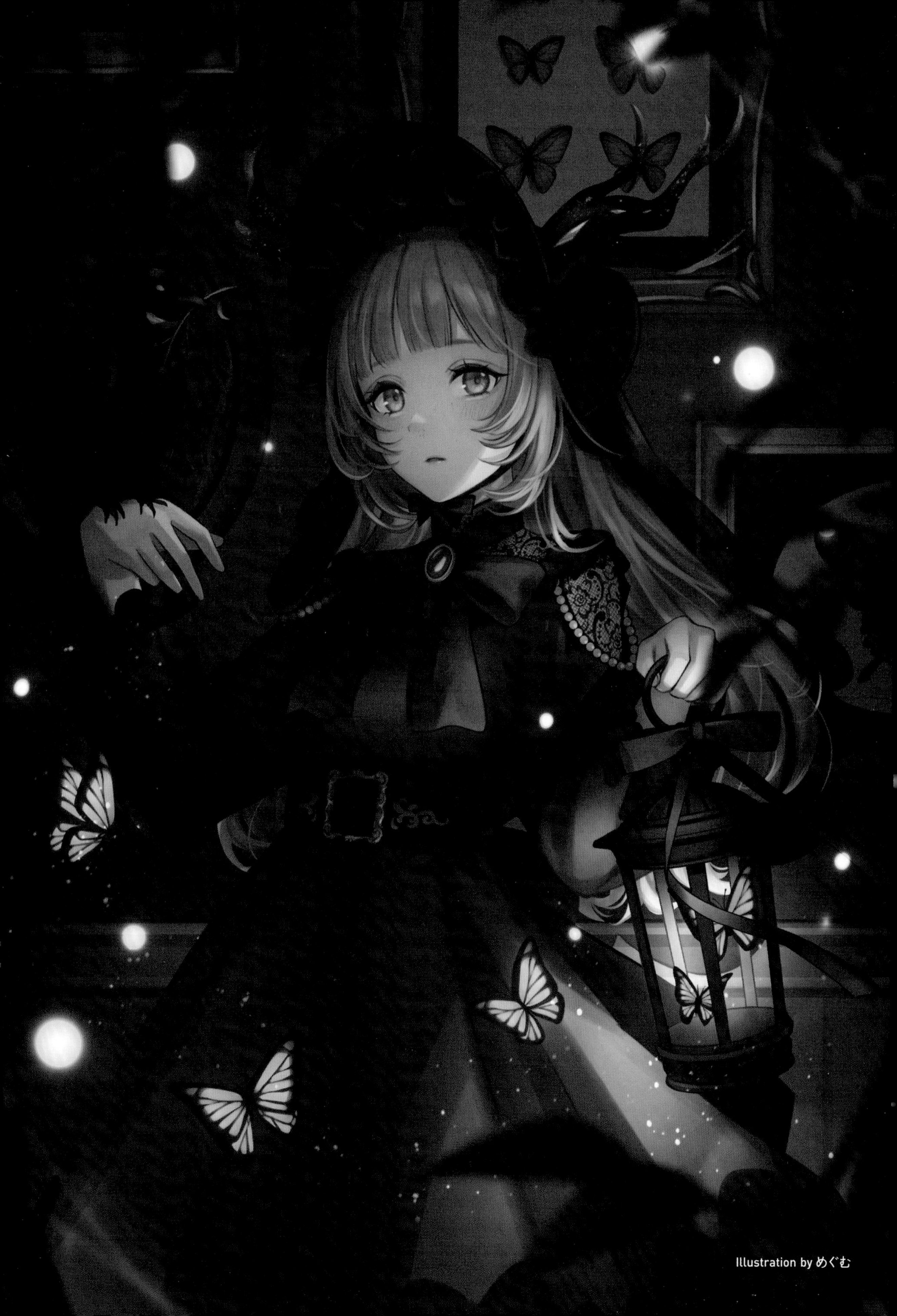
Illustration by めぐむ

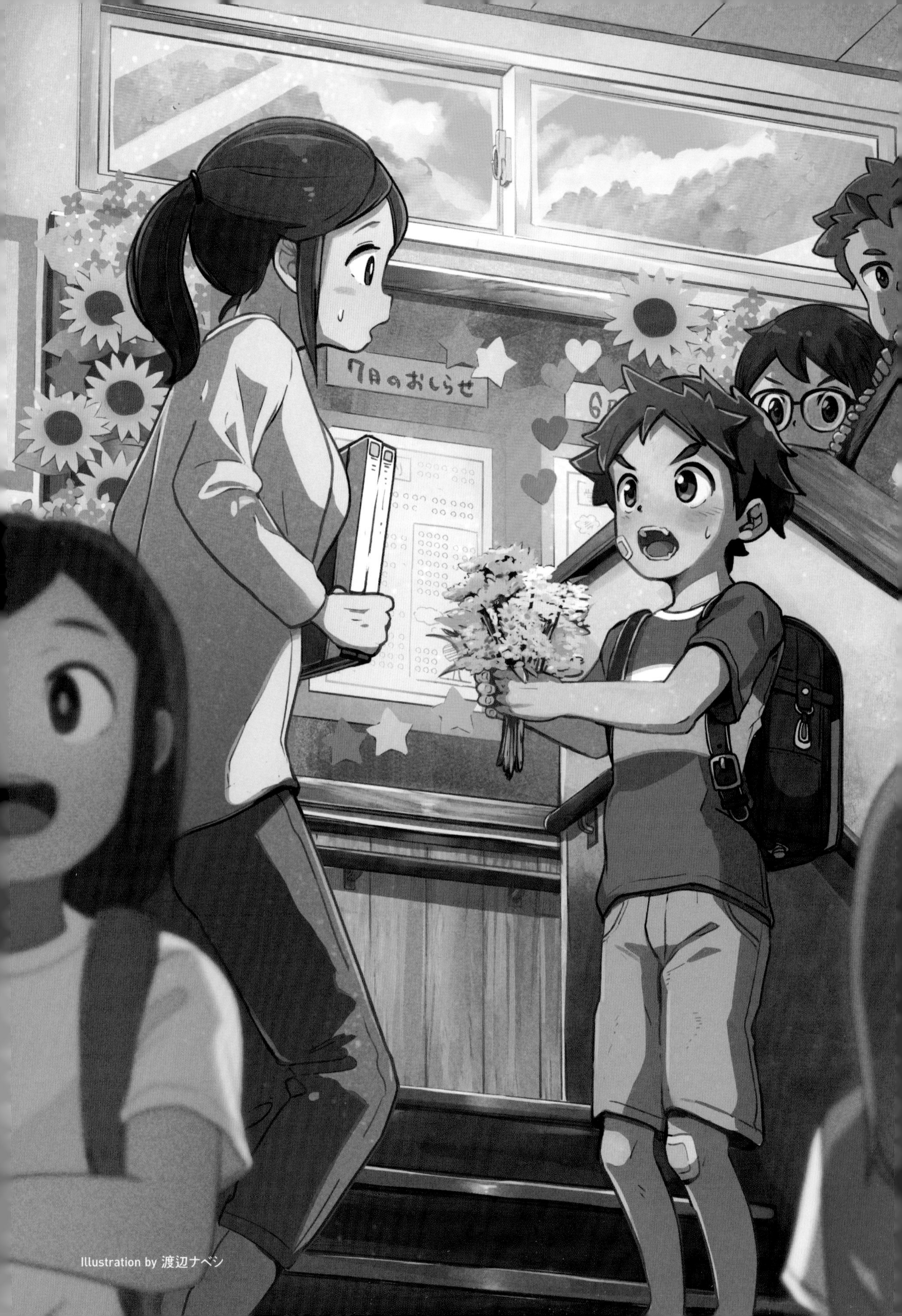

Illustration by 渡辺ナベシ

[단축 키]

CLIP STUDIO PAINT 공통 단축 키

이전 보조 도구로 전환	,(콤마)
다음 보조 도구로 전환	.(마침표)
이동	Space bar
회전	Shift+Space bar
돋보기(확대) ※ MacOS를 사용하는 경우, 먼저 Space bar를 누른 후 Command를 누릅니다.	Ctrl+Space bar
메인컬러와 서브컬러 전환	X
그리기 색과 투명색 전환	C
레이어 선택	Ctrl+Shift

[펜], [연필], [붓], [에어브러시], [데코레이션] [지우개] 도구 선택 시 단축 키

스포이트	Alt
오브젝트	Ctrl
굵기(브러시 크기)를 굵게 하기	]
굵기(브러시 크기)를 가늘게 하기	[
(브러시의) 불투명도 높이기	Ctrl+]
(브러시의) 불투명도 낮추기	Ctrl+[
브러시 크기 변경	Ctrl+Alt+⊞
직선 그리기	Shift
브러시 농도 낮추기	Ctrl+Shift+O
브러시 농도 높이기	Ctrl+Shift+P
입자 밀도 낮추기	Ctrl+Shift+K
입자 밀도 높이기	Ctrl+Shift+L

메뉴 단축 키

신규	Ctrl+N
열기	Ctrl+O
닫기	Ctrl+W
저장	Ctrl+S
다른 이름으로 저장	Ctrl+Shift+S
CLIP STUDIO PAINT 종료	Ctrl+Q
실행 취소	Ctrl+Z
다시 실행	Ctrl+Y
잘라내기	Ctrl+X
복사	Ctrl+C
붙여넣기	Ctrl+V
삭제	Delete
선택 범위 이외 지우기	Shift+Delete
채우기	Alt+Delete
확대/축소/회전	Ctrl+T
자유 변형	Ctrl+Shift+T
신규 래스터 레이어	Ctrl+Shift+N
아래 레이어에서 클리핑	Ctrl+Alt+G
아래 레이어와 결합	Ctrl+E
선택 중인 레이어 결합	Shift+Alt+E
표시 레이어 결합	Ctrl+Shift+E
전체 선택	Ctrl+A
선택 해제	Ctrl+D
다시 선택	Ctrl+Shift+D
선택 범위 반전	Ctrl+Shift+I
줌 인	Ctrl++
줌 아웃	Ctrl+−
전체 표시	Ctrl+0
표시 위치 다시 설정	Ctrl+@
눈금자	Ctrl+R
모든 팔레트 표시/숨기기	Tab

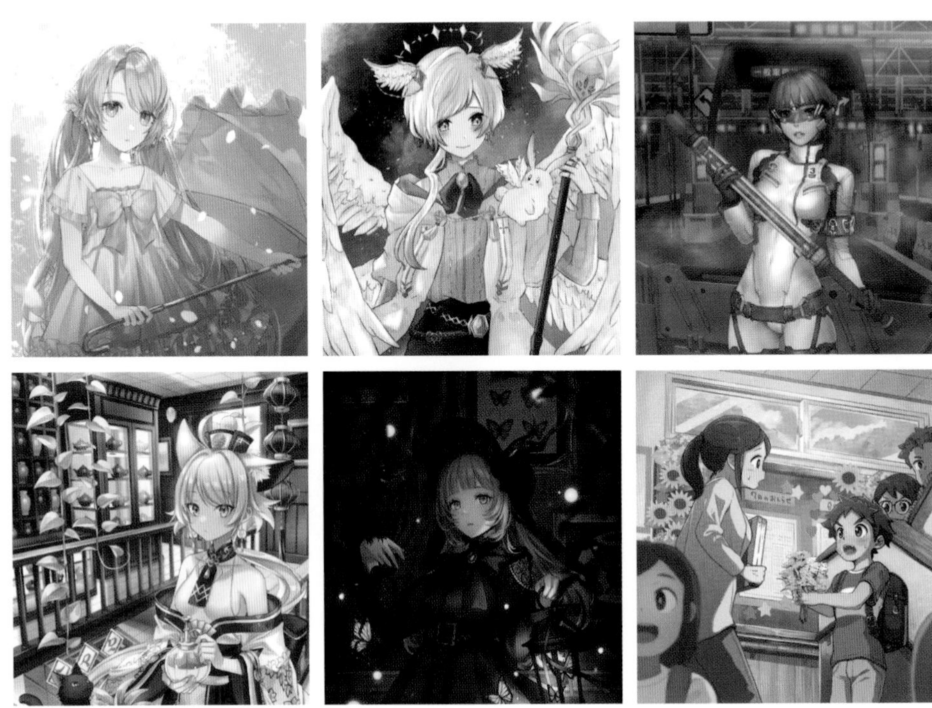

CLIP STUDIO PAINT PRO/EX/iPad

일러스트레이터와 웹툰 작가를 위한

클립 스튜디오 입문 교실

1판 1쇄 발행 2023년 09월 22일
1판 2쇄 발행 2024년 04월 12일

저 자 | 사이도런치
역 자 | 고영자
발 행 인 | 김길수
발 행 처 | (주)영진닷컴
주 소 | (우)08507 서울특별시 금천구 가산디지털1로 128 STX-V 타워 4층 401호
등 록 | 2007. 4. 27. 제16-4189호

ISBN | 978-89-314-6961-5
978-89-314-5990-6(세트)

YoungJin.com Y.
영진닷컴